백제의 흥망과 전쟁

백제의 흥망과 전쟁

문 안 식

혜안

책머리에

필자는 1994년 대학원에 진학하여 백제사 공부를 시작한 이래 주로 지방세력에 대하여 관심을 가져 왔다. 그 결과『백제의 영역확장과 변방세력의 추이』라는 제목으로 박사학위논문을 제출하였고, 일부 내용을 첨삭하여『백제의 영역확장과 지방통치』(2002년, 신서원)를 간행하였다.

또한『삼국사기』신라본기와 백제본기에 보이는 말갈집단의 실체를 검토한『한국고대사와 말갈』(2003년, 혜안), 지방세력의 관점에서 영산강유역의 고대사회와 문화를 살펴본『한국고대의 지방사회』(2004년, 혜안)를 연이어 간행하였다. 그 과정에서 필자는 지방세력의 시각을 벗어나 백제사의 전체 맥락 속에서 연구를 전개할 필요성을 절감하였다.

백제사의 전체적인 흐름을 파악하는 것은 여러 분야에 걸쳐 다각적인 검토가 수반되어야 가능하기 때문에 하루아침에 이루어질 수 있는 일이 아니다. 필자가 백제사의 전체 흐름을 파악하고 미진한 분야를 검토해 나간다는 것은 요원한 일이 아닐 수 없다. 그 대신에 백제가 건국하여 멸망할 때까지 중요한 고비마다 수없이 치렀던 전쟁을 통하여 백제사의 흐름을 살펴보고자 하였다.

프로이센의 전략가 K. 클라우제비츠가 전쟁은 "다른 수단에 의해서 수행되는 정치의 연장에 불과하다"라고 규정하였듯이, 전쟁은 고도의 정치적 현상이라 할 수 있다. 또한 전쟁은 국가정책과 결부되어 있기 때문에 한 나라의 운명을 좌우하며 정치·경제·문화·국방·외교 등과 밀접히 관련되어 있다. 백제사의 전개와 맥락을 살펴보기 위하여 '전쟁'을 주제로 선택한 것도 이 때문이다. 본서는 건국부터 부흥운동의 소멸까지 백제의 전 시기를 연구 대상으로 하였으며, 그동안 발표한 필자의 관련 논문을 정리하고, 미진한 분야는 보완하였다.

본서는 전쟁을 주제로 하여 건국과 발전과정, 영역확장과 지방통치, 국정의 변화 및 체제정비, 주요 사건과 외교관계, 왕권과 귀족세력의 대립 및 지방세력의 추이 등 백제사의 전반적인 내용을 검토하였다. 독자들의 이해를 돕기 위하여 사진과 도면을 함께 실어 편리를 도모하였다.

필자는 전쟁과 사건의 주요 무대를 살펴보기 위하여 많은 지역을 답사하면서 역사 속으로 사라져간 옛 사람과 현장에서 많은 대화를 나누었다. 당시에 살았던 사람과 역사의 현장을 전면에 등장시켜 백제사의 생생하고 역동적인 면모를 살펴보려고 노력하였다. 다만 백제 사람들의 주요 활동무대였던 철책 너머에 위치한 임진강유역과 예성강유역을 직접 답사하지 못하고 지도상의 가늠에 그친 상황에서 본서를 출간하게 되어 아쉬운 바가 적지 않다.

보잘 것 없는 본서가 출간되기까지 많은 분들의 도움을 받았다. 이기동·전지용 교수님을 비롯한 여러 은사님의 가르침을 잊을 수 없다. 부족한 점이 많은 필자를 격려하고 공부할 수 있는 여건을 만들어 주신 이종범 교수님께도 지면을 통하여 감사 말씀을 드린다. 한신대 이남규·권오영 교수 및 전남대 이강래 교수님께도 감사 말씀을 드린다. 아울러 구충곤·구복규·유춘열 선배님과 하종철·류기준·이영규·심홍섭·조성필·최형주·윤재관·정병내 씨의 여러 가지 배려에 대해 지면을 통하여 사의를 표한다. 아내 소영과 두 딸 해정·인성에게

는 늘 같이 해주지 못하는 미안한 마음을 사랑한다는 말로 대신하고
싶다. 끝으로 상업성이 별로 없는 본서의 간행을 기꺼이 맡아주신 도
서출판 혜안의 오일주 사장님과 편집부 여러분께도 감사 말씀을 드린
다.

2006년 늦가을
만연산 기슭에서 필자

목 차

12

제1장 성읍국가에서 연맹왕국으로

제1절 伯濟의 건국과 발전

1. 온조집단의 남하와 伯濟의 건국

백제를 건국한 사람은 고구려에서 내려온 溫祚로 알려져 있다. 그런데 백제의 건국자는 溫祚 외에도 沸流, 仇台, 都慕가 국내외의 史書에 전해지고 있다. 백제의 시조가 온조라는 주장은 『三國史記』 백제본기 온조왕 조의 본문과 『三國遺事』 南夫餘前百濟 조에 전하며, 비류설은 백제본기 온조왕 조의 細註에 기록되었다. 반면에 도모설은 『續日本記』 등 일본의 사서에만 전하고, 구이설[1]은 『周書』와 『隋書』의 백제전 등 중국의 문헌에 기록되어 있다.

상기의 사료를 종합해 보면 백제의 시조 전승은 하나의 계통이 아니라 다수였음을 알 수 있다. 그러나 백제를 건국한 시조가 한 사람이 아니고, 다수라는 점은 선뜻 수긍하기 어렵다. 이러한 모순은 비단 백제만의 경우가 아니라 고구려와 신라도 해당된다.

고구려는 주몽 이외에 다른 의미를 갖는 始祖 또는 國祖가 존재했

---

1) '仇台'는 '구이'와 '구태'로 읽혀지고 있다. 仇台를 백제의 고이왕으로 보는 논자들은 구이로 읽고(李丙燾, 1936, 「三韓問題의 新考察」, 『震檀學報』 6, 77~84쪽), 다른 존재로 볼 경우에는 구태로 읽는 것이 일반적이다(李弘稙, 1971, 「百濟建國說話에 대한 再檢討」, 『한국고대사의 연구』 6, 331쪽).

산성하고분군 | 집안지역의 고구려 적석총. 집안은 압록강을 사이에 두고 북한의 만포시와 마주보고 있다. 고구려의 두 번째 도읍이었던 국내성이 위치한 곳이며, 왕궁터를 중심으로 주변에 1만 2천여 기의 고분들이 산재해 있다. 광개토왕릉이 위치한 우산하고분군을 필두로 하여 산성하고분군과 칠성산고분군, 마선고분군에 주로 옛 무덤들이 흩어져 있다.

는데, 태조왕 때에 이르러 계루부 왕족의 영도권이 확립되면서 하나로 통합되기에 이르렀다.[2)] 그 반면에 신라는 朴·昔·金 3성이 왕위를 交立하다가, 내물왕 때에 이르러 김씨왕권의 세습체제가 확립되었다.[3)] 백제 역시 고구려나 신라의 경우와 같이 왕실이 交立하였을 가능성이 없지 않다. 시조의 출자에 대한 다양성으로 말미암아 북에서 내려와 백제를 건국한 집단의 계통을 고구려계 또는 부여계로 보는 견해 차이도 나타난다.[4)]

---

2) 金哲埈, 1956, 「高句麗·新羅 官階組織의 成立過程」, 『李丙燾博士華甲記念論叢』.
3) 李基白·李基東, 1982, 『한국사강좌(Ⅰ)-고대편』, 일조각, 149쪽.
4) 백제의 건국설화와 왕실의 계통에 대해서는 다음의 글을 참조하기 바란다. 李丙燾, 1936, 앞의 글 ; 李弘稙, 1971, 앞의 글 ; 金在鵬, 1976, 「百濟仇台

그러나 임진강유역과 한강 중·상류지역에 조성된 적석총은 고구려
계 유이민에 의하여 백제가 건국된 사실을 물증으로 말해준다. 적석총
의 가장 이른 형식인 무기단식 적석총은 압록강 중·상류와 대동강·
청천강 상류지역에 분포하고 있다.5) 또한 적석총은 대체로 비파형동검
문화와 세형동검문화 과도기의 청동단검묘에서 기원하여 철기문화가
보급되면서 축조되었으며, 그 시기는 戰國 末~秦漢 初(B.C. 3세기 중
엽~B.C. 2세기 초)로 추정된다.6) 한강유역에 고구려의 무기단식 적석
총과 유사한 묘제가 다수 조영된 것은 이주민의 남하와 백제의 건국을
반영한다. 백제를 건국한 주체세력은 부여계 이주민이 아니라,7) 고구
려에서 남하하여 적석총을 조영한 집단이 중심이 되었다.

考」,『朝鮮學報』78 ; 盧明鎬, 1981,「百濟의 東明說話와 東明墓」,『歷史學
研究』10 ; 金哲埈, 1982,「百濟建國考」,『百濟研究』특집호 ; 盧重國, 1983,
「解氏와 夫餘氏의 왕실교체와 초기백제의 성장」,『김철준박사 화갑기념사학
논총』; 徐大錫, 1985,「百濟神話研究」,『백제논총』1 ; 李基東, 1987,「마한
영역에서의 백제의 성장」,『마한백제문화』10 ; 金杜珍, 1990,「백제건국설화
의 복원시론」,『국사관논총』13, 국사편찬위원회 ; 梁起錫, 1990,「百濟專制
王權成立過程研究」, 단국대 대학원 박사학위논문 ; 李道學, 1991,「백제의
기원과 국가발전에 관한 검토」,『한국학논집』19 ; 金起燮, 1993,「漢城時代
百濟의 王系에 대하여」,『韓國史研究』83 ; 朴燦圭, 1994,「百濟 仇台廟 成
立背景에 대한 一考察-그 外의 要因을 중심으로」,『學術論叢』17, 단국대 대
학원 ; 李鍾泰, 1998,「百濟始祖仇台廟의 成立과 繼承」,『韓國古代史研究』
13.

5) 田中俊明·東潮, 1995,「積石塚의 成立과 發展」,『高句麗의 歷史와 遺跡』, 中
央公論社.

6) 林永珍, 1992,「고구려 고고학」,『국사관논총』33, 국사편찬위원회, 110~115
쪽.

7) 부여국의 중심지는 南城子를 비롯한 주변 용담산성, 동단산성과 같은 城池와
帽兒山 부근에 집중되어 있는 토광목곽묘유적 등에 의하여 현재의 지린시(吉
林市) 일원으로 밝혀지고 있다. 그리고 지린시 일원에 분포되어 있는 토광묘
유적을 부여족이 축조한 묘제로 보고 있다(劉景文·龐志國, 1986-1,「吉林楡
樹縣老河沈鮮卑墓郡族屬深討」,『北方文物』; 嚴長錄, 1994,「扶餘의 遺迹과
遺物에 對하여」,『民族文化의 諸問題』, 世宗文化社).

16

　백제의 시조가 史書에 따라 여러 인물로 전해지는 것은 발전과 성장 과정에서 일어난 왕실의 교체와 관련이 있다. 온조는 성읍국가 伯濟를 건국하였고, 구이는 연맹왕국 百濟를 형성한 고이왕이며, 비류는 중앙집권적 귀족국가를 완성한 근초고왕의 生父였다. 그리고 도모는 백제의 건국과는 직접 관련이 없지만, 백제의 정복왕조와 관련이 있는 부여계의 시조인 東明을 지칭한다.8)

　온조 일파는『三國史記』백제본기에 의하면 B.C. 18년에 고구려에서 내려와 백제를 건국한 것으로 전해지고 있다.9) 온조가 무리를 이끌고 내려온 계기는

　A. 백제의 시조 온조왕은 그 아버지는 추모인데 혹은 주몽이라고도 하였다. (주몽은) 북부여에서 난을 피하여 졸본부여에 이르렀다. 부여왕은 아들이 없고 딸만 셋이 있었는데 주몽을 보고는 보통 사람이 아니라는 것을 알고 둘째 딸을 아내로 삼게 하였다. 얼마 지나지 않아 부여 왕이 죽자 주몽이 왕위를 이었다. 두 아들을 낳았는데 맏아들은 비류라 하였고, 둘째 아들은 온조라 하였다(혹은 주몽이 졸본에 도착하여 越郡의 여자를 아내로 맞아들여 두 아들을 낳았다고 하였다). 주몽이 북부여에 있을 때 낳은 아들(孺留)이 와서 태자가 되자, 비류와 온조는 태자에게 용납되지 못할까 두려워 마침내 오간·마려 등 열 명의 신하와 더불어 남쪽으로 갔는데 백성들이 따르는 자가 많았다.10)

라고 하였듯이, 부여에서 남하하여 고구려의 주도권을 장악한 주몽의 장자 유리에 의하여 왕위계승에서 밀려났기 때문이다.

─────────

8) 文安植, 2004,「백제의 시조전승에 반영된 왕실교대와 성장과정 추론」,『동국사학』40.
9)『三國史記』권23, 百濟本紀1, 溫祚王 前文.
10)『三國史記』권23, 百濟本紀1, 溫祚王 前文.

그러나 온조를 주몽의 아들로 전하는 사료 A의 기록은 사실을 정확히 반영하는 것은 아니다. 이는 백제를 건국한 시조의 권위를 높이고 정통성을 확보하기 위한 擬制的 父子關係의 설정에 불과하다. 또한 온조를 주몽의 實子로 전하는 사료 A와는 달리 온조왕 조의 細註에는

B. 또는 다음과 같이 말하였다. 시조 비류왕은 그 아버지는 우태로 북부여왕인 해부루의 庶孫이었고, 어머니는 소서노로 졸본 사람 연타발의 딸이었다. 처음에 우태에게 시집가서 아들 둘을 낳았는데, 맏이는 비류라 하였고 둘째는 온조라 하였다. 우태가 죽자 졸본에서 과부로 지냈다. 뒤에 주몽이 부여에서 용납되지 못하자 前漢의 建昭 2년 봄 2월에 남쪽으로 도망하여 졸본에 이르러 도읍을 세우고 국호를 고구려라 하고, 소서노를 맞아들여 왕비로 삼았다. 주몽은 그녀가 나라를 창업하는 데 잘 도와주었기 때문에 그녀를 총애하고 대접하는 것이 특히 후하였고, 비류 등을 자기 자식처럼 대하였다. 주몽이 부여에 있을 때 禮氏에게서 낳은 아들 孺留가 오자 그를 태자로 삼았고, 왕위를 잇기에 이르렀다. 이에 비류가 동생 온조에게 말하였다. "처음 대왕이 부여에서의 난을 피하여 이곳으로 도망하여 오자 우리 어머니께서 재산을 기울여 나라를 세우는 것을 도와 애쓰고 노력함이 많았다. 대왕이 세상을 떠나시고 나라가 유류에게 속하게 되었으니, 우리들은 그저 군더기 살처럼 답답하게 여기에 남아 있는 것은 어머니를 모시고 남쪽으로 가서 땅을 택하여 따로 도읍을 세우는 것만 같지 못하다." 드디어 동생과 함께 무리를 거느리고 패수와 대수 두 강을 건너 미추홀에 이르러 살았다.[11]

라고 하였듯이, 주몽과 온조의 관계를 季父와 養子 관계로 서술하였다. 온조의 친부는 북부여 왕이었던 해부루의 庶孫 優台이었고, 모친은 延陀勃의 딸이었던 召西奴였다. 온조는 부여에서 내려온 주몽과는 달리 졸본지역에 선주한 집단 출신이었다.

---

[11] 『三國史記』 권23, 百濟本紀1, 溫祚王 細註.

주몽이 고구려를 건국한 오녀산성(홀승골성) 전경 | 오녀산성은 환인현 소재지에서 동북쪽으로 8.5km 떨어진 오녀산(820m)의 남쪽 등성이 두어 개를 포괄하여 전체 길이가 2,440m에 이른다. 성은 동남쪽으로 큰 골짜기를 끼고 있고 서남쪽과 동북쪽에 약간 낮은 곳이 있으며, 서쪽과 북쪽 및 동북쪽은 대부분 깎아지른 듯한 수십 미터 높이의 낭떠러지를 이룬다.

　고구려의 건국주체는 주몽집단이 아니라 그 이전부터 압록강 중류 일대 각지에서 성장한 선주 토착집단이었다.[12] 주몽이 부여에서 내려오기 전에 이곳에서는 상당수의 那國이 존재하였다. 이들 那國은 상호간의 통합과 복속과정을 거쳐 몇몇 큰 단위체로 통합하여 연노부·절노부·순노부·관노부·계루부 5부로 성장하였다.

　주몽집단이 고구려의 주도권을 장악하는 과정은 송양왕과 대결한 설화로 전해지고 있다. 주몽과 송양왕이 왕위를 놓고 활을 쏘아 재능을 겨룬 끝에 주몽이 승리하여 고구려왕이 되었다.[13] 이 설화는 부여에서 이주한 계루부가 연노부(소노부)를 누르고 왕권을 차지하는 과정

　12) 余昊奎, 1996, 「고구려의 성립과 발전」, 『한국사』 5, 국사편찬위원회, 14쪽.
　13) 『三國史記』 권13, 高句麗本紀1, 東明聖王 前文.

을 반영한 것이며, 그 이전에는 고구려 연맹체의 주도권은 소노부가 장악하였다.

松壤의 '壤'은 那·奴를 한자식으로 표기한 것으로 송양은 '松의 땅' 곧 '松那·松奴'로서 소노부를 가리킨다.[14] 소노부의 중심지는 송양왕이 거주한 비류수의 상류로 추정되며,[15] 주몽은 忽本 또는 紇升骨城으로 불린 하류지역에 정착하였다.[16] 주몽집단은 졸본지역에 정착한 후 소서노 집단 등 토착세력의 도움을 받아 소노부와 맹주권을 놓고 자웅을 겨룰 정도로 성장하였다.

그리하여 소노부는 계루부에 밀리면서 연맹체사회의 주도권을 내주고 말았다.[17] 계루부가 소노부를 밀어내고 고구려의 왕권을 장악한 시기에 대해서는 동명왕대설,[18] 유리왕대설,[19] 태조왕대설[20] 등이 있다.

---

14) 李丙燾, 1976, 앞의 책, 359~360쪽.

15) 주몽이 터전을 마련한 홀본에서 동북으로 비류수(혼강)를 따라 30㎞정도를 올라가면 송양왕이 통치하였던 비류국의 옛터가 있다. 通和에서 비류수를 따라 하류로 내려오면 송양왕의 비류국에 이르는데, 통화에서 흘러오는 비류수와 신빈에서 내려오는 부이강이 만나는 곳이다. 또한 통화에서 북으로 가면 유하구와 매하구를 거쳐 부여의 중심지였던 장춘과 농안에 도달한다. 송양국은 부이강 삼각지대에 위치하였는데 동고성자산성의 존재만 알려졌을 뿐 다른 유적에 대한 조사는 이루어지지 못하였다.

16) 광개토대왕릉의 비문에는 "북부여 출신이며 천제의 아들이고 하백의 딸 소생인 鄒牟王이 천명에 의하여 남쪽으로 순행 중 奄利大水를 건너 沸流谷의 忽本 서쪽에 도읍을 세웠다"라고 하였다. 그리고『魏書』고구려 열전에는 "고구려는 부여에서 갈라져 나온 나라이며 그들 선조가 朱蒙이라고 하였고, 부여에서 박해를 받은 그가 동남쪽으로 도피 중 큰 강을 건너게 되고 紇升骨城에 이르러 자리 잡게 되어 이곳을 고구려라고 호칭하였다"라고 하였다. 이상의 홀본이나 홀승골성은『三國史記』와『三國遺事』에서는 "卒本"이라 하였으며, 이곳은 遼寧省 桓仁縣의 五女山城으로 추정된다(北方史地叢書, 1989,「唐代東 北已發現的高句麗城址」,『東北歷史地理』第2卷, 黑龍江人民出版社).

17)『三國志』권30, 魏書30, 烏丸鮮卑東夷傳 30, 高句麗.

18) 金基興, 1987,「고구려의 성장과 대외무역」,『韓國史論』16, 서울대 국사학

오녀산성에서 내려다 본 환인지역과 비류수 전경 | 최근에 중국 당국이 환인댐을 조성하면서 정확한 조사 없이 수많은 고구려 고분들이 물속으로 사라져 아쉬움을 남긴다.

그러나 계루부가 고구려의 왕권을 장악한 것은 태조왕 때로 보는 것이 일반적이다.

고구려는 주몽 이외에 다른 의미를 갖는 시조 또는 국조가 존재했으며, 태조왕 때에 이르러 하나로 통합되기에 이르렀다.[21] 고구려의 건국과정을 소노부 중심으로 본다면 주몽이 건국자일 수 없다.[22] 주몽은

과, 32~37쪽.

19) 金龍善, 1980,「高句麗 琉璃明王考」,『歷史學報』87, 60~62쪽.

20) 李鍾泰, 1990,「고구려 太祖王系의 등장과 朱蒙國祖意識의 성립」,『北岳史論』2, 국민대 사학과.

21) 金哲埈, 1956, 앞의 글.

22)『삼국사기』고구려본기에선 주몽이 건국한 해를 B.C. 37년이라 하였지만, 그 전에 이미 고구려라는 실체를 역사상에서 찾을 수 있으므로 고구려의 기원을 주몽설화에서만 찾을 수는 없다. 그것은 어디까지나 계루부 왕실의 기원과 대두를 말하는 전승일 뿐이라고 한다(盧泰敦, 1999,『고구려사연구』, 사계절,

계루부 왕실의 상징적 존재였으며, 훗날 왕권을 장악한 계루부가 그들의 정통성과 유구성을 강조하기 위하여 건국의 시조로 가탁하였다.

따라서 온조 일파가 주몽집단에 밀려 남하한 계기는 동명성왕 또는 유리왕 때가 아니라 태조왕대를 전후하여 계루부가 고구려의 주도권을 장악한 것과 관련이 있는 것으로 추정된다. 소노부는 계루부에 밀려 났지만 2세기 말~3세기 초까지도 자체적으로 宗廟와 靈星社稷에 제사 지내는[23] 등 독자적인 기반을 유지하였다. 그러나 소노부의 일부 세력은 온조의 일파와 같이 한반도 중부지방으로 남하하여 백제를 건국한 것으로 추정된다.

온조가 고구려의 소노부 출신임을 고려하면 그의 성은 解氏가 아니었을까 한다.[24] 다만 백제본기 온조왕 41년 조에 의하면 "解婁가 본래 부여 출신이다"[25]라고 하였기 때문에, 해씨는 부여에서 남하하였을 가능성도 있다. 이는 온조왕 조의 세주에 온조와 비류 형제의 부친인 우태가 북부여왕 해부루의 庶孫이었다[26]고 전하는 내용과 관련이 있다.

27쪽).

23) 『三國志』 권30, 魏書30, 東夷傳 高句麗.

24) 소노부는 제2대 유리왕부터 제5대 모본왕까지 고구려 연맹체의 주도권을 장악하였는데(金哲埈, 1975, 「백제사회와 그 문화」, 『한국고대사회연구』, 일지사, 46쪽), 제6대 태조왕에게 건국의 시조에 해당되는 시호를 부여한 것은 계루부가 유일한 왕통임을 천명하려는 의도였다(盧明鎬, 1981, 위의 글, 75쪽). 한편 모본왕까지의 解氏王系와 태조왕 이후의 高氏王系의 관계에 대해서 직계와 방계로 파악하는 견해도 있다(金賢淑, 1984, 「고구려의 解氏王과 高氏王」, 『大丘史學』 47). 또한 고구려 연맹체사회의 주도권은 처음에는 해씨왕계인 소노부가 장악하였고, 나중에 이르러 고씨왕계인 계루부가 계승한 것으로 보기도 한다(盧泰敦, 1994, 「高句麗의 初期王系에 대한 一考察」, 『李基白先生古稀紀念論叢』上, 一潮閣). 한편 『三國遺事』 왕력 편에서는 유리왕에서 모본왕까지의 왕들의 성을 해씨라고 하였다. 따라서 온조가 소노부 출신이었다면 그의 성을 解氏로 보아도 무방할 것으로 생각된다.

25) 『三國史記』 권23, 百濟本紀1, 溫祚王 41年.

26) 『三國史記』 권23, 百濟本紀1, 溫祚王 細註.

그러나 우태는 온조형제의 모친인 소서노와 마찬가지로 졸본지역
사람이었으며, 해부루의 '서손'이라는 점도 정통 부여계가 아닌 것을
반증한다. 또한 해루가 부여 출신이라는 사실도 그곳에서 직접 내려왔
다는 것을 의미하는 것은 아니고, 우태와 마찬가지로 出自를 동부여의
해부루에 연결시킨 것에 불과하다. 따라서 온조는 고구려 소노부 출신
이며, 그의 성은 解氏이었을 것으로 생각된다.[27]

2. 위례성 定都와 백제의 성장

성읍국가 伯濟를 건국한 온조는 고구려 졸본지역의 토착세력인 소
노부 출신이었다. 온조가 백제를 건국한 시기는 백제본기에 의하면
B.C. 18년이었으며 건국지는 위례성이었다.[28] 온조는 계루부가 태조왕
때를 전후하여 고구려 연맹체사회의 주도권을 장악하자 무리를 이끌
고 한반도 중부지역으로 남하하였다. 태조왕은『三國史記』고구려본
기에 의하면 재위기간이 A.D. 53~146년이고,『後漢書』고구려전에는
A.D. 105년에 그 재위가 확인되기 때문에, 온조 일파가 남하한 것은
늦어도 1세기 후반 무렵에 이루어진 것으로 추정된다.[29]

온조집단은 고구려를 떠나 패수와 대수라는 두 강을 건너서 내려 왔
다.[30] 패수를 임진강, 대수를 한강으로 각각 비정하여 서해안 항로를
타고 남하했거나 평안도 지역을 관통하여 한강유역에 정착한 것으로
보는 것이 일반적이다.[31] 패수는 온조왕 13년에 백제가 사방영역을 획

---

27) 文安植, 2004, 앞의 글, 32쪽.

28) 『三國史記』권23, 百濟本紀1, 溫祚王 前文.

29) 온조집단 외에도 고구려에서 정국변화에 따라 한반도 중부지역으로 남하한
    사람은 유리왕대의 陜父를 들 수 있다(『三國史記』권13, 高句麗本紀1, 琉璃
    明王 22年).

30) 『三國史記』권23, 百濟本紀1, 溫祚王 前文.

정하면서 북계로 표기된 浿河로 추정된다.

패하는 평산군 저탄에 해당되기 때문에,[32] 패수는 예성강을 지칭하는 것으로 판단된다. 또한 대수는 예성강 남쪽에 위치한 임진강을 지칭할 가능성이 높다. 온조집단은 예성강과 임진강을 건너 위례지역에 정착하였다.[33] 온조가 백제를 건국한 위례성의 위치에 대해서는 다양한 의견이 피력되었다. 위례성의 위치는

A-1. 위례성에 도읍하니 일명은 蛇川이라고도 하며 지금의 稷山이다. 丙辰에 漢山으로 도읍을 옮기니 지금의 廣州이다.[34]
2. 훗날 성왕 때에 이르러 서울을 사비로 옮겼으니 지금의 부여군이다. 미추홀은 仁州요, 위례는 지금의 직산이다.[35]

라고 하였듯이, 오래 전부터 稷山으로 인식되어 왔다. 직산설은 丁若鏞(1762~1836)에 의해서 논파되어 오늘의 서울 강북설이 정착되었다.[36] 하북설의 근거는 한성시대 백제의 수도였던 하남위례성의 대칭적 의미로 하북위례성을 설정한 것 외에도, 온조가 지금의 강북에 위치한 삼각산 인수봉으로 추정되는 負兒岳에 올라 도읍지를 택하였다는 사료에 의거한다.[37]

그러나 위례성은 해당 사료가 부족하고 관련 유적과 유물이 별로 남

31) 李丙燾, 1976, 앞의 책, 470~471쪽.
32) 백제의 한성기 北界와 浿水의 지명 비정에 대해서는 다음의 글을 참조하기 바란다. 文安植, 2006, 「백제 한성기 北界와 東界의 변천에 대하여」, 『백제연구』 44, 충남대 백제연구소.
33) 盧重國, 1988, 『百濟政治史研究』, 일조각, 51쪽.
34) 『三國遺事』 권1, 王曆1, 百濟1, 溫祚王 15年.
35) 『三國遺事』 권2, 南夫餘 前百濟.
36) 丁若鏞, 「我邦疆域考-慰禮考-」, 『與猶堂全書』, 6集 3冊.
37) 『三國史記』 권23, 百濟本紀1, 溫祚王 前文.

24

연천 삼곶리 무기단식 적석총 전경 | 임진강 강변에서 약 500m 떨어진 곳에 위치하며 동서 길이 28m, 남북 길이 14m, 높이 1.5m 내외이다. 동·서 2개의 무덤을 덧붙여 축조한 쌍분으로 기초부의 평면형태는 표주박 모양을 이룬다.

아 있지 않아 정확한 장소를 알 수 없는 실정이다. 그 위치에 대해서는 삼각산 동쪽 기슭,38) 세검정 일대,39) 경기도 고양,40) 서울 강북,41) 북 한산성,42) 중랑천 일대43) 등 다양한 견해가 제시되었다.

38) 丁若鏞,『彊域考』권3, 慰禮考 ; 金龍國, 1983,「河南慰禮城考」,『鄕土서울』 41.
39) 李丙燾, 1976,「慰禮考」,『한국고대사연구』, 박영사.
40) 金映遂, 1957,「百濟國都의 變遷에 對하여」,『전북대논문집』1.
41) 李弘稙, 1971, 앞의 글 ; 千寬宇, 1976,「삼한의 국가형성」下,『한국학보』3 ; 사회과학원력사연구소, 1979,『조선전사-중세편』4.
42) 金廷鶴, 1981,「서울근교의 백제유적」,『鄕土서울』39.
43) 車勇杰, 1981,「위례성과 한성에 대하여(1)」,『鄕土서울』39 ; 崔夢龍·權五榮, 1985,「고고학 자료를 통해 본 백제초기의 영역고찰」,『천관우선생환력기 념 한국사학논총』; 成周鐸, 1985,「百濟城址硏究」, 동국대 박사학위논문 ; 金起燮, 1990,「백제전기 都城에 관한 일고찰」,『청계사학』7 ; 李道學, 1991,

위례성은 '위례'가 '우리(柵)'를 뜻하는 어원에서 기원한 것[44]으로
볼 때 다른 성읍국가의 중심지와 큰 차이가 없다. 위례성은 자연 구릉
을 최대한 활용한 상태에서 木柵을 세우고 일부를 흙으로 쌓은 상태에
불과하였다. 따라서 위례성의 위치를 증명할 수 있는 고고 유적이나
자료를 찾기가 쉽지 않기 때문에 정확한 장소를 밝히는 것은 어려운
실정이다. 다만 백제를 건국한 집단이 고구려계 유이민이었던 점을 인
정할 수 있다면 적석총이 축조된 지역에서 위례성을 찾을 필요가 있
다.

현재까지 한반도 중부지방에서 발견된 무기단식 적석총은 임진강유
역의 일대와 남·북한강유역을 중심으로 조영되어 있다. 임진강유역은
파주시 육계토성 부근과 연천군 중면 삼곶리와 군남면 선곡리·백하면
학곡리·마산면 우정리 등에 적석총이 축조되었다. 남한강유역은 경기
도 남양주 진중리·금남리, 양평군 문호리·양수리·석장리, 충북 제천
양평리·도화리, 강원도 평창군 응암리·마지리·하안미리, 북한강유
역은 춘천시 천전리·중도 등에 무기단식 적석총이 조영되어 있다.

그 반면에 서울을 중심으로 하는 한강 하류지역은 서기 1~2세기에
걸쳐 문화적 공백지대[45]였기 때문에 백제의 건국과 관련되는 유적이

「백제 집권국가형성과정 연구」, 한양대 박사학위논문 ; 金崙禹, 1993, 「河北
慰禮城과 河南慰禮城考」, 『史學志』 26.

44) 慰禮라 함은 우리말에 匡郭의 둘레를 울(圍哩)이라고 하는데, 이것이 위례와
발음이 비슷하며, 城柵을 세우고 흙을 쌓아 匡椰을 만들었기 때문에 위례라
고 한 것이다(丁若鏞, 「我邦彊域考-慰禮考-」, 『與猶堂全書』, 6集 3冊).

45) 초기철기시대에 한강유역은 낙동강유역이나 충남지역의 세형동검문화와 비
교하여 힘의 공백지대였다(權五榮, 1986, 「초기백제의 성장과정에 관한 일고
찰」, 『韓國史論』 15). 또한 한강유역은 북한지역의 목곽묘나 전축분을 조영
한 세력과 남한지역의 토광묘를 축조한 집단 사이에 일종의 완충지대로 방치
되었을 가능성도 없지 않다(林永珍, 1994, 「漢城時代 百濟의 建國과 漢江流
域 百濟 古墳」, 『百濟論叢』 4, 58쪽).

없을 가능성이 높다.46) 따라서 고구려 계통의 유적으로 알려진 무기단
식 적석총이 조영된 임진강유역의 군사분계선 일대와 남·북한강유역
이 백제의 건국과 관련이 있다.47)

백제의 건국지는 고구려 계통의 유적·유물이 남아있지 않은 서울
강북지역보다는 무기단식 적석총이 조영된 임진강유역과 군사분계선
일대에 위치하였다.48) 그리고 남·북한강유역 양 지역에 걸쳐 적석총
을 조영한 집단은 백제본기에 보이는 말갈세력이었다. 고구려에서 남
하한 동일한 집단이 한반도 중부지방에 정착하여 적석총을 조영하였
는데, 이들은 각기 임진강유역·군사분계선 일대의 초기 백제와 남·
북한강유역의 말갈세력권을 형성하면서 일정 시기까지 병존하였다.49)

온조집단은 임진강유역에 백제를 건국한 후 북쪽의 군현, 남쪽의 마
한과 접촉하면서 성장하였다. 백제가 건국한 임진강유역은 군현과 마
한세력의 중간에 위치한 완충지대에 속하였다. 이곳에서 백제는 군현
과 마한에 대하여 조공관계를 맺고 생존을 도모하였다.

임진강유역 일대에는 고구려에서 내려온 온조집단 외에도 군현지역

---

46) 일제시대의 조사 보고에 의하면 석촌동 일대에 66기의 적석총이 있었는데 적
   석총이 축조된 시기는 3세기 중엽 무렵이었다(林永珍, 1994, 위의 글, 58쪽).

47) 적석총의 조영 집단에 대해서는 고구려계 유이민집단으로 생각하는 견해(李
   東熙, 1998, 「南韓地域의 高句麗系 積石塚에 대한 再考」, 『한국상고사학보』
   28 ; 권오영, 1986, 앞의 글 ; 기전문화재연구원, 2002, 「연천 학곡제 개수공사
   지역내 학곡리 적석총 발굴조사」, 현장설명자료)와 재지세력으로 보는 견해
   (문화재연구소, 1994, 『연천 삼곶리 백제적석총 발굴조사보고서』, 58쪽 ; 강인
   구, 1989, 「한강유역 백제고분의 재검토」, 『한국고고학보』 22 ; 박순발, 2002,
   『한성백제의 탄생』, 서경문화사, 134쪽)로 대별된다.

48) 文安植, 1997, 「百濟의 對中國郡縣關係 一考察」, 『전통문화연구』 4, 조선대
   전통문화연구소, 172쪽. 온조가 임진강유역에서 백제를 건국한 정확한 장소
   는 알 수 없는 형편이지만, 무기단식 적석총이 밀집 분포되어 있는 연천군 일
   원에 위치하였을 가능성이 높다.

49) 文安植, 1995, 「百濟 聯盟王國 形成期의 對中國郡縣關係 研究」, 동국대 대
   학원 석사학위논문, 34쪽.

에서 남하한 유이민, 마한 방면에서 북상한 사람들과 원래의 토착세력
이 混居하였다. 백제의 건국 주체들은 임진강유역에 거주하던 다양한
집단과 공존하면서 국가발전을 모색하였다. 백제는 군현에서 유입되는
선진문화를 수용하여 국가발전의 원동력으로 삼았다. 또한 백제의 건
국 주체세력은 고구려에서 선진문화를 체험한 선진적인 이주민 집단
이었다. 이들은 국가조직을 편성하여 운영할 수 있었고 기마와 철제무
기를 바탕으로 뛰어난 군사적인 능력도 겸비하였다.[50]

그러나 伯濟國의 성장 과정에서 큰 분수령이 된 것은 무엇보다도 2
세기 중엽 이후 군현의 약화로 인한 견제력 상실과 마한의 맹주 역할
을 하던 목지국의 약화였다. 낙랑군의 삼한사회에 대한 영향력은 2세
기 중엽에 이르러 後漢이 쇠퇴하면서 약화되었다. 백제를 비롯한 한족
세력은

  B. 桓帝와 靈帝 말기에는 韓과 穢가 강성하여 郡縣이 제대로 통제하
    지 못하니, 많은 백성들이 韓國으로 유입되었다.[51]

라고 하였듯이, 군현의 간섭에서 벗어나 성장에 박차를 가할 수 있었
다. 한반도 남부지방은 B.C. 2세기 중엽을 전후하여 철기문화가 전파
되면서 사회의 면모가 일신되고 발전이 가속화되었다.

삼한사회는 철기문화가 급격히 확산되는 변화가 있었으나 기본적으
로 세형동검 단계의 주민과 문화를 계승하였다. 마한지역은 B.C. 2세
기 말부터 B.C. 1세기에 이르러 본격적인 철기문화의 단계에 도달하였
고, 점차 지역별로 정치적 구심체가 등장하면서 소국 사이의 연맹체를

---

50) 李鎔彬, 1999, 「백제초기의 지방통치체제 연구」, 『실학사상연구』 12, 104~
  111쪽.
51) 『三國志』 권30, 魏書30, 烏丸鮮卑東夷, 韓.

형성하기 시작하였다.[52]

이 과정에서 한족세력의 수장으로 대두한 인물이 목지국의 辰王이었다. 진왕은 삼한의 여러 소국과 종주·부용 관계를 토대로 군현과의 대외교섭에 있어서 주도적인 역할을 하였다.[53] 진왕은 늦어도 B.C. 1세기 무렵에는 출현하여 對中國郡縣 交易의 교섭권과 행사에 중심역할을 수행하였다.[54]

원래 마한을 비롯한 삼한사회의 주도권은 목지국이 장악하였다. 마한의 세력범위는 임진강과 예성강유역을 북방 한계[55]로 하여 한반도 중남부지역을 포괄하였다. 마한은 지역별로 세분하여 伯濟國 중심의 한강유역권, 目支國 중심의 아산만세력권, 乾馬國 중심의 금강유역권, 新彌國 중심의 영산강유역권으로 구분된다.[56]

백제를 속국으로 삼아 부용관계를 맺은 마한세력은 목지국이었으며, 그 대표자는 辰王으로 불리었다. 백제는 진왕의 양해 아래 마한의 북부지역에 정착하여 국가를 건국하였기 때문에 屬國으로 인식되었다.[57] 그런데 백제본기에 따르면 온조왕 27년에 마한을 멸망시켰고,[58]

---

52) 李賢惠, 1997, 「삼한의 정치와 사회」, 『한국사』 4, 국사편찬위원회, 264쪽.

53) 李丙燾, 1976, 앞의 책, 240～241쪽.

54) 文昌魯, 2005, 「마한의 세력범위와 백제」, 『한성백제총서』, 94쪽.

55) 마한의 북방 한계는 대방군의 治所를 황해도 일대로 상정하여 대략 예성강 또는 임진강유역으로 한정하고 있다(成周鐸, 1987, 「마한·초기백제사에 대한 역사지리적 관견」, 『마한·백제문화』 10, 164쪽). 그러나 고이왕대에 백제와 대방군이 평산의 저탄인 浿河를 경계로 삼았던 사실을 고려하면 마한의 북방 한계는 예성강으로 추정된다. 다만 예성강 이남과 임진강 이북 사이의 일부 지역이 진번군에 속하였을 가능성이 높기 때문에 마한의 북방 한계는 임진강계선에서 예성강계선으로 올라갔을 가능성이 높다.

56) 고고학적 성과를 바탕으로 마한지역을 4대 문화권역으로 구분한 것은 다음의 글을 참조하기 바란다. 朴燦圭, 1995, 「백제의 마한정복과정 연구」, 단국대대학원 박사학위논문, 146～150쪽.

57) 『周書』 異域列傳, 百濟.

3세기 중엽의 고이왕 때에는 6佐平制와 16官等制가 확립될 만큼 잘 짜여진 국가체제를 가진 것으로 되어 있다.[59] 백제본기의 기사를 그대로 믿는다면 백제는 온조왕 때부터 연맹왕국을 형성한 것으로 볼 수 있다.

그러나 백제본기의 초기사료에 대해서는 일찍부터 신빙성 여부와 왕통기년을 중심으로 연구가 진행되어 왔다. 이 논의는 부정론[60]·수정론[61]·긍정론[62]의 세 가지로 구분할 수 있다. 그런데『三國志』東夷傳 馬韓 條에 의하면 3세기 중엽 무렵에도 백제는 마한의 일개 소국인 伯濟로 적기되어 있다.[63] 또한 2세기 중반 이전에는 백제보다는 마한의 맹주국이었던 목지국의 진왕이 對郡縣關係의 주도권을 장악하였다.[64] 백제가 목지국의 영향력에서 벗어나 마한을 복속한 것은 빨라도 3세기 중엽 이후에 이루어졌다.

---

58)『三國史記』권23, 百濟本紀1, 溫祚王 27年.
59)『三國史記』권24, 百濟本紀2, 古尒王 27年.
60) 津田左右吉, 1921,「百濟における日本書紀記錄」,『滿鮮地理歷史硏究報告』8 ; 今西龍, 1934,『百濟史硏究』, 近澤書店.
61) 李丙燾, 1936,「三韓問題의 新考察」,『震檀學報』6 ; 金哲埈, 1982,「百濟建國考」,『百濟硏究』특집호 ; 盧重國, 1988, 앞의 책.
62) 千寬宇, 1976, 앞의 글 ; 李鍾旭, 1976,「百濟의 國家 形成」,『大邱史學』11.
63)『三國志』권30, 魏書30, 東夷傳, 馬韓.
64) 辰王을 後漢 이후 혹은 3세기 초 帶方郡 설치와 더불어 군현의 한족대책에 대응하여 수장층 사이의 이해를 조정하면서 대외교섭권을 장악한 在地機關의 수장으로 보는 견해도 있다(武田幸男, 1994,「魏志東夷傳における馬韓」,『文山金三龍博士古稀紀念論叢』, 355쪽). 그러나 目支國 辰王의 영향력은 군현의 약화와 때를 같이 하여 마한 중심의 교역권이 붕괴되고 철기 보급을 통하여 각 지역별로 새로운 교역의 대상과 중심지가 대두되는 시대적 조류로 말미암아 점차 위축되었다(李賢惠, 1984,『삼한사회 형성과정 연구』, 일조각, 171쪽). 즉, 한반도 남부지방의 토착세력에 대한 진왕의 영향력이 발휘된 것은 2세기 중반까지였으며, 그 이후에는 상징성 정도만 유지되었을 가능성이 높다(文安植, 2002,『백제의 영역확장과 지방통치』, 신서원, 38쪽).

따라서 백제가 온조왕 때에 마한 전체를 병합한 것으로 보기에는 문제가 따른다. 백제본기에 온조왕 때의 사실로 전하는 상당 부분의 기사는 후대의 일들을 소급하여 정리한 것이다. 백제본기 온조왕 조에 기록된 일련의 사실은 성읍국가 단계의 백제국 사정을 전하는 것이 아니라 연맹왕국 단계의 실정을 기록한 것이다.[65]

목지국 진왕의 영향력은 군현의 약화와 때를 같이 하여 교역권이 붕괴되고 철기 보급을 통하여 각 지역별로 새로운 교역의 대상과 중심지가 대두되면서 점차 위축되었다.[66] 한반도 남부지방의 토착세력에 대한 진왕의 영향력이 발휘된 것은 2세기 중반까지이며 그 이후에는 상징성 정도만 유지되었다. 2세기 중엽부터 가속화된 낙랑군의 약화는 진왕의 권위 상실로 이어졌고, 삼한 각지의 토착세력은 그 영향력에서 벗어나 독자적인 발전을 꾀하였다.

진왕의 권위 약화와 때를 같이하여 백제와 신라가 유력한 세력으로 등장하였다. 백제는 목지국 진왕의 간섭을 벗어나 독자적인 발전을 추구하였는데,

C. 칠월에 王이 熊川柵을 세우니 마한왕이 사신을 보내 나무라기를 "왕이 처음 下水를 건너 容足할 곳이 없자, 내가 동북 일백 리의 땅을 떼어 安居케 하였으니, 왕을 대우함이 두터웠다 할 것이다. 마땅히 이에 보답할 생각이 있어야 할 것이거늘, 이제 나라가 완전하고 백성이 많이 모여들어 대적할 자가 없다고 하고 크게 城池를 만들고 우리의 강역을 침범하니 의리에 그러할 수가 있겠는가" 하였다. 왕이 부끄럽게 여겨 드디어 木柵을 헐었다.[67]

---

65) 李基東, 1987, 앞의 논문, 52쪽.

66) 李賢惠, 1984, 앞의 책, 171쪽.

67) 『三國史記』 권23, 百濟本紀1, 溫祚王 24年.

라고 하였듯이, 정확한 시기를 알 수 없지만 한 차원 높은 국가단계로
성장하는 과정의 진통을 겪게 되었다. 백제가 인근의 대소세력과 밀접
한 관계를 맺고 성장을 주도한 것은 군현이 쇠퇴되면서 목지국의 삼한
사회에 대한 영향력이 약화되었기 때문에 가능하였다.

백제는 2세기 중엽 무렵에 이르면 목지국과 더불어 유력한 小國으
로 부각되었다.『後漢書』韓傳에는 "韓은 모두 78개 나라로서 伯濟는
그 중의 하나이다"[68]라고 하여 각 소국들의 명칭은 생략하였지만, 백
제를 특별히 언급하고 있다. 마한의 여러 소국 가운데 伯濟國을 거명
한 것은 목지국과 함께 유력한 소국으로 인식된 것을 반영한다.[69]

한편 사료 B에 보이는 '韓穢强盛'의 주체는 군현과 인접한 伯濟國
주도의 마한 북부세력과 영서지역의 말갈세력을 지칭한다. 백제를 비
롯한 마한의 북부세력을『三國志』韓傳의 사료를 이용하여 '近郡諸
國'으로 명명하기도 한다.[70]

伯濟는 소위 '近郡諸國'과 연맹을 구축하면서 국가의 외연을 확대
하여 나갔다. 그 결과 백제는 2세기 중엽 이후 이웃한 말갈과 더불어
군현이 마음대로 통제할 수 없을 만큼 성장하였다. 낙랑군의 통제력
상실 및 목지국의 위축과 더불어 군현에 거주하던 선진적인 주민들의
유입은 백제의 성장을 위한 토대가 되었다.[71]

---

68) 『後漢書』 권85, 東夷列傳, 韓, "凡七十八國 伯濟是其一國焉".

69) 文昌魯, 2005, 앞의 글, 87쪽, 각주 34).

70) 文昌魯, 2005, 위의 글, 89쪽.

71) 伯濟國을 비롯한 마한 북부지역은 지리적으로 인접한 군현에서 주민이 유입
되거나 빈번한 접촉을 하였다. 이는 낙랑과 관련이 있는 고고유적과 출토 유
물로도 입증된다. 가평 마장리에서는 낙랑 토기의 영향을 받은 회흑색 무문
토기가 출토되었고(朴淳發, 1989,「한강유역 원삼국시대의 초기의 양상과 변
천」,『한국고고학보』23, 38쪽), 서울의 가락동 2호분은 낙랑계 토광묘와 연
결되며(姜仁求, 1984,「한국유역의 토축묘」,『삼국시대분구묘연구』, 11~40
쪽), 풍납토성 내부에서는 낙랑계통의 기와와 토기가 조사되었다(金元龍,

제2절 연맹왕국 형성과 대외관계의 변화

1. 군현의 재편과 백제의 추이

백제의 성장은 3세기에 접어들어 公孫氏가 대방군을 설치하면서 새로운 국면으로 접어들었다. 공손씨는 대방군을 설치하여 약화된 後漢을 대신하여 韓族勢力과 관계를 맺게 되었다. 중국의 後漢王朝는 和帝(A.D. 88~105) 이후 정권이 외척과 환관에 의해 좌우되었다. 그리하여 184년(靈帝 中平1)에는 黃巾族의 亂으로 일컬어지는 농민항쟁이 일어나 각지에서 수많은 할거세력이 이합집산을 거듭하였다.

이 무렵에 公孫度도 遼東郡을 점거하여 遼西와 中遼의 2郡으로 분할하고 각기 태수를 두었다. 공손탁은 바다를 건너 東萊의 여러 현을 차지하여 營州刺史를 두는 등 중국의 혼란한 정세에 편승하여 상당한 세력을 형성하였다. 공손탁을 계승한 公孫康은 204년 아버지의 뒤를 이어 요동태수가 되었다. 그는 207년 요동으로 도망해 온 袁尙을 죽여 曹操에게 바치고 襄平侯 左將軍의 벼슬을 받았다.

공손강은 고구려를 격파하여 환도성으로 도읍을 옮기게 하는 등 한반도 북부지역으로 세력을 확대하였다. 공손강은 漢四郡이 설치된 이래 토착세력을 통제하면서 전진기지 역할을 하던 낙랑군이 약화되자 3세기 초에 대방군을 신설하였다. 공손씨가 대방군을 설치한 것에 대해서는 약화된 낙랑군을 보완하여 한족사회에 대한 영향력을 강화하기 위한 것으로 보고 있다.[72]

1967, 「풍납리토성내포함층조사보고」, 서울대 고고인류학과). 또한 가평읍 달천리의 토광묘에서는 낙랑계통의 토기를 수습하였고(한림대 박물관, 2003, 『경춘선 복선전철 제6공구 가평역사부지내 문화유적 발굴조사 지도위원회자료』), 화성 기안리 제철유적에서도 다양한 형태의 낙랑계 토기가 다량 출토되었다(기전문화재연구원, 2003, 「화성 발안리 마을유적」, 기안리 제철유적 발굴조사 현장설명회자료 14).

환도산성 전경 | 중국 길림성 집안에 있는 고구려 왕성으로, 시내 중심부에서 북쪽 2.5km 떨어진 곳에 위치한다. 고구려의 지배층은 평상시에는 평지성인 국내성에 거주하였지만, 전란이 발생하면 환도산성으로 옮겨 적군과 교전을 벌였다.

그런데 대방군을 설치한 공손씨 정권은 강력한 중앙집권력과 주변의 異民族을 압도할 수 있는 현실적인 제반 역량을 바탕으로 하여 적극적인 대외정책을 추구하는 중앙정부가 아니라는 점에서 재고의 여지가 있다.[73] 낙랑군은 後漢 末에 이르러 고구려의 강성으로 말미암아

---

72) 대방군은 韓族과 濊族에 의해 낙랑군의 남방이 편입되는 것을 방지하고, 낙랑군의 治所가 북방에 편중되어 남방을 소홀히 할 결점이 있으므로 이를 보완하기 위해 설치된 것으로 이해한다(池内宏, 1951, 「公孫氏の帶方郡設置と曹魏の樂浪・帶方2郡」, 『滿鮮史硏究』上世第一篇, 239쪽). 또한 後漢이 약화된 2세기 중엽 이후 삼한의 강성으로 낙랑군 지배하의 고조선 사람들이 한족사회로 흘러가면서, 낙랑군의 지배력이 한계를 노출하자 이 위기를 수습하기 위해 대방군이 설치되었다고 보기도 한다(李基白, 1976, 앞의 책, 31쪽).

73) 이에 대해서는 『三國志』東夷傳의 편찬배경과 의도를 서술한 序文에서 陳壽가 동이전의 찬술 목적이 前史의 미비한 점을 보완하는데 있음을 밝히고, 공손연의 요동 점유 이후 동이지역은 중국과는 단절되었으며 그 후 관구검의

환도산성 정문 부근의 성벽 | 환도산성은 산정(652m)을 중심으로 주위 능선을 따라 성벽이 축조되었다. 성 안에 7개의 문이 있었지만 적이 쉽게 공격할 수 있는 곳은 가장 낮은 곳에 자리한 남문이었다. 남문의 방어력을 보강하기 위해 강물을 이용하여 해자를 설치하였고, 옹성구조를 갖추어 성벽과 성문을 보호하였다.

본국과 陸路가 차단되어 부임하던 帶方縣令이 고구려의 습격을 받아 살해되고, 낙랑태수의 처자가 포로로 되는 등 어려운 형세에 처해 있었다.74)

  공손씨는 대방군을 설치하여 韓族社會에 대한 영향력을 행사하려고 하였으나 고구려가 가로막고 있었기 때문에 많은 어려움에 직면하였다. 대방군이 설치되기 이전에 군현지역은 주민의 대폭적인 감소에 따라 존립기반이 붕괴되었고, 後漢이 약화되어 그 지원마저 기대할 수 없는 상태에 있었다. 또한 낙랑군의 지배 하에 있던 옥저와 동예가 이

  공격 이후에 와서야 정보를 수집할 수 있었다는 내용이 참조된다. 따라서 요 동의 호족세력이었던 공손씨가 세운 대방군의 대외정책은 중국의 정통왕조 는 여러 면에서 차이가 있을 수밖에 없었다.

 74) 『三國史記』 권15, 高句麗本紀3, 太祖王 94年.

탈하여 고구려에 예속되는 등 세력이 크게 약화되었다. 고구려가 남하
하면서 낙랑군은 거의 회복이 불가능한 상태에 직면하였다.

대방군 설치를 낙랑군의 실질적인 南遷 내지 終末로 이해하는 견해
도 있다. 이는 『삼국사기』에 보이는 고구려의 평양성 축조,[75] 대방군
공격,[76] 혹은 중국 포로 8천명의 평양 이주[77] 등을 근거로 제시하고
있다.[78] 그러나 247년(동천왕 21)에 축조된 평양성은 오늘날의 평양지
역이 아니라 江界의 東黃城으로 보는 견해가 유력하며, 대방군 설치
후에도 鮮于嗣·劉茂 등 낙랑태수 이름이 계속 역사서에 등장하고 있
기 때문에 낙랑의 멸망이나 南遷을 주장하는 견해는 재고의 여지가 있
다.[79] 다만 대동강 이북지역에 위치한 낙랑군의 屬縣은 점차 고구려의
세력권으로 편입되고 있었다.[80]

따라서 공손씨가 대방군을 설치한 것은 고구려의 직접적인 영향력
이 미칠 수 있는 곳에서 어느 정도 벗어나 흩어진 流民을 수습하여 약
화된 낙랑군을 보완하려는 의도로 추정된다. 공손씨는 漢四郡이 설치
된 이래 토착세력을 통제하던 전진기지 역할을 하던 낙랑군이 약화되
자 대방군을 신설하여 기능을 이관하였다.

공손씨가 대방군을 설치한 목적은 무엇보다도 숙적 고구려의 후방
을 교란할 수 있는 거점을 확보하는 데 있었다. 공손씨는 2세기 말에
이르러 동예가 고구려에 예속되는 등 한반도에 있어서 점증되는 고구
려의 영향력을 차단할 필요성도 염두에 두었다. 공손씨는 고구려를 견

---

75) 『三國史記』 권17, 高句麗本紀5, 東川王 21年.

76) 『三國史記』 권24, 百濟本紀2, 責稽王 卽位年.

77) 『三國史記』 권17, 高句麗本紀5, 美川王 3年.

78) 金元龍, 1976, 「樂浪 文化의 歷史的 位置」, 『한국 문화의 기원』, 166쪽.

79) 李基白·李基東, 1982, 앞의 책, 69~70쪽.

80) 池內宏, 1951, 앞의 책, 58~59쪽.

36

제하기 위하여 전통적으로 중국과 우호적인 관계를 유지하던 부여와 정략적인 혼인관계를 맺기도 하였다.[81]

공손씨는 강국으로 성장하고 있던 고구려를 견제하려는 전략의 일환으로 장기간 동안 유지된 군현의 근거지와 중국계 주민을 주목하였다. 비록 4세기 초반 군현의 축출기에 해당되는 후대의 사료이기는 하지만 당시 요동의 覇者이었던 慕容氏가 파견한 張統이 군현 내의 거주민들을 동원하여 고구려에 맞서 대항한 사실[82]은 이를 반증한다.

그 외에도 공손씨가 대방군을 설치한 것은 2세기 중엽 이후 약화된 군현을 재편하여 韓族社會와의 대외관계를 재편할 목적도 없지 않았다. 漢4郡이 설치된 이래 한족과의 대외관계는 호족세력이 담당하였다. 漢武帝가 고조선을 정벌하고 설치한 四郡은 토착질서를 해체하고 군현지배 체제의 확립에 필수적인 중국인의 대규모 이주정책을 실시하지 않았다. 이로 인하여 낙랑군은 군현지배의 기초가 매우 취약하였고, 漢武帝의 死後부터 소극적인 대외정책을 실시하면서 군현의 운영에서 토착민의 재활용이 불가피하게 되었다.

중국에서 파견된 太守나 縣令 등을 제외한 낙랑군의 하급 지배층의 계통에 대해서는 크게 지석묘를 조영한 先住民 계열[83] 또는 土壙木槨墓를 조영한 중국계 이주민[84] 등으로 구분하여 보고 있다. 그러나 낙

---

81) 『三國志』 권30, 魏書30, 烏丸鮮卑東夷傳30, 夫餘.

82) 『資治通鑑』 권99, 晉紀10, 孝愍 上.

83) 三上次男, 1966, 「朝鮮の古代文化と外來文明」, 『古代東北アジア史研究』, 吉川弘文館.

84) 尹龍九, 1990, 「樂浪前期 郡縣支配 勢力의 種族系統과 性格 -土壙木槨墓의 分析을 中心으로-」, 『歷史學報』 126, 39쪽. 한편 양설의 절충적 입장에서 낙랑의 통치는 漢人系와 土着民을 나누어 실시된 郡縣體制와 國邑體制가 결합된 이원적 지배체제였고, 縣의 屬吏職은 漢人系 주민을 활용하기가 어려운 변두리 지역에서 취한 응급조치로 보기도 한다(權五重, 1992, 『樂浪郡研究』, 일조각, 83쪽).

랑의 하급 지배층(토착세력)은 그 계통과 상관없이 군현과 밀접한 관계를 맺고 있었다. 이들이 군현의 지배체제에 편입된 이유는 郡內外 토착민과의 교섭, 조공의 주선·관리에 참여하여 대외교섭권을 획득하는 것에 있었다.[85]

낙랑의 호족세력은 군현의 통치조직에 참여하여 하급 지배층으로 성장하였다. 이들의 경제적 기반이 조공무역의 일환으로 전개된 중개무역과 私的인 상업행위 등에 있었기 때문에, 그 성장과 쇠퇴의 추이는 韓族勢力과 郡縣의 역학관계와 밀접한 관련이 있다.

중국 왕조의 입장에서 보았을 때 당시의 조공과 그에 따른 교역활동은 羈縻之義에 의한 이민족 지배의 이념을 충족시키는 정치적 행위였다.[86] 그러나 한족세력은 군현과의 접촉이 선진문물을 흡수하는 통로역할을 하였으며, 군현에서 보내 준 인수나 의책 등의 위세품은 내부세력을 통제하는 데 이용되었다. 또한 군현과의 조공무역은 막대한 이익을 창출하는 경제적인 상거래의 일종이었다.

군현의 호족들이 묻힌 전축분에서 출토된 覆輪金具·漆器·玉器·布帛 등은 그들의 생활이 얼마나 화려했는가를 보여준다. 이러한 유물 중에는 郡治에서 만들어진 것도 있으나, 대부분은 중국에서 가져온 수입품들이었다. 군현의 호족들은 計簿와 貢物을 수도로 보내는 임무를 맡은 上計吏(郡의 丞)의 屬吏가 되어 수도로 갔을 때, 이들 물품을 하사 받았거나 사들였을 것으로 보인다.

이들은 중국의 선진문물을 수입하기 위하여 그 지불수단으로 한족세력의 토산물 확보에 큰 관심을 기울였다. 이들은 관할지역 내에 互市를 개설하여 군현에서 필요한 물자를 조달하기도 하였다.[87] 따라서

---

85) 尹龍九, 1990, 위의 글, 39쪽.
86) 尹龍九, 2003, 「삼한과 낙랑의 교섭」, 『한국고대사연구』 32.
87) 權五重, 1992, 앞의 책, 83쪽.

38

군현의 호족세력과 한족세력의 수장층은 脣亡齒寒의 관계에 있었고, 상호간을 배타적으로 인식하지 않았다.

따라서 군현의 韓族社會에 대한 영향력 정도는 豪族의 활동 상황을 통하여 유추할 수 있다. 이에 대해서는 호족세력의 분묘로 추정되는 전축분에서 출토된 紀年銘塼의 분석을 통해 살펴볼 수 있다. 당시의 중국인들은 任地에서 사망한 경우에도 그 출신 향리로 시신을 옮겨 분묘를 축조하는 歸葬習俗이 보편적이었다. 따라서 낙랑지역에 파견되었다가 죽은 고급관리는 遺體가 본국으로 되돌아갔고,[88] 낙랑고분 중에 태수급 이상의 무덤은 발견되지 않는다.[89]

군현지역에 축조된 고분은 주로 현지의 지배층을 위한 것이었고, 여기서 王氏와 韓氏가 기록된 塼이 출토된 것은 이를 증명한다.[90] 또한 거대한 규모의 고분을 축조하려면 막대한 재력이 필요하였기 때문에 일반 서민은 거의 불가능하였다. 그 고분 내에서 출토된 四川産의 정교한 漆器類, 山東과 四川의 絹布, 異域産 玉製品[91] 등은 낙랑군과 대방군에서 자체적으로 제작할 수 없는 호화로운 사치품이었다. 이러한 물품을 사용한 군현의 지배층은 한반도 남부지방의 한족세력과 중국의 사이에서 중개무역 등에 종사하며 경제적인 財富를 축적하여 호화로운 생활을 할 수 있었다.

塼築墳의 주된 재료인 塼에는 분묘를 조영한 연대를 새긴 紀年銘塼이 있어 고분 연구에 중요한 자료가 되고 있다. 梅原末治가 1933년까

88) 孔錫龜, 1988, 「平安·黃海道地方出土 紀年銘塼에 대한 硏究」, 『震檀學報』 65, 21쪽.
89) 孫秉憲, 1985, 「樂浪古墳의 被葬者」, 『韓國考古學報』 16·17合, 10쪽.
90) 郡縣의 土着豪族勢力 姓氏는 王·韓·貫·杜氏 등의 다수가 있는데, 이들 중에서 대표적인 세력은 王·韓 兩氏이었다(三上次男, 1964, 「樂浪郡의 社會支配構造」, 『朝鮮學報』 30, 35~43쪽).
91) 三上次男, 1964, 앞의 글, 43~45쪽.

지 수집한 기년명전은 모두 37개이며, 그 연대는 2세기 말부터 5세기 초에 이르고 있다.[92] 또한 기년명전에는 後漢·魏·晉·東晉의 年號가 기록되어 있어 군현의 흥망이나 土着韓族과의 관계에서 그 지배력의 일말을 유추할 수 있는 단서를 제공한다. 공손씨가 대방군을 관할한 시기를 중심으로 해당 사항을 재정리하면 다음의 도표와 같다.

<표 1> 塼築墳 出土 紀年銘塼

出土地	年代	紀年銘塼의 年號
黃海道 鳳山郡	182年	光和五年
平南道 大同郡	195年	興平二載
黃海道 信川郡	250年	嘉平二年
黃海道 信川郡	256~259年	甘露
黃海道 信川郡	260年	景元元年
黃海道 信川郡	268年	太始四年
黃海道 鳳山郡	271年	太始七年
黃海道 鳳山郡	271年	太始七年
平南道 大同郡	274年	太始十年
黃海道 鳳山郡	274年	太始十年

그런데 공손씨가 대방군을 관할하던 204~238년 시기에 해당되는 기년명전은 출토된 사례가 없다. 이는 공손씨가 관할하던 시기에 전축분의 축조가 이루어지지 못한 사실을 반영한다. 이는 한족사회에 대한 군현의 영향력이 약화되면서 중개무역을 통하여 財富를 축적하던 호족의 경제기반이 붕괴되었기 때문이다.

따라서 공손씨의 대방군 설치는 군현지역에 거주하는 호족세력을

---

92) 梅原末治, 1933, 「樂浪·帶方郡時代紀年銘塼集錄」, 『昭和七年度古蹟調査報告』第1冊. 한편 해방 이후 북한은 근자에 이르기까지 이 지역에 대한 대대적인 발굴 조사를 하였으나, 그 보고서를 거의 공개하지 않기 때문에 일제시대의 조사결과에 의존할 수밖에 없는 한계는 차후의 과제로 남겨 두고자 한다.

40

紀年銘塼 | 연대가 새겨진 벽돌로 대방군의 중심 지역이었던 봉산과 사리원 일대에 조성된 전축분에서 출토된다.

이용하여 남방의 한족사회를 통제하려던 측면에서 본다면 실패라고 할 수 있다. 대방군의 호족들은 중국의 선진문물을 수입하는 주요한 방법이었던 上計가 불가능하게 되었고, 그 지불수단인 토산물을 확보하기 위한 한족세력과의 조공무역이 크게 약화되었다.[93]

호족들은 그 존재기반이라 할 수 있는 군현의 영향력이 약화되어 막대한 재력이 요구되는 고분의 축조가 불가능하였다. 이는 魏晉時代에 이르러 군현의 세력이 강화되면서 활발한 조공무역과 교섭활동이 재개되어 호족의 상태가 호전됨에 따라 기년명전이 埋納된 다수의 전축

---

93) 변방지역 군현의 上計史(郡의 丞)는 屬吏를 거느리고 3년간의 計簿와 貢物을 수도로 보내는 임무를 맡았고, 이때 이들은 각종 하사품을 받은 외에 사사로이 상업활동을 통해 수익을 올렸다(鎌田重雄, 1962, 「郡國の上計」, 『秦漢政治制度の硏究』, 369~412쪽). 군현은 그 관할지역 내에 互市를 개설하여 토착세력과의 무역관계를 통하여 필요한 물자를 조달하였다(權五重, 1992, 앞의 책, 83쪽).

분이 축조된 것과 크게 대조된다.

　이렇게 볼 때 공손씨가 대방군을 설치한 것은 남방 한족세력을 위압하여 중국적 세계질서의 실현을 도모하거나 중개무역의 이득을 취하려는 데 그 목적이 있었던 것은 아니었다. 공손씨는 대방군을 설치하여 숙적 고구려의 후방을 교란할 수 있는 거점을 확보하려고 하였다. 이를 위하여 公孫康은 대방군을 신설하여

> A. 建安 年間에 公孫康이 屯有縣 이남의 황무지를 분할하여 대방군으로 만들고, 公孫模와 張敞 등을 파견하여 漢의 유민을 모아 군대를 일으켜서 韓과 濊를 정벌하자, 옛 백성들이 차츰 돌아오고, 이 뒤에 倭와 韓은 드디어 대방에 복속되었다.[94]

라고 하였듯이, 군현에서 이탈한 유민을 추쇄하여 통치기반을 강화하였다. 그러나 대방군의 설치에도 불구하고 남방의 한족사회에 대한 통제력은 강화되지 않았다. 오히려 군현지역의 호족이 몰락한 것처럼 그 영향력은 일시적인 것에 불과하였다. 後漢 末 이후 약화된 군현의 영향력과 관련하여 다음의 사료를 주목할 필요가 있다.

> B. 東夷 馬韓의 新彌諸國은 산에 의지하고 바다를 끼고 있었으며 幽州와 4천여 里였는데, 역대로 내부하지 않던 20여 국이 함께 사신을 보내 조공을 바쳐왔다.[95]

　사료 B는 장기간 동안 중국세력과 관계를 맺고 있지 않았던 마한의 新彌諸國이 3세기 말에 이르러 晉에 조공한 사실을 보여준다. 이는 衛瓘을 계승한 張華가 282년에 持節都督幽州諸軍事領護烏桓校尉安北

---

94) 『三國志』 권30, 魏書30, 烏丸鮮卑東夷傳30, 韓.
95) 『晉書』 권36, 列傳6, 張華.

將軍으로 임명되어 동방지역에 대한 적극적인 撫納政策을 추진한 결과였다. 張華의 적극적인 대외정책 추진으로 그동안 단절되어 있던 주변의 이민족들이 다시 조공을 하였는데, 이때 마한의 신미제국도 포함되었다.

신미제국은 사료 B에서 "역대로 내부하지 않던(歷世未附者)" 것으로 기록된 것처럼 대방군의 설치에도 불구하고, 西晉과의 교섭 이전에는 조공이나 그 밖의 다른 접촉이 없었던 것으로 추정된다. 공손씨시대 대방군의 한족세력에 대한 교섭범위는 한정된 지역에 국한되었고, 그 영향력 역시 미약하였다.

또한 사료 A의 "倭와 韓이 드디어 대방군에 신속하였다(倭韓遂屬帶方)"는 의미를 군사적 정벌에 의하여 韓과 倭가 복속된 것으로 볼 수 없다. 韓과 倭가 대방에 신속했다는 사료는 조공관계 등 중국과의 교섭활동에 대한 주선활동을 낙랑을 대신하여 대방군이 관장하게 되었다는 의미에 불과하다. 즉, 後漢의 쇠퇴와 더불어 약화되었던 군현의 영향력이 대방군의 설치로 말미암아 일정 정도 회복되었다는 의미로 해석할 수 있다.

韓과 倭에 대한 조공관계는 낙랑군을 대신하여 대방군에서 관장하게 되었다. 공손씨는 고구려의 남하에 대한 견제는 낙랑군, 한족세력에 대한 관계는 대방군에서 전담하는 분담형태를 취하였다. 백제를 비롯한 한족세력은 대방군의 큰 간섭 없이 지속적인 성장을 계속할 수 있었다. 백제는 대방군의 설치에도 불구하고 연맹왕국 형성에 필요한 대외적인 조건이 형성되었다.

백제는 3세기 중엽에 魏가 공손씨를 멸망시키고 군현을 관할하게 되면서 크게 위축되기에 이르렀다. 요동의 공손씨 정권은 공손탁 때부터 魏와 친밀한 관계를 유지하였다. 그러나 공손탁의 손자인 公孫淵은 위나라 明帝에게 복종하지 않고 228년에 燕王을 자칭하면서 자립하였다. 공손연은 魏에 맞서 吳의 孫權과 제휴하였으나 뚜렷한 성과는 없었다. 공손씨와 위는 무력 대결로 치닫게 되었고, 238년 司馬懿가 이끄는 魏軍이 요동정벌을 단행하였다.

공손연도 遼水를 따라 방위선을 구축했으나, 司馬懿의 양동작전에 말려 패하고 본거지인 壤平으로 후퇴하였다. 공손연은 한동안 위군의 포위공격을 잘 막아냈으나 총공격을 받고 항복을 청하였다. 공손연은 사마의가 항복을 받아들이지 않자 도망하다가 사로잡혀 참수 당하고 말았다. 공손씨를 정벌한 위의 明帝는 그 지배하에 있던 낙랑과 대방 2군마저 평정하였다.

魏는 공손씨가 대방군을 거의 방치한 것과는 달리 철저한 군현지배를 시행하는 강경책으로 선회하였다. 위는 태수를 정식으로 2군에 파견하였고, 한족세력과도 그동안 단절되어 있던 조공관계와 책봉체제를 회복하였다. 위는 중앙정부의 권위와 정통성을 바탕으로 토착세력의 수장층을 그 세력의 정도에 따라 책봉하면서 군현체제의 정상적인 기능을 회복하였다.

위는 토착세력의 수장들에게 衣幘과 邑君, 邑長 등의 印綬를 지급하여 조공관계를 맺고 분열을 획책하였다. 그 결과 낙랑군과 조공관계를 맺고 군현을 방문하는 자가

C. 景初 연간에 明帝가 몰래 帶方太守 劉昕과 樂浪太守 鮮于嗣를 파견하여 바다를 건너가서 2郡을 평정하였다. 그리고 여러 한국의 臣智에게는 邑君의 印綬를 더해 주고, 그 다음 사람에게는 邑長을 주었다. 풍속은 衣幘 입기를 좋아하여, 下戶들도 군에 가서 朝謁할 적에는 모두 衣幘을 빌려 입으며, 자신의 印綬를 차고 衣幘을 착용하는 사람이 천여 명이나 된다.96)

---

96) 『三國志』 권30, 魏書30, 烏丸鮮卑東夷30, 韓.

44

라고 하였듯이, 1천여 명에 이를 정도의 큰 성과를 올렸다.97) 그러나
군현의 상대적인 권위나 통제력이 강화되었지만 2군의 평정은 고구려
의 견제를 피하여 바닷길을 이용하여 몰래 이루어진 것이었다. 군현은
약화된 자체 역량으로 토착세력을 완전히 제압할 정도는 못되었다. 또
한 고구려가 옥저와 동예를 복속하면서 강력하게 남하하고 있었기 때
문에, 군현이 남방에 대한 영향력을 회복하는 것에 큰 제약이 되었다.

이 때문에 위가 2군을 평정할 무렵 군현의 한족정책은 책봉관계를
맺고 印綬를 더해 주는 등의 회유책을 구사하였다. 위의 군현지배는
조공관계의 회복을 통한 구래의 중국적인 세계질서를 회복하는 선에
서 그쳤다.98) 그러나 무구검이 주도한 위군의 동방 침입이 추진되면서
상황은 급변하게 되었다.

고구려는 吳王 孫權의 사신을 참수하여 위에 보내었고,99) 공손씨
토벌에 수천 명의 군대를 파견하는 등 우호적인 관계를 유지하였
다.100) 위가 양국의 완충지대라 할 수 있는 요동을 점거하면서 고구려
와의 충돌은 불가피하게 되었다. 고구려 동천왕이 서안평을 습격하는
등 요동 진출을 위한 적극적인 공세를 취하자,101) 위는 고구려의 西進
에 대처하고 對吳抗爭의 배후 위협을 제거할 목적으로 동방침입을 추
진하였다.

이 작전은 고구려와 그 지배 하에 있던 옥저, 동예뿐만 아니라 남방
의 백제를 비롯한 한족사회까지 염두에 두고 전개되었다. 위는 고구려
와 옥저에 대해서는 幽州刺史 휘하의 주력과 그 주변의 이민족, 요동

97) 『三國志』 권30, 魏書30, 烏丸鮮卑東夷30, 韓.
98) 文安植, 2002, 앞의 책, 58쪽.
99) 『三國史記』 권17, 高句麗本紀5, 東川王 10年.
100) 『三國志』 권30, 魏書30, 烏丸鮮卑東夷30, 高句麗.
101) 『三國史記』 권17, 高句麗本紀5, 東川王 16年.

관구검 기공비 | 1906년 길림성 집안현에서 발견되었으며, 삼국사기 기록이 정확함을 입증하고 있다.

과 현도의 군대를 동원하여 초토화 작전을 수행하였다. 그 반면에 백
제를 비롯한 한족사회에 대해서는 그 영향력을 제고하여 後漢 末 이후
초래된 통제 불능 상태를 본격적으로 개선하려고 하였다.[102]

위는 군현과 인접한 한족사회에 대해서도 직접지배를 실시하려고
하였다. 위의 계획은 한족세력의 저항을 받으면서

> D. 部從事 吳林은 낙랑이 본래 한국을 통치했다는 이유로 辰韓 八國
> 을 분할하여 낙랑에 넣으려 하였다. 그 때 통역하는 관리가 말을 옮
> 기면서 틀리게 설명하는 부분이 있었기 때문에, 臣智가 韓人들을
> 격분케 하여 대방군의 기리영을 공격하였다. 이때 (帶方)太守 弓遵
> 과 樂浪太守 劉茂가 군사를 일으켜 이들을 정벌하였는데, 弓遵은
> 전사하였으나 2郡은 마침내 韓을 멸하였다.[103]

102) 『三國志』 권30, 魏書30, 烏丸鮮卑東夷30, 濊.
103) 『三國志』 권30, 魏書30, 烏丸鮮卑東夷30, 韓.

라고 하였듯이, 군사적 충돌로 비화되었다. 그런데 사료 D에서 군현과의 전쟁을 주도한 한족세력의 수장을 누구로 볼 것인가에 따라 백제의 성장 정도는 확연히 달라진다. 이는 『晉書』 마한 조에 보이는 馬韓主 내지 馬韓王의 실체를 목지국 진왕[104]과 백제 고이왕[105] 중에서 누구로 볼 것인가와 관련된다. 진왕도 고이왕도 아닌 제3의 존재를 상정하여 군현과 인접한 한족사회 소국이었던 臣�‹賁›沽國 수장이 주체가 된 것으로 보는 견해도 있다.[106]

군현과의 전쟁을 주도한 한족세력의 수장에 대해서는 다양한 견해가 제기되었는데, '臣智激韓忿'의 자구에 대한 논란이 문제 해결을 어렵게 하는 주된 원인이 되고 있다. 즉, 通行本 魏志에는 '臣智激韓忿'으로 기록된 반면에, 百衲本 魏志는 '臣幘沾韓忿'으로 기록되어 양자 간에 차이를 보인다.

대방군에 대한 공격의 주체를 臣智로 보는 경우에도 辰韓 渠帥

---

104) 盧重國, 1988, 앞의 책, 91쪽 ; 兪元載, 1994, 「晉書의 馬韓과 百濟」, 『한국상고사학보』 17, 147쪽.

105) 李丙燾, 1959, 『한국사』 고대편, 329~336쪽 ; 千寬宇, 1976, 「三國志 韓傳의 재검토-'三韓考' 제2부」, 『진단학보』 41 ; 李基東, 1987, 「마한영역에서의 백제의 성장」, 『마한·백제문화』 10 ; 李基白, 1994, 「3세기 동아시아 제국의 정치적 발전」, 『고대동아세아사의 재발견』 ; 權五榮, 1996, 「삼한의 '國'에 대한 연구」, 서울대 대학원 박사학위논문 ; 文安植, 1996, 「百濟의 對中國郡縣關係 一考察」, 『전통문화연구』 4 ; 李賢惠, 1997, 「3세기 馬韓과 伯濟國」, 『백제의 중앙과 지방』(백제연구논총5), 충남대 백제연구소 ; 金壽泰, 1998, 「3세기 중·후반 백제의 발전과 馬韓」, 『마한사연구』(백제연구논총6), 충남대 백제연구소.

106) 末松保和, 1954, 「新羅建國考」, 『新羅史の諸問題』, 東洋文庫, 518쪽 주 65) ; 栗原朋信, 1964, 「邪馬台國と大和朝廷」, 『史觀』 70, 129쪽 ; 山尾幸久, 1973, 「魏志 倭人傳の成立」, 『魏志倭人傳』, 講談社, 24쪽 ; 成合信之, 1974, 「三韓雜考-'魏志'韓傳にみえる辰王について」, 『學習院史學』 11, 623쪽 ; 武田幸男, 1990, 「위지동이전에 있어서 마한」, 『마한백제문화』 12, 46쪽 ; 尹龍九, 1998, 「"三國志" 韓傳 대외관계기사에 대한 일검토」, 『마한사연구』(백제사연구논총6), 충남대 백제연구소, 98쪽.

說,[107] 百濟 古尒王說,[108] 馬韓 辰王說[109] 등으로 보고 있다. 반면에 백납본에 따라 '臣幘沾韓忿'으로 보는 논자들은 '臣幘沾韓'은 馬韓의 '臣濆活國'을 지칭한 것으로 보는 것이 일반적이다.[110] 이러한 입장 차이는 통행본과 백납본 중에서 어느 것을 따를 것인가와 관련된다.

그러나 『삼국사기』의 기사를 조작과 부회로 간주한다면 별다른 문제가 없지만 古記 등의 독자적 所傳에 따른 점을 인정할 수 있다면,[111] 『三國史記』와 『三國志』 魏志의 기록을 모두 만족할 수 있는 방법을 모색할 필요가 있다. 따라서 대방군을 공격한 주체를 고이왕으로 명확히 기록한 『삼국사기』기사와 연결하여 고찰하는 것이 보다 객관적일 것이다. 백납본의 '臣幘沾韓忿'보다는 통행본의 '臣智激韓忿'의 기록이 역사적 사실에 가까운 것으로 판단되며, 신지는 다름 아닌 한족세력의 수장인 백제의 고이왕으로 생각된다.

양측의 충돌이 발생한 직접적 계기는 진한 8국을 분할하여 낙랑군

---

107) 池內宏, 1928, 「曹魏の東方經略」, 『滿鮮地理歷史硏究報告』 12, 245쪽 ; 李丙燾, 1936, 앞의 글, 117쪽 ; 崔海龍, 1997, 「辰韓聯盟의 形成과 變遷－下」, 『大丘史學』 53, 5~6쪽.

108) 千寬宇, 1989, 『古朝鮮史・三韓史硏究』, 일조각, 242쪽 ; 李基白・李基東, 1982, 앞의 책, 135쪽 ; 李鍾旭, 1996, 「『三國志』 韓傳 정치관계 기록의 사료적 가치와 그 한계」, 『吉玄益敎授停年紀念史學論叢』, 378~381쪽 ; 李賢惠, 1997, 앞의 글, 21쪽 ; 金壽泰, 1998, 앞의 글, 192쪽.

109) 三上次男, 1966, 「南部朝鮮における韓人部族國家の成立と發展」, 『古代東北アジア史硏究』, 吉川弘文館, 109쪽 ; 盧重國, 1990, 「目支國에 대한 一考察」, 『百濟論叢』 2, 百濟文化開發硏究院, 83쪽.

110) 末松保和, 1954, 앞의 글 ; 栗原朋信, 1964, 앞의 글 ; 山尾幸久, 1973, 앞의 글 ; 金起燮, 1993, 「한성시대 백제의 王系에 대하여」, 『한국사연구』 83, 23쪽 ; 尹龍九, 1998, 앞의 글, 98쪽 ; 權五榮, 2001, 「伯濟國에서 百濟로의 전환」, 『역사와현실』 40, 34쪽 ; 尹善泰, 2001, 「마한의 진왕과 신분활국」, 『백제연구』 34, 13쪽.

111) 探津行德, 1990, 「『三國史記』 記載對中國關係記事について－その檢討のための豫備的考察」, 『學習院史學』 27, 學習院大學史學會, 60쪽.

48

에 부속하려는 군현과 이에 반대하는 한족세력의 사이에 통역자가 전
달을 잘못하였기 때문이었다. 그러나 양 세력의 충돌은 위가 적극적인
동방정책을 추진하면서 한족사회에 대해서도 강경책으로 선회하자, 토
착세력이 반발하여 전쟁이 일어난 것으로 생각된다.

또한 분쟁의 초점이 되었던 진한 8국의 위치는 예성강 이남의 경기
지역,[112] 춘천에서 충주에 이르는 중부지역,[113] 영남의 일부 지역[114]
등으로 보고 있다. 그러나 춘천에서 충주에 이르는 지역은 貊系 靺鞨
의 거주지였기 때문에 진한 8국과는 무관한 곳이다. 진한 8국을 영남
의 일부 지역으로 보는 견해 역시 『三國志』 동이전 진한 조에 보이는
진한 12국과 연결하여 견강부회한 것에 불과하다.

진한 8국은 군현과 인접한 예성강 이남에서 한강 이북 사이에 위치
하였다. 이 지역은 농경지로서 좋은 조건을 갖추었고 군현에서 이탈한
상당수의 주민이 머무르고 있었다. 진한 8국은 위의 동방정책이 적극
화되면서 토착세력에 대한 분할통치라는 본래의 기능을 만회하고, 자
체의 역량을 기반으로 군현의 지배력을 확보하기 위해서 매우 필요한
지역이었다.

군현은 고구려의 영향력을 차단하여 동예를 재차 지배하게 되면서
인적·물적자원을 확충하기 위하여 직접적인 수취체계 내로 편입하였
듯이, 인근의 한족사회에 대해서도 유사한 정책을 취하려고 하였다. 군
현은 인적 기반을 강화하기 위해서 낙랑에서 이탈한 다수의 유이민이
머물고 있던 진한 8국을 주목하였다. 위는 공손씨가 대방군을 설치한
후에 시도한 유민 추쇄도 고려하였지만,[115] 이를 한 단계 초월하여 그

---

112) 李丙燾, 1976, 앞의 책, 121쪽.
113) 崔海龍, 1997, 앞의 글, 5쪽.
114) 池內宏, 1928, 앞의 글, 245쪽 ; 尹龍九, 1999, 앞의 글, 123쪽.
115) 『三國志』 권30, 魏書30, 烏丸鮮卑東夷, 韓.

동안 방치된 옛 진번군을 복구하려고 하였다.

위는 악전고투 끝에 고구려를 격파하고 수도인 환도성을 함락하였다.[116] 또한 魏將 毌丘儉은 王頎를 보내 후퇴하는 동천왕을 옥저까지 추격하여 그 땅을 철저히 짓밟았다. 위는 현도군과 대립하면서 성장한 고구려와 옥저를 파괴한 것에 그치지 않고 동예까지 복속하여 그 세력을 크게 떨쳤다. 魏의 영향력은 비약적으로 신장되었고 그 압력에 밀려 고구려·옥저·동예 등은 위축될 수밖에 없었다.

그 후 진번군이 폐지되면서 방치된 후 한족세력이 점거하게 된 진한 8국이 자연스럽게 분쟁지역으로 떠오르게 되었다. 위는 漢四郡이 설치된 지역 중에서 현도군의 지배를 받았던 고구려와 옥저를 파괴하였다. 그리고 임둔군의 옛 땅인 동예를 장악한 데 이어 진번군이 관할하였던 남부 8현(진한 8국)을 장악하여 군현의 영향력을 다시 강화하려고 하였다.

위는 진한 8국이 본래 낙랑에 속하였다는 명분을 내세워 군현의 인적·물적 토대를 확충하려고 하였다. 그러나 진한 8국에 대한 군현의 영유권 주장은 한족사회의 자립과 성장에 대한 전면적인 부정이었다. 한족세력은 군현이 약화되면서 외부의 간섭 없이 자치를 누리면서 성장하였기 때문에 이를 인정할 수 없었다.

따라서 군현과 한족세력 사이에 발생한 통역의 오해는 진한 8국의 영유권에 대한 양 세력의 입장 차이를 반영한 것으로 추정된다. 魏는 백제를 비롯한 한족사회의 성장을 무시하고 분열정책을 구사하여 군현을 방문한 자가 천여 명에 이를 정도의 성과를 올렸다. 이는 백제국, 목지국, 건마국 등 馬韓諸國 大國 수장층의 대외교섭 주도와 외교권 장악을 부정한 것이었다.

---

116)『三國史記』권17, 高句麗本紀5, 東川王 20年.

魏가 여기에 그치지 않고 진한 8국마저 직접 통제하려고 하자 한족
세력은 크게 자극 받게 되었다. 양측의 대립은 단순한 통역상의 의견
차이나 조공 관할기관 이전의 문제가 아니라 진한 8국을 둘러싸고 전
개된 영유권 분쟁이었다. 魏는 한족세력에 대한 기존의 온건한 정책을
수정하여 진번의 옛 땅은 직접 지배하고, 그 이남의 한족사회에 대해
서는 강력한 영향력을 행사하려고 하였다.

한족세력은 강력히 반발하였으나 처음부터 무력을 동반한 실력행사
를 꾀하지는 않았던 것 같다. 삼한에 대한 군현의 영향력은 後漢 光武
帝의 군현 재편, 공손씨의 대방군 설치, 魏의 낙랑과 대방 2군 장악 등
과 같은 재편기에는 일시적으로 크게 강화되었다. 그러나 그 영향력은
점차 약화되어 後漢 末의 桓·靈帝 때와 같이 상실되는 것이 일반적
인 추세였다.

따라서 한족세력은 魏의 강경한 군현정책에 맞서 즉각적인 대항보
다는 차후의 대안을 모색하면서 위기를 극복하려고 하였다. 한족세력
은 군현의 직접지배 범위에 편입되는 것에 대하여 거부감을 갖고 있었
으나, 魏의 강력한 동방정책에 위압되었기 때문에 적극적인 저항을 꾀
할 수 없었다. 한족세력은 소극적인 저항의 형태로 원래의 거주지를
벗어나 다른 지역으로 이동하였다. 임진강유역에 건국의 기틀을 마련
한 백제 역시 한강을 넘어 군현의 영향력이 직접 미치지 못하는 곳으
로 옮겨가게 되었다.[117]

2. 하남위례성 천도와 기리영 전투

魏의 강력한 압박은 伯濟國을 비롯하여 군현에 인접한 한족세력이
남하 이동하는 원인이 되었다. 백제는 군현의 분열정책에 편승하여 한

---

117) 文安植, 2002, 앞의 책, 69쪽.

강 상류를 타고 침입을 가해오는 말갈의 위협에도 대처해야 하였다. 백제는 군현과 말갈이라는 강력한 적을 방어하기 위하여 江을 방벽으로 이용할 수 있는 곳으로 도읍을 옮기게 되었다. 백제가 도읍지로 선택한 하남위례성은

A. 주몽이 북부여에 있을 때 낳은 아들이 와서 태자가 되자, 비류와 온조는 태자에게 용납되지 못할까 두려워 마침내 오간·마려 등 열 명의 신하와 더불어 남쪽으로 갔는데 백성들이 따르는 자가 많았다. 드디어 한산에 이르러 負兒嶽에 올라가 살만한 곳을 바라보았다. 비류가 바닷가에 살고자 하니 열 명의 신하가 간하였다. "이 강 남쪽의 땅은 북쪽으로는 漢水를 띠처럼 띠고 있고, 동쪽으로는 높은 산을 의지하였으며, 남쪽으로는 비옥한 벌판을 바라보고, 서쪽으로는 큰 바다에 막혔으니 이렇게 하늘이 내려준 험준함과 지세의 이점은 얻기 어려운 형세입니다. 여기에 도읍을 세우는 것이 또한 좋지 않겠습니까?" 비류는 듣지 않고 그 백성을 나누어 미추홀로 돌아가 살았다. 온조는 한수 남쪽의 위례성에 도읍을 정하고 열명의 신하를 보좌로 삼아 국호를 十濟라 하였다. 이때가 前漢 成帝 鴻嘉 3년이었다.[118]

라고 하였듯이, 북으로는 한강을 끼고 남으로는 비옥한 평야가 펼쳐져 있으며, 동으로는 산으로 둘러싸여 있는 천험의 요충지였다.

하남위례성의 위치에 대해서는 여러 곳이 주장되었지만, 아직 그 정확한 장소는 알 수 없는 형편이다. 하남위례성을 직산,[119] 廣州 古邑,[120] 남한산성,[121] 춘궁리 일대,[122] 광장진 너머의 한남토성지,[123]

---

118) 『三國史記』 권23, 百濟本紀1, 溫祚王 前文.
119) 『三國遺事』 권1, 王曆1, 百濟1, 溫祚王 15年.
120) 丁若鏞, 『與猶堂全書』 권3, 慰禮考.
121) 申景濬, 「疆界考」, 『旅菴全書』.
122) 鮎貝房之進, 1934, 「百濟古都案內記」, 『朝鮮』 234호.

복원된 풍납토성 | 풍납토성은 한강 연변의 평지에 축조된 순수한 토성으로, 남북으로 길게 타원형을 이룬다. 성벽의 길이는 동벽 1,500m, 남벽 200m, 북벽 300m 정도이며, 서벽은 1925년의 홍수로 유실되었다. 전체 길이는 둘레 3,740m에 이르며 현재는 2,679m 정도 남아 있다. 북벽의 경우 높이가 약 8m이고, 기초 부분의 너비는 약 30m이다.

이성산성,[124] 몽촌토성,[125] 남한산 북쪽 기슭,[126] 풍납토성,[127] 몽촌토성과 이성산성 사이,[128] 하남시 교산동토성[129] 등으로 보고 있다. 그러나 성곽의 규모, 축조에 필요한 노동력과 출토 유물의 성격 등으로 볼 때 몽촌토성을 군사적 거점, 풍납토성을 정치적 거점인 王城으로 보는 견해[130]가 타당한 것으로 생각된다.

123) 金映遂, 1957, 「百濟國都의 變遷에 대하여」, 『전북대논문집』 1.

124) 尹武炳, 1974, 「한강유역에 있어서의 백제문화연구」, 『백제연구 학술대회』.

125) 李基白, 1975, 『백제문화-백제문화학술회의록-』 7・8합.

126) 千寬宇, 1976, 「삼한의 국가형성(하)」, 『한국학보』 3.

127) 金廷鶴, 1981, 「서울근교의 백제유적」, 『향토서울』 39.

128) 車勇杰, 1981, 「위례성과 한성에 대하여」, 『향토서울』 39.

129) 金崙禹, 1993, 「하북위례성과 하남위례성」, 『사학지』 26.

그런데 백제본기에는 하남위례성으로 도읍을 옮긴 시기를 온조왕 13년으로 밝히고 있다.[131] 백제가 하남위례성으로 천도한 배경은 주로 낙랑과 말갈의 침입 때문이었다. 백제가 하남위례성으로 수도를 옮긴 시기에 대해서는 논자들에 따라 다양한 견해 차이가 있다.

먼저 백제본기의 연대를 취신하여 온조왕 13년에 하남위례성으로 천도한 것으로 보는 견해가 있다.[132] 온조집단이 미추홀의 비류집단과 연맹을 형성한 후 그 연맹의 주도권을 잡게 된 시기를 초고왕 때로 간주하고, 이때를 전후하여 하남위례성 천도가 이루어진 것으로 보기도 한다.[133] 또한 온조왕 13년 조에 보이는 천도 사실은 후대 책계·분서왕이 낙랑인과 貊人에 의하여 害를 입은 후 그를 계승한 비류왕의 천도 사실을 부회한 것으로 파악하기도 한다.[134]

그러나 백제와 군현의 역학관계를 고려할 때 공손씨에 의한 대방군의 설치에도 불구하고, 後漢이 약화된 2세기 후반부터 238년 魏에 의하여 군현이 평정될 때까지 백제를 천도케 할 만한 외부적인 변화 요인은 찾아 볼 수 없다. 따라서 백제의 하남위례성 천도의 시기를 추론함에 있어서 魏에 의하여 2군이 평정되고, 辰韓 8국에 대한 영유권 문제 때문에 분쟁이 촉발된 시기를 참조할 필요가 있다.

魏의 강력한 압박은 伯濟國을 비롯하여 군현에 인접한 韓族勢力이 남하 이동하게 되는 주요한 원인으로 작용하였다. 군현의 직접지배 의도가 표출되자 한강을 건너 새로운 거주지를 찾아가는 주민의 행렬 속에서, 伯濟國을 비롯한 한족세력의 남하 이동하는 모습을 추론해 볼

---

130) 林永珍, 1995, 앞의 글.
131) 『三國史記』 권23, 百濟本紀1, 溫祚王 13年.
132) 千寬宇, 1976, 앞의 글, 116~117쪽.
133) 盧重國, 1988, 앞의 책, 58쪽.
134) 李丙燾, 1976, 앞의 책, 491~497쪽.

수 있다.[135)

한편『三國志』韓傳에는 마한 54국 중에서 伯濟國이 8번째로 기록
되어 있는데, 이 열거 순위는 임진강 방면에서 전남 해안까지 일정한
순서에 따른 것이다.[136) 韓傳은 韓・魏間의 갈등이 적극적으로 표출
된 正始 5년부터 正始 7년(244~246)까지에 걸쳐 魏 幽州刺史 毋丘儉
의 동방침입 때에 채취한 자료에 근거하여 편찬되었다고 한다.[137)

韓傳은 백제가 군현과 인접한 임진강유역에 있다가 하남위례성으로
천도한 후의 위치를 기록했던 것으로 생각된다. 한반도 중부지역으로
남하한 고구려계 이주민들은 한강 하류지역에 도달하기 이전 임진강
유역 일대에 자리를 잡고 伯濟國을 세웠으나, 군현의 압력에 밀려 하
남위례성으로 천도한 후 연맹왕국 단계의 百濟로 성장하였다.[138)

백제를 비롯한 한족세력은 진한 8국에 대한 영유권 분쟁에서 군현
의 압력에 굴복하여 하남위례성 일대로 남하하였다. 군현은 백제의 위
례성을 불태우고,[139) 잔존한 한인들을 직접적인 수취체제에 편입시켜
군사적・경제적인 부담 등을 강요하였다.

이에 맞서 한인동맹군의 맹주였던 백제의 고이왕은 崎離營을 공격
하였다. 백제의 기리영 공격은 魏軍의 양동작전에 의거하여 낙랑과 대
방 2군의 태수가 직접 군대를 이끌고 東濊를 침입한 때에 이루어졌다.

---

135) 文安植, 2002, 앞의 책, 83쪽.

136) 千寬宇, 1989, 앞의 책, 375쪽.

137) 李丙燾, 1962,「首露王考」,『歷史學報』17・18合.

138) 3세기 중엽에 있었던 韓・魏間의 분쟁 여파로 백제의 古尒王이 하남위례성
으로 천도한 것에 대해서는 李賢惠 교수도 같은 의견을 피력한 바 있다. 다
만 이교수는 韓族勢力이 전쟁에서 패배한 이후 南遷한 것으로 파악하여(李
賢惠, 1997,「3세기 馬韓과 伯濟國」,『백제의 중앙과 지방』(백제연구논총5),
충남대 백제연구소, 15~23쪽), 전쟁 이전에 遷都한 것으로 이해하는 필자와
는 입장을 일부 달리한다.

139)『三國史記』권23, 百濟本紀1, 溫祚王 17年.

魏는 王頎의 추격군과 양동작전을 펼치기 위하여 고구려의 지배 하에 있던 동예를 공격하였다. 위는 동예가 고구려에 복속되었을 뿐만 아니라 후퇴하는 동천왕을 후원하려는 조짐이 보이자 병력을 출동하였다.

위가 고구려를 주적으로 하여 추진된 동방침입은 242년부터 시작되어 246년에 마무리되었다. 위가 고구려에 철저한 타격을 주기 위해서는 그 속국이었던 옥저나 동예에 대한 제압이 필요하였다. 반면에 남방의 한족세력에 대한 魏의 관심은 구래의 중국적인 세계질서 회복에 있었고, 군현의 세력만회를 위하여 진한 8국의 회복과 유민의 추쇄가 주된 고려 사항이었다.

毌丘儉은 환도성을 파괴한 데 그치지 않고 部將인 王頎를 파견하여 동천왕을 옥저까지 추격하도록 하였다. 동천왕은 환도성이 함락되자 압록강을 건너 江界를 거쳐 雪寒嶺을 넘어 함흥 부근에 이르렀다가, 王頎의 추격군과 동예지역으로 출동한 낙랑과 대방 2군의 태수가 양동작전을 펼치자 다시 옥저 방면의 북쪽으로 달아났다.

위군은 옥저를 점령하여 그 읍락을 유린하고 수많은 인명을 살해하는 등 갖은 횡포를 자행하였다.[140] 이때 낙랑태수 劉茂와 대방태수 弓遵은 동예가 魏의 지배를 벗어나 고구려에 복속하고 있었기 때문에 군대를 일으켜 정벌하였다. 그러자 동예를 영도하고 있던 대표적인 토착세력이었던 不耐侯 등이 고을을 들어 항복하고 말았다.[141]

위군의 추격전은 왕기가 이끈 별동대가 고구려군의 분전으로 궤멸되어 낙랑 방향으로 퇴각하면서 종식되었다.[142] 그러나 동예로 출동한 2군의 병력은 계속 주둔하면서 별동대의 철수를 돕는 작전을 수행하였다. 군현의 병력은 동예에 대한 고구려의 영향력을 차단하고, 동예를

---

140) 『三國志』 권30, 魏書30, 烏丸鮮卑東夷, 東沃沮.
141) 『三國志』 권30, 魏書30, 烏丸鮮卑東夷, 濊.
142) 『三國史記』 권17, 高句麗本紀5, 東川王 20年.

군현의 세력 하에 묶어두기 위한 위무작전도 병행하였다.

동예는 위군 별동대의 패배와 퇴각에도 불구하고 고구려의 지배를 받지 않고 군현의 영향력 하에 남아 있었다. 그 후에도 동예지역의 토착세력은 魏가 관할하는 군현에 계절마다 조공하였으며, 전쟁이 있거나 세금을 거둘 때에 군현의 주민과 같은 취급을 받았다.[143]

魏가 별동대의 패배에도 불구하고 동예지역에 대한 영향력을 유지할 수 있었던 것은 낙랑태수 劉茂와 대방태수 弓遵의 위무작전이 성공을 거두었기 때문으로 추정된다. 그러나 동방사회를 강력하게 위압하던 위의 영향력은 고구려군의 분전에 의하여 기세가 점차 약화되었다. 이를 관망하고 있던 고이왕은 무력행사를 통해 군현의 분할지배 의도와 진한 8국에 대한 영유권 주장을 정면으로 거부하였다.

고이왕은 대방의 기리영을 공격하여 군현의 간섭을 분쇄하고 진한 8국의 영유권을 유지하려고 하였다. 기리영은 황해도 평산군 麒麟驛에 위치한 것으로 추정된다.[144] 기린역은 조선시대의 驛路에서 麒麟道의 중심지에 해당되는데, 재령-안악-풍천 등지로 이어지는 교통의 중심지였다. 백제군은 예성강을 건너, 조읍포-평산군(온정-누천-배천)을 거쳐 기리영으로 진군하였다.

이곳에서 북상하면 청석두-신원-재령을 거쳐 대방의 중심지역에 해당하는 신천과 안악 또는 사리원으로 통한다. 즉, 기리영은 예성강을 건너 대방군의 중심지역으로 가는 길목에 위치하며, 백제를 비롯한 한족세력을 통제하는 전진기지 역할을 하였다. 대방군은 안악과 재령 및 사리원과 통하는 곳에 기리영을 설치하고 한족세력과의 연결 통로 및 견제를 위한 일선 거점으로 활용하였다.

고이왕의 명령을 받들어 左將 眞忠은 개성에서 청목령을 넘고 예성

---

143) 『三國志』권30, 魏書30, 烏丸鮮卑東夷30, 濊.

144) 金起燮, 2000, 앞의 책, 65쪽.

강을 건너 기리영을 공격하였다. 고이왕이 대방의 전진기지 역할을 하
던 기리영을 공격한 것은 전면전을 의미하며, 전쟁을 승리로 이끌어
군현의 간섭을 배제하고 예성강 이남지역에 위치한 진한 8국의 영유권
을 확고히 하려고 하였다.

　기리영 전투의 결과에 대해 국내 사료와 중국의 사료에 일부 상반된
내용을 전하고 있다.『三國史記』古尒王 條와『三國志』東夷傳 韓傳
은

> B-1. 위나라의 유주자사 무구검과 낙랑태수 유무 및 삭방태수 왕준이
> 　　　고구려를 정벌하였다. 왕은 그 틈을 타서 좌장 진충을 보내 낙랑
> 　　　의 변방 주민들을 습격하여 탈취하였다. 유무가 이를 듣고 노하
> 　　　자 왕은 침공을 받을까 염려하여 그 사람들을 돌려주었다.145)
> 　　2. 신지가 한인들을 격분케 하여 대방군의 기리영을 공격하였다. 이
> 　　　때 (대방)태수 궁준과 낙랑태수 유무가 군사를 일으켜 이들을 정
> 　　　벌하였는데, 준은 전사하였으나 2군은 마침내 韓을 멸하였다.146)

라고 하였듯이, 일부 상반된 내용이 각각 기록되어 있다. 백제본기에는
사료 B-1과 같이 고이왕이 2郡의 태수가 고구려를 정벌하는 틈을 타서
대방군의 기리영을 공격하여 邊民을 획득한 기습작전을 감행한 것으
로 되어 있다. 그러나 군현이 직접 고구려를 정벌한 것은 아니었고, 王
頎의 추격군과 양동작전을 펼치기 위하여 동예지역을 침입한 것에 불
과하였다.

　군현은 韓人들로부터 예측치 못한 일격을 당하자 군사를 돌이켜 접
전을 벌였으나, 열세를 극복하지 못하고 대방태수가 전사하는 등 큰
어려움을 겪었다. 그 반면에『三國志』에서는 B-2와 같이 군현이 군대

---

145)『三國史記』권24, 百濟本紀2, 古尒王 13年.
146)『三國志』권30, 魏書30, 烏丸鮮卑東夷30, 韓.

58

를 동원하여 韓人들을 제압한 것으로 되어 있다. 또한 이 사건의 구체적인 정황에 대하여 同書의 齊王芳紀에는

> C. 정시 7년 봄 2월에 유주자사 무구검이 고구려를 토벌하였다. 여름 5월에 예맥을 토벌하여 모두 격파하였다. 한나해 등 수십 국이 각기 종족과 부락을 거느리고 항복하였다.[147]

라고 하였듯이, 魏軍의 반격으로 말미암아 한족세력 수십 국이 항복한 것으로 서술되어 있다. 그러나『三國史記』에는 백제가 자발적으로 포로를 석방하면서 관계 개선을 도모한 것으로 기록되어 양국 史書의 차이를 보여준다. 이러한 상반된 기술은 사실 그 자체에 대한 왜곡이라기보다는 역사인식의 태도와 史觀의 차이에서 비롯되었다.

고대 중국인의 역사서술은 華夷觀[148]에 근거하여 대립적인 관계에 있던 이민족의 朝貢이나 禮訪을 대개 항복 또는 歸附라고 표현하였다. 중국인의 역사서술은 이민족과의 충돌로 야기되었던 중국적 세계질서의 붕괴에 대한 의도적인 자존의식에 불과한 것으로 그 자체가 역사적 사실은 아니다.[149]

또한『三國史記』의 중국 관련 기사는 백제 사람들이 직접 기록한 자료는 보이지 않고 몇몇 중국 사서를 적당히 삽입한 데 지나지 않는다.[150] 따라서 사료를 文面대로 해석하면 동태적 모습을 살필 수 없다. 그러나『三國史記』의 편자는 중국 사료를 무작위로 전재한 것은 아니

---

147)『三國志』권3, 三小帝紀4, 齊王芳.
148) 中國 史書에 나타난 華夷論的 서술의 한계는 다음의 글을 참조하길 바란다. 高柄翊, 1983,「中國正史의 外國列傳」,『東亞交涉史의硏究』, 서울대출판부 ; 金善昱, 1967,「隋書와 唐書의 백제사료에 관한 檢討」,『白山學報』3.
149) 徐榮洙, 1981,「古代韓中關係硏究試論」,『學術論叢』5, 단국대대학원, 43쪽.
150) 坂元義種, 1978,『百濟史의硏究』, 塙書房, 81쪽.

고, 일정한 원칙 하에 작성하였다고 한다.[151) 또한 백제본기는 중국 史
書의 '降'이라는 표현을 대신하여 '朝貢'으로 기록되어 역사적 사실에
보다 가까운 것으로 생각된다.[152)

　사료 C에 전하는 '항복' 등의 기사는 한족세력이 군현에 조공한 사
실을 반영하며, 戶口의 數와 거주 지역을 그린 지도인 版籍을 제출한
것에 대한 상투적 문구에 불과하다.[153) 고이왕이 외교권을 독점한 상
태에서 그 예하집단을 거느리고 대외교섭을 주도한 것이 사료 C와 같
이 "韓那奚 등 수십 국이 각기 부락을 거느리고 항복하였다"로 표현되
었다.[154) 따라서 고이왕이 낙랑포로를 송환한 것은 그 등급에 따라 贖
錢을 받고 돌려보낸 것으로 볼 수 있다.

　고이왕은 기리영 공격이 성공리에 끝난 뒤 군사정벌을 단행한 사람
들에 대하여 논공행상을 실시하였다. 고이왕은 기리영 전투를 주도한
眞忠을 右輔로 임명하고, 眞勿은 左將으로 삼아 군사에 관한 전반적
인 일을 맡아보게 하였다.[155) 고이왕 때에 左將·佐平職에 임명된 사
람들은 대부분 지방에 기반을 두고 있었는데, 진충 등의 진씨세력은
북부 출신이었다. 이들은 군현과 인접한 곳에 거주하였기 때문에 기리
영 공격에 주도적인 역할을 담당하였다.

　한편 毌丘儉의 침입이 있은 직후에 대방태수의 속관이 왜국으로 건

151) 探津行德, 1990, 「'三國史記'記載對中國關係記事について」, 『學習院史學』
　　　27, 學習院大學 史學會, 60쪽.
152) 이와 같은 양국 사서의 차이는 고구려의 대중관계에도 나타나고 있는데, 태
　　　조왕 72년 무렵에 있었던 後漢과의 전쟁 후 포로를 송환한 것에 대하여 『後
　　　漢書』에는 '降'으로 전하며(『後漢書』 권85, 列傳75, 東夷 高句麗), 『三國史
　　　記』는 '朝貢'으로 기록되어 있다(『三國史記』 권15, 高句麗本紀3, 太祖王 72
　　　年).
153) 尹龍九, 1998, 앞의 글, 107쪽.
154) 文安植, 1997, 「百濟의 對中國郡縣關係 一考察」, 『전통문화연구』 4.
155) 『三國史記』 권24, 百濟本紀2, 古尒王 14年.

너가 邪馬臺國과 狗奴國의 불화를 조정하면서 영향력을 행사하였다.[156] 또한 군현은 동예의 수장이던 不耐侯가 조공하자 '不耐濊王'으로 책봉하였다.[157] 그러나 군현의 한족정책은 백제의 고이왕을 맹주로 한 한족세력의 강력한 저항을 받고 답보상태에 머물러 있었다.

군현은 고이왕이 지휘한 한인 동맹군의 공격에 의해서 그 계획이 좌절되자 북방의 고구려와 남방의 한족세력에 의한 양 방면의 적대진영에 포위되었다. 군현은 국력을 회복하고 있던 고구려의 압박을 받게 되면서 어려움이 가중되었다. 따라서 군현은 백제를 무력으로 제압하거나 아니면 다른 수단을 통하여 관계 개선을 도모할 필요가 있었다. 군현은 '진한 8국'의 영유권을 확보하여 인적·물적 기반을 강화하려 했던 처음의 계획을 포기하였다.[158]

백제 역시 군현의 영향력을 무시할 수 있거나 그 세력을 능가할 만한 단계에 이르지 못하였다. 백제는 마한과 영서 말갈이 남방과 동북에서 상당한 세력을 형성하고 있었기 때문에 군현과 계속적으로 대립하면 以夷制夷 책략에 의하여 대외적인 고립에 빠질 수도 있었다. 또한 백제는 선진문물의 수입과 지방세력에 대한 대외적인 권위를 확보하기 위하여 군현과의 관계개선이 필요하였다.

백제와 군현은 대립관계에서 벗어나 새로운 관계를 모색하였다. 이는 고이왕이 한족사회를 대표하여 군현에 사신을 보내 조공하는 것으로 해결되었다. 군현도 백제의 국왕에 대한 관작의 수여, 의책과 인수의 지급을 통하여 영향력을 유지하는 선에서 만족하였다.

백제는 군현과의 교섭을 통해 물자의 교환과 경제적 이익을 얻었으며, 威信財(prestige goods)를 사여 받아 대외적인 권위를 확보하였다.

156)『三國志』권30, 魏書30, 烏丸鮮卑東夷, 倭.
157)『三國志』권30, 魏書30, 烏丸鮮卑東夷, 濊.
158) 文安植, 2002, 앞의 책, 94쪽.

한족세력은 鐵, 布, 海産物 등과 같은 원자재에 해당하는 물건을 군현
에 조공하였다. 낙랑군은 관직의 제수와 동시에 印綬, 衣幘, 철제무기
와 농기구, 청동거울 등의 중국제 물품을 제공하였다. 이 물품들은 토
착세력 수장층의 정치적인 권위를 높여주는 威勢品이었다. 토착세력
과 군현의 교섭은 중국측에서 보면 조공관계일 수 있지만, 토착세력의
관점에서는 원거리 교역이었다.159)

백제와 군현은 대립관계를 청산하고 대외관계의 정상화를 이루었다.
백제와 군현은 관계개선을 도모하면서 상호간에 혼인을 맺어 우의를
돈독히 하였다. 고이왕은 한족사회를 대표하여

> D. 고구려가 대방을 정벌하자 대방이 우리에게 구원을 청했다. 이에
> 앞서 왕은 대방왕의 딸 寶菓를 맞이하여 夫人으로 삼았기 때문에,
> "대방과 우리는 장인과 사위의 나라이니 그 청에 응하지 않을 수
> 없다."고 말하고는 드디어 군사를 내어 구원하니 고구려가 원망하
> 였다.160)

라고 하였듯이, 대방군과의 혼인관계를 맺을 정도로 발전하였다. 사료
D는 책계왕의 즉위년(286)에 대방이 고구려의 공격을 받고 백제에 구
원을 요청한 사료이다. 이 무렵 고구려와 대방군 사이에는 낙랑군이
위치하고 있었기 때문에 사료를 그대로 믿기에는 문제가 따른다. 다만
責稽王은 古尒王의 아들이므로 帶方郡과 百濟는 3세기 후반의 어느
시점에 혼인관계를 맺은 것은 사실로 판단된다.

백제는 군현과의 무력 충돌 끝에 그들의 분할통치 의도를 분쇄하고
성장을 위한 일대 전기를 마련하였다. 고이왕은 외부로부터 가해지는
위협에 대한 대처방안으로 군사권과 외교권을 장악하여 강력한 통솔

---

159) 李鍾旭, 1993, 『고조선사연구』, 일조각, 277쪽.
160) 『三國史記』 권24, 百濟本紀2, 責稽王 卽位年.

력을 갖춘 정치권력자로 성장하였다. 고이왕은 기리영 전투를 계기로
하여 군현의 영향력을 최소화하면서 연맹왕국의 토대를 마련하였다.

백제가 연맹왕국으로 성장한 것은 기리영 전투가 계기가 되었다. 그
후 백제는 280년대를 전후하여 몇 차례에 걸쳐 西晉과 통교하였다. 몽
촌토성과 풍납토성에서 西晉製로 알려진 施釉陶器錢이 출토된 것[161]
은 고이왕대의 통교를 반영한다.

고이왕은 군현과의 교섭에 만족하지 않고 요서지방의 東夷校尉府까
지 사절을 보내 조공하였다. 『晉書』는 견사조공의 주체를 백제왕으로
기록하지 않고 마한왕으로 서술하고 있다.[162] 백제가 外交使節을 西
晉에 파견한 것은 연맹왕국 완성의 대외적인 표징이라 할 수 있다.[163]

고이왕은 연맹왕국 최고의 수장으로서 대외교섭권을 독점한 채 遣
使朝貢하여 백제의 국왕으로 인정받게 되었다. 고이왕이 연맹왕국을
형성하면서 백제의 영역으로 편입된 수십을 헤아리는 소국은 온조왕
13년 조에 기록된 사방의 범위 내에 위치하였을 가능성이 높다. 그 과
정에서 백제는 浿河를 경계로 북쪽의 대방군과 접하였다.[164]

---

161) 몽촌토성발굴조사단, 1985, 『몽촌토성발굴조사보고』, 140쪽 ; 권오영, 2001, 「풍
   납토성 경당지구 발굴조사의 경과」, 『풍납토성의 발굴과 그 성과』, 한밭대 향
   토문화연구소, 43쪽.

162) 西晉에 사절을 파견한 마한세력은 한강 하류지역의 백제를 비롯하여 각 지
   역의 소국들이 포함되었다. 太康 연간(280~289)에 이루어진 대외교섭 중에
   서 277~281년까지의 마한은 백제국 중심의 마한, 282년의 마한은 신미국 등
   20여 국으로 볼 수 있다(盧重國, 1990, 「목지국에 대한 일고찰」, 『백제논총』
   2, 88쪽). 이 시기는 백제 고이왕 43년(276)부터 책계왕 4년(289)까지 해당되
   며, 마한의 조공관계 범주 속에 백제 관련 기사도 포함되었다. 따라서 고이왕
   이 주도한 대외교섭에 관한 사료 역시 백제왕으로 표기되지 않았고 마한왕으
   로 기록되었다.

163) 李基白·李基東 共著, 1982, 앞의 책, 137쪽.

164) 『後漢書』 東夷列傳 韓條에는 "馬韓在西 有五十四國 其北與樂浪 南與倭接"
   이라고 하여, 마한과 낙랑이 경계를 마주한 사실을 전한다. 또한 『三國志』 魏

대방군은 3세기 초반에 요동의 패자였던 公孫康에 의하여 설치되었
다. 고조선을 멸망시킨 후 漢 武帝는 4郡을 두었는데, 낙랑군의 남쪽
에 진번군을 설치하였다. 진번군이 관할한 지역의 정확한 범위를 알
수 없지만, 『茂陵書』에는 그 전체 屬縣의 숫자를 15縣이라고 하였다.

漢 武帝 사후 변방지역 군현에 대한 축소정책이 B.C. 82년에 시행
되면서 진번군은 폐지되고, 그 일부는 낙랑 南部都尉로 이관하여 昭明
縣(신천군)을 치소로 삼았다.[165] 그 후 公孫康은 後漢이 약화되면서
통제력이 상실된 낙랑군을 분리하여 남부도위 관할의 7현을 帶方郡으
로 개편하였다. 진번군의 15縣 중에서 대방군이 설치된 7縣을 제외한
나머지 8縣은 방치되었다.

이 지역이 바로 韓 · 魏 사이에 분쟁이 야기된 진한 8국이며, 고이왕
이 군현과의 무력분쟁을 승리로 이끌면서 영유권을 공식적으로 확보
한 곳에 해당된다. 대방의 7현은 예성강 이북지역에 대부분 분포하였
고,[166] 그 이남지역은 백제의 영역에 속하게 되었다. 따라서 고이왕대

書東夷傳 韓條에도 "韓帶方之南 東西以海爲限 南與倭接"이라고 하여, 마한
이 대방의 남쪽에 있음을 적기하였다. 그런데 백제본기 13년 조에는 백제의
北界가 패하라고 기록하였으므로, 이곳을 경계로 하여 백제와 군현이 경계를
접하였음을 알 수 있다.

165) 낙랑군은 前漢 昭帝 때인 B.C. 82년에 진번군을 병합하여 南部都尉를 分置
하여 昭明 · 帶方 · 舍資 · 列口 · 長岑 · 提奚 · 海冥의 7縣을 두고, 그 가운데
昭明縣을 南部都尉의 治所로 삼았다.

166) 대방군의 7縣은 대방현을 治所로 삼아 昭明 · 列口 · 長岑 · 舍資 · 海冥 · 提
奚로 이루어졌다. 이들의 위치는 대방현은 황해도 봉산, 열구현은 은율, 소명
현은 신천군, 장잠현은 송화군, 함자현은 서흥군, 해명현은 황해도 서부해안
으로 보고 있다. 다만 제해현의 정확한 위치는 잘 알 수 없는 형편이다(李丙
燾, 1976, 앞의 책, 125~129쪽). 그리고 대방군의 治所는 사리원의 唐土城
또는 인접한 봉산군 문정면의 지탑리토성으로 추정되며, 이들 지역은 주로
전축분이 집중 분포되어 있다(梅原末治 · 藤田亮策, 1959, 「樂浪」, 『朝鮮古文
化綜鑑』 3, 80쪽 ; 오영찬, 2003, 「대방군의 군현지배」, 『강좌한국고대사』 10,
가라국사적개발연구원, 204쪽).

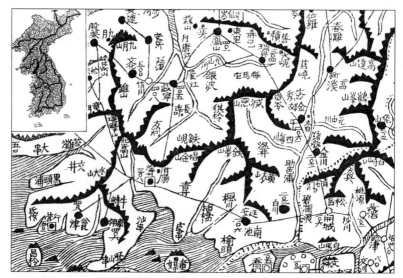

평산군 저탄 | 저탄은 예성강 중류지역에 위치한 평산군과 금천군을 연결하는 중요한 길목으로 경기도와 황해도의 道界가 되었다. 山徑表에 저탄이 잘 표시되어 있다.

백제의 北界였던 浿河는 예성강을 지칭하며, 백제는 이곳을 경계로 하여 북쪽의 대방군과 접하였다.

우리나라의 고대 지리지에는 나루 명칭이 곧 江의 호칭으로 사용되는 경우가 일반적이었다.[167] 浿河는 예성강을 가리키는 일반 명사가 아니라 특정 나루를 지칭하며, 평산군의 猪灘일 가능성이 높다.[168]

『山徑表』 등의 古地圖를 보면 개성에서 대방지역을 통하는 길은 대부분 금천에서 저탄을 건너 평산을 거쳐 올라가고 있다. 저탄은 개성

167) 沈正輔, 1983, 「백제부흥군의 주요거점에 관한 연구」, 『백제연구』 14, 충남대 백제연구소.

168) 평산을 지나는 예성강의 한 부분을 猪灘 혹은 浿江으로 불렀으며(『高麗史』 권58, 志3, 平州), 『黃海道邑誌』 권1, 平山의 山川 조에도 온조왕 13년에 사방의 강역을 정할 때 북쪽은 浿河를 경계로 하였는데, 그 浿河가 猪灘임을 밝히고 있다.

에서 청목령을 넘어 예성강을 건너 평산-남천-서흥-봉산-사리원으로
통하는 남북대로의 길목에 위치하며, 해주-연안-배천-금천-평산-신계로
연결되는 동서대로가 만나는 십자로상의 중간지대이다.

이 같은 지정학적 조건 때문에 군현과 접경을 이룬 백제의 北界를
패하로 명시한 것이 아닐까 한다. 백제는 浿河를 경계로 하여 대방군
과 접하였으며, 예성강 南岸에 위치한 마식령산맥을 따라 국경을 이루
었다.169) 다만 예성강의 南岸에 위치한 금천군과 신계군의 일부 지역
은 백제의 영역에 속하였다.

백제는 임진강 이북지역에 위치한 개성, 장단, 풍덕, 연천, 이천 일대
와 금천 및 신계의 일부 지역을 차지하였다. 백제는 평강을 東界로 하
면서 임진강 상류지역에 위치한 이천에서 시작하여 평강-철원-포천-가
평-양평-여주를 잇는 지역을 장악하게 되었다. 그 외곽의 동쪽에는 북
한강과 남한강의 중·상류지역을 중심으로 말갈세력이 존재하였다.170)

3. 연맹왕국의 형성과 5部制의 성립

백제의 비약적인 성장과 발전은 가리영 전투에서 승리한 것을 계기
로 하여 고이왕 때에 이루어졌다. 고이왕은 내정정비와 제도개혁을 통
하여 확대된 지배체제를 마련하였고, 280년 이래 西晉과의 통교에서
최고집권자로서 대외관계를 주도하였다. 백제가 군현을 매개로 하여
서진에 사절을 보낼 수 있었던 것은 고이왕 때가 변혁기였음을 반증한
다.171) 이를 반영하여 『周書』 백제전은

---

169) 조선시대에도 마식령산맥을 경계로 하여 경기도와 황해도로 구분되었다.
170) 文安植, 2006, 「백제 한성기 北界와 東界의 변천」, 『백제연구』 42.
171) 李基東, 1987, 앞의 논문, 59쪽.

66

A. 백제는 그 선대가 대개 마한의 속국이며 부여의 별종이다. 仇台라
는 사람이 처음으로 대방에 나라를 세우니, 그 땅의 경계는 동쪽으
로 신라에 닿고 북쪽으로 고구려와 인접하며, 서쪽과 남쪽으로는
모두 큰 바다로 경계가 된다.[172]

라고 하였듯이, 仇台의 건국 사실을 전하고 있다. 구이에 대해서는『三
國史記』백제본기에 비류의 생부로 전하는 優台의 音轉이라는 견
해,[173] 온조의 형으로 전해지는 비류로 보는 견해,[174] 근초고왕,[175] 부
여신 河伯女[176] 등으로 보고 있다. 그러나 구이를 고이왕의 별칭[177]으
로 보는 주장이 타당한 것으로 생각된다. 다만 구이와 고이왕의 상관성
에 대하여 음운상의 유사점을 통한 연구는 한계가 있을 수밖에 없다.
　중국의 史書에서 마한을 대신하여 백제라는 국명을 사용한 최초의
기록은『晋書』동이전이다. 이는 백제가 근초고왕 27년(372) 東晋에
사절을 파견하여 국교관계를 맺었기 때문으로 추정된다.[178] 그 이전에
는 백제와 그 국왕이 존재하였음에도 불구하고 중국측의 사서에는 마
한과 마한왕으로 기록되었다.
　근초고왕이 동진과 외교관계를 수립한 이후부터 백제라는 국호가
중국의 사료에 나타나기 시작하였다. 다만『晋書』는 마한을 대신하여
백제라는 국호를 사용한 열전을 정식 항목으로 설정한 것은 아니었고,
근초고왕이 사절을 보내어 조공을 바쳤다는 기사와 백제왕을 鎭東將

172)『周書』권49, 列傳41, 異域上, 百濟.
173) 千寬宇, 1976, 앞의 글, 134~137쪽.
174) 金聖昊, 1982,『비류백제와 일본의 국가기원』, 지문사, 41~45쪽.
175) 金在鵬, 1976,「百濟仇台考」,『朝鮮學報』78.
176) 王民信, 1986,「百濟始祖'仇台'考」,『百濟硏究』1, 충남대 백제연구소.
177) 李丙燾, 1976, 앞의 책, 476쪽.
178)『三國史記』권24, 百濟本紀2, 近肖古王 27年.

軍領樂浪太守로 삼았다는 내용이 전한다.[179]

그러나『三國志』와『晉書』의 동이전은 그 내용을 마한에 관한 사실을 중심으로 편찬하였기 때문에 백제의 건국설화와 시조에 대하여 기록을 남기지 않았다. 중국의 史書에서 백제전이 처음으로 독립된 형태로 나타난 것은『宋書』에 이르러서였다. 沈約이 488년에 편찬한『宋書』백제전은 그 내용이 빈약하고,『三國志』등의 내용을 전재한 것에 불과하다. 또한 蕭子顯이 537년 무렵에 편찬한『南齊書』, 魏收가 554년에 편찬한『魏書』백제전도 시조 전승에 관한 내용이 보이지 않는다.

중국 정사에서 백제의 시조전승 등 풍부한 내용이 기록된 것은 唐代에 편찬된『周書』百濟傳이었다. 그러나 같은 시기에 편찬된 南朝 계열의『梁書』는 백제의 出自를 마한 54국에서 성장, 발전한 국가로 파악하는 점에서 차이를 보인다.[180]

이와 같이 볼 때 백제의 시조 전승에 관한 내용이 3세기 후반에 편찬된『三國志』에 서술될 여지가 없었다. 陳壽(233~297)가『三國志』를 편찬할 무렵 중국인은 백제를 독립된 국가로 인정하지 않고 마한 소국 중의 하나인 伯濟國으로 인식하였다. 백제의 시조전승은 중국의 사서에서『周書』단계에 이르러 처음으로 그 내용이 서술되었다.『周書』동이전은 답습적이고 개인저술 형태를 띤 이전 사서들 보다 새로운 동시대적인 지식을 첨가하여 史館의 史官에 의하여 편찬되었다.[181]『周書』백제전은 구이가 대방 땅에서 건국한 사실과 함께

---

179)『晉書』권9, 帝紀9, 簡文帝 咸安 2年.

180) 南朝 계통의 史書에는 백제의 연원을 마한의 屬國으로 서술하였다.『梁書』와『南史』百濟傳에는 비교적 다양한 내용의 백제관계 기록이 있지만, 백제의 연원에 대해서는 馬韓의 屬國 정도로 처리하였다. 그리고 梁職貢圖의 百濟國使 題記에서도 百濟의 기원에 대하여 '馬韓之屬'으로 기술하였다.

181) 兪元載, 1993,『中國正史百濟傳硏究』, 학연문화사, 35쪽.

68

B. 그 나라의 왕은 매 계절의 仲月에 하늘과 五帝의 神에게 제사 지내
　고, 또 해마다 네 번씩 그의 시조 仇台의 사당에 제사드린다.[182]

라고 하였듯이, 1년에 4번 廟祀하였다는 내용이 전한다. 이에 대하여
온조왕대부터 한성 함락 직전까지는 동명묘를 배알하였고, 웅진천도
이후 구이묘를 배알하게 된 것으로 보는 견해도 있다.[183] 즉, 고구려가
서울지역을 점유하면서 한성에 있던 동명묘를 더 이상 배알하기 어렵
게 되자 구이묘를 배알하였다는 것이다.

　그러나 백제왕실이 웅진천도 이후 굳이 동명묘를 대신하여 구이묘
를 새롭게 건립할 필요가 있었을까 의문이 든다. 따라서 백제의 국왕
이 구이묘를 배알하였다는 사료 B는 중국 史家의 백제 건국과정에 대
한 인식이 반영된 것으로 추정된다.

　『周書』를 편찬한 唐代의 史家들은 백제에 관한 내용을 정리하면서
중국군현과의 대규모 무력분쟁 끝에 연맹왕국을 형성한 고이왕(구이)
의 존재를 주목하였다. 이들은 성읍국가 伯濟를 건국한 온조 대신에
연맹왕국 百濟를 형성한 고이왕(구이)을 백제의 실질적인 건국자로 이
해하였다.[184] 또한 성읍국가 단계의 伯濟는 마한의 소국으로 파악하였

182)『周書』권49, 列傳41, 異域上, 百濟.
183) 車勇杰, 1978,「百濟의 祭天祀地와 政治體制의 變化」,『韓國學報』11 ; 李
　　鍾泰, 1998,「百濟 始祖仇台廟의 成立과 繼承」,『韓國古代史硏究』13 ; 林
　　起煥, 1998,「百濟 始祖傳承의 형성과 변천에 관한 고찰」,『百濟硏究』28.
184) 한편『삼국사기』고이왕 조에 의하면 초고왕의 큰 아들 沙伴이 계승하였지
　　만 나이가 어려 정사를 볼 수 없으므로 대신하여 즉위하였다고 전한다. 또한
　　『삼국유사』南夫餘前百濟 조에는 사반이 폐위된 뒤에 고이왕이 즉위하였으
　　며, 사반이 사망한 뒤에 즉위하였다는 다른 견해도 전한다. 고이왕을 온조왕
　　의 후예가 아니라 미추홀에 정착한 비류계의 후손으로 보기도 한다(千寬宇,
　　1976, 앞의 글). 그리고 비류집단은 김포, 강화, 서산 등의 토광묘 축조세력과
　　연결되며, 온조집단은 한강유역에서 적석총을 조영한 계통으로 이해하는 경
　　우도 있다(權五榮, 1986, 앞의 글, 88~89쪽). 비류계와 온조계가 지역연맹체

고, 연맹왕국 단계에 도달한 고이왕 때에 백제가 帶方故地에서 건국된 것으로 인식하였다.

백제의 대방고지 건국설은 기왕의 대방군이 행사하던 역할에 대한 계승을 공인 받았으며, 훗날 백제왕이 帶方郡公이나 帶方郡王으로 책봉된 것도 이와 무관하지 않다.[185] 다만 고이왕의 즉위는 온조계 내부의 직계에서 방계로의 변화가 아니라 새로운 優氏王系의 등장을 의미한다.[186] 이는 고이왕 27년에 王弟인 優壽가 내신좌평에 임명된 사실을 통해서도 알 수 있다.[187]

백제의 영역이 확대되면서 점차 中央과 地方의 관계가 형성되고, 王權과 在地首長權의 차별이 생겨나게 되었다. 백제의 국왕은 그 수중에 외교권과 군사권을 집중시키면서 연맹왕국 단계 수장의 면모를 보이기 시작하였다. 백제는 군현과 말갈의 압력에 밀려 하남위례성으로 南遷한 후 가중되는 대외적인 위기를 벗어나기 위하여 무력 정복보다는 내부세력간의 정치적 타협을 통하여 연맹왕국을 형성하였다.

이는 각 단위를 구성하고 있던 諸勢力의 독자성을 인정하는 정치형태였고, 이들을 편제하는 과정에서 5部制가 출현하였다.[188] 백제의 5

를 형성한 가운데 처음에는 비류집단, 초고왕 때부터는 온조집단이 주도권을 잡은 것으로 보기도 한다(盧重國, 1988, 앞의 책, 76~77쪽). 그리고 고이계를 온조-초고계와 분리시켜 伯濟國의 서북방에 위치한 소국 출신으로『삼국사기』백제본기에 보이는 말갈세력과 관련된 것으로 파악하는 견해도 있다(金起燮, 1993,「漢城時代 百濟의 王系에 대하여」,『韓國史研究』83).

185) 李道學, 1999,「백제의 교역과 그 성격」,『STRATEGY21』, 한국해양전략연구소, 63쪽.

186) 沈正輔, 1989,「백제 王姓에 대하여」,『한국상고사』; 金起燮, 1993,「漢城時代 百濟의 王系에 대하여」,『韓國史研究』83 ; 姜鍾元, 1998,「4세기 백제 정치사 연구」, 충남대 대학원 박사학위논문.

187)『三國史記』권24, 百濟本紀2, 古爾王 27年.

188) 5부제의 성립 시기에 대해서는 온조왕대 설(朴賢淑, 1990,「백제 초기의 지방통치체제 연구」,『백제문화』20, 27~30쪽 ; 趙漢弼, 1984,「초기백제의 국

部는 고구려와 신라가 고유한 部族名에서 方位部名으로 전환된 것과
는 달리, 처음부터 方位名을 갖고 있는 것으로 기록되었다. 또한 백제
의 건국은 이주민과 토착세력의 유기적인 결합으로 가능하였다. 백제
의 건국집단은 거듭되는 군현과 말갈의 침입에 맞서는 과정에서 토착
세력의 협조가 매우 필요하였다. 이 과정에서 백제의 중앙권력 집단이
지방세력과 원활한 유대관계를 맺기 위하여 창출된 것이 5부제였
다.[189]

백제는 한강 하류지역을 중심으로 마한, 군현, 말갈의 지배력이 미
치지 않는 지역을 5부로 편성하면서 연맹왕국을 형성하였다. 백제는
독자적인 군단의 편성이 가능한 각 部의 독자성을 최대한 활용하면서,
이들을 이용하여 외부세력의 침입을 분쇄하려고 하였다. 지방의 수장
들은 출신 지역에서 독자의 기반을 바탕으로 자치권을 실질적으로 행
사하였다. 또한 백제의 각 部는 고구려와 마찬가지로 별도의 독자적인
관등을 설정하였다.

백제는 5부제의 편성을 통하여 독립적인 세력기반을 지닌 소국의

가적 성격」, 고려대 대학원 석사학위논문, 41~42쪽), 고이왕대 설(盧泰敦,
1975, 「삼국시대의 '부'에 관한 연구」, 『한국사론』 2, 14쪽 ; 盧重國, 1991, 앞
의 글, 14쪽), 4세기 성립 설(金起燮, 1997, 「백제 한성시대 통치체제연구」,
한국정신문화연구원 한국학대학원 박사학위논문, 200쪽), 근초고왕대 설(李
道學, 1995, 앞의 책, 317~324쪽) 등이 있다. 또한 部를 지배자집단의 단위체
(盧泰敦, 1975, 앞의 글, 14쪽)와 지방편제 단위(李道學, 1995, 앞의 책, 320
쪽 ; 姜鍾元, 1998, 『4세기 백제의 정치사 연구』, 충남대대학원 박사학위논문,
129쪽)로 보는 견해 차이가 있다. 백제 5部의 성격은 삼국의 발전과정과 정치
체제에 대한 이해와 직결되는 관계로 활발한 논의가 있어 왔는데, 부체제론
또는 단위정치체설(盧泰敦, 1975, 위의 글, 8~10쪽 ; 盧重國, 1991, 앞의 글,
14쪽 ; 文東錫, 1996, 「한강유역에서 백제의 국가형성」, 『역사와 현실』 21, 88
쪽)과 중앙집권체제론 또는 행정구획론(趙漢弼, 1984, 앞의 글, 41~42쪽 ; 朴
賢淑, 1990, 앞의 글, 27~30쪽 ; 金起燮, 1997, 앞의 글, 200쪽)으로 구분된
다.
189) 文安植, 2002, 앞의 책, 115쪽.

수장층에 대하여 관직 등을 수여하여 公的인 지배관계 내로 흡수하고
지방에 대한 국가지배력의 침투를 도모하였다.[190] 국가의 내부상태가
확실하지 못한 상황에서 주변 강대한 세력의 위협에 적절히 대처하기
위해서는 기존에 복속된 세력의 기반을 해체하여 재편하는 것보다는
온존시키는 것이 훨씬 합리적이었다.[191] 백제의 5부제는 이러한 시대
의 소산물이었고 연맹왕국 단계에서 지방을 통치하기 위한 적절한 방
식이었다.

백제의 영역은 동으로 평강, 남으로 안성천, 북으로 예성강, 서로는
서해까지 미치게 되었다. 이 범위는 고이왕이 郡縣과의 무력 분쟁을
끝내고 그 隸下에 포함된 토착세력을 이끌고 연맹왕국의 실질적인 수
장으로서 외교관계를 맺으면서 관할권을 확보한 지역과 일치한다.

백제는 郡縣과 말갈의 압력에 밀려 하남위례성으로 南遷한 후 가중
되는 대외적 위기에서 벗어나기 위하여 무력에 의한 정복보다는 내부
세력간의 정치적 타협을 통하여 연맹왕국을 형성하였다. 백제는 북쪽
의 郡縣, 동쪽의 靺鞨과 대치하고 있었기 때문에 한강 하류를 벗어나
타 지역으로 적극적인 진출을 모색하였다.

백제는 마한과 대결을 감수하면서 영역을 확장할 만한 입장에 있지
못하였다. 백제는 적대세력인 말갈을 배후에 두고 마한과 격전을 치를
수 없었다. 백제는 4세기 초반에 이르러 말갈을 제압하고 나서야 비로
소 마한방면으로 진출하였다. 따라서 3세기 후반 고이왕 때에 部體制
가 형성되어 그 영역으로 편제된 지역의 범위에서 마한과 말갈지역은
배제할 필요가 있다.

백제가 복속한 말갈과 마한은 종족 계통이나 문화 등의 여러 면에서

---

190) 朴賢淑, 1993, 「백제 담로제의 실시와 그 성격」, 『宋甲鎬敎授停年退任論文
集』, 620쪽.
191) 朱甫暾, 1992, 「신라의 촌락구조와 그 변화」, 『국사관논총』 35, 58쪽.

차이가 있었다. 마한지역 간에도 청동기시대 이래 그 중심세력이었던 금강유역과 영산강유역은 제반 양상에서 구분된다. 백제가 그 영역으로 편제된 지방을 직접지배한 것은 6세기 중엽 이후였다. 백제가 郡縣의 축출을 계기로 마한 방면으로 영역의 확장을 꾀한 이래 실로 2세기 이상의 장시간이 필요하였다.

백제는 성읍국가·연맹왕국·중앙집권적 귀족국가 단계를 거치면서 지배층의 폭이 다양해졌고, 지방과 중앙의 유대감을 바탕으로 동일한 공동체의식이 형성되었다. 그러나 이러한 양상은 삼국 모두 점진적인 것이었고, 지방민에 대한 차별의식이 해소되면서 서서히 이루어졌다.

따라서 연맹왕국 형성기 原百濟地域과 새로이 복속된 靺鞨 및 馬韓地域과는 지배양상과 수취관계 등의 제반 면에서 차이가 적지 않았다. 이는 고구려와 신라에서 部가 여타의 세력 등과 뚜렷이 구별되는 배타적 지배집단이었다는 점에서도 유추된다.[192] 백제의 部를 중앙의 지배자 집단과 지방편제 단위 중에서 어느 것으로 볼 것인가에 따라 차이가 있지만, 주체적으로 건국에 참여한 세력과 이후 무력에 의하여 복속된 세력과는 구분할 필요가 있다.

백제는 건국에 주체적으로 참여하여 성장을 같이하였던 原百濟地域에 대해서는 5部制를 시행하였다. 반면에 백제가 무력적인 정복을 통하여 복속한 지역은 공납지배가 실시되었기 때문에, 양 지역간에는 지방지배의 양상이 달랐을 것으로 생각된다. 백제는 5부제로 편성된 지역과 그 범위 밖의 공납지배가 실시된 정복지를 구분하여 지배하였다.

백제는 마한 및 군현, 말갈의 지배력이 미치지 않는 지역을 중심으로 연맹왕국을 형성하였다. 백제의 각 部는 독자적인 군사권을 보유하고 주변의 적대적인 집단과 접전을 하였지만, 중앙군이 파견되는 경우

---

192) 宋鎬晸, 2000, 「고조선·부여의 국가구조와 정치운영」, 『한국고대사연구』 17, 112쪽.

도 없지 않았다.[193) 백제는 각 부의 수장을 중앙의 右輔와 左輔로 임
명하는 형태로 왕권 하에 예속시켰고,[194) 외교권과 군사권을 장악하여
部의 독자적인 활동을 간섭하였다. 部 출신의 유력세력을 左輔나 右輔
에 임명하여 兵馬之事를 위임한 것도 小國을 이루며 독립적인 지위를
누리고 있던 집단을 국가의 통제 하에 두려는 목적 때문이었다.[195)

백제의 東部를 구성한 집단은 말갈과의 전투를 이끈 屹氏[196)와 昆
氏[197)가 주도세력이었다. 말갈과의 전투는 백제의 北部세력도 관여하
였지만, 주로 東部가 담당하였다. 백제 초기에 중앙을 제외한 4부 중에
서 북부와 동부의 중앙 진출이 현저하였고, 이들이 右輔와 左輔를 독
점하였다. 북부와 동부 출신들이 낙랑과 말갈세력의 침입에 맞서 큰
활약을 하였기 때문이었다.

백제의 동부는 말갈의 침입루트로 생각되는 남한강과 북한강의 水
路와 육상 교통로가 교차하는 곳의 평야지대를 중심으로 大小의 세력
이 형성되었다. 백제의 部長이 존재하여 동부를 통솔하거나 지배한 것
은 아니었고, 각지에 屹氏・昆氏 같은 유력한 수장층이 존재하였다.
백제의 5부가 지방구획의 성격을 띠고 있었지만, 정연한 상하관계로
편제된 部-城-村 체제는 아니었다.

西部는 미추홀을 근거로 하여 서해안의 해상세력이 중심이 되었다.
백제는 이들과 갈등이나 전쟁보다는 대외적 긴장을 해결하려는 적극
적인 움직임 속에서 상호 유대를 통한 연맹관계를 구축하였다. 백제의
중앙과 서부는 온조와 비류의 형제관계로 전승된다.[198) 사료에는 온조

---

193) 『三國史記』 권23, 百濟本紀1, 溫祚王 18年.
194) 『三國史記』 권23, 百濟本紀1, 溫祚王 2年.
195) 金英心, 2000, 「백제사에서 部와 部體制」, 『한국고대사연구』 13, 211쪽.
196) 『三國史記』 권23, 百濟本紀1, 多婁王 3年.
197) 『三國史記』 권23, 百濟本紀1, 多婁王 4年.

74

인천의 문학산성 | 해발 213m의 문학산 정상부에 축조되었으며 테뫼식으로 내성과 외성으로 되어 있다. 성의 둘레는 총 577m이며, 현존하는 부분은 339m이고, 육안으로 확인 가능한 부분은 220m이다. 전구간이 거친 마름돌로 이루어졌다. 성석은 층마다 수평을 이루고 위로 올라가면서 조금씩 퇴물림을 하였다.

와 비류가 형제관계인 것처럼 묘사되었지만, 후대에 이르러 두 세력이 연맹관계를 맺은 것을 반영한다. 비류집단의 유적으로는 인천의 문학 산성, 관교동 土城址 등이 거론되고 있다.[199] 황해의 모든 지역과 연결되는 교통의 중심지에 위치한 미추홀 세력은 가야와 왜를 잇는 고대 海路를 장악하면서 성장하였다.[200]

서부는 미추홀의 비류집단을 중심으로 서해안지역의 해상세력이 중심이 되었다. 백제의 서부는 海路를 통하여 연결되는 충남 내포만 일대까지 포함되었을 가능성이 높다.[201] 백제의 영역 확대가 陸路뿐만

198) 『三國史記』 권23, 百濟本紀1, 溫祚王 本紀 別傳.

199) 서울대학교 박물관, 1990, 『仁川-蘇來, 仁川-始興 고속도로 문화유적지표조 사보고서』, 28쪽.

200) 千寬宇, 1979, 「目支國考」, 『한국사연구』 24, 29쪽.

아니라 해상을 통하여 포구에 교두보를 설치하면서 이루어진 사실을
고려하면,[202] 서부의 역할을 결코 과소평가할 수 없다.

　백제의 남부는 마한의 영역을 해당 범위로 생각하는 것이 일반적이
다. 그러나 5부제가 형성된 고이왕 때의 南界가 안성천에 그친 것으로
볼 때, 남부는 안성천 이북의 경기 남부지방이 중심이 되었다. 남부세
력은 토광묘를 조영하던 토착민 집단이었고, 4세기 때에 축조된 화성
군 마도면 백곡리의 수혈식 석실분은 중앙과는 다른 정치세력의 존재
를 보여준다.[203] 그러나 백곡리에서 출토된 토기가 풍납동에서 발견된
백제 토기와 유사한 점[204]이 있기 때문에 중앙과 지방 사이의 밀접한
관계를 알 수 있다.

　백제의 남부는 비옥한 평야지대에 위치하여 높은 생산력을 유지하
였다. 고이왕은 남부의 백성들에게 稻田의 개발을 命하기도 하였
다.[205] 그러나 연맹왕국 형성기에 남부지역 출신은 중앙정계에서 큰
두각을 보이지 못하였다. 동부나 북부가 말갈·군현과의 대립에서 크
게 활약한 것과 비교하여, 백제와 마한간에는 평화관계가 유지되었기
에 남부세력이 활약할 수 있는 기회가 상대적으로 적었다.

　北部에 대해서는 고이왕 때 백제의 영역이 북으로 예성강에 해당되
는 浿河까지 미쳤다는 기록이 참조된다. 북부의 眞忠이 고이왕이 주도
한 郡縣 공격에 주도적인 역할을 한 것[206]으로 볼 때, 북부는 郡縣에

---

201) 내포만 일대의 地政學的 위치와 역사적 연혁에 대해서는 다음의 글을 참조
　　하기 바란다. 李基東, 1990, 「마한사 序章」, 『마한백제문화』 12.
202) 成正鏞, 1994, 「홍성 신금성지 출토 백제토기에 대한 고찰」, 『한국상고사학
　　보』 15, 93쪽.
203) 정신문화연구원 발굴조사단, 1994, 『화성군 백곡리 고분』, 58~61쪽.
204) 金元龍, 1971, 「화성군 마도면 백곡리 백제고분과 토기류」, 『백제연구』 2,
　　152쪽.
205) 『三國史記』 권24, 百濟本紀1, 古尒王 9年.

인접한 예성강유역과 임진강유역의 집단을 편제한 것으로 생각된다. 또한 解氏集團도 북부 출신이었는데, 解氏는 백제 왕족과 동일한 이주민 계통이었다.[207]

백제의 건국 초부터 해씨세력이 두각을 나타낼 수 있었던 것은 백제 왕실과 同系인 고구려계 유이민 집단간의 종족적, 문화적 친연성과 철기문화에 익숙한 유이민을 이용하여 낙랑과 말갈 등의 침입을 막으려는 의도와 관련이 있다.[208] 眞氏는 평양 정백동 19호 분에서 출토된 耳杯에 '眞氏牢'라는 명문이 있는 것으로 볼 때, 그 出自가 낙랑과 관련이 있다. 진씨는 중국계 이주민이라기보다는 耳杯 등을 만드는 기술직에 종사한 漢人과 구별되는 토착세력이었다.[209] 북부는 고구려계 유이민과 군현에서 남하한 집단이 중심이 되었다.

백제는 고구려에서 내려온 유이민이 주체가 되어 마한계, 군현계 등 여러 집단을 포용하면서 연맹왕국으로 성장하였다. 백제가 연맹왕국으로 발전하면서 여러 계열의 집단이 참여하여 이질감이 적지 않았지만 5부제를 통하여 공존을 모색하였다. 5부제의 형성은 중앙과 지방 사이의 분열과 대립을 막고 점차 동류의식이 형성되는 계기가 되었다. 5部制는 이질적인 세력간의 원활한 유대와 지방통치를 제도적으로 뒷받침하려는 고심의 산물이었다.

백제는 신라나 고구려가 주변의 소국들과 치열한 전쟁을 치르면서 성장한 것과 달리 對郡縣鬪爭을 매개로 하여 연맹왕국을 형성하였다. 이러한 백제의 특징이 5부의 편성과 지방제도의 정비에 반영되어 고구려나 신라와는 다른 차이를 보이게 되었다.

---

206) 『三國史記』 권24, 百濟本紀2, 古尒王 13年.

207) 『三國史記』 권23, 百濟本紀1, 溫祚王 41年.

208) 李鍾旭, 1976, 앞의 글, 11쪽.

209) 梁起錫, 2000, 「百濟 初期의 部」, 『한국고대사연구』 17, 182쪽.

제2장 백제의 성장과 주변세력 복속

제1절 영서지역 진출과 말갈과의 대립

1. 말갈세력의 갈래와 실체

백제는 건국 초부터 주로 북쪽이나 동북방을 침략하는 말갈세력과 오랫동안 공방전을 계속하였다. 백제는 군현의 분열정책에 편승하여 한강 상류를 타고 침입해 오는 말갈의 위협에 크게 시달렸다. 백제가 하남위례성으로 천도한 배경도 낙랑과 말갈의 침입 때문이었다.[1]

말갈은 隋唐代 중국 동북방에 거주하던 종족으로 숙신족에 기원을 두고 있다. 숙신족은 『後漢書』에서는 挹婁, 『魏書』에서는 勿吉이라 하였다. 中國 正史에서 말갈을 본격적으로 다룬 것은 『隋書』부터이고, 그 최초의 기록은 『北齊書』 武成帝紀 河淸 2년(563)[2]의 기사이다. 그 러나 『삼국사기』에는 중국 정사에 말갈이라는 종족명이 등장하는 것 보다 훨씬 이전부터의 활동기록이 남아 있다.

그 실체에 대하여 여러 견해가 제시되고 있지만, 고구려본기에 보이 는 말갈과 백제본기 및 신라본기에 보이는 말갈을 별도의 집단으로 파 악하고 있다. 백제본기와 신라본기에 보이는 말갈의 계통에 대해서는

1) 『三國史記』 권23, 百濟本紀1, 溫祚王 13年.
2) 『北齊書』 권4, 帝紀4, 河淸 2年.

예족3) 옥저와 예맥 사이에 있던 별종,4) 고구려 내의 말갈,5) 옥저,6) 영
서지역 토착세력,7) 마한 소국8) 등으로 추정하는 견해가 제기되었다.
예족설은 백제본기와 신라본기에 보이는 말갈을 숙신보다는 동예 등

---

3) 濊族說의 대표적인 견해는 다음과 같다. 韓致奫, 『海東繹史』; 韓鎭書, 『海
   東繹史續』 권7; 丁若鏞, 「靺鞨考」, 『與猶堂全書』; 津田左右吉, 1913, 「好太
   王征服地域考」, 『朝鮮歷史地理第一』; 鳥山喜一, 1915, 『渤海史考』, 原書
   房; 池內宏, 1929, 「眞興王の戊子巡境碑と新羅の東北境」, 『古蹟調査特別
   報告』 6; 金元龍, 1967, 「삼국시대 개시에 대한 고찰」, 『東亞文化』 7: 申采
   浩, 1972, 『丹齋申采浩全集』(상), 형설출판사; 李龍範, 1974, 「三國史記에
   보이는 對外關係記事-特히 북방민족에 對하여-」, 『震檀學報』 38; 李丙燾,
   1977, 『國譯 三國史記』, 을유문화사; 박진욱, 1978, 「백제·신라에 이웃한
   말갈에 대하여」, 『력사과학』 1978-3; 兪元載, 1979, 「三國史記 僞靺鞨考」, 『史
   學研究』 2; 權五重, 1980, 「靺鞨의 種族系統에 관한 試論」, 『震檀學報』 49
   ; 朴南守, 1987, 「新羅上古 金氏系의 起源과 登場」, 『慶州史學』 6; 韓圭哲,
   1988, 「고구려시대의 靺鞨연구」, 『釜山史學』 14·15合; 金起燮, 1991, 「三國
   史記 '百濟本紀'에 보이는 靺鞨과 樂浪의 위치에 대한 재검토」, 『淸溪史學』 8;
   朴淳發, 1994, 「漢城百濟 成立期 諸墓制의 編年檢討」, 『先史와 古代』 6; 崔
   秉鉉, 1994, 「墓制를 통해 본 4~5세기 韓國古代社會-漢江以南地方을 중심
   으로-」, 『韓國古代史論叢』 6; 林永珍, 1995, 「百濟漢城時代古墳硏究」, 서울
   대학교 대학원 박사학위논문; 盧重國, 1999, 「신라 통일기 九誓幢의 성립과
   그 성격」, 『한국사론』 41·42合, 一溪金哲埈先生10週忌追慕論叢.

4) 安鼎福, 「靺鞨考」, 『東史綱目』 4.

5) 徐炳國, 1974, 「靺鞨의 韓半島 南下」, 『광운전자공과대학논문집』 3; 宣石悅,
   1996, 「『三國史記』「新羅本紀」上代 百濟關係記事의 檢討와 그 紀年」, 『新
   羅末 高麗初의 政治·社會 變動』, 신서원.

6) 옥저설은 『三國史記』를 찬술한 김부식이 옥저에 관한 대부분의 기사를 말갈
   로 고친 것으로 보는 견해이다(채태형, 1992, 「『三國史記』의 말갈관계 기사
   에 대하여」, 『력사과학』 3, 42쪽).

7) 文安植, 1996, 「嶺西濊文化圈의 設定과 歷史地理的 背景」, 『동국사학』 30;
   金澤均, 1997, 「江原濊貊攷」, 『江原文化史硏究』 2.

8) 말갈을 마한의 소국으로 보는 견해는 3세기 중엽에 전개된 韓族과 대방군 사
   이의 전쟁에서 투쟁 주체를 臣濆沽國으로 보고, 이들을 백제를 공격해 온 말
   갈집단으로 간주한다(尹善泰, 2001, 「馬韓의 辰王과 臣濆沽國-領西濊 지역
   의 歷史的 推移와 관련하여」, 『百濟研究』 34, 16쪽).

과 종족적으로 유사한 예맥계로 간주한다. 즉,『삼국사기』에 나타나는 말갈은 시간적·공간적으로 볼 때 중국의 동북방에 있던 말갈과는 무관한 '不耐濊'이며, 신라인들이 북에서 침입하는 異族을 말갈이라 한데서 비롯되었다는 것이다.[9]

고구려 별종설은 중국 동북방에 있던 말갈이 고구려를 지나 백제나 신라에 침입할 수 없다는 사실을 들어 그 실체를 옥저와 예맥의 사이에 위치한 별종으로 보고 있다. 이 견해는 백제본기와 신라본기에 보이는 말갈이 만주지역에 있던 원래의 말갈과는 다른 점은 인정하고 있다. 그러나 이들을 '不耐濊'나 '濊'의 세력으로 보지 않고, 예맥과 옥저 사이에 위치한 별종으로 파악한 점에서 차이가 있다.[10]

반면에 고구려 영내의 말갈설은 예맥족과는 무관한 숙신계통의 말갈을 고구려가 남진 경략에 동원한 것으로 이해한다. 이들의 실체는 여러 계통의 말갈집단 중에서 백산부와 속말부 집단에 해당된다고 한다.[11] 또한 신라본기에 보이는 말갈관계 사료를 북방의 돌궐과 대치하고 있었던 고구려가 말갈을 동원하여 신라를 침공한 6세기 중엽의 기사로 이해하는 견해도 있다. 이는 신라본기의 초기기록 가운데 백제를 비롯한 삼국관계 사료를 6세기 전후의 역사적 사실을 소급하여 정리한 것으로 파악한다.[12]

한편 말갈의 활동지역 모순을 해결하기 위하여 마한의 동쪽에서 백제와 항쟁하면서 밀려나 남하하는 도중에 신라와 접촉한 사실을 기록한 것으로 보는 견해도 제시되었다.[13] 또한『삼국사기』초기기록에 나

---

9) 丁若鏞,「靺鞨考」,『與猶堂全書』.

10) 安鼎福,『東史綱目』.

11) 徐炳國, 1974, 앞의 글, 285쪽.

12) 宣石悅, 1996, 앞의 책, 308쪽.

13) 李康來, 1985,「三國史記에 보이는 靺鞨의 군사활동」,『領土問題研究』2, 58

오는 말갈관계 기사들은 과거 북쪽의 '적대세력=동예=말갈'로 인식하여 원사료에 예맥으로 쓰여 있던 것을 통일신라시대에 당시의 관념에 맞추어 말갈로 전면 개필한 것으로 이해하는 견해도 있다.[14]

이와 같이 백제본기와 신라본기에 기록된 말갈에 대하여 여러 가지 견해가 제시되고 있지만 '東濊=僞靺鞨'로 파악한 다산 정약용의 견해를 일반적으로 따르고 있다. 僞靺鞨은 중국 군현·고구려·신라의 지배를 순차적으로 받았지만 백제나 신라를 침입할 수 있는 반독립적인 집단으로 신라의 삼국통일과 함께 그 자취를 잃게 된 것으로 보고 있다.[15]

그러나 대세론적인 관점에서 볼 때 동예지역을 근거지로 하는 말갈세력이 백제의 동북방과 신라의 북변을 동시에 침입할 수 있겠는가는 여전히 의문으로 남는다. 동예의 실상을 이해하기 위해서는 전체 호수가 겨우 2만에 불과하였고, 대군장이 없으며 후·읍군·삼로 등이 각기 下戶를 통치하였던 사실[16]을 염두에 두어야 한다.

또한 동예가 비록 추가령지구대라는 천연의 교통로를 이용하여 백제를 침입할 수 있었을지라도 고대국가로 진입하지 못한 단계에 머물렀음을 감안해야 한다. 그 외에 동예가 원거리에 위치한 백제와 신라에 군사적 타격을 줄 수 있는 武力의 소유 여부와 활동 반경도 검토할 필요가 있다.

동예의 군사력은 중무장한 기병집단을 중심으로 원거리 전투를 수행하는 군대가 아니라 보병을 위주로 편성된 부대였다. 『三國志』 濊傳

쪽.

14) 姜鍾薰, 1995, 「『三國史記』 初期記錄에 보이는 "樂浪"의 실체」, 『三韓의 社會와 文化』, 신서원, 130쪽.

15) 兪元載, 1979, 「三國史記 僞靺鞨考」, 『史學硏究』 2, 41쪽.

16) 『三國志』 권30, 魏書30, 烏丸鮮卑東夷列傳30, 濊.

에는 "길이가 3丈이나 되는 창을 만들어 때로는 여러 사람이 함께 잡고서 사용하기도 하며 보전에 능숙하다"[17]라고 하였다. 동예는 보병을 중심으로 편성된 병력이 중심이 되었기 때문에 신라의 북방과 백제의 동북방에 걸친 광대한 지역에서 군사작전을 전개한 것으로 보기에는 무리가 따른다.[18]

동예는 後漢 말기에 이르러 고구려의 지배를 받게 되었으나, 3세기 중엽에 魏가 관할하는 군현의 지배를 받는 등 독자적인 세력유지마저 힘들었다. 동예의 주민들은 군현의 주민과 마찬가지로 부역이나 군역에 동원되었다.[19] 동예는 313년에 군현이 축출되면서 재차 고구려의 세력권으로 편입되고 말았다. 따라서 동예가 신라와 백제를 대상으로 하여 동시에 군사작전을 감행할 수 있는 역량을 보유한 것으로 보기는 어려울 것 같다.

한편 백제는 말갈과 국경을 마주하여 자주 그들의 침입을 받았다. 말갈은 백제를 단독으로 침입하는 경우도 있었지만, 군현과 함께 군사작전을 감행할 때도 적지 않았다. 백제는 군현과 말갈의 접촉을 차단하려고 교통로에 목책을 설치하였다. 군현은 말갈을 동원하여 백제의 甁山柵을 쳐서 파괴하고 백여 명을 살해하고 재물을 약탈하기도 하였다.[20] 백제는 禿山과 狗川에 목책을 설치하여 군현과 말갈의 접촉을

---

17) 『三國志』 권30, 魏書30, 烏丸鮮卑東夷列傳30, 濊.

18) 동예가 東海岸路를 따라 남진하면서 강릉 일원에서 신라와 전쟁을 치른 것은 사실로 인정된다. 그러나 백제본기에 보이는 말갈세력을 동예로 간주할 때, 그들이 예성강유역으로 추정되는 곤미천과 개성 북근의 청목령 일대(『三國史記』 권23, 百濟本紀1, 溫祚王 10年)부터 평강지역에 위치한 부현성(『三國史記』 권23, 百濟本紀1, 溫祚王 40年)을 넘어 여주에 축조된 술천성(『三國史記』 권23, 百濟本紀1, 溫祚王 40年)까지를 포괄하는 광대한 지역에서 백제와 전쟁을 치를 수 있는 역량을 보유하였는지에 대해서는 의구심이 든다.

19) 『三國志』 권30, 魏書30, 東夷傳 濊.

20) 『三國史記』 권23, 百濟本紀1, 溫祚王 11年.

82

차단하였다.[21]

그런데 당시에 평양에 위치한 낙랑 治所에서 嶺東地域의 동예로 가는 길은 원산에서 평양에 이르는 도로를 이용한 것이 일반적이었다. 낙랑은 황해도의 곡산에서 원산 방향으로 통하는 안전하고 가까운 도로를 이용하였다. 낙랑에서 동예로 가는 교통로는 평양에서 출발하여 동남쪽의 곡산 방면을 지나 원산으로 올라갔다가 남하하는 노선이었다.[22] 따라서 백제가 낙랑과 동예의 교통로를 차단하기 위해서는 곡산지역을 장악하여 목책을 설치할 수 있을 때에 가능하였다.

백제가 예성강을 건너 곡산을 비롯하여 옛 대방지역을 차지한 것은 근초고왕 때에 이르러 실현되었다. 고이왕 때에는 황해도 평산군 猪灘에 해당되는 浿河를 北界로 하여 군현과 영역을 마주하였다.[23] 따라서 근초고왕이 예성강을 건너 옛 군현지역으로 진출하기 전에 백제가 곡산을 장악하여 낙랑과 동예의 교통로를 차단하는 목책을 설치하는 것은 불가능하였다.

백제와 대립한 말갈세력은 동예가 아니라 백제와 인접한 영서지역의 말갈세력으로 생각된다.[24] 영서지역의 말갈세력은 남한강과 북한

---

21) 『三國史記』 권23, 百濟本紀1, 溫祚王 11年.
22) 李道學, 1997, 「고대국가의 성장과 교통로」, 『국사관논총』 74, 146쪽.
23) 고이왕대 백제의 北界인 浿河는 예성강을 지칭하는 것으로 판단되며, 백제는 이곳을 경계로 하여 북쪽의 대방군과 접하였다. 그런데 우리나라의 고대 지리지에는 나루 명칭이 곧 江의 호칭으로 사용되는 경우가 일반적이었다(沈正輔, 1983, 「백제부흥군의 주요거점에 관한 연구」, 『백제연구』 14, 충남대 백제연구소). 따라서 浿河는 예성강을 가리키는 일반 명사가 아니라 특정 나루를 지칭하며, 평산군의 猪灘일 가능성이 높다. 『高麗史』에서는 평산을 지나는 예성강의 한 부분을 猪灘 혹은 浿江으로 불렀으며(『高麗史』 권58, 志3, 平州), 『黃海道邑誌』 권1, 平山의 山川 조에도 온조왕 13년에 사방의 강역을 정할 때 북쪽은 浿河를 경계로 하였는데, 그 浿河가 猪灘임을 밝히고 있다. 백제의 한성기 北界와 東界에 대해서는 다음의 글을 참조하기 바란다. 文安植, 2006, 「백제 한성기 北界와 東界의 변천」, 『백제연구』 42.

강의 중·상류지역을 비롯하여 태백고원 지대에 거주하였다. 그 반면
에 영동지역의 동예는 함흥 일대로부터 안변 등지에 이르는 함남 남부
와 강원 북부를 세력권으로 하였다.[25] 濊族의 주된 분포지는 관련 문
헌과 각지에서 발견된 '濊王之印' 등을 종합해 볼 때 동가강유역과 송
화강유역을 중심으로 만주지역과 한반도 내의 함경도 및 태백산맥 이
동의 동해안 일대였다.[26] 그 중에서 동예는 함남 남부와 강원 북부에
자리 잡은 집단이었다.

그 반면에 백제본기에 보이는 말갈은 영서지역에 거주하며 적석총
을 조영한 貊係靺鞨이었다.[27] 영서지역 말갈세력의 건국담은 춘천의
맥국설과 관련된다. 賈耽의 『古今郡國志』에 "고구려 동남쪽과 濊의
서쪽에 위치한 옛 맥의 땅은 대개 지금의 신라 북쪽 경계인 朔州이다"
라고 전한다. 『隋書』 백제전에도 "백제에서 서쪽[28]으로 사흘을 가면
맥국에 이른다"라고 하였다. 그 외에도 鄭麟趾의 地志에 "춘천은 본래
맥국이다"라고 기록되었고, 『擇里志』에는 "맥국의 옛터는 우두촌 안에
있다"라고 하여, 춘천에 맥국이 존재하였다는 주장을 어느 정도 신빙
할 수 있다.

이와 같이 『삼국사기』 백제본기와 신라본기에 보이는 말갈은 '東濊
=僞靺鞨'로 인식한 견해와는 달리 각기 별개의 세력을 형성하였다.[29]
그러나 영동의 말갈과 영서의 말갈을 동일한 집단으로 파악할 것인가,

---

24) 文安植, 1996,「嶺西濊文化圈의 設定과 歷史地理的 背景」,『東國史學』30.

25) 李丙燾, 1976, 앞의 책, 195~196쪽.

26) 盧重國, 1988, 앞의 글, 40쪽.

27) 文安植, 1998,「『三國史記』羅·濟本紀 靺鞨 史料에 대하여」,『한국고대사연
구』13, 181쪽.

28) 백제에서 서쪽으로 가면 西海에 이르며, 맥국은 동쪽에 있기 때문에 史料상
의 誤記로 추정된다.

29) 文安植, 1996, 앞의 글 ; 金澤均, 1997, 앞의 글.

銅印 | 낙랑군에서 한족사회의 수장들에게 하사한 구리로 만든 도장. 魏率善穢佰長·晋率善穢佰長 등의 글자가 새겨 있다.

아니면 별도의 집단으로 볼 것인가를 놓고 통합론30)과 분리론31)이 대립하고 있다. 영동지역과 영서지역의 말갈세력을 동일한 갈래로 보는 견해도 한강유역의 중도형 문화를 기반으로 하는 영서의 말갈과 동예를 직접 연관시켜 파악하지는 않는다. 다만 영서의 말갈세력이 지리적으로 동예의 변경에 분포하고 있기 때문에 어떤 형태로든지 연관성이 있을 것으로 보고 있다.32)

고대국가 형성기에 영서와 영동에 거주하던 사람은 濊人들로 추정된다. 원래 濊人은 동가강유역과 송화강유역을 비롯한 만주지역에서 원래 거주하였으나, 동해안 일대로 내려온 집단이 동예로 불리게 되었다. 그 일부는 동해안을 따라 계속 내려갔고, 다른 일파는 추가령지구대를 통하여 한반도 중부지역으로 진출하였다.

한반도 중부지역으로 흘러든 일파가 영서지역에 거주한 것으로 생

30) 朴淳發, 1996,「漢城百濟 基層文化의 性格」,『百濟硏究』16 ; 李弘鍾, 1998,「『三國史記』'靺鞨'기사의 고고학적 접근」,『韓國史學報』; 沈載淵, 1998,「강원지역 철기문화 연구」,『韓國上古史學報』29.

31) 文安植, 1996, 앞의 글 ; 金澤均, 1997, 앞의 글.

32) 朴淳發, 1998,「百濟國家의 形成 硏究」, 서울대 박사학위논문, 48쪽.

각된다. 광개토왕릉비문에 기록된 '新來韓穢' 중에서 穢人으로 지칭된 집단은 영서지역으로 진출한 세력으로 판단된다. 그리고 경북 포항시 신광면에서 '穢佰長銅印'이 출토된 것은 동해안의 해안선을 타고 穢 族의 일부가 이동한 사실을 입증한다.[33]

그 외에도 영서지역에 정착한 집단은 고구려에 뿌리를 둔 무기단식 적석총[34]을 조영한 집단이 포함되었다. 북한강유역과 남한강유역에 분포하는 무기단식 적석총은 서기 1~2세기에 축조된 것으로 보고 있다.[35] 영서지역에 穢人이 먼저 내려와 정착한 후 고구려계 유이민이 흘러들어 왔다. 이들은 선주한 穢人을 흡수 또는 동화하면서 영서지역 토착사회의 주도권을 장악해 나갔다.

한반도 중·남부지방에서 평야와 농경지가 발달한 곳은 서해안과 남해안 지역이고 사람들은 주로 여기에 정착하여 생활하였다. 고대사회는 이 지역을 주된 무대로 하여 발전했고, 삼한의 대다수 성읍국가는 서·남해안의 평야지역에 위치하였다. 이와는 달리 영서 말갈세력은 남한강과 북한강 중·상류지역 및 영서의 내륙지역을 중심으로 생활하였다.

이들의 국가발전과정이나 연맹체 형성에 대한 자세한 내막은 잘 알 수 없는 실정이다. 다만 동시대의 한반도 서남부지역에 위치한 마한이 여러 개의 조그만 지형구로 세분되어 통일성을 결여하고 각기 지역성

---

33) 盧重國, 1988, 앞의 책, 39쪽.

34) 한강유역에 조영된 무기단식 적석총의 명칭에 대해서는 이 외에도 葺石封土墳(李道學, 1995,『백제 고대국가 연구』, 일지사, 90쪽), 葺石墓(崔秉鉉, 1994,「묘제를 통해 본 4~5세기 한국 고대사회」,『한국고대사논총』6, 한국고대사회연구소), 葺石式 積石墓(朴淳發, 1993,「한성백제 성립기 諸墓制의 편년검토」,『백제고고학의 제문제』, 한국고대학회 제5회 학술발표회 논문집) 등 다양한 의견이 제기되고 있다.

35) 權五榮, 1986,「초기백제의 성장과정에 관한 일고찰」,『한국사론』15, 서울대 국사학과, 83쪽.

86

을 갖고 있었듯이,[36] 말갈도 남한강유역과 북한강유역의 양대 세력권
으로 구별할 수 있다.[37]

북한강유역에 위치한 춘천은 천전리와 중도에 적석총이 조영되어
있고, 貊國에 관련된 전승이 남아있는 것으로 볼 때 말갈세력의 중심
지였을 가능성이 높다. 북한강유역의 말갈세력권은 춘천을 위시하여
무기단식 적석총이 조영된 강원 산간지역이 포함되며, 생활의 근거지
는 산지지역과 평야지역의 산록선에 위치한 계곡을 중심으로 형성되
었다. 지금까지 북한강유역에서 적석총이 발견된 곳은 춘천의 중도, 서
면 신매리, 신북읍 산천리 등이다.

그 반면 남한강유역은 무기단식 적석총이 충북 제천시 한수면 학산
리, 청풍면 연곡리·양평리·도화리, 중원군 동량면 지동리 일대에 분
포되었다. 또한 남한강유역의 최상류에 속하는 평창군 응암리·마지
리·하안미리 등지에도 적석총이 분포되어 있다. 따라서 제천시 일대
가 남한강유역 말갈세력의 중심지였을 가능성이 큰 것으로 생각된
다.[38]

제천은 북쪽에 차령산맥이 둘러 있으며, 그 중에 백운산·구학산·
송학산 등의 고봉이 솟아 있다. 그 동남쪽으로는 소백산맥의 지맥이
달리고, 서남쪽에 차령산맥의 여맥이 뻗어 사방이 산지로 둘러싸인 고
원분지이다. 제천분지는 태백고원보다 낮고 충주분지보다 높은 곳에
위치하는데, 이곳을 중심으로 남한강유역의 말갈세력이 생활한 것으로
추정된다.

---

36) 李基東, 1994, 「馬韓史의 上限과 下限」, 『文山金三龍博士古稀紀念 馬韓·
百濟文化와 彌勒思想』, 9쪽.

37) 文安植, 1996, 앞의 글, 53쪽.

38) 文安植, 1995, 앞의 글. 한편 李東熙도 북한강과 남한강유역에 분포된 적석
총의 분포 상태를 통하여 그 중심지역을 필자와 마찬가지로 각각 춘천과 제
원 일대로 비정한 바 있다(李東熙, 1998, 앞의 글).

그 외에 평창강유역도 말갈세력의 주요한 생활무대였다. 이곳에서는 철기시대 유적은 확인되지 않으나 그 상류에 횡성 둔내 유적 등이 존재하며, 평창 일원에서도 청동기시대의 유적이 집중적으로 발견되었다. 이러한 유적의 분포를 볼 때 평창강유역에도 말갈세력의 중심적인 위치를 차지하였던 집단이 존재하였을 가능성이 있다.[39]

말갈세력의 주요한 활동무대가 되었던 남한강유역은 그 문화양상이 삼국문화의 복합적 표출과 함께 삼국의 어느 나라 양식과도 다른 성격을 나타내고 있어 독자적인 문화권의 설정을 가능하게 한다.[40] 영서지역의 말갈세력은 연맹왕국으로의 진입단계에서 삼국의 정립과 맞물려 백제·고구려·신라에 차례로 예속되면서 독자적인 발전이 저지되었다.

이와 같이 백제본기와 신라본기에 보이는 말갈세력은 각기 영서와 영동에서 별도의 세력을 유지하면서 발전하였다.[41] 또한 신라본기에 보이는 말갈세력은 한 집단이 아니라 두 집단이 포함되어 있다. 전대의 말갈세력은 6세기 중엽 진흥왕이 동예와 옥저지역으로 진출하기 이전까지 존재한 濊係靺鞨이었고, 후대의 말갈은 7세기를 전후하여 고구려에 의해 만주에서 徙民되어 동해안지역을 중심으로 활동한 新靺

---

39) 沈載淵, 1999, 「강원지역 철기문화의 성격」, 『백제연구』 30.

40) 이에 대해서는 다음의 글을 참조하길 바란다.
金元龍, 1978, 「丹陽赤城의 歷史·地理的 性格」, 『史學志』 12, 10쪽 ; 邊太燮, 1983, 「中原文化의 歷史的 背景」, 『考古美術』 110, 48쪽 ; 崔夢龍 外, 1984, 「堤原挑花里地區遺蹟發掘調査報告」, 『忠州댐水沒地區文化遺蹟調査綜合報告書』, 考古·古墳分野(1), 충북대박물관, 697~699쪽 ; 金顯吉, 2000, 「중원문화권 제설의 검토」, 『忠北學』 2, 충북학연구소.

41) 영서와 영동은 신석기시대부터 영동의 '해안어로형 신석기문화'와 영서의 '내륙혼합형 신석기문화'의 차이가 발생하였고, 철기시대에도 이러한 면이 계승되어 유적의 입지 등에서 차이를 보인다(盧爀眞, 1992, 「북한강 선사문화유형의 형성과 특색」, 『고문화』 40·41合, 13쪽).

鞨이었다.[42)]

2. 영서지역 진출과 말갈세력 복속

영서지역 토착세력의 존재 양태에 대해서는 문헌에 직접적으로 기록된 자료가 없기 때문에 연구의 공백지대로 남아 있었다. 그러나 백제본기에 보이는 말갈이 영서지방에 거주하던 세력으로 밝혀지면서 그 공백이 해소되고 점차 토착집단의 실체가 드러나고 있다.

백제가 한강 중·상류지역으로 진출하여 영서의 말갈세력을 장악한 것은 군현이 축출된 4세기 초반에 이르러서였다. 백제는 마한지역 진출에 앞서 말갈과의 대립에 주력하였고, 말갈을 제압한 후에 본격적으로 마한방면으로 진출하였다.[43)] 이는 백제의 발전이 한강 본류와 그 지류인 북한강·남한강유역 방면으로의 진출에서 시작됨을 시사하며, 이러한 경향은 고고학적 성과[44)]와도 일치된다.

백제가 영서 말갈을 병합한 시기는 군현의 축출 이후부터 마한의 경략 이전에 이루어졌다. 백제사에서 이 시기는 이른바 정복왕조의 출현 전야이다.[45)] 정복왕조의 출현 문제를 제외하고라도 비약적인 성장을 바탕으로 백제의 최고 전성기를 누렸던 근초고왕의 등장을 위한 준비기간에 해당된다.

이에 앞서 백제와 말갈은 상당한 기간 동안 공존관계를 유지하였다.

---

42) 文安植, 1998, 「『三國史記』羅·濟本紀 靺鞨 史料에 대하여」, 『한국고대사연구』13.
43) 文安植, 2000, 『百濟의 領域擴張과 邊方勢力의 推移』, 동국대 대학원 박사학위논문, 158쪽.
44) 崔夢龍·權五榮, 1985, 「고고학 자료를 통해 본 백제초기의 영역고찰」, 『천관우선생환력기념 한국사학논총』.
45) 정복국가론의 개념과 연구사 정리는 다음의 논문을 참조하길 바란다.
李基東, 1981, 「百濟王室 交代論에 대하여」, 『百濟研究』12.

백제와 말갈이 대립하기 시작한 것은 2세기 중엽 後漢이 약화되면서 군현의 통제 기능이 쇠퇴한 이후였다. 백제와 말갈은 군현의 약화를 틈타 성장하면서 한반도 중부지역 토착사회의 주도권을 놓고 대립과 갈등관계가 조성되었다. 백제본기에 보이는 백제와 말갈의 대립 및 충돌 기사는 이를 반영한 것으로 생각된다.

백제가 낙랑의 영향력에서 벗어나 주변세력을 통합하면서 성장에 박차를 가할 수 있었던 배경은

> A. 桓帝와 靈帝 말기에는 韓과 濊가 강성하여 郡縣이 제대로 통제하지 못하니, 많은 백성들이 韓國으로 유입되었다.46)

라고 하였듯이, 2세기 중엽 이후 後漢의 쇠퇴에 따른 낙랑군의 위축이었다. 백제는 낙랑군의 통제에서 벗어나 인근 지역에 영향력을 행사하는 유력한 국가로 성장하면서 말갈과 대립한 것으로 추정된다. 사료 A에 보이는 '韓濊强盛'의 '濊'는 영서의 말갈로 판단되며, 이들 역시 군현의 약화를 계기로 성장을 거듭하였다.

그러나 백제와 말갈의 대립이 격화된 것은 魏가 公孫氏 정권을 몰아내고 낙랑군과 대방군을 재편한 이후였다. 魏가 관할하는 군현은 백제의 성장에 대처하기 위하여 영서 말갈과 연대하여 백제를 압박하였다. 영서 말갈 역시 군현과 교섭관계를 유지하는 것이 선진문물의 흡수에 도움이 되었고, 백제를 견제하는 효과적인 방안이었다. 군현과 영서 말갈은 상호간에 동일한 이해관계를 가지고 있었기 때문에 백제에 맞서 공동으로 대처하였다.

백제와 말갈은 魏에 의한 군현의 재편과 以夷制夷 정책의 구사, 백제의 반발, 영서 말갈의 제반 욕구 등이 상호 중첩되어 치열한 대립을

---

46) 『三國志』 권30, 魏書30, 烏丸鮮卑東夷, 韓.

펼쳤다. 이에 대한 일련의 기록이 백제본기 말갈관련 사료이며, 그 기사는 후대에 말갈이 군현과 결합하여 백제를 침입한 사실을 온조왕대를 중심으로 소급 정리한 것이다.[47)

한편 백제본기에는 백제의 동쪽과 북쪽에 각각 낙랑과 말갈이 위치한 것으로 기록된 사료가 남아 있어,[48) 군현이 백제의 북방에 위치한 오늘날의 평안도와 황해도에 설치된 역사적 사실과 모순이 발견된다. 말갈이 백제의 북쪽에 존재한 것으로『三國史記』편찬자에게 인식된 배경은 접전을 벌인 곳이 주로 백제의 북쪽 또는 동북쪽이었기 때문으로 추정된다.

백제와 영서 말갈의 충돌은 대부분의 경우 말갈의 先攻으로 시작되었다. 백제가 말갈과 충돌한 지역은 北境, 北鄙, 大釜峴(평강), 靑木山(개성), 七重河(적성), 馬首城(포천), 高木城(연천), 沙道城(포천), 牛谷(금천) 등 북쪽이나 동북쪽에 해당된다.[49) 이를 반영하듯이 말갈의 위치에 대하여 백제본기 온조왕 2년 조에는 "말갈은 우리 북쪽 경계에 연접하여 있다"라고 하였으며,[50) 13년 조에는 "동쪽에는 낙랑이 있고 북쪽에는 말갈이 있다"라고 하여 북방에 위치한 것으로 기록되어 있다.

그러나 백제 북쪽에는 군현이 위치하였기 때문에 '北有靺鞨'은『三

---

47) 文安植, 2001, 앞의 글, 105쪽.

48)『三國史記』권23, 百濟本紀1, 溫祚王 13年.

49) 백제와 말갈이 충돌한 장소의 위치 비정은 다음의 글을 참조하기 바란다. 酒井改藏, 1970, 「三國史記の地名考」,『朝鮮學報』54 ; 千寬宇, 1976, 「三韓의 國家形成(下)」,『韓國學報』3 ; 金鍾權 譯, 1978,『三國史記』, 대양서적 ; 李丙燾, 1983,『國譯 三國史記』, 을유문화사 ; 李康來, 1986, 「三國史記에 보이는 靺鞨의 軍事活動」,『領土問題硏究』2 ; 金起燮, 1994, 「百濟 近肖古王代의 北境」,『軍史』29, 6~13쪽 ; 李鎔彬, 2002,『백제 지방통치제도 연구』, 서경문화사, 37쪽.

50)『三國史記』권23, 百濟本紀1, 溫祚王 2年.

國史記』편찬자의 착오로 판단된다. 말갈이 백제의 북쪽이나 동북쪽을 주로 침입하였기 때문에 '北有靺鞨'로 기술되었다. 또한 말갈이 백제의 동북쪽이나 북쪽을 주로 공격한 것은 하남위례성으로 천도하기 이전에, 연천과 파주 방면에 중심지가 있었을 가능성을 보여준다.

말갈집단은 춘천을 근거지로 하여 가평-포천-연천으로 연결되는 루트나 화천-철원-연천 방향을 통해 백제를 공격하였다. '北有靺鞨'은 착오에 불과하며, 말갈세력은 백제의 동쪽에 해당하는 영서지역에 거주하던 토착집단이었다.

그리고 백제본기에 보이는 '東有樂浪'은 춘천의 토착집단 즉, 군현의 부용세력으로 있던 貊國을 낙랑으로 호칭한 것과 관련이 있다.[51] 평양의 낙랑군은 춘천의 토착세력을 내세워 分治하였는데, 춘천지역의 맥인들이 낙랑을 자칭하였다.[52] 춘천의 낙랑국과 맥국은 동일한 집단이다.

춘천의 토착세력을 지칭하는 정확한 표현은 맥국으로 추정되지만, 군현과 밀접한 관계를 맺고 그 권위를 이용하기 위하여 '낙랑'을 자칭하였다.[53] 이는 옥저지역의 토착세력이었던 崔理가 낙랑왕을 칭한 사실[54]을 통해서도 입증된다.

---

51) 이에 대해서는 낙랑군의 통제를 받던 嶺西濊가 '東有樂浪'으로 인식되어 『三國史記』 백제본기에 기술된 것으로 이해하는 견해가 참조된다(尹善泰, 2001, 앞의 글).

52) 丁若鏞, 『與猶堂全書』 第六集 第一卷, 疆域攷二, 樂浪別攷 ; 金起燮, 1991, 「『三國史記』'百濟本紀'에 보이는 靺鞨과 樂浪의 위치에 대한 재검토」, 『청계사학』 8.

53) 낙랑과 말갈의 접촉은 고고 유적과 출토유물을 통해서도 입증된다. 남한강과 북한강 중상류지역에서 낙랑계 유물은 강원도 춘천 신매리 및 중도, 횡성 둔내, 원주 법천리유적, 충북 중원군 하천리 등에서 출토되었다. 한반도 중부지방의 원삼국시대 낙랑계 출토 유물과 그 성격에 대해서는 다음의 글을 참조하기 바란다. 김무중, 2004, 「고고자료를 통해 본 백제와 낙랑의 교섭」, 『호서고고학』 11집, 호서고고학회).

『三國史記』에는 평양의 낙랑군과 沃沮의 낙랑국 외에 嶺東과 嶺西의 토착집단을 '樂浪'이라 불렀다.[55] 백제본기에 보이는 낙랑은 대동강유역의 낙랑군과 춘천의 낙랑국이 구분되지 않고 동일한 명칭으로 함께 서술되었다. 백제본기에 보이는 낙랑 사료는 춘천의 낙랑국과 관련된 내용은 얼마 되지 않고, 대부분 평양을 치소로 하는 낙랑과 관련된 사실을 싣고 있다. 또한 公孫氏에 의하여 대방군이 3세기 초반에 설치된 이후의 낙랑 사료는 대방과 관련된 것이 대부분이다.

이와 같이 백제본기 낙랑 관련 기사는 춘천 낙랑국 및 평양을 치소로 하는 낙랑군과의 관계가 모두 포함되었고, 양자가 구별되지 않고 상호 중첩되어 오해를 야기하고 있다.[56] 그런데 『三國史記』편찬자의 '北有靺鞨 東有樂浪'의 인식은 '말갈'과 '낙랑' 모두가 영서지역 토착세력이라는 근본적인 모순에 빠지게 된다.

이는 '北有靺鞨'을 전제로 하여 '東有樂浪'을 기록하면서, 말갈=낙랑국=맥국이라는 사실을 간과하거나 잘 알지 못했기 때문에 초래되었다. 즉, 낙랑군과 말갈이 연대하여 초기 백제를 침략한 부정할 수 없는 역사적 사실에서, 낙랑군이 사라지고 北有靺鞨 東有樂浪 즉, 말갈=낙랑국 만이 남게 되었다.

이렇게 본다면 '北有靺鞨 東有樂浪'을 대신하여 '北有樂浪 東有靺鞨'로의 치환은 단순한 방위상의 문제가 아니라, '北有樂浪'의 낙랑은 낙랑국이 아니라 낙랑군이 해당되며, 3세기 이후에는 낙랑군보다는 대방군으로 이해할 필요가 있다. 다만 백제본기에 보이는 낙랑 관련 사료 중에서 일부는 3세기 이전의 백제와 낙랑의 접촉을 전하는 기사도

---

54) 『三國史記』 권14, 高句麗本紀2, 大武神王 15年.

55) 이에 대해서 다음의 글을 참조하기 바란다. 尹善泰, 2005, 「『三國史記』百濟本紀 初期記事의 樂浪과 馬韓」, 『한성백제총서』, 78쪽.

56) 文安植, 앞의 책, 2002, 67쪽.

없지 않다. 그리고 '東有靺鞨'의 말갈은 춘천 낙랑국과 직접적인 관계
가 있다.

군현은 고이왕대에 이르러 비약적으로 성장한 백제에 대처하기 위
하여 영서 말갈과 연대하여 압박을 가하였다. 말갈세력도 군현과 우호
관계를 유지하는 것이 선진문물의 수용과 교역관계를 맺는데 도움이
되었고, 백제를 견제할 수 있는 효과적인 방안이었다. 군현과 말갈세력
은 상호간에 동일한 이해관계를 가지고 있었기 때문에 백제에 맞서 공
동으로 대처하였다.

백제는 군현과 말갈을 연결하는 교통로인 甁山, 禿山, 狗川 등에 木
柵을 설치하여 연계를 차단하려고 하였다. 이 무렵 군현과 말갈은 백
제가 차지하고 있던 임진강유역을 우회하여 신계-이천-평강-김화-화천-
춘천을 연결하는 통로를 이용하여 접촉하였다. 따라서 병산 등의 목책
은 이천, 평강, 김화 등의 교통로 상에 위치한 것으로 추정된다.

말갈은 백제가 교통로에 목책을 설치하는 등 압박을 가하자 줄기차
게 공격하였다. 말갈의 공격에 대항하는 백제의 반격이 맞물리면서 일
정기간 동안 양 세력은 격렬하게 충돌하였다. 백제본기에는 백제와 말
갈의 충돌이 온조왕 때부터 이루어진 것으로 되어 있다. 그러나 백제
와 말갈의 대립 기사는 주로 3세기 중엽부터 4세기 초반까지 전개된
사실들이 소급된 것이다.[57]

백제와 말갈이 충돌한 지역은 주로 백제의 북쪽이나 동북쪽에 해당
된다. 이는 백제와 대립한 말갈세력이 주로 북한강유역의 집단이었음

---

57) 文安植, 앞의 책, 2002, 152쪽. 한편 3세기대에 낙랑군 등 중국 군현이 주체가
되어 내륙 교통로를 확보하고, 내륙에 위치한 韓穢 등에 대한 통제력과 교역
망을 확대하는 과정에서, 이 내륙 교통로지역의 韓穢系 세력집단의 정치 경
제적 성장이 이루어졌다고 한다. 그리고 이들을 백제본기와 신라본기의 초기
기사에 등장하는 말갈세력으로 이해하는 견해도 있다(임기환, 2005, 「광개토
왕비에 보이는 백제 관련 기사의 검토」, 『한성백제총서』, 36쪽).

몽촌토성 목책의 모습 | 목책은 적의 침입을 막기 위하여 임시방편적으로 만들었다. 급히 방어시설을 만들거나 대량의 노동력을 구할 수 없는 지역에 주로 설치되었다.

을 의미한다. 북한강유역의 말갈세력은 군현에 보다 인접하여 以夷制夷 정책의 대상이 되었다. 북한강유역의 말갈세력은 남한강변의 평야지대에 위치하여 경제적으로 풍요한 집단과는 달리 산간지대에 거주한 지정학적인 조건에 기인하여 백제를 침입한 면도 없지 않았다. 북한강유역의 산록에 위치한 말갈세력은 부족한 생필품을 보충하기 위하여 평야지방에 위치한 집단과 교역이 매우 필요하였다.

이들은 적대적인 관계에 있었던 백제와 경제적인 교류보다는 무장한 군대를 파견하여 생활물자와 필요한 노동력의 일부를 약탈하는 것으로 교역을 대신하였다. 북한강유역의 산간지대에 위치한 말갈세력은 백제를 향하여 계속적인 침입을 감행하였다.

말갈의 중심지는 춘천의 淸平山(지금의 춘천시 북산면과 화천군 간동면의 경계에 있는 五峰山) 부근으로 소양강의 여러 물길이 합류하는 곳에 위치하였다. 이곳은 두메산골의 복판에 위치하였지만 강 하류까지 배를 통하여 생선과 소금이 운반되는 등 수로로 연결되는 지역이었다.[58] 또한 인근의 북산면 내평리에서는 신석기시대의 빗살무늬토기와 간석기가 출토되었으며, 청평산에서 소양강으로 연결되는 춘천의 중도·서면 신매리·신북읍 산천리 등지에는 적석총이 분포되어 있다.

춘천지역의 말갈세력은 농경지가 적고 척박하였기 때문에 주변 국가를 약탈하여 부족한 생필품을 보충하였다. 사료 상에 보이는 말갈의 노략질[59]이나 民口 약탈 행위[60]는 이를 반영한다. 이러한 제반의 결과에 의하여 영서 말갈의 상징성은 춘천의 '맥국'설로 후대까지 전승되었다.

한편 말갈세력은 군현의 분열정책에 편승하여 백제를 침입한 경우도 적지 않았다. 그러나 영서 말갈세력이 군현의 직접지배를 받은 것은 아니었다. 영서지역에는 군현이 설치된 적도 없었거니와 임둔군과 진번군이 폐지될 때에도 낙랑의 본군 혹은 남부도위·동부도위의 관할 하에 있지 않았다. 군현은 선진문물의 사여나 책봉을 통하여 영서 말갈세력에 대하여 간접적인 영향력을 발휘하였다.

백제는 영서 말갈과 군현의 연합공격에 밀려 수도를 옮겨야 할 만큼 수세에 처하기도 하였다. 그러나 백제의 천도 원인은 복합적인 것으로 영서 말갈의 위협보다는 魏의 압박 때문이었다.[61] 백제는 영서 말갈의 공격을 거의 격퇴하였고, 패주하는 말갈집단을 추격하여 참살하는 것이 일반적이었다. 백제는 말갈세력의 침입을 차단하기 위하여 맥국의 우두산성을 공격하려고 하였다.

---

58) 李重煥, 「卜居總論-山水」, 『擇里志』.
59) 『三國史記』 권23, 百濟本紀1, 溫祚王 10年.
60) 『三國史記』 권23, 百濟本紀1, 己婁王 32年.
61) 文安植, 1996, 앞의 글, 39쪽.

96

백제는 우두산성을 공격하기 위하여 국왕이 직접 군사를 이끌고 臼
谷에 이르렀다.[62] 우두산성은 춘천,[63] 구곡은 양주와 가평 부근의 仇
谷驛[64]으로 보고 있다. 초기 백제는 연천과 파주지역을 중심지로 하고
있었기 때문에, 백제군은 포천을 거쳐 가평으로 내려온 다음 동진하여
춘천의 우두산성을 공격하려고 하였다. 그러나 백제군은 눈이 많이 내
려 우두산성을 공격하지 않고 가평 부근의 구곡에서 돌아오고 말았다.
　백제와 말갈의 대립관계는 258년(고이왕 25)에 이르러 말갈이 사절
을 파견하여 良馬를 헌상[65]하는 등 관계개선을 도모하면서 새로운 국
면으로 접어들었다. 이 무렵 고이왕은 토착세력에 대한 군현의 분열정
책에 맞서 한인동맹군을 이끌고 격전 끝에 소기의 성과를 이루었다.
백제가 군현의 간섭을 배제할 수 있을 만큼 성장이 이루어지고 관계가
개선되자, 이웃한 말갈도 '親郡縣 反百濟'라는 전통적인 대외정책을
재검토할 필요성이 제기되었다.[66] 말갈은 시대적 변화에 따라 백제의
실체를 인정하면서 良馬를 바치는 등 관계 변화의 가능성을 타진하였
다.
　백제 역시 군현과 긴박한 대치상황이 지속되었고, 아직 마한을 복속
하지 못했기 때문에 서쪽의 바다를 제외하면 삼면이 강대한 세력들에
의하여 포위된 형세였다. 백제는 이러한 대외정세를 고려하여 말갈의
사자를 정중히 대우하는 등 평화제안을 수용하였다.
　그러나 말갈이 백제에 良馬 10필을 헌상한 측면에서 볼 때 양 세력
이 대등한 수평관계에 있지는 않았다. 『삼국사기』의 서술은 삼국간 또

---

62) 『三國史記』권23, 百濟本紀1, 溫祚王 18年.
63) 金秉南, 2001, 「백제 영토변천사 연구」, 전북대 박사학위논문, 107쪽.
64) 千寬宇, 1976, 앞의 글, 118쪽.
65) 『三國史記』권24, 百濟本紀2, 古尒王 25年.
66) 文安植, 2002, 앞의 책, 160쪽 ; 金秉南, 2001, 앞의 글, 40쪽.

는 삼국과 주변세력 사이에 전개된 물물의 수수관계를 '獻'과 '送'으로 명확히 구분하여 사용하였다.

삼국간의 외교기사에서 '헌'의 용례는 전혀 보이지 않으나, 부여·말갈·맥·탐라·우산 등이 삼국에 대하여 각각 '헌'의 외교형식을 취하였다.[67] 이는 후대에 삼국을 중심으로『삼국사기』를 편찬하면서 말갈 등의 주변세력을 삼국의 속국으로 인식하였기 때문에 '헌'의 용례를 사용하였을 가능성이 크다. 良馬의 헌상은 말갈이 백제에 대하여 조공국의 외교형식을 취하였음을 보여준다.[68]

고이왕대 후반기에 이르러 백제는 말갈세력과 화친관계를 맺고 국경을 마주하였다. 백제의 東界인 走壤에 대해서는 춘천으로 이해하는 것이 일반적이다.[69] 그러나 이 무렵 백제의 동쪽에는 춘천을 중심으로 하여 영서의 말갈세력이 버티고 있었다. 따라서 백제의 동쪽 경계인 走壤을 춘천이 아니라 평강으로 보는 주장이 타당성이 있는 것으로 생각된다.[70] 평강은 한반도 동서 교통로의 요충지에 위치하여 지정학적 조건상 매우 중시된 지역이었다.

평강은 북으로는 이천과 신계를 거쳐 대방군으로 연결되며, 남으로는 김화와 화천을 거쳐 춘천으로 통하는 지역이다. 또한 평강은 동으로는 추가령구조곡을 이용하여 원산으로 나아가는 길목이며, 서쪽으로는 연천과 동두천을 거쳐 서울에 이르는 사통팔달의 요충지에 해당된다. 동해안의 옥저지역에서 태백산맥을 넘어 평강(부양)을 거쳐 백제로 망명한 仇頗解 일행의 진출 과정은 이를 반증한다.[71]

---

67) 李永植, 1994, 「加耶諸國의 外交形式」, 한국고대사연구회편, 『新羅末 高麗初의 政治·社會變動』, 신서원, 286~302쪽.

68) 李永植, 1994, 위의 글, 287쪽.

69) 李丙燾, 1977, 앞의 책, 356쪽.

70) 全榮來, 1985, 「백제 남방경역의 변천」, 『千寬宇선생 환력기념한국사학논총』, 137쪽.

98

몽촌토성의 성벽 | 몽촌토성은 둘레가 약 2.7km이며, 높이는 6~7m 정도이다. 1984년과 1985년의 두 차례 발굴조사 결과, 목책 구조와 토성 방비용 해자로 되어 있는 이중구조였음이 밝혀졌다.

백제는 고이왕대에 이르러 평강을 東界로 하면서 임진강 상류지역에 위치한 이천에서 시작하여 평강-철원-포천-가평-양평-여주를 잇는 지역을 장악하였다. 그 외곽의 동쪽에는 북한강과 남한강의 중상류지역을 중심으로 말갈세력이 존재하였고, 북으로는 황해도 평산의 저탄을 경계로 하여 대방군과 국경을 접하였다.[72]

백제의 급속한 성장은 인접한 군현과 영서 말갈세력에 대하여 상당한 위협이 되었다. 군현은 점증되는 고구려의 남하 위협과 백제의 공세로 말미암아 영향력이 약화되었다. 군현은 난관을 벗어나기 위하여 말갈과 공동전선을 취하려고 하였다. 이는 말갈과 군현의 전통적인 우호관계에 영향을 받았지만, 백제의 활발한 영토확장에 따라 수세에 놓

---

71) 『三國史記』 권23, 百濟本紀1, 溫祚王 43年.

72) 文安植, 2006, 앞의 글.

인 인근 세력 사이의 자연스러운 연합전선 구축이었다. 말갈과 연대하여 백제를 제압하려 했던 군현의 대외정책은 일시적으로 성공을 거두었다.

백제는 군현과 화친관계를 맺은 후에도 긴장의 끈을 늦추지 않았다. 백제는 하남위례성과 그 주변에 대한 방위망의 구축에 전력을 기울였다. 백제는 한강수로와 근접한 평지에 3세기 중반~후반 어느 시점에 풍납토성[73]을 세워 왕성인 하남위례성으로 이용하였다.[74] 그리고 풍납토성과 인접한 표고 45m의 구릉에 몽촌토성을 축조하여 방어거점으로 활용하였다.

몽촌토성은 군사적 성격 때문에 신라의 월성이나 대구 달성처럼 평지상의 독립 구릉에 위치한 산성으로 분류하기도 하며,[75] 공주 공산성·부여 부소산성과의 연관성 속에서 구릉성 산성으로 파악하기도 한다.[76] 백제가 하남위례성을 축조하고 방어시설을 마련한 것은 사료 상에는 온조왕 때에 이루어진 것으로 기록되었다. 백제본기 온조왕 13년조에는

B. 왕이 직접 漢水 남쪽을 둘러본 다음 漢山 아래에 목책을 세우고 慰禮城의 민호를 옮겼다.[77]

73) 朴淳發, 2001, 앞의 책, 181쪽.
74) 鮎貝房之進, 1934, 「百濟古都案內記」, 『朝鮮』 234호 ; 李丙燾, 1976, 앞의 책, 501 ; 金廷鶴, 1981, 「서울 근교의 백제유적」, 『향토서울』 39, 9~11쪽 ; 姜仁求, 1993, 「백제 초기 도성 문제 신고」, 『한국사연구』 81, 6~7쪽.
75) 尹武炳, 1990, 「山城・王城・泗沘都城」, 『百濟硏究』 21, 8~9쪽.
76) 成周鐸, 1988, 「백제도성축조의 발전과정에 대한 고찰」, 『百濟硏究』 19, 67쪽 ; 徐程錫, 2001, 「百濟城郭硏究」, 한국정신문화연구원 박사학위논문, 131쪽.
77) 『三國史記』 권23, 百濟本紀1, 溫祚王 13年.

라고 하여, 온조왕 때에 한산 아래에 목책을 세우고 위례성의 민호를
옮긴 것으로 되어 있다. 그러나 백제가 하남위례성으로 천도한 것은
고이왕 때에 군현의 압박과 말갈의 침입에 시달리면서 이루어졌다.[78)
하남위례(풍납토성)으로 천도한 후 왕성의 구조와 방어체계를 마련
하지 못하고, 목책을 세우고 민호를 옮기는 수준에 그쳤다.

하남위례성과 그 주변의 방어체계가 확립된 것은 고이왕을 계승한
책계왕 때에 이루어졌다. 책계왕은 즉위한 해(286)에 丁夫를 징발하여
'葺慰禮城' 하였는데,[79) 단순한 성곽의 보수에 그치지 않고 위례성의
위상을 새롭게 확립하기에 이르렀다. 또한 책계왕은 蛇城과 阿旦城을
축조하여 한강 하류나 상류 방면에서의 공격을 방어하도록 하였다. 책
계왕 때에 이르러 위례성은 한강 수로망을 바탕으로 왕성의 위상을 확
보할 수 있었다.[80)

백제의 성장이 가속화되자 군현과 말갈은 공동 출병하여 책계왕을
전사케 하였고,[81) 그 다음에 즉위한 분서왕은 자객을 파견하여 암살하
는 데 성공하였다.[82) 백제는 일대 시련을 겪게 되었고 연맹왕국의 토
대가 붕괴될 지경에 이르렀다. 그러나 고구려의 미천왕이 313년에 낙
랑군을 축출하자 말갈세력은 위기감이 팽배해졌고, 백제는 이 기회를
틈타 영서 말갈지역으로 진출하였다.

말갈은 군현이 축출되자 후원세력을 잃고 급격히 쇠약해지면서 백
제에 복속되고 말았다. 이로부터 말갈은 독자적인 대외활동이 불가능

78) 文安植, 2002, 앞의 책, 85쪽.
79) 『三國史記』 권24, 百濟本紀21, 責稽王 前文.
80) 余昊奎, 2002, 「漢城時期 百濟의 都城制와 防禦體系」, 『百濟研究』 36, 충남
대 백제연구소.
81) 『三國史記』 권23, 百濟本紀1, 責稽王 13年.
82) 『三國史記』 권24, 百濟本紀2, 汾西王 7年.

하게 되었고, 고구려의 영향력이 작용한 것으로 추정되는 387년(진사왕 3)의 관미령 전투[83] 이전까지 백제의 지배를 받았다.

이에 대한 자세한 사정은 사료가 남아있지 않아 잘 알 수 없는 형편이다. 다만 원주 등지에서 발견되는 중국제 陶瓷 등을 통하여 백제의 영향력이 말갈지역까지 미친 사실을 추정할 수 있다.[84] 현재의 남한강 중·상류 일대가 백제계 토기의 분포권을 이루고 있는 것도 영향력을 받은 사실을 반영한다.[85]

그러나 백제는 말갈세력의 재지기반을 해체하여 철저한 지방통치를 실시하지는 못하였다. 말갈세력은 백제에 예속되어 군사·경제적인 부담 등이 강요되었지만, 그 지배에도 불구하고 재지의 토착질서를 유지하였다. 백제의 지배를 받던 영서지역의 말갈세력은 지역에 따라 지배양상에서 차이를 보인다. 춘천을 중심으로 하는 북한강유역은 많은 지역에 대한 발굴이 이루어지지 않는 점을 감안할지라도, 백제와 관련되는 유적과 유물이 거의 발견되지 않는 점이 주목된다. 북한강유역은 촌락들이 주로 산간지대에 위치하며 교통이 불편한 오지였기 때문에 백제의 영향력이 강하게 미치지 않았다.

그 반면에 비옥한 농경지가 존재하고 교통이 상대적으로 편리한 곳에 위치한 남한강유역은 여러 곳에서 백제와 관련된 유적들이 조사되

---

83) 『三國史記』 권25, 百濟本紀3, 辰斯王 3年.

84) 원주 법천리에서 출토된 東晋製 청자는 위신재의 성격을 갖고 있었는데, 백제의 중앙권력이 수입한 것을 복속지역의 호족들에게 분배하여 부장된 것으로 이해하고 있다. 그 시점에 대해서는 4세기 전반부터 중반(權五榮, 1988, 「4세기 百濟의 地方統制方式一例」, 『韓國史論』 18쪽), 近肖古王 때(小田富士雄, 1982, 「越州窯靑磁를 伴出한 忠南의 百濟土器」, 『백제연구』 특집호), 또는 4세기 중반부터 5세기 초기(李道學, 1995, 『백제고대국가연구』, 일지사, 182쪽) 등으로 보고 있다. 백제는 위신재를 하사하여 재지수장층의 권위를 인정해 주면서 공납지배를 실시하였다.

85) 車勇杰, 1989, 「忠北地域의 百濟土器遺蹟」, 『忠北史學』 2, 9쪽.

단양 적성 | 성의 둘레는 922m이며, 할석 및 자연석으로 축조되었다. 성의 기반을 토석으로 다지고, 그 위에 자연석을 고루 쌓아 외벽을 축조하였다. 남서쪽 끝의 산봉을 기점으로 하여 북동쪽으로 닫는 산등성의 외측을 돌아 축성되었다.

고 있다. 충주지역에는 금릉동유적 · 주덕읍 원신중리유적 · 노은면 문성리유적 등이 존재하며, 장미산성에서 백제계 유물이 상당수 출토되었다.[86] 그 외에 단양의 적성과 온달산성[87] 및 남한강의 최상류에 속하는 영월군 하동면 외룡리[88]나 청룡포[89] 등지에서도 백제 계통의 토기가 출토되었다.

또한 원주의 법천리고분군은 묘제의 형식과 토기류 기종 구성에서

86) 충북대 박물관, 1992, 『薔薇山城』, 172쪽.
87) 金元龍, 1978, 「단양적성의 역사지리적 성격」, 『史學志』 12, 8쪽 ; 충청북도, 1982, 『文化財誌』, 310쪽.
88) 盧爀眞 외, 1998, 『영월 외룡리 주거지 지석묘 발굴 보고서』, 영월군 · 한림대학교박물관.
89) 한국문화재보호재단 · 영월군, 1999, 『영월 청령포 단종관련 유적 발굴조사보고서』.

3세기 후반에서 5세기 전반에 걸쳐 축조된 경기도 화성군 마하리고분, 백곡리고분군과 유사한 백제계통의 석곽묘가 중심을 이룬다.[90] 이는 백제가 陸路보다는 주로 水路를 이용하여 남한강유역으로 진출하였을 가능성을 보여 준다.

남한강유역의 말갈세력은 백제의 지배를 받게 되면서 일부 집단이 다른 지역으로 이주하였다. 이들은 원래의 거주지를 벗어나 충북 보은·옥천·영동 일대로 이주하거나 경상도 상주 방면으로 남하하여 백제와 대치한 것으로 추정된다. 충북의 서남부지역에서 道內의 다른 곳과는 달리 지금까지 백제계의 토기나 유물 등이 거의 출토되지 않는 것도 이 때문이다.[91] 이는 백제의 영향력이 충북의 남부지역에 미치지 않았음을 의미한다.

백제의 압력에 밀린 남한강유역의 말갈세력은 충북 서남부지역으로 이주하여 상당 기간 동안 백제와 대치하다가 신라에 흡수되었다. 백제는 끝내 충북의 서남부지역을 확보하지 못하였고, 신라는 소백산맥 계선을 통과하면서 5세기 후반에 이곳을 장악하였다.

한편『三國史記』백제본기와 신라본기의 초기사료에 의하면 신라가 진한연맹체를 병합하여 경북 일원의 성읍국가들을 통합하기 이전에 백제와 소백산맥의 以南北 일대에서 대치한 기록이 남아 있다.[92] 그러나 신라가 소백산맥 이북으로 진출한 것은 5세기 후반에 이르러 가능

---

90) 한반도 중부지방 3～4세기 고분군의 세부적인 편년과 관련성에 대해서는 다음의 글을 참조하길 바란다. 김성남, 2001,「中部地方 3～3世紀 古墳群 細部 編年」,『백제연구』33, 충남대 백제연구소, 109～162쪽.

91) 車勇杰, 1989, 앞의 글, 8쪽.

92) 신라본기와 백제본기의 교섭 기사는 주객의 피아만이 도치된 완전한 同文으로서 단일한 원전을 토대로 하여 하나의 사건을 각 본기에 중복 기재하였다. 다만 신라본기의 일부 기사가 상대적으로 상세하기 때문에 신라본기의 전거가 일차 토대였고, 백제본기는 이를 해당 연대에 맞춰 보입한 것으로 보고 있다(이강래, 2002,「『삼국사기』의 마한 인식」,『全南史學』19, 11쪽).

104

하였기 때문에 誤記이거나 撰者가 원사료를 정리하면서 후일 삼국으로 병합된 諸勢力의 관련 기사들을 삼국의 상황으로 대치하여 편찬한 것으로 추정된다.

이에 대하여 千寬宇는 三韓移動說에 입각하여 舊辰國=辰韓系=昔氏系가 경주지역에 도달하기 이전에 청주, 괴산 방면에 일시 머무르면서 초기 백제와 전투를 치른 것으로 이해하였다.[93] 백제와 충돌한 신라를 진한세력 중의 유력한 족장으로 파악하고, 이들이 뒤에 신라에 병합되면서 그 역사까지 신라사에 편입된 것으로 보기도 한다.[94] 또한 이들을 소백산맥 일대의 재지세력이었던 '辰韓系' 내지 '仇道系' 등의 金氏族으로 이해하는 견해도 있다.[95]

소백산맥 일대에서 서기 63년(다루왕 36)부터 286년(고이왕 53)까지 백제와 전투를 벌였던 세력이 신라로 전하게 된 것은 훗날 이들이 신라에 통합되었기 때문으로 보기도 한다. 즉, 지금까지 경주 토착세력으로 인식하였던 金氏系는 소백산맥 일대의 중부지역에서 세력을 형성하였던 辰韓系이며, 신라로 이주하여 경주 일원에 적석목곽분을 축조하였다는 것이다.[96]

또한 신라본기와 백제본기에 나오는 말갈의 활동지역에 대한 모순을 해결하기 위하여 신라본기 초기기록의 말갈과 접촉하는 신라의 실체를 경주지역 도착 이전 마한의 동쪽에 존재하였던 세력으로 이해하는 견해도 있다. 이들이 백제와의 항쟁에서 밀려나 남하하는 도중에

93) 千寬宇, 1976, 앞의 글, 31~41쪽.
94) 申東河, 1979, 「신라 골품제의 형성과정」, 『한국사론』 5 ; 金瑛河, 2002, 『韓國古代社會의 軍事와 政治』, 고려대 민족문화연구원, 110~121쪽.
95) 崔炳云, 1982, 「西紀 2世紀頃 新羅의 領域擴大」, 『全北史學』 6 ; 朴南守, 1987, 「新羅上古 金氏系의 起源과 登場」, 『慶州史學』 6 ; 姜鍾薰, 1991, 「新羅 上古紀年의 再檢討」, 『韓國史論』 26.
96) 朴南守, 1987, 앞의 글, 1~21쪽.

경주 대릉원 신라고분군 | 경주시 황남동에 위치한 신라시대의 고분군으로 천마총과 황남대총을 비롯한 23기의 무덤이 자리잡고 있다.

말갈과 접촉한 사실이 신라본기 초기기록에 남게 되었다는 것이다.[97) 그리고 이 무렵 백제와 대립한 것으로 사료 상에 전하는 신라를 마한 연맹체의 소국으로 보는 견해도 있다.[98)

또한 신라의 적석목곽분의 출현에 대해서는 전파론적 시각에서 오르도스 Kurgan유적과 유사하며 백제 등지에서는 나타나지 않고 오로지 경주 부근에서만 발견된다는 점에서, 4세기 중엽 적석목곽분과 금관을 만드는 이들이 경주로 와서 권력을 장악한 것으로 파악하는 견해도 있다.[99) 그러나 적석목곽분의 積石은 고구려 적석총의 양식이며 목

97) 李康來, 1985, 앞의 글, 54쪽.

98) 이종욱, 1996, 「百濟 初期國家로서 十濟의 形成」, 『國史館論叢』 69, 54쪽 ; 金起燮, 2000, 『백제와 근초고왕』, 학연문화사, 179쪽.

99) 崔秉鉉, 1981, 「古新羅 積石木槨墳 硏究」, 숭전대 석사학위논문.

곽분은 진한지역으로 이주한 이주민에 의하여 도입된 낙랑양식으로,
위의 두 양식을 조합한 형식일 뿐 몽고에서 전파된 것은 아니라고 한
다.100)

　따라서 고신라 적석목곽분은 무기단식 적석총을 영서지역에 축조한
말갈세력이 백제의 압력에 밀려 신라 영역으로 남하·이동하여 선주
민의 목곽묘 양식과 결합하면서 이루어졌을 가능성이 높다. 다만 적석
목곽분을 고구려 계통의 적석묘와 고조선 계통의 토광묘가 구조적으
로 결합된 것으로 이해하는 견해101)가 있다. 이는 현재까지 보고된 것
보다 이른 시기의 것이 새로이 발견될 수 있다는 가능성을 토대로 논
지를 제시하고 있기 때문에 문제점이 따른다.

　이렇게 볼 때 백제와 대립한 신라는 다름 아닌 남한강유역에서 밀려
난 영서 말갈세력의 일부 집단으로 추정된다. 이들이 백제의 가중되는
압력에서 벗어나 신라 방면으로 이주하면서 빚어진 충돌과정이 羅·
濟 사이의 대립관계로 묘사되었다. 즉,『三國史記』백제본기와 신라본
기의 초기사료에 보이는 양국의 충돌 기사는 백제와 영서 말갈세력 사
이의 관계를 반영한다.102)

　백제와 영서 말갈은 蛙山城(보은), 狗壤城(옥천), 圓山鄕(금산군 진
산면), 腰車城(상주), 熊谷(선산), 烽山城(영주), 槐谷城(괴산) 등지에서
수 차례에 걸쳐 공방전을 전개하였다.103) 백제의 압력에 밀려난 남한

100) 姜仁求, 1981,「新羅 積石封土墳의 構造와 系統」,『韓國史論』7, 37~47
　　　쪽 ; 金昌鎬, 1996,「古新羅 積石木槨墳에 대한 몇 가지 문제」,『碩晤 尹容鎭
　　　敎授停年退任紀念論叢』; 崔鍾圭, 1995,『삼한고고학연구』, 서경문화사.
101) 李喜寬, 1989,「古新羅時代의 재갈과 積石木槨墓築造者들-新羅의 國家形成
　　　과 관련하여-」,『東亞研究』17, 23~24쪽.
102) 文安植, 2003,『한국고대사와 말갈』, 혜안, 65쪽.
103) 이들 지역에 대한 위치비정은 다음의 글을 참조하였다.
　　　李丙燾, 1983,『譯註 三國史記』, 을유문화사, 11~27쪽.

강유역의 말갈세력이 충북 남부를 거쳐 신라지역으로 이주하면서 상당 기간 동안 백제와 대치하였다. 이에 대한 기록이 『三國史記』초기사료에 백제와 신라의 충돌로 기록되었다.

제2절 마한 복속과 지방통치방식의 변화

1. 마한 복속과 공납지배

백제는 마한의 동북지방에 뿌리를 내리고 3세기 후반에 이르러 군현과의 무력분쟁을 거치면서 연맹왕국의 기틀을 형성하였지만 군현과 더 이상의 충돌은 피하려고 하였다. 백제는 말갈과의 전투에서 사로잡은 포로를 바치거나,[104] 사냥 중에 획득한 神鹿을 헌상[105]하는 등 마한과 우호관계를 유지하였다.

백제는 군현과 말갈이 존재할 때부터 마한지역 진출을 위하여 변경에 목책을 설치하는 등 야심을 품었다.[106] 그러나 마한의 항의를 받아들여

> A. 가을 칠월에 왕이 웅천책을 세우자 마한왕이 사신을 보내 나무라며 말하였다. "왕이 처음 강을 건너 왔을 때 발 디딜 만한 곳도 없었으므로 내가 동북쪽의 100리의 땅을 떼어 주어 편히 살게 하였으니 왕을 대우함이 후하지 않았다고 할 수 없다. 마땅히 이에 보답할 생각을 하여야 할 터인데, 이제 나라가 완성되고 백성들이 모여들자 나와 대적할 자가 없다고 하면서 城과 연못을 크게 설치하여 우리의 영역을 침범하니 그것이 의리에 합당한가?" 왕은 부끄러워서 드

---

104) 『三國史記』 권23, 百濟本紀1, 溫祚王 18年.

104) 『三國史記』 권23, 百濟本紀1, 溫祚王 18年.
105) 『三國史記』 권23, 百濟本紀1, 溫祚王 10年.
106) 『三國史記』 권23, 百濟本紀1, 溫祚王 24年.

108

　　디어 목책을 헐어 버렸다.107)

라고 하였듯이, 목책을 철거한 것으로 볼 때 아직 남진을 본격적으로
추진한 것은 아니었다. 이는 백제가 군현과 말갈의 접촉을 차단하기
위하여 설치한 목책에 대하여 군현이 항의하자, 묵살하고 전쟁을 불사
하겠다는 자세를 보인 것과 크게 대조된다.108) 백제의 상반된 태도는
남방에 위치한 마한마저 적대세력으로 돌리면 세 방향의 적과 대립하
여 국가의 유지를 장담할 수 없는 최악의 상황을 피하기 위한 것이었
다.

　백제가 마한의 복속에 앞서 군현의 영향력 차단에 주력한 다른 이유
는 토착세력에 대한 군현의 분할정책을 극복하지 못하면 더 이상의 영
역 확대가 어려웠기 때문이다. 군현은 토착세력의 분열과 대립을 조장
하여 배후 안정과 冊封體制의 유지를 도모하였다. 백제는 마한과 말갈
지역의 진출에 앞서 토착세력간의 분열을 유도하고 분할정책을 구사
하는 군현의 책략을 분쇄할 필요가 있었다. 백제는 군현과 말갈세력의
압력을 극복하지 못한 상황에서 마한에 대해 일정한 시기까지 부용관
계를 유지하였다.

　백제는 마한의 동북지역에서 건국하여 군현을 축출하고 말갈을 제
압한 시기까지 마한과 부용관계를 맺고 형식적이나마 신속하였다. 백
제의 책계왕이 군현과 말갈의 공동 출병에 맞서 싸우다 전사한 시기가
298년(同王 13)임을 고려하면,109) 백제는 군현의 축출 전까지도 영서
지방의 말갈세력을 제압하지 못하고 대치하였다. 백제가 마한지역으로
진출한 것은 군현의 축출 이후 본격화되었다.110) 백제가 마한을 병합

107)『三國史記』권23, 百濟本紀1, 溫祚王 24年.
108)『三國史記』권23, 百濟本紀1, 溫祚王 8年.
109)『三國史記』권23, 百濟本紀1, 責稽王 13年.

한 시기에 대해서는

> B. 가을 7월에 왕이 말하였다. "마한은 점점 쇠약해지고 윗사람과 아랫
> 사람의 마음이 갈리어 오래 갈 수 없을 것 같다. 만일 남에게 병합
> 된다면 이가 시리는 격이 될 것이니 후회하더라도 이미 늦을 것이
> 다. 차라리 남보다 먼저 손에 넣어 훗날의 어려움을 면함만 같지 못
> 할 것이다. 겨울 10월에 왕이 군사를 내어 겉으로는 사냥한다고 하
> 면서 몰래 마한을 습격하여 드디어 그 국읍을 병합하였다. 다만 원
> 산성과 금현성의 두 성만은 굳게 지켜 항복하지 않았다.111)

라고 하였듯이, 온조왕 26년(A.D. 8)의 일로 기록되어 있다. 백제본기
의 초기사료에 대해서는 연구자들의 시각에 따라 견해 차이가 적지 않
다. 그러나 백제가 마한의 영역으로 진출한 것은 군현이 축출된 이후
에 가능하였기 때문에 빨라도 4세기 이후였다.

사료 B에 보이는 백제의 마한 정복과 국읍 함락 기사는 목지국과
관련된 것으로 판단된다.112) 백제는 말갈세력을 제압한 후 안성천을
넘어 마한의 중심세력이었던 목지국을 복속하였다.113) 목지국의 위치
에 대해서는 위례설,114) 직산설,115) 인천설,116) 예산설,117) 천안설,118)

---

110) 文安植, 2000, 앞의 글, 133쪽.

111) 『三國史記』 권23, 百濟本紀1, 溫祚王 26年.

112) 兪元載, 1999, 「백제의 마한정복과 지배방법」, 『영산강유역의고대사회』, 학연
　　문화사, 148쪽.

113) 금강수계와 그 가까운 지역에서 발견되고 있는 周溝土壙墓의 조영 시기와
　　범위를 토대로 백제의 영역에 대한 고찰이 시도되었는데, 4세기 백제의 영역
　　이 안성천을 넘지 못한 것으로 보고 있다(姜仁求, 1994, 「주구토광묘에 관한
　　몇 가지 문제」, 『정신문화연구』 56, 120쪽).

114) 정인보, 1946, 『朝鮮史硏究』上.

115) 李丙燾, 1976, 「삼한문제의 연구」, 『한국고대사연구』, 박영사.

116) 千寬宇, 1979, 「목지국고」, 『한국사연구』 24.

이동설,[119] 공주설[120] 등이 있다. 그러나 금강 이북지역의 아산만유역
으로 보는 것이 일반적이다. 또한 그 실질적인 범위는 木川의 磨日嶺
以西, 內浦 以西, 車嶺 以北의 천안·직산·평택·아산·신창·온
양·예산 등으로 보고 있다.[121]

목지국의 진왕은 신라와 백제 및 가야의 두각에도 불구하고 3세기
까지 마한의 핵심적인 위치를 고수하였다. 천안시 청당동에서는 3세기
전반기에 제작된 마형대구, 곡봉형대구, 금박구슬과 외래 기성품이 출
토되었다.[122] 이는 진왕이 마한세력의 대외교섭권을 바탕으로 정치적
주도권을 행사한 사실을 반영한다.

백제는 4세기 초반에 목지국을 장악하여 아산만유역을 통합한 후
주변의 마한세력을 복속하기 시작하였다. 그러나 마한의 일부 세력은
항복하지 않고 저항을 꾀하였다. 그 대표적인 지역으로 원산성과 금현
성을 들 수 있다. 원산성은 충남 금산군 북부면,[123] 금현성은 충남 연
기군 전의면 또는 전동면으로 보고 있다.[124] 백제의 공격을 받아 마한

117) 김정배, 1986, 「목지국고」, 『한국고대의 국가기원과 형성』, 민음사.
118) 권오영, 1996, 『三韓의 '國'에 관한 연구』, 서울대대학원 박사학위논문.
119) 최몽룡, 1990, 「마한-목지국연구의 제문제」, 『백제논총』 2.
120) 신채호, 1979, 「前後三韓考」, 『朝鮮上古史』상(개정판).
121) 文昌魯, 2005, 앞의 글, 92쪽 각주 269).
122) 徐五善 外, 1991, 「천안 청당동유적 제2차 발굴조사보고」, 『송국리』Ⅳ, 국립
중앙박물관.
123) 원산성의 위치에 대해서는 경북 예천 용궁으로 보는 견해도 있지만(천관우,
1976, 앞의 글, 120쪽), 마한의 세력범위에 속하기 때문에 충남 금산군 북부
면 마전리설(『조선전사 3-중세편』, 1991, 과학백과사전종합출판사, 157쪽)이
타당한 것으로 판단된다.
124) 金峴城의 위치에 대해서는 충남 연기군 전의면 金城山에 위치한 金伊山城
說(이병도, 1977, 『국역 삼국사기』(하), 을유문화사, 57쪽), 고구려때 今勿奴
郡으로 보아 鎭川說(민덕식, 1983, 「고구려 도서현성고」, 『사학연구』 36, 47
쪽), 연기군 전동면 금성산성설(梁起錫, 2005, 「5~6세기 백제의 北界」, 제20

의 중심세력이었던 목지국은 병합되었지만, 그 남쪽의 연기·조치원 방면의 원산성과 금현성은 항복하지 않고 저항하였다.

원산성과 금현성이 백제에 항복한 것은 사료 상으로 볼 때는 목지국이 병합된 다음해였다. 이는 백제의 건국과 초기의 발전과정에 관한 사실을 온조왕 때를 중심으로 서술하면서 사료를 순차적으로 배치한 결과로 생각되며, 원산성 등의 병합은 시간이 다소 지체된 것으로 추정된다. 백제는 두 성이 항복하자 백성들을 한산 북쪽으로 옮기면서 마한에 대한 경략을 마무리하였다.[125]

백제는 목지국을 비롯한 마한의 소국들에 대한 경략이 끝나자 주요 지역에 築城하여 지배의 거점을 마련하였다. 백제가 가장 먼저 성곽을 축조한 곳은 대두산성이었다. 대두산성의 위치에 대해서는 아산시 음봉면 水漢山城,[126] 아산시 영인면 靈仁山城,[127] 아산시 면천,[128] 연기지방,[129] 공주 부근[130] 등으로 보고 있다. 그 위치는 백제가 탕정성을 쌓고 대두산성의 민가들을 나누어 살게 하였다는 사료를 통해 볼 때,[131] 온양에 위치한 탕정성과 가까운 아산지방으로 추정된다.

백제는 대두산성을 축조하여 아산만 일대를 통치하기 위한 거점으로 삼았고, 탕정성을 축조하여 이를 보완하였다. 백제는 안성천을 넘어

회 정기연구발표회, 단국대학교석주선기념박물관 정기연구회발표논문요지문) 등이 있다.

125) 『三國史記』 권23, 百濟本紀1, 溫祚王 27年.

126) 李基白, 1982, 「웅진시대 백제의 귀족세력」, 『백제연구』 특집호, 36쪽.

127) 兪元載, 1992, 앞의 글, 83쪽.

128) 朱聖智, 1995, 「백제의 웅진천도와 대외정책」, 동국대 석사학위논문, 21쪽.

129) 千寬宇, 1976, 앞의 글, 130쪽.

130) 盧重國, 1978, 「백제 왕실의 남천과 지배세력의 변천」, 『한국사론』 4, 서울대 국사학과, 102쪽.

131) 『三國史記』 권23, 百濟本紀1, 溫祚王 36年.

목지국을 비롯한 마한 중심세력을 장악한 후 금강 이남지역으로 진출하였다.

사료 상에는 백제가 온조왕 36년(A.D. 8) 8월에 원산성과 금현성의 두 성을 수리하고, 고사부리성을 축조한 것으로 되어 있다.[132] 고사부리성은 정읍으로 비정되기 때문에 백제가 금강 이북의 연기와 그 이남의 정읍에 같은 시기에 성곽을 축조하였다. 그러나 이는 백제본기 초기사료의 다른 사례와 마찬가지로 각기 다른 사실들을 같은 年度에 배치한 것으로 추정된다.

백제는 금강 이북지역에 지배거점을 확보하여 어느 정도 영향력을 제고한 후 고사부리성을 축조하면서 남으로 세력확장을 도모하였다. 백제는 늦어도 4세기 중반 무렵에는 건마국을 장악하여 금강유역의 대부분을 지배하게 되었다. 이는 백제가 전북 김제지역에 진출하여 벽골제를 320~350년경에 축조한 것으로 입증된다.[133] 백제가 김제에 벽골제 축조와 같은 토목공사를 실시한 것은 이보다 이른 시기에 호남평야를 장악했기 때문에 가능하였다.

백제의 마한지역 진출은 육로뿐만 아니라 해상을 통하여 포구 등의 거점을 확보하는 형태로도 이루어졌다. 백제의 마한지역 진출은 평면적이고 전방위적인 것이 아니라 해안을 통하여 교두보를 설치하여 거점을 확보하는 형식[134]을 취하였다. 백제는 해안지역의 토착세력을 먼저 제압하고 거점을 확보한 이후에 점차 내륙지역까지 세력을 확장하였다.

백제는 국초부터 미추홀 등 서부세력의 전통을 계승하여 서해를 통

---

132)『三國史記』권23, 百濟本紀1, 溫祚王 36年.

133) 尹武炳, 1992,「김제벽골제 발굴보고」,『백제고고학연구』, 학연문화사, 362쪽.

134) 成正鏞, 1994, 앞의 글, 93쪽.

하여 한반도 중부 및 서남부지역을 무대로 한 해상활동에 적극적이었
다. 백제의 국호인 '十濟'와 '百濟' 자체가 한자어의 뜻 그대로 나루터
를 가리킨다. 십제란 열 개의 포구를, 백제란 백 개의 포구를 각각 장
악하고 있을 무렵의 국호에 어울린다.[135]

이처럼 백제는 마한지역으로 진출하기 위해 내륙 평야지대의 장악
에 앞서 海路를 통하여 중앙권력의 침투가 용이한 강가나 해안가로 먼
저 향하였다. 백제는 4세기 중엽에 이르면 해로를 통하여 충남의 내포
만 지역으로 세력을 확장할 수 있었다. 이 시기의 백제 유적으로 알려
진 충청남도 홍성군 결성면 금곡리에 위치한 신금성 일대에서는 대규
모 생활취락 유적이 발견되지 않기 때문에, 영역 확대가 중요한 거점
을 확보하는 방식으로 이루어진 사실을 증명한다.[136]

백제는 금강 하류에 위치한 익산지역도 산성의 분포 양상으로 볼 때
지리적으로 진출이 용이한 입점리와 웅포리의 토착세력을 먼저 장악
한 후 세력의 범위를 핵심부 지역으로 넓혀 갔다.[137] 백제는 水路를
통하여 접근이 용이한 해안가나 강가 부근의 지역을 중심으로 토착세
력을 지배하였다가 점차 내륙지방으로 영향력을 확대하였다.

백제는 비류왕 때에 이르러 영서 말갈과 마한의 중요 지역을 차지하
게 되었다. 그 과정에서 끝까지 저항한 집단은 진압하여 연고가 없는
다른 지역으로 이주시켰다. 백제에 반항한 마한세력이 徙民된 지역은
영서의 말갈세력과 인접한 곳이었다. 백제는 우곡성 일대로 마한 사람
들을 徙民하였다.[138] 우곡성은 말갈이 침략하여 주민을 약탈하여 돌아

---

135) 趙法鍾, 1989, 「백제 별칭 웅준고」, 『한국사연구』 66집, 3~8쪽.

136) 충남대 박물관, 1984, 『神衿城』, 286쪽.

137) 金英心, 1997, 「백제 지방통치체제 연구」, 서울대 대학원 박사학위논문, 121
쪽.

138) 『三國史記』 권23, 百濟本紀1, 溫祚王 34年.

영광 군동 주구묘 | 하나의 봉토 안에 다수의 매장 시설을 만들어 여러 사람을 매장하였다.

간 것139)으로 볼 때 그들과 인접한 곳으로 생각된다. 우곡성은 백제와 말갈이 자주 충돌하던 변방의 요충지였기 때문에, 백제는 마한인을 이주시켜 감시하면서 말갈의 침입에 대비하였다.

백제의 지배를 받아들인 마한의 토착세력은 在地의 기득권을 그대로 인정하였다. 백제가 그 영역으로 편제된 모든 지역을 대상으로 일원적인 직접지배가 가능하게 된 것은 方郡城制가 실시된 6세기 중엽 이후였다. 백제가 군현의 축출을 계기로 마한 방면으로 영역의 확장을 꾀한 이래 2세기 이상의 장시간이 소요되었다.

그러나 백제의 지방통치에 대한 기존의 연구는 영산강유역의 토착세력을 제외하면 종족과 지역별 차이를 크게 염두에 두고 있지 않다. 이는 백제가 4세기 이후 복속한 마한과 말갈지역의 차이를 도외시하고 지배층과 피지배층의 단절 현상만을 중시하였기 때문이다.

---

139) 『三國史記』 권23, 百濟本紀1, 己婁王 32年.

백제는 고구려계 유이민 세력과 先住한 토착세력이 밀접한 유대를 갖고 연맹체를 형성하면서 발전한 국가였다. 이들은 3세기 후반에 연맹왕국을 형성하면서 한강 하류일대를 중심으로 군현, 말갈, 마한과 구별되는 별도의 세력집단을 이루었다. 백제의 건국집단은 주변세력에 대항하면서 나름의 정체성을 바탕으로 동일한 유대감이 점차 형성되기 시작하였다.

백제에 복속된 말갈과 마한은 종족 계통이나 문화 등의 여러 면에서 백제와 차이가 있었다. 마한의 영역에 속하였던 천안 청당동·청주 송절동·공주 하봉리·보령 관창리·대전 궁동·영광 군동 등에서는 3세기대로 추정되는 목관묘와 목곽묘들이 발굴되었다. 이들은 周溝를 돌리고 있는 점이나 입지, 유구의 구조, 유물 면에서 같은 시기 서울지역의 목관묘와 큰 차이를 보이고 있다. 周溝墓는 청당동의 경사면 주구묘를 거쳐 관창리형 주구묘로, 다시 영산강유역의 저분구 토광옹관묘로 계승되었다. 이러한 주구묘의 조성 여부는 백제국 중심의 세력권과 목지국 중심의 세력권 사이의 차이를 반영한 것이라고 한다.[140]

마한지역 사이에도 청동기시대이래 중심세력이었던 금강유역과 영산강유역은 제반 양상에서 구분된다. 또한 삼한의 정치집단의 성장시기나 문화배경은 상당히 다양하였다. 예컨대 각 소국 성립의 주체세력 역시 청동기시대의 토착세력이 계승적 발전을 한 집단, 고조선 또는 위만 조선계 遺民이 주축이 된 집단, 혹은 부여계 유이민 집단 등 계통이 서로 달랐다.[141]

이와 같이 마한지역의 중심지로 발전해 온 충남과 전라도지역은 문헌 사료나 고고 자료를 통해 볼 때 각기 독자적인 발전을 하였다. 따라

---

140) 權五榮, 1991, 「중서부지방 백제 토광묘에 대한 시론적 검토」, 『백제연구』 22.

141) 李賢惠, 1984, 『三韓社會形成過程研究』, 일조각, 40쪽.

　서 한동안 원래의 백제 영역과 새로이 무력으로 복속한 말갈 및 마한 지역 사이에는 지배양상과 수취관계 등의 제반 면에서 차이가 적지 않았다.

　이는 고구려와 신라에서 중앙의 지배층이 주변세력 등과 뚜렷이 구별되는 배타적 속성을 가진 집단이었다는 점에서도 유추해 볼 수 있다. 신라의 경우 6세기 초반에 이르러 部間 역학관계의 균형이 깨지고, 지방 소국의 수장층이나 지배층이 중앙으로 편입되면서 원신라인 사이에 공유되고 있던 동질감이 희석되었다고 한다.[142] 이렇게 볼 때 백제의 건국에 주체적으로 참여한 세력과 이후 무력에 의해 복속된 세력은 구분할 필요가 있다.

　백제는 한강 하류일대의 원백제지역은 5部로 편성하여 부체제를 실시하였고, 그 범위 밖의 마한과 말갈지역 등의 정복지는 공납지배를 실시하였다.[143] 이러한 차이는 백제가 4세기 이후 복속한 지역에서 출토되는 유물의 성격에서도 나타난다. 말갈지역인 원주 법천리에서 출토된 東晉製 靑磁는 위신재 성격을 갖고 있으며, 백제의 중앙권력이 東晉에서 수입하여 지방의 호족들에게 분배한 것이다.[144]

　또한 충북 진천군 덕산면 산수리에서 출토된 토기는 원삼국에서 백제 토기로의 전환 시점이 4세기였음을 증명하고 있다. 이곳에서는 많은 토기편이 수집되었는데 원삼국시대 타날문토기가 백제토기로 발전되어 갔던 과정을 보여준다.[145] 법천리와 산수리에서 출토된 유물은 백제가 마한지역으로 진출한 것이 군현의 축출 이후인 4세기 때에 이

---

142) 金義滿, 1994, 「新羅 6部支配勢力의 動向과 官等制」, 『芝邨金甲周敎授華甲紀念史學論叢』, 146쪽.

143) 文安植, 2000, 앞의 글, 137쪽.

144) 李道學, 1995, 『百濟 古代國家 硏究』, 일지사, 221쪽.

145) 崔秉鉉, 1988, 「충북 진천지역 百濟土器窯址群」, 『百濟時代의 窯址硏究』.

루어졌음을 보여준다.

한편 마한지역에서 출토된 중국제 청자 등의 고고 자료로 볼 때 백제와 마한의 관계는 3세기와 4세기 사이에 차이가 있다. 3세기 후반의 것으로 알려진 몽촌토성 출토 錢文陶器, 홍성 신금성 출토 錢文陶器, 익산 태봉사지 출토 西晉鏡 등의 西晉時代 물품은 마한 소국들이 독자적인 교역을 통하여 구입한 것이다. 그러나 원주 법천리, 천안 화성리 등지에서 출토된 4세기 이후의 東晉製 물품은 백제 중앙에 의해 수입된 후 지방의 토착세력에게 분배된 것이다.[146]

이것은 백제가 4세기 이후 말갈지역을 장악하여 법천리 등의 토착세력 수장에게 東晉製 청자를 하사한 것을 의미한다. 또한 천안의 화성리에서 출토된 天鷄壺 역시 백제와 토착세력 간의 유사한 지배양상을 반영한다. 백제가 안성천을 넘어 마한의 영역으로 진출한 것이 4세기 이후였음을 고고 자료는 증명하고 있다.

이와 같이 백제의 지방통치는 수도를 기준으로 하여 원근에 따라 상당한 차이가 있었다. 백제가 원거리에 위치한 말갈과 마한지역을 직접 지배하는 데는 많은 어려움이 있었다. 또한 백제가 각 지역에 지방관을 파견하여 일원적인 지방정책을 추진할 수 있을 만큼의 역량이 확보된 것도 아니었다. 이 때문에 백제는 5部制가 시행된 지역과 그 변방의 복속지역을 구분하여 통치하는 방식을 구사하였다.

2. 지방제도 정비와 담로제 실시

백제가 4세기에 이르러 장악한 마한과 말갈지역은 공납지배가 시행되었다. 그러나 토착세력의 在地基盤을 이용하여 공물을 징수하거나

---

146) 權五榮, 1988, 「4세기 百濟의 地方統制方式 一例 -東晉靑磁의 流入經緯를 중심으로-」, 『韓國史論』 19.

유사시 군사를 동원하는 공납지배는 처음부터 많은 한계를 내포하였
다. 백제는 이를 감안하여 마한의 중요한 지역에 축성하여 지방통치의
거점으로 삼고자 하였다. 백제는 마한을 병합한 후 요충지나 교통의
요지에 성곽을 축조하여 거점을 마련하였다. 그 밖의 대부분 지역은
토착세력들이 실질적인 지배권을 행사하였다.

　백제는 공납제 시행의 한계를 보완하기 위하여 마한의 중요지역에
대두산성[147] · 탕정성[148] · 고사부리성[149] 등을 축조하였다. 그 외에도
백제는 마한세력의 마지막 저항의 보루였던 원산과 금현의 두 성을 수
리[150]하는 등 마한의 중요한 지역에 거점을 확보하였다.

　백제가 이들 지역을 장악한 시기에 대하여 『삼국사기』 백제본기에
는 온조왕 때에 이루어진 것으로 기록되어 있다. 그러나 백제가 마한
의 요충지에 축성한 것은 4세기로 접어들어야 가능하였다. 대두산성은
백제가 훗날 웅진천도 이후 한강유역의 백성들을 집단적으로 徙民한
곳이며,[151] 병관좌평 解仇가 토착세력과 연대하여 반란을 꾀한 곳이
다.[152]

　그 위치에 대해서 아산[153] · 연기[154] · 아산 영인[155] 등으로 추정하
였지만, 구체적으로 아산시 면천면으로 비정하는 견해가 근래에 제기
되었다.[156] 이곳은 한성에서 海路를 통하여 쉽게 도달할 수 있고, 온양

147) 『三國史記』 권23, 百濟本紀1, 溫祚王 27年.
148) 『三國史記』 권23, 百濟本紀1, 溫祚王 36年.
149) 『三國史記』 권23, 百濟本紀1, 溫祚王 36年.
150) 『三國史記』 권23, 百濟本紀1, 溫祚王 36年.
151) 『三國史記』 권26, 百濟本紀4, 文周王 2年.
152) 『三國史記』 권26, 百濟本紀4, 三斤王 2年.
153) 李基白, 1982, 「웅진시대 백제의 귀족세력」, 『백제연구』특집호, 36쪽.
154) 千寬宇, 1976, 「삼한의 국가형성」, 『한국학보』 3집, 130쪽.
155) 兪元載, 1992, 「백제 탕정성 연구」, 『백제논총』 3, 83쪽.

에 위치한 탕정성과도 어느 정도 공백지를 두면서 해상과 강상수운을 통제할 수 있는 요충지였다.

또한 면천에는 백제의 수운 창고가 위치하였고, 해안과 접한 서북지역 가운데 가장 큰 조선시대의 읍성이 있었다.[157] 그리고 서해안 항로의 요충지인 唐津과 근거리에 있으며, 충청도 내륙인 예산에 이르는 수로를 장악할 수 있는 곳이다. 대두산성은 내포만 일대의 토착세력을 통제할 수 있는 요충지였고, 천안의 목지국이 해상을 통하여 중국세력과 접촉할 수 있는 길목을 차단하는 통로에 위치하였다. 백제는 토착세력의 수장층을 이용하여 공납지배를 실시하는 다른 지역과는 달리 이곳에 산성을 축조하고 중앙에서 관리를 파견하였다.

탕정성은『삼국사기』지리지에 기록되어 있는 '탕정군'[158]이라는 지명과 관련하여 온양지역으로 비정하고 있다. 현재 온양지역에는 20여 곳을 상회하는 백제 산성이 분포하는데, 온양시 읍내동에 위치한 읍내동산성과 그 부속 성인 배방산성을 탕정성으로 보고 있다.[159] 백제는 충남의 내포만 지역에 대두산성과 탕정성을 축조하여 토착세력의 독자적인 대외교섭을 봉쇄하면서 지배의 거점으로 삼았다.

고사부리성은 전라북도 고부지방으로 비정하는 것이 일반적이다.[160] 백제는 해로를 통하여 김제와 옥구를 거쳐 전북 내륙의 고부지역으로 진출하였다. 고부지역은 한성에서 서해를 따라 남하하여 동진강 하안 또는 줄포만을 통할 경우 접근이 매우 용이한 곳이었다. 이 지역은 일찍부터 백제의 강한 영향력을 받게 되었고, 고사부리성은 백제

120

가 전북 내륙지방을 통치하는 거점이 되었다. 백제가 건마국이 위치한 익산이나 고사부리성이 위치한 고부를 중심으로 하여 일찍부터 강력한 영향력을 행사하였기 때문에 토착세력의 독자적인 발전이 어렵게 되었다. 백제의 지배에도 불구하고 오랫동안 독자적인 발전을 지속한 전남지역과는 달리 전북지역에서 대형옹관묘가 축조되지 못한 것도 이와 무관하지 않다.[161]

백제는 공납지배를 실시하는 다른 지역과는 달리 대두산성 등에는 지방관을 직접 파견하였다. 이 지역에 파견된 관리는 수취를 원활히 하거나 인민의 동향을 파악하고 지방의 수장을 감찰하는 역할을 수행 하였다.[162] 성에 파견된 관리를 보좌하는 역할은 토착세력의 수장층이 수행하였다.[163]

백제가 마한지역에 城을 축조하거나 재래의 것을 修葺하여 지방관을 파견한 지역은 극히 일부분에 국한되었고, 대다수의 지역은 토착세력의 지배를 받았다. 백제는 공납제의 한계를 보완하기 위하여 보다 넓은 지역에 관리를 파견하는 정책을 취해 나갔다. 이것은 거점이 되는 성과 인근의 촌을 연결하면서 지배관계를 구축하는 형태로 추진되었다. 백제가 성을 축조하여 지방지배의 거점을 마련한 곳에는 중앙에서 귀족이 지방관으로 파견되었다. 이것이 담로제의 기원으로 추정된다.[164]

尹德香, 1984, 「옹관묘 數例」, 『尹武炳박사 화갑기념논총』, 188~191쪽.
162) 金英心, 2000, 「백제사에서의 部와 部體制」, 『한국고대사연구』 17, 215쪽.
163) 李成圭, 1996, 「中國의 分裂體制 模式과 東아시아諸國」, 『한국고대사논총』 8.
164) 文安植, 2002, 앞의 책, 208쪽.

제3장 귀족국가의 형성과 영토확장

제1절 근초고왕의 집권과 귀족국가의 형성

1. 정복집단의 등장과 왕실교대

백제는 비류왕 때에 이르러 영서의 말갈세력을 복속하였고, 목지국을 제압한 후 금강유역을 거쳐 호남평야 일대까지 석권하였다. 분서왕과 책계왕이 각각 전사하거나 암살된 후 이루어진 백제의 눈부신 영토확장은 군현의 축출이라는 대외정세의 변화를 고려할지라도 이해하기 어려운 점이 없지 않다.

백제의 비약적 성장의 계기를 정복국가의 출현과 왕실교대에서 찾기도 한다. 즉, 비류왕을 백제본기 온조왕 조의 細註에 기록된 건국의 시조 비류와 연결하여, 온조계나 고이계와 무관한 백제 정복국가의 鼻祖로 파악하는 것이다. 백제 정복국가설은 논자들에 따라 다소간의 견해 차이가 있지만 鮮卑族 慕容氏에 격파당한 부여의 일파가 동옥저 지방을 거쳐 한강유역으로 들어온 다음 백제의 왕실을 장악한 것으로 이해한다.[1]

---

1) 백제 정복국가설에 대해서는 다음의 글을 참조하기 바란다. 稻葉岩吉(外), 1935,「朝鮮滿洲史」,『世界歷史大系』11 ; 白鳥庫吉, 1970,「百濟の起源について」,『歷史』창간호 ; 末松保和, 1954,「新羅建國考」,『新羅史の諸問題』; K.J.H. Gardiner, 1969, The Early History of Korea, Australian National

백제 정복국가설을 처음으로 제기한 이나바 이와키치(稻葉岩吉)는 부여의 일파가 285~286년 경에 남하하여 동옥저에 있다가, 4세기 초의 민족 이동기에 대방지역으로 진출하여 백제를 건국한 것으로 이해하였다.[2] 그리고 시라토리 구라키치(白鳥庫吉)는 옥저지역에 머물고 있던 부여족이 군현이 축출된 후 서진하여 대방 땅을 차지하기 위하여 일종의 국제전쟁에 참여하였는데, 그 때 북상하여 온 韓族 백제의 파병 요청을 받아들여 이를 구원한 후에 兩族이 연합하여 백제를 건국하였다고 보았다.[3] 그 외에도 부여족의 일파가 백제를 건국한 시기를 342년,[4] 350년 무렵,[5] 352~372년 사이[6] 등으로 보고 있다.

백제 정복국가설은 논자들 간에 차이는 있지만『삼국사기』백제본기의 초기기록을 부정하고 정복국가의 출현을 백제의 건국 시점으로 보는 데 의견이 일치된다. 이들의 인식에는『삼국지』동이전에 보이는 伯濟國과 후대의 百濟는 직접적인 관계가 없다는 전제가 깔려 있다. 즉, 모용씨와의 대결에서 밀려나 함흥지역에 머물고 있던 부여족의 일파가 한강유역으로 이동한 후 韓族系列의 伯濟를 정복하여 왕조가 교체된 것으로 이해한다.

국내학계에도 이기동에 의하여 백제의 발전을 해명하기 위하여 정복국가설이 소개되었다. 이기동은 일본학계의 견해와는 달리 고이왕때에 이르러 이룩된 백제 연맹왕국의 실체를 인정하고, 근초고왕대의 비

University Press ; Gari K. Ledyard, 1975, Galloping Aiong With the Horseriders, Looking for the of Japan Journal of Japanese Vol.1, No 2 ; 岡田英弘, 1977,『倭國』, 中公新書.

2) 稻葉岩吉(外), 1935, 앞의 글.

3) 白鳥庫吉, 1970, 앞의 글.

4) 岡田英弘, 1977, 앞의 책.

5) 末松保和, 1954, 앞의 책.

6) Gari K, Ledyard, 1977, 앞의 글.

약적 발전의 계기를 왕실교대의 시각에서 접근하였다.[7] 김기섭은 정복
왕실이 毋丘儉의 고구려 침략을 전후하여 한강 상류지역에 진출한 후
차츰 그 하류지역의 백제국을 통합한 것으로 파악하였다.[8] 이도학은
부여지역에서 일단 건국된 백제가 3세기 중반 이전에 그 일부가(온조
계) 한강유역으로 남하하여 伯濟를 건국하였고, 뒤이어 4세기 중반에
그 나머지 세력인 비류계가 남하하여 百濟를 세운 것으로 이해하였
다.[9]

이와 같이 모용씨에 밀려 부여에서 남하한 정복집단의 출현과 왕실
교대는 백제의 성장과정에서 일대 분수령이 되었다. 정복국가의 출현
은 4세기를 시간적 배경으로 하여 북중국과 만주지역에서 유목계 주민
들이 끊임없이 분파되면서 전개된 각축전의 결과이었다. 길림시 일대
에 그 중심지를 두고 있던 부여국은 285년 모용선비의 공격을 받아 수
도가 함락되고 국왕이 자살하는 등의 큰 타격을 받았다. 그 때 왕족을
포함한 일부 집단이 북옥저 방면으로 피난을 하였다.

이들은 晉의 도움을 받아 모용선비의 군대를 물리치고 길림지역으
로 돌아가 復國하였으나, 그 일부는 두만강유역에 계속 머물러 동부여
로 불리게 되었다.[10] 북옥저에 머물고 있던 집단 중에서 일부가 다시
남하하여 함흥지역을 거쳐 한반도 중부지방으로 진출하였다. 요컨대
정복국가는 만주 방면에서 기병전 등의 선진적인 전쟁수행 양식을 지
닌 부여계 이주민이 한강유역으로 진출하여 선주집단을 제압하고 세
운 왕국이라 할 수 있다.

그러나 정복집단이 내려와 마한의 伯濟國을 제압·흡수하여 비로소

7) 李基東, 1981, 「百濟 王室交代論에 대하여」, 『百濟研究』 12.
8) 金起燮, 1993, 「漢城時代 百濟의 王系에 대하여」, 『韓國史研究』 83.
9) 李道學, 1991, 「百濟 集權國家形成過程 研究」, 한양대 대학원 박사학위논문.
10) 盧泰敦, 1999, 앞의 책, 31쪽.

百濟가 건국된 것은 아니었다. 정복집단이 한강유역으로 진출할 무렵 백제는 책계왕이 군현과 전투를 벌이다가 298년에 전사하였고,[11] 분서 왕이 307년에 암살[12]되는 등 극도의 혼란상태에 있었다. 이 틈을 이용 하여 정복집단은 큰 마찰 없이 백제를 정복하였다.

백제는 사회의 구성이 이중성을 띠고 있고 지역공동체의 세력이 강 고하여 국가권력이 재지사회의 밑바닥까지 파고 들어가는 데 일정한 한계가 있었다.[13] 백제의 지배층은 주민의 절대 다수를 차지하고 있는 마한 토착세력의 진정한 복속과 협력을 받아내기 위하여 국호를 그들 과 관련이 있는 鷹準으로 표방하기도 하였다.[14]

정복집단은 한강유역에 먼저 정착한 온조 일파가 건국한 伯濟國의 역사적 실체를 인정하고, 비류를 온조의 형으로 가탁시켜 부여계의 정 통성을 강조하는 방향으로 건국설화를 정리하였다. 그리고 비류왕을 구수왕의 둘째 아들로 설정한 것은 前王朝와 연결시키려는 데서 나온 계보상의 擬制에 불과하였다.[15]

2. 귀족국가의 형성과 체제정비

백제는 비류왕대에 북쪽의 예성강유역부터 남쪽의 노령 이북까지 영역을 확대하였고, 서로는 영서지역을 차지하였다. 백제의 영역이 확 대되었지만 재지세력을 완전하게 장악한 것은 아니었다. 이는 지방에 독자적인 기반을 유지한 토착세력이 존재한 사실을 통해 입증된다. 4

---

11) 『三國史記』 권23, 百濟本紀1, 責稽王 13年.

12) 『三國史記』 권23, 百濟本紀1, 分西王 7年.

13) 李基東, 1994, 「백제사회의 지역공동체와 국가권력」, 『百濟社會의 諸問題』, 충남대 백제연구소 제7회 백제연구 국제학술회의, 182~183쪽.

14) 趙法鍾, 1989, 앞의 글, 19~27쪽.

15) 李基東, 1981, 앞의 글.

세기 전·중반에 축조된 여러 지역의 고분에서 환두대도·중국제 도
자기·금동대구 등 다양한 위신재가 출토되었는데, 재지세력들이 왕권
밑으로 편제되지 않았음을 의미한다.[16]

이와 같은 상황은 근초고왕이 즉위하면서 면모가 일신되었다. 비류
왕이 사망한 후 왕위에 오른 사람은 분서왕의 장자인 계왕이었다. 그
러나 비류왕의 사망 후 고이계의 계왕이 즉위한 사실은 납득이 잘 되
지 않는다. 이 때문에 실제 계왕이 재위하지 않았을 가능성이 높으
며,[17] 계왕이 초고계에 의하여 살해되었거나 아니면 일시 근초고왕과
양립하다 제거되었을 가능성이 농후한 것으로 보는 견해도 있다.[18]

비류왕의 사후 계왕이 즉위한 사실 때문에 근초고왕이 비류왕의 아
들이라는 점에 의문을 갖기도 한다. 그러나 사료 상에 왕위계승이 명
시되어 있기 때문에 계왕의 즉위는 사실로 판단된다. 다만 비류왕-계
왕-근초고왕의 순차적 왕위계승은 자연스러운 것이 아닌 것으로 생각
된다. 특히 『三國史記』에 '二子' 또는 '非長子'로 기록된 계승자는 예
외 없이 정변 내지 왕실교체의 주인공으로 상정되며, 정상적이지 않은
과정을 통해 왕위에 오른 경우에 해당된다고 한다.[19]

따라서 근초고왕은 비류왕의 직계가 아닐 가능성이 높다. 근초고왕
이 곧바로 즉위하지 못하고 계왕이 왕위에 오른 것은 정복왕실 내부의
갈등의 소산으로 생각된다. 비류왕의 사망 후 근초고왕은 복잡한 왕실
내부의 사정에 의하여 왕위에 오르지 못하고, 계왕이 즉위한 후 정변
을 일으켜 왕권을 장악한 것으로 추정된다.

근초고왕은 眞氏勢力의 지지를 받아 계왕을 제거하고 왕위에 오를

16) 姜鍾元, 2002, 『4세기 백제사연구』, 서경문화사, 127쪽.
17) 金哲埈, 1982, 『한국고대사회연구』, 지식산업사, 49~50쪽.
18) 權五榮, 1995, 「백제의 성립과 발전」, 『한국사』 6, 국사편찬위원회, 37쪽.
19) 金起燮, 1993, 앞의 글, 7~13쪽 ; 姜鍾元, 2002, 앞의 책, 48~59쪽.

126

수 있었다.[20] 백제는 근초고왕 이후 아신왕 때까지는 王系의 변화 없이 근초고왕계에서 왕위를 계승하였으며, 왕비족은 진씨세력에서 배출되었다. 이는 근초고왕이 정변을 일으켰을 때 진씨세력이 적극적인 협력을 하였기 때문이다.

근초고왕은 즉위 후 왕권의 안정, 지방세력에 대한 통제강화, 관제의 정비 등을 통하여 중앙집권적 귀족국가체제를 확립하였다. 근초고왕 통치기를 중앙집권적 귀족국가체제의 완성기,[21] 중앙집권적 고대국가체제의 확립기[22]로 파악하는 것은 이 때문이다. 또한 근초고왕 때에는 귀족국가체제를 유지하기 위하여 관등제가 체계적으로 정비되었다.

그 구체적인 내용은 파악하기 어렵지만 사비시대에 완비된 16관등 가운데 文督과 武督을 제외한 나머지는 설치된 것으로 보고 있다.[23] 다만 그 기본골격이 형성된 것은 고이왕대를 전후하여 이루어진 것으로 파악하는 것이 일반적이다.[24] 또한 근초고왕 때에는 지역의 실정에 따라 5부제·공납지배·담로제로 각각 구분되어 실시되던 지방통치방식이 담로제로 일원화되었다.[25]

백제가 담로제를 실시한 시기에 대해서는 건국 초기,[26] 근초고왕 전후,[27] 개로왕 때를 전후한 5세기 설,[28] 무령왕대[29] 등 여러 가지 주장

20) 姜鍾元, 2002, 위의 책, 126쪽.
21) 李基白, 1990, 『한국사신론』, 일조각, 62쪽.
22) 盧重國, 1988, 앞의 책, 107~122쪽.
23) 盧重國, 1988, 앞의 책, 219쪽.
24) 盧泰敦, 1977, 「삼국의 정치구조와 사회·경제」, 『한국사』 2, 국사편찬위원회, 220쪽.
25) 文安植, 2000, 「백제의 영역확장과 변방세력의 추이」, 동국대 대학원 박사학위논문, 148쪽.
26) 李丙燾, 1959, 『한국사』(고대편), 546쪽.

이 있다. 그러나 백제에서 담로제가 처음 실시된 것은 비류왕이 마한
을 병합하면서 대두산성이나 탕정성 등에 지방통치의 거점을 마련하
면서였다.[30]

담로제의 초기 모습은 거점지배의 형태를 띠고 있다가 점차 일정한
지배영역을 갖는 방식으로 변화되었다. 담로에 파견된 귀족은 처음부
터 지방관의 권한을 갖고 주변의 토착세력을 직접 통치한 것은 아니었
다. 담로제가 시행된 대두산성 등은 인근의 여러 성을 통괄하는 거점
으로 이용되었고, 그 주위의 여타 지역은 토착세력이 실질적으로 장악
하였다.

백제의 지방통치가 강화되고 중앙집권화가 이루어지면서 담로에 파
견된 귀족은 점차 지방관의 권능을 갖게 되었다. 담로에 파견된 사람
들은

 A. 도성을 固麻라 하고 邑을 檐魯라 하는데, 이는 중국의 郡縣과 같은
   말이다. 그 나라에는 22檐魯가 있는데, 모두 子弟와 宗族에게 나누
   어 웅거케 하였다.[31]

27) 李道學, 1990, 「한성 후기의 백제 왕권과 지배체제의 정비」, 『백제논총』 2
   집 ; 朴賢淑, 1992, 「백제 담로제의 실시와 그 성격」, 『송갑호교수정년퇴임기
   념논문집』 ; 金周成, 1993, 「백제 지방통치조직의 변화와 지방사회의 재편」,
   『국사관논총』 35집.
28) 武田幸男, 1980, 앞의 글 ; 金英心, 1990, 「5~6世紀 百濟의 地方統治體制」,
   『한국사론』 22집.
29) 李基白, 1973, 「백제사상의 무녕왕」, 『무녕왕릉』, 문화재관리국 ; 鄭載潤,
   1992, 「웅진·사비시대 백제의 지방통치체제」, 『한국상고사학보』 10 ; 田中
   俊明, 1996, 「백제 지방통치에 대한 제문제-5~6세기를 중심으로-」, 『백제의
   중앙과 지방』, 충남대 백제연구소.
30) 文安植, 2002, 앞의 책, 208쪽.
31) 『梁書』 권54, 列傳48, 諸夷 東夷, 百濟.

라고 하였듯이, 국왕과 인척관계가 있는 '子弟宗族' 중에서 주로 선발
되었다. 국왕과 직접적인 혈연관계가 있는 왕족 외에도, 왕실과의 혼인
을 통해 인척관계를 맺은 異姓 귀족세력도 일부 포함되었다.[32] 그 외
에도『日本書紀』欽明紀에 전하는 성왕의 회고담[33]을 통해 지방의 수
장층과도 의제적인 혈연관계를 맺은 것으로 보기도 한다.[34]

　백제가 지방통치의 거점이 되는 곳에 담로를 설치하고 중앙에서 귀
족들을 파견하였지만 토착세력을 배제하고 지방을 직접지배한 것은
아니었다. 담로제는 거점지배 방식에 그쳤기 때문에 토착세력의 권한
을 중앙의 통치권 속에 완전히 편제 혹은 흡수하지 못하였다.[35] 담로
에 파견된 귀족은 在地勢力의 협조 아래 지방을 통치하였고, 지방의
토호들도 이 틈바구니 속에서 기득권을 유지할 수 있었다.

　백제가 담로를 설치하여 귀족을 파견한 곳은 교통의 요충지나 전략
적 거점지역에 불과하였고, 기타 지역은 토착세력이 실질적으로 통치
하였다. 다만 유사시에 필요한 군사적 징발이나 공물의 징수 등은 담
로에 파견된 귀족의 감독 하에 이루어졌다. 백제는 공납제의 한계를
보완하면서 마한지역을 장악할 수 있는 발판을 마련하였다. 또한 담로
에 파견된 귀족과 그 막료들이 소유한 중앙의 문화양식이 지방으로 확
산되면서 中外에 걸쳐 동질감이 확산되는 촉매제 역할을 하였다.

　이와 때를 같이 하여 지방세력도 중앙으로 진출하기 시작하였다. 국
왕이 거주한 수도로 올라온 집단은 연맹왕국 형성에 동참한 4부의 수
장들이 주류를 이루었다. 북부의 수장을 위시하여 다른 지역의 유력자
들도 수도로 올라오게 되었다. 그러나 그들의 근거지에 남아 자신의

---

32) 盧重國, 1988, 앞의 책, 182쪽 ; 李鎔彬, 2002, 앞의 책, 113쪽.
33)『日本書紀』권18, 欽明紀 2年.
34) 金英心, 1990, 앞의 글, 87쪽.
35) 金周成, 1993, 앞의 글, 30~41쪽.

출신지에 영향력을 계속 유지하는 수장도 적지 않았다.

또한 새롭게 복속된 마한 출신의 일부 유력자들도 수도로 올라와 귀족세력으로 편입되었다. 근초고왕이 추진한 마한 잔여세력과 가야지역 공략에 주도적으로 참여한 木羅斤資와 沙沙奴跪[36]는 대표적인 인물이다. 목씨세력의 出自는 마한의 목지국과 관련되며,[37] 근초고왕 때에 추진되었던 가야 7국의 정벌에서 세운 전공을 바탕으로 정치적 기반을 마련하였다.[38] 이때에 이르러 5부제가 시행된 原百濟地域과 공납제가 시행된 마한지역 사이의 차별이 해소되기 시작하였다. 백제의 지방통치는 지역별 차이가 해소되고 담로제라는 동일한 방식으로 이루어지게 되었다.

연맹왕국 단계에서 사람들은 자기가 속한 자치체와 그 상위 정치체인 국가에 소속되었고, 이들의 귀속의식 또한 양속성을 지녔다.[39] 그러나 백제의 중앙과 지방간의 교류가 확대되고 지방에 대한 차별의식이 사라지면서 동일한 집단 내에서 발생되는 정체성이 형성되어 갔다. 고고 자료를 통해 볼 때에도 한반도 중서부 마한지역에 본격적인 백제양식의 토기가 등장하는 시기가 4세기 중·후반 무렵이라는 사실[40]은

---

36) 『日本書紀』 권9, 神功紀, 49年 春 三月.

37) 木氏를 목지국과 연결시키는 것은 고대사회에서 수도의 명칭이 國名이 된다거나, 국명을 국왕의 姓으로 삼는 경우가 있었기 때문에 가능성이 높다. 백제도 한 때 南夫餘로 국호를 삼았고, 王姓 역시 夫餘氏 또는 餘氏를 칭한 점에서 木氏가 목지국 출신이었을 가능성은 농후하다. 또한 백제가 宋에 분봉을 요청한 인물 중에서 行龍驤將軍에 제수된 沐衿(『宋書』 권97, 列傳57, 夷蠻 東夷, 百濟) 역시 목지국 출신으로 볼 수 있다.

38) 盧重國, 1988, 앞의 책, 155~156쪽.

39) 盧泰敦, 2000, 「초기 고대국가의 국가구조와 정치운영」, 『한국고대사연구』 17, 26쪽.

40) 成正鏞, 2000, 「中西部 馬韓地域의 百濟領域化過程 硏究」, 서울대대학원 미술사학과 박사학위논문, 35쪽.

130

이와 무관하지 않다.

　백제가 중앙집권적 귀족국가 단계로 접어들면서 중앙과 지방 사이의 차별의식이 해소되고 일체감이 조성되었다. 백제의 지방통치가 강화되면서 거점지역에 국한되었던 담로제가 많은 지역으로 확대되어 실시되었다. 담로제는 백제의 전일적인 지방통치방식으로 뿌리를 내리게 되었다.[41] 백제는 지방통치의 한계와 지역적 차이를 고려하여 담로제와 공납제를 동시에 시행하던 단계에서 벗어나 담로제로 일원화하였다.

　담로제가 시행되어 지방에 대한 지배력이 강화되었지만, 중앙의 귀족집단이나 지방세력은 각각 독자적인 세력기반을 유지하였다. 이 시기에 이르면 연맹왕국 단계에서 유지하였던 중앙권력과 필적할만한 귀족집단의 독자적인 재지기반은 거의 상실되었다. 이들은 특정지역에 거점을 마련하여 인근의 토착세력을 영향력 하에 두고 있었지만 그 규모나 지배력은 축소되었다.

　그러나 귀족집단의 독자적인 세력기반이 약화된 것은 사실이지만 왕권이 전제화된 것으로 이해하는 것은 곤란하다. 중앙의 귀족집단은 특권적인 신분층을 형성하면서 우월한 정치적 지위와 경제적 기반을 세습하고 확대하였다. 왕권과 귀족간의 이해관계를 조정하고 피지배층을 통치할 수 있는 제도적 기관으로 귀족회의체를 운영하였다.

　그 반면에 국왕은 귀족회의체를 통하여 지배층의 이해관계를 조정하는 동시에 정치적 비중이 큰 眞氏勢力과 연대하여 왕권을 지탱하는 배경으로 삼았다.[42] 그리고 각지에 지방관을 파견하여 중앙의 집권력을 강화하였다. 백제는 담로제를 전국적인 규모로 실시하면서 지방의 유력한 세력은 중앙의 귀족으로 전환시켜 나갔다. 지방세력은 시대적

---

41) 文安植, 2002, 앞의 책, 213쪽.
42) 李基白, 1959, 「백제 왕위 계승고」, 『역사학보』 11집, 43쪽.

조류에 편승하여 중앙의 귀족으로 편입되거나 아니면 지방통치의 하급실무자로 재편되는 운명에 직면하였다. 백제의 수도 한성은 각 部와 마한 출신의 유력한 집단이 옮겨와 살게 되면서 실질적인 王都의 면모를 갖추기 시작하였다.

제2절 남정북벌과 영토확장

1. 남방지역 진출과 침미다례 정벌

백제의 남진은 한동안 노령산맥을 넘지 못하고 호남평야 일대를 석권하는 선에서 그쳤다. 마한의 주요세력이 비류왕 때에 백제에 복속된 것과는 달리 전북의 일부 지역과 전남지역의 토착세력은 자립을 유지하였다. 근초고왕은 담로제를 통하여 지방통치에 안정을 기한 후 백제가 아직 점령하지 못한 마한의 잔여세력에 대한 공략에 나섰다.

근초고왕이 추진한 남방 경략에는 마한 출신의 木氏와 沙氏 등이 주도적으로 참여하였다. 근초고왕은 마한 출신을 앞세워 남방지역 경략에 나섰다. 백제의 南征에는 騎馬戰에 익숙한 영서 말갈세력도 동원되었을 가능성이 높다.

말갈은 일찍부터 백제 공격에 기병을 동원하는 등 기마전에 익숙한 집단이었다.[43] 백제는 말갈 출신 외에도 경장기병을 중심으로 한 騎馬部隊를 상당수 보유하였다. 또한 무기체계에 있어서도 격렬한 기마전에 유리한 細莖化된 刀와 실용적인 木柄刀를 널리 보급하여 효율적인 군사적전을 수행하였다.[44]

그러나 근초고왕의 남방지역 경략에 대해서는 직접적인 사료가 남

---

43) 『三國史記』권23, 百濟本紀1, 肖古王 49年.

44) 成正鏞, 2000, 앞의 글, 105쪽.

아 있지 않아 자세한 사정을 알 수 없는 형편이다. 다만 『日本書紀』
神功紀 49년 조에 보이는 倭의 삼한정벌 기사를 근초고왕이 파견한
백제군의 南征에 관한 사실로 보고 있다. 이에 대하여 李丙燾는 神功
紀에 보이는 사료를 재해석하면서 그 주체를 백제로 바꾸고, 시기를
120년 인하하여 근초고왕 24년(서기 369)에 이루어진 것으로 파악하였
다.[45] 한국 고대사학계는 다소간의 견해 차이는 있으나 백제가 근초고
왕 때에 이르러 마한 잔여세력을 복속한 것으로 파악한 李丙燾의 주장
을 받아들이고 있다.[46]

백제군은 한성을 출발하여 남으로 내려와 전북 동부지역을 석권한
후 가야지역을 경략하고, 그 후 서진하여 전남지역을 장악한 것으로
추정된다. 백제군의 남방지역 진출은

　　A. 춘삼월에 荒田別과 鹿我別을 將軍으로 삼았다. 久氐 등과 함께 병
　　　사를 갖추어 건너가, 卓淳國에 이르러 新羅를 공격하고자 하였다.

45) 李丙燾, 1976, 앞의 책, 512~515쪽.
46) 神功紀의 기사를 5세기 때에 발생한 것으로 해석하여 백제의 영산강 유역에
　　대한 공략이 이 무렵에 추진된 것으로 보는 견해도 있다(山尾幸久, 1989, 『古
　　代の日朝關係』, 塙書房 ; 金起燮, 1995, 「近肖古王代 남해안진출설에 대한
　　재검토」, 『백제문화』 24 ; 田中俊明, 1997, 「웅진시대 백제의 영역재편과왕·
　　후제」, 『백제의 중앙과 지방』, 충남대 백제연구소 ; 李根雨, 1997, 「웅진시대
　　백제의 남방경역에 대하여」, 『백제연구』 27). 또한 영산강유역의 토착집단
　　이 6세기를 전후하여 백제의 지배에 들어갔다고 보기도 한다(姜鳳龍, 1998,
　　「5~6세기 영산강유역 옹관고분사회의 해체」, 『백제의 지방통치』, 학연문화
　　사). 한편 고고학계는 영산강유역에 존재하는 대형옹관분이 5세기 중반 내지
　　6세기 중엽까지 지속된 점을 들어 역사학계와 입장을 달리한다(成洛俊,
　　1983, 「영산강유역의 옹관묘 연구」, 『百濟文化』 15 ; 李榮文, 1984, 「전남지
　　방 백제고분연구」, 『향토문화유적조사』 4 ; 李正鎬, 1996, 「영산강유역 옹관
　　고분의 분류와 변천과정」, 『한국상고사학보』 22 ; 林永珍, 1997, 「전남지역
　　석실분의 立地와 石室構造」, 『제5회 호남고고학회 학술대회 발표요지』 ; 朴
　　淳發, 1999, 「한성백제의 지방과 중앙」, 『백제의 중앙과 지방』, 충남대학교
　　백제문화연구소).

입암리 말무덤 전경 | 남원 금지면 입암리의 넓은 들판 가운데 위치하며, 원래 7기가 있었으나 모두 사라지고 현재는 1기만 남아 있다.

이때 누군가 "군사의 수가 적어서 신라를 물리칠 수 없다"고 하였다. 다시 沙白蓋盧로 하여금 군사를 늘려 줄 것을 청하였다. 곧 木羅斤資와 沙沙奴跪(이 두 사람은 그 姓을 알지 못한다. 다만 木羅斤資는 百濟의 장군이다)에게 명하여 精兵을 이끌고 沙白蓋盧와 함께 가게 하였다. 함께 卓淳에 모여서 신라를 공격하여 물리치고자 하였다. 그래서 比自㶱·南加羅·喙國·安羅·多羅·卓淳·加羅의 七國을 평정하였다. 이에 병사를 서쪽으로 이동시켜 古奚津에 이르러 南蠻 忱彌多禮를 屠戮하여 백제에게 주었다. 이때 왕 肖古와 왕자 貴須가 역시 군사를 이끌고 나아가 맞으니 比利·辟中·布彌·支半·古四의 邑이 스스로 항복하여 왔다.[47]

라고 하였듯이, 가야의 7국을 평정하고 古奚津을 돌아 忱彌多禮를 도륙하자 比利·辟中 등의 소국들이 항복하면서 끝나게 되었다.

---

47) 『日本書紀』 권9, 神功紀, 49年 春 三月.

백제의 남정군은 공주와 전주 등을 거쳐 슬치[48] 등을 통해 전북 동부에 위치한 임실지역으로 진군하였다. 백제는 임실을 거쳐 곧이어 남원과 장수 등의 전북 동부지역을 장악하였다. 백제는 지역별로 할거상태에 있던 전북 동부지역의 마한세력을 어렵지 않게 제압할 수 있었다.

백제가 전북 동부지역을 장악한 과정과 그 추이에 대해서는 잘 알 수 없다. 전북 동부지역은 근초고왕의 경략을 받아 독자적인 성장을 더 이상 이루지 못하고 백제의 지배를 받게 되었다. 이는 진안군을 비롯하여 남원시, 임실군, 순창군, 곡성군 등에서 조사된 말무덤 혹은 몰무덤의 축조 양태를 통해 추정된다. 봉토의 직경이 10m 내외되는 40여 기의 말무덤이 조사되었는데, 중대형의 고총단계로 발달하기 이전에 백제의 영향권에 편입되었다.[49]

백제는 남원을 비롯한 섬진강유역에 속하는 전북 동부지역을 장악한 후 가야세력과 접촉하게 되었다. 神功紀에 보이는 백제의 가야지역 경략에 대해서는 여러 가지 다양한 의견이 제기되었다.

근초고왕의 가야 경략을 부정하는 견해도 없지 않지만,[50] 사실로 인정하는 견해도 적지 않다.[51] 이를 근초고왕대의 사실이 아니라『日本

---

48) 슬치는 임실군 관촌면 슬치리에 있으며, 현재 남원에서 전주로 연결되는 고속도로도 이 고개를 넘어간다.

49) 현재 봉토가 보존된 곳은 남원 사석리에 8기의 말무덤이 남아 있다. 현지에서 말무덤이라 불리는 것은 남원 입암리 · 방산리, 순창 고원리에서 7기 내외, 곡성 주산리에서 7기 내외의 말무덤이 있었다고 전한다(郭長根, 2005, 앞의 글, 87쪽 각주 25).

50) 李丙燾, 1976, 앞의 책, 512~515쪽 ; 金泰植, 1994,「廣開土王陵碑文의 任那加羅와 '安羅人戍兵'」,『한국고대사논총』 6, 83쪽.

51) 千寬宇, 1977 · 1978,「復元加耶史」,『文學과 知性』 28 · 29 · 31 ; 李基東, 1990,「백제의 발흥과 對倭國關係의 성립」,『고대 한일문화교류 연구』, 한국정신문화연구원.

書紀』 편찬시 행해진 일본에 대한 백제 유민의 영합적 기술로 보기도
한다.[52] 또한 5세기 중엽 이후의 사실이 소급・반영된 것으로 보거
나,[53] 성왕 때의 가야지역에 대한 백제의 의도가 투영된 것으로 이해
하는 견해도 있다.[54]

근초고왕의 가야 7국 정벌은 군대를 동원한 침입이라기보다는 백제
를 정점으로 하여 卓淳, 比自㶱 등과 동맹을 맺거나 통교한 역사적 사
실을 설화적으로 표현한 것으로 추정된다.[55] 백제의 가야 7국 평정은
고구려가 신라와 친밀한 관계를 맺자, 가야를 자국의 편으로 끌어들이
기 위한 일련의 과정을 보여주고 있다.

백제의 가야지역 진출은 신라의 남진과 금관가야의 세력확대에 따
른 불안요소의 증대에 편승하였다. 가야제국은 군현의 소멸 이후 북방
선진지역과의 교류가 축소됨에 따라 백제와 교류가 필요하였다. 백제
는 낙동강 以西地域에 대한 정치적 진출을 시도함으로써 신라의 가야
지역 진출을 견제함과 동시에 왜와의 교역거점을 확보하려고 하였
다.[56] 백제는 섬진강 하류지역에 위치한 하동의 多沙城을 장악하여 왕
래하는 '驛'으로 삼아[57] 가야와의 통교 거점으로 활용하였다.

백제는 가야세력의 독자성을 인정하면서 공납과 군사력 지원 등 臣
屬하는 방향을 추구하였다.[58] 따라서 神功紀 49년 조에 보이는 백제

---

52) 延敏洙, 1998, 『古代韓日關係史』, 혜안, 141쪽.
53) 이영식, 1995, 「백제의 가야진출과정」, 『한국고대사논총』 7, 199쪽.
54) 李根雨, 1994, 「『日本書紀』에 引用된 百濟三書에 관한 研究」, 한국정신문화
연구원 박사학위논문, 54쪽.
55) 金泰植, 1993, 『가야연맹사』, 일조각, 333쪽.
56) 姜鐘元, 2002, 앞의 책, 231쪽.
57) 『日本書紀』 권9, 神功紀, 50年 夏 五月.
58) 李炯基, 2000, 「대가야의 연맹구조에 대한 시론」, 『한국고대사연구』 18, 17
쪽.

136

의 가라 7국 평정은 남부 가야에 대한 교역권의 장악이나 공납관계의 설정으로 파악된다.[59] 또한 백제와 가야만의 관계가 아니라 왜까지 연결되는 교역체계의 확보[60]로 생각할 여지도 없지 않다. 백제는 군현의 축출 이후 무너진 한반도 남부와 왜를 잇는 교역체계를 탁순을 매개로 하여 새롭게 연결하였다.

근초고왕이 보낸 남정군의 주력은 남원 등지에 주둔하고 사절단이 가야지역을 방문하여 교역 등에 관한 제반사항을 협상하였다. 백제군은 가야제국과의 협상이 순탄하게 진행되자 남원에서 섬진강 연안을 따라 곡성-구례-순천-광양 방향으로 남하하면서 그 하류지역을 석권하였다.

섬진강유역의 인구는 넓이에 비해 농경지의 면적이 상대적으로 적기 때문에 다른 4대강 유역에 비해 예로부터 그리 많지 않았다. 섬진강유역은 高山峻嶺으로 둘러싸여 상류쪽 연안과 계곡에 좁은 농경지가 흩어져 있고, 중류의 남원·구례·곡성 일대에 평야가 약간 발달되어 있을 뿐 넓은 평야는 거의 없다.[61] 섬진강유역은 고대사회에 있어서 토착세력의 성장이 미약하였고, 고분의 규모나 출토 유물도 영산강유역 등에 비하여 현저히 격이 떨어진다.

섬진강유역은 지정학적 조건 때문에 다른 지역에 비하여 발전 속도가 뒤쳐졌으며, 각지의 성읍국가를 통합한 연맹체의 형성을 이루지 못하였다. 또한 섬진강유역의 토착사회는 신미국이 위치한 해남반도의 백포만 일대나 금관가야의 번영의 토대가 되었던 김해지역과 비교하여 대외교섭상의 이점을 누리지도 못하였다. 그 외에도 섬진강은 경사

59) 盧重國, 1988, 앞의 책, 121쪽.
60) 李賢惠, 1988, 「4세기 가야사회의 교역체계의 변천」, 『한국고대사연구』 1, 172쪽 ; 金泰植, 1997, 앞의 글, 48~54쪽.
61) 한국향토사연구전국협의회, 1997, 『섬진강유역사연구』, 26쪽.

가 급하고 수량의 계절 변동이 심하였으며, 가항거리도 상대적으로 짧아 江上水運이 활발하게 이루어지지 못하였다.

陸路의 경우도 지리산을 포함한 노령산맥의 험준한 산악이 가로막고 있어 영산강유역보다 교통이 훨씬 어려웠다. 이 때문에 섬진강유역의 고대사회는 다른 지역이 연맹왕국 단계에 도달하였을 때에도 통합세력을 형성하지 못하였다. 이 같은 분열상태에 있던 섬진강유역의 토착사회는 백제군의 경략을 받아 별다른 저항 없이 굴복하였다.

백제는 탁순을 비롯한 가야 7국과 통교하여 동맹을 맺은 후 섬진강 하류지역을 거쳐 전남 서남부지역으로 향하였다. 전남지역의 토착사회가 국제무대에 알려질 정도로 성장한 것은 3세기 후반에 이르러 新彌國이 중심이 되어 지역연맹체를 형성한 이후였다. 신미국은 서남해안의 바닷길을 통제할 수 있는 해남 백포만의 해안가에 위치하여 군현과의 관계를 중심으로 주변 소국들의 대외교섭을 주선·통제하면서 성장하였다.[62]

신미국은 중국의 貨泉을 포함하여 다량의 유물이 발견된 해남 군곡리 일대에 자리잡고, 주로 대외무역 등의 해상활동을 통하여 발전하였다. 신미국은 서남해지역 해상세력의 영도집단으로 대외교섭을 주도하였고, 海路의 길목에 위치한 지리적 이점을 이용하여 중간기항지 역할을 하면서 번영을 구가하였다.

신미국은 西晉이 약화된 데 이어 군현이 축출되면서 토착세력의 대외교섭과 조공무역 등이 쇠퇴하자 몰락하고 말았다.[63] 백포만과 인접한 곳에 위치한 군곡리 패총의 下限은 4세기 전반으로 추정된다. 이는 4세기 전반 군곡리지역이 가졌던 무역 중개지 역할과 그 기능이 감소하면서 쇠퇴한 것을 반영한다.[64]

62) 李道學, 1995, 앞의 책, 349~352쪽.
63) 文安植, 2002, 「영산강유역 토착사회의 성장과 연맹체 형성」, 『사학연구』 68.

군현의 축출을 전후로 하여 해남 서북권역에 해당하는 백포만 일대
의 신미국이 쇠퇴하였고, 동부권역의 북일지역으로 중심 거점이 옮겨
가게 되었다. 북일지역의 옹관고분은 규모 면에서 영산강유역의 시종
과 반남에 필적할 만한 점에서 상당한 권력을 가진 집단이 존재하였음
을 보여준다. 북일지역의 중심세력은 신월리토성에 거주하던 집단으로
추정된다.[65]

신월리는 현재는 매립되어 바다로부터 멀리 떨어져 육지화되었지만
1918년 일본참모본부에서 간행한 지도에는 바다와 연접되어 있다. 이
곳에 위치한 신월리토성은 해발 42.3m에 자리잡고 있으며, 그 둘레가
약 400m를 상회한다. 신월리토성은 강진만의 海路를 통해 접근하는
적의 동태를 감시할 수 있고, 이 일대의 해안선을 한 눈에 조망할 수
있다. 또한 협소한 내륙이지만 신월리·방산리·용일리·내동리로의
육로를 통한 이동상황도 확인할 수 있는 목부분에 입지하며, 이웃한
성마산성과는 서로 보완적인 관계를 상정해 볼 수 있다.[66]

성마산성은 신월리토성에서 서남쪽 방향으로 950m 정도 떨어진 해
발 84m의 성마산의 정상을 둘러싸고 있는 테뫼식으로 둘레가 약
300m 정도이다. 산성의 정상에서는 남해 바다가 한 눈에 조망되어 완
도와 고금도 등 연안을 항해하는 선박들을 관찰할 수 있는 좋은 입지
를 갖추고 있다. 성마산성은 신월리 성수동 입구까지 이어지는 灣을
따라 형성된 海路를 통한 내륙으로의 접근을 감시할 수 있으며, 인근
의 신월리토성·좌곡산봉수지 등과도 연락을 취할 수 있는 중간지점
에 위치한다.[67]

---

64) 崔盛洛, 1989,『해남군곡리패총』Ⅲ, 목포대학교 박물관, 80쪽.

65) 宋泰甲, 1999,「해남반도의 고대사회와 대외관계」, 목포대 대학원 석사학위
   논문, 12쪽.

66) 국립광주박물관, 2001,『해남 방산리 장고봉고분 시굴조사보고서』, 88쪽.

해남 방산리 장고분 | 길이 77m, 높이 15~16m에 이르는 호남지역 최대 고분에 해당된다. 시신을 안치한 뒤쪽 봉분은 둥그런 형태로 되어 있으며, 봉분 앞쪽은 직사각형에 가깝다.

좌곡산봉수대는 내동리와 방산리의 경계지점인 해발 101.7m의 烽臺 山에 위치하여, 북일지역과 강진으로 출입할 수 있는 道岩灣 일대의 내륙과 고금도 등 연안지역을 항해하는 선박이 한눈에 보인다. 이곳에 서는 4세기를 전후한 시기의 출토 유물은 없지만, 방어에 유리한 입지 적인 조건 때문에 망루 등의 역할로 활용되었을 가능성이 농후하다.

또한 신월리 주변에는 많은 고분군이 밀집 조성되어 있다. 그 대표 적인 것으로 신월리 방형줍석분, 방산리 신방 석실분, 방산리 장고분, 용일리 용운 고분군, 독수리봉 고분군, 내동리 외도 고분군 등이 있다. 이들 고분군과 주변의 산성은 유기적인 관계를 맺으며, 북일지역이 서 남해의 중심세력으로 부상하면서 점차 그 형태를 갖추기 시작하였다.

---

67) 국립광주박물관, 2001, 위의 책, 88쪽.

두륜산 줄기에서 바라본 북일지역 전경

　신월리토성의 주변에 대한 지표조사에서 수습된 유물은 적갈색연질, 회청색경질 등 다량의 토기편이 채집되었다. 신월리토성과 4세기를 전후로 활약한 이 지역 토착세력과의 관계는 체계적인 발굴조사가 이루어져야 정확한 내용을 알 수 있을 것이다. 다만 신미국이 약화되면서 북일의 토착세력이 유리한 지정학적 조건을 적극적으로 활용하여 두각을 보이기 시작한 것으로 추정된다.

　신미국은 군현과 가야·왜를 잇는 서남해 해로의 요충지에 위치하여 대외교섭을 통하여 번영을 구가하였다. 그 반면에 북일세력은 강진의 도암만을 중심으로 완도, 제주, 해남, 강진지역을 연결하는 남해안지역의 해상활동을 통하여 성장하였다. 또한 이들은 강진-해남-함평-영광-부안-김제를 잇는 해상교역을 주도하면서 서남해지역의 해상권을 장악하였다.[68)]

  북일지역의 신월리토성, 성마산성, 거칠마토성과 대형고분들은 두륜산맥의 支峰인 주작산에서 흘러내린 구릉 위에 축조되었다. 현재는 신월방조제 등의 조성을 비롯한 대규모의 간척사업이 이루어져 구릉 주위에 넓은 농토가 형성되어 있다. 그러나 당시에는 주작산과 구릉이 연결되는 細長한 통로를 제외하고는 사면이 모두 해변이었다. 육지쪽에서 고분군과 토성이 축조된 해안지역으로 통하는 구릉선상의 출입구 부분을 차단하는 것이 신월리토성과 성마산성이었고, 거칠마토성은 해상에서 침입하는 적을 방어하였고, 가장 높은 좌곡산 봉수대에는 망루가 설치되었다.

  이와 같이 북일지역은 해상과 육상에서 침입하는 적을 방어할 수 있는 토성과 산성이 축조되었고, 육지와 연결되는 기다란 통로를 제외하면 사면이 바다로 둘러싸인 良港을 갖춘 천험의 요충지였다. 북일의 토착세력은 구릉에 위치한 신월리토성에 거주하면서 인근의 해역뿐만 아니라 서남해 및 제주와 가야를 잇는 해상활동을 주도하면서 번영을 구가하였다.

  백제가 주된 공격 대상으로 삼았던 忱彌多禮는 서남해지역 해상세력의 맹주로 군림하던 북일의 신월리집단으로 생각된다.[69] 忱彌多禮에 대해서는 연구자들에 따라 다소의 견해 차이가 있다. 먼저 침미다례를 하나의 정치체로 볼 것인가, 아니면 침미와 다례라는 두 개의 정치체로 파악할 것인가에 대한 차이가 있다. 침미다례를 침미와 다례로 나누어 전자를 강진, 후자를 보성으로 구분하는 견해도 있다.[70]

  그러나『日本書紀』神功紀 49년 조의 침미다례와 應神 8년 조에 인

68) 문안식·이대석 공저, 2004, 앞의 책, 76쪽.
69) 문안식·이대석 공저, 2004, 위의 책, 69~72쪽.
70) 全榮來, 1985,「백제 남방경역의 변천」,『千寬宇선생 환력기념한국사학논총』.

용된 『百濟記』에 모두 침미다례로 표기되었기 때문에 忱彌多禮를 단수로 파악하는 것이 타당하다. 그 위치에 대해서는 제주도로 생각하는 견해[71])도 없지 않지만, 강진[72])이나 해남[73]) 등으로 보는 것이 일반적이다. 침미다례는 서남해지역 해상활동의 주도권을 장악한 북일면 신월리의 해상세력으로 생각된다. 그리고 백제군이 침미다례를 공격하기 이전에 장악한 고해진은 강진 군동면 일대로 추정된다.[74])

섬진강유역에서 강진과 해남 등의 전남 서남부지역으로 통하는 경로는 江岸을 따라 쉽게 연결된다. 이곳에는 호남정맥이 그다지 험준하지 않고, 그 중간에 양쪽 지역을 직접 연결해 주는 통로가 발달해 있다. 또한 섬진강의 제일 큰 지류인 보성강을 비롯하여 秋嶺川·鏡川·玉果川 등의 지류가 지름길로서 충분한 역할을 하였다. 백제군은 순천 등에서 출발하여 보성과 장흥을 거쳐 강진의 군동면에 도착한 것으로 판단된다.

백제군은 침미다례와 인접한 강진 군동면의 고해진에 병력을 집결하여 총공격을 준비하였다. 백제군은 침미다례를 공격하여 저항하는 사람들은 가차없이 도륙하였다. 백제군이 침미다례를 철저하게 파괴한 것은 그 저항이 심하였기 때문에 보복 차원에서 이루어졌다. 그러나 이들의 대외교섭권을 박탈하고 그 영향력 하에 있는 집단들을 위압하

71) 三品彰英, 1962, 『日本書紀朝鮮關係記事考證』上, 吉川弘文館, 154~155쪽.
72) 李丙燾, 1976, 앞의 책, 512쪽.
73) 盧重國, 1988, 앞의 책, 118쪽.
74) 고해진이 위치한 곳으로 알려진 강진도 영산강유역 특유의 옹관고분의 축조 사례가 알려진 지역이다. 옹관고분의 입지조건은 대부분 배가 드나들 수 있는 곳에 위치하고 있다. 강이나 바다에서 쉽게 눈에 띄는 곳에 고분을 축조한 것은 축조집단의 활동이 물과 깊게 관련된 것에서 비롯되었을 가능성이 있다. 강진군에서 옹관고분이 축조된 지역은 강진만과 접하고 있는 군동면 호계리, 나천리, 풍동리, 영관리 일대에 수십 기가 분포되어 있기 때문에, 이곳 부근에 고해진이 위치하였을 가능성이 높다.

려는 측면도 간과할 수 없다.

백제는 북일에 위치한 침미다례가 중국-가야-왜를 잇는 대외교섭을 주도하면서 서남해지역에 큰 영향력을 미쳤기 때문에 단호하게 응징하였다.[75] 침미다례와 비리·벽중 등의 전북 서남부지역 해상세력은 김제-부안-고창-함평-해남-강진 등을 잇는 해안을 따라 연결되었다. 이들은 침미다례를 중심으로 하여 서남해의 여러 灣과 內海를 중심으로 독자적인 세력권을 형성하였다.

근초고왕의 경략에서 '南蠻'으로 지칭된 지역은 북일에서 김제까지를 범위로 하는 서남해지역으로 생각된다. 침미다례가 백제에 무너진 뒤 스스로 항복을 한 比利·辟中 등의 소국들이 부안·김제로 추정되는 것[76]도 그러한 사실을 증명한다. 백제가 북일의 침미다례를 도륙한 것은 서남해지역 해상활동의 중심세력이었기 때문이다. 백제가 침미다례를 점령한 것은 강진·해남지역을 장악하여 경남 남부지역으로 이어지는 對倭交易路를 개설하기 위한 거점으로 활용하기 위해서 였다.[77]

백제는 침미다례를 제압하여 해상세력의 재기와 준동을 방지하고 그 주변지역에 대한 영향력을 확대하여 나갔다. 근초고왕이 추진한 마한 잔여세력 경략은 소기의 목적을 달성하였다. 백제는 침미다례가 장악하고 있던 교역체계를 해체하여 가야의 대외교섭 창구에 부속시켰고, 탐라와의 교섭이나 가야를 잇는 부차적인 위상을 갖도록 재편하였다. 백제는 침미다례가 유지하고 있던 中國·加耶·倭와의 교역루트를 차단할 목적으로 대외교섭 창구를 직접 장악하였다.[78]

---

75) 문안식·이대석 공저, 2004, 앞의 책, 76쪽.

76) 千寬宇, 1979, 앞의 글, 216쪽.

77) 金英心, 1997, 앞의 글, 28~29쪽.

78) 한반도에서 倭로 가는 航路는 『三國志』倭人傳에 의하면 대방군에서 출발하

옥야리 옹관고분군 전경 | 옥야리 상촌 마을의 북쪽에 동서로 뻗어 마을을 감싸고 있는 구릉에 있는 무덤들로 모두 28기가 조성되었다. 봉분의 형태는 긴 타원형이고, 봉분 자락에 도랑이 둘러져 있다.

　근초고왕의 經略을 받고 서남해지역의 해상권을 장악하고 있던 침미다례는 몰락하고 말았다. 백제는 해상세력의 거점을 장악하여 독자적인 대외교섭권을 박탈하여 이를 대신할 만한 교두보를 확보하는 것에 만족하였고, 그 銳鋒은 신흥세력으로 떠오르고 있던 영암 시종과 반남 등을 향하지 않았다.[79] 그러나 시종세력은 내륙 깊숙이 들어온 영암만을 이용한 해상활동이 성장의 기반이 되었던 사실을 고려할 필요가 있다. 오늘날의 지형으로 볼 때 시종은 내륙의 한 가운데 위치하

여 서해와 남해를 거쳐 김해 狗邪韓國의 北岸에 도착한 후 다시 바다를 건너 對馬島에 이르렀다(『三國志』 권30, 魏書30, 烏丸鮮卑東夷傳, 倭人). 또한 백제와 왜국의 대외교섭을 가야지역의 卓淳國이 주선하였다(『日本書紀』 권9, 神功紀 46년 春 3月 乙亥). 즉, 백제와 가야 남부지방의 외교관계가 먼저 이루어지고, 탁순국의 중개로 백제와 왜국의 통교가 이루어졌다.

79) 權五榮, 1999, 『복암리고분군』, 전남대박물관, 310쪽.

지만 당시는 해안지역이었다.[80]

근초고왕은 전남지역을 경략하면서 북일의 침미다례를 정벌하여 그 기반을 해체하였듯이, 시종세력에 대해서도 일정한 제재를 하였다. 신미국이 약화된 후 서남해지역에서 신월리세력이 부상함과 동시에 영산강유역의 주도권을 장악한 집단이 영암의 시종세력이었다. 시종세력은 영산강유역 깊숙이 들어온 內海를 이용한 해상활동과 토착세력 사이의 역내교역을 주도하면서 번영을 구가하였다.

근초고왕은 침미다례의 독자적인 세력기반을 해체시킨 데 이어 시종세력에 대해서도 유사한 조치를 하였다. 근초고왕은 시종세력을 약화시키고 반남세력을 후원하여 영산강유역 토착사회에 대한 영향력을 확보하려고 하였다.

백제는 반남의 수장층과 공납관계를 맺어 공물을 징수하고, 해안의 교섭거점은 직접 지배하거나 親百濟勢力에게 위탁 관리하도록 하였다. 반남의 수장층은 백제의 官等이나 威信財를 賜與받고 在地의 지배자로 군림하였다.

반남세력이 영산강유역의 맹주로 부상한 것은 독자적인 성장보다는 백제의 정치적 후원에 의한 것으로 생각된다. 백제가 수도에서 원거리에 위치한 영산강유역의 토착사회를 직접 지배하는 것은 매우 어려운 문제였다. 백제는 반남세력을 영산강유역 토착세력에 대한 지배의 전면에 내세워 공납관계를 맺고 간접통치를 하였다.

---

80) 서해의 조수는 영암 시종을 지나 나주지역까지 미쳤다. 『新增東國輿地勝覽』 나주목 조에 의하면 "仰巖은 錦江의 남안에 있는데, 노자암으로 불리기도 하였다. 그 밑에는 물이 깊어 헤아릴 수 없는데 속설에 용이 있다고 한다. 바위 밑에 구멍이 있는데 조수가 밀려 갔을 때는 보인다.……錦江津은 목포 혹은 남포라고 한다. 곧 광탄의 하류인데 州의 남쪽 11리에 있다.……금강은 나주 동남쪽을 경유하여 회진현 남쪽을 지나 서쪽으로 바다에 들어간다."라고 하여, 나주지역까지 만조시에 바닷물이 유입되었음을 알 수 있다.

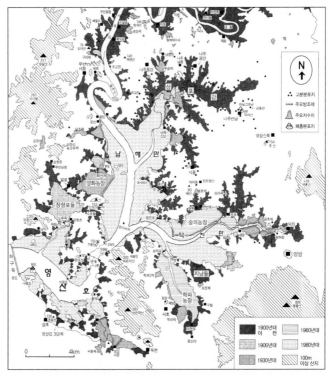

영산강 중·하류 지역의 간석지 개간 과정 | 현재의 영산강유역 전경과 매우 다른 모습을 보이고 있다(김경수, 2001, 「영산강유역의 경관변화연구」, 전남대 대학원 지리학과 박사학위 논문에서 전재).

이로써 영산강유역 토착사회의 주도권은 시종을 거쳐 좀더 넓은 평 야가 존재하고, 주변세력의 동향을 감시할 수 있는 자미산성에 가까운 반남지역으로 옮겨가게 되었다. 자미산성의 주변에는 대안리 12기, 신 촌리 9기, 덕산리 15기의 고분이 군집상태로 분포되어 있다. 자미산성 은 정상부를 중심으로 그 주위를 수직으로 깎아 내려 계단을 이루게 한 전형적인 테뫼식 토성이다.

자미산성은 영산강의 큰 지류인 삼포강이 에워싸고 완만한 구릉성 평지가 펼쳐져 있는 평야지대의 한 가운데에 위치한다. 자미산은 반남면의 중심부에 위치하여 홍덕리, 대안리, 신촌리 3개 마을에 걸쳐 있는 고도 94.5m의 비교적 낮은 산이지만, 주변지대가 해발 10m 이내의 낮은 구릉지대이므로 상대적인 고도 감각으로는 높은 산이라 할 수 있다. 실제로 산의 정상에 올라가 보면 시야에 가리는 것이 없이 동으로 무등산, 북으로 금성산, 남으로 월출산, 서로 목포 영산강하구언이 보이는 일망무제의 경관이 눈 아래 펼쳐진다.

삼포강은 영암군 신북면 명동리 백룡산(418m) 북서쪽 분무골에서 발원하여 나주시 반남면 하촌리를 감돌아 덕산리 아래로 흘러 영암과 나주의 경계가 되면서 북류한다. 반남면 신촌리 평촌 앞들에서는 벌고개와 쑥고개에서 흘러와 성내마을을 거쳐 고분군을 지나온 물을 합하게 된다. 이어 나주 공산면에서 흘러온 금곡천과 합류되고, 신연리를 거쳐 온 시종천을 합하면서 영암만으로 유입된다.

이곳부터는 1970년대에 영산강하구언이 축조되어 갯골이 유로화되었으나, 그 이전에는 강이 아니라 바다에 가까웠다.[81] 시종면 옥야리 남해신당에 있었던 남해포를 바로 지나서 내동천[82]과 합류한다. 그리고 옛 영산강하구점(양도·염소섬)으로 나주, 무안, 영암의 경계가 된 나주 동강 장동리 낭코(남곳·나선곳)에서 영산강에 합류한다.[83]

---

81) 1928년에 일본해군 수로국이 작성한 『한국연안수로지』에 의하면 하구언이 축조되기 이전에 목포에서 몽탄나루까지는 조수의 영향이 크기 때문에 內海라고 할 만하나, 高潮時의 경우에만 그러하였고 저조시에는 수로의 폭이 겨우 0.5~1km에 불과하였다. 썰물 때의 이 수로는 마치 갯골과 같으며 그 주위에는 넓은 갯벌이 드러난다. 이때는 작은 배만 겨우 수로를 통하여 운항할 수 있다고 한다.
82) 내동천은 현재는 갯벌이 농경지로 변해 시종면 와우리 계산포 새우머리 수문을 흐르는 새로운 유로가 형성되었다.
83) 장보웅, 1997, 「영산강유역의 자연지리적 환경」, 『영산강유역사연구』, 한국향토사연구전국협의회, 43쪽.

나주 신촌리고분군 전경 | 나주시 반남면 신촌리 자미산 북쪽에 위치하며, 모두 9기의 무덤이 무리를 이루고 있다. 그 중에서 6·7·9호 고분은 발굴조사가 이루어졌다.

이와 같이 반남세력은 뱃길이 사통팔달한 천혜의 입지적 조건을 갖춘 곳에 자리잡았다. 반남세력은 자미산성을 중심으로 하여 주변의 농경지에서 생산된 농산물, 인근의 內海에서 생산된 소금과 해산물을 바탕으로 경제적 기반을 마련하였다.

반남세력은 海路와 水路가 만나는 요충지에 위치한 지리적 이점을 이용하여 域內貿易과 對外貿易을 주도하였다.[84] 반남지역은 영산강유역의 대표적인 포구가 위치하였다.[85] 백제의 후원을 얻은 반남세력

---

84) 나주의 지리적 조건과 상업활동에 대하여 조선 초기의 기록인 『新增東國興地勝覽』 제35권, 羅州牧篇의 宮室 碧梧軒을 보면 "나주는 전라도에서 가장 커서 땅이 넓고 民物이 번성하다. 땅이 또한 바닷가라 메벼가 많이 나고, 물산이 풍성하여 전라도의 조세가 모이는 곳이고, 사방의 상인들이 몰려든다." 라고 하여, 나주가 바닷가에 위치한 상업의 요지였음을 알 수 있다.

85) 반남지역에 포구가 위치한 사실은 후대의 기록인 『高麗史』를 통해서도 알

은 평야지대에서 산출되는 농산물과 영산강 水路를 장악하여 막대한 財富를 축적하였다. 다른 지역의 규모를 압도하고 있는 반남 신촌리·대안리·덕산리의 고분군은 이를 반영한다.

한편 반남의 외곽에 위치한 해상세력은 근초고왕의 經略으로 타격을 받고 약화되었지만, 백제의 영향력이 상실되면 독자적인 교역활동 등을 통하여 재래의 기반을 회복할 수 있는 여력이 남아 있었다. 또한 백제의 영향력이 확대되면서 해상세력의 독자적인 교역활동은 크게 약화되었지만 단절된 것은 아니었다.

예컨대 해남 삼산면 봉학리·원진리·부길리 등의 옹관고분에서 출토된 鐵鋌과 鐵矛는 해상세력들이 가야 등과 일정 정도의 대외관계를 유지하고 있었음을 반영한다.[86] 鐵鋌은 貨幣的 機能[87]과 威信財로서 王子의 위엄을 나타내는 역할을 하였기 때문에,[88] 鐵素材를 자체 제작하거나 수입을 독점한 집단은 주변에 대하여 일정한 영향력을 행사하였다.

또한 영암 와우리와 영광 화평리 옹관분에서는 각각 가야나 신라에서 유행하던 板狀鐵斧와 鐵鋌 등이 출토되었다. 가야계 축성양식을 따른 해남 죽금성의 주변 지역에서도 가야계 토기류가 출토되었다.[89] 이러한 고고 자료들은 전남 서남해지역과 서부 경남지역이 상당할 만한 교류 관계를 지속하였음을 보여준다.

근초고왕의 경략 이후 반남세력의 대두와 그 외곽집단의 약화라는

수 있다. 太祖 卽位年 기사에 의하면 "태조는 드디어 광주 서남지경 반남현 포구에 이르러 적의 경내에 첩보망을 펼쳐 놓았다"고 하여 반남지역에 포구가 있었음을 기록하고 있다.

86) 成洛俊, 1994, 「해남부길리 옹관유구」, 『호남고고학보』 1.

87) 林孝澤, 1985, 「副葬鐵鋌考」, 『동의사학』 2.

88) 西谷正, 1995, 『加倻諸國의 鐵』 종합토론문, 인제대학교 가야문화연구소, 212~213쪽.

89) 李道學, 1995, 앞의 책, 340쪽.

전반적인 추세에도 불구하고, 해상세력은 대외교섭을 지속하면서 그
기반을 일정 정도 유지하였다. 백제도 군현을 설치하여 지방관을 파견
하거나 직접지배가 불가능한 상태에서 반남세력을 내세워 간접지배를
하는 것에 만족하였다.[90] 따라서 백제의 집권력이 약화되어 변방에 대
한 통제가 약화되면, 변방세력은 그 영향력을 벗어나 독자적인 대외교
섭을 추구할 수 있는 여지가 남아 있었다.

2. 대방지역 진출과 평양성 전투

근초고왕은 가야와 마한 잔여세력에 대한 경략을 전후하여 예성강
을 건너 옛 대방지역으로 진출하였다. 미천왕이 313년에 군현을 축출
한 후 그 옛 땅에 잔존한 중국계 호족세력은 반독립적인 자치상태에
놓여 있었다.[91] 백제가 예성강을 건너 황해도 남부지역으로 진출하자
토착세력은 적극적으로 호응하였고, 근초고왕은 雉壤(황해도 배천)을
장악하여 대방지역 진출을 위한 교두보를 마련하였다.[92]

고구려의 고국원왕은 백제가 대방지역으로 진출하여 영향력을 확대

---

90) 공납지배는 고대에 중앙정부가 지방을 간접적으로 통치하는 방식의 일례이
다. 중앙정부가 지방통치조직을 편성하고 지방관을 파견하여 통치하는 방식
을 직접지배라고 한다. 그러나 중심세력이 새롭게 차지한 영역에 대해 직접
지배할 만큼의 힘을 담보하지 못하였을 경우 간접지배를 실시하였다. 간접지
배는 중심국이 복속지역에 대해 상당할 정도로 자치를 보장해주고 공납이라
는 복속의례를 통해 통치하는 방식이다(주보돈, 1996, 「마립간시대 신라의 지
방통치」, 『영남고고학』 19).

91) 이곳은 중국계 주민의 단순한 거주지역으로 변모되었으며, 잔존한 호족들은
東晉 등 중국 남조와 교섭하면서 세력을 유지하였다. 이들은 대외교역과 정
치적 활동에서 어느 정도의 독자성을 갖고 있었다(孔錫龜, 1990, 「德興里 壁
畵古墳의 主人公과 그 性格」, 『백제연구』 21, 충남대 백제연구소).

92) 치양성은 개성에서 예성강을 건너 황해도 남부지역으로 들어가는 통로에 있
는데, 다만 현재의 남아 있는 유적은 고구려 때에 축조된 것이라고 한다(『고
고민속』, 1966년 1호, 24~27쪽).

하자 대군을 파견하였다. 고국원왕이 대방지역의 통치에 큰 관심을 기울인 것은 前燕 모용씨와의 대결에서 패전을 당한 참화를 씻고 국력을 만회하기 위해서였다. 고국원왕은 군현지역의 정치적 공백을 메우고 정치·외교·경제적 이점을 확보하기 위하여 남하정책을 추진하였다.[93]

고국원왕은 336년(同王 6)에는 東晉, 338년에는 後趙와 연결을 꾀하는 등 외교에 힘을 기울였다. 그리고 335년에 제3현도군 지역을 차지하여 新城을 축조한 데 이어, 342년에는 국내성을 증축하는 등 前燕과의 대결을 준비하였다. 그러나 342년에 前燕 慕容皝의 침략으로 국도가 함락되어 先王인 미천왕의 시체를 빼앗기고 王母·王妃가 잡혀가는 패전을 겪고 말았다. 이때부터 고구려는 얼마동안 요동진출을 포기하고 전란 수습에 노력하였다.

고국원왕은 343년에 국도를 東黃城으로 옮기고,[94] 王弟를 入朝시켜 미천왕의 유해를 돌려받았다. 고국원왕은 349년에는 고구려로 도망해온 東夷護軍 宋皇을 돌려보냈으며, 355년에도 入貢하여 王母를 돌려받고 '樂浪公高句麗王'에 봉해졌다. 前燕이 중원 장악에 주력하게 됨에 따라 양국관계는 소강상태를 유지하였다.

고구려는 환도성 함락 이후 요동진출을 포기하고 대외진출 전략을 남진으로 전환하였다.[95] 고구려는 前燕이 前秦에 밀려 약화되면서 북방의 정세가 안정되자 군대를 남으로 돌려 백제를 공격하였다. 이 무렵 근초고왕도 옛 대방지역으로 진출을 서두르고 있었다.

근초고왕은 남방지역의 경략을 마무리하고 욱일승천하는 백제의 국력을 집결하여 예성강을 건너 대방지역 공략을 본격적으로 추진하였

93) 尹明哲, 2003,『고구려 해양사 연구』, 사계절, 123쪽.
94)『三國史記』권17, 高句麗本紀6, 故國原王 13年.
95) 孔錫龜, 1998,『고구려 영역확장사 연구』, 서경문화사, 40쪽.

152

다. 이에 맞서 고국원왕도 369년(同王 39)에 보병과 기병 2만 명을 직접 거느리고 치양으로 진격하여 진을 치고 민가를 약탈하였다.[96] 고구려군의 약탈 행위는 치양을 비롯한 대방 남부지역의 주민들이 백제에 우호적인 태도를 보였기 때문에 이루어졌다. 고국원왕이 369년에 군사를 보내 "남쪽으로 백제를 정벌하여 치양에서 싸웠다"는 사료는 대방지역이 백제의 영향력 하에 있었음을 의미한다.

백제가 영향력을 확대한 대방지역은 신천과 봉산 등의 중심지가 아니라 예성강 북안에 위치한 연안과 배천, 평산 등의 남부지역에 한정되었다. 백제가 멸악산맥 남쪽에 위치한 대방 남부지역으로 진출한 것은 고구려가 前燕에게 밀려 환도성이 함락된 342년 이후로 추정된다.[97]

고국원왕은 환도성이 함락되자 평양의 동쪽 木覓山에 위치한 東黃城으로 주거를 옮겼다.[98] 고국원왕은 평양으로 移居한 후 전연과의 관계를 개선하여 355년에는 征東大將軍 營州刺史 樂浪公에 봉해졌다. 이는 고구려가 낙랑의 옛 땅을 장악하여 지배권을 행사하게 되었음을 의미한다. 고국원왕은 낙랑 故地에 대한 지배력을 강화하면서 남쪽의 대방지역에 대해서도 영향력을 확대해 나갔다.

이에 맞서 백제도 패하를 넘어 대방 남부지역으로 진출하였다. 백제는 책계왕 원년(286)에 대방이 고구려의 공격을 받고 도움을 청하자 구원한 적이 있었다.[99] 백제와 고구려 양국은 대방지역을 사이에 두고

96)『三國史記』권17, 高句麗本紀6, 故國原王 39年.
97) 백제는 고구려가 낙랑지역에 대한 통치를 강화하자 대방군을 정치, 군사적으로 지원하다가 4세기 중엽에 이르러 복속한 것으로 보기도 한다(김기섭, 2005,「백제의 북방경략과 군현고지」,『한성백제총서』, 145쪽). 또한 백제의 대방군 병합 시기를 구체적으로 355~369년 사이로 보는 견해도 있다(宋知娟, 2003,「한성백제와 대방군의 관계」, 한국학대학원 석사학위논문, 51쪽).
98)『三國史記』권17, 高句麗本紀5, 故國原王 13年.

바야흐로 치열한 쟁패전을 벌이게 되었다.

근초고왕은 고구려군이 남하하자 즉각 태자 근구수를 보내 반격에 나섰다. 근구수는 군사를 거느리고 지름길로 치양에 이르러 고구려군과 半乞壤에서 대적하게 되었다. 근구수는 백제 출신으로 죄를 짓고 고구려로 도망하였다가 돌아와서 실정을 말해준 斯紀의 도움으로

> A. 근구수왕(또는 須라고도 하였다)은 근초고왕의 아들이다. 이에 앞서 고구려의 國岡王 斯由가 친히 쳐들어 왔다. 근초고왕이 태자를 보내 이를 막게 하였다. 반걸양에 이르러 장차 싸우려 하였다. 고구려 사람 斯紀는 본래 백제 사람이었는데 잘못하여 왕이 쓰는 國馬의 발굽을 상하게 하였다. 죄를 받을까 두려워서 고구려로 도망하였다가 이때 돌아와 태자에게 말하였다. "저쪽의 군사가 비록 많기는 하나 모두 숫자만을 채운 허위의 군사(疑兵)일 뿐입니다. 날래고 용감한 자들은 오직 붉은 깃발의 부대뿐입니다. 만일 먼저 이를 깨뜨리면 그 나머지는 치지 않아도 저절로 무너질 것입니다." 태자가 그 말을 좇아 나아가 쳐서 크게 이기고는 도망쳐 달아나는 자들을 추격하여 水谷城의 서북에 이르렀다. 장군 莫古解가 간하여 말하였다. "일찍이 道家의 말을 들으니 '만족할 줄 알면 욕되지 않고 그칠 줄 알면 위태롭지 않다.'고 하였습니다. 지금 얻은 바도 많은데 어찌 기필코 많은 것을 구합니까?" 태자가 그 말을 옳게 여겨 추격하기를 중지하고는 이에 돌을 쌓아 標識를 만들었다. (태자는) 그 위에 올라가 좌우를 돌아다보며 말하기를 "지금 이후에 누가 다시 여기에 이를 수 있을까?" 하였다. 그 곳에는 말발굽 같이 틈이 생긴 바위가 있는 데 사람들이 지금(고려)까지도 '태자의 말발자국'이라고 부른다.[100]

라고 하였듯이, 적군의 군세를 정확히 파악하고 있었다. 사기의 보고는

---

99) 『三國史記』 권24, 百濟本紀2, 責稽王 1年.

100) 『三國史記』 권24, 百濟本紀2, 近仇首王 前文.

고구려의 군사가 비록 많지만 숫자만을 채운 허위의 군사이고, 정예병
은 붉은 깃발의 소수에 불과하다는 것이었다. 따라서 붉은 깃발의 부
대를 깨뜨리면 그 나머지는 저절로 무너질 것이라는 내용이었다.

근구수는 사기의 지적대로 숫자를 채운 疑兵은 제쳐두고 정예병 만
을 공격하여 고구려군을 궤멸시켰다. 근구수는 고구려군을 격파하여 5
천여 명을 죽이거나 사로잡아 장수와 군사들에게 분배해 주었다.[101]
또한 근구수는 전투에서 패배한 고구려군이 후퇴하자 예성강 상류에
위치한 수곡성(신계읍 남쪽 30리 부근의 협계) 부근까지 추격하였
다.[102] 근구수는 수곡성에서 장군 막고해의 진군 중지 요청을 받아들
여 올라가지 않고 철군하였다.

수곡성은 고구려에 대한 공격과 방어에 유리한 요충지였다. 수곡성
에서 북상하여 멸악산맥과 언진산맥이 만나는 구조곡을 따라 西北進
하면 수안과 황주를 지나 평양성에 도달하며, 西進하면 서흥과 사리원
을 거쳐 안악과 재령, 신천, 봉산 등의 대방 중심지역[103]으로 나갈 수
있다.

따라서 막고해의 진군 중지 요청은 황해도를 남부와 북부로 나누는
멸악산맥 이남지역을 확보하는 것에 만족하고 더 이상 북상을 하지 말
라는 내용으로 추정된다. 근구수가 좌우의 측근에게 "지금 이후에 누
가 다시 여기에 이를 수 있을까"라고 언급한 것으로 볼 때, 백제가 아

---

101) 『三國史記』 권24, 百濟本紀2, 近肖古王 24年.
102) 『三國史記』 권24, 百濟本紀2, 近仇首王 前文.
103) 대방군을 설치한 요동의 공손씨 정권은 산동반도-요동반도-한반도를 잇는 해
   상교통로를 장악하고 낙랑지역을 배후지로 만들었다(임기환, 2000, 「3세기~
   4세기초 魏晉의 동방정책」, 『역사와 현실』 36, 5쪽). 그 과정에서 대방군은
   西海를 거쳐 재령강을 따라 水路로 교통이 가능한 봉산·신천·안악과 사리
   원을 중심지로 삼았다. 봉산과 신천 및 안악 일대에 전축분이 집중적으로 분
   포된 것은 이를 반증한다.

직 대방의 중심지역을 차지하지 못하고 남부지역의 석권에 그쳤음을
알 수 있다.

　백제와 고구려가 대군을 동원하여 대방지역에서 벌인 역사상 첫 번
째 대결은 백제의 완승으로 끝나게 되었다. 백제군의 북상을 저지하기
위한 고구려의 군사행동은 좌절되었다. 백제와 고구려의 대방지역 영
유권을 둘러싼 두 번째 대결은 371년에 벌어졌다.

　고구려는 前秦이 370년에 前燕을 격파함에 따라 국경을 마주하게
되었다. 고국원왕은 自國으로 피신해 온 전연의 權臣인 慕容評을 전
진으로 압송하는 등 우호관계 수립에 노력하였다. 고국원왕은 북방의
안정을 이룬 후 백제를 공격하여 失地를 회복하려고 하였다. 고국원왕
은 치양에서 백제군에게 참패를 당한 것을 만회하기 위하여 다시 군사
를 일으켰다.

　양군의 전투는 浿河(금천 猪灘)에서 이루어졌다. 근초고왕은 고국원
왕이 군사를 일으켰다는 소식을 듣고 만반의 준비를 하였다. 백제군은
지리적인 이점을 이용하여 浿河 가에 매복한 상태에서 고구려군을 기
다린 후 쳐서 격파하였다.[104] 근초고왕은 두 차례에 걸쳐 고구려군을
격파한 후 예성강유역을 확고하게 장악하였다. 백제는 예성강유역을
차지하면서 동북으로 신계에 이르고 서북으로 옹진반도와 해주를 장
악하였다. 백제는 옹진-해주-평산-남천점-신계에 이르는 멸악산맥 이남
지역을 확보한 것으로 추정된다.

　근초고왕은 여기에 그치지 않고 371년 겨울에는 직접 태자와 함께
군사 3만 명을 이끌고 평양성을 공격하였다. 근초고왕이 고구려 공격
에 3만의 대군을 동원할 수 있었던 것은 백제의 획기적인 사회발전이
있었기 때문에 가능하였다. 수장층 위주의 전사집단의 성격에서 벗어

---

104)『三國史記』권24, 百濟本紀2, 近肖古王 26年.

나 지역사회에서 성장하고 있던 호민층(또는 편호소민)을 중심으로 하는 전쟁으로 바뀐 것이다. 초기에는 전투에 참여하는 것이 특권을 지닌 일부 전문적인 전사집단의 소유물이었지만, 전쟁의 규모가 커지면서 일반민의 전투 참가는 불가피하게 되었다.

백제는 4세기 이후 철제로 된 토목 용구의 사용에 따라 농업생산력이 발전하면서 사적 소유가 진전되고, 경작지에 대한 공동체 소유가 소멸되어 개별적인 토지사유가 가능하게 되었다. 특히 우경이 보급되어 토질이 개선되고 노동력이 절감되어 집체적인 방식에서 벗어나 점차 소농 중심의 농업경영 추세를 보이게 되었다.105)

소농민은 평상시에는 괭이와 낫 등의 농구를 통하여 생산력 확대를 도모하고 전시에는 철모, 철촉 등의 무기로 무장하여 전쟁에 참가하였다.106) 국가형성 초기에는 소규모의 국지전이 주류를 이룬 약탈전에 지나지 않다가 규모가 커지면서 전면전으로 변화되었다. 전쟁의 성격도 인민과 영토를 한층 경쟁적으로 확보하기 위한 양상으로 치달았고, 백제는 항시 전시동원체제로 운영되기에 이르렀다.107)

근초고왕이 3만 대군을 휘몰아 공격에 나선 평양성은 고구려 3京 중에서 南京이 위치한 황해도 신원의 남평양으로 보는 것이 일반적이다.108) 그러나 대동강 하류지역에 위치한 황주 토성리에서 다량의 백

---

105) 전덕재, 1990, 「4~6세기 농업생산력의 발달과 사회변동」, 『역사와 현실』 4, 역사비평사, 27쪽 ; 安秉佑, 1992, 「6~7세기의 토지제도」, 『한국고대사논총』 4, 278쪽.
106) 김재홍, 1998, 「철제농기구의 변화에 따른 전쟁의 양상」, 『백제사상의 전쟁』, 제9회 백제연구 국제학술대회, 충남대백제연구소, 14쪽.
· 107) 주보돈, 1998, 「초기백제사에서의 전쟁과 귀족의 출현」, 『백제사상의 전쟁』, 제9회 백제연구 국제학술대회, 충남대백제연구소, 63쪽.
108) 황해도 신원군 아양리의 장수산성과 하성의 도시유적 부근에는 석실분 등 1,000여 기의 고분이 무리를 지어 분포하며, 하천을 끼고 있는 남쪽 부근은 10㎢ 미만 지역에 각종 기와집, 돌·흙담, 도랑 시설을 구획한 유적이 존재한

제계 토기가 출토된 것으로 볼 때,[109] 백제군이 자비령[110]을 넘어 평양까지 진군했을 가능성이 높다. 백제군의 평양성 공격은 다음의 네 가지 루트를 상정할 수 있다.

첫째, 예성강을 건너 배천-연안-해주-신원을 거쳐 봉산과 서흥, 신천 일대의 대방 중심지역을 통과하면서 자비령을 넘어 황주-중화-평양 방향으로 북진했을 가능성이 있다. 둘째, 예성강을 건너 평산-남천점-사리원-황주를 거쳐 평양으로 올라가는 길을 이용했을 가능성도 있다. 황주는 평양에서 직선거리로 약 35㎞ 떨어져 있으며, 대동강 수계에 포함되기 때문에 한 걸음에 평양성까지 달려 갈 수 있는 거리였다.

셋째, 이천이나 연천에서 마식령산맥을 넘어 신계로 진출한 다음 수안-중화를 거쳐 평양성을 공격했을 수도 있다. 넷째, 삭녕에서 강원도 伊川으로 진군한 다음 개련산을 넘어 곡산 방향으로 진출하는 노선이

다(손영종, 1990,『고구려사』, 과학백과사전 종합출판사, 174~187쪽). 장수산성은 아양리 북방 1.5㎞에 있는 해발 747m의 장수산 7개 봉우리를 이용하여 서쪽의 內城과 동쪽의 外城을 각각 축조하였으며 둘레는 10㎞에 이른다(채희국, 1982,『고구려역사연구』, 김일성종합대학출판사, 47쪽). 또한 장수산성은 멸악산 줄기의 중간에 위치하여 황해남도를 동서로 가로막은 산줄기를 방어하는 데 유리하였다. 이곳은 교통의 요충지로 북으로 봉산·사리원·황주를 경유하여 평양으로 통하고, 남으로는 해주·연안·배천·개성을 거쳐 서울로 향하며, 서북으로는 재령·신천을 경유하여 안악으로 통하는 곳이다. 장수산성은 황해도 중부의 한복판에 위치하여 경기만과 황해도 연안의 모든 灣들을 연결하고 해상활동을 하나로 이어주고 동시에 장악할 수 있는 전략적인 요충지였다(尹明哲, 2003, 앞의 책, 127~128쪽).

109) 서울대 박물관에는 고배·뚜껑·시루·장란형토기·壺·盤을 비롯한 황주 토성리에서 출토된 다량의 백제 토기가 소장되어 있는데, 대략 4세기 중엽에서 4세기 후반에 걸친 시기에 제작된 것으로 보고 있다(崔鍾澤, 1990,「황주 출토백제토기류」,『한국상고사학보』4).

110) 자비령은 황주 남동쪽 25㎞에 있으며 황주군, 봉산군, 서흥군의 경계에 있는 고개로 절령(岊嶺)이라고도 하였다. 자비령은 예로부터 개성에서 평양으로 통하는 정치적·군사적 요충지였으며, 보통 '북방'이라고 하면 그 이북의 땅을 의미했다.

안악 3호분 묘주의 초상화 | 무덤의 주인공이 장막을 두른 평상 위에 정면으로
앉아서 시종들로부터 정사를 보고받고 있는 모습이다. 묘주는 머리에 검은색
내관과 외관인 백라관을 쓰고 오른손에 주미선을 들고 있다.

었다.111) 곡산은 대동강 상류지역에 위치한 곳으로 여기에서 강을 따
라 내려가면 能成江을 거쳐 馬灘에서 대동강 본류에 이른다. 백제군이
세 번째 코스와 네 번째 코스를 통해 북진했을 경우 내려올 때는 중화

---

111) 백제군의 진격루트에 대해서는 다산 정약용의 『大東水經』 권4, 能水 편에
"백제사에 이른바 북으로 패하에 이르렀다는 것은 당시 도로가 원래 지금 곡
산, 이천으로부터 남으로 삭녕, 마전을 거쳐 칠중하를 건너서 적성, 양주에
도달하였던 것으로서 그 도로가 지금의 길에 비하여 지름길이 되였으므로 온
조왕이 당시 우연히 이 길을 통해서 곡산 등 여러 고을을 순무하였고 고구려
의 남쪽 지방을 침략할 때에도 이 길을 경유하였다."라고 한 구절이 참조된
다.

와 황주를 거쳐 자비령을 넘은 다음 대방 중심지역을 통과하였을 가능성이 있다.

백제군이 어느 길을 통해 평양성을 공격했는지는 잘 알 수 없는 형편이다. 백제군이 평양성을 공격할 때에 고국원왕이 머무르고 있었는데

> B. 겨울에 왕이 태자와 함께 정예 군사 3만 명을 거느리고 고구려에 쳐들어 가서 平壤城을 공격하였다. 고구려 왕 斯由가 힘을 다해 싸워 막았으나 빗나간 화살에 맞아 죽었다.[112]

라고 하였듯이, 백제군의 공격을 받아 流矢에 맞아 전사하였다.[113] 고국원왕은 전연의 공격으로 환도성이 함락된 후 343년에 평양성으로 거처를 옮겨 머무르고 있었다. 근초고왕이 공격한 평양성은 목멱산에 위치한 東黃城(대성산성 혹은 청암리성)으로 추정된다.[114]

근초고왕은 대방지역 전체를 석권하고 평양성 전투에서 고국원왕을 살해한 다음 해인 372년에 東晉으로부터 鎭東將軍樂浪太守의 작호를 받았다.[115] 이는 근초고왕이 평양성 전투를 통해 대방지역과 낙랑의 일부 지역을 장악한 것을 기회로 郡縣故地에 대한 영유권 주장을 반영하는 것으로 추정된다.[116]

근초고왕은 평양성 전투에서 승리한 후 고구려의 南進에 대비하기

---

112) 『三國史記』 권24, 百濟本紀2, 近肖古王 26年.
113) 『三國史記』 권24, 百濟本紀2, 近肖古王 26年.
114) 고국원왕은 343년 7월에 전연의 침입을 받아 평양의 동황성으로 거처를 옮겼는데, 동황은 평양 동쪽 목멱산에 위치하였다(『三國史記』 권17, 高句麗本紀6, 故國原王 13年).
115) 『晉書』 簡文帝紀 咸安 2年.
116) 金起燮, 2000, 앞의 책, 156~158쪽.

위하여 평지성인 하남위례성에서 漢山으로 천도하였다.117) 한산의 위치에 대해서는 한강 북안설(北漢山說)과 한강 남안설(南漢山說)로 대별된다. 한강 남안설은 『三國史記』백제본기에 '漢山'과 구별되는 명칭으로 '北漢山' 또는 '北漢山城'이 다수 확인되기 때문에, '漢山'은 한강 북쪽의 북한산과 대비되는 그 남쪽에 위치한 것으로 보고 있다. 한산을 한강 이남지역에 위치한 것으로 파악하는 논자들은 그 위치를 남한산성,118) 검단산,119) 이성산성,120) 몽촌토성121) 등으로 보고 있다.

그러나 남한산성은 최근의 조사결과 백제 왕성이나 도성일 가능성은 거의 없는 것으로 확인되었다.122) 또한 검단산과 인접한 하남시 춘궁리 일대에도 백제시대 유적이 존재하지 않는다는 사실이 밝혀졌으며, 이산산성 역시 3차례의 발굴조사 결과 백제시대의 유구나 유물이 출토되지 않았다.123) 따라서 검단산성 일원이나 이성산성이 근초고왕 때의 漢山일 가능성은 희박하다.

근초고왕이 일시적으로 도읍을 옮긴 한산은 북한산을 의미할 가능성이 높다.124) 이는 『三國遺事』근초고왕 조에 '移都北漢山'125)이라

---

117) 『三國遺事』권1, 王曆 近肖古王.
118) 津田左右吉, 1913, 「백제위례성고」, 『朝鮮歷史地理』I, 南滿洲鐵道株式會社, 43쪽.
119) 김윤우, 1994, 「하북위례성과 하남위례성考」, 『한국고대사』2, 단국대사학회, 201~219쪽.
120) 崔夢龍, 1988, 「몽촌토성과 하남위례성」, 『백제연구』19, 10쪽.
121) 田中俊明, 1999, 「百濟漢城時代における王都の變遷」, 『朝鮮古代研究』1, 31쪽 ; 金起燮, 2000, 앞의 책, 307쪽 ; 余昊奎, 2002, 앞의 글, 15쪽.
122) 토지박물관・경기도, 2002, 『남한산성 발굴조사보고서』, 44쪽.
123) 沈光注, 1988, 「이성산성에 대한 연구」, 한양대 대학원 석사학위논문 ; 토지박물관・경기도, 2002, 앞의 책, 44쪽.
124) 『三國遺事』의 '移都北漢山'은 南平壤과 北漢城을 동일시한 것이며 그 위치는 북한산 남록의 莊義寺 일대로 비정한 것으로 보기도 한다(田中俊明, 1999, 앞의 글, 23쪽).

고 하였기 때문에 그 가능성이 한층 높다. 근초고왕은 고구려와의 전쟁을 주도하기 위한 북진책의 일환으로 개루왕 5년(132)에 축조한 북한산성으로 올라간 것이다.126)

근초고왕은 대방지역을 장악한 후 한성으로 돌아와 군대의 열병을 거행하면서 黃色旗幟를 사용하였다.127) 황색은 오행사상의 五方 중에서 중앙을 뜻하며, 이는 기존 독립적인 부병의 군대가 중앙군으로 편입된 것을 의미한다.128) 황색의 깃발은 중국의 전통에서 볼 때 황제가 사용하는 것으로 근초고왕은 고구려와의 싸움에서 대승한 것을 기회로 백제국의 황제임을 내외에 宣揚하였다.129)

그 외에도 근초고왕은 대방지역에 거주하던 중국계 주민에 대한 抽戶政策을 펴서 많은 技藝者들을 자국으로 이주시켜 문화와 기술의 발전에 일대 혁신을 불러 일으켰다.130) 근초고왕이 중국계 이주민으로 추정되는 博士 高興으로 하여금 백제의 국사인『書記』를 편찬한 것도 강화된 왕권과 정비된 국가의 면모를 과시하려는 일환이었다.

근초고왕은 중앙집권적 귀족국가의 운영에 필요한 유교적 교양과 학술에 능통한 인재를 중국계 주민을 초빙하여 해결하였다.131) 또한

125)『三國遺事』권1, 王曆 近肖古王.
126) 李道學, 1992,「백제한성기의 도성제에 관한 검토」,『한국상고사학보』9, 32쪽 ; 姜仁求, 1993, 앞의 글, 15쪽 ; 朴淳發, 2001, 앞의 책, 175쪽.
127)『三國史記』권24, 百濟本紀2, 近肖古王 24年.
128) 李道學, 1990,「한성 후기의 백제 왕권과 지배체제의 정비」,『백제논총』2, 285쪽.
129) 藤間生大, 1968,『倭の五王』, 岩波書店, 114쪽.
130) 李丙燾, 1976, 앞의 책, 515쪽.
131) 백제는 대방지역에서 물러나면서 才藝가 뛰어난 주민들은 推戶하여 이주시켰다. 이들과 그 후손 중에서 백제에서 크게 활약한 인물들은 근초고왕대의 高興, 구이신왕대의 張威, 개로왕대의 張茂 등을 들 수 있다(李弘稙, 1971,「百濟人名考」,『한국고대사의 연구』, 신구문화사).

석촌동 3호분 기단식 적석총 | 제1단의 크기가 동서 50.8m, 남북 48.4m, 높이 4.5m에 이르는 대형급으로 근초고왕 무덤으로 추정하고 있다.

근초고왕은 대방지역을 장악하여 교역망을 확충하고 대외무역을 독점하였다. 근초고왕은 낙랑과 대방이 멸망함으로써 진공상태가 된 중서부 해안지대를 장악하여 魏가 대방을 중간 거점으로 하여 화북지방에서 일본열도까지 구축해 놓은 황해 연안 교역권을 차지하였다.[132]

근초고왕은 四方에 대한 拓境을 완료한 후 외교권과 무역권을 중앙에 귀속시킨 채 중앙집권화된 귀족국가의 수장으로 대외교섭에 나서게 되었다. 근초고왕은 사신을 東晉에 파견하여 외교관계를 맺었고,[133] 倭와 통교하여 백제의 국제적인 지위를 확고히 하였다.[134]

한편 백제에게 대방지역을 상실한 고구려의 반격도 만만치 않게 전

---

132) 尹明哲, 2003, 앞의 책, 123쪽.

133) 『三國史記』 권24, 百濟本紀2, 近肖古王 27年.

134) 『日本書紀』 권9, 神功紀 46年 春 三月.

개되었다. 고구려는 371년에 고국원왕이 전사하고 소수림왕이 즉위한
후 불교를 수용하고 율령을 반포하는 등 중앙집권적 귀족국가에 부합
되는 문물정비에 박차를 가하였다.

소수림왕은 국가체제의 정비가 일단락된 후 375년에 백제가 점령하
고 있던 수곡성을 공격하여 함락하였다.[135] 소수림왕이 파견한 고구려
군은 평양에서 중화-수안을 통과하는 루트나 황주에서 자비령을 넘어
봉산-서흥을 거쳐 신계의 수곡성을 공격하였다. 만약 고구려군이 자비
령을 넘어 봉산-서흥을 거쳐 왔다면 대방의 중심지역은 고구려의 수중
에 장악되었을 가능성이 높다.

대방지역을 사이에 두고 백제와 고구려의 전선이 유동적인 것과 마
찬가지로 이곳에 거주하던 호족들의 향배도 변화무쌍하였다. 대방지역
의 호족들은 5세기 무렵까지 塼築墳을 조영할 만큼 끈질긴 생명력을
유지하였다. 그러나 이들은 백제와 고구려 사이에서 갈피를 잡지 못하
고 우왕좌왕하였다.[136]

근초고왕은 크게 군사를 일으켜 수곡성의 회복을 꾀하였으나 흉년
이 들어 실행하지 못하고 사망하였다.[137] 근구수왕이 즉위한 다음해인
376년에 고구려는 백제의 북쪽 변경으로 쳐들어 왔다.[138] 고구려가 공
격한 백제의 북쪽 변경은 금천과 평산 부근으로 추정된다. 고구려는
신계의 수곡성을 함락하고 예성강을 따라 내려오면서 중류지역에 위
치한 금천 방면으로 향했을 가능성이 높다.

백제와 고구려는 각각 예성강의 하류지역과 상류지역을 장악한 상

---

135) 『三國史記』 권24, 百濟本紀2, 近肖古王 30年.

136) 『續日本記』 桓武紀 延曆 4年 夏六月, “阿智王奏請曰 臣舊居在於帶方 人民
男女皆有才藝 近者寓於百濟高麗之間 心懷猶豫未知去就 伏願天恩遣使追
召之”.

137) 『三國史記』 권24, 百濟本紀2, 近肖古王 30年.

138) 『三國史記』 권24, 百濟本紀2, 近仇首王 2年.

태에서 평산과 금천을 경계로 하여 대치하였다. 고구려는 자국에 유리한 신계·금천 쪽에 主鎭을 설치했으며, 백제는 평산·토산을 잇는 국경을 전초선으로 하였다.[139] 근구수왕은 고구려가 北邊을 공격하자 다시 평양성에 대한 원정을 단행하였다.

근구수왕은 태자 때부터 군사권의 운용에 참여하였으며,[140] 왕위에 오른 뒤에도 고구려와의 전쟁을 주도하였다. 그는 內政에 대해서는 王舅인 眞高道에게 정사를 위임하고,[141] 자신은 병마권을 직접 관장하여 고구려와의 전투에 주력하였다.

근구수왕은 377년에 3만의 대군을 거느리고 평양성을 공격하여[142] 고구려의 남진정책에 적극적으로 맞서 나갔다. 백제군은 신계 방면을 고구려가 차지하고 있었으므로 평산에서 남천점-서흥-봉산-황주 또는 연안-해주-신원-재령-사리원-황주를 거쳐 평양성을 공격하였다. 고구려가 대방 故地를 철저하게 장악하지 못한 상태였기 때문에 백제군이 평양성을 공격하는 것은 어렵지 않았다. 백제가 이 무렵까지 자비령 이남의 대방지역을 영유하였을 가능성도 없지 않다.

근구수왕의 평양성 공격은 성공하지 못하였고, 고구려는 보복하기 위하여 다음 달에 백제를 공격하였다.[143] 양국은 주로 예성강 중류지역에서 치열한 격전을 치렀으며, 백제는 주전장을 벗어나 평양성을 공격하는 등 고구려의 공세에 밀리지 않고 있었다.

그러나 백제는 전쟁이 장기간에 걸쳐 지속되면서 380년 봄에는 전염병이 크게 번졌고, 여름에는 땅이 갈라지는 등 민심이 흉흉하였다.

---

139) 吳舜濟, 1995, 『한성 백제사』, 집문당, 221쪽.
140) 『三國史記』 권24, 百濟本紀2, 近肖古王 24年·近仇首王 元年.
141) 『三國史記』 권24, 百濟本紀2, 近仇首王 2年.
142) 『三國史記』 권24, 百濟本紀2, 近仇首王 3年.
143) 『三國史記』 권17, 高句麗本紀6, 小獸林王 7年.

다음 해에도 봄에 비가 오지 않고 6월까지 가뭄이 계속되어 백성들이 굶주려 자식을 파는 자까지 생겨나는 등 참담한 재난이 연이어 발생하였다.[144]

이로 말미암아 근구수왕은 고구려와의 전쟁을 지속할 수 없는 상태에 이르렀다. 고구려도 378년에 가뭄이 들어 백성들이 굶주려 서로 잡아먹을 지경에 처하였고, 9월에는 거란이 북쪽 변경을 침범하여 여덟 부락을 상실하는[145] 등 내우외환이 겹치자 전쟁을 중단할 수밖에 없었다. 백제와 고구려 사이에 369년부터 시작되어 10년 동안 대방지역을 차지하기 위하여 치열하게 전개된 전쟁은 소강상태로 접어들었다.

---

144)『三國史記』권24, 百濟本紀2, 近仇首王 8年.
145)『三國史記』권17, 高句麗本紀6, 故國原王 8年.

제4장 濟·麗의 대립과 백제의 시련

제1절 고구려의 남진경략과 백제의 대응

1. 백제의 쇠퇴와 예성강유역 상실

근구수왕이 384년에 사망하자 침류왕이 왕위에 올랐다. 침류왕은 근구수왕의 맏아들로 어머니는 眞氏로 추정되는 阿爾夫人이었다. 침류왕은 즉위한 해의 가을 7월에 사신을 晉에 보내 조공하였다. 그리고 384년 9월에는 胡僧 마라난타가 晉에서 바다를 건너왔다. 침류왕은 그를 맞이하여 궁궐 안으로 모셔 예우하고 공경하니 백제에서 불교가 이로부터 시작되었다.[1] 침류왕은 다음 해 2월에 漢山에 절을 세우고 열 사람이 승려가 되는 것을 허락하였다.[2]

백제는 불교가 공인됨으로써 종래의 부족적 전통을 극복하고 확대된 영토와 강화된 왕권을 지지하는 고대국가의 이데올로기로서 보편적인 세계관이 형성되었다. 백제는 중앙집권적 귀족국가 형성이라는 과업을 완수하기 위해 불교를 수용하였다. 초인적인 佛法의 위엄을 국왕의 그것과 동일시하여 국가의 권위로 연계시켰다. 또한 불교는 정신적 측면에서 국민 總和에 이바지하는 사상체계였기 때문에 왕권강화

---

1) 『三國史記』 권24, 百濟本紀2, 枕流王 卽位年.
2) 『三國史記』 권24, 百濟本紀2, 枕流王 2年.

168

의 이념적 배경으로 이용되었다.3)

그러나 불교공인은 뿌리 깊은 토속신앙에 젖어 있던 백제사회에 적지 않은 파문을 일으켰다. 사료에 기록이 없어 정확한 실상은 알 수 없지만 신라의 경우처럼 전통적인 토속신앙의 처지에서 불교를 이단으로 비난하는 여론이 고조되거나 지배층 내부의 반발이 일어났을 가능성이 있다.

침류왕의 2년에 그친 짧은 재위기간을 불교공인에 따른 귀족세력의 반발에서 그 원인을 찾기도 한다.4) 침류왕은 한산에 불교사원을 세운 지 9개월 후에 갑자기 사망하였고, 그 다음 왕위는 아들에게 돌아가지 않고 동생 진사가 즉위하였다. 진사왕의 즉위에 대하여 『三國史記』와 『日本書紀』 兩書의 기록은 상당한 차이가 있다. 우선 『三國史記』의 내용을 살펴보면

> A. 진사왕은 근구수왕의 둘째 아들이요 침류의 동생이다. 사람됨이 굳세고 용감하고 총명하고 어질었으며 지략이 많았다. 침류왕이 죽자 태자가 어렸기 때문에 숙부 진사가 왕위에 올랐다.5)

라고 하여, 진사왕을 근구수왕의 仲子로 서술하고 있다. 또한 진사왕은 사람됨이 용감하고 지략이 많았는데 침류왕의 태자였던 아신이 어려서 대신하여 왕위에 오른 것으로 되어 있다. 그러나 『日本書紀』에는

> B. 백제 침류왕이 죽었다. 왕자 阿花가 어렸으므로 숙부 진사가 왕위를 빼앗아 즉위하였다.6)

---

3) 李基白, 1997, 「삼국 초기 불교와 귀족세력」, 『신라사상사연구』, 일조각, 76~79쪽.
4) 盧重國, 1988, 앞의 책, 132~133쪽.
5) 『三國史記』 권24, 百濟本紀2, 辰斯王 前文.

라고 하여, 진사왕이 왕위를 찬탈한 것으로 기록하였다. 이를 통해 볼 때 침류왕이 죽은 후 진사왕은 조카인 아신을 밀어내고 왕위에 올랐음을 알 수 있다.[7]

침류왕의 죽음은 불교의 수용에 반대한 귀족세력들에 의하여 자행되었을 가능성이 없지 않다. 신라의 경우에도 법흥왕이 불교를 국교로 삼고자 하였으나 처음에는 재래의 토착신앙에 젖은 朝臣들의 반대로 뜻을 이루지 못하였다. 법흥왕은 527년에 이차돈의 순교를 통하여 귀족세력의 반말을 무마하고 불교를 공인할 수 있었다.[8] 그러나 침류왕은 불교를 받아들이면서 그 자신이 순교자가 되었다.

백제에서 불교가 본격적으로 전파되기 시작한 것은 아신왕 때에 이르러서였다. 아신왕은 진사왕이 죽은 후 왕위에 올라

C. 백제본기에 일렀으되, "제15세 침류왕이 즉위한 갑신에 胡僧 마라난타가 진나라로부터 오자 맞아서 궁중에 두고 예절을 차려 공경하였다. 이듬해 을유에 절을 새로 정한 수도 한산주에 창건하고 열 명이 중이 되니 이것이 백제에서 불교의 시작이다. 또 아신왕이 즉위한 태원 17년 2월에 왕명을 내려 불교를 숭봉하여 믿고 복을 구하라" 하였다.[9]

라고 하였듯이, 불교의 전파에 큰 기여를 하였다. 백제에 불교가 수용된 것은 침류왕 때에 이루어졌지만, 본격적으로 신봉되기 시작한 것은 그의 아들인 아신왕 때부터였다.[10]

---

6) 『日本書紀』권9, 神功紀 65年.

7) 盧重國, 1988, 앞의 책, 132쪽.

8) 『三國遺事』권3, 興法3, 原宗興法 厭髑滅身.

9) 『三國遺事』권3, 興法3, 難陀闢濟.

10) 백제의 불교수용에 적극적인 역할을 수행한 집단을 眞氏勢力과 라이벌 관계에 있었던 解氏勢力으로 보기도 한다(趙景徹, 2006, 「백제불교사의 전개와

　　침류왕을 계승한 진사왕 때에는 사료상으로 볼 때 불교의 포교와 관련된 기록을 찾을 수 없다. 진사왕은 불교를 수용한 침류왕을 밀어내고 왕위에 올랐기 때문에 불교를 배척하였을 가능성이 높다. 백제의 불교의 수용과정에서 귀족세력은 상당한 거부감을 갖고 있었고, 진사왕은 귀족세력과 연대하여 침류왕을 제거하였다. 이 때문에 진사왕은 왕위에 오른 후 불교의 전파에 적극적인 노력을 기울이지 않았다.

　　진사왕은 불교를 수용하면서 귀족세력과 알력을 빚은 침류왕을 밀어내고 즉위하였다. 진사왕은 왕위에 오른 후 갈등이 조성된 정국을 수습하여 내정을 정비하고 숙적 고구려와의 대결에 만전을 기하였다. 진사왕은 "사람됨이 굳세고 용감하고 총명하고 어질었으며 지략이 많았다"11)는 지적과 같이 고구려에 맞서 백제의 북변을 사수하기 위하여 총력을 기울였다.

　　진사왕 때 백제와 고구려는 주로 예성강유역을 차지하기 위하여 치열한 공방전을 전개하였다. 진사왕이 즉위하면서 백제와 고구려의 소강상태는 10년 만에 끝나고 다시 치열한 공방전이 전개되었다. 진사왕은 고구려의 공격을 효율적으로 차단하기 위하여 386년에 15세 이상의 백성을 동원하여 靑木嶺에서 북으로 八坤城, 서쪽으로 바다에 이르는 關防을 쌓았다.12)

　　진사왕은 예성강 하구의 바닷가에서 시작하여 마식령산맥의 줄기를 따라 관방을 설치하여 고구려의 남하에 대비하였다.13) 관방은 長城의

　　　정치변동」, 한국학중앙연구원 박사학위논문, 56쪽).

11) 『三國史記』 권24, 百濟本紀2, 辰斯王 前文.

12) 『三國史記』 권24, 百濟本紀2, 辰斯王 2年.

13) 청목령은 개성 북쪽의 송악산 또는 개성에서 북으로 12㎞ 올라간 금천과의 경계인 청석동에 위치하였다(『東史綱目』 第一上 壬子年(온조왕 10년) 10月). 그리고 팔곤성은 마식령산맥의 동북쪽 끝자락에 위치한 것으로 판단된다. 마식령산맥은 이천의 개연산에서 시작하여 서남쪽으로 흘러 신계의 화개산, 금

형태가 아니라 마식령산맥을 넘나드는 주요한 고개를 차단하는 방식
으로 조성되었다. 백제는 대방지역에서 밀려나 예성강 중·하류의 나
루와 마식령산맥을 경계로 하여 고구려와 대치하게 되었다.

진사왕이 관방을 설치하자 고국양왕은 8월에 군대를 보내 백제를
공격하였다.[14] 백제가 강력하게 방어에 나서자 고구려는 더 이상 내려
올 수 없게 되었다.[15] 그 대신에 고국양왕은 백제의 주력 방어선을 피
하여 예성강 상류에 위치한 신계에서 마식령산맥을 넘어 이천과 평강
을 거쳐 북한강유역의 말갈세력에 대하여 영향력을 확대하였다.

이로 말미암아 백제의 영향력 하에 있던 말갈세력의 동요가 일어나
게 되었다. 이는 진사왕 3년(387)과 7년에 말갈이 백제를 공격한 사실
을 통해 입증된다.[16] 말갈은 백제가 고구려의 남하에 대처하기 위하여
전력을 기울이자 그 틈새를 이용하였다. 백제가 고구려에 맞서 구축한
전선을 약화·분산시키기 위하여 고구려가 말갈을 배후에서 조종한
측면도 없지 않았다.

진사왕도 고구려와 말갈의 침입에 대항하여 389년에 고구려의 남쪽
변경을 침입하였다. 진사왕은 그 다음 해 9월에도 달솔 진가모에게 명

천의 백치, 금천의 성거산, 송도의 천마산과 부소압(송악), 개풍의 진봉산과
백룡산을 거쳐 풍덕 邑治에 이른다. 따라서 팔곤성은 이천의 개연산 부근에
위치하였을 가능성이 높다. 또한 개연산은 멸악산맥(개연산~장산곶)과 마식
령산맥(개연산~풍덕)이 분기되는 곳에 해당된다.

14) 『三國史記』 권17, 高句麗本紀6, 故國壤王 3年.
15) 고구려는 평양에서 개성으로 향하는 두 방향의 교통로를 따라서 백제를 공격
하였던 것으로 추정된다. 고구려의 남진 방향은 ㉠평양-황주-사리원-신원-해
주-개성 방면과 ㉡사리원-서흥-평산-개성 방면으로 나눌 수 있다. ㉡의 경우
는 서흥에서 신계-이천-평강으로 연결되는 교통로로 연결된다. 이에 맞서 백
제는 개성(예성강 하류)과 신계(예성강 상류)를 중심으로 고구려군을 막아내
었던 것으로 보고 있다(徐榮一, 2000, 「中原高句麗碑에 나타난 高句麗 城과
國防體系-于伐城과 古牟婁城을 中心으로-」, 『高句麗研究』 10, 491~520쪽).
16) 『三國史記』 권25, 百濟本紀3, 辰斯王 3年·7年.

172

하여 고구려를 쳐서 都坤城을 함락시키고 200명을 사로잡았다.[17) 도곤성은 개성에서 금천을 거쳐 수곡성이 위치한 신계로 진출하는 요충지로 추정된다. 진사왕은 도곤성을 공취하여 고구려군의 압박을 무력화시키고, 신계 방향으로 진출할 수 있는 거점을 확보하였다. 또한 영서지역의 말갈세력이 북상하여 예성강을 따라 남하하면서 공격하는 것을 효과적으로 방어할 수 있게 되었다.

그 후 양국의 사이에 대규모 전투는 없었지만 고구려가 말갈을 동원하여 백제를 공격하였다. 391년 4월에는 말갈이 백제의 북쪽 변경에 위치한 적현성을 함락하였다.[18) 적현성은 백제의 요충지로 초고왕 45년(210)에 沙道城과 함께 축성하여 東部의 民戶를 옮긴 곳이며,[19) 구수왕 3년(216)에도 말갈이 와서 포위한 적이 있었다.[20) 적현성은 東部의 민호를 徙民한 것으로 볼 때 평강 부근의 회양 또는 김화 등으로 추정된다.[21) 적현성은 신계-이천-평강-김화-춘천으로 연결되는 고구려와 말갈의 교통로 상에 위치하였다.

고구려는 교통로를 확보하고 백제의 북방 전선을 교란하기 위하여 말갈을 동원하여 적현성을 공격하였다. 고국양왕은 말갈세력에 대한 영향력을 확대하면서 對百濟戰線을 마식령산맥 이남지역으로 확대하는 데 성공하였다. 이로써 전선은 확대되고 백제는 방어망 구축이 어렵게 되었다. 또한 말갈세력의 이탈로 더욱 난관에 봉착하였다. 고구려

---

17) 『三國史記』 권25, 百濟本紀3, 辰斯王 6年.

18) 『三國史記』 권23, 百濟本紀1, 辰斯王 3年·7年.

19) 『三國史記』 권23, 百濟本紀1, 肖古王 45年.

20) 『三國史記』 권24, 百濟本紀2, 仇首王 3年.

21) 적현성의 위치는 회양(金鍾權 譯, 1978, 『三國史記』, 대양서적), 영평(酒井改藏, 1970, 「三國史記의 地名考」, 『朝鮮學報』 54), 백제의 동쪽(李康來, 1986, 「三國史記에 보이는 靺鞨의 軍事活動」, 『領土問題硏究』 2) 등으로 보고 있다.

의 영향력을 받은 집단은 북한강유역의 말갈세력이었고, 남한강유역의
말갈세력은 계속 백제의 지배를 받았다.

백제는 고구려가 북한강유역의 말갈세력에 대하여 영향력을 확대하
자 단양의 온달산성이나 적성 등을 거점으로 하여 남진을 저지하려고
하였다. 온달산성과 적성에서 백제계 토기편이 수습된 것[22]은 이를 반
증한다. 백제는 온달산성과 적성 등에서 고구려의 남진을 방어하였고,
충주의 장미산성을 남한강유역 지배거점으로 활용하여 적극적으로 맞
서 나갔다.[23]

진사왕은 고국양왕의 공격을 막아내면서 왕권을 강화하기 위한 여
러 가지 노력을 기울였다. 이에 대해서는 사료가 남아 있지 않아 정확
한 실상은 파악할 수 없지만

　　D. 봄 정월에 궁실을 고치고 수리하였으며 연못을 파고 산을 만들어
　　　기이한 새와 특이한 화초를 길렀다.[24]

라고 하였듯이, 왕궁의 개축 사실을 통해 추정된다. 진사왕은 왕권의
권위와 위엄을 보이고자 궁실을 개축하고 연못을 조성[25]하는 등 대규

---

22) 金元龍, 1978, 「단양적성의 역사지리적 성격」, 『史學志』 12, 8쪽 ; 충청북도,
　　1982, 『文化財誌』, 310쪽.

23) 충주지역에는 금릉동유적·주덕읍 원신중리유적·노은면 문성리유적 등의
　　백제유적이 존재하며, 장미산성에서도 많은 백제계 유물이 출토되었다(충북
　　대 박물관, 1992, 『薔薇山城』, 172쪽).

24) 『三國史記』 권25, 百濟本紀3, 辰斯王 7年.

25) 한성시대의 南城으로 알려진 몽촌토성 내부의 서남 구획에서 두 곳의 연못터
　　가 발견되었다. 그 중 하나는 積心建物址, 版築 대지 등과 더불어 고지대에
　　위치하고 있는데, 지름이 약 30m이며 수심은 깊은 곳이 2m 가량 된다. 발굴
　　조사시 연못 유지의 퇴적토에서 수습한 토기의 연대가 대체로 4세기 후반인
　　것으로 보아 이 연못은 진사왕대에 조성된 園池로 추정하고 있다(朴淳發,
　　1996, 「백제도성의 변천과 특징」, 『重山鄭德基博士華甲紀念韓國史學論叢』,

모 토목공사를 일으켰다. 백제는 온조왕 15년에 한성에 궁실을 지었는
데 "검소하면서도 누추하지 않고 화려하면서도 사치스럽지 않았다"[26]
라고 한 것으로 볼 때 초기의 궁궐 건축은 소박했음을 알 수 있다. 그
러나 진사왕 때의 궁궐 개축은 화려하고 뛰어난 조경기술을 바탕으로
왕실의 권위를 높이려는 목적으로 추진되었다. 궁궐 개축은 많은 재원
이 필요하였는데 고구려의 전쟁이 소강상태에 접어들었기 때문에 조
달이 가능하였다.

진사왕의 즉위 후 백제와 고구려는 주로 예성강유역을 차지하기 위
하여 치열한 공방전을 전개하였다. 진사왕은 '臨津北禮城南正脈'의
줄기를 따라 청목령을 중심으로 백룡산-진봉산-부소압-천마산-성거산-
백치로 이어지는 관방을 쌓고 고구려의 남하에 강력하게 맞섰다. 고구
려는 영서의 말갈세력을 장악하여 연대를 획책하였고, 신라와 우호관
계를 맺은 후 내물왕의 조카 실성을 인질로 받아들였다.[27]

고구려는 말갈과 신라를 우군으로 끌어들여 백제를 고립시킬 수 있
었다. 그 반면에 진사왕은 중국이나 왜국을 이용하여 외교적 고립을
탈피하려는 적극적인 노력을 기울이지 않았다. 이는 백제가 고구려의
공세에 밀려 외국의 군사적 후원을 필요로 할 만큼의 큰 어려움을 겪
고 있지 않았음을 반증한다.

백제와 고구려의 대립은 광개토왕이 즉위하면서 일대 변화가 일어
나기 시작하였다. 광개토왕이 즉위하면서 소수림왕 때에 추진한 태학
설립, 율령 반포 등의 체제정비 효과가 본격적으로 나타나기 시작하였
다. 광개토왕은 중장기병을 중심으로 군사력을 증강하면서 백제를 향
한 남진을 대대적으로 준비하였다. 또한 고구려는 서북 국경에서 後燕

경인문화사, 99~111쪽).

26) 『三國史記』 권23, 百濟本紀1, 溫祚王 15年.

27) 『三國史記』 권17, 高句麗本紀6, 故國壤王 8年.

과 선비족 탁발씨의 사이에 전투가 벌어져 여유를 찾을 수 있었다.

광개토왕은 391년 7월에 예성강을 건너 청석동의 靑石嶺에 위치한 석현성[28]을 함락하였다. 청석동은 금천과 개경 사이에 있는데 중중첩첩한 높은 산들이며 굽이굽이 흐르는 시내와 뚝 끊어진 골짜기들이 서로 얽히고 서로 안고 있다. 따라서 도로가 평지에 있지만 복병하기에 매우 유리한 지세였다. 정약용이 저술한 『大東水經』에 전하는 朴頤命의 주장에 의하면

> E. 청석동은 개성부의 서북쪽 30리에 있다. 천마산의 서쪽 줄기와 성거산의 북쪽 줄기가 대치하여 묶어 놓은 듯한 산협과 험준한 산벽이 깎아서고 西關으로부터 경성으로 뻗친 대로도 여기 와서는 산의 높은 벼랑을 따르며 절벽에 접근한다. 人馬가 겨우 통과하는 정도로 좁은 데를 빙빙 돌아가는 험한 길이 20여 리나 된다. 남북의 양쪽 입구가 모두 좁은데 북쪽 입구가 더욱 좁아서 두 벼랑 사이가 300보도 되지 않아 예로부터 이곳을 지극히 험한 곳이라 하였다. 관방을 의론하는 사람들은 北口에 한 개의 관문을 설치하고 주민들을 단속하여야 한다고 말한다.[29]

라고 하였듯이, 청석동은 북쪽에서 내려오는 적을 방어하기 유리한 천험의 요충지 구실을 하였다. 그러나 고구려군이 북쪽에서 내려와 개성 부근을 거쳐 남하하는 데는 험준한 청석령을 통과하지 않고 부근의 小路를 이용하는 길이 있었다. 청석동의 서쪽에는 龍峴 또는 礪峴 등의 사잇길이 있었는데

---

28) 석현성은 개풍군 북면 청석동의 靑石嶺에 위치한 것으로 보고 있다(김윤우, 1990, 「바로 잡아야 할 인천역사③ -고대사상의 미추홀과 인천」, 『황해문화』 통권5호, 341쪽~353쪽).

29) 丁若庸, 『大東水經』 권4, 潴水.

176

F. 일찍이 西堂私載(대제학 李德壽의 편찬)를 보니 이덕수가 개성유
　수로 있을 때의 상소를 실었는데, 이 글에는 대개 말하기를 "청나라
　군대가 침입해 올 때에 청석동을 거치지 않고 개성부의 변두리에
　있는 산기슭을 지났다. 그러므로 지금이라도 이 청석동에 나무를
　길러서 후일의 방비를 삼아야만 하겠다"고 하였다. 또 듣건대 동선
　령의 남쪽 산이 끝난 곳에 잇닿은 바닷가에 넓이가 5리쯤 되는 평
　지가 있으므로 청나라 군대가 이 길을 따라서 갔다고 한다. 이상의
　여러 글들에 의하면 이곳이 요해짐을 알 수 있다.[30]

라고 하였듯이, 비록 후대의 기록이지만 청석령을 통과하지 않고 남으
로 내려오는 데 이용되기도 하였다. 따라서 백제는 청목령 외에도 사
잇길을 차단하기 위하여 목책을 설치하거나 성곽을 축조하는 형태의
관방을 설치하였을 것이다. 진사왕대에 백제가 청석령을 중심으로 서
쪽으로는 바다에 닿고 북으로는 팔곤성에 이르는 관방을 설치한 것은
이와 무관하지 않다.

　석현성은 진사왕이 고구려의 남하를 저지하기 위하여 경기만에서
청목령을 거쳐 八坤城(금천)에 이르는 關防을 축조하였을 때 방어의
重鎭으로 삼았을 가능성이 높다. 광개토왕은 4만 대군을 이끌고 예성
강을 건너 진사왕이 설치한 관방을 돌파하여 10성을 함락하였다. 광개
토왕이 석현성을 함락하자 예성강 南岸의 10성이 도미노처럼 일시에
무너지고 말았다.

　광개토왕은 백제군을 격파한 후 같은 해 9월에는 군대를 북으로 돌
려 거란을 정벌하여 남녀 500명을 사로잡았으며 자국의 백성 1만 명을
귀환시켰다. 거란은 광개토왕이 대군을 휘몰아 백제를 공격하자 고구
려를 침입하여 백성들을 잡아 갔다. 광개토왕은 거란의 침입을 격퇴한
3달 후에 다시 군대를 남으로 돌려 백제 北邊의 요충지인 관미성[31] 공

---

30) 丁若庸, 『大東水經』 권4, 潴水.

통구 12호분의 적장 참수도 | 갑옷과 투구를 쓰고 중무장한 고구려 병사의 모습을 볼 수 있다.

격에 착수하였다.32)

관미성의 위치에 대해서는 여러 견해가 제시되어 의견의 일치를 보지 못하였지만 고양시 신도읍 중흥동 廢山城,33) 강화도 河陰山城,34) 臨津江과 漢江이 합류되는 烏頭山城,35) 예성강 하구에 속하는 황해도 白川郡 姑味浦,36) 江華·延安 부근,37) 강화 교동도의 華蓋山城,38) 예성강 남쪽 개성 부근의 關彌嶺,39) 예성강 北岸의 황해도 금천군 脫彌城,40) 개풍군 백마산 부근41) 등으로 보고

31) 관미성은 광개토왕릉비에 나타나는 백제성 이름 중의 閣彌城으로 추정된다. '閣'과 '關'은 글자모양도 비슷하고 음도 비슷하므로 혼용되어 사용되었을 가능성이 있다.

32) 『三國史記』 권17, 高句麗本紀6, 廣開土王 21年.

33) 韓百謙, 『東國地理志』 新羅所倂 形勢關防.

34) 申采浩, 1982, 『朝鮮上古史』(단재신채호 전집 上) ; 尹明哲, 2003, 앞의 책, 174쪽.

35) 金正浩, 『大東地志』 3, 京畿道 交河城址 ; 尹日寧, 1990, 「關彌城位置考」, 『북악사론』 2, 103~164쪽.

36) 酒井改藏, 1955, 「好太王碑面の地名について」, 『朝鮮學報』 8, 51쪽.

37) 今西龍, 1970, 『朝鮮古史の研究』, 國書刊行會, 466쪽.

38) 李丙燾, 1976, 앞의 책, 379쪽.

39) 박시형, 1966, 『광개토왕릉비』, 사회과학출판사, 174쪽.

40) 金聖昊, 1982, 앞의 책, 84쪽.

있다.

그런데 관미성의 위치에 대해서는 광개토왕이 석현성 등 10성을 장악한 후 공격에 나선 점을 고려할 필요가 있다. 관미성은 신계에서 개풍 풍덕에 이르는 臨津北禮城南正脈의 왼쪽 끝자락에 해당되는 풍덕군(현재의 개풍군) 白馬山 부근의 해안지대에 위치하였을 가능성이 높다. 백마산은 풍덕군의 남쪽 15리 부근에 위치하였는데 그 부근에는 昇天浦가 있었다. 승천포에는 古城이 남아 있으며, 그곳에서 북쪽으로 2리 떨어진 곳에 옛 貞州의 읍터가 있었는데 바닷물 속으로 빠져들어 갔다고 한다.[42] 따라서 승천포의 古城이 해안가의 요충지에 위치한 관미성으로 추정된다.[43]

관미성은 서해를 거쳐 한성으로 가는 통로에 위치한 사면이 가파르고 바닷물로 둘러싸인 해변의 요충지였다. 관미성이 위치한 승천포와 강화도는 강을 사이에 두고 마주하였다. 조선시대에도 강화도 쪽은 모두 석벽이고 그 밑은 수렁이어서 배를 댈 수 없었고, 건너편에 있는 승천포만 배를 정박할 수 있었다. 그러나 만조 때가 아니면 배를 부릴 수 없을 정도로 위험한 나루였다.[44]

관미성은 천험의 요충지에 위치하였기 때문에 광개토왕이 군사를 일곱 방향으로 나누어 공격한 지 20일이 지나서 겨우 함락시킬 수 있었다.[45] 광개토왕의 관미성 공격에는 육군 외에도 수군이 참전하였을

---

41) 손영종, 1986-2, 「광개토왕릉비를 통하여 본 고구려의 영역」, 『력사과학』, 297쪽.

42) 『新增東國輿地勝覽』 권13, 豊德郡, 古跡.

43) 이 古城에 대하여 1832년에 林孝憲이 편찬한 개성부의 지리지인 『松京廣攷』에는 주위가 10리이며 그 안에 17개의 우물이 있는 昇天山城으로 기록되었다.

44) 李重煥, 「八道總論-京畿」, 『擇里志』.

45) 『三國史記』 권17, 高句麗本紀6, 廣開土王 21年.

가능성이 높다. 고구려가 관미성을 장악하면서 한성에서 강화 해협을
거쳐 서해에 이르는 水路는 완전히 봉쇄되고 백제 수군의 작전 반경도
협소해졌다.

관미성은 서해에서 한강을 통하여 백제의 수도인 하남위례성으로
가는 입구를 지키던 요해지였다. 또한 관미성은 고구려와 교류를 하거
나 바다를 통해 중국 등으로 진출하기 위한 전초기지였다. 광개토왕이
관미성을 함락하면서 예성강 南岸의 주요 포구를 장악하자 그 너머의
해상에 위치한 강화도마저 고구려의 수중으로 넘어 갔다.

백제는 석현성 등 10성이 상실되고 북변의 요충지인 관미성마저 함
락되자 일대 위기감이 팽배하였다. 백제는 관미성이 함락되어 制海權
을 상실하고 西海 방면은 거의 무방비 상태가 되었다. 관미성의 상실
은 396년에 광개토왕이 수군을 이끌고 서해를 통하여 수도 한성을 공
격한 결정적인 계기가 되었던 만큼 백제에게는 큰 타격이 되었다.

진사왕은 위기를 돌파하고자 狗原에서 田獵[46]을 통해 지배세력의
동요를 막고 결속을 다지려고 하였다. 그러나 진사왕의 노력은

> G. 백제 진사왕이 왕위에 있으면서 貴國의 天皇에게 예의를 잃었으므
> 로, 紀角宿彌·羽田失代宿禰·石川宿禰·莬木宿禰를 파견하여 그
> 무례함을 책망하였다. 이로 말미암아 백제국에서는 진사왕을 죽여
> 사죄하였다. 紀角宿禰 등은 阿花를 왕으로 세우고 돌아왔다.[47]

라고 하였듯이, 수포로 돌아가고 왕 자신이 살해되고 말았다. 이에 대
하여 『三國史記』 백제본기에도

---

46) 『三國史記』 권25, 百濟本紀3, 辰斯王 8年.
47) 『日本書紀』 권10, 應神紀 3年.

H. 왕이 구원에서 사냥을 하였는데 열흘이 지나도 돌아오지 않았다. 11월에 구원의 행궁에서 죽었다.[48]

라고 하여, 진사왕이 구원의 행궁에서 죽은 사실을 전하고 있다. 백제는 관미성 상실로 말미암아 지배층의 위기감이 상당하였는데, 이를 계기로 귀족세력은 진사왕을 제거한 후 아신왕을 즉위케 한 것으로 짐작된다. 진사왕은 392년에 벌어진 고구려전의 패배에 대한 사후 수습책을 놓고 지배세력 사이에 대립과 갈등이 벌어져 피살되고 말았다.[49]

2. 아신왕의 북진정책과 좌절

진사왕의 피살에 관여한 집단은 침류왕의 아들인 아신왕을 추종하는 측근과 眞氏勢力 등으로 추정된다. 이는 아신왕 2년에 眞武가 左將으로 임명되어 병권을 장악한 사실을 통해서 알 수 있다.[50] 군사통수권은 군정권과 군령권으로 구분되는데,[51] 병관좌평은 성을 축조하는 등의 주로 행정적인 업무를 관장하였고, 좌장은 군대의 운용과 직결되는 군령권을 담당하였다.[52]

아신왕은 진사왕이 392년에 관미성을 상실하고 구원의 행궁에서 죽음을 당한 후 즉위하였다. 아신왕은 즉위 후 광개토왕의 공세에 밀려 수세로 일관하였던 진사왕과는 달리 강경책으로 전환하였다. 아신왕은 자질이 뛰어난 군왕답게 광개토왕의 남하정책에 정면으로 맞서 반격

48) 『三國史記』 권25, 百濟本紀3, 辰斯王 8年.
49) 梁起錫, 1990, 앞의 글, 76쪽.
50) 盧重國, 1988, 앞의 책, 150쪽.
51) 李文基, 1992, 「신라 중고기 군사조직 연구」, 경북대 대학원 박사학위논문, 251쪽.
52) 盧重國, 1994, 앞의 글, 148쪽.

을 꾀하였다. 아신왕은 한성의 別宮[53]에서 태어났을 때 신비로운 광채
가 밤에 비치었고 장성함에 뜻과 기개가 빼어났으며, 매 사냥과 말타
기를 좋아한 군왕이었다.[54]

아신왕은 즉위한 다음 해(393) 정월에 東明廟를 배알하고, 또 남쪽
제단에서 天地神에 제사[55]를 지내면서 이반된 민심을 수습하고 고구
려에 대한 보복을 다짐하였다. 아신왕은 부왕이 불교를 수용하는 과정
에서 귀족세력과 알력을 빚어 시해당한 것을 염두에 두고 전통적인 제
의행사를 소홀히 하지 않았다.

아신왕은 내정은 왕족, 군사권은 眞氏勢力 및 沙氏勢力에게 위임함
으로써 정치세력간의 상호 견제를 통해 권력의 편중을 방지하고 왕권
의 안정을 도모하였다.[56] 그리고 왕의 장인으로 강력한 후원자였던 眞
武를 左將으로 삼아 군사 업무를 맡겼다. 진무는 침착하고 굳세며 큰
지략이 있어서 사람들이 복종하였다.[57] 아신왕은 진무를 앞세워 광개
토왕에게 잃어버린 영토를 회복하기 위하여 심혈을 기울였다.

아신왕이 즉위한 후 백제와 고구려는 주로 임진강유역의 영유권을
차지하기 위하여 각축전을 전개하였다. 고구려가 臨津北禮城南正脈의
이북지역은 확고하게 장악하였지만, 그 이남에 속하는 임진강 北岸은
양국의 완충지대로 놓여 있었다. 아신왕이 줄기차게 실지회복을 추진
한 것은 진사왕을 밀어내고 즉위한 권력획득의 정당성과 직결된 문제
였다.

---

53) 백제시대의 漢城 또는 南城으로 불렀던 몽촌토성에 위치하였을 가능성이 높
   다. 백제의 왕궁은 大城, 즉 풍납토성에 위치하였고 별궁은 군사 방어 거점이
   었던 몽촌토성에 자리 잡은 것으로 추정된다.
54) 『三國史記』 권25, 百濟本紀3, 阿莘王 前文.
55) 『三國史記』 권25, 百濟本紀3, 阿莘王 2年.
56) 姜鐘元, 2002, 앞의 책, 87쪽.
57) 『三國史記』 권25, 百濟本紀3, 阿莘王 2年.

182

아신왕은 실지를 회복하기 위하여 수 차례에 걸쳐 여러 방향으로 군대를 파견하였다. 아신왕은 먼저 393년에 석현성 등 5성을 회복하기 위하여 군대를 파견하였다. 이는 예성강유역 진출을 위한 교두보를 확보하려는 전략의 일환이었다. 아신왕은 석현성을 공격하기에 앞서

A. 가을 8월에 왕이 武에게 말하였다. "관미성은 우리 북쪽 변경의 요해지이다. 지금 고구려의 소유가 되었으니, 이는 과인이 분하고 애석하게 여기는 바이다. 경은 마땅히 마음을 써서 설욕하라." 드디어 병사 1만을 거느리고 고구려의 남쪽 변경을 칠 것을 도모하였다. 무가 몸소 사졸보다 앞장서서 화살과 돌을 무릅쓰면서 석현성 등 다섯 성을 회복하려고 먼저 관미성을 포위하였으나, 고구려 사람들은 성문을 닫고 굳게 지켰다. 무는 군량 수송이 이어지지 못하므로 (군사를) 이끌고 돌아왔다.[58]

라고 하였듯이, 관미성을 먼저 공격하였다. 그러나 진무가 이끈 백제군의 관미성 공격은 고구려군의 거센 저항에 밀려 실패하였다. 진무는 관미성 공격이 실패하자 개성 북방에 위치한 석현성 등에 대한 공격도 포기하고 말았다.

그런데 고구려본기에는 광개토왕 2년(392) 8월에 백제가 남쪽 변경을 침입해 왔으므로 장수에게 명하여 막게 하였다는 내용이 보인다.[59] 백제본기에 기록된 391년 진무의 관미성 공격과 고구려본기에 기록된 392년의 양국 전투 기사는 동일한 내용으로 추정된다. 다만 백제본기와 고구려본기에 기록된 양국의 전투는 1년의 연도 차이가 있다.[60]

---

58) 『三國史記』권25, 百濟本紀3, 阿莘王 2年.
59) 『三國史記』권17, 高句麗本紀6, 廣開土王 2年.
60) 아신왕과 광개토왕 때 몇 차례에 걸쳐 전개된 양국의 전투 기사에 대하여 『三國史記』백제본기와 고구려본기는 연도 차이가 있다. 예컨대 진무가 관미성을 공격한 연도에 대해서 백제본기에는 391년의 사실로 기록되어 있지만, 고

아신왕은 고구려에 대한 공격이 실패로 돌아간 후 다음 해(394) 2월
에 맏아들 전지를 태자로 삼고 크게 사면을 베풀었으며, 庶弟인 洪을
내신좌평으로 임명하였다.61) 이는 아신왕이 패전의 상처를 만회하고
다음 전쟁을 준비하기 위한 사전 조치로 생각된다. 아신왕은 국정을
쇄신한 후 그 해 7월에 고구려가 차지하고 있던 황해도 신계 부근의
수곡성으로 군대를 파견하였다.62)

백제군은 고구려가 총력을 기울여 지키고 있던 관미성과 석현성 등
의 요충지에 대한 공격을 자제하고 마식령산맥을 넘어 신계로 진출하
였다. 아신왕은 석현성을 비롯한 청목령 부근의 성곽에 대한 공격이
실패하자, 공격 방향을 예성강 중·상류에 위치한 수곡성 일대로 전환
하였다. 백제군은 연천에서 임진강을 건너 麻田과 朔寧을 지나 마식령
산맥을 넘어 신계로 진출하였다.

백제군은 삭녕에서 안협과 토산을 거쳐 학봉산을 넘어 신계로 향하
였다. 백제군은 신계에서 남으로 내려와 금천 부근에 주둔한 고구려군
을 공격하든지, 아니면 수안과 상원을 거쳐 평양에 이르는 전략적 요
충지를 확보하려는 전략을 수립했다.63)

구려본기는 392년의 일로 기록하고 있다. 또한 백제본기에는 394년에 양국이
수곡성 밑에서 싸웠다는 기사가 있는데, 고구려본기에는 수곡성이라는 지명
은 보이지 않지만 393년에 양국이 전투를 벌인 기사가 나타난다. 그리고 양
국이 浿水가에서 전투를 벌인 것에 대해서도 백제본기는 395년의 사실로 기
록하였으며, 고구려본기에는 394년에 발생한 것으로 서술하고 있다. 따라서
백제본기와 고구려본기에 보이는 양국의 전쟁에 관한 기사는 내용을 중심으
로 비교 검토하여 연도를 조정할 필요가 있다.

61)『三國史記』권25, 百濟本紀3, 阿莘王 3年.
62)『三國史記』권25, 百濟本紀3, 阿莘王 3年.
63) 다산 정약용의『大東水經』권4, 帶水 편에는 평양에서 서울에 이르는 길에
대하여 고려 이전에는 청석령을 통과하는 것보다는 상원, 수안, 신계, 토산,
안협, 삭녕, 마전과 적성을 거쳐 양주에 도달하는 노선이 일반적이었다고 전
한다.

184

양군은 예성강 상류지역을 차지하기 위하여 수곡성 밑에서 일대 결전을 벌였다. 광개토왕은 백제군이 북상하자 정예기병 5천을 거느리고 출전하였다. 백제군은 광개토왕이 직접 지휘한 고구려군에 패배하여 밤에 도주하고 말았다.[64]

광개토왕은 수곡성 전투가 벌어진 다음 달에 남쪽지역에 7성을 쌓아 백제의 공격에 대비하였다.[65] 國南 7성은 연안·배천·평산·금천·신계로 연결되는 예성강 북안지역의 요충지에 위치한 것으로 판단된다.[66] 광개토왕은 이들 성곽을 축조하여 백제군이 예성강을 넘어 북상하는 것을 차단하였다. 이로써 예성강 이북지역은 고구려의 확고한 영역으로 되어갔다.

아신왕은 수곡성 공격이 실패로 돌아간 후 진무 등에게 大兵을 주어 395년 8월에 다시 고구려를 공격하였다.[67] 진무가 이끄는 백제군은 浿水 가에 진을 치고 있던 7천 명의 고구려 군사와 사투를 벌이게 되었다. 양군이 접전을 벌인 浿水는 평산의 猪灘 부근으로 추정되는데, 백제군은 석현성과 관미성 등의 요충지를 차지하지 못한 상태에서 청목령을 넘어 패수로 진격하지는 못했을 것이다.

백제군은 개성 북방의 청목령과 그 부근에 축조된 석현성을 고구려가 장악하고 있었기 때문에 백치나 大興山城을 통과하는 루트를 이용하여 금천지역으로 올라간 다음 패수로 진군하였다.[68] 그러나 백제군

---

64) 『三國史記』 권17, 高句麗本紀6, 廣開土王 3年.

65) 『三國史記』 권17, 高句麗本紀6, 廣開土王 3年.

66) 한편 國南 7성의 위치를 황해도 남부 해안지대로 추정하는 견해도 있다. 이곳에는 배천 치악산성·연안 봉세산성·해주 수양산성·옹진 고성 등 고구려계통을 비롯해 그밖에 시대를 알 수 없는 산성들이 남아 있다(손영종, 앞의 책, 1990, 298쪽). 이들 산성은 주로 해양 방어시설의 성격을 겸하고 있으며, 양국의 격돌이 해안지대를 중심으로 벌어진 것을 반영한 것으로 보기도 한다 (尹明哲, 2003, 앞의 책, 129쪽).

67) 『三國史記』 권25, 百濟本紀3, 阿莘王 4年.

은 광개토왕이 친히 거느리고 출전한 고구려군에게 패배하여 8천 명이 전사하는 참패를 당하고 말았다.[69]

아신왕은 거듭되는 패전에 굴하지 않고, 같은 해 11월에는 패수 전투를 보복하려고 군사 7천 명을 거느리고 청목령 밑에 이르러 머물렀다. 아신왕은 장수에게 병력을 주어 출전시키지 않고 자신이 직접 군대를 이끌어 참전하였다. 아신왕은 곡산과 신계를 먼저 장악하여 예성강 하류지역으로 향하는 우회 전술을 포기하고, 청목령을 돌파하여 예성강 남안을 회복하려는 정면돌파를 감행하였다.

아신왕이 직접 출전한 고구려 공격은 큰 눈이 내려 병사들이 많이 얼어 죽자 중지할 수밖에 없었다. 아신왕은 한산성으로 철수하여 군사들을 위로하였다.[70] 양국의 전투는 아신왕의 적극적인 노력에도 불구하고 고구려가 주도권을 장악하였다. 아신왕은 여러 루트를 이용하여 수 차례에 걸쳐 예성강유역을 되찾기 위한 북벌을 시도하였으나 실패로 돌아가고 말았다.

백제는 연천 북방에 위치한 삭녕과 토산을 거쳐 신계의 수곡성으로 향하는 임진강 중상류지역을 유지하였으나, 철원과 이천 및 평강지역은 상실하였다. 고구려는 신계에서 안협-평강-철원을 거쳐 춘천으로 통하는 교통로를 장악하여 북한강유역의 말갈지역으로 진출하였다. 또한 고구려는 청목령 부근에 축조된 석현성과 그 이남의 관미성을 비롯하여 여러 성곽을 점령하여 개성과 개풍 및 풍덕의 대부분 지역과 장단의 일부 지역을 장악하였다.

---

68) 백치는 전란시에 군사 작전로로 활용되었다. 예컨대 병자호란 때 청나라 태종은 청목령을 거쳐 내려 왔다가 돌아갈 때는 복병을 염려하여 개성의 동북쪽이 되는 백치를 통해 올라갔다(李重煥, 「八道總論-京畿」, 『擇里志』).

69) 『三國史記』권25, 百濟本紀3, 阿莘王 4年.

70) 『三國史記』권25, 百濟本紀3, 阿莘王 4年.

연천 호로고루 | 연천군 장남면 원당리에 위치한다. 호로고루는 임진강의 본류와 지류가 만든 쐐기 모양의 뾰족한 단애지역의 평지로 연결된 한 변을 이용하여 삼각형의 성을 축조하였다. 성의 높이가 10m 정도이며, 임진강 단애는 20~30m의 절벽으로 천혜의 요새지에 해당된다. 남벽은 162m, 북벽은 146m, 성이 쌓인 동벽은 93m 정도이다. 전체 둘레는 약 400m이며, 내부 면적은 1천 600평 정도에 이른다.

이를 반증하듯이 광개토왕릉비에는 백제군의 현저한 열세를 전하고 있다. 아신왕은 眞武와 같은 지략이 풍부한 장수를 거느리고 있으면서 단 한 번의 승전도 거두지 못했다. 그러나 광개토왕릉비는 주인공의 아들인 장수왕이 부왕의 勳績을 기념하여 세운 頌德碑이기 때문에 고구려의 對백제전투의 전과 서술은 과장된 면이 없지 않다. 백제를 宿敵으로 증오하고 있었기 때문에 백제 공략에 대한 功績 서술이 일방적으로 과장되었을 가능성이 높다. 어쩌면 비문에 보이는 것처럼 고구려가 일방적으로 전쟁의 주도권을 장악한 것이 아닐지도 모른다.

아신왕은 어려움에 굴하지 않고 북진정책을 줄기차게 추진하였다. 백제군은 고구려군과 치열한 접전을 벌였으나 패전을 거듭하였다. 한편 광개토왕은 아신왕의 거듭되는 공격을 격퇴하면서 한성을 점령하여 백제를 굴복시키려는 전격전을 준비하였다. 그러나 고구려군이 한성을 공격하기 위해서는 임진강과 한강을 건너야 하였고, 백제는 이를 저지하기 위하여 곳곳에 관방을 설치하여 만전을 기하였다.

백제는 여울이나 나루터를 이용해 강을 건너오는 적군을 저지하기 위하여 방어거점을 마련하였다. 임진강의 강폭은 하류의 경우 2,000m를 넘기도 하지만 중류로 올라갈수록 좁아져 馬田에서는 50m 안팎으로 좁아진다. 우기를 제외하고는 강폭이 좁고 수심이 얕아 특별한 장비 없이 도강이 가능한 여울과 간단한 배나 뗏목 등을 이용하여 강을 건널 수 있는 나루터가 많이 형성되었다.[71]

임진강 연변에 위치하여 도강을 막는 관방유적으로 이잔미성·호로고성·육계토성, 한탄강유역에는 대전리토성, 한강유역에는 오두산성·행주산성·아차산성·수석리토성·삼성동토성·응봉토성·풍납토성 등이 축조되었다. 그 외에도 문산에서 서울쪽은 북한산성, 적성쪽은 칠중성, 의정부쪽은 양주의 대모산성, 퇴계원쪽은 아차산성, 인천쪽은 계양산성, 서울의 강남쪽은 몽촌토성을 重鎭으로 하여 대부분 그 주위에 둘레가 1km미만의 작은 것들을 동서남북으로 배치하였다. 또한 초성리의 국도 상에 남아있는 평지의 차단성은 양쪽으로 높은 산이 있는 협곡 사이의 길목을 막은 것이다.[72]

임진강 남안에 밀집 분포되어 있는 관방유적은 신라가 6세기 중엽 한강유역으로 진출한 후 체계적으로 확립되었다.[73] 그러나 신라가 한강유역으로 진출한 후 축조한 성곽은 백제가 사용하던 목책이나 토성

---

71) 경기도박물관, 2001, 『임진강-문화유적(2)』(경기도3대하천유역 학술종합조사), 389쪽.
72) 吳舜濟, 1995, 앞의 책, 221~229쪽.
73) 경기도박물관, 2001, 앞의 책, 391쪽.

광개토왕비 비각

을 석성으로 개축한 경우가 적지 않았다.[74] 아신왕은 임진강 남안에
축조된 여러 목책 또는 토성 등의 방어시설을 연결하여 광개토왕의 남
진을 저지하였다.

아신왕이 임진강 沿邊에 요새를 구축하고 북진을 줄기차게 추진하
자 광개토왕은 백제를 일거에 굴복시키려는 군사작전을 준비하였다.
광개토왕은 육군을 이끌고 임진강을 건너 한성으로 진격하는 기병 중
심의 작전을 버리고 396년에 몸소 水軍을 거느리고 한성 공격에 나섰
다. 고구려군은 392년에 해안 요새지인 관미성을 차지하였기 때문에
육군과 수군이 공동작전을 펼치면서 강화 해협을 거쳐 한성으로 진격
할 수 있었다.

광개토왕은 수군을 이끌고 백제의 한성을 공격하여 아신왕의 항복

---

74) 권오영, 2005, 「고대의 남양만」, 『남양만의 역사와 문화』, 한신대학교박물관
　　 총서 제20책, 42쪽.

을 받았는데, 이는 속전속결에 의한 기습작전이었기 때문에 가능하였
다.[75] 아신왕은 왕성이 포위되자 어쩔 수 없이 광개토왕 앞에 굴복하
여

> B. 이에 殘主가 곤핍해져, 男女生口 1천여 명과 細布 천필을 바치면서
> 왕에게 항복하고, 이제부터 영원히 고구려왕의 奴客이 되겠다고 맹
> 세하였다. 태왕은 앞의 잘못을 은혜로써 용서하고 뒤에 순종해온
> 그 정성을 기특히 여겼다. 이에 58성 700촌을 획득하고 百殘主의
> 아우와 대신 10인을 데리고 수도로 개선하였다.

라고 하였듯이, 남녀 生口 1000명과 細布 1000필을 바치고 영원히 奴
客이 될 것을 서약하였다. 아신왕은 王弟와 大臣을 고구려에 인질로
보내는 조건으로 포위상태에서 벗어날 수 있었다. 인질이 되어 고구려
로 끌려간 王弟는 아신왕의 庶弟로 내신좌평에 임명된 洪을 지칭하는
것으로 추정된다. 광개토왕은 백제의 많은 백성들을 포로로 잡아 돌아
갔으며, 그 중에서 일부는 守墓人으로 삼았다는 내용이 '광개토왕릉
비'에 전하고 있다.

광개토왕은 육군이 청목령 등지에서 백제군과 산발적인 전투를 벌
이는 동안 수군을 이끌고 한성을 기습하여 아신왕의 항복을 받아냈다.
광개토왕은 서울 강북과 한성 주변지역에 주둔한 백제군의 반격을 받
으면 퇴로가 차단될 것을 염려하여 '奴客'이 되겠다는 아신왕의 서약
을 받은 후 인질을 데리고 귀환하였다.[76] 광개토왕은 391년을 시점으
로 하여 396년에 전개된 한성 기습 작전까지 줄기차게 백제를 공격하
여 58城 700村을 차지하였다.[77]

---

75) 李道學, 1997, 「고대국가의 성장과 교통로」, 『국사관논총』 74, 158쪽.

76) 이인철, 2000, 『고구려의 대외정복 연구』, 백산자료원, 142쪽.

77) 광개토왕릉비문은 백제 공략전의 성과를 과장했을 뿐만 아니라 그 紀年에도
   모호한 점이 엿보인다. 비문에는 양국간의 격전이 396년에 있었던 것으로 기

아신왕의 즉위 이후 고구려에게 밀리면서도 가까스로 유지되어 오던 양국 사이의 세력균형은 일순간에 깨져 버렸다. 광개토왕이 정복한 58성과 700촌은 한강유역과 임진강유역을 중심으로 하여 황해도 남부・경기 북부・강원 서북부에 분포된 것으로 보고 있다.[78] 그 중에서 광개토왕은 한강유역은 백제에게 돌려주고 임진강 이북지역만 영유하였다고 한다.[79]

그러나 광개토왕이 차지한 성곽 중에는 서해안의 요충지에 위치한 關彌城, 通津으로 추정되는 沸城, 인천지역으로 추정되는 彌鄒城 등의 해안지역에 축조된 것이 다수 포함되었다.[80] 또한 58성 700촌은 영락 6년(396)의 공격으로 일시에 취한 것이 아니라, 『三國史記』의 기록을 통해 볼 때 영락 원년(391)부터 시작하여 이때에 이르러 일단락된 남진경략의 결과였다. 광개토왕은 백제군의 저항으로 58성 700촌을 단숨에 점령하지 못하고 여러 해에 걸친 노력 끝에 차지하였다. 광개토왕의 위업을 자랑스럽게 기술해야 했던 비문의 찬자는 영락 6년에 파죽지세로 백제의 성촌을 점령한 것으로 정리하였다.[81]

그러나 고구려군이 한강 연변이나 서해안에 상륙한 후 한성을 포위

록되었지만, 『三國史記』에는 391부터 395년까지 몇 차례 교전을 벌인 것으로 되어 있다. 그런데 두 자료 사이에 나타나는 연대는 1~4년 혹은 2~5년, 3~4년 정도의 차이를 보이지만, 그 내용은 전체적으로는 서로 대응하고 있다. 즉, 『三國史記』에 보이는 광개토왕의 391~395년 사이의 일련의 對百濟戰爭은 비문의 396년 條의 기사와 대응되며, 비문의 한 조목에 일련의 과정을 집약적으로 기술하였다(武田幸男, 1979, 「高句麗廣開土王碑の對外關係記事」, 『三上次男博士頌壽記念東洋史考古學論集』, 朋友書店, 266~274쪽.

78) 千寬宇, 1979, 앞의 글, 9쪽.

79) 李丙燾, 1976, 앞의 책, 382쪽.

80) 朴性鳳, 1995, 「廣開土好太王期 高句麗 南進의 性格」, 『고구려 남진 경영사의 연구』, 백산자료원, 19쪽.

81) 이인철, 2000, 앞의 책, 122쪽.

온달산성에서 내려다본 남한강 | 온달산성은 성벽 안팎을 비슷한 크기의 돌로 가지런히 쌓아올렸으며, 둘레는 683m에 이른다. 성 안에서는 삼국시대의 유물이 출토되며, 성벽 바깥에는 사다리꼴 모양의 배수구가 있다. 남서쪽 문터의 형식과 동문의 돌출부는 우리나라 고대 성곽에서 드물게 보이는 양식으로 주목할 만하다.

하였기 때문에 한강 이북지역을 모두 장악한 것은 아니었다. 다만 광개토왕릉비에 보이는 阿旦城을 서울시 성동구의 아차산성으로 본다면,[82] 한강 북안의 일부 관방시설을 고구려가 장악하였을 가능성은 없지 않다. 비문에는 광개토왕이 수군을 이끌고 여러 지역의 거점들을 함락하면서 한성으로 육박하자 아신왕이 출병하여 맞서 싸운 사실을 전하고 있다.

그러나 阿旦城은 『삼국사기』 素那傳에 보이는 강원도 안협의 阿達城으로 보기도 하며,[83] 충북 단양군의 乙阿旦城 또는 온달산성으로 이해하는 견해도 있다.[84] 따라서 지명이 유사한 점을 들어 阿旦城을

---

82) 李丙燾, 1976, 앞의 책, 381쪽.

83) 佐伯有淸, 1977, 『七支刀と廣開土王碑』, 69쪽 ; 井上秀雄, 1978, 『古代朝鮮』, 78쪽.

파주 월롱산성 | 월롱산성은 화강암 등 자연석을 이용하여 축조된 석성으로 내성과 외성으로 이루어져 있다. 내성은 길이가 1,315m 정도이며, 외성의 높이는 20m에 이른다.

광진구 아차산성으로 간주하고 한강 이북지역을 고구려군이 모두 점령한 것으로 보는 것은 문제가 따른다. 또한 고구려군이 임진강을 건너 백제가 구축한 월롱산성 등의 관방시설을 차지한 것도 아니었다. 월롱산성은 파주에서 교하와 일산을 거쳐 서울로 들어가는 길목을 차단하였는데, 고구려군은 백제가 임진강 남안에 구축한 주력 방어선을 돌파하지 않고 海路를 이용하여 한성을 공격하였다.

고구려군은 한성을 공격하면서 수군을 여러 방향으로 나뉘어 상륙시켰다. 주력부대는 대동강유역에서 발진하여 예성강 하구와 한강이 만나는 강화 북부에서 한강 하류를 거슬러 한성을 직공하였다. 또한 그 일부는 황해와 이어진 김포의 수안산 부근과 인천의 해안선을 통하

---

84) 李道學 1995, 「永樂 6年 광개토왕의 남정과 국원성」, 『고구려 남진경영사연구』, 백산자료원, 263쪽.

여 상륙작전을 감행하였다. 부평의 계양산성 부근에 상륙하여 육로를
통해 한성으로 진격하기도 하였다.[85]

광개토왕은 인천을 비롯한 서해안지역은 계속 영유하지 못하고 한
성에 대한 포위 공격이 완료되자 해안기지를 파괴하고 철수하였다. 따
라서 광개토왕이 차지한 58성 700촌은 고구려가 모두 차지하지 못하
고, 그 일부는 백제가 곧 회복한 것으로 생각된다.

58성 중에는 韓人의 거주지 외에도 濊人이 살던 지역이 포함되며
양자가 混居한 곳도 있었다. 광개토왕릉비의 守墓人 항목에 의하면 고
구려는 수묘인을 舊民과 新民으로 구분하였다. 신민 수묘호는 백제를
공략하여 노획한 '新來韓穢' 출신이며, 이 중에서 濊人은 충북과 강원
도의 경계인 남한강 상류지역에서 살았다고 한다.[86]

광개토왕은 한성 공격을 전후로 하여 그 상류에 위치한 남한강유역
까지 점령하였다. 고구려가 남한강유역을 차지한 것은 광개토왕릉비의
58성 점령 기록과 수묘인 항목에 따르면 늦어도 396년 이전에 이루어
졌다. 광개토왕이 백제의 왕성을 포위하여 항복을 받은 다음 그 여세
를 몰아 고구려 수군이 마음 놓고 남한강 상류지역까지 진출한 것으로
보는 견해도 있다.[87] 그러나 아신왕이 광개토왕에게 굴복하여 奴客이
될 것을 서약한 상태에서 고구려군이 남한강유역까지 진출한 것으로
보는 것은 무리가 따른다.

광개토왕은 아신왕이 굴복하고 王弟와 大臣 등을 인질로 보내자 곧
바로 철군을 단행하였다. 따라서 고구려의 남한강유역 진출은 한성을
공격하기 이전에 이루어졌을 가능성이 높다. 고구려의 남한강유역 진
출은 394년에 백제군의 수곡성 공격을 물리치고, 그 이듬해에 벌어진

---

85) 尹明哲, 2003, 앞의 책.

86) 千寬宇, 1979, 앞의 글, 9쪽.

87) 李道學, 1995, 앞의 글, 265쪽.

194

패수 가의 전투에서 승전을 거둔 후로 추정된다.

　광개토왕은 고국양왕 때부터 영향력을 발휘하던 북한강유역의 말갈지역을 완전히 장악하여 복속하고 남한강유역까지 진출하였다. 고구려군은 남한강유역을 석권한 후 죽령과 조령 등을 통해 신라와 연결되는 교통로[88]를 개통한 후 철군하였다. 백제는 396년에 광개토왕이 수군을 이끌고 한성을 공격하기에 앞서 임진강 이북지역과 말갈지역 전체를 상실하였다.

　광개토왕은 백제가 이에 굴하지 않고 임진강 남안에 방어망을 구축하고 강력하게 맞서자 수군을 동원하여 전격적으로 한성을 공격하여 아신왕의 항복을 받아 냈다. 아신왕은 고구려군이 한성에서 물러가자 치욕적인 패전을 보복하기 위하여 切齒腐心 하였다.

　아신왕은 397년(同王 6) 7월에 한수 남쪽에서 군대를 크게 사열하였으며,[89] 그 다음 해 2월에는 眞武를 병관좌평으로 삼았고, 3월에는 쌍현성을 축조하여 고구려의 공격에 대비하였다.[90] 쌍현성은 임진강 너머 장단의 북쪽에 위치한 望海山의 雙嶺 부근으로 추정된다.[91] 아신

---

88) 고구려는 신계에서 이천을 거쳐 평강분수령을 넘어 춘천으로 진출하는 교통로를 이용하여 홍천→횡성→원주를 거쳐 영월→영춘→단양→중원 일대로 진출하였다. 광개토왕은 서기 400년에 내물왕의 요청을 받아들여 이 교통로를 통하여 죽령을 거쳐 소백산맥을 넘어 군사 5만을 신라와 가야의 접경지역으로 진격시켰다.

89)『三國史記』권25, 百濟本紀3, 阿莘王 6年.

90)『三國史記』권25, 百濟本紀3, 阿莘王 7年.

91) 쌍현성의 위치에 대해서는 관련 기록이 남아 있지 않아 잘 알 수 없는 형편이다. 다만 백제군이 469년 8월에 고구려의 남쪽 변경을 공격한 후 10월에 이르러 쌍현성을 수리하고 청목령에 大柵을 설치한 것을 고려하면, 임진강을 건너 장단을 거쳐 개성 방면으로 진격했음을 알 수 있다. 따라서 쌍현성은 남쪽의 장단군에 위치하였을 가능성이 높다. 억측하자면 장단의 북쪽에 위치한 望海山의 雙嶺 부근으로 추정된다. 雙嶺과 雙峴은 같은 고개를 가리키는 것으로 보이는데,『京畿道地理誌』장단도호부 편에 의하면 雙嶺은 장단의 북

왕은 군대 사열을 통하여 패배의 후유증을 만회하고 쌍현성을 축조하여 북진의 거점으로 활용하였다.

백제는 쌍현성을 축조하여 고구려군의 임진강 도강을 견제하면서 북진을 위한 일선 기지로 활용하였다. 백제가 임진강 북쪽의 장단지역에 쌍현성을 축조하여 군대를 주둔시키자, 고구려는 배후에 적을 두고 강을 건너 파주 쪽으로 내려올 수 없게 되었다. 아신왕은 군대의 사열을 통하여 패배의 후유증을 만회하고 쌍현성을 축조하여 북진을 준비하는 등 신속하게 국력을 재정비하였다.

이를 통하여 자신감을 회복한 아신왕은 군대를 일으켜 한산 북쪽의 목책에 이르렀다. 그러나 그 날 밤에 큰 별이 병영 안에 떨어지자 아신왕은 불길한 징조로 간주하여 정벌을 중지하였다.[92] 아신왕은 같은 해 9월에는 서울의 사람들을 모아 서쪽 돈대에서 활쏘기를 익히게 하는 등 군사훈련을 게을리 하지 않았다. 아신왕은 399년(同王 8) 8월에 다시 군사와 말들을 크게 징발하였다.

아신왕의 잦은 징발로 인한 고통을 견디지 못한 백성들 중에서 신라로 도망하는 사람들이 생겨났다.[93] 삼국 사이에 정복활동이 본격화되는 4세기 이후 전쟁의 규모가 커지면서 자연스럽게 농민들에 대한 군역 징발이 확대되었다.[94] 이 때문에 부담을 이기지 못해 도망하는 사람이 발생하는 등 부작용이 생겨난 것이다.

아신왕의 고구려에 대한 보복은 의도대로 이루어지지 못하고 여러

쪽 27리 부근에 위치한 것으로 되어 있다. 雙嶺은 『山徑表』에는 '分二歧'로 되어 있어 臨津北禮城南正脈을 따라 흘러내린 망해산이 두 줄기로 갈라지는 분기점으로 개성과 연천 방향에서 공격하는 고구려군을 견제할 수 있는 요충지 역할을 하였다.

92) 『三國史記』 권25, 百濟本紀3, 阿莘王 7年.
93) 『三國史記』 권25, 百濟本紀3, 阿莘王 8年.
94) 李昊榮, 1990, 「삼국시대의 재정」, 『국사관논총』 13.

가지 난관에 봉착하였다. 백제가 동북아 최강의 기마군단과 강력한 수군을 보유한 고구려와 단독으로 맞서 싸우기에는 역부족이었다. 아신왕은 397년(同王 6)에 왜군을 동원하기 위하여 우호관계를 맺고 태자전지를 왜국에 파견하였다.

전지는 394년(아신왕 3)에 태자로 책봉되었으며,[95] 왜국으로 건너가 9년 동안 체류하였다. 백제는 『日本書紀』 神功紀 52년 조에 의하면

> C. 久氐 등이 千熊長彦을 따라와서 칠지도 1자루와 칠자경 1개 및 여러가지 귀중한 보물을 바쳤다. 그리고 백제왕의 啓에 "우리나라 서쪽에 시내가 있는데 그 근원은 곡나철산으로부터 나옵니다. 7일 동안 가도 미치지 못할 정도로 멉니다. 이 물을 마시다가 문득 이 산의 철을 얻어서 성스러운 조정에 길이 바치겠습니다. 그리고 손자 침류왕에게 '지금 내가 통교하는 바다 동쪽의 귀한 나라는 하늘이 열어준 나라이다. 그래서 天恩을 내려 바다 서쪽을 나누어 우리에게 주었으므로 나라의 기틀이 길이 굳건하게 되었다. 너도 마땅히 우호를 잘 다져 土物을 거두어 공물을 바치는 것을 끊이지 않는다면 죽더라도 무슨 한이 있겠느냐'라 일러 두었습니다"라고 하였다. 이후로 해마다 계속하여 조공하였다.[96]

라고 하였듯이, 근초고왕 때에 七支刀 1구와 七子鏡 1면을 보내면서 왜국과 우호관계를 맺었다. 신공황후 52년은 서기 252년에 해당되는데, 神功紀의 연대는 120년을 하향 조정하고 있으므로 실제적인 연대는 372년이 된다.[97] 백제와 왜의 교섭은 근초고왕 때에 이루어졌으며,

95) 『三國史記』 권25, 百濟本紀3, 腆支王 前文.

96) 『日本書紀』 권9, 神功紀 52年.

97) 神功紀 기사는 그 사실성 여부를 떠나 120년을 하향 조정해야 한다는 것은 대부분 동의하고 있다. 紀年論의 논쟁에 대해서는 다음의 글을 참조하기 바란다(佐伯有淸, 1971, 「紀年論と五王」, 『硏究史倭の五王』, 吉川弘文館).

양국 사이에 외교관계가 맺어진 후 칠지도를 왜국으로 보냈음을 알 수 있다.[98]

백제와 왜의 우호관계는 아신왕이 태자 전지를 파견하면서 더욱 밀접해졌다. 아신왕은 402년에는 사신을 보내 大珠를 구했고,[99] 그 다음 해에는 왜국의 사신이 도착하자 후하게 대접하였다.[100] 백제와 왜의 우호관계가 지속되면서 많은 사람들이 왜국으로 건너갔다. 이들 중에는 백제의 압력을 피하여 건너간 마한계통의 사람들뿐만 아니라 정치적 망명자도 있었다. 또한 왕인과 같이 왜국의 요청으로 건너가 선진적인 문화를 전파한 문화사절단도 포함되었다.

아신왕이 왜국에 대해 적극적인 외교관계를 펼친 것은 고구려의 남침 때문이었다. 아신왕이 전지를 왜국에 보내는 등 적극적인 외교를 펼친 것은 고구려에 밀려 불리한 상황에서 취한 대외정책의 일환이었다.[101] 백제와 통교한 왜인의 본거지에 대해서는 왜=가야 입장,[102] 일본 열도에 거주하였다는 견해,[103] 한반도 남부와 九州 북부 일대를 그 세력권으로 하였다는 兩在說[104] 등이 있다. 그러나 백제와 관계를 맺

---

98) 지금까지 七支刀의 제작 연대에 대해서는 268년, 369년, 372년, 468년, 480년 등의 여러 견해가 제시되었다. 또한 칠지도의 명문에 보이는 '太和' 연호를 일본 학계에서는 중국 연호설[東晉 泰和四年(369), 北魏 泰和四年(480)]을 주장하고, 한국학계에서는 백제 연호설을 주장하고 있다. 여기서는 泰和가 백제의 연호이며, 그 제작은 근초고왕 대에 이루어져 왜국으로 보냈다는 견해(李丙燾, 1974, 「百濟七支刀考」, 『진단학보』 38)를 따르고자 한다.

99) 『三國史記』 권25, 百濟本紀3, 阿莘王 11年.

100) 『三國史記』 권25, 百濟本紀3, 阿莘王 12年.

101) 李基東, 1990, 「百濟의 勃興과 對倭國關係의 成立」, 『古代韓日文化交流硏究』, 정신문화연구원, 252쪽.

102) 井上秀雄, 1973, 「조선에서의 고대사 연구와 倭에 대하여」, 『任那日本府と倭』, 東出版.

103) 古田武彦, 1979, 『잃어버린 九州王朝』, 角川書店.

104) 李鍾恒, 1977, 「삼국사기에 보이는 왜의 실체에 대하여」, 『국민대학교 논문

198

왕인박사 무덤 | 일본 오사카와 교토의 중간에 해당되는 히라카타(枚方) 시에 위치하고 있다.

은 왜국을 구주 북부지방의 집단으로 이해하는 것이 일반적이다.[105]

백제와 왜국의 관계는 근초고왕 때에 시작되었지만 아신왕이 전지를 파견하면서 더욱 밀접한 사이로 발전되었다. 전지의 파견과 귀국 기사는 이례적으로 『三國史記』와 『日本書紀』에 모두 실려 있다. 『三國史記』 아신왕 6년 조에 의하면

D. 왕이 왜국과 우호관계를 맺고 태자 전지를 볼모로 보냈다.[106]

라고 하였듯이, 태자인 전지가 인질로 파견되었음을 보여준다. 한편 『日

집-인문과학편』 11집.

105) 水野祐, 1967, 『日本古代の國家形成』, 講談社 現代新書, 157쪽 ; 井上秀雄, 1973, 『任那日本府と倭』, 東出版, 336쪽 ; 李基東, 1990, 앞의 책, 274~281쪽.

106) 『三國史記』 권25, 百濟本紀3, 阿莘王 6年.

本書紀』應神紀 8년 조에도 百濟記를 인용하여

> E. 阿花王이 왕위에 있으면서 貴國에 예의를 갖추지 않았으므로 (일
> 본)이 우리의 枕彌多禮 및 峴南·支侵·谷那·東韓의 땅을 빼앗
> 았다. 이에 왕자 直支를 天朝에 보내 先王의 우호를 닦게 하였
> 다.107)

라고 하여, 전지가 파견된 이유를 아신왕이 일본에 무례한 것을 사과
하기 위하여 도왜한 것으로 설명하고 있다. 『日本書紀』에 전해지는 百
濟記·百濟新撰·百濟本紀의 百濟三書의 성격에 대해서는 백제 사료
설,108) 백제 찬진설,109) 백제 遺民 편찬설110) 등의 견해로 구분된다.
그러나 『日本書紀』의 貴國과 天朝라는 용어는 百濟記의 윤색을 말해
주는 것이고, 無禮라는 표현도 백제를 복속국으로 간주하는 『日本書
紀』에 보이는 특유의 용어이다.111)

또한 아신왕이 왜국과 우호관계를 맺고 전지를 인질로 보냈다는 내
용의 실상은 청병사에 가까운 외교적 임무를 띤 국왕의 특사로 보는

---

107) 『日本書紀』 권10, 應神紀 8년 春三月.

108) 津田左右吉, 1921, 「百濟に觀する日本書紀の記載」, 『滿鮮地理歷史硏究報
告』 8.

109) 三品彰英, 1962, 『日本書紀朝鮮關係記事考證』上, 吉川弘文館.

110) 坂本太郎, 1964, 「繼體紀史料批判」, 『日本古代史基礎的硏究』上, 東京大學
出版會.

111) 『日本書紀』의 편찬 목적은 대내적으로는 천황제 국가권력의 확립과 대외적
으로는 현실적 적대세력인 신라를 조공국으로 보려는 율령제적 대외인식을
반영한다(朱甫暾, 1999, 「『日本書紀』의 편찬배경과 임나일본부설의 성립」, 『한
국고대사연구』 15, 35~40쪽). 또한 '日本'이라는 호칭 자체도 7세기가 되어
서 비로소 사용된 것인 만큼 4세기 당시에는 '倭'라고 했을 것이다. 일본을
가리켜 '天朝' 혹은 '聖朝'라 하고 백제를 가리켜 '西蕃'이라 표기한 것도 日
本版 中華思想에 입각하여 통일신라를 蕃國視하던 8세기 초 『日本書紀』편
찬 당시에나 사용된 표현이다(李基東, 1990, 앞의 글).

것이 옳을 것이다.[112] 아신왕이 차기 왕위 계승자인 전지를 왜국에 파견한 것은 백제의 위급한 상황을 말해주는 것으로 장기적 전망 속에서 나온 군사외교였다. 전지가 왜에 파견된 것을 지배세력 간의 대립으로 인한 정략적 추방으로 보는 견해도 있다.[113]

삼국과 왜국 사이의 300년 외교사를 살펴보면 군사외교가 주축을 이루고 있다. 그 중에서 백제의 대왜외교가 고구려와 신라에 비해 사절의 왕래 횟수나 내용 면에서 압도적으로 우세하고, 왜국도 적극적이고 지속적으로 친백제노선을 견지하였다. 백제의 대왜외교의 주역으로서 활약한 왕족들은 태자 혹은 차기 왕위계승권에 가까운 인물들이었다. 이들은 왜국에 체재하면서 주요한 행사에 참석하거나 지배층과의 혼인이나 교류 등의 개별 접촉을 통해 우호적인 세력의 형성을 꾀하였다.

백제는 군사적인 측면에서 왜국를 중시하여 우호관계를 맺었다.[114] 전지는 8년 동안 왜국에 체류하면서 군사외교를 성공적으로 수행하였다. 이는 광개토왕비문의 영락 9년(399), 10년 조에 보이듯이 왜군이 한반도로 건너와 신라와 고구려를 상대로 전쟁을 치른 사실을 통해서 입증된다. 왜군이 바다를 건너 멀리 대방지역까지 진출하여 고구려와 전쟁을 치른 사실이 영락 14년 조의 기사에도 보인다.

아신왕은 396년에 광개토왕에게 참패를 당한 후 굴욕을 씻기 위하여 부심하였으나, 고구려에 비하여 절대적인 약세에 처한 자국의 국력만으로는 매우 힘든 상태에 있었다. 또한 신라가 고구려의 영향력 하에 놓이면서 백제의 동쪽 변경을 견제하고 있었기 때문에 아신왕은 戰力을 두 방면으로 분산해야 하였다.

---

112) 梁起錫, 1981, 앞의 글 ; 羅幸柱, 1993, 앞의 글.
113) 梁起錫, 1982, 「백제 전지왕대의 정치적 변혁」, 『호서사학』 10, 16쪽.
114) 梁起錫, 1981, 앞의 글, 39~66쪽.

이를 만회하기 위하여 아신왕은 근초고왕이 다져놓은 국제외교를 더욱 발전시켜 北九州의 왜인집단, 남중국 東晉과의 관계를 돈독히 하였다. 그리고 가야와 지속적인 접촉을 통해 국제적인 고립을 피할 수 있었다. 이에 맞서 고구려도 신라를 자국의 영향력 하에 묶어 두고, 북중국의 패자였던 前秦(352~410)과 우호관계를 맺었다.

그러나 고구려는 요하 상류와 대흥안령 남쪽 산록 일대에서 반농반목의 유목생활을 하던 선비족이 세운 後燕(383~409)과는 치열한 공방전을 전개하였다. 선비족은 철갑기병을 이용한 밀집부대 전법을 사용하면서 북중국에서 漢族勢力을 몰아내고 5胡 16國의 일원이 되었다. 後燕은 前燕(348~370) 幽帝(慕容暐)의 숙부인 慕容垂가 부흥시킨 선비족 나라였으며, 광개토대왕이 즉위하기 이전에는 양측의 싸움은 오히려 後燕이 우세를 점하였다.

北魏(386~534)가 강대해짐에 따라 後燕과 분쟁이 잦아졌고, 後燕은 북위에 밀려 요하까지 그 세력이 밀려왔다. 後燕은 노쇠의 기미를 보이고 있었지만 아직 경시할 수 없는 강국이었다. 광개토왕은 399년 정월에 후연에 사신을 보내 조공을 하였다.[115] 광개토왕은 백제의 아신왕이 가야, 왜와 연합하여 대대적인 반격을 준비하고 있다는 소식을 듣고 있었기 때문에 후연과 관계개선이 필요하였다.

그러나 후연의 慕容盛은 같은 해 2월에 광개토왕의 예절이 오만하다는 것을 구실로 하여 스스로 군사 3만 명을 이끌고 고구려를 습격하였다. 후연은 驃騎大將軍 慕容熙를 선봉으로 삼아 신성과 남소성의 두 성을 함락시키고 700여 리의 땅을 넓혀 5천여 호를 옮겨놓고 돌아갔다.[116]

아신왕은 고구려가 後燕에 패배하여 신성과 남소성이 함락되고 700

---

115) 『三國史記』 권17, 高句麗本紀6, 廣開土王 9年.
116) 『三國史記』 권17, 高句麗本紀6, 廣開土王 9年.

여 리의 땅을 상실하였다는 소식을 듣게 되었다. 이와 때를 같이 하여 아신왕은 왜·가야와 연합하여 고구려의 영향력 하에 있던 신라를 공격하였다. 광개토왕릉비에 의하면 백제가 399년에 서약을 어기고 倭와 통하여 신라에 대한 공격을 사주한 것으로 되어 있다. 아신왕은 고구려가 후연에게 밀려 고전하고 있던 틈을 타서 왜와 가야를 동원하여 신라를 공격한 것이다. 광개토왕은 내물왕이 사신을 파견하여 왜인의 침입 사실을 알리고 구원을 요청하자

> F. 영락 9년(399) 己亥에 百殘이 맹서를 어기고 倭와 和通하였다. (이에) 왕이 평양으로 행차하여 내려갔다. 그 때 신라왕이 사신을 보내 아뢰기를 "왜인이 그 국경에 가득차 성지를 부수고 노객으로 하여금 왜의 民으로 삼으려 하니 이에 왕께 歸依하여 구원을 요청합니다"라고 하였다. 태왕이 은혜롭고 자애로워 신라왕의 충성을 갸륵히 여겨, 신라 사신을 보내면서 (고구려측의) 계책을 (알려주어) 돌아가서 고하게 하였다.
> 10년 庚子에 왕이 보병과 기병 도합 5만 명을 보내 신라를 구원하게 하였다. (고구려군이) 남거성을 쳐서 신라성에 이르니, 그 곳에 왜군이 가득하였다. 官軍이 막 도착하니 왜적이 퇴각하였다. (고구려군이) 그 뒤를 급히 추격하여 임나가라의 從拔城에 이르니 城이 곧 항복하였다. 安羅人戌兵……新羅城□城……하였고, 왜구가 크게 무너졌다.……옛적에는 신라 寐錦이 몸소 고구려에 와서 보고를 하며 聽命을 한 일이 없었는데, 국강상광개토경호태왕대에 이르러……신라 매금이……하여 朝貢하였다.[117]

라고 하였듯이, 다음 해인 400년(同王 10)에 보병과 기병 5만을 보내 신라를 구원하였다. 고구려군은 이천과 평강을 거쳐 북한강유역과 남한강유역으로 내려간 다음 죽령을 통해 소백산맥을 넘어 군사 5만을

---

117) 한국고대사연구회, 1992, 「廣開土王陵碑碑」, 『譯註 韓國古代金石文』.

신라와 가야의 접경지역으로 진격시켰다.

고구려군은 백제와 그에 가담한 任羅加羅·安羅·왜의 연합세력을 격파하고 낙동강 중·하류지역까지 추격하여 섬멸하였다. 본래 왜구는 물건이나 인간의 약탈을 목적으로 바다를 건너 경주를 비롯하여 신라의 城邑을 위협하는 해적집단이었다.[118] 이때에 이르러 왜인의 신라 공격은 단순한 해적 행위에서 벗어나 정치적 목적을 갖고 백제와 연대하여 이루어졌다. 이들의 공격이 모두 백제와 연결된 것은 아니었고, 물자의 노획과 주민의 약탈을 위하여 내습하는 경우도 없지 않았다.

광개토왕이 보낸 남정군의 활약으로 신라는 왜와 가야의 침입 위협에서 벗어났고, 고구려는 신라에 영향력을 행사할 수 있게 되었다. 광개토왕은 신라 출병을 계기로 하여 죽령 동남쪽의 일부지역을 그들의 세력권 내에 포함시켰고, 신라지역에 군대를 주둔시켜 영향력을 확대하였다.[119] 또한 고구려군은 왜군을 격퇴한 뒤에도 가야지역에서 퇴거하지 않고 종발성을 거점으로 정치적 압력을 행사하였다.[120] 부산 복천동고분군의 발굴조사에 의하면 이 지역이 고구려의 많은 문화적 영향을 받았음을 보여준다.[121]

신라는 고구려의 지원을 받아 왜군을 격퇴한 후 그 이듬해에 내물왕의 왕자 未斯欣을 倭國에 인질로 파견하였다.[122] 신라는 백제와 마찬가지로 왕실외교를 통하여 왜국과 관계개선을 도모하고 더 이상의 침입을 방지하려는 외교적 책략이었다. 그러나 백제와 왜국의 관계가 돈

---

118) 旗田巍, 1973, 「『三國史記』新羅本紀にあらわれる'倭'」, 『日本のなかの朝鮮文化』 19.

119) 李道學, 1988, 「고구려의 낙동강유역진출과 신라·가야경영」, 『국학연구』 2.

120) 延敏洙, 1998, 앞의 책, 87쪽.

121) 부산대 박물관, 1983, 『동래복천동고분군(Ⅰ)』, 부산대학교박물관유적조사보고 제5집, 146~172쪽.

122) 『三國史記』 권3, 新羅本紀3, 實聖尼師今 元年.

독하였기 때문에 미사흔의 노력 만으로 양국의 우호관계를 차단하는
것은 역부족이었다. 미사흔이 왜국으로 건너간 뒤에도 405년, 407년,
415년에 왜구가 신라를 침입하였다.[123] 이에 실성왕은 박제상을 보내
왜국의 감시를 피하여 16년 동안 왜국에 머물고 있던 미사흔을 귀국시
켰다.[124]

한편 광개토왕은 대군을 보내 신라를 구원했지만 백제 방면으로 군
대를 진군시키지는 않았다. 백제의 변경 수비가 엄중한 것도 원인이
되었지만, 서북방에서 후연과의 대립이 지속되고 있었기 때문에 신속
히 철군해야 하였다. 광개토왕은 북으로 군사를 돌려 다시 후연과의
전쟁에 돌입하였다. 광개토왕이 402년에 군사를 보내 宿軍城을 공격
하니 後燕의 平州刺史 慕容歸가 성을 버리고 달아났다.[125] 광개토왕
은 403년 11월에도 군대를 파견하여 後燕을 공격하였다.[126] 광개토왕
의 후연 공격은 반격을 초래하기도 하였는데 404년 정월에 모용희가
요동성을 침공하였다.

아신왕은 고구려와 후연의 전투과정에 대한 정보를 입수하고 있었
다. 아신왕은 고구려군의 주력이 북방전선에 묶여 있는 것을 기회로
삼아 404년에

> G. 甲辰에 왜가 法度를 지키지 않고 대방지역에 침입하였다.……石城
> (을 공격하고……), 連船……평양을 거쳐(……로 나아가) 서로 맞부
> 딪치게 되었다. 왕의 군대가 적의 길을 끊고 막아 좌우를 공격하니,
> 왜구가 궤멸하였다. 참살한 것이 무수히 많았다.

123) 『三國史記』 권3, 新羅本紀3, 實聖尼師今 4年·6年·14年.
124) 『三國遺事』 권1, 紀異2, 奈勿王金堤上.
125) 『三國史記』 권17, 高句麗本紀6, 廣開土王 11年.
126) 『三國史記』 권17, 高句麗本紀6, 廣開土王 13年.

라고 하였듯이, 왜와 연합하여 대방지역을 공격하였다. 아신왕의 요청을 받고 한반도로 파병된 왜군은 남해안의 양산방면을 먼저 공격하였다.[127]

　백제와 왜국은 연합수군을 편성하여 서해안의 백제 땅에서 발진한 후 북상하여 대방지역에 상륙하였다. 연합수군이 육로가 아닌 해로를 택한 것은 지상전에서는 고구려의 기마병단에 대항하기 어려울 것으로 판단하였기 때문이다. 또한 아신왕은 고구려가 마식령산맥을 넘나드는 要路를 장악하고 있었기 때문에 예성강을 건너 대방지역으로 진출하는 것이 어렵다는 사실을 직시하였다.

　이 때문에 아신왕은 백제군과 왜군으로 이루어진 연합수군을 조직하여 海路를 통하여 대방지역 공격에 나섰다. 연합수군은 백제 땅에서 발진하여 해주 부근이나 옹진반도 등에 상륙하였다. 연합수군이 바다를 통해 공격하자 광개토왕은 직접 군대를 이끌고 평양성에서 남하하여 潰敗시켰다.[128] 이 전투를 최후로 하여 한반도에서 왜병은 물러나게 되었다.

　백제의 요청을 받아들여 왜군이 대방지역까지 출병한 이유는 400년에 벌어진 전쟁의 결과 남부가야에 고구려군이 주둔한 것이 심각한 영향을 미쳤기 때문이다. 왜국은 가야제국에서 철자원을 비롯한 선진문물의 수입이 제약을 받게 되면서 지배체제 유지에 심각한 위기가 초래되었다.[129]

---

127)『日本書紀』神功紀에 의하면 왜국은 신라에 대한 보복으로 蹈鞴津에 나아가 草羅城을 공격했다고 한다(『日本書紀』 권9, 神功紀 5년). 도비는 繼體紀 23년(『日本書紀』 권17, 繼體天皇 23년)에 공략한 多多羅로 지금의 부산 다대포에 해당하고, 草羅城은 삽량으로 현재의 경남 양산이다(三品彰英, 1962,『日本書紀朝鮮關係記事考證』上卷, 吉川弘文館, 85쪽).

128) 한국고대사연구회, 1992,「廣開土王陵碑銘」,『譯註 韓國古代金石文』.

129) 延敏洙, 1998, 앞의 책, 101쪽.

한반도에 출병한 왜병은 구주왕국이 파견한 서일본지역의 연합군으로 추정된다. 이들은 통상왕국130)으로 표현될 만큼 국제무역을 주도한 세력이었다. 구주의 왜왕국은 한반도 남부지역과 교역을 재개하여 철 자원 등 선진문물의 수입을 종전 상태로 회복하는 것이 불가능하게 되었다. 통상왕국은 가야를 매개로 하여 백제와 왜국을 연결하며 번영을 구가하던 존립 기반 자체가 와해되고 말았다. 이는 일본 열도의 각 지역집단이 畿內를 중심으로 결집되는 계기가 되었다.

백제와 고구려 양국이 국가의 운명을 걸고 전개한 치열한 공방전은 아신왕이 405년에 30대의 젊은 나이에 薨逝하면서 끝나게 되었다.131) 아신왕은 14년에 걸친 치세 동안 고구려에 대한 치욕을 씻고 실지를 회복하기 위하여 고군분투하였다. 그러나 백제군은 고구려군에 비하여 군사력분만 아니라 무기와 무장 등이 모두 열세에 있었다.

고구려군이 중장기병을 앞세우고 우수한 무기로 공격해 오는 데 비하여, 백제군은 경장기병과 활·도끼·칼·창 등으로 대항하였다. 고구려군이 長槍과 쇠뇌 그리고 鎧馬와 甲冑로 무장한 채 공세를 취하자 백제군의 戰列은 쉽게 무너질 수밖에 없었다.132)

아신왕은 병력 수나 무장 수준 등이 빈약한 백제군의 전력을 보완하기 위하여 왜군과 가야를 끌어들여 적극적으로 맞섰지만 광개토왕의 반격에 밀려 큰 성과를 거두지 못하였다. 그러나 투지를 불사른 아신

---

130) 水野祐, 1968, 『日本國家の成立』, 講談社現代新書.
131) 백제본기 진사왕 前文에 의하면 아신왕은 침류왕이 사망한 후 나이가 어려 즉위하지 못하고, 숙부 진사가 대신 왕위에 올랐다. 따라서 진사왕이 즉위할 무렵 아신왕의 나이는 20세는 못되고 많아야 15세 전후로 추정된다. 진사왕이 재위 8년 만에 사망하자 아신왕이 10대 후반에서 20대 초반의 나이로 왕위에 오르게 되었다. 또한 아신왕이 재위 14년 만에 사망한 점을 고려하면, 薨逝할 무렵 그의 나이는 30대 초반에서 30대 후반 정도였음을 알 수 있다.
132) 이인철, 2000, 앞의 책, 272쪽.

왕의 百折不屈의 자세와 백제 장병들의 장렬한 기개만큼은 높이 평가
할 만하다.

제2절 왕권의 위축과 귀족국가체제의 동요

1. 귀족세력의 발호와 지배층의 변화

아신왕이 실지회복의 꿈을 이루지 못하고 405년에 薨逝하자 왜국에
인질로 파견된 맏아들 腆支가 9년 만에 귀국하게 되었다. 전지는 아신
왕 3년 태자에 봉해졌고, 6년에 왜국에 인질로 파견되었다. 아신왕이
30대에 사망한 점을 고려하면 왜국에서 귀국할 무렵 전지의 나이는 많
아야 10대 후반이었다. 따라서 아신왕은 10세를 전후한 어린 나이에
왜국으로 건너갔다.

아신왕이 죽자 둘째 아우 訓解가 정사를 대리하면서 전지의 귀국을
기다렸는데, 막내 아우 蝶禮가 훈해를 죽이고 스스로 왕이 되려고 하
였다. 전지는 왜에 있던 중 부음을 듣고 돌아갈 것을 청하였다. 왜왕은
군사 1백 명으로 하여금 그를 호송하도록 하였다.[133] 그러나 전지의
귀국에 앞서 숙부인 혈례가 정국의 주도권을 장악하고 있었기 때문에
즉위가 쉽지 않았다.

전지가 왜국에서 출발하여 백제의 국경에 들어설 무렵 한성 사람 解
忠이 와서

  A. 대왕께서 세상을 뜨신 후 왕의 아우 혈례가 형을 죽이고 자기가 왕
     이 되었습니다. 원컨대 태자께서는 경솔하게 들어가지 마소서.[134]

---

133) 『三國史記』 권25, 百濟本紀3, 腆支王 前文.
134) 『三國史記』 권25, 百濟本紀3, 腆支王 前文.

라고 하였듯이, 혈례가 형을 죽이고 왕위를 차지한 사실을 알렸다. 전지는 한성으로 들어가지 못하고, 왜인들을 머무르게 하여 스스로 지키면서 섬에 의거해 정국의 변화를 주시하였다. 그러자 國人들이 혈례를 죽이고 전지를 맞이하여 왕위에 오르게 하였다. 國人은 훗날 상좌평에 제수된 餘信을 비롯한 왕족과 해씨세력이 중심이 되었다.

전지왕의 즉위에는 解忠을 비롯한 解氏勢力의 지원이 컸으므로 종래의 眞氏를 대신하여 해씨가 외척으로 등장하는 등 귀족세력이 재편되었다. 전지왕은 해충을 達率로 삼고 한성의 租 1,000석을 하사하였으며, 解須를 內法佐平, 解丘를 兵官佐平에 각각 임명하였다. 그리고 전지왕의 왕비를 해씨에서 맞아들여 해씨세력의 전성시대가 열리게 되었다. 전지왕 이후 삼근왕까지 5대에 걸쳐 해씨에서 왕비가 나오던 시대를 '진씨왕비족시대'와 대비시켜 '해씨왕비족시대'로 부른다.[135]

전지왕은 오랫동안 왜국에 체류하여 국내의 지지기반이 미약하였는데, 해씨집단을 외척으로 삼으면서 후원세력을 강화하였다. 전지왕은 해씨세력의 독주가 염려되어 왕족 출신의 餘信을 408년에 상좌평에 임명하고 군국정사를 위임하여 왕권의 안정을 기대하였다.[136]

백제는 원래 6명의 좌평을 두어 최고의 중앙행정을 分掌하도록 하였다. 왕명의 출납을 맡았던 內臣佐平이 수상이었지만 여신이 처음으로 상좌평이 되어 6좌평을 관장하게 되었다. 상좌평은 좌평의 직무가 분화되는 과정에서 생겨났으며 그 성격은 신라의 上大等과 비슷하였다. 이는 『삼국사기』에 "고려시대의 家宰와 같다"[137]고 한 사실에서 입증된다.

상좌평의 설치를 왕권강화의 측면보다는 귀족세력들의 이익과 의사

---

135) 李基白, 1959, 앞의 글, 31~35쪽.
136) 梁起錫, 1982, 앞의 글, 51쪽.
137) 『三國史記』 권25, 百濟本紀3, 腆支王 4年.

를 대변하기 위한 제도적 장치로 보는 견해도 있다. 즉, 전지왕 이후의
정치운영은 상좌평으로 대변되는 귀족중심의 형태였다는 것이다.[138]
이와는 달리 상좌평이 설치되면서 6좌평과 국왕 사이에 한 단계의 직
이 마련됨으로써 왕이 상징적인 존재로 부상한 것으로 이해하기도 한
다.[139]

그러나 전지왕이 왕족 출신 여신을 상좌평에 임명한 사실을 통해 왕
권의 강화를 도모한 것으로 이해하기는 곤란한 측면이 있다. 왜냐하면
상좌평에 대한 임명권 그 자체가 국왕의 수중에 없었을 가능성이 높기
때문이다.『三國遺事』의 奇異 조에 의하면

> B. 또한 호암사 절에는 정사암이란 바위가 있으니 나라에서 재상을 선
> 출할 때에는 당선될 후보자 3~4인의 이름을 써서 봉함을 하여 바
> 위 위에 두었다가 조금 뒤에 집어 보아 이름 위에 도장이 찍힌 사
> 람을 재상으로 삼았으니, 이 때문에 정사암이라 한 것이다.[140]

라고 하였듯이, 재상 즉 상좌평의 선임은 귀족회의에서 결정되었다. 백
제의 귀족회의체는 근초고왕대에 이르러 諸率회의체에서 諸臣회의체
로 바뀌었고, 전지왕대에 상좌평이 설치되면서 그를 의장으로 하는 5
좌평회의체로 바뀌었다. 백제가 중앙집권적 귀족국가체제를 갖추었다
고 할지라도 정치운영에 있어서 귀족들의 회의체에 의한 합좌제적 성
격은 유지되었다.

백제의 귀족회의체는 명칭과 성격의 변화에도 불구하고 의장의 선
출이나 왕위의 계승문제, 전쟁의 선포와 같은 중요한 국사를 논의하고

---

138) 盧重國, 1988, 앞의 책, 141쪽.
139) 李鍾旭, 1976, 앞의 글, 44쪽.
140)『三國遺事』권2, 南夫餘 前百濟.

210

결정하였다.141) 전지왕은 政事巖에서 귀족세력들을 대표하여 좌평들이 상호 논의하여 餘信을 상좌평으로 추대한 것을 추인하였다. 따라서 전지왕이 왕족인 여신을 상좌평에 임명하여 왕권의 안정과 신장을 도모한 것으로 이해하기에는 곤란하다. 다만 타성 귀족이 아니라 왕족이 상좌평에 선출된 것은 왕권강화에 상당한 도움이 되었다.142)

전지왕은 왕권강화를 위하여 다각적인 노력을 기울이면서 중국의 남조 및 왜국과 긴밀한 외교관계를 유지하였다. 전지왕은 즉위한 다음 해(406)에 東晉에 사절을 파견하였다.143) 동진은 전지왕 12년(416)에 安帝가 사신을 보내 왕을 '使持節 鎭東將軍 百濟王'으로 삼았다.144) 전지왕은 南朝로부터 책봉을 받아 왕권을 위협하고 있던 귀족세력에 대한 권위를 확보하였다. 또한 남조와의 외교관계를 통하여 고구려를 견제하면서 활발한 문화교류를 꾀하였다.145)

전지왕은 본인이 8년 동안 머무른 왜국에 대해서도 우호관계를 긴

141) 盧重國, 1996, 앞의 글, 176~178쪽.
142) 여신이 상좌평에 제수된 것은 전지왕이 즉위한 지 4년이 되는 408년이었다. 여신은 상좌평에 제수되면서 전지왕으로부터 군국정사를 위임받았다. 여신은 그에 앞서 407년에 수석좌평인 내신좌평에 임명되었는데, 상좌평이 설치되면서 제수된 것이다. 그런데 여신에게 위임된 군국정사는 군사권과 민사권을 모두 포함한 것으로, 여신을 포함하여 백제가 웅진으로 천도한 후 삼근왕이 解仇에게 위임한 경우를 포함하여 단지 2번에 불과한 전례가 없는 일이었다. 군국정사를 위임한 것은 일상적인 것이 아니라 특정 개인이 실권을 장악하게 되어 왕권이 매우 미약하게 되었음을 의미한다(盧重國, 1995, 앞의 글, 191쪽). 또한 國人들이 혈례를 죽이고 전지를 왕으로 추대하는 과정에서 여신이 解須・解丘 등 해씨집단과 함께 중추적인 역할을 하였던 것으로 추정된다.
143)『三國史記』권25, 百濟本紀3, 腆支王 2年.
144)『三國史記』권25, 百濟本紀3, 腆支王 12年.
145) 전지왕의 대중외교는 즉위 초의 왕위계승을 둘러싼 지배세력 사이의 내분을 수습하고 중국의 권위에 의탁해 지배질서를 확립하려는 왕권강화의 측면과 당시 양면외교로 남조에 접근을 꾀하던 고구려를 견제하기 위한 수단으로 활용되었다(梁起錫, 1984, 앞의 글, 27쪽).

밀히 하였다. 전지왕이 409년(同王 5)에 왜국에 사신을 보내 夜明珠를
전하니 왜왕이 후히 대접하였고,[146] 418년(同王 14년)에도 다시 사신
을 파견하여 흰 면포 10필을 증여[147]하는 등 돈독한 관계를 유지하였
다.

전지왕은 재위 16년 동안 여러 방면에 걸쳐 왕권강화를 위한 노력을
기울였다. 그러나 전지왕의 노력에도 불구하고 그의 사후에는 왕권이
점차 약화되었다. 전지왕이 30대 중반에 사망하자 태자 久爾辛이 15세
의 어린 나이에 즉위하여 7년 동안 왕위에 있었다.

전지왕이 닦아 놓은 남조 및 왜국과의 우호관계는 구이신왕의 치세
에도 지속되었다. 구이신왕은 424년에 長史 張威를 파견하여 宋에 조
공하였으며, 宋은 그 이듬해에 사절을 보내 백제와 우의를 돈독히 하
였다. 『宋書』에는 이때 사절을 보낸 백제왕을 映, 즉 전지왕으로 기록
하였다. 그러나 전지왕은 420년에 사망하였기 때문에 구이신왕으로 생
각된다.[148]

구이신왕의 治世 동안에 일어났던 백제의 정국 운영에 대해서는 사
료가 부족하여 잘 알 수 없다. 구이신왕 때에는 해씨세력을 대신하여
木滿致가 권력을 잡아 전횡을 일삼았다. 『日本書紀』에는 전지왕이 사
망할 당시 구이신왕의 나이가 어렸기 때문에

   C. 백제의 직지왕이 죽었다. 곧 아들 구이신이 왕위에 올랐다. 왕은 나
     이가 어렸으므로 木滿致가 국정을 잡았는데, 왕의 어머니와 서로
     정을 통하여 무례한 행동이 많았다. 천황이 이 말을 듣고 그를 불렀
     다.(『百濟記』에는, "목만치는 木羅斤資가 신라를 칠 때에 그 나라
     의 여자를 아내로 맞아 낳은 사람이다. 아버지의 공으로 임나에서

146) 『三國史記』 권25, 百濟本紀3, 腆支王 5年.
147) 『三國史記』 권25, 百濟本紀3, 腆支王 14年.
148) 『宋書』 권97, 列傳57, 夷蠻 東夷, 百濟.

전횡하다가 우리나라로 들어왔다. 귀국에 갔다가 돌아와 天朝의 명을 받들어 우리나라의 국정을 잡았는데, 권세의 높기가 세상을 덮을 정도였다. 그러나 天朝에서는 그의 횡포함을 듣고 그를 불렀다" 라고 하였다.)[149]

라고 하였듯이, 목만치가 국정을 장악하였다. 목만치는 왕의 어머니와 간통을 하고 무례한 행동을 일삼는 등 백제의 정치를 마음대로 좌지우지하였다.

목만치는 부친 木羅斤資가 신라를 공격할 때 新羅女를 취해 낳은 인물로 가야 관계를 주도하면서 성장한 신흥가문 출신이었다. 목라근자는 근초고왕의 명을 받아 沙白蓋盧, 沙沙奴跪 등과 함께 南征에 나선 주요한 인물이었다. 백제가 가야를 경략할 때 함께 출전하였던 이들은

D. 百濟記에 말하였다. 임오년에 신라가 귀국에 가지 않았다. 귀국은 沙至比跪를 보내 치게 하였다. 신라인은 미녀 2인을 단장하여 항구에서 마중하여 유혹하였다. 사지비궤는 그 미녀를 받고서는 도리어 가라국을 쳤다. 가라국왕 己本旱岐와 아들 百久至, 阿首至, 國沙利, 伊羅麻酒, 爾汶至 등이 그 백성을 거느리고 백제로 도망하여 왔다. 백제는 후하게 대접하였다. 가라국왕의 누이 旣殿至가 大倭를 향하여 가서……천황이 크게 노하여 木羅近資를 보내 군사를 거느리고 가라에 이르러 그 사직을 되돌리게 하였다.[150]

라고 하였듯이, 가야지역에 대한 경략이 끝난 후 갈등관계가 조성되었다. 이를 계기로 가야지역을 주도적으로 관할하던 沙氏를 대신하여 木氏勢力이 통제권을 행사하게 되었다.[151] 목씨는 가야지역의 경영을 기

---

149) 『日本書紀』 권10, 應神紀 25年.
150) 『日本書紀』 권9, 神功紀 62年.

반으로 하여 백제의 중앙 정계에서 상당한 영향력을 갖는 세력으로 등
장하였다.152)

목씨세력의 出自는 마한의 목지국이며, 근초고왕이 추진한 마한 잔
여세력과 가야 7국에 대한 경략에서 세운 戰功을 바탕으로 정치적 기
반을 마련하였다.153) 구이신왕대의 목만치로 상징되는 새로운 귀족세
력의 진입은 지배구조 내부의 서열과 세력균형에 변화를 초래하였다.

구이신왕이 재위 8년 만에 단명하자 비유왕이 427년에 즉위하였다.
구이신왕의 治世에 대해서는 즉위와 사망에 관한 두 가지 사료만 남아
있고,154) 재위 8년 만에 별다른 이유 없이 사망한 기사가 전해지고 있
다. 비유왕은 구이신왕의 맏아들이라는 견해와 전지왕의 서자라는 견
해가 양립한다. 그러나 구이신왕이 어린 나이에 즉위하여 재위 8년 만
에 사망하였기 때문에 전지왕의 서자일 가능성이 높다.155)

이 때문에 구이신왕의 사망이 모종의 정변과 관련이 있었던 것으로
추정하고 있다.156) 비유왕의 즉위 후 목씨세력은 약화되고, 전지왕 이
래 왕비족이었던 해씨세력의 위치가 보다 확고해졌다. 구이신왕이 폐
위된 까닭은 王母의 부적절한 처신과 목씨세력의 전횡 때문으로 판단

151) 盧重國, 1994, 「4~5세기 백제의 정치운영」, 『한국고대사논총』 6, 156쪽.
152) 金秉南, 2001, 앞의 글, 77쪽.
153) 盧重國, 1988, 앞의 책, 155~156쪽.
154) 『三國史記』 권25, 百濟本紀3, 久爾辛王 前文.
155) 비유왕은 구이신왕의 맏아들이라는 견해와 전지왕의 서자라는 견해가 양립
한다(『三國史記』 권25, 百濟本紀3, 毗有王 前文). 그러나 비유왕은 전지왕의
서자로 보는 것이 타당한 것으로 생각된다(李道學, 1984, 「한성말 웅진시대
百濟王系의 검토」, 『한국사연구』 45, 6~7쪽 ; 鄭載潤, 1999, 「웅진시대 백제
정치사의 전개와 그 특성」, 서강대 대학원 박사학위논문, 18쪽). 왜냐하면 구
이신왕은 어린 나이에 즉위하여 집권 8년 만에 단명하였기 때문에 왕위를 계
승할 만한 후사를 남기지 못했을 가능성이 높기 때문이다.
156) 千寬宇, 1976, 앞의 글, 138쪽.

214

된다.

비유왕은 상좌평 餘信 등의 왕족과 解須를 비롯한 해씨세력의 도움을 받아 정변을 일으켜 이복형제 구이신왕을 살해하고 왕위에 올랐다.157) 餘信과 解須는 전지왕 이래 권력의 핵심부에 있었던 인물들인데, 목만치가 정국을 주도하면서 소외되었다. 이들은 정변을 일으켜 목만치를 제거하면서 구이신왕을 폐위시키고 비유왕을 추대하였다. 解須는 비유왕 3년에 상좌평 餘信이 죽자 그 직을 계승158)하는 등 권력의 핵심부를 차지하였다.

비유왕은 용모가 아름답고 말재주가 있어 사람들이 떠받들고 존경하였다. 비유왕은 즉위 3년째가 되는 429년에 중국 남조의 宋에 사신을 파견하였고, 다음 해에는 先王이 받았던 使侍節都督百濟諸軍事鎭東將軍百濟王의 爵號를 다시 받았다. 비유왕은 430년과 440년에도 송에 사절을 파견하여 조공하였다.159)

이는 고구려의 장수왕이 427년에 평양으로 천도하자 위기의식을 느낀 비유왕이 취한 외교적 노력이었다. 고구려의 평양 천도에도 불구하고 백제본기에 의하면 전지왕이 즉위한 405년부터 구이신왕과 비유왕을 거쳐 개로왕이 469년(同王 15)에 고구려의 남쪽 변경을 공격할 때까지 양국 사이의 전쟁 기사는 보이지 않는다. 그러나 백제와 고구려의 사이에 전쟁이 없었던 것은 아니며 장수왕이 평양 천도를 단행한 후 양국은 더욱 치열해진 긴장관계로 접어들었다.

고구려의 평양 천도는 지금까지 추진해 오던 영역확장 정책의 주된

157) 한편 비유왕 자신이 정변의 주도적 역할을 하면서 여신과 해수 등을 끌어들였을 가능성도 없지 않다. 비유왕은 전지왕의 서자였기 때문에 적자인 구이신왕에게 밀려 왕위에 오르지 못한 것에 반감을 품고 있다가, 목만치의 전횡을 구실로 삼아 정변을 일으켰을 가능성이 있다.
158) 『三國史記』 권25, 百濟本紀3, 毗有王 3年.
159) 『宋書』 권97, 列傳57, 夷蠻 東夷, 百濟.

장수왕의 무덤 장군총 | 화강암 표면을 정성들여 가공한 切石을 이용하여 7단의 피라미드 모양으로 쌓았다. 기단의 한 변 길이가 33m, 높이는 약 13m 이다. 기단의 둘레에는 너비 4m의 돌을 깔았으며, 그 바깥 둘레에 너비 30m의 礫石을 깔아 陵域을 표시하였다. 널방은 화강암의 절석을 쌓아 지었는데, 天障石이 있는 橫穴式이며, 두 개의 널받침이 있다.

방향이 남쪽으로 향하게 되었음을 의미한다. 이에 맞서 백제는 南朝, 왜국과의 전통적인 우호관계를 돈독히 하였다. 비유왕은 428년에 누이 동생 新齊都媛을 7명의 여자와 함께 왜국으로 보냈다. 그러나『日本書紀』應神紀에는 비유왕이 아니라 直支王(腆支王)이 왕녀를 왜국에 보낸 것으로 되어 있다.[160]

전지왕은『三國史記』백제본기 전지왕 16년 조와『日本書紀』應神紀 25년 조에 의하면 420년에 사망하였다. 따라서 新齊都媛을 왜국으로 보낸 사람은 전지왕이 아니라 비유왕이었다. 비유왕은 장수왕의 평양 천도 소식을 접하고 新齊都媛을 왜국으로 보내 왕실간의 혼인을 맺어 양국관계를 강화하였다.

---

160)『日本書紀』권10, 應神紀 39年 春二月.

비유왕은 남조 및 왜국과의 관계를 돈독히 하면서 소원한 상태에 있던 신라와도 우호적인 관계를 맺고자 하였다. 비유왕은 433년에 사신을 신라에 보내 화친을 청하였다. 신라의 눌지왕이 이를 받아들여 제라동맹이 체결되었다.161) 백제는 그 이듬해에도 良馬 2필과 白鷹을 보냈으며, 신라도 황금과 야명주로 답례하는 등 양국은 동맹체제로 전환하였다.162)

신라는 백제의 사주를 받고 왜가 침입하였을 때 광개토왕이 군사를 보내 막아줄 정도로 백제와 대립관계에 있었다. 신라는 고구려의 군사원조를 받은 이후부터 그 간섭을 크게 받았다. 신라의 내물왕은 실성과 복호를 고구려에 인질로 보냈고, 실성왕과 눌지왕의 즉위 과정에 고구려의 간섭을 크게 받는 등 그 영향력 아래에 있었다.163) 신라의 고구려에 대한 예속은 점점 심화되어 고구려군이 신라에 주둔할 정도였다.164)

그런데 제라양국이 동맹을 맺게 된 것은 장수왕의 남하정책 때문이었다. 고구려의 남하 위협에서 벗어나려는 백제와 고구려의 간섭을 피하려는 신라의 입장이 맞물려 적대관계였던 양국을 결속시키는 계기가 되었다. 백제는 宋과 왜국, 가야와의 외교관계를 더욱 적극화하면서 신라와 동맹관계를 형성하여 고구려의 남하를 견제하였다.

장수왕은 재위기간 동안 남북조의 분열을 이용한 대중국외교를 적극적으로 전개하였다. 북중국은 여러 이민족의 국가들이 각축을 벌이다가 439년 北魏에 의하여 통일되었으며, 남중국은 漢族이 세운 東晉(317~420)·宋(420~479)·南齊(479~502)가 차례로 흥망을 반복하

---

161) 『三國史記』 권25, 百濟本紀3, 毗有王 7年.
162) 『三國史記』 권25, 百濟本紀3, 毗有王 8年.
163) 李基東, 1972, 「신라 내물왕의 혈연의식」, 『역사학보』 52·53合, 74쪽.
164) 『日本書紀』 권14, 雄略紀 8年 2月.

였다. 장수왕은 즉위하던 해(412)에 東晉에 사절을 파견[165]하여 70년 만에 南朝와의 교섭을 재개한 이래, 동진이 망한 후에 건국된 宋·南齊와도 외교관계를 유지하였다.

장수왕은 北魏가 북중국의 강자로 부상됨에 따라 435년(同王 23)에 사절을 파견하여 외교관계를 수립하였다.[166] 장수왕은 436년에 북위의 군대에 쫓긴 北燕의 왕 馮弘의 망명을 받아들였는데, 북위가 요구한 풍홍의 소환을 거부하여 긴장관계가 형성되었다. 고구려와 북위 사이에는 긴장이 고조되어 440~460년까지 20년 동안 사절의 교환이 중단되었다.

장수왕은 평양으로 천도하여 백제와 신라에 대해 압박을 가하였지만, 북위와 긴장관계가 고조된 시기에는 적극적인 남진정책을 추구하기 어려웠다. 비유왕은 북위와 대립이 조성되어 남쪽으로 군대를 파견하기 어려운 고구려의 틈을 노려 반격을 시도하였다. 그러나 『三國史記』 백제본기 비유왕 조에는 고구려와 전쟁을 치른 기사가 전혀 보이지 않는다. 다만 개로왕이 472년에 北魏에 보낸 표문에 의하면

E. 表에서 또 다음과 같이 말하였다. "신은 고구려와 더불어 근원이 부여에서 나왔습니다. 先世 때에는 옛 우의를 두텁게 하였는데 그 할아버지 釗가 이웃 나라와의 우호를 가벼이 저버리고 친히 군사를 거느리고 신의 국경을 함부로 짓밟았습니다. 저의 할아버지 須가 군사를 정비하여 번개같이 달려가 기회를 타서 잽싸게 공격하니, 화살과 돌로 잠시 싸운 끝에 釗의 목을 베어 달았습니다. 이로부터 감히 남쪽을 돌아다보지 못하였습니다. 풍씨의 운수가 다하여서 남은 사람들이 도망해 오자 추악한 무리들이 점차 성해져서 드디어 능멸과 핍박을 당하게 되었으며, 원한을 맺고 병화가 이어진 지 30

---

165) 『三國史記』 권18, 高句麗本紀6, 長壽王 元年.
166) 『三國史記』 권18, 高句麗本紀6, 長壽王 23年.

218

여 년에 재물도 다하고 힘도 고갈되어 점점 약해지고 위축되었습니다.167)

라고 하였듯이, 472년에서 30여 년이 앞선 440년대부터 양국의 대립이
치열해진 것으로 추정된다. 비유왕이 427년에 즉위하여 455년에 사망
한 것으로 볼 때 집권 후반기에 고구려와 대립이 격화되었다. 동맹을
맺은 제라 양국과 고구려가 무력 대결로 치달은 것은 450년대에 이르
러 이루어졌다.

신라는 눌지왕 34년(450)에 하슬라성의 성주였던 三直이 悉直에서
사냥하던 고구려의 변방 장수를 공격하여 살해하였다.168) 이 사건을
계기로 신라와 고구려는 전쟁 상태로 돌입하였다. 고구려는 변방 장수
의 살해를 보복하기 위하여 군사를 일으켰는데, 신라가 사신을 보내
사죄하므로 그만두었다.169) 장수왕은 454년에 신라의 북쪽 변경을 공
격하였다.170)

고구려는 신라의 北邊을 공격한 다음 해인 455년에 백제를 침입하
였다. 고구려가 백제를 공격하자 신라의 눌지왕이 군사를 보내 구원하
였다.171) 제라 양국은 동맹을 맺고 고구려의 남진정책에 맞서고 있었
기 때문에 상대국이 침입을 받으면 군사를 파견하여 공동으로 대처하
였다. 비유왕은 집권 후반기에 이르러 고구려와의 대립이 격화되는 와
중에 즉위 29년 만에 사망하였다.

167) 『三國史記』 권25, 百濟本紀3, 蓋鹵王 18年.
168) 『三國史記』 권3, 新羅本紀3, 訥祇王 34年.
169) 『三國史記』 권18, 高句麗本紀3, 長壽王 38年.
170) 『三國史記』 권18, 高句麗本紀3, 長壽王 42年.
171) 『三國史記』 권3, 新羅本紀3, 訥祇王 39年.

2. 개로왕의 즉위와 지배체제 재편

개로왕은 455년에 비유왕이 사망하자 왕위에 오르게 되었다. 비유왕은 자연스런 죽음이 아니라 모종의 정변에 연루되어 희생되었을 가능성이 높다. 이를 입증할 만한 직접적인 사료는 없지만 비유왕이 사망하기 직전에 黑龍이 출현[172]한 것은 이를 암시한다. 고대사회에서 흑룡의 출현은 국가의 불길한 징조를 나타내며 뒤이어 비유왕이 사망한 것은 정상적인 죽음이 아님을 시사한다.[173]

또한 개로왕이 즉위한 후 20여 년이 지난 후에 露地에 임시로 매장되어 있는 부왕의 뼈를 장사한 것[174]도 비유왕이 정변에 희생되었음을 증명한다. 『三國史記』 백제본기에 개로왕 14년까지가 공백인 점도 그의 집권 과정에 정변이 일어난 사실을 반증한다.[175] 즉, 개로왕 초기의 기록이 공백으로 남아 있는 것은 왕위계승 문제로 지배세력간의 내분이 일어났음을 의미한다.[176]

비유왕 말년에 백제에서 정변이 일어난 까닭은 기록이 남아 있지 않아 정확한 사정을 알 수 없다. 다만 그동안 소강상태를 유지하고 있던 고구려와의 전쟁이 재개되어 백제가 밀리게 되면서 비유왕이 희생양이 되었을 가능성이 높다. 장수왕이 남진공격을 펼친 것은 北燕이 멸망하고 정권을 담당하였던 馮跋이 고구려로 망명한 436년 이후였다.[177]

---

172) 『三國史記』 권25, 百濟本紀3, 毗有王 29年.
173) 李道學, 1985, 「한성말 웅진시대 백제왕위계승과 왕권의 성격」, 『한국사연구』 50·51합, 3~4쪽 ; 盧重國, 1988, 앞의 책, 140~141쪽.
174) 『三國史記』 권25, 百濟本紀3, 蓋鹵王 21年.
175) 千寬宇, 1976, 앞의 글, 139쪽.
176) 梁起錫, 1990, 앞의 글, 119~123쪽.
177) 『魏書』 권100, 列傳88, 百濟國.

220

백제와 신라는 장수왕이 427년에 평양으로 천도하자 433년에 동맹을 맺고 고구려의 남진정책에 공동으로 맞서 나갔다. 제라동맹의 형성에도 불구하고 고구려가 풍발의 투항 이후 본격화된 대립에서 백제에 대한 우위를 확보하고 있었다. 따라서 수세에 처한 백제의 집권층은 전쟁의 패배에 대한 책임을 물어 정변을 일으켜 비유왕을 제거하고 국면의 전환을 꾀했을 가능성이 높다.[178]

고구려는 백제에서 정변이 일어나 455년 9월에 비유왕이 살해되고 정국이 요동치자 다음 달에 군사를 파견하여 공격에 나섰다. 백제는 고구려의 공격을 신라의 도움을 받아 물리칠 수 있었다.[179] 이는 비유왕 후반기부터 백제와 고구려가 대립상태에 있었다는 개로왕의 표문 내용이 사실에 기반하고 있음을 입증해 준다.

비유왕을 죽음으로 몰고 간 정변은 고구려에 대한 패전 책임과 더불어 차기 왕위계승과 밀접한 관련 속에서 발생하였다. 정변을 주도한 세력은 전지왕 이후 주로 왕비를 배출하던 해씨세력으로 추정된다. 비유왕 말기에 이르러 국왕과 해씨세력 사이에는 갈등관계가 조성된 것은 무엇보다도 對高句麗戰에 대한 입장 차이로 생각된다. 비유왕은 고구려의 남하정책에 맞서 강력한 반격을 펼치자는 입장이었고, 해씨세력은 무력대결보다는 타협을 통해 현실에 안주하려는 측면이 강하였다.

전지왕이 즉위하는 과정에서 권력의 핵심부로 진출한 해씨세력은

---

178) 백제는 일찍이 진사왕이 광개토왕에게 밀려 패전을 거듭하던 와중에 392년에 대패를 당하자, 이에 대한 사후 수습책을 놓고 지배세력 사이에 대립과 갈등이 벌어져 피살된 경우가 있었다(梁起錫, 1990, 앞의 글, 76쪽).
179) 이에 대해서는 백제측의 사료에는 보이지 않고, 『三國史記』권3, 新羅本紀3, 訥祗王 39년 조에 전한다. 신라의 눌지왕은 455년 10월에 고구려가 백제를 침범하자 군사를 보내 백제를 구원하였다. 비유왕이 9월에 사망한 것을 고려하면 고구려가 그 다음 달에 백제를 공격하였음을 알 수 있다.

그 이전의 진씨세력과는 달리 온건한 대외정책을 펼쳤다. 근초고왕 이래 아신왕대까지 백제의 정권을 담당한 핵심세력들이 고구려와의 전면적인 무력대결을 선호한 것에 비하여, 전지왕 이후에는 무리한 전쟁을 자제하고 내치에 주력하는 타협적인 방향으로 나갔다.[180] 백제의 온건한 대외정책을 전지왕의 즉위 이후 백제와 고구려 사이에 오랫동안 전쟁이 재개되지 않은 하나의 원인으로 들 수 있다.[181]

그러나 장수왕이 436년 이후 남진정책을 적극 추진하면서 양국 사이에는 전운이 다시 감돌기 시작하였다.[182] 백제는 고구려의 평양 천도 후 제라동맹을 맺고 신라와 공동전선을 펼쳤다.

제라 양국과 고구려가 본격적인 무력 대결로 치달은 것은 450년에 하슬라성의 성주였던 三直이 悉直에서 사냥하던 고구려의 변방 장수를 공격하여 살해한 것이 계기가 되었다. 비유왕은 삼국이 전란의 소용돌이에 휩싸이자 실추된 왕권을 회복하고 고구려의 남진을 차단하기 위하여 전쟁을 선택하였다.

그러나 비유왕의 무리한 강경책은 해씨세력을 비롯한 현실에 안주

---

180) 백제는 근초고왕대부터 아신왕대까지 고구려와 치열한 격전을 치렀다. 양국 사이에 벌어진 전쟁이나 군대 징발에 대한 현황을『三國史記』百濟本紀를 통해 살펴보면 근초고왕대 5회, 근구수왕대 3회, 진사왕대 6회, 아신왕대 5회에 이르렀다. 그러나 전지왕 이후 구이신왕과 비유왕대에는 단 한번의 교전도 이루어지지 않았다. 다만『魏書』百濟 條를 통해 볼 때 436년 이후 양국의 대립이 다시 격화되기 시작했음을 알 수 있다.

181) 양국의 평화관계가 유지된 것은 고구려가 백제를 견제하면서 後燕과 北魏 등과의 對中關係에 주로 집중하였기 때문이었다. 그러나 전지왕의 즉위 이후 백제가 고구려와의 대결을 자제하고 內治에 주력하여 양국 사이의 전란이 사라진 측면도 없지 않았다.

182) 그러나『三國史記』백제본기와 고구려본기에는 이 무렵 여제 양국의 전쟁기사가 남아 있지 않고, 아신왕대 이후 양국의 관계가 소강상태에 놓여 있었던 점을 고려하여 개로왕의 상표문에 보이는 기사를 그대로 인정하기 어려운 것으로 보는 견해도 있다(김수태, 1998, 앞의 글, 140쪽).

하려는 일파의 불만을 초래하였다. 해씨세력은 비유왕이 고구려와의
전쟁에 밀리자 정변을 일으켜 국면전환을 시도하였다. 또한 해씨세력
은 비유왕을 제거하고 자파에게 유리한 인물을 왕위에 추대하려고 하
였다.

해씨세력은 고구려전에 대한 패배의 책임을 묻고, 비유왕이 전지왕
의 서자라는 점을 들어 정통 왕위계승자를 추대한다는 명분으로 정변
을 일으켰다.[183] 그러나 비유왕이 정변에 희생되었음에도 불구하고 그
의 맏아들이었던 개로가 왕위에 오른 것은 해씨세력이 주도한 정변이
실패로 끝났음을 의미한다.

개로왕은 부왕을 죽음으로 몰고 간 귀족세력의 발호에 의한 왕권 위
축과 병폐를 즉위 과정에서 실감하였다. 또한 고구려의 계속되는 침입
을 극복하지 못하고서는 왕권의 안정과 국난 극복이 불가능한 상황임
을 직시하였다. 개로왕은 귀족세력의 발호를 차단하여 왕권을 강화하
고 고구려의 남진정책을 좌절시켜 백제가 당면한 현안을 해결해야 하
였다.

개로왕은 전제왕권을 지향하여 국정운영의 전면적인 변화를 모색하
였다. 개로왕은 왕권을 강화시켜 국정안정을 기하고 지배세력을 재편
하여 정변 발생의 가능성을 차단하려고 하였다. 개로왕은 고구려와의
섣부른 대결을 피하고 왕권강화와 지배세력의 재편작업에 먼저 착수
하였다.

개로왕이 파행적인 정치운영을 탈피하기 위하여 노력하였으나, 중앙
및 지방통치조직을 비롯하여 국가체제 전반을 새롭게 정비하는 단계
까지 이르지는 못하였다. 이는 개로왕의 전제왕권 지향이 처음부터 근
본적인 한계를 내포하고 있었음을 의미하며, 백제의 전반적인 개혁은

---

183) 鄭載潤, 1999, 앞의 글, 19쪽.

사비천도 후 성왕 때에 이르러 가능하였다.

그 대신에 개로왕은 기존의 官等制를 근간으로 활용하면서 북방 유목민족과 중국의 左·右賢王制 및 王·侯制를 수용하였다. 개로왕은 宋을 비롯한 중국측을 의식하여 황제와 천자 같은 표현을 사용하지 않으면서도 백제의 '大王'으로 자처하여 그와 동일한 위상을 확보하였다. 개로왕이 집권 4년째인 458년에 송나라에 보낸 상표문에는

A. 大明 2년, 慶이 사신을 보내 표문을 올려 말하기를, "신의 나라는 대대로 특별한 은혜를 입고 문무의 훌륭한 신하들이 대대로 조정의 관작을 받았습니다. 行冠軍將軍右賢王 餘紀 등 11명은 충성스럽고 부지런하여 높은 지위에 나아감이 마땅하오니 엎드려 바라옵건대 가엾게 여기시어 모두 관직을 내려 주십시오."라고 하였다. 이에 行冠軍將軍右賢王 餘紀를 冠軍將軍으로 삼고, 行征虜將軍左賢王 餘昆과 行征虜將軍餘暈을 모두 征虜將軍으로, 行輔國將軍 餘都와 餘乂를 모두 輔國將軍으로, 行龍驤將軍 沐衿과 餘爵를 모두 龍驤將軍으로, 行寧朔將軍 餘流와 麋貴를 모두 寧朔將軍으로, 行建武將軍 于西와 餘婁를 모두 建武將軍으로 삼았다.[184]

라고 하였듯이, 왕족과 重臣 11명의 관작제수를 요청한 사실이 남아 있다. 개로왕이 宋에 관작제수를 요청한 대상은 餘紀와 餘昆을 위시하여 8명이 왕족이었고, 그동안 백제의 정국을 주도하였던 解氏나 眞氏는 한 사람도 없었다.

개로왕의 집권 초에 해씨세력이나 진씨세력이 중앙정계에 보이지 않고, 龍驤將軍 沐衿이 관작의 수여를 받은 것은 지배체제가 재편되었음을 의미한다. 개로왕이 목금 등의 타성 귀족에 대해 관작제수를 요청한 것은 해씨세력이 주도하여 일으킨 정변에 협조하지 않았거나,

---

184) 『宋書』 권97, 列傳57, 夷蠻 東夷, 百濟.

개로왕을 도와 반란을 진압하는 데 적극적인 도움을 주었기 때문으로 추정된다.

그 외에도 개로왕은 餘都와 餘乂를 輔國將軍에 제수하는 등 왕족 중심의 지배체제를 굳건히 하였다. 또한 개로왕은 왕족인 餘禮를 駙馬 都尉로 삼아 왕비족의 전횡을 방지하려고 하였다.[185] 개로왕은 天命 的인 질서에 가탁하여 스스로 '大王'이라 자처하고 신료들을 王ㆍ 侯ㆍ太守로 분봉하여 百濟流 천하질서를 갖추면서 왕권의 전제화를 도모하였다.[186]

개로왕의 집권 초에 지배체제가 재편되고 국정이 안정되었지만 전 제왕권의 토대가 마련된 것은 아니었다. 이는 개로왕의 즉위에 중요한 역할을 하여 右賢王에 제수된 셋째 동생 昆支가 군권을 장악하고 있 었기 때문이다. 곤지는 461년에 왜국으로 건너가 오랫동안 거주하였는 데, 軍君,[187] 昆支王,[188] 昆支君[189] 등으로 불려졌다.[190]

곤지가 昆支王으로 불린 것은 국내에 있을 때 '王ㆍ侯'號의 관작을 제수 받았기 때문이다.[191] 軍君은 백제에서 군사 분야의 실권을 장악

---

185) 李道學, 1985, 앞의 글, 6쪽.
186) 坂元義種, 1968, 「5世紀の百濟大王とその王ㆍ侯」, 『朝鮮史研究會論文集』 4 ; 李基東, 1974, 「中國史書에 보이는 百濟王 牟都에 대하여」, 『歷史學報』 62 ; 梁起錫, 1984, 「五世紀 百濟의 王ㆍ侯ㆍ太守制에 대하여」, 『사학연구』 38.
187) 『日本書紀』 권14, 雄略紀 5年.
188) 『日本書紀』 권16, 武烈紀 4年.
189) 『日本書紀』 권14, 雄略紀 5年.
190) 개로왕은 곤지를 征虜將軍左賢王에 私署한 후 宋에 사절을 보내 추인을 요 청하였으나 征虜將軍의 爵號만 인정되고 左賢王은 거부되었다. 그럼에도 불 구하고 곤지는 국내에서 계속 '좌현왕' 또는 '곤지왕'으로 호칭되었으며, 그 와 마찬가지로 冠軍將軍右賢王 餘紀도 '우현왕' 등으로 불려졌을 가능성이 높다.
191) 한편 君과 侯도 동일한 爵名에 대한 異稱으로 보고 있다(李鎔彬, 2002, 『백

한 사실을 반영한다. 개로왕이 餘紀와 餘昆을 책봉한 右賢王과 左賢
王은 흉노나 돌궐 등 북방 유목민족의 官爵이었다.[192] 유목민족 국가
에서는 왕의 후계자로 군사 부분의 실권을 장악한 사람에게 우현왕이
나 좌현왕을 제수하였다.[193]

개로왕의 입장에서 곤지는 대단히 위협적인 존재이며 방심할 수 없
는 인물이었다. 곤지가 비범한 인물이었음은 개로왕의 즉위과정에서
큰 공을 세운 사실로 입증된다.[194] 그가 훗날 왜국에서 귀국한 후 내신
좌평에 임명되자,[195] 정국을 장악하고 있던 解仇가 위협을 느끼고 살
해한 사실로도 알 수 있다.[196]

또한 458년에 冠軍將軍右賢王에 제수된 餘紀도 곤지와 마찬가지로
개로왕의 전제왕권 추구에 장애가 되었다. 餘紀가 冠軍將軍右賢王에
제수된 것은 개로왕의 즉위에 공적을 세운 것 외에도, 왕족 중에서 항
렬이 높고 나이가 많아 왕실을 대표할 수 있는 사람이었기 때문으로
추정된다. 개로왕은 자신의 즉위에 중요한 역할을 하였으며, 군사적 실
권을 보유하고 있던 곤지와 여기의 존재에 부담감을 갖고 있었다.

이 때문에 개로왕은 곤지를 청병사의 역할을 부여하여 왜국으로 파
견하였다.[197] 곤지가 왜국으로 떠나면서 '王'號를 소유한 사람은 右賢

제지방통치제도연구』, 서경, 132쪽). 그 근거는『禮記』曲禮下 第二에 "九州
之長 入天子之國曰牧 天子同姓謂之叔父 異姓謂之叔舅 於外曰侯 於其國曰
君"이라 하여, 밖에서는 侯라 하고 안에서는 君으로 호칭하였다는 것에 두고
있다.

192) 護雅夫, 1971,「北アジア・古代遊牧國家の構造」,『岩波講座 世界歷史』6,
岩波書店.
193) 坂元義種, 1968, 앞의 글, 56쪽.
194) 鄭載潤, 1999, 앞의 글, 19~20쪽.
195)『三國史記』권26, 百濟本紀4, 文周王 3年.
196) 山尾幸久, 1979,「日本書紀のなかの朝鮮」,『日本と朝鮮の古代史』, 三省堂
選書 57, 136쪽.

王 餘紀만 남게 되었는데, 그 역시 권력의 핵심에서 밀려났거나 자연스럽게 사망에 이르렀다. 개로왕이 전제왕권을 형성한 시기에 대해서는 즉위 15년 무렵으로 보는 견해가 있다.[198) 그러나 개로왕이 군사 분야를 비롯하여 국정 전반에 걸쳐 모든 권한을 수중에 장악하여 전제왕권의 토대를 마련한 것은 곤지가 왜국으로 떠난 461년(同王 7) 이후로 추정된다.

개로왕이 곤지를 왜국으로 보낸 후 권력의 핵심에 새롭게 진입한 사람은 훗날의 문주왕 즉, 輔國將軍 餘都이었다. 그는 성품이 부드럽고 결단력이 없는 인물이었으나 개로왕을 보필하여 상좌평에 올랐다.[199) 餘都를 비롯하여 정국개편 후 권력의 중추세력으로 떠오른 집단은 458년에 '將軍'號의 官爵이 제수된 인물들이 중심이 되었다. 개로왕은 곤지의 축출을 계기로 모든 권한을 수중에 장악하여 강력한 왕권을 행사할 수 있게 되었다.[200)

---

197) 곤지가 왜국에 건너 간 것은 유사시에 대비하려는 請兵使 역할로 보기도 하지만(梁起錫, 1981, 「三國時代 人質의 性格에 대하여」, 『史學志』 15, 55~56 쪽), 지배세력 간의 대립에서 기인한 정략적인 추방으로 이해하는 견해도 있다(延敏洙, 1998, 『古代韓日關係史』, 혜안, 411~417쪽). 그 외에 가족을 데리고 건너가 오랫동안 체류한 사실 때문에 백제 계통의 이주민들을 조직화하여 왜 정권에 협력하고, 이들의 힘을 이용하여 백제를 구원하려는 임무를 수행한 것으로 보기도 한다(鄭載潤, 1999, 앞의 글, 29~30쪽).

198) 金壽泰, 1998, 「백제 개로왕대의 對高句麗戰」, 『백제사상의 전쟁』, 충남대 백제연구소, 143쪽.

199) 『三國史記』 권26, 百濟本紀4, 文周王 前文.

200) 文安植, 2005, 「개로왕의 왕권강화와 국정운영의 변화에 대하여」, 『史學研究』 78, 53쪽.

제3절 개로왕의 전제왕권 지향과 파탄

1. 王·侯制의 시행과 지방통치의 변화

개로왕은 곤지의 渡倭를 계기로 왕권강화와 정국안정을 확고하게 다진 후 중앙집권력이 약화되어 동요하고 있던 지방통치에 관심을 돌리게 되었다. 담로제를 통한 지방통치는 한성시대 후기에 이르러 국력이 쇠퇴하고 중앙집권력이 약화되면서 한계에 봉착하였다. 백제는 고구려와의 전쟁에 필요한 인적·물적 자원을 주로 지방에서 조달하였는데, 소농민의 수탈로 이어져 민생파탄에 직면하였다.

백제의 긴박한 대내외적인 상황도 기존의 담로제를 보완할 수 있는 새로운 제도의 성립을 필요로 하였다. 개로왕은 왕·후제를 실시하여 중앙정부의 지방통치를 강화하고 토착세력의 발호를 차단하려고 하였다. 그러나 왕·후제에 대해서는 남아 있는 관련 사료가 부족하여 전말을 파악하기 어려운 실정이다.

개로왕이 왕·후제를 시행한 목적에 대하여 중국과의 儀禮的인 관계[201] 또는 요서지역 경략을 위한 수단[202]으로 보는 견해가 있다. 이와는 달리 왕·후제를 웅진천도 후 토착세력이 강한 전라도지역을 경영하기 위한 수단으로 활용된 것으로 이해하는 경우도 있다.[203]

---

201) 梁起錫, 1984,「五世紀 百濟의 王·侯·太守制에 대하여」,『사학연구』38.

202) 백제의 요서경략설을 긍정적으로 받아들이는 입장에서는 왕·후제 및 태수제를 통하여 백제군의 화북진출설을 논하고 있다(金庠基, 1967,「백제의 요서경략에 대하여」,『백산학보』3 ; 方善柱, 1971,「백제군의 화북진출과 그 배경」,『백산학보』3). 또한 요서진출을 제한된 의미로 받아들여 단순한 '무역권의 인정'이라는 측면에서 이해하는 경우도 있다(盧重國, 1978,「백제왕실의 남천과 지배세력의 변천」,『한국사론』4 ; 李明揆, 1983,「백제 대외관계에 관한 一試論」,『사학연구』37).

203) 末松保和, 1961, 앞의 책, 109~114쪽 ; 鄭載潤, 1992, 앞의 글 ; 田中俊明, 1997,「웅진시대 백제의 영역재편과 왕·후제」,『백제의 중앙과 지방』, 충남

그런데 동성왕대에 해당하는 490년과 495년에 南齊에 책봉을 요청한 사료를 보면 王·侯의 任期가 정해져 있고 任地를 옮기는 사실이 발견된다. 또한 王·侯가 책봉된 地名群이 치우쳐 있고, 동일한 시기에 책봉된 王·侯의 封地가 겹치지 않고 있다.204) 따라서 왕·후제는 儀禮的인 외교관계나 有功者를 격려하고 포상하려는 목적 외에도 담로제의 한계를 보완하여 적극적인 지방통치를 실시하기 위한 수단으로 활용되었을 가능성이 높다.

백제에서 왕·후제가 시행된 始期에 대해서도 견해 차이가 적지 않다. 백제가 漢式 官制인 왕·후제를 시행한 사실을 알려주는 최초의 사료는 개로왕이 472년에 餘禮를 弗斯侯로 私署205)한 기록이다.206) 이 사료를 근거로 하여 餘禮가 弗斯侯에 책봉된 것을 왕·후제의 기원으로 파악하는 견해가 있다.207) 그러나 왕·후제는 웅진천도 후 동성왕대에 이르러 시행된 것으로 파악하는 것이 일반적이다. 또한 그 기원을 餘禮의 책봉에서 구하는 논자들도 왕·후제가 본격적으로 시행된 것은 동성왕대로 보고 있다.208)

그러나 왕·후제의 기원을 472년에 여례를 불사후로 책봉한 것에서 구하는 것은 문제가 없지 않다. 왜냐하면 개로왕이 여례를 불사후에 책봉한 것은 왕·후제의 기원이 아니라 제도로서 일정 정도 정착된 것

대 백제연구소.

204)『南齊書』권58, 列傳 39, 東南夷, 百濟.

205) 私署는 사사로이 官職을 준다는 뜻으로, '行'·'行職'·'行署' 등도 같은 용례이다. 백제의 왕은 신하들에게 假授한 爵號를 정식으로 除授해 줄 것을 중국측에 요청하는 것이 관례였다.

206)『魏書』권100, 列傳88, 百濟.

207) 坂元義種, 1968, 앞의 글.

208) 한편 개로왕대에 미완성으로 끝난 좌·우현왕제가 동성왕대에 이르러 왕·후제로 확대된 것으로 파악하는 견해도 있다(鄭載潤, 1999, 앞의 글, 99쪽).

을 반영한 것으로 추정되기 때문이다. 즉, 그 시점에서 다른 지역에 분봉된 王·侯가 있었을 가능성을 배제할 수 없다.

여례의 불사후 책봉은 北魏로 使行을 떠나기 이전에 기타의 왕·후들과 함께 다른 이유에 의하여 시행되었다. 왕·후제는 웅진천도 후에 본격적으로 실시된 것이 아니라 개로왕대에 적극 활용되었다. 개로왕이 왕·후제를 실시한 것은 461년을 전후한 시기였다. 개로왕은 곤지의 도왜를 계기로 중앙집권력이 약화되어 흔들리고 있던 지방통치를 강화하고 토착세력을 견제하기 위하여 왕·후제를 실시하였다.

王·侯는 관할지역의 치안유지, 역역 징발, 조세수취, 도로와 성곽의 보수 등을 총괄하였다. 이를 통해 개로왕은 중앙의 귀족세력과 지방 토착세력에 의한 자의적인 對民收奪을 억제하여 編戶小民의 성장을 촉진하였다. 편호소민은 한성시대 후기에 이르러 수리시설 확충, 철제 농업토목 용구의 확산, 우경의 보급 등에 의한 농업생산력 발전에 의하여 공동체가 해체되면서 개별 농가로 성장하였다.[209] 개로왕대에는 아직 체계적인 조세제도가 마련되지 못하였지만, 담로에 파견된 지방관을 중심으로 각 지역의 실정과 담세능력을 고려한 수취가 이루어졌다.[210]

---

209) 전덕재, 1990, 앞의 글, 27쪽.

210) 백제의 지방제도 정비에 따른 각 지역의 특산물을 비롯한 주요 산물의 실태 파악에 대해서는 국내측의 사서에는 보이지 않고 『日本書紀』仁德紀 41年조에 "始分國郡彊場 具錄鄕土所出" 하였다는 기록이 남아 있다. 그 시기에 대해서는 仁德 41년에 해당하는 353년(근초고왕 8) 무렵에 중앙집권적 귀족국가체제가 완성됨에 따라 중앙과 지방의 제반 제도가 정비되고, 그 영역을 처음으로 나누어 지방의 所出을 파악하는 등 담로제가 성립된 것으로 보고 있다(盧重國, 1988, 앞의 책, 233~236쪽). 그러나 『日本書紀』초기기록의 편년방식에 따라 2周甲 引下하여 473년(개로왕 19)에 해당되는 것으로 파악하는 견해도 있다(金英心, 1990, 앞의 글, 84~85쪽 ; 金起燮, 1997, 앞의 글, 201쪽). 따라서 늦어도 개로왕 대에는 각 지역의 所出을 일률적으로 파악하고 실정에 맞게 수취하였을 것으로 보인다.

230

그러나 체계적인 지방제도가 마련되지 못하였기 때문에 지방관이나 토착세력에 의한 횡포와 농간이 심할 수밖에 없었다. 백제의 租와 調, 力役의 편성 기준은 人丁數가 기준이 되었고, 丁男에게는 곡식과 역역을 丁女에게는 布·絹·紗·麻 등이 부과되었다.211) 이 과정에서 토착세력이 재량권을 남용하여 일반민에 대한 가혹한 수탈을 일삼았다.

개로왕은 왕·후제를 통해 지방통치를 강화하여 종래 자의적이고 가혹했던 수탈을 차단하고, 법으로 정해진 액수와 기간만큼 조세와 요역을 부과하도록 강제하였다. 당시 지방민에 대한 조세 수취, 力役 징발, 군사력 동원은 담로의 長과 그 막료를 통하여 이루어졌다. 담로의 책임자는 중앙에서 관료가 파견되는 경우도 있었지만, 전략적 요충지를 제외하고 대부분 토착세력이 임명되었다.

개로왕은 왕·후로 하여금 담로의 책임자나 그의 휘하에 있는 토착세력의 자의적인 소농민에 대한 수탈을 억제하고 조세수취 등에 있어서 일정한 기준을 따르도록 하여 민생을 안정시켰다.212) 또한 王·侯制는 군대편제 및 군사동원의 효율성을 제고하기 위한 수단으로도 활용되었다. 지방민들은 귀족세력이나 지방 토착세력의 가혹한 수탈에서 벗어나기 위하여 개로왕이 추진한 국정운영의 쇄신과 전제왕권 추구

211) 梁起錫, 1995, 앞의 글, 205쪽.
212) 『周書』백제전에 의하면 베·명주·삼베 및 쌀 등을 그 해의 풍흉을 헤아려 차등 있게 납부하도록 되어 있다. 또한 『北史』백제전에는 백제의 세제가 고구려와 유사하였다는 기록이 남아 있는데, 고구려는 『隋書』고구려전에 의하면 경제적인 빈부를 기준으로 하여 3등호제가 실시되고 있었다. 그러나 백제에서 일률적인 조세기준이 마련된 것은 사비천도 이후에 가능하였다. 다만 그 이전에도 도미전에서 편호소민의 존재를 확인할 수 있듯이, 5세기 후반에는 인정을 편호하여 수취의 기준으로 삼아 인두세를 부가한 것으로 보고 있다(梁起錫, 1995, 「백제의 정치·경제와 사회」, 『한국사6-삼국의 정치와 사회 Ⅱ(백제)』, 국사편찬위원회, 206쪽).

장수 삼봉리고분군 | 장수군 삼계면 삼봉리의 낮은 구릉을 따라 산자락에 30기 정도가 조성되었다. 현재는 밭으로 경작되거나 고속도로를 개설하면서 모두 사라지고 2기만 남았다. 수혈식 석곽분이 중심을 이루며 축조 시기는 5세기 말엽으로 보고 있다.

를 적극 지지하였다.213)

그러나 개로왕 때에 田丁戶口를 기준으로 하여 지방통치조직을 재편하여 방군성제와 같은 완비된 지방행정을 실시한 것은 아니었다.214) 개로왕대에는 전국에 걸쳐 전일적인 지방행정을 실시할 수 있는 여건이 마련되지 못하였다.215) 영서지역을 필두로 하여 전북의 일부 지역

---

213) 신라의 삼국통일 직후에 해당하는 후대의 기록이지만 車得公이 재상으로 취임하기 전에 지방으로 내려가 요역의 勞逸·조세의 輕重·관리의 淸濁을 살핀 사실(『三國遺事』권2, 文武王 法敏)은 개로왕이 왕·후를 활용하여 민생 안정을 도모한 측면과 부합되는 바가 없지 않다.

214) 개로왕대의 조세수취는 여전히 간접 징수방식에 머물렀고, 사비천도 후 5방제가 실시되면서 생산을 담당하고 있던 개인과 개별호에게 직접 세금을 징수하는 형태로 변화되었다(김주성, 1993, 앞의 글, 52쪽).

215) 백제가 세제를 획기적으로 정비하고 확립한 것은 6세기 중반 성왕 때에 이르러 중앙과 지방의 통치제제를 개편하고 22부제를 실시한 이후였다. 성왕대에

장수 삼고리고분군 출토 대가야계 토기 │ 삼고리 11호 고분에서 출토되었다. 대가야가 섬진강 중·상류지역으로 진출한 사실을 입증해 준다.

과 전남지역은 백제의 국력이 쇠퇴하여 영향력이 미치지 못하였다.

영서의 말갈세력은 군현이 축출된 후 백제의 지배를 받았으나 4세기 후반에 고구려의 영향력 하에 들어갔다. 그 후 말갈은 고구려의 부용세력으로 전락되어 남진경영의 전위세력으로 전락되었다. 이는 387년(진사왕 3) 가을에 백제와 말갈이 관미령에서 싸웠다는 사료를 통해서 짐작된다.216) 고구려의 말갈지배는 6세기 중엽에 이르러 신라의 진흥왕이 한강유역으로 진출하기 전까지 유지되었다.217)

또한 전북 동부지역도 5세기 중엽에 대가야의 세력권으로 편입되었다. 백제의 약세와 맞물려 대가야가 소백산맥을 넘어 전북 동부지역으

설치한 22부 중에서 내관의 穀部와 內·外椋部 및 외관의 點口部와 綢部의 설치는 수취체제의 개편과 밀접한 관련을 갖고 있다.

216) 『三國史記』 권25, 百濟本紀3, 辰斯王 3年.

217) 文安植, 1996, 「嶺西濊文化圈의 設定과 歷史地理的 背景」, 『동국사학』 30.

로 세력을 확장하였다.[218] 대가야는 백제가 고구려에 밀려 침체에 빠진 상황을 틈타 소백산맥을 넘어 남원을 비롯하여 무주, 진안, 장수 등을 장악하였다.[219]

이와 같은 양상은 노령 이남에 위치한 전남지역도 유사한 면모를 띠고 전개되었다. 전남지역은 근초고왕의 경략을 받은 이후 공납관계를 매개로 한 간접지배를 받게 되었다.[220] 백제가 고구려에 밀려 쇠퇴를 거듭하고 귀족세력이 발호하여 변방통치가 약화되자 전남지역의 토착세력도 독자적인 대외활동을 시작하였다.

또한 김제를 비롯한 전북의 서남부지역 토착세력도 백제의 지배를 벗어나 독자적인 대외활동을 전개하면서 자활을 추구하였다. 백제가 전북 서남부지역을 다시 장악한 것은 웅진천도 후 동성왕대에 이루어졌다.[221] 개로왕이 즉위한 5세기 중엽에 백제는 영서지역, 전북의 동부지역과 서남부지역 및 전남지역에 대한 영향력 행사가 어렵게 되었다.

그 외에도 안성천 이남에서 노령 이북 사이에 위치한 옛 마한의 중심지역에 대한 지배력도 약화되었다. 이에 대해서는 익산 입점리, 공주 수촌리, 서산 부장리, 천안 용원리 등에서 출토된 금동관이나 금동관모 등의 최상위급 위신재를 통해 유추된다.[222] 금동관 등의 위신재는 중

---

218) 박천수, 1999, 「고고학 자료를 통해 본 대가야」, 『고고학을 통해본 가야』, 제23회 한국고고학전국대회 발표요지, 56쪽.

219) 이는 5세기 중엽을 전후하여 전북 동부지역에 가야계 토기가 출현하여 재지계와 혼재되고, 그 후 재지계 토기가 고령양식 일색으로 바뀐 사실을 통해서 알 수 있다(이희준, 1995, 「토기로 본 대가야의 권역과 변천」, 『가야사연구』, 경상북도).

220) 權五榮, 1986, 「초기백제의 성장과정에 관한 일고찰」, 『한국사론』 15, 서울대 국사학과.

221) 이에 대해서는 본서 Ⅳ장에서 상술할 것이다.

222) 입점리고분군의 중심연대는 5세기 중엽으로 추정되고 있는데, 1호분에서 금동신발·금동관모 등의 유물이 출토되었다(崔完奎·李永德, 2001, 『익산 입

234

앙정부가 토착세력의 수장층에게 영향력을 행사하기 위하여 하사되었을 가능성이 높다.[223]

백제는 옛 마한지역에 대한 직접지배가 불가능한 상황에서 입점리 등의 수장층을 후원하여 영향력 확대를 도모하였다. 백제가 토착세력 수장층에게 금동관을 하사한 지역은 옛 마한지역 중에서 세력이 강대한 집단이 거주한 곳이었다. 이는 백제의 옛 마한지역에 대한 직접통치가 어려운 상황에 직면하였음을 반영한다.

백제는 금동관을 하사하면서 토착집단의 세력재편을 꾀하였다. 백제는 중앙정부에 우호적인 토착세력을 대상으로 금동관을 하사하여 영향력 확대를 도모하였다. 이를 통해 직접적인 지방통치를 실시하기 어려운 상태에서 간접지배의 효과를 극대화하였다.

백제는 토착세력 수장층에게 금동관 등의 위신재를 하사하여 지방통치의 효율을 제고한 방식과 왕·후제를 병행하여 실시하였다. 개로왕이 駙馬都尉 餘禮를 弗斯侯로 책봉한 것은 토착세력에게 금동관을 하사한 것과는 다른 양상을 보인다. 백제가 중앙에서 왕·후를 책봉하

점리 백제고분군』, 원광대학교 마한·백제문화연구소). 공주 수촌리 4호분에서도 한성 함락 이전에 제작된 것으로 추정되는 금동관모, 금동신발, 금제이식, 환두대도를 비롯한 다량의 위신재가 출토되었다(충남발전연구원, 2003, 『공주수촌리유적』). 또한 서산 부장리 5호분에서는 2003년에 수촌리에서 출토된 금동관과 제작연대가 거의 같은 것으로 추정되는 금동관모와 쇠로 만든 초두 등 백제시대 유물이 조사되었다(충청남도 역사문화원, 2005, 「서산 음암면 부장리유적」 현장설명회 자료). 그 외에 천안의 용원리 유적에서도 金銅鳳凰紋環頭大刀를 비롯하여 금동관모 裝飾이 조사되었다(공주대학교 박물관, 1998, 『천안 용원리유적 발굴조사 개략보고』).

223) 예컨대 수촌리에서 출토된 금동관모 등은 당시 최고의 위상을 지닌 威勢品으로서 피장자가 왕 다음 가는 위상을 지니고 있었으며, 경제적·정치적으로 상당히 독립적인 성격을 지닌 在地的 基盤을 가진 유력한 귀족세력이었다. 또한 유물 가운데 금동제품과 중국제 도자기 등은 중앙에서 하사 받은 것으로 중앙과 정치적으로 긴밀한 관계에 있었음을 보여주는 것으로 보고 있다(강종원, 2005, 「수촌리 백제고분 조영세력 검토」, 『백제연구』 42).

여 지방으로 파견한 곳은 전략적 요충지나 영향력이 큰 토착세력이 존재하지 않은 지역으로 추정된다. 양자는 시기적으로 볼 때 금동관을 하사하여 토착세력을 활용하는 방식이 선행하였고, 그것의 한계를 보완하는 형태로 왕·후제가 시행되었다.

백제는 중앙집권적 귀족국가체제를 형성한 근초고왕대를 전후하여 마한의 수장층 일부를 중앙의 귀족집단으로 편입하였다. 그 대표적인 집단으로 목씨세력을 들 수 있는데, 구이신왕 때에는 목만치가 국정을 장악224)할 정도로 한성에서 뿌리를 내렸다. 그 외에도 옛 마한 출신의 수장층 중에서 상당수가 한성으로 이주하여 신진 귀족세력으로 성장하였다.225)

중앙으로 진출하지 못한 수장층은 지방에 남아 있으면서 영향력을 유지하였다. 백제가 옛 마한 중심지역의 토착세력을 대상으로 하여 금동관을 하사한 집단은 이들의 일부로 판단된다. 따라서 백제가 금동관을 하사한 것은 개로왕대의 왕·후제 시행보다 선행하였을 가능성이 높다.

그러나 입점리고분군의 중심연대가 5세기 중엽임을 고려하면226) 양자의 시기 차이가 크지 않다. 왕·후제를 통한 지방통치와 금동관의 하사를 통한 지방사회의 재편이 병행되었다. 금동관 등의 하사를 통해서 지방사회의 재편과 통치의 효율을 도모한 방식을 왕·후제의 범주속에 포함시켜도 큰 무리는 없을 것 같다. 또한 중앙에서 파견된 왕·후나 금동관이 하사된 토착세력 모두 王 또는 侯로 호칭되면서 백제왕인 大王에게 신속하였다.

왕·후제는 안성천 이남과 노령 이북 사이에 위치한 옛 마한의 중심

---

224) 『日本書紀』 권10, 應神紀 25年.
225) 文東錫, 1996, 「한강유역에서 백제의 국가형성」, 『역사와 현실』 21, 208쪽.
226) 崔完奎·李永德, 2001, 앞의 책.

236

익산 입점리고분군 원경 | 익산시 웅포면 입점리의 칠목재 구릉 중턱에 있는 백제시대의 고분군으로, 1986년에 마을의 한 고등학생이 칡을 캐다가 금동제 관모 등을 발견한 후 신고하여 알려지게 되었다. 긴급발굴을 하여 8기의 무덤을 확인하였는데, 1호분을 제외하고는 파손이 심하였다. 토기류, 금동관모와 금귀고리, 유리구슬 등의 장신구가 수습되었다.

지역에서 실시되었다. 백제의 영향력이 상실된 김제 등의 전북 서남부 지역과 남원 등의 동부지역은 제외되었다.[227] 王·侯에 제수된 인물은 중앙의 왕족이나 귀족세력 및 지방의 대세력가 등이 중심이 되었다.[228]

---

227) 필자는 개로왕대의 왕·후제 시행 범위를 금강 이남과 노령 이북지역 사이에 국한된 것으로 종래 인식하였다(文安植, 2005, 앞의 글, 60쪽). 금강 이북지역 에서도 중앙정부의 지배력이 약하거나 토착세력이 강한 일부 지역에 국한되 어 시행된 것으로 판단하였다. 그러나 금강 이북지역에서도 최근에 서산 부 장리에서 조사된 금동관모와 더불어 기존의 천안 용원리유적의 금동관모 장 식을 염두에 두면 전면적인 시행이 이루어졌을 가능성이 높다.

228) 王·侯에 책봉된 사람은 중앙의 왕족과 高官이 임명된 것으로 이해한다(坂 元義種, 1968, 앞의 글, 101~102쪽). 그 외에도 지방의 영향력이 큰 토착세력 이 포함된 것으로 보기도 하며(金英心, 1990, 앞의 글, 85~86쪽), 舊馬韓의

입점리 고분군 근경

한편 王·侯制를 담로제와 연관시켜 생각하는 견해도 적지 않다.[229] 즉, 양자는 중앙에서 왕족이나 귀족을 파견하는 측면에서 동일한 성격을 갖고 있으며, 같은 제도를 史書에 따라 달리 표현한 것으로 파악한다.[230] 또한 백제가 사비로 천도하면서 方郡城制를 실시하였을 때 담로를 郡으로 재편한 것에 대해서도 대부분 동의하고 있다.[231] 그 전환

여러 國邑의 대표자가 임명되었다는 견해도 있다(車勇杰, 1978, 앞의 글, 67쪽).

229) 坂元義種, 1968, 앞의 글, 96~102쪽 ; 千寬宇, 1979, 앞의 글, 206쪽 ; 李基白·李基東, 1982, 앞의 책, 178~179쪽 ; 金英心, 1990, 앞의 글, 83쪽 ; 李鎔彬, 2002, 앞의 책, 123~139쪽.

230) 『梁書』 백제전에 보이는 담로는 475년 이후에서 534년 이전의 시기를 대상으로 하고 『宋書』·『南齊書』·『魏書』의 백제전에 보이는 王·侯號는 458년에서 495년 사이의 王·侯制를 서술하고 있다고 한다. 또한 담로제와 왕·후제는 존속했던 시기가 겹치고 있으며, 『梁書』는 전국에 있는 22담로에 대한 핵심적인 서술이고, 『宋書』 등의 기록은 각 담로의 구체적인 사례로 보고 있다(李鎔彬, 2002, 앞의 책, 113쪽).

은 지역규모의 동일성보다는 중간통치단위로서 郡이 담당한 역할의 계승관계에 의거한 측면이 크다.[232]

그런데 담로의 책임자로 파견된 사람의 신분과 지위가 근친 왕족이나 최고위급 귀족세력이 임명된 王·侯와 비교하여 현격한 차이가 있다. 郡의 長은 郡將[233] 혹은 郡令[234]이라고 불렸는데 4품 德率의 관등을 지닌 자가 파견되었다. 상급의 方에는 2品의 達率 관등을 보유한 方領이 책임자로 임명되었다.[235] 따라서 중앙에서 담로에 파견된 책임자도 대체로 4품 정도의 관등을 소유한 인물이 임명되었을 가능성이 높다.

백제는 근초고왕대에 관등제가 이미 성립되었기 때문에 개로왕대의 중앙과 지방의 관료 임명에 있어서 관등의 제한을 엄격히 받았다. 담로에 파견된 자들의 관등을 동성왕대에 위사좌평 苩加가 가림성의 성주로 파견된 것[236]을 사례로 들어 率系 또는 좌평의 관등으로 보는 견해도 있다.[237] 그러나 동일한 시기에 沙井城에는 扞率 毗陀가 파견[238]되어 관등의 차이를 보인다. 苩加는 1品에 해당하는 좌평의 관등을 보유하였으며, 毗陀는 5품의 扞率로 같은 率系이지만 品階에서 큰 차이를 보인다.

또한 지방의 일반 담로에 1품의 좌평이 파견된 것으로 보기에는 문

---

231) 李基白, 1977, 「사비시대 백제의 지방제도」, 『백제사상 익산의 위치』 제4회 마한·백제문화 학술회의 발표요지문, 11쪽 ; 유원재, 1999, 앞의 글, 154쪽.
232) 金英心, 1990, 앞의 글, 107쪽.
233) 『周書』 권49, 列傳41, 異域上, 百濟.
234) 『日本書紀』 권18, 欽明紀 4年 11月.
235) 『周書』 권49, 列傳41, 異域上, 百濟.
236) 『三國史記』 권26, 百濟本紀4, 東城王 23年.
237) 盧重國, 1996, 앞의 글, 182쪽.
238) 『三國史記』 권26, 百濟本紀4, 東城王 20年.

제가 따른다. 동성왕 때에 백가가 가림성의 성주로 파견된 것은 담로의 책임자로 나아간 것이 아니라, 왕도방위를 급선무로 하는 軍鎭의 지휘관 역할이 부여되었다.[239] 동성왕이 백가를 가림성으로 내보낸 것은 정적을 지방으로 추방하는 성격도 없지 않았다.

따라서 좌평의 관등을 지닌 백가가 가림성의 성주로 파견된 사례를 들어 담로 책임자의 신분과 지위를 논하는 것은 무리가 따른다. 또한 方領이 2品의 달솔 관등을 소유한 것을 고려하면 담로에 1품의 좌평 관등을 보유한 사람이 책임자로 파견된 것으로 보기는 어렵다.[240]

담로에는 毗陀의 사례와 같이 5品의 扞率 관등을 소유한 인물이 파견되었을 가능성이 높다. 담로에 꼭 5품 정도의 관등을 보유한 사람이 파견된 것은 아니었고, 대략 4~6품 정도의 下位 率系의 관등을 지닌 인물이 파견되었다. 즉, 담로의 규모와 비중은 동일하지 않으며 담로에 파견된 지방관의 등급에도 차이가 있었다.[241] 백제의 지방통치체제가 방군성제로 정비되고 일원화되면서 方과 郡에 각각 2품의 달솔과 4품의 덕솔이 파견되는 규정이 확정되었다.

이와 같이 담로에 파견된 인물과 王·侯에 제수된 사람의 품계는 상당한 차이가 있었다. 담로에 파견된 자들이 4품 이하의 하위 품계인

---

239) 田中俊明, 1997, 앞의 글, 271쪽.

240) 담로제와 방군성제가 시기를 달리하기 때문에 高位의 품계를 보유한 인물이 담로에 파견되었을 가능성도 없지 않다. 그러나『梁書』의 담로 관련 기사가 520년 전후의 상황을 전하고, 방군성제가 538년 사비천도를 전후하여 실시된 것을 고려하면 시기적으로 큰 차이가 나는 것은 아니다. 또한 方은 담로와 격을 같이하는 郡이『翰苑』,『隋書』의 백제전과 같이 6·7 또는 10개 정도를 합하여 상층 단위를 이루었고, 그곳에 2품의 方領이 파견된 것을 고려하면 담로에 1품이나 2품 정도의 고위 관등을 지닌 인물이 파견되었을 가능성은 거의 없다.

241) 盧重國, 1991,「한성시대 백제의 담로제 실시와 편제기준」,『계명사학』2, 27~29쪽.

것에 비하여 王·侯에 책봉된 餘禮는 왕족으로 부마의 신분이었고, 동
성왕 때에도 왕족과 중앙의 귀족세력들이 王·侯에 임명되었다.242)
王·侯制는 담로제와는 병행하여 실시되었지만 동일한 지방통치방식
은 아니었다. 이는 백제가 6세기 중엽에 실시한 방군성제와 같은 완비
된 지방통치체제를 마련하기 이전에 시행된 과도기적인 방식이었다.

2. 국정의 파탄과 한성 함락

개로왕의 집권 전반기에 백제는 전면적인 쇄신을 통하여 왕권의 절
대적 위상이 확보되고 국정이 안정되었다. 또한 담로제의 한계를 보완
하기 위하여 왕·후제를 시행하여 민생을 안정시키고 지방세력을 통
제할 수 있었다. 또한 개로왕은 고구려와의 전란에 지쳐 있던 백성들
에게 휴식을 주고자 전쟁을 일으키지 않았다. 개로왕은 성곽축조, 궁실
과 고분의 조영, 도로보수 등을 자제하여 백성의 역역 부담을 줄였
다.243)

백제는 전란이 사라지고 역역징발이 줄어들어 백성들은 고통에서
벗어나 여유를 되찾았다. 개로왕은 귀족세력의 발호를 차단하고 왕권
의 신장을 이루어 정치적 안정을 이루었고, 민생안정을 토대로 하여

---

242) 개로왕과 동성왕은 각각 鎭東大將軍의 爵號를 제수 받았으며, 그들은 宋이
    나 南齊에 대하여 王·侯에 임명된 인물들에게 3품과 4품에 해당하는 '將軍'
    號의 추인을 요청하였다. 또한 의자왕대에도 王庶子 41명을 좌평으로 삼아
    각각 식읍을 주었다(『三國史記』 권28, 百濟本紀6, 義慈王 17年)라는 사료를
    참조하면, 왕족이나 최고위 귀족세력이 임명된 王·侯와 백제의 4품 德率 관
    등을 소지한 자가 임명된 담로의 책임자와는 신분과 지위 및 위상이 달랐을
    것으로 생각된다. 즉, 고위 관등을 소유한 인물을 德率 관등을 소유한 사람이
    파견된 담로의 책임자로 임명하였을 가능성은 거의 없다.

243) 개로왕 집권 전반기의 對民施策은 후반기에 추진된 王宮과 樓閣 및 射臺의
    조영, 선왕의 능묘 조성, 제방 축조 등 대규모 토목공사 시행과 비교해 보면
    그 차이가 명확히 드러난다.

침체상태에서 벗어나 국력을 회복하였다.

한편 고구려의 장수왕도 개로왕의 즉위 이후 백제가 공세를 자제하고 내정에 주력하자 남진경략을 중단하였다. 장수왕이 백제를 공격하지 않은 다른 배경은 北魏와의 대립 때문이었다. 장수왕은 평양으로 천도하여 백제와 신라에 대해 압박을 가하였지만, 북위와 긴장관계가 고조된 시기에는 적극적인 남진정책을 추구하기 어려웠다.

개로왕은 고구려와 北魏 사이에 조성된 불편한 관계를 파악하고 北魏에 접근을 꾀하였다. 장수왕이 466년에 北魏의 청혼을 거절함으로써 두 나라의 관계는 더욱 냉각되었으며,[244] 북위에 갔던 백제 사절의 고구려 영토 통과문제[245]와 高句麗-南齊의 접근도 양국의 갈등을 심화시켰다.[246] 고구려는 배후를 위협하고 있던 勿吉이 北魏에 접근하자 민감하게 반응하였다.[247] 이에 개로왕은 勿吉과 연합하여 고구려를 측면에서 견제하려고 하였다.『北史』勿吉 條에 의하면

> A. 또 스스로 말하기를, "그 나라에서 먼저 高句麗의 10部落을 쳐부수고, 비밀리 百濟와 함께 모의하여 물길을 따라서 힘을 합쳐 고구려를 빼앗기로 하고, 乙力支를 大國에 사신으로 파견하여 그 可否를 도모한다." 하였다.[248]

---

244)『三國史記』권18, 高句麗本紀6, 長壽王 54年.

245)『魏書』권100, 列傳88, 百濟國.

246)『三國史記』권18, 高句麗本紀6, 長壽王 68年.

247) 고구려는 이들의 유대를 차단하기 위하여 北魏와 갈등관계에 있던 유목민족 柔然과 연결을 가져 地豆于의 분할 점령을 꾀하고 거란족에 대해 압력을 가하였다(孔錫龜, 1996, 「5~6세기의 대외관계」,『한국사』5(고구려편), 국사편찬위원회, 79쪽). 지두우는 대흥안령 너머에 있는 현재의 중국과 몽골의 국경도시인 동우짐치에 있었다. 고구려는 동북지역에서 일어난 물길이 북위와 손을 잡으려는 움직임을 보이자 그 길목이 되는 지두우를 장악하여 양 세력의 접근을 차단하려고 하였다. 지두우는 예로부터 명마의 산지로 알려져 고구려가 말을 확보하기 위하여 필요한 지역이었다.

라고 하였듯이, 물길이 고구려에 대항하기 위하여 북위와 연대를 도모하면서 백제와 공동전선을 모색한 사실을 알 수 있다. 개로왕은 고구려에 맞서기 위하여 전통적인 우호관계에 있던 중국의 南朝 및 왜국과의 대외관계도 돈독히 하였다.

개로왕은 부왕인 비유왕 때에 맺은 제라동맹을 강화하면서 우호관계를 유지하였다. 장수왕은 긴박한 대외관계 속에서 백제가 도발을 감행하지 않자 남진경략을 자제하였다. 개로왕 역시 내정 정비에 주력하였고, 신라는 자비마립간(재위 458~479)의 즉위 후 더욱 기승을 부린 왜인의 침입에 시달렸다. 이로 말미암아 삼국 사이에 전란이 사라지고 개로왕은 內治에 주력하였다.

삼국의 평화가 깨지고 전쟁 상태로 돌입한 것은 468년에 고구려가 말갈 병력 1만을 동원하여 신라의 북쪽 변경에 위치한 실직성을 공격하면서였다. 고구려는 말갈을 앞세워 신라의 北邊을 공격하였다. 고구려가 신라를 공격한 그 다음 해에 개로왕은 제라동맹의 군건함을 반영하듯이 고구려를 공격하였다.

삼국은 다시 전란의 소용돌이에 휘말리게 되었다. 개로왕은 고구려가 동맹국 신라를 공격한 것을 계기로 하여 그동안의 수세에서 벗어나 공세로 전환하였다. 개로왕은 고구려의 남진정책을 분쇄하고 실지를 회복하기 위하여

> B. 8월에 장수를 보내 고구려의 南邊을 침범하였다. 10월에 쌍현성을 수리하고 청목령에 大柵을 설치하여 북한산성의 士卒을 나누어 지키게 하였다.[249]

---

248) 『北史』권94, 列傳 82, 勿吉.

249) 『三國史記』권25, 百濟本紀3, 蓋鹵王 15年.

중원고구려비 | 국내에 유일하게 남아 있는 고구려 석비로, 장수왕이 남한강 유역의 여러 성을 공략하여 개척한 후 그 기념으로 세웠다. 1979년 충주시 가금면 용전리 입석마을 입구에서 발견되었으며, 동네 주민들이 우물가의 빨래판으로 사용하는 등 심하게 훼손되어 앞면과 왼쪽 측면 일부만 읽을 수 있다.

라고 하였듯이, 북방진출을 추진하여 469년(同王 15)에 임진강 北岸의 장단지역에 위치한 쌍현성을 수리하고 청목령(개성 북방)에 큰 목책을 세워 고구려의 공격에 대비하였다. 쌍현성은 아신왕이 398년에 축조하였는데 濟麗 양국관계가 소강상태로 접어든 후 한동안 활용되지 않았다.

개로왕이 보낸 백제군은 임진강을 건너 고구려가 장악하고 있던 상당수의 성곽[250]을 점령하면서 청목령까지 진출하였다. 백제는 392년에 광개토왕에게 청목령과 석현성·관미성 등의 요충지를 상실한 후 이를 회복하기 위하여 아신왕대에 수 차례에 걸쳐 공격에 나섰으나 회복하지 못하였다. 개로왕의 청목령 진출은 백제인의 오랜 열망이 이루어진 것이다. 개로왕은 북으로 영토를 확대하여 청목령을 경계로 하여 고구려와 대치하였다. 양국은 예성강 南岸에 위치한 '臨津北禮城南正脈(마식령산맥)'을 따라 국경을 마주하게 되었다.

이때가 개로왕이 추진한 왕권강화와 실지회복을 위한 노력이 최전성기에 도달한 시기였다. 개로왕은 청목령으로의 진출에 만족하지 않고 근초고왕대에 백제가 장악하였던 예성강 중·상류지역 진출을 시도하였다.[251] 개로왕은 단독으로 군사작전을 감행하지 않고 동맹을 맺고 있던 신라와 긴밀한 유대관계를 맺고 행동을 같이 하였다.[252] 개로

---

250) 광개토왕은 392년 7월에 석현성을 비롯하여 10여 성을 함락하였는데, 석현성은 開豊郡 嶺南面 深川里의 속칭 청석골에 있던 청석령에 위치하며, 그 나머지 10여 성은 예성강 이남과 임진강 이북에 분포한 것으로 보고 있다(김윤우, 1995, 「광개토왕의 남하정복지에 대한 일고찰」, 『고구려 남진경영사의 연구』, 백산자료원, 234쪽).

251) 백제는 근초고왕 때에 예성강유역을 장악하여 雉壤(배천), 浿河(평산), 수곡성(신계) 등지에서 고구려와 밀고 밀리는 접전을 펼쳤다. 그러나 근구수왕 후반기에 이르러 점차 밀리는 양상을 보이기 시작하였고, 아신왕 때에는 예성강유역을 상실하고 임진강 남안까지 밀려났다.

252) 신라는 동해안지역에 축성하여 고구려와 말갈의 남진을 견제한 후 소백산맥을 넘어 충북 내륙지역으로 진출하여 활발한 군사행동을 전개하였다. 신라는 470년(자비왕 13) 보은에 三年山城을 축조한 데 이어, 474년(자비왕 17)에는 沙尸城·仇禮城·一牟城·沓達城을 축조하였다. 일모성은 청원군 문의, 답

왕은 신라와 연합전선을 펼치면서 영서지역의 말갈세력과도 연대를
도모하였다. 중원고구려비에 의하면

> C. 前部 大使者 多亏桓奴와 主簿 등에 명하여 신라 경내에서 3백인을
> 모집하게 하였는데, 고구려의 幢主로서 下部 拔位使者의 직에 있
> 는 錦奴가 백제왕[253) 盖盧와 서로 공모하고 신라 경내에서 사람들
> 을 모집 동원하였다.[254)

라고 하여, 백제의 개로왕[255)과 영서지역 말갈세력의 수장이었던 발위
사자 금노가 서로 공모하여 고구려에 반기를 든 사실을 보여 준다.[256)

달성은 상주 부근, 사시성과 구례성은 충북 옥천으로 비정되고 있다(申澄植,
1984,「신라 지방제도의 발전과 軍主」,『한국고대사의 신연구』, 일조각, 208
쪽). 이러한 대규모 성곽의 축조는 고구려의 남침에 대비하기 위한 것이었다.
그러나 신라가 고구려와 백제의 대립을 틈타 영토 확장을 꾀한 측면도 없지
않았다. 신라는 상주-보은-옥천-문의로 연결되는 교통로의 요지에 성곽을 축
조하여 충북 남부지역에 군사적 거점을 마련하였다(徐榮一, 1999, 앞의 책,
80~82쪽). 그리하여 신라는 중원지역을 비롯한 남한강 유역을 장악하고 있
는 고구려에 대하여 압박을 가하였다.

253) 中原高句麗碑의 현존상태에 의하면 百濟王으로 정확한 판독은 불가능하지
만 정영호는 狛凶鬼로, 李丙燾는 狛殘王으로 추정하고 있기 때문에 이를 따
라 百濟王으로 해석하고자 한다. 이에 대해서는 다음의 글을 참조하기 바란
다. 단국사학회, 1979,「中原高句麗碑 學術會議」,『史學志』12, 9쪽.

254) 한국고대사연구회, 1992,「中原高句麗碑」,『譯註 韓國古代金石文』, 44쪽.
  "前部大使者多亏桓奴主簿 □□□境□募人三百新羅土內幢主下部拔位使者
  錦奴 □
  □奴□□□□盖盧共□募人新羅土內衆人拜動□□".

255) 백제에서 漢文式 廟號를 사용하기 시작한 것은 웅진천도 후인 東城王 때이
  며, 그 이전의 王號는 대개 생존시의 본명을 그대로 이용하였다(李丙燾,
  1976, 앞의 책, 23쪽).

256) 백제와의 공모 사실로 볼 때 발위사자 금노는 순수한 고구려인이라기보다는
  백제인 혹은 신라인으로서 일찍이 귀화하였던 자 혹은 그 자손이라 한다(李
  丙燾, 앞의 책, 1976, 29쪽). 그러나 금노는 고구려의 지배에 반발한 영서 말
  갈세력의 수장이며, 고구려의 수탈에 맞서 개로왕과 연대하여 자활을 모색한

246

그러나 백제가 중원고구려비가 위치한 충주를 비롯한 남한강유역을
다시 회복한 것으로 보기는 어렵다. 개로왕은 남한강유역과 북한강유
역의 말갈지역은 회복하지 못하였지만,[257] 청목령을 장악하면서 그 이
남지역을 다시 차지하였다. 또한 임진강 상류에 위치한 삭녕, 안협, 이
천지역마저 수복하였을 가능성도 없지 않다.

고구려는 제라 양국의 공세에 직면하여 일시 당황하였으나 곧바로
반격을 개시하였다. 개로왕은 예성강유역 진출을 포기하고 청목령과
마식령산맥을 따라 설치된 관방을 중심으로 방어에 주력하였다. 양국
의 대립은 어느 한쪽도 주도권을 장악하지 못하고 장기전으로 치달았
다. 양국의 대립과 교전 상황을 전해주는 사료가 부족하여 자세한 사
정은 알 수 없는 형편이다. 다만『三國史記』백제본기 개로왕 18년 조
에는 개로왕이 고구려 사람이 누차 변경을 침범하므로 北魏에 표를 올
려 군사를 청하였다[258]는 내용이 보인다. 이는 469년에 벌어진 전쟁을
시작으로 양국이 수 차례에 걸쳐 교전을 치른 사실을 반영한 것으로
생각된다.

또한 北魏의 獻文帝(465~471)는 469년에 개로왕이 사절을 파견하
여 조공하자, 그 사절들이 돌아올 때 함께 邵安을 보내었다. 邵安이 가
져 온 獻文帝의 詔書에 의하면

것으로 추정된다(文安植, 1996,「嶺西濊文化圈의 設定과 歷史地理的 背景」,
『동국사학』30).
257) 이 무렵 삼국정립의 형세는 신라가 죽령과 계립령을 연결하는 소백산맥과 속
리산으로부터 서쪽 보은의 북쪽을 연결하는 지점에서 고구려와 경계를 이루
고, 이 경계의 서쪽에 백제가 자리 잡고 있었다. 즉, 신라는 소백산맥을 넘어
옥천과 영동·보은지역을 장악하였고, 고구려는 충주·제천·단양·원주 등
죽령 이북지역의 남한강유역을 차지하였으며, 백제는 그 밖의 지역을 확보하
였다.
258)『三國史記』권25, 百濟本紀3, 蓋鹵王 18年.

D. 고려가 강성함을 믿고 卿의 국토를 침범하여 先君의 옛 원수를 갚
는다면서 백성들을 쉬게 하는 큰 가르침을 저버리고, 여러 해 동안
전쟁을 벌려 온갖 어려움이 그대 나라의 국경 사이에 맺혀 있음을
알고 있소. 사신은 申胥의 정성을 겸하였고, 나라는 楚나 越의 급함
이 있으니 응당 의리를 펴서 번개처럼 공격해야 할 것이오.[259]

라고 하였듯이, 여러 해 동안 백제가 고구려와 전쟁을 벌인 사실을 전
하고 있다. 양국의 전쟁은 마식령산맥의 관방을 둘러싸고 전개된 교전
외에 고구려가 말갈세력을 동원하여 연천·포천·양평·여주 방향으
로 공격한 경우도 없지 않다. 이는 백제가 웅진으로 남천한 후 고구려
가 말갈세력을 동원하여 漢山城[260] 등을 공격한 사실로 입증된다.

　백제는 청목령으로 진출하면서 차지한 쌍현성과 석현성 및 관미성
등을 거점으로 고구려군의 공세를 차단하여 나갔다. 개로왕은 한성에
羅城을 축조하여 고구려의 수군을 동원한 공격에 대비하는 등 수도 방
위에도 만전을 기하였다.[261] 개로왕은 국력을 결집하여 고구려에 맞서
나갔으나 점차 역부족을 느끼게 되었다.

　개로왕은 고구려의 공세에 직면하여 여러 가지 난관에 봉착하였다.
국력이 쇠퇴하고 왕권이 위축되자 정권의 핵심에서 소외되었던 일반
귀족세력이 도전하였다. 귀족세력은 고구려와의 대립이 격화되고 민생
이 파탄되면서 곳곳에서 불만이 표출되자, 이를 계기로 개로왕의 국정
운영 방식에 반대하고 저항하였다. 古尒萬年과 再曾桀婁 같은 사람들

---

259) 『魏書』권100, 列傳 88, 百濟.

260) 『三國史記』권26, 百濟本紀4, 東城王 4年.

261) 개로왕 때에 축조한 제방은 동쪽 종점(崇山之北)에 해당하는 아차산 대안인
　　고덕동 일대에서 시작하여 蛇城(삼성동토성)에 이르렀으며, 단순한 제방이
　　아니라 풍납토성 등 중심 성곽의 외곽으로 확장된 시가지를 감싸면서 군사방
　　어적 기능까지 수행한 羅城의 기능을 갖고 있었다(李道學, 1997, 『새로쓰는
　　백제사』, 푸른역사, 159쪽 ; 余昊奎, 2002, 앞의 글, 10쪽).

248

은 개로왕에게 맞서다가 죄를 짓고 고구려로 망명하기도 하였다.262)

또한 백제의 장정들은 전쟁에 동원되어 전사하거나 불구가 되는 자가 속출하였으며, 성곽 보수 등의 고된 力役에 동원되기 일쑤였다. 力役은 국가나 지방관청에 동원되어 무상으로 노역하는 요역과 군역으로 구분되는데, 租와 調에 못지않은 힘든 부담이었다.263) 역역은 「禪雲山歌」264)에서 볼 수 있듯이 너무 빈번하고 장기적이었으며 농번기에도 동원되는 경우가 빈발하여 백성들의 생계에 큰 피해를 주었다. 이로 말미암아 민생은 피폐해지고 국왕에 대한 원망은 극에 달하였다.

전쟁과 고된 부역에 시달린 백제 사람들은 개로왕을 都彌傳의 내용과 같이 하층민의 아내를 빼앗으려 한 폭군으로 인식하게 되었다.265) 개로왕은 지배층과 피지배층을 포함하여 모든 지지세력을 상실하고 점점 고립무원의 상태로 빠져 들어갔다. 이는 훗날 개로왕이 한성 함락 직전에 자신의 처지를 후회하며 "백성은 쇠잔하고 군대는 약하니 비록 위급한 일이 있어도 누가 나를 위해 기꺼이 싸우려 하겠는가"266)라고 통탄한 사실에서도 엿보인다. 백제는 장수왕의 공격을 받고 한성이 함락되기에 앞서 내외적인 모순이 격화되면서 무너져 내렸다.

개로왕은 고구려의 압박이 가중되는 가운데 백성들의 지지를 잃고

---

262) 古尒萬年과 再曾桀婁는 장수왕이 475년에 백제를 공격할 때 고구려군의 선봉에 서서 군사를 거느리고 온 인물이다. 이들은 전제왕권이 확립된 469년 이후 자신감의 발로에서 추진한 대토목 공사를 반대하는 등 개로왕과 그를 지지하는 집단에 맞섰다가 정쟁에 패배하여 고구려로 망명한 것으로 보고 있다(金壽泰, 1998, 앞의 글, 149쪽).
263) 租는 처음에는 보리와 콩 등 밭작물이 주가 되었으나 稻田이 개발되면서 쌀이 중요한 수취 품목으로 되었다. 調는 공물 수취를 의미하며 布와 絹, 직물의 원료인 紗와 麻가 주요 품목이었다.
264) 『高麗史』 권71, 志25, 樂2, 三國俗樂 禪雲山.
265) 『三國史記』 권48, 列傳8, 都彌.
266) 『三國史記』 권25, 百濟本紀3, 蓋鹵王 21年.

귀족세력들의 저항에 직면하자 대책 마련에 부심하였다. 개로왕은 왕권의 권위와 위엄을 높이기 위하여 도림의 건의를 받아들여

E. 도림이 하루는 (왕을) 모시고 앉아 있다가 조용히 말하였다. "신은 다른나라 사람인데 왕께서 저를 멀리하지 않으시고 은총을 매우 두터이 해주셨습니다. 그러나 (저는) 오직 한가지 기술로써 보답하였을 뿐 일찍이 털끝만한 도움을 드린 일이 없었습니다. 지금 한 말씀을 드리려 하는 데 왕의 뜻이 어떠하실 지 알지 못하겠습니다." 왕이 "말해 보라. 만일 나라에 이로움이 있다면 이는 선생에게 바라는 바이다."라고 말하였다. 도림이 말하였다. "대왕의 나라는 사방이 모두 산과 언덕과 강과 바다입니다. 이는 하늘이 베푼 험한 요새요 사람의 힘으로 된 형국이 아닙니다. 그러므로 사방의 이웃 나라들이 감히 엿볼 마음을 먹지 못하고 다만 받들어 섬기고자 하는데 겨를이 없습니다. 그런즉 왕께서는 마땅히 존귀하고 고상한 위세와 부강한 업적으로써 남의 이목을 두렵게 해야 할 것입니다. (그러나) 성곽은 수선되지 않았고 궁실도 수리되지 않았으며, 선왕의 해골은 맨 땅에 임시로 매장되어 있고, 백성의 집은 자주 강물에 허물어지고 있으니 신은 대왕을 위해 찬성할 수 없습니다." 왕이 "옳다. 내가 장차 그렇게 하리라."고 말하였다. 이에 나라 사람들을 모두 징발하여 흙을 쪄서 성을 쌓고, 안에는 궁실과 누각과 대사 등을 지었는데 웅장하고 화려하지 않음이 없었다. 또 욱리하에서 큰 돌을 가져다가 곽을 만들어 부왕의 뼈를 장사하고, 강을 따라 둑을 쌓았는데 사성 동쪽에서 숭산 북쪽에까지 이르렀다.[267]

라고 하였듯이, 대대적인 役事를 일으켜 궁실을 수리하고 선왕의 능묘를 화려하게 조성하였다. 또한 한강을 따라 蛇城 동쪽부터 崇山의 북쪽에 이르는 둑을 축조하는 등 대규모 토목공사를 일으켰다.

고구려의 압박이 날로 가중되는 상황 속에서 개로왕의 무리한 大役

---

[267] 『三國史記』 권25, 百濟本紀3, 蓋鹵王 21年.

事 시행은 中外에 걸친 광범위한 저항을 받게 되었다. 개로왕의 토목
공사 추진으로 인하여 민심은 더욱 악화되고 백제의 국력은 날로 피폐
해졌다. 개로왕은 고구려의 가중되는 압박 속에서 민심이 이반되고 귀
족세력들이 저항하여 상황이 날로 악화되자 北魏에 고구려 정벌군 파
병을 요청하여 난관을 돌파하려고 하였다.

개로왕은 백제의 오랜 관행이었던 南朝 중심의 對中國外交에서 탈
피하여 北魏에 國書를 보내 고구려 토벌을 요청하였다. 개로왕은 고구
려의 국정 혼란과 내분을 틈타

 F. 또 말하기를, 지금 璉(장수왕)의 죄로 나라는 魚肉이 되고, 대신들
  과 호족들이 죽고 죽이는 것이 끝이 없어 죄악이 가득히 쌓였으며,
  백성들은 이리저리 흩어지고 있습니다. 이는 멸망의 시기이며 도움
  을 받아야 할 때입니다.…… 폐하의 위엄을 한 번 발동하면 정벌만
  이 있고 전쟁은 없을 것입니다. 신이 명민하지 못하더라도 몸과 마
  음을 다하여 당연히 휘하의 군사를 거느리고 가르침을 받아 움직일
  것입니다.[268]

라고 하였듯이, 백제와 北魏가 함께 공격할 것을 주장하였다. 그러나
北魏는 강적 고구려와의 전쟁을 선택하는 대신

 G. 고려는 선대의 조정에 藩臣이라 칭하며 職貢하여 온 지 오래인지
  라, 그대들과는 오래 전부터는 틈이 있었다 하더라도 우리에겐 아
  직 영을 어긴 허물이 없소. 경이 사신을 처음 통하면서 곧장 정벌하
  여 달라고 요구하기에 얼마동안 일의 시비를 따져 보았으나 사리에
  역시 맞지 않았소. 그래서 지난해 禮 등을 평양에 파견하여 그 사유
  를 조사하려 하였소. 그러나 고려의 빈번한 주청이 사리에 합당하
  였기에 사신이 그들의 청을 억누를 수 없었고, 법을 집행하는 관리

---

268) 『魏書』 권100, 列傳 88, 百濟.

도 무엇으로 죄책할 수 없었소. 그리하여 그들의 啓請을 허락하고
조서를 내려 禮 등을 돌아오도록 명하였소. 이제 다시 짐의 뜻을 어
길 것 같으면 과오와 허물이 더더욱 드러날 것이오. 뒤에 변명한다
하더라도 죄를 벗어날 수없을 것이니, 그 뒤에 군사를 일으켜 그들
을 토벌하는 것이 의리에 맞을 것이오.[269]

라고 하였듯이, 공존을 염두에 두고 적극적인 조치를 취하지 않았다.
북위는 당시 첨예하게 대립한 宋·柔然 등과의 관계를 고려하여 고구
려와 전쟁을 원치 않았다.[270] 고구려 역시 백제와 신라가 연합하여 맞
서자 북위와 관계개선이 필요하였다.[271]

개로왕의 북위에 대한 걸사외교는 성공할 수 있는 가능성이 희박하
였다. 개로왕은 고구려와 북위의 사이를 멀어지게 하고 틈을 벌이기
위하여

H. 또 馮氏 일족의 사람과 말에게는 鳥畜之戀이 있고, 樂浪 등 여러
  군은 首丘之心을 품고 있습니다.……또 고구려는 의롭지 못하여 반
  역과속임수가 하나만이 아닙니다. 겉으로는 巍囂처럼 번국으로서
  낮추어 썼던 말을 본받으면서 속으로는 흉악한 재앙과 저돌적인 행
  위를 품어, 혹은 남쪽으로는 劉氏와 내통하였고 혹은 북쪽으로 蠕
  蠕과 맹약하여 서로 입술과 치아처럼 의지하면서 왕법을 능멸하려
  꾀하고 있습니다.[272]

---

269)『魏書』권100, 列傳 88, 百濟.

270) 470년대의 동아시아 국제관계는 北魏에 맞서 宋과 柔然이 공동으로 대처하
  였다. 470년 8월과 9월에는 북위와 유연이 교전을 벌였으며, 471년에는 유연
  의 사절이 3월과 6월에 각각 송을 방문하였다. 그리고 471년 10월에는 송이
  북위를 공격하였으며, 472년에는 유연이 2월, 6월, 10월에 잇따라 북위를 공
  격하였다.

271) 孔錫龜, 1996, 앞의 글, 79쪽.

272)『魏書』권100, 列傳 88, 百濟.

라고 하였듯이, 북위에 글을 보내 고구려가 宋·柔然과 맹약한 사실을 알렸다. 또한 개로왕은 북위가 고구려를 공격하면 북연의 잔당이나 낙랑군 등의 중국계 주민들도 동참할 것임을 밝히고 있다. 그러나 고구려와 宋·柔然이 맹약을 맺었다는 개로왕의 주장은 사실이 아니라 북위를 자국 편으로 끌어들이기 위한 외교적 수사에 불과하며, 이는 북위가 고구려에 대하여 적대적인 군사행동을 자제한 것으로 입증된다.

고구려는 濟羅를 향한 남진정책 추구에 전념하기 위하여 북위와 갈등을 피하고자 하였다. 이로써 개로왕이 북위와 연대하여 고구려를 공격하려 하였던 시도는 실패로 끝났고 말았다. 개로왕은 고구려가 누차 변경을 침범하므로 군사를 청하였으나 북위가 응하지 않자 국교를 단절하고 말았다.273) 백제와 고구려는 北魏를 사이에 두고 치열한 외교전을 전개하였는데,274) 백제의 단교조치는 외교전에서 패배하였음을 의미한다.275)

백제의 걸사외교는 고구려를 크게 자극하여 대공세를 초래하는 결과가 되고 말았다.276) 고구려의 한성 공략은 치밀한 준비 끝에 이루어진 전격적인 군사행동이었다. 장수왕의 백제 공격은 한반도에서 패권 장악 외에도 평양 천도를 계기로 하여 조성된 고구려 지배세력 사이의 갈등을 외부로 돌리려는 측면도 강하였다.277)

장수왕은 백제에 대한 대대적인 공격을 앞두고 승려인 道琳을 밀파

---

273) 『三國史記』 권25, 百濟本紀3, 蓋鹵王 18年.

274) 金壽泰, 1998, 앞의 글, 145쪽.

275) 『三國史記』 고구려본기 장수왕 조에는 고구려가 백제 공격을 앞두고 거의 매년 北魏에 사절을 파견한 사실이 남아 있다. 고구려의 對北魏外交는 성공을 거두어 개로왕의 걸사외교에도 불구하고 북위는 백제와 고구려의 전쟁에 개입하지 않았다.

276) 梁起錫, 1995, 앞의 글, 54쪽.

277) 李道學, 1995, 앞의 글, 9쪽.

하여 국력 소진을 유도하였다. 개로왕은 도림의 계책에 말려들어 왕궁
의 수리나 누각 등의 축조에 많은 국력을 소모하였다. 그러나 개로왕
이 대규모 토목공사를 일으킨 목적은 고구려 첩자 도림의 계책에 말려
든 것이 아니라 왕권의 신장과 왕실의 위엄을 과시하려는 목적도 없지
않았다. 개로왕의 무리한 토목공사 추진으로 인하여 민심이 악화되고
백제의 국력은 날로 피폐해졌다. 백제의 쇠퇴는

> I. 원한을 맺고 화를 연속함이 삼십여 년 재물이 다하고 힘이 다하여
>   점차 저절로 쇠약하였다.[278]

라고 하였듯이, 불과 몇 년 전에 청목령에 목책을 설치하고 고구려의
남변을 적극적으로 공략하던 양상과는 격세지감을 느끼게 한다. 백제
의 피폐상황과 국력 소진을 확인한 도림은 고구려로 돌아가 장수왕에
게 정황을 알렸다. 개로왕은 이 소식을 듣고 뒤늦은 통탄을 하였지만
장수왕은 고구려군을 이끌고 백제의 북쪽 방어시설을 무력화시키면서
한성으로 육박하였다.

고구려는 백제가 쌍현성을 수리하고 청목령에 목책을 설치하는 등
주력 방어선을 펼치고 있던 개성 방면은 이용하기 어려웠다. 고구려군
은 신계에서 금천으로 내려와 연천군 중면 일대에 해당하는 朔寧을 거
쳐 瓠瀘河[279](연천군 장단면) 부근의 여울을 건넌 것으로 추정된다.

---

278) 『三國史記』 권25, 百濟本紀3, 蓋鹵王 18年.

279) 호로고루는 파주시 장남면 원당리에 위치한 임진강 북쪽의 현무암 수직단애
    위에 있는 삼각형의 강안평지성이다. 호로고루가 있는 지역은 삼국시대부터
    전략적으로 매우 중요한 지역이었다. 이 지역은 임진강 하류 방면에서 배를
    타지 않고 도하할 수 있는 최초의 여울목으로서 육로를 통해 서울지역으로
    가는 최단 거리였다. 임진강은 호로고루 동쪽의 두지나루부터 크게 곡류하여
    이곳에 이르면 강심이 얕은 여울목을 이루는데, 장마철을 제외하고는 물의
    깊이가 무릎 정도밖에 되지 않아 말을 타거나 걸어서 건널 수 있으며, 이곳부

호로하 부근의 여울목은 강물이 깊지 않아 고구려의 기마군단이 별도의 장비 없이 쉽게 도강할 수 있었다.

고구려군은 도강 후 동두천→양주→의정부→서울→하남위례성에 이르는 루트를 이용하여 남하하였다. 그러나 고구려군이 백제의 견제와 감시를 피해 신계에서 이천과 평강을 거쳐 철원→영평→포천→남양주→백제도성에 이르는 우회로를 택하였을 가능성도 없지 않다.

고구려군은 백제군의 감시를 피하여 의정부 방향으로 내려오면서 南進路의 주요 거점에 소규모의 보루280)를 축조하며 한강 北岸에 이른 후 아차산에 본영을 설치하였다.281) 장수왕은 군사 3만 명을 거느리고 직접 출전하여

> J. 이때에 이르러 고구려의 對盧인 齊于, 再曾桀婁, 古爾萬年(재증과 고이는 모두 복성이었다) 등이 군사를 거느리고 와서 北城을 공격

터 임진강 하류쪽으로는 강폭이 넓고 강심이 깊어진다(연천군지 편찬위원회, 2000, 『연천군지(상)』, 556쪽).

280) 아차산 일대에 고구려가 보루를 설치한 시기에 대해서는 5세기 말 문자명왕 시기부터 6세기 중엽에 이루어졌다고 한다(崔章烈, 2002, 「한강 북안 고구려 보루의 축조시기와 그 성격」, 『한국사론』 47, 17쪽). 그러나 고구려군이 한성을 공격하기 위하여 남하하면서 진격로 상에 위치한 일부 지점에 병참시설 보호와 군량미 수송 등의 안전을 위하여 거점을 확보하였을 가능성이 없지 않다. 그 후 점차 체계적으로 정비하여 오늘날 한강 이북지역에서 조사되고 있는 완비된 보루 시설을 완성한 것으로 추정된다.

281) 필자는 장수왕이 475년 한성을 공격하기 이전에 한강 이북지역을 완전히 장악한 상태에서 아차산성 일원에 보루 등을 설치하여 몽촌토성과 풍납토성 등이 위치한 강남지역을 감시한 것으로 파악한 적이 있다. 즉, 장수왕이 한성 공격을 추진하기 이전에 한강 북안의 아차산성 및 구의동 일원에 교두보를 확보한 후 한강을 사이에 두고 백제와 상당한 기간 동안 대치한 것으로 이해하였다(文安植, 2003, 『한국고대사와 말갈』, 혜안, 94~98쪽). 그러나 장수왕의 한성 공격은 개성 북방의 청목령까지 진출한 백제의 주력 방어망을 피하여 대군을 이끌고 임진강을 건너 아차산에 본영을 설치한 후 단행된 기습작전으로 수정하고자 한다.

하여 7일 만에 함락시키고, 南城으로 옮겨 공격하였다. 성안은 위태
롭고 두려움에 떨었다. 왕이 나가 도망가자 고구려의 장수 걸루 등
은 왕을 보고는 말에서 내려 절한 다음에 왕의 얼굴을 향하여 세 번
침을 뱉고는 그 죄를 꾸짖었다. 왕을 포박하여 아차성 아래로 보내
죽였다. 걸루와 만년은 백제 사람이었는데 죄를 짓고는 고구려로 도
망하였다.[282]

라고 하였듯이, 개로왕을 살해하고 백제를 압박하여 웅진으로 천도하
게 하였다. 장수왕의 한성 공략에는 백제에서 죄를 짓고 고구려로 도
망한 再曾桀婁와 古爾萬年 등이 앞장섰다. 재증걸루와 고이만년은 백
제의 전제왕권이 확립될 무렵에 죄를 짓고 고구려로 달아난 사람들이
었다.[283]

　　이들은 고구려의 對盧 齊于와 함께 군사를 거느리고 한강을 건너
북성인 풍납토성을 공격하여 7일 만에 함락시키고, 남성인 몽촌토성으
로 옮겨 공격하였다.[284] 개로왕은 포위된 성이 위태로워 탈출을 시도
하다가 재증걸루 등에게 사로잡혀 온갖 수모를 겪었다.[285] 재증걸루는
개로왕을 포박하여 장수왕이 머물고 있던 아차산의 本營으로 보내 죽
음에 처하게 하였다.

---

282) 『三國史記』 권25, 百濟本紀3, 蓋鹵王 21年.

283) 金壽泰, 1998, 앞의 글, 149쪽.

284) 이병도는 北城은 北漢城(舊慰禮城), 南城은 漢城(하남위례성)으로 보았다(李
丙燾, 1976, 앞의 책, 491쪽). 그리고 북한 학계도 고구려군이 먼저 북한성(오
늘날의 서울)을 공격하여 함락시키고 다음 남한성(경기도 광주지방)을 공격
한 것으로 보고 있다(사회과학원 력사연구소, 1991, 『조선전사3-고구려사』,
151쪽). 그러나 북성과 남성은 각각 풍납토성과 몽촌토성을 가리키며, 양자를
합하여 한성이라 보는 견해(金起燮, 1990, 앞의 글, 59쪽)가 타당한 것으로 생
각된다. 또한 광개토왕릉비에는 396년 고구려군이 阿利水 곧 한강을 도하하
여 백제 도성을 공격한 사실이 기록되어 북성과 남성 모두 한강 남안에 위치
하였을 가능성을 높여준다(余昊奎, 2002, 앞의 글, 5쪽).

285) 『三國史記』 권25, 百濟本紀3, 蓋鹵王 21年.

256

개로왕이 추진한 전제왕권의 지향은 파탄으로 귀착되고 말았다.[286] 백제의 수도 한성이 무참히 짓밟히고 개로왕이 살해된 중요한 원인은 무엇보다도 내정의 실패였다. 개로왕은 귀족세력의 반발에 직면하였고 백성들의 신망을 잃었다. 백성들에게 신망을 상실한 개로왕은 도미전에

> K. 도미는 백제 사람이다. 비록 호적에 편입된 하찮은 백성이었지만 자못 의리를 알았다. 그의 아내는 아름답고 예뻤으며 또한 절조있는 행실을 하여 당시 사람들의 칭찬을 받았다. 개로왕이 이를 듣고 도미를 불러 더불어 말하기를 "대저 부인의 덕은 비록 지조를 지킴을 앞세우지만 만약 그윽하고 어두우며 사람이 없는 곳에서 교묘한 말로 유혹하면 능히 마음을 움직이지 않는 사람이 드물다." 하니, 대답하였다. "무릇 사람의 정이란 헤아리기 어려운 것입니다. 그러나 저의 아내와 같은 사람은 비록 죽더라도 두 마음을 갖지 않을 것입니다." 왕이 이를 시험하여 보기 위하여 도미에게 일을 시켜 잡아두고는 한 명의 가까운 신하로 하여금 거짓으로 왕의 의복을 입고 말을 타고 밤에 그 집에 가게 하였다. 사람을 시켜 왕이 오셨다고 먼저 알렸다. 그 부인에게 말하였다. "나는 오래 전부터 네가 예쁘다는 소리를 들었는데 도미와 내기를 걸어서 이겼다. 내일 너를 들여 宮人으로 삼기로 하였다. 지금부터 네 몸은 내 것이다." 드디어 난행을 하려 하자 부인이 말하였다. "국왕께서는 헛말을 하지 않으실 것이니 제가 어찌 따르지 않으리요! 청컨대 대왕께서는 먼저 방에 들어가소서. 제가 옷을 갈아입고 들어오겠습니다." 물러나 계집 종을 번거롭게 치장시켜 바쳤다. 왕이 후에 속임을 당한 것을 알고는 크게 노하여 도미를 왕을 속인 죄로 처벌하여 두 눈알을 빼고 사람을 시켜 끌어내 작은 배에 태워 강에 띄웠다. 그리고 나서 그 아내를 끌어다가 강제로 음행을 하고자 하니, 부인이 말하였다. "지금 낭군을 이미 잃었으니 홀로 남은 이 한 몸을 스스로 지킬 수가

286) 李基白·李基東, 1982, 앞의 책, 175쪽.

없습니다. 하물며 왕을 모시는 일이라면 어찌 감히 어길 수 있겠습니까? 그러나 지금 월경 중이라서 온 몸이 더러우니 청컨대 다음날 목욕을 하고 오겠습니다." 왕이 이를 믿고 허락하였다. 부인이 곧바로 도망쳐 강어귀에 갔으나 건널 수가 없었다. 하늘을 부르며 통곡하니 문득 외로운 배가 물결을 따라 이르렀으므로 이를 타고 泉城島에 다달아 남편을 만났는데 아직 죽지 않았었다. 풀뿌리를 캐 씹으며 먹으며 함께 배를 타고 고구려의 산산 아래에 이르니 고구려 사람들이 불쌍히 여겼다. 옷과 음식을 구걸하며 구차히 살아 나 그네로 일생을 마쳤다.[287]

라고 하였듯이, 하층민의 아내를 빼앗으려 한 폭군으로 인식되었다. 개로왕은 도미와 같은 자영농민의 물질적 기반 위에서 왕권의 전제화를 추진하였는데, 잦은 부역동원에 따른 虐民行爲와 군주로서의 부덕한 恣行으로 그 세력기반인 '編戶小民'의 이탈을 맞게 되었다.[288]

백제는 개로왕이 추구한 전제왕권의 파탄에 의하여 집권층 사이에 내분이 발생하고 민생이 도탄에 빠져 스스로 무너져 내렸다. 도미전은 오랜 전란과 役事에 지쳐 민생이 파탄되고 희망을 잃은 백제인의 고단한 삶을 반영하고 있다. 특히 한성이 함락되면서 왕족을 비롯한 많은 사람들이 살해되고 8,000여 명이 고구려로 끌려간 후 백제 사람들은 개로왕에 대한 분노와 원망이 극에 달하였다.

도미전은 수도가 함락되고 대참화를 겪으면서 희망을 잃고 표류하게 된 백제인들의 분노와 좌절감이 반영되어 있다.[289] 이로 말미암아

---

287) 『三國史記』 권48, 列傳8, 都彌.

288) 梁起錫, 1986, 「"三國史記" 都彌列傳 小考」, 『李元淳教授停年紀念論叢』, 18쪽.

289) 도미부인이 배를 타고 고구려로 향한 곳으로 알려진 도미나루의 위치에 대해서는 서울 송파·강동·광진을 비롯한 경기도 하남시·충남 보령 심지어는 경남 진해 등에도 관련 설화가 전해지고 있다(경기도박물관·하남시, 2003, 『하남도미나루유적』, 57쪽).

개로왕은 민생파탄과 전쟁 패배의 모든 책임을 짊어지고 전형적인 폭군으로 후세에 전해지게 되었다. 개로왕이 전제왕권을 무리하게 추진하여 백제의 국론을 분열시키고, 잦은 전쟁과 役事에 지나치게 인력과 물자를 동원하여 한성 함락의 원인을 제공한 것은 사실이다.

그러나 전란으로 인한 백성들의 비참한 생활과 민생 파탄의 책임을 모두 개로왕에게 전가할 수는 없다. 개로왕은 귀족세력의 발호에 의한 잦은 政變의 발생과 왕권의 쇠퇴를 극복하고 고구려의 남진에 효과적으로 맞서기 위하여 전제왕권을 추구하였다. 따라서 개로왕이 20여 년에 걸친 治世 동안 무너져 내린 백제의 영광을 재현하기 위하여 苦鬪를 벌인 사실마저 폄하할 필요는 없을 것 같다.

제5장 웅진천도와 백제의 중흥

제1절 백제의 南遷과 정변의 빈발

1. 웅진천도와 방어시설 구축

백제는 475년 9월에 장수왕의 공격을 받아 한성이 함락되고 개로왕이 전사하였으며, 남녀 8천 명이 포로가 되어 고구려로 끌려가는 참화를 당하였다. 문주왕은 고구려의 압박을 피해 수도를 웅진으로 옮겼다.[1] 문주가 왕위에 오를 수 있었던 것은 한성에 있던 개로왕의 直系 왕자들이 고구려군에게 살해되었기 때문이었다.

문주는 개로왕 4년(458)에 관작의 제수를 宋에 요청한 인물 중에서 輔國將軍 餘都이었음이 밝혀졌다.[2] 개로왕은 兄인 문주보다 동생 昆支를 상위의 관작인 征盧將軍에 제수하도록 요청하였는데, 이는 그의 즉위에 곤지가 큰 역할을 하였기 때문으로 보고 있다.[3] 곤지는 왜국에 체류하고 있었기 때문에 왕위는 문주에게 돌아가게 되었다.

백제는 한성이 함락된 후 웅진으로 수도를 옮겼지만 한강 이남지역은 보전할 수 있었다. 고구려군은 한성을 함락한 후

---

1) 『三國史記』 권26, 百濟本紀4, 文周王 前文.

2) 李基東, 1974, 「中國史書에 보이는 百濟王 牟都에 대하여」, 『歷史學報』 62.

3) 鄭載潤, 1999, 앞의 글, 56쪽.

A. 개로가 재위한 지 21년에 고구려가 쳐들어 와서 한성을 에워쌌다. 개로는 성문을 닫고 스스로 굳게 지키면서 문주로 하여금 신라에 구원을 요청하게 하였다. (문주가) 군사 1만 명을 얻어 돌아오니 고구려 군사는 비록 물러갔지만 성은 파괴되고 왕은 죽었으므로 드디어 왕위에 올랐다.[4]

라고 하였듯이, 스스로 한강을 건너 물러갔다. 고구려는 구원 사절로 파견된 문주가 신라군 1만과 함께 돌아오고 있었고 백제의 지방군도 합세할 가능성이 높았기 때문에 한강 北岸으로 철군하였다.

장수왕은 백제의 殘留軍과 신라 구원군이 연합하여 맞서면 전쟁이 장기화될 가능성이 크고, 배후에 있는 北魏가 침입하면 감당하기 어려운 점도 고려하였다.[5] 이 때문에 고구려군은 백제의 한성을 파괴하고 한강 이북의 本營으로 철군하였다. 장수왕은 아차산 본영에 머물고 있다가 한성을 함락한 주력이 한강을 건너오자 그들과 함께 평양으로 돌아갔다. 장수왕은 일부 병력을 아차산 일대에 주둔시킨 채 평양으로 개선했으며, 濟麗는 상호간에 방어거점을 수축 보강하면서 대치하였다.

고구려군은 임진강유역과 한강 이북지역의 성곽을 모두 함락한 후 한성 공격에 나선 것이 아니었다.[6] 개성과 장단, 연천 등의 임진강 이북지역과 그 이남의 파주·고양·의정부·동두천·양주 등에는 상당한 숫자의 백제군이 남아 있었다. 장수왕은 한성을 함락한 후 임진강유역에 주둔한 백제군과의 교전을 피하면서 철군하였다. 장수왕은 개

『三國史記』 권26, 百濟本紀4, 文周王 前文.

5) 鄭載潤, 1999, 앞의 글, 45쪽.

6) 『三國史記』 권26, 百濟本紀4, 文周王 2년 조에는 대두산성을 수리하고 한강 이북의 백성들을 이주시켰다는 기사가 보인다. 이는 한성이 함락될 무렵 한 강이북에 위치한 일부 지역이 고구려의 수중에 들어가지 않았음을 의미한다.

로왕을 살해하고 國都를 파괴한 대전과를 올렸기 때문에 한강 이북지역의 여러 요충지에 주둔한 백제군을 공격하지 않고 철군하였다. 백제군도 국왕이 전사하는 등 지도부가 붕괴되었기 때문에 임전태세만 유지하고 반격을 꾀하지 못하였다.

문주는 한성의 함락과 더불어 국왕이 살해되고 많은 사람이 고구려로 끌려 간 상황 속에서 서둘러 왕위에 올랐다. 문주왕은 수도가 함락되는 참화를 겪었을 뿐만 아니라 고구려의 再侵 가능성이 높았기 때문에 남으로 내려갈 수밖에 없었다. 문주왕은 고구려의 말발굽이 미치기 어려운 금강 이남의 웅진에 수도를 정하였다.

웅진천도는 급박한 상황 속에서도 나름대로 치밀한 계산 하에 이루어졌다.[7] 웅진의 북쪽에는 차령산맥이 발달되어 있으며, 이들의 산세는 거의 동 또는 서남향으로 약간씩의 변동을 보이며 S자를 남북으로 길게 늘여놓은 형상이다. 동남부에는 계룡산(810m)을 최고봉으로 하여 이곳에서 발달된 400m 이상의 고지대가 위치한다. 또한 차령산맥과 계룡산 사이로 금강이 공주의 북서 방향으로 가로막고 흐르고 있어 산맥과 강에 의하여 천연의 요새를 이루었다.[8]

웅진은 금강을 이용하여 조세를 운반하는 것이 편리하였으며, 위급한 상황에서 海路를 통해 구원병이 오기에도 유리하였다.[9] 백제의 南遷은 공주지역 토착세력의 후원을 받아 추진되었다. 종래 공주지역은 천도 이전에 부여·논산·청주·천안 등과는 달리 강력한 토착세력 혹은 중앙과 연계된 집단이 없었던 것으로 이해하였다.[10]

---

7) 姜仁求, 1979, 「중국묘제가 무녕왕릉에 미친 영향」, 『백제연구』 10, 충남대백제연구소, 101~102쪽.

8) 兪元載, 1997, 『웅진백제사연구』, 주류성, 153쪽.

9) 鄭載潤, 1999, 앞의 글, 46쪽.

10) 徐五善, 1997, 「천도이전의 웅진지역문화」, 『백제문화』 26 ; 李南奭, 1997, 「웅진지역 백제유적의 존재의미」, 『백제문화』 26, 47~51쪽 ; 鄭載潤, 1999, 앞의

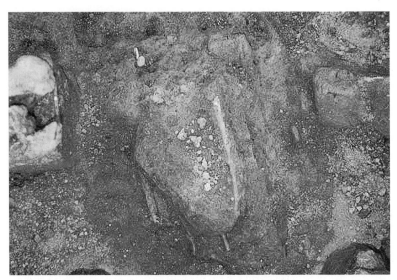

공주 수촌리 금동관의 출토 당시 모습 | 공주 수촌리고분군 일대에서는 청동기시대 주거지, 초기철기시대 토광묘, 백제시대의 대형 토광목곽묘 · 횡혈식 석실분 · 수혈식 석곽묘 등이 조사되었다. 금동관과 더불어 금동신발, 금제이식, 환두대도, 중국제 흑유도기, 닭머리 모양의 주전자 등 위세품으로 판단되는 다양한 유물들이 함께 출토되었다.

그런데 최근에 이루어진 공주 수촌리고분군의 발굴은 종래의 인식에 문제가 있다는 사실을 제기하였다. 수촌리고분군은 청동기시대에서 백제시대에 이르는 오랜 기간동안 조성되었는데, 백제고분 5기는 한성시대 웅진지역 수장급의 무덤으로 추정된다. 특히 수촌리 4호분에서는 백제의 중앙정부가 세력이 큰 지방의 수장층을 王 · 侯로 삼으면서 하사한 금동관등의 위세품이 발견되었다.[11]

수촌리 4호분에서 출토된 금동관과 중국제 도자기 등은 최고의 신분을 지닌 威勢品으로서 피장자가 왕 다음 가는 위상을 지니고 있었음을 보여준다. 수촌리 백제고분군을 조영한 집단은 금강유역에 세력기

글, 47쪽.

11) 충남발전연구원, 2003, 『공주수촌리유적』.

수촌리 출토 금동관 복원도

반을 두고 있었던 苩氏이며, 웅진천도 이전부터 유력한 재지의 수장이었다. 이들이 문주왕으로 하여금 도읍을 웅진에 정하도록 영향력을 끼친 집단이었다.[12] 문주왕의 웅진천도는 큰 세력가를 피하여 공백지를 선정하여 이루어진 것이 아니라, 중앙권력과 상보적 관계에 있었던 수촌리 토착세력의 적극적인 후원과 도움을 받아 추진되었다.

웅진시대 왕성의 위치에 대해서는 공산성 안에 있었다는 주장[13]과 그 南麓에 위치하였다는 견해[14]가 제기되었다. 그런데 1985년과 1986년에 공산성 내부에 위치한 雙樹亭 앞의 광장에 대한 조사는 왕궁지 추정의 새로운 전기를 마련하였다. 발굴조사 결과 竪穴式 건물지, 掘立柱(초석 없이 뿌리를 땅 속에 박은 기둥) 건물지, 積心(표면 석재를 보강하기 위하여 그 사이를 작은 돌이나 황토를 이용하여 메우는 것)이 있는 건물지 등이 순서대로 조성된 것이 확인되었다.

12) 강종원, 2005, 「수촌리 백제고분 조영세력 검토」, 『백제연구』 42.
13) 輕部慈恩, 1971, 「熊津城考」, 『百濟遺跡の硏究』, 吉川弘文館, 20~22쪽.
14) 金永培, 1965, 「公州 百濟王宮 및 臨流閣址 小考」, 『考古美術』 6권 3·4호, 53~55쪽.

264

공산성의 토성 구간 | 공산성의 쪽 구간 일부에는 후대에 수축된 석성과는 달리 백제시대에 쌓은 토성이 그대로 남아 있다.

적심을 사용한 건물지는 24칸 규모와 2칸 규모 등 2棟이 조사되었 는데, 모두 백제시대에 조성된 것으로 밝혀졌다. 이에 따라 쌍수정 앞 광장을 추정 왕궁지로 보게 되었다.[15] 웅진시대 왕궁지를 공산성 내에 서 구하려는 주장은 해당 사료의 검토를 통해 보강되었다.[16] 그러나 이를 부정하는 견해[17]도 최근에 다시 제기되어 결론을 내리지 못하고

---

15) 安承周·李南奭, 1987, 『공산성내 추정왕궁지 발굴조사보고서』, 공주대학교 박물관.

16) 兪元載, 1992, 「熊津都城의 羅城問題」, 『湖西史學』 19, 40~41쪽 ; 田中俊 明, 1991, 「朝鮮三國の都城制と東アジア」, 『古代の日本と東アジア』, 小學 館, 402쪽 ; 李南奭, 1999, 「백제 웅진성인 공산성에 대하여」, 『馬韓·百濟文 化』 14, 68~73쪽.

17) 朴淳發, 1996, 앞의 글, 115~119쪽 ; 成周鐸, 1997, 「백제 웅진성연구 再齣」, 『백제의 중앙과 지방』, 충남대 백제연구소, 297~300쪽.

공산성 북쪽 성벽 | 공산성은 금강변 야산의 계곡을 둘러싼 산성으로, 원래는 흙으로 쌓은 토성이었으나 조선시대에 석성으로 고쳤다. 백제 때에는 웅진성, 고려시대에는 공주산성·공산성, 조선 인조 이후에는 쌍수산성으로 불렸다.

있다.

한편 공산성의 둘레는 2,660m[18] 혹은 2,450m[19]로 알려져 있다. 동쪽에 남아 있는 735m의 토성 구간은 백제시대에 만들어졌고, 그 나머지는 조선시대에 축조되었다. 웅진성의 石城이 조선시대에 축조된 것에 대해서는 연구자들의 대다수가 의견의 일치를 보고 있다. 다만 城전체가 土城인 것을 石城으로 축조한 것인지, 아니면 토성만 백제시대산성이고 석성은 조선시대 산성인지 선후관계를 규명하지 못한 상태에서 복원되었다.[20] 그러나 『翰苑』 百濟傳에 웅진성의 둘레가 '方一里半'이라고 하였는데, 그 크기는 대체로 2,480m 정도이기 때문에 백

---

18) 安承周, 1982, 『公山城』, 공주사대 백제문화연구소, 27쪽.
19) 成周鐸, 1980, 「백제 웅진성과 사비성 연구(其一)」, 『百濟研究』 11, 172쪽.
20) 成周鐸, 2002, 「백제 웅진성」, 『百濟城址研究』, 서경문화사, 45∼67쪽.

제시대에 현재의 공산성이 축조된 것[21])으로 보는 견해가 타당할 것 같다.

도성을 방어하기 위한 체계로는 공주-조치원 통로에 송정리산성·평기리산성, 공주-연산·논산 통로에 중장리산성·양화리산성, 공주-부여 통로에는 웅진동산성·용성리산성, 공주-서해 통로에는 단지리산성·계룡산성 등이 배치되었다. 이 산성들은 웅진도성을 둘러싸고 있는 차령산맥·계룡산·금강으로 이루어진 자연지세를 이용하여 지형에 따라 중요 통로에 배치되었다.

2. 왕권의 쇠퇴와 귀족세력의 발호

문주왕이 신료와 백성들을 데리고 남하하자 한강 하류지역은 점차 고구려의 영향력 하에 놓이게 되었다. 고구려는 백제의 웅진천도와 정국의 불안을 틈타 한강 하류지역을 차지하였다.『三國史記』지리지에 의하면 고구려의 영역은 한 때 충주와 그 서남방의 음성·괴산·진천·연풍, 소백산맥 이남의 순흥·봉화·영주·예안·청송·안덕·임하 지역까지 이르렀다.[22]) 고구려는 백제의 수도였던 한성을 넘어 아산만과 영덕을 연결하는 선까지 영역을 확대하였다.

문주왕은 웅진을 새 도성으로 정하고 패전의 수습에 임하였다. 문주왕은 먼저 한강유역에서 내려온 난민들을 정착시켜야 하였다. 문주왕이 공주로 수도를 옮기자 지배층을 비롯한 많은 사람들이 남하하였다. 이때 백제인의 남하는 자발적인 이주뿐만 아니라 사민정책도 병행되었다. 문주왕은 대두산성을 수리하고 한강 이북의 백성들을 이주시켰다.[23]) 또한 백제의 귀족세력도 자신들의 인적·물적지배 기반을 유지

---

21) 徐程錫, 2002,『百濟의 城郭』, 학연문화사, 68쪽.
22)『三國史記』권37, 雜志6, 高句麗.

하기 위하여 그들의 지배 하에 있던 사람들을 데리고 남하하였다.

백제가 웅진으로 천도한 이후에도 진씨가 큰 영향력을 발휘한 것은
자신들이 지배하던 사람들을 稷山 지역에 정착시켰기 때문이었다.[24)]
解氏도 휘하의 民戶를 大豆山城으로 이주시켜 자신들의 세력기반으
로 삼았다. 이는 478년(삼근왕 2)에 해구가 반란을 일으켰을 때 근거지
가 대두산성이던 점을 통해서 입증된다.[25)]

문주왕은 참담한 패전으로 왕실의 권위가 떨어지고 귀족들이 발호
하는 상황에서 성품이 우유부단하여 적절한 정치적 판단을 내리기가
어려웠다. 또한 개로왕이 추진하였던 왕족중심의 정국운영 과정에서
소외되었던 귀족세력들이 웅진천도를 계기로 발호하여 집권층 내부에
갈등이 조성되었다. 왕족 부여씨나 해씨·진씨 등의 한성 출신 귀족세
력은 沙氏(부여)·苩氏(공주)·燕氏(온양 혹은 연기) 등 수도 인근에
기반을 갖고 있던 토착세력의 도전을 받게 되었다.

문주왕은 즉위한 다음 해에 解仇를 병관좌평으로 삼았는데,[26)] 이는
해씨세력이 南遷한 후에도 상당한 권력을 행사하였음을 의미한다. 해
구는 웅진천도 이후 권력을 장악하였지만, 문주가 웅진으로 천도할 때
측근에서 보좌한 사람은 木劦滿致[27)]와 祖彌桀取이었다.[28)] 해구는 처
음에는 이들과 함께 문주왕을 잘 보필하였으나, 병관좌평에 임명된 후
군권을 장악하고 권력을 농단하였다.

문주왕은 권력이 비대해진 해구를 견제하기 시작하였다. 문주왕은

---

23) 『三國史記』 권26, 百濟本紀4, 文周王 2年.
24) 李基白, 1982, 앞의 글, 37~38쪽.
25) 『三國史記』 권26, 百濟本紀4, 三斤王 2年.
26) 『三國史記』 권26, 百濟本紀4, 文周王 2年.
27) 木劦氏는 木氏와 동일한 姓으로, 목협씨를 중국식의 단일 姓으로 표현한 것
   이 목씨라고 한다(今西龍, 1934, 『百濟史硏究』, 近澤書店, 296쪽).
28) 『三國史記』 권25, 百濟本紀3, 蓋鹵王 21年.

　궁실을 수리하여 왕실의 권위를 높이고, 동생 곤지를 내신좌평으로 삼
아 군국기무를 처결하게 하였다. 또한 문주왕은 맏아들 삼근을 태자로
봉하여 차기 왕위계승 순서를 정하였다.[29]

　왜국에서 오랫동안 체류하면서 국제적인 감각을 익힌 곤지의 귀국
은 대왜관계의 안정과 귀족세력에 대한 견제를 수반하여 문주왕에게
큰 힘이 되었다.[30] 또한 문주왕은 사신을 宋에 파견하여 무너진 왕권
의 대외적인 권위를 높이려고 하였다.[31] 이로써 백제는 정국이 안정되
고 왕실의 권위가 일정 정도 회복되었다.

　그러나 문주왕의 곤지 중용과 왕권강화 시책은 귀족세력의 반발을
일으켰다. 문주왕의 왕권강화 노력은 내신좌평에 임명된 곤지가 3개월
만에 죽임을 당하면서 좌절되고 말았다.[32] 곤지의 죽음은 병관좌평 해
구와 무관하지 않는 것으로 추정된다. 곤지의 죽음 이후

　　A. 병관좌평 해구가 권세를 마음대로 휘두르고 법을 어지럽히며 임금
　　　을 무시하는 마음이 있었으나 왕이 능히 제어하지 못하였다.[33]

라고 하였듯이, 해구의 專橫이 두드러지게 나타난 것은 이를 반증한
다. 곤지가 黑龍이 출현한 두 달 후에 사망한 것은 피살되었음을 의미
한다.[34] 해구는 곤지가 내신좌평에 임명되어 문주왕을 보필하면서 군
국기무를 처결하자 그를 살해한 것으로 짐작된다. 해구는 곤지를 살해

---

　29)『三國史記』권26, 百濟本紀4, 文周王 2年.
　30) 延敏洙, 1994,「5세기후반 백제와 왜국-곤지의 행적과 동성왕의 즉위 사정을
　　　중심으로」,『일본학』13, 동국대학교 일본학연구소.
　31)『三國史記』권26, 百濟本紀4, 文周王 2年.
　32)『三國史記』권26, 百濟本紀4, 文周王 3年.
　33)『三國史記』권26, 百濟本紀4, 文周王 4年.
　34) 山尾幸久, 1979,「日本書紀のなかの朝鮮」,『日本と朝鮮の古代史』, 三省堂
　　　選書 57, 136쪽 ; 盧重國, 1988, 앞의 책, 150쪽.

한 것에 그치지 않고 자객을 파견하여

> B. 9월에 왕이 사냥을 나가 밖에서 묵었는데 해구가 도적을 시켜 해치게 하여 드디어 죽였다.[35]

라고 하였듯이, 문주왕을 살해하고 13세의 어린 삼근을 왕으로 옹립하였다. 곤지의 귀국과 내신좌평의 임명에 위기감을 느낀 해구는 곤지를 제거한 후 문주왕마저 살해하였다. 백제는 남하해 온 귀족들의 자체분열과 갈등으로 왕의 피살과 귀족의 반란이 빈발하는 정치적 혼미에 빠져들게 되었다. 그러한 정치적 혼란이 최초로 표출된 것이 해구의 반란이었다.[36]

삼근왕은 왕위에 오른 후 軍務와 政事 모두를 해구에게 위임하였다.[37] 해구는 병권 외에도 군무와 정사 등을 주관하면서 권력을 독점하였다. 해구는 백제의 정국을 주도하면서 웅진천도 후 새롭게 부상한 신흥 燕氏勢力과 유대를 강화하였다.

연씨의 세력 근거지는 湯井城으로 보는 견해,[38] 大豆城으로 비정하는 견해,[39] 사비지역으로 추정하는 견해[40] 등이 있다. 그 외에도 웅진천도 이후 성장한 대표적인 신흥세력은 沙氏, 苩氏 등을 들 수 있다. 사씨의 경우는 부여지방을 근거지로 하였고,[41] 백씨는 웅진지방을 기반으로 성장하였다.[42]

---

35) 『三國史記』 권26, 百濟本紀4, 文周王 4年.
36) 盧重國, 1988, 앞의 책, 150쪽.
37) 『三國史記』 권26, 百濟本紀4, 三斤王 前文.
38) 李基白, 1982, 앞의 글, 40~41쪽 ; 兪元載, 1992, 앞의 글, 72~80쪽.
39) 盧重國, 1978, 앞의 글, 102쪽.
40) 李鍾旭, 1978, 앞의 글, 43쪽.
41) 盧重國, 1978, 앞의 글, 98~100쪽.

그러나 해구의 정국 주도는 오래 가지 못하고 삼근왕과 진씨세력에
의하여 축출되었다. 삼근왕은 부왕을 살해하고 전횡을 일삼는 해구를
제거하기 위하여 진씨세력을 중용하였다. 삼근왕과 진씨세력의 연대는
정치적 경륜과 식견이 부족한 어린 국왕보다는 진씨세력이 주도하였
을 가능성이 높다. 해구는 웅진에서 더 이상 버티기 어려워 자신의 세
력기반인 대두산성으로 도피하였다.[43]

해구는 대두산성에 도착한 후 자신의 휘하에 있던 사람들 및 신흥귀
족인 燕信과 함께 반란을 일으켰다. 삼근왕은 해구가 연신과 함께 반
란을 일으키자 眞男에게 명령하여 군사 2천 명으로 토벌하게 하였으
나 이기지 못하였다. 삼근왕은 다시 덕솔 眞老에게 명령하여 정예 군
사 500명을 거느리고 해구를 공격하여 죽였다. 그리고 연신이 고구려
로 달아나자 그 처자를 잡아다가 웅진의 시가에서 목을 베었다.[44]

해구의 반란은 종식되고 진씨세력이 정국 운영의 전면에 나서게 되
었다. 백제가 고구려에게 밀려 한성에서 웅진으로 천도한 이후 권력의
주도권은 금강유역의 토착세력이 아니라 왕족인 여씨를 포함하여 한
성 출신의 眞氏와 解氏가 여전히 장악하였다.

삼근왕은 해구의 반란을 진압한 다음 해(479)에 15세의 나이로 사망
하였다.[45] 삼근왕의 사망 원인에 대해서는 사료가 남아 있지 않아 그
이유를 잘 알 수 없다. 삼근왕은 어린 나이에 국정을 책임지는 격무를
이기지 못했거나 질병에 걸려 사망하였을 가능성이 있다. 그러나 해구
의 반란을 진압하고 정국의 주도권을 장악한 진씨세력이나 그의 사망

---

42) 李基白, 1978, 앞의 글, 7~10쪽.
43) 한편 삼근왕을 옹립한 것은 진씨이며, 해구의 반란은 이에 대항하기 위한 것
    으로 보는 견해도 있다(李道學, 1985, 앞의 글, 15쪽).
44) 『三國史記』 권26, 百濟本紀4, 三斤王 2年.
45) 『三國史記』 권26, 百濟本紀4, 三斤王 3年.

후에 즉위한 동성왕에 의하여 제거되었을 가능성도 없지 않다.

동성왕은 곤지의 둘째 아들로 호위병 500명을 거느리고 왜국에서 돌아왔다.[46] 호위병 500명은 왜국의 병력이 아니라, 그가 왜국에서 데리고 있던 가병적 집단으로 생각된다. 백제에서 왜국으로 건너간 곤지는 大和國으로 들어가 河內의 飛鳥에 정착하였다.

한반도에서 건너간 이주민들은 상습전을 乾田으로 만든 결과 농업 생산력이 단위 면적당 종전보다 3배나 증대되는 농업혁명을 이룩하였다. 건전 농업은 저수지가 필요하며, 저수지와 수로의 건설은 이주민들이 주도적인 역할을 하였다.[47] 河內의 생산력은 大和 정권의 경제적 기반이 되었고, 곤지는 백제계 이주민들의 힘을 결집하여 왜 왕권과의 교섭 강화에 이용하였다.[48]

곤지는 백제계 이주민들을 통솔·관리하는 지위를 보장받았다. 일본 측 자료에 전하는 곤지의 칭호인 軍君, 昆支君, 昆支王 등의 호칭은 왜국 내에서 그의 지위를 나타내는 것으로 추정된다. 곤지는 이주민들의 결속을 통해서 경제기반을 구축하고 사회적 지위를 높여 갔으며, 기술문화에 대한 왜왕권의 현실적 욕구에 기반하여 정치적 유착관계를 강화시켰다.[49]

문주왕과 삼근왕의 사후 당시 왕위계승에 가장 근접한 사람은 곤지계의 적장자인 동성왕이었다.[50] 진씨세력은 동성왕을 추대하기로 결

---

46) 『日本書紀』 권14, 雄略紀 23年 夏四月.

47) 森浩一, 1982, 「日本內의 渡來系集團과 그 古墳」, 『백제연구』 특집호, 111쪽.

48) 鄭載潤, 1999, 앞의 글, 65쪽.

49) 延敏洙, 1998, 앞의 책, 420~421쪽.

50) 문주왕의 弒害와 삼근왕의 短命 등 혼란의 와중에 즉위한 동성왕의 즉위 배경에 대해서는 여러 견해가 제시되었다. 즉, 왜왕에 의한 책봉설(坂元義種, 1978, 『古代東アジアの日本と朝鮮』, 吉川弘文館, 201쪽), 백제와 왜측의 상

정하고

C. 해구가 문주를 시해하자 그의 아들 삼근이 왕위를 이었는데도 그를 능히 죽이지 못하였다. 뿐만 아니라 또 그에게 나라의 정사를 맡겼다가 한 성에 근거하여 반란을 일으킴에 이른 연후에야 두 번이나 큰 군사를 일으켜서 이겼다.[51]

라고 하였듯이, 해구에 의하여 옹립된 삼근왕에 대한 도덕적 책임을 물어 폐위시켰다. 동성왕이 왕위에 오른 것은 眞男과 眞老를 비롯한 진씨세력의 적극적인 옹립이 있었기 때문에 가능하였다. 동성왕이 왜국에서 귀국한 것은 삼근왕의 사망 이전이며, 진씨집단과 제휴하여 해씨를 徙民시키고 삼근왕 추종세력을 제거하면서 집권에 성공하였다.[52]

진씨세력은 해구에 의하여 옹립된 삼근왕을 축출하고, 곤지의 아들인 동성왕을 추대하였다. 진씨세력은 왜국에 장기간 체류하여 국내에 정치적 기반이 없어 자파 중심으로 정국을 운영하기 위해 어린 동성왕을 옹립하였다.[53] 또한 당시 왕위계승에 가장 적합한 왕족은 昆支系이며, 그 중에서도 嫡子인 동성왕을 추대하는 것이 지지세력을 확보할수 있는 정당성이 있었다. 백제의 왕족들도 진씨세력과 함께 동성왕의 즉위에 적극적인 도움을 주었다.[54]

호 필요설(延敏洙, 1998, 앞의 책, 425쪽), 진씨집단에 의한 농간설(李道學, 1985, 앞의 글, 425~428쪽 ; 盧重國, 1988, 앞의 책, 151쪽), 목씨 후원설(山尾幸久, 1978,『日本國家の形成』, 35쪽) 등이 있다.

51)『三國史記』권26, 百濟本紀4, 三斤王.

52) 鄭載潤, 1999, 앞의 글.

53) 공주 송산리에서 발견된 무령왕릉 지석에 의하면 무령왕은 삼근왕이나 동성왕보다 나이가 더 많으며, 또 왕위에 오를 때에 40세 정도였다(李道學, 1984, 앞의 글, 13쪽). 따라서 동성왕이 재위 23년에 사망하였음을 고려하면, 그는 10대 중반에 왕위에 올라 30대 후반에 薨逝하였음을 알 수 있다.

54) 鄭載潤, 1999, 앞의 글, 88쪽.

제2절 동성왕의 집권과 영토회복

1. 한강유역 진출과 한성 점거

동성왕은 웅진천도 초기의 정치적 불안을 종식시키고 실추된 왕권을 강화하기 위하여 여러 조치를 취하였다. 동성왕은 眞老를 병관좌평으로 삼아 중앙과 지방의 군사업무를 맡게 하면서 왕권의 버팀목으로 삼았다.[55] 또한 동성왕은 금강유역의 토착집단인 沙氏, 燕氏, 白氏, 木氏 등의 신진세력을 중앙귀족으로 등용하여 한성에서 내려 온 진씨나 해씨 등의 구귀족과의 세력균형을 꾀하여 정치적 안정을 도모하였다.[56]

동성왕은 苩加를 衛士佐平으로 삼아 궁궐의 숙위와 자신의 호위를 맡도록 하였으며,[57] 燕突을 달솔로 삼는 등 금강유역 출신의 신진세력을 적극적으로 등용하였다.[58] 동성왕은 병관좌평 진로가 죽자 달솔 연돌로 하여금 그 직책을 계승하도록 하였다.[59] 동성왕은 신구 귀족 사이의 세력균형을 도모하면서 일련의 왕권강화를 추진하여 정치적 불안정을 극복하였다.

동성왕은 자신이 직접 주도하여 天地神에게 제사를 지내고 南堂에서 여러 신하들에게 연회를 베풀어 왕권의 우월성을 강조하였다.[60] 또한 軍權을 장악하기 위해 궁궐의 남쪽에서 크게 閱兵을 실시하였고,[61]

---

55) 『三國史記』 권26, 百濟本紀4, 東城王 4年.
56) 盧重國, 1978, 앞의 글, 75쪽.
57) 『三國史記』 권26, 百濟本紀4, 東城王 8年.
58) 『三國史記』 권26, 百濟本紀4, 東城王 12年.
59) 『三國史記』 권26, 百濟本紀4, 東城王 19年.
60) 『三國史記』 권26, 百濟本紀4, 東城王 11年.
61) 『三國史記』 권26, 百濟本紀4, 東城王 8年.

중국 남조와의 교섭에도 심혈을 기울였다. 동성왕은 고구려의 水軍에 의하여 해상 교통로가 차단되어 국제적 고립에 빠진 상황을 타개하기 위하여 南齊에 사신을 파견하여 對中國 외교를 재개하였다.

동성왕은 484년(同王 6) 2월에 南齊의 태조 蕭道成이 고구려의 장수왕을 책봉하여 驃騎大將軍으로 삼았다는 소식을 듣고, 南齊에 사신을 보내 表를 올리고 복속을 청하였다.[62] 동성왕은 같은 해 7월에도 內法佐平 沙若思를 南齊에 보내 조공하였는데, 서해 바다에서 고구려의 수군을 만나 가지 못하고 귀국하였다.[63]

동성왕의 사절 파견은 고구려의 전방위 외교에 맞서 南齊를 자국의 편에 묶어 두려는 외교적인 조치였다. 이 때문에 고구려는 백제 사절의 使行을 방해하였다. 이는 고구려가 서해안의 해상권을 장악하고 있었기 때문에 가능하였다.[64]

그 외에도 동성왕은 궁궐을 중수하여 수도의 면모를 갖추었으며,[65] 牛頭城·沙峴城·耳山城 등을 축조하여 웅진의 방어망을 정비하였다.[66] 또한 沙井城과 加林城 등을 축조하고 炭峴에 목책을 설치하여 중앙에서 관리를 파견함으로써 지방 통제력을 강화하였다.[67]

우두성은 서해를 거쳐 금강 하구에 진입하는 적군의 동향을 감시하고 타격할 수 있는 서천군 한산면 건지산성으로 비정된다.[68] 사현성은 충남 공주시 정안면 廣停里山城에 비정되는데,[69] 차령을 넘어 공주지

---

62) 『南齊書』 권58, 列傳39, 南蠻東南夷, 東夷 百濟.

63) 『三國史記』 권26, 百濟本紀4, 東城王 6年.

64) 尹明哲, 2003, 앞의 책, 147쪽.

65) 『三國史記』 권26, 百濟本紀4, 東城王 8年.

66) 『三國史記』 권26, 百濟本紀4, 東城王 8年·12年.

67) 『三國史記』 권26, 百濟本紀4, 東城王 20年·23年.

68) 『大東地誌』 권5, 漢山 城池.

69) 井上秀雄, 1982, 「朝鮮城郭一覽」, 『朝鮮學報』 104, 150쪽.

대전 사정성 원경 | 사정성은 현재 사정동산성으로 불리는데, 대전에서 진산으로 통하는 길목을 지키기 위하여 쌓았다. 남쪽의 흑석동산성, 북쪽의 월평동산성과 연결되는 사정성은 해발 160m의 보문산 산정을 한바퀴 둘러 돌로 쌓아올렸다. 성벽 둘레는 약 350m이며, 전부 허물어진 상태여서 현재는 그 윤곽만 확인된다. 성의 안쪽은 서쪽으로 완만하게 경사를 이루고 있으며, 동남쪽 높은 곳에 건물터가 남아 있다.

역으로 진입하는 요충지에 위치하였다. 耳山城은 충북 괴산군 도안면 尼聖山城,[70] 沙井城은 대전 중구 사정동산성으로 보고 있다.[71] 또한 가림성은 부여군 임천면 성흥산성,[72] 炭峴은 충남 금산군 진산면 교촌리 숯고개[73]로 각각 비정된다.

　동성왕은 웅진으로 향하는 주요 통로에 성곽을 축조하여 수도 방위를 확고히 하였다. 또한 고구려군의 침입을 염두에 두면서 불의에 있을지 모르는 신라군의 공격에 대해서도 만전을 기하였다. 동성왕은 왕

70) 민덕식, 1983, 「고구려 도서현성고」, 『사학연구』 36.

71) 성주탁, 1974, 「대전지역 고대산성고」, 『백제연구』 5, 116쪽.

72) 李丙燾, 1977, 앞의 책, 401쪽.

73) 성주탁, 1990, 「백제 탄현 소고」, 『백제논총』 2, 백제문화개발연구원.

권의 신장과 정치적 안정을 이룬 후 고구려에게 상실한 한강유역을 회복하기 위하여 적극적인 노력을 기울였다.

고구려는 백제의 한성을 함락한 후 아산만과 영덕을 연결하는 선까지 영역을 확대하였다. 최근에 조사된 대전 월평동유적[74]과 청원 남성골유적[75]은 고구려군이 일시적이나마 차령산맥을 넘어 청원과 대전지역에 주둔한 사실을 말해준다. 고구려는 금강유역에 속하는 청원과 대전지역까지 남하하여 최전방에 군사기지를 건설하였다.

그러나 남성골유적의 규모가 대략 270~360m 정도에 불과하기 때문에 소규모 병력이 주요 교통로를 따라 전략적 요충지에 주둔하여 거점지배를 실시한 것으로 추정된다.[76] 고구려군은 보루성에 남아 있는 유구의 개축 흔적이 거의 없는 점으로 보아 장기간 주둔하지 않았다.[77]

고구려의 주력은 한성을 함락하고 개로왕을 살해한 후 남녀 8,000여 명을 사로잡아 돌아갔다. 또한 몽촌토성 일원에 주둔한 고구려군도 일시 대전 부근까지 남하하여 금강 이남의 웅진으로 南遷한 백제의 동향을 감시하였다. 그러나 고구려는 北魏 및 勿吉의 공세에 직면하여 북방정세가 유동적이었고, 동해안지역에서도 신라군과 치열한 공방전이 전개되고 있어 전선을 확대할 수 없었다.[78]

---

74) 남성골유적의 경우 외곽 내부 구들집터는 고구려식 온돌유적이며, 가마터에서 고구려 계통의 토기류가 출토되었다. 토기류는 고배와 개배편의 백제토기가 소수 발견되며, 아울러 甕類·장동호류·호류·시루류·동이류 등 고구려계 토기류가 함께 출토되었다(이한상, 2000, 「대전 월평산성 출토 고구려토기」, 『학산 김정학박사 송수기념논총 한국고대사와 고고학』, 605~622쪽).

75) 월평산성에서는 직구호와 장동호 등 고구려계 토기편이 출토되었다(차용걸 외, 2004, 『청원 남성곡 고구려유적』, 충북대박물관 조사보고 제104책).

76) 梁起錫, 2005, 앞의 글.

77) 심광주, 2001, 앞의 글, 487쪽.

78) 신라는 광개토왕이 내물왕의 요청을 받아 구원군을 파견한 이후 오랫동안 고

고구려가 어려움을 겪자 백제의 반격이 재개되었다. 동성왕은 집권 초반에 한강 하류지역으로 진출하여 漢山城을 장악하였다. 고구려는 북위와 물길 및 신라와 대립하고 있는 상황에서 주력을 한강유역에 투입하기 어려운 상태에 직면하였다. 그 대신에 고구려는 영서의 말갈세력을 사주하여 482년에 백제가 차지한 한산성을 습격하여 깨뜨리고 300여 호를 사로잡아 돌아갔다.[79]

동성왕은 483년에 한산성에 이르러 군사와 백성을 위문하고 10일 만에 돌아왔다.[80] 한산성은 지명 이동설에 입각하여 직산[81] 혹은 연기 지방[82]으로 보는 것이 일반적이다.[83] 즉, 웅진천도 이후 백제와 고구

구려의 영향력 하에 있었다. 고구려의 영향력에서 벗어나려는 신라의 노력은 실직원(삼척)에서 일어난 고구려 장수의 피살사건을 계기로 표면화되었다(『三國史記』 권3, 新羅本紀3, 訥祗麻立干 34年). 이에 맞서 고구려는 영동지역의 말갈(동예)을 동원하여 신라 동북방의 요충지인 실직성을 공격하였다(『三國史記』 권18, 高句麗本紀6, 長壽王 56年). 그러나 고구려의 신라 공격은 북위와 백제 때문에 지속적으로 추진되지 못하고, 영동의 말갈세력을 이용하여 신라를 견제하였다. 고구려는 480년에 말갈을 동원하여 신라 북쪽 변경을 공격하였고, 그 다음 해에는 말갈과 함께 신라를 공격하여 호명성 등 7성을 취하고 영일만 부근의 미질부까지 내려왔다(『三國史記』 권3, 新羅本紀3, 炤知麻立干 2年·3年).

79) 『三國史記』 권26, 百濟本紀4, 東城王 4年.
80) 『三國史記』 권26, 百濟本紀4, 東城王 5年.
81) 李基白, 1982, 앞의 글, 38~39쪽.
82) 盧重國, 1978, 앞의 글, 101~102쪽.
83) 한산성과 한산 등에 관한 사료는 지명의 이동(今西龍, 1934, 『百濟史研究』, 國書刊行會, 126쪽 ; 이기백, 1978, 앞의 글, 6쪽), 또는 신빙성 결여로 보고 있다(李丙燾, 1990, 『譯註 三國史記(下)』, 을유문화사, 63쪽). 그 외에 사비시대에 와서 무령왕계의 왕실이 왕실의 정통성을 확보하기 위하여 조작한 것(李道學, 1984, 앞의 글, 24쪽)으로 보는 견해도 있다. 그러나 이러한 견해는 한성을 제외하고 水谷城 등과 같은 지명을 한성과 같이 모두 한강 이남지역으로 이동시킨 것으로 볼 수 없는 점, 그리고 웅진으로 천도한 이후 백제와 고구려간에 벌어진 전쟁 기록을 모두 백제측 자료에 의거한 것으로 볼 수 없다는 점 등에서 그대로 받아들이기 어렵다는 지적이 있다(梁起錫, 2005, 「5~

려가 전투를 벌인 한산성은 백제의 舊都 한성 부근이 아니라 직산이나
연기 부근으로 이해한다. 백제가 웅진으로 천도한 후에 한강유역을 다
시 회복한 것은 성왕의 북진정책이 성공한 551년 무렵으로 보고 있
다.[84]

그 근거로『삼국사기』지리지에 수록되어 있는 漢州(漢山州), 朔州
(牛首州), 溟州(何瑟羅州)가 한때 고구려의 영역으로 표기되어 있는
점, 백제 성왕이 신라 및 가야군과 함께 고구려를 정벌하여 한강유역
의 백제 고토를 수복했다는『日本書紀』欽命紀 12년 기사를 들고 있
다. 또한 임진강유역에서 아차산 일대로 연결되는 고구려의 보루유
적[85]을 5세기 중반에서 6세기 중반에 걸쳐 고구려가 한강유역을 지배
한 증거로 보고 있다.

그런데 백제가 475년 漢城 함락 이후 약 80년 동안 한강유역 일대
를 고구려에 상실한 것으로 보는 통설에 오류가 있다는 지적이 연이어
나오고 있다. 이 주장은『三國史記』백제본기에 나오는 웅진시대의 漢
山城과 漢城 관련 기사의 사실성을 인정하는 입장에서 제기되었다.[86]

6세기 백제의 北界」, 제20회 정기연구발표회, 단국대학교 석주선기념박물관
정기연구회발표 논문요지).

84) 小田省吾, 1928,『朝鮮史大系』(上世史), 朝鮮史學會, 90쪽 ; 津田左右吉,
1964,「長壽王征服地域考」,『津田左右吉全集』11, 岩波書店, 69쪽 ; 李丙燾,
1959,『한국사』(고대편), 진단학회, 440쪽.

85) 심광주 · 윤우준, 1994,『아차산의 역사와 문화유산』, 구리문화원 ; 토지박물
관, 1998,『양주군의 역사와 문화유적』; 임효재 · 최종택 외, 2000,『아차산
제4보루-발굴조사 종합보고서-』, 서울대박물관 ; 서울대 발굴조사단, 1999,『시
루봉 보루유적 발굴조사 약보고』.

86) 丁若鏞,『與猶堂全書』권6, 疆域考3, 漢城考 ; 韓鎭書,『海東繹史續』권8,
地理考8, 百濟 疆域總論 ; 千寬宇, 1976,「삼한의 국가형성」(下),『한국학보』
3 ; 兪元載, 1979,「三國史記 僞靺鞨考」,『사학연구』29 ; 梁起錫, 1980,「웅
진시대의 백제 지배층 연구」,『사학지』14 ; 성주탁 · 차용걸, 1981,「百濟儀
式考」,『백제연구』12 ; 단재신채호기념사업회, 1982,「朝鮮上古史」,『丹齋申

이를 더욱 확대하여 웅진시기 대부분의 기간동안 백제가 한강유역을 영유하였다는 설도 제기되었다.[87]

한성 함락 이후에도 백제는 한강유역을 계속 보유하였는데, 529년에 고구려가 차지한 다음 단 며칠 사이에 아산만-금강계선까지 밀고 나간 것으로 보기도 한다.[88] 백제가 한강유역을 다시 확보한 것은 507년 이전에 무령왕의 대공세를 통하여 이루어진 것으로 파악하는 견해도 있다.[89]

한강 하류지역은 백제가 공주로 천도한 후 고구려가 차지하였지만 전란의 참화를 당하여 인구가 대폭 감소하고 물자의 생산이 줄어 회복 불가능한 상태에 직면하였다. 또한 한성 주변의 주민들도 강제로 사민 되었거나 자발적으로 왕실과 함께 대거 남으로 내려간 것으로 추정된다.[90]

采浩全集』上 ; 朴燦圭, 1991, 「百濟 熊津初期 北境問題」, 『사학지』 24.
87) 김영관, 2000, 「백제의 웅진 천도 배경과 한성 경영」, 『충북사학』 11·12合 ; 심광주, 2001, 「남한지역의 고구려유적」, 『고구려연구』 12 ; 임범식, 2002, 「5～6세기 한강유역사 재고」, 『한성사학』 15 ; 김병남, 2003, 「백제 웅진시대의 북방영역」, 『백산학보』 64.
88) 사회과학원 력사연구소, 1999, 『조선전사』 3, 158～160쪽.
89) 金賢淑, 2002, 「웅진시기 백제와 고구려의 관계」, 『고대 동아세아와 백제』, 충남대 백제연구소.
90) 한성 함락 후 한강 하류지역의 주민의 동태와 인구의 증감에 대해서는 사료가 남아 있지 않아 자세한 사정은 잘 알 수 없다. 다만 축적된 자료가 많지는 않지만 고고자료를 통해 대략적인 상황은 유추해 볼 수 있다. 예컨대 수원-화성지역의 경우 의왕유적군, 서둔동유적군, 태안유적군, 봉담유적군, 향남유적군, 길성리토성과 주변 유적군, 우정유적군을 비롯하여 7개 정도의 백제시대 대규모 유적군이 확인된다. 이들 유적은 중도식 경질무문토기로부터 백제토기까지 모두 발견되는 유적과 백제토기만이 출토되는 유적으로 양분된다. 그런데 이들 지역에서 지금까지 고구려와 관련된 유적이나 유물이 발견된 적이 없다. 또한 화성시 일원에서 대규모 신라고분군이 확인되지 않으며, 대개의 경우 유적 조사 발굴 조사과정에서 우연히 1～2기의 고분이 확인되는 정도에 불과하다(권오영, 2005, 「고대의 남양만」, 『남양만의 역사와 문화』, 한신대학

　고구려는 명목상의 군현 설치에도 불구하고 한강 이남지역은 철저
한 지방통치를 실시하지 못하였다. 그 대신 고구려는 백제의 舊都 한
성을 차지하여 군사거점으로 활용하였다. 몽촌토성 발굴결과에 따르면
출토된 토기 중에서 고구려 토기가 38.4%에 이르며, 이는 고구려군이
이곳에 머물렀던 증거라고 한다. 또한 주변 일대가 조망되는 고지대에
서 長刀·鐵棒·鐵鏃 등의 무기류가 많이 출토된 것은 군사 용도로
이용된 사실을 반영한다.[91]

　고구려는 백제의 한성을 점령한 후 평지에 위치한 풍납토성을 폐기
하고 군사 방어적인 성격이 강한 몽촌토성은 계속 활용하였다.[92] 고구
려가 몽촌토성에 군사적 거점을 마련하였지만 한강 하류지역 통치는
한강 北岸에 위치한 남평양을 중심으로 이루어졌다. 고구려는 한강유
역을 점령한 뒤 한강 남안의 백제 도성과는 별도로 한강 북안에 남평
양(양주 부근[93])을 설치하였다.

　　교박물관총서 제20책). 이는 한성 함락 후 수원-화성지역에 거주하던 상당수
　　의 주민들이 남으로 내려간 상황을 보여준다. 다만 강제적으로 사민된 경우
　　를 제외하고 자발적으로 남으로 내려간 사람들은 중앙과 밀접한 관계를 맺은
　　집단이 주류를 이루었다. 화성시와 인접한 용인 구성면 보정리 일대의 여러
　　개의 가지구릉에 걸쳐 수백 기의 신라고분이 군집한 것은 이러한 사실을 반
　　증한다. 백제와 밀접한 관계를 맺었던 화성지역의 지방세력은 남으로 내려간
　　반면에, 용인의 보정리에 신라 고분군을 축조한 사람들은 남으로 내려가지
　　않고 계속 거주하였을 가능성이 높다. 다만 신라가 소백산맥 이남지역의 주
　　민들을 보정리 일대로 사민하였을 가능성도 없지 않다. 신라가 확장된 영토
　　내에 군사·행정조직을 재편하면서 주민을 이주시켜 점령지역의 통제력을
　　강화한 사실은 포천의 성동리유적(李仁淑·宋萬永, 1999, 『포천 성동리 마을
　　유적』)을 통해 입증된다.

91) 서울대학교 박물관·서울특별시, 1988, 『몽촌토성 동남지구발굴보고서』.

92) 고조 조사결과 몽촌토성에서는 고구려 계통의 유물이 다수 출토된 반면에,
　　풍납토성 발굴에서는 고구려 계통의 유물이 출토되지 않은 점은 이러한 사실
　　을 반영한다(국립문화재연구소, 2001, 『풍납토성 I 』).

93) 『高麗史』 권56, 지리지, 남경유수관, 양주 조에는 "양주는 본래 고구려의 북

고구려의 통치방식은 영역 지배보다는 母基地에서 교통로를 따라 교두보나 거점을 마련하는 전략적 거점지배 방식을 취하였다. 즉, 소규모 병력으로 거점을 확보하면서 유사시 기마병에 의한 신속한 공격이 가능한 보루 위주의 공격형 관방체제를 구축하였다. 고구려가 한강유역을 점령하면서 몽촌토성은 漢城 또는 漢山城으로 불리게 되었다.

고구려가 한강유역을 점령한 이후 한성은 백제의 古都 전체를 지칭하는 명칭으로 확장되었다.[94] 고구려는 한성을 북상하는 백제군을 견제하는 전초기지로 활용하였다. 또한 한성은 고구려군이 웅진 방향으로 남하하기 위한 중간 거점으로 이용되었다.

고구려의 한강 이남지역 점유는 오래가지 못하고 백제의 반격에 직면하였다. 백제가 한성을 다시 장악한 것은 늦어도 482년(동성왕 4)에 이루어졌다. 이는 고구려가 482년 가을에 말갈을 동원하여 漢山城을 습격하여 깨뜨리고 300여 호를 사로잡아 돌아갔다는 사료를 통해 입증된다.[95] 고구려군은 475년부터 대략 480년을 전후한 5~7년 동안 주둔하였으며, 백제군이 늦어도 482년에는 한성을 장악하였다.[96]

이를 계기로 사방으로 흩어져 갔던 백제의 주민들이 조금씩 모여들기 시작하였다. 이들 중의 일부는 고구려의 사주를 받은 말갈의 침입을 받아 포로가 되어 끌려가기도 하였다. 동성왕은 말갈의 침입을 받은 다음 해의 봄에 한산성에 이르러 군사와 백성을 위문하고 돌아갔다.[97]

한산군으로 남평양이라 불렀다"라고 하여, 남평양이 한강 이북에 위치하였음을 알 수 있다.

94) 余昊奎, 2002, 앞의 글, 12쪽.

95) 『三國史記』 권26, 百濟本紀4, 東城王 4年.

96) 고구려군은 몽촌토성에서 수집된 토기 등의 유물로 볼 때에도 475년 이후 단기간 주둔했을 가능성이 높다고 한다(최종택, 2002, 「몽촌토성 내 고구려유적 재고」, 『한국사학보』 12).

백제는 말갈을 동원한 고구려의 공세에도 불구하고 계속 한성을 점유하였다. 동성왕이 한성을 수복하고 북상하면서 양국의 대립은 첨예화 되었다. 백제와 고구려는『高麗史』에 의하면

    A. 양광도는 원래 고구려와 백제의 땅이다(한강 이북은 고구려 지역이고 그 이남은 백제지역이다).[98]

라고 하였듯이, 한강을 경계로 하여 대치하게 되었다. 고구려는 백제가 북진하여 한성을 장악하자 한강 북안의 구의동, 아차산, 용마산 일대에 소규모 보루를 축조하여 백제군의 동향을 감시하였다.

아차산 일대에 분포하는 보루들을 보면 要路를 따라 500~1,000m 거리에 하나씩 모두 20여 개가 배치되어 있다. 이들을 포함하여 한강 이북지역에서 발견되는 40여 개의 고구려 보루들은 대부분 둘레가 100m 내외의 것들이 가장 많다. 이들은 양주의 천보산맥을 중간기지로 하여 中浪川과 王宿川을 따라 남하하는 고구려군이 교통로를 확보하거나 한강을 도하하기 위한 교두보 기능을 하였다.[99]

그러나 보루는 대형의 산성과는 달리 장기적인 농성이 불가능하였다. 또한 한강 북안에 산재한 보루들에 대하여 백제군이 많은 병력을 동원하여 공격하면 쉽사리 무너질 수밖에 없었다.[100] 고구려는 한강 북안의 보루를 평안도나 황해도 일대의 성곽과 같은 대규모로 전환하지 않았다. 고구려가 한강 북쪽에 남평양을 설치하여 통치의 거점으로

---

97)『三國史記』권26, 百濟本紀4, 東城王 5年.

98)『高麗史』권56, 志10, 地理1.

99) 崔鍾澤, 1998,「아차산 제4보루성유적 발굴조사」제22회 한국고고학 전국대회 발표요지, 255~272쪽.

100) 崔章烈, 2002,「한강 북안 고구려보루의 축조시기와 그 성격」,『한국사론』47, 6쪽.

활용하였음에도 불구하고 그 지배가 견고하게 이루어진 것은 아니었
다.

동성왕은 고구려가 한강 북안에 보루를 설치하는 등 경계를 강화하
자 더 이상 북상이 어렵게 되었다. 동성왕은 직접 한산성에 이르러 군
사와 백성을 위문하는 등 한강 이남지역 경영을 위하여 다각적인 노력
을 기울였다. 동성왕의 한산성 행차는 한강유역의 회복이 이루어졌기
때문에 가능하였다. 삼국시대의 경우 국왕의 지방 방문은 민심의 수습,
영토의 확인과 재정복을 위한 宣撫, 下敎를 위한 행차 등 다양한 목적
이 있었다.[101]

백제가 동성왕대에 이르러 한강 하류지역으로 진출하여 한산성을
점거하자, 고구려는 수군을 동원하여 충남 내포만 일대의 배후를 공격
하였다. 백제와 고구려가 내포지역을 사이에 두고 대립한 양상은 帶山
城 전투를 통해 알 수 있다. 대산성 전투는 백제와 고구려 외에도 왜
및 임나가 개입되어

B. 이 해 紀生磐宿禰가 임나에 있다가 고구려와 통하였다. 서쪽으로
   삼한의 왕이 되려고 하여, 관부를 정하고 스스로 神聖이라 칭했다.
   임나의 左魯那奇他甲背 등의 계략을 이용해서 백제의 適莫爾解를
   爾林에서 살해하였다(이림은 고구려의 땅이다). 대산성을 쌓아 동
   쪽 길을 막았다. 식량을 운반하는 항구를 차단하여 (백제의) 군사를
   기아에 빠뜨리게 하였다. 백제왕이 대노하여 領軍 古爾解, 內頭 莫
   古解 등을 보내 무리를 이끌고 대산을 공격했다. 이에 紀生磐宿禰
   는 진군하여 역공했다. 용기가 더욱 나서 향하는 바 모두 격파했다.
   일당백이었다. 조금 지나 병사는 힘이 다하니 일이 그르칠 것을 알
   고 임나로부터 돌아 왔다. 이로 인하여 백제국은 좌로나기타갑배
   등 3백여 인을 죽였다.[102]

---

100) 金英夏, 1979, 「신라시대 巡狩의 성격」, 『민족문화연구』 24, 212쪽.

라고 하였듯이, 국제적인 면모를 띠고 전개되었다. 사건의 무대가 되었던 대산성과 이림의 위치에 대해서는 의견 차이가 있고, 대산성 전투의 성격도 논자에 따라 각양각색의 해석을 하고 있다.

대산성의 위치에 대해서는 전북 정읍시 태인면 礪石山城,[103] 경북 성주의 禿用山城,[104] 전북 임실 부근,[105] 전북 진안군 용담면 월계리,[106] 충남 예산군 대흥면[107] 등으로 보고 있다. 대산성은 비슷한 지명이 너무 많고 고증할 수 있는 자료가 불충분하기 때문에 정확한 장소를 밝혀내는 것이 쉽지 않다. 대산성과 인접한 곳에 위치한 爾林의 위치에 대해서도 전북 임실,[108] 전북 김제,[109] 경기도 臨津,[110] 충남 서천,[111] 충남 대흥[112] 등으로 보고 있다.

이림의 위치 비정과 관련해서는 고구려 땅이었다는 사료 B를 주목할 필요가 있다. 이림이 고구려의 영역에 속한 것은 欽明紀 11년(550) 4월 조에 백제가 이림 전투에서 잡은 포로를 '高麗奴'라고 기록된 것을 통해서도 입증된다. 그런데 欽明紀 11년 4월 조에 보이는 高麗奴는

102) 『日本書紀』 권15, 顯宗紀 3年.
103) 鮎貝房之進, 1937, 「日本書紀朝鮮地名考」, 『雜攷』 7 下卷, 28쪽 ; 末松保和, 1949, 『任那興亡史』, 大八洲書店, 106쪽.
104) 千寬宇, 1977, 「복원가야사(中)」, 『문학과 지성』 29, 928쪽.
105) 全榮來, 1974, 「임실 금성리 석곽묘군」, 『전북유적조사보고』 제3집, 서경문화사 ; 延敏洙, 1990, 앞의 글, 106~112쪽.
106) 郭長根, 1999, 『호남 동부지역 석곽묘연구』, 서경문화사.
107) 金泰植, 1993, 앞의 책, 246쪽.
108) 鮎貝房之進, 1937, 앞의 책, 25~27쪽.
109) 末松保和, 1949, 앞의 책, 76~77쪽.
110) 山尾幸久, 1978, 「百濟三書と日本書紀」, 『백제연구』 17, 충남대 백제연구소, 218쪽.
111) 李丙燾, 1935, 앞의 글, 43쪽.
112) 金泰植, 1993, 앞의 책, 245쪽.

欽明紀 9년 4월 조의 馬津城 전투에서 획득한 것이며, 마진성의 위치
는 충남 예산군 예산읍으로 보는 견해113)에 대부분 동의한다.

　따라서 이림은 마진성과 가까운 예산군 대흥면 부근이며, 대산성도
여기서 멀지 않은 지역으로 판단된다.114) 종래 이 사건은 왜국의 개입
을 상정하고 대산성 패전의 결과 임나에서 일본세력이 쇠퇴한 것으로
이해하였다.115) 이는 대산성을 전북 정읍의 礪石山城 등으로 보고 倭
가 지배한 임나의 영역이 전북까지 미쳤다고 보는 데 기인한다.

　최근의 입장은 충남지역에서 일어난 재지세력과 중앙정부 사이의
알력으로 보는 것이 일반적이다.116) 대산성을 축조하고 저항을 주도한
紀生磐宿禰도 왜인이 아니라 백제 사람으로 보고 있다.117) 紀氏는 원
래 백제에서 건너간 木氏에 근원을 두고 있으며, 木氏는 蘇我氏와 紀
氏로 분화되었다.118) 蘇我氏는 王家의 외척으로 성장하여 정계를 주
름 잡았으며, 紀氏는 왜국의 대외관계를 주도하였다.

　紀生磐宿禰의 행적을 묘사하는 데 있어 '삼한의 왕'이라든가, '관부
를 정하다'와 같은 율령적 용어를 사용한 것 등은 『일본서기』편자의
조작이었다. 또한 사료 B에 보이는 紀生磐宿禰가 왜국으로 돌아갔다
는 표현도 파견과 귀환을 전제로 하고 있기 때문에 다시 생각해 볼 필
요가 있다. 즉, 그는 왜국으로 돌아간 것이 아니라 백제군에 패배하여

---

113) 馬津城은 馬津縣으로『三國史記』권37, 雜志6에 의하면 본래 孤山이었다고
　　 한다. 그런데 孤山 혹은 烏山은 통일신라 熊州 任城郡(예산군 대흥면)의 領
　　 縣인 孤山縣이며, 지금의 위치는 충남 예산군 예산읍이다.
114) 金泰植, 1993, 앞의 책, 246쪽.
115) 末松保和, 1949,『任那興亡史』, 大八洲書店.
116) 申瀅植, 1992,『百濟史』, 이대출판부, 160~164쪽 ; 金泰植, 1993, 앞의 책,
　　 247쪽 ; 이근우, 1994, 앞의 글, 156쪽.
117) 千寬宇, 1975,「임나일본부의 허구」,『한국사의 재조명』, 독서신문출판사,
　　 105쪽.
118) 延敏洙, 1998, 앞의 책, 165쪽.

망명하였다.[119]

대산성 전투의 무대가 예산지역이고 반란의 주모자가 紀氏라는 점을 고려하면 목씨세력의 향배와 관련이 높은 것으로 추정된다. 목씨는 근초고왕대 이후 중앙정계에 진출하여 귀족세력으로 편입되었는데, 木滿致는 문주왕의 남천 과정에서 주도적인 역할을 하였다. 그러나 목만치는 동성왕의 집권과정에서 밀려나 왜국으로 망명하였다.

목만치는 재정과 외교를 담당하는 고위 관인으로 등용되고, 왜국에 영주하면서 蘇我滿智로 불리게 된 것은 주지의 사실이다. 목만치는 大和의 畝傍山 북방의 曾我에 정착하였다. 목만치 등 목씨 일족은 이곳에 정착하여 어느 시점에 '소가'라고 칭하게 되었다.[120]

국내에 남아 있던 목씨세력은 木滿致가 중앙정계에 밀려나게 되자 불만을 품고 自派의 세력기반이 남아 있던 내포지역에서 반란을 일으킨 것으로 추정된다.[121] 紀生磐宿禰가 현지에 군사임무를 띠고 파견된 左魯那奇他甲背[122]와 결탁하여 중앙정부에 반기를 든 것은 이러한

---

119) 千寬宇, 1991, 앞의 책, 35쪽.

120) 연민수, 2005, 「日本書紀 漢城期 百濟史料」, 『한성백제총서』, 56쪽.

121) 목지국은 마한을 영도하면서 천안·직산·평택·아산·온양·예산 등의 아산만유역을 직접 관할하였다(文昌魯, 2005, 앞의 글, 92쪽 각주 269). 그러나 백제가 4세기 전반에 마한을 복속하면서 목지국의 수장층 일부는 한성으로 올라가 귀족세력으로 편입되었고, 재지에 남은 일부는 계속 토착세력으로 군림하였다. 백제가 웅진으로 천도하면서 아산만유역은 일시 고구려의 점령하에 들어갔지만 곧이어 백제가 회복하여 다시 지배하게 되었다. 그 과정에서 목만치의 실각과 맞물려 반란이 일어난 것으로 추정된다.

122) 甲背는 사전적 의미로는 '갑'이 '갑옷' '무장한 병사' '군장'을 뜻하며(諸橋轍次, 1985, 『大漢和辭典』 권7, 大修館書店), 그 성격은 '軍城' 또는 '將軍'을 의미한다(笠井倭人, 1971, 「加不至費直の系譜について-「百濟本紀」讀解の一例として」, 『日本書紀研究』 5, 156쪽). 또한 甲背는 분쟁지역에 군사임무를 띠고 중앙에서 임시로 파견된 지방관의 역할을 수행하였다(白承忠, 2000, 「6세기 전반 백제의 가야진출과정」, 『백제연구』 31, 충남대 백제연구소, 83쪽).

사실을 의미한다.

대산성 전투는 아산만유역의 토착세력이었던 紀生磐宿禰가 고구려 및 임나와 결탁하여 일으킨 반란이었다.[123] 紀生磐宿禰는 백제군의 진격에 맞서 예산 대흥지역에 대산성을 쌓고 糧道를 차단하여 기아에 빠뜨리게 하였다. 백제왕은 紀生磐宿禰의 저항에 크게 노하여 領軍 古爾解, 內頭 莫古解 등을 보내 군대를 이끌고 대산성을 공격하도록 하였다.

紀生磐宿禰는 반격하였으나 병력이 부족하고 힘이 다하여 왜국으로 망명하고, 左魯那奇他甲背 등 3백여 인은 백제군에 의하여 살해되고 말았다. 紀生磐宿禰가 중앙정부에 맞서 반란을 꾀한 것은 顯宗紀 3년 (487)에 해당되기 때문에 동성왕 治世에 일어난 사건이었다. 대산성 전투가 일어난 시기가 동성왕의 치세라면 목만치의 왜국 망명은 해구 의 반란과 관련이 있는 것으로 판단된다.

목만치는 해구의 반란에 적극적인 동조를 하지 않았을지라도 암묵 적으로 지지하였을 가능성이 높다. 목만치의 왜국 망명을 전후하여 同 族 紀生磐宿禰가 고구려군을 끌어들여 자파의 세력 근거지인 내포지 역에서 반란을 일으켰으나 실패하였다. 동성왕은 紀生磐宿禰의 반란 을 진압하여 내포지역을 비롯한 아산만유역에 대한 통치를 강화하였 다.

한편『三國史記』백제본기 동성왕 10년(488) 조에는 魏가 군사를 보내 침공해 왔으나 격퇴하였다는 사료가 남아 있다. 이와 관련된 보 다 자세한 내용은『南齊書』백제전에 보이는데

---

123) 紀生磐宿禰는 현지에서 백제에 저항하기 위하여 북쪽으로는 고구려와 내통 하면서 백제를 견제하고 남쪽으로는 백제의 남천 이후 급속하게 진전되는 남 방경략에 우려를 느끼고 있던 가야제국의 후원을 받은 것으로 보고 있다(이 근우, 1994, 앞의 글, 159쪽).

288

C. 이 해에 北魏 오랑캐가 또다시 騎兵 수십만을 동원하여 百濟를 공격하여 그 지경에 들어가니, 牟大가 장군 沙法名·贊首流·解禮昆·木干那를 파견하여 무리를 거느리고 (北魏) 오랑캐 군을 기습, 공격하여 그들을 크게 무찔렀다. 建武 2년, 牟大가 사신을 보내와 표문을 올려 말하기를, "臣은 封爵을 받은 이래 대대로 朝廷의 영예를 입었고, 더욱이 節符와 斧鉞을 받아 모든 변방을 평정하였습니다. 앞서 姐瑾 등이 모두 영광스러운 관작을 제수 받아 신민이 함께 기뻐하였습니다. 지난 庚午年에는 獫狁이 잘못을 뉘우치지 않고 군사를 일으켜 깊숙이 쳐들어 왔습니다. 臣이 沙法名 등을 파견하여 군사를 거느리고 역습케 하여 밤에 번개처럼 기습, 공격하니 匈梨가 당황하여 마치 바닷물이 들끓듯 붕괴 되었습니다. 이 기회를 타서 쫓아가 베니 시체가 들을 붉게 했습니다. 이로 말미암아 그 銳氣가 꺾이어 고래처럼 사납던 것이 그 흉포함을 감추었습니다. 지금 천하가 조용해진 것은 실상 (沙法)名 등의 꾀이오니 그 공훈을 찾아 마땅히 표창해 주어야 할 것입니다. 이제 沙法名을 假行征虜將軍 邁羅王으로, 贊首流를 假行安國將軍 辟中王으로, 解禮昆을 假行武威將軍 弗中侯로 삼고, 木干那는 과거에 軍功이 있는 데다 또 城門과 선박을 때려 부수었으므로 行廣威將軍 面中侯로 삼았습니다. 엎드려 바라옵건대 천은을 베푸시어 특별히 관작을 제수하여 주십시오." 라고 하였다.[124]

라고 하였듯이, 백제가 魏의 대군을 격파한 내용이 기록되어 있다. 백제는 魏와 싸워 승리를 거둔 장군들에게 대하여 관작의 제수를 요청하였다. 魏의 실체에 대해서는 北魏로 보는 설,[125] 고구려로 보는 설,[126] 魏와 고구려의 연합군으로 보는 설[127] 등이 있다.

---

124) 『南齊書』 권58, 列傳 39, 東南夷, 百濟.

125) 李明揆, 1983, 앞의 책, 91~92쪽.

126) 兪元載, 1992, 앞의 책, 92~94쪽.

127) 朴眞淑, 2000, 「백제 동성왕대 대외정책 변화」, 『백제연구』 32, 충남대 백제연구소, 96~97쪽.

충주 장미산성 | 충주시 가금면의 장미산(337.5m) 능선을 따라 쌓은 석성으로, 남한강이 천연 해자 역할을 하였다. 성의 둘레는 약 2.9km, 너비는 약 5~10m 정도이다. 1992년 지표조사 결과 고구려 산성으로 확인되었다.

이 무렵 北魏는 馮太侯가 죽고 孝文帝가 親政을 시작한 지 얼마 안 되어 數十萬의 기병을 동원하여 백제와 전쟁을 치를 여력이 없었다. 또한 "獫狁이 잘못을 뉘우치지 않고 군사를 일으켜 깊숙이 쳐들어 왔다"라고 말한 뉘우침의 상대인 獫狁은 魏虜를 지칭한 것이 아니며, 단지 북방 오랑캐의 뜻이었고 그 상대는 고구려였다.[128]

따라서 백제본기 동성왕 10년 조와 『南齊書』 백제전에 전하는 백제와 魏의 전쟁은 사실이 아니고, 백제와 고구려 사이에 전개된 전쟁에 대한 誤記로 생각된다. 백제는 동성왕 때에 이르러 한강 이남지역을 탈환하였으며, 그 과정에서 고구려와 격전을 벌인 사실이 『南齊書』 백제전에 반영된 것으로 추정된다.

백제가 동성왕대에 이르러 한성을 장악하는 등 한강 이남지역을 회

---

128) 兪元載, 1993, 『중국정사 백제전 연구』, 학연문화사, 248~249쪽.

복하였지만 고구려의 견제 때문에 그 이북으로 진출하기는 어려웠다. 동성왕은 북상을 포기하고 신라와의 관계를 더욱 밀접히 하면서 남한 강유역으로 진출하였다. 동성왕은 고구려의 압력에 보다 효율적으로 대처하기 위하여 493년(同王 15)에 신라의 소지왕과 혼인동맹을 맺었다.[129]

동성왕은 고구려가 중원지역을 확고하게 장악하였기 때문에 남한강 유역의 중심지역을 확보하지 못하였다. 고구려는 충주의 장미산성을 거점으로 중원지역을 통치하였는데, 그 인근에 중원고구려비·건흥 5 년명 금동불광배·봉황리 마애불상군 등의 고구려 유적이 존재한다. 또한 진천과 괴산 일대에도 고구려의 지배를 반영하는 성곽유적이 남 아 있다.[130]

동성왕은 고구려의 방어망이 군건한 중원지역을 공격하지 않고 여 주를 거쳐 수로의 요충지에 해당하는 원주로 진출하였다. 동성왕이 원 주를 차지하자 고구려의 반격이 이루어져

    D. 가을 8월에 고구려가 雉壤城을 에워싸므로 왕이 신라에 사신을 보 내 구원을 청하니 신라왕이 장군 德智에게 명령하여 군사를 거느리 고 구원하게 하니 고구려 군사가 돌아갔다.[131]

라고 하였듯이, 백제가 점령한 치양성을 공격하였다. 치양성의 위치는 근초고왕 때에 백제와 고구려가 격전을 벌인 황해도 배천이 아니라 강

---

129) 『三國史記』 권26, 百濟本紀4, 東城王 15年.

130) 고구려는 충주지역 외에도 두타산성(道西縣의 置所)을 중심으로 괴산과 진 천의 일부 지역을 장악하였고, 청원군 부용면 부강리의 개소문성과 문의면 성재산성도 고구려와 관련이 있다(鄭永鎬, 1989, 「고구려의 금강유역 진출에 대한 小考」, 『汕耘史學』 3, 118쪽 ; 사회과학원 력사연구소, 1991, 앞의 책, 193쪽).

131) 『三國史記』 권26, 百濟本紀4, 東城王 17年.

원도 원주 일대로 보고 있다.[132] 동성왕은 원주의 치양성을 장악하여 고구려가 남한강 수로를 통하여 한강 하류지역과 충주지역을 연결하는 길목을 차단하였다.

신라 역시 백제가 남한강유역 진출에 박차를 가하자 군사행동을 개시하였다. 그러나 신라는 고구려의 반격에 밀려 큰 성과를 내지 못하고 수세에 급급하였다. 동성왕은 신라가 薩水(괴산 청천 또는 청원 미원[133])에서 고구려에 패배하고, 犬牙城(보은 일대[134])으로 퇴각하자 군사 3천을 보내 포위를 풀어 주었다.[135]

제라동맹군이 고구려와 전투를 벌인 곳은 진천-증평-청원 미원-보은 일대의 선인 중부 내륙지방이 중심이 되었다.[136] 삼국은 남한강유역과 소백산맥 이북지역에서 주로 대립하였고, 항쟁의 주무대는 백제가 웅진으로 천도한 후 이곳으로 옮겨지게 되었다. 동성왕은 중원지역을 차지하기 위하여 밀고 밀리는 삼국의 치열한 대치 상황 속에서 원주 등지를 차지하여 상당한 성과를 올렸다.

동성왕은 501년(同王 23) 7월에는 탄현에 목책을 설치하여 신라에 대비하였다.[137] 동성왕의 신라 견제는 고구려에 맞서 공동작전을 수행하고 있는 상태였기 때문에 불의의 사태를 예방하기 위한 조치였다.

---

132) 金鍾權, 1969, 앞의 책, 429쪽 ; 金秉南, 2001, 앞의 글, 109쪽.

133) 薩水는 『삼국사기』 권34, 잡지 지리1에 의하면 신라 상주 삼년산군에 속한 薩買縣으로 충북 괴산 청천면이나 청원 미원일대로 비정된다.

134) 犬牙城은 경북 문경 부근으로 보는 설(이병도, 1977, 앞의 책, 400쪽)이 있으나, 당시 고구려와 나제동맹군이 충북 청원 미원-보은 선에서 벌어진 점을 고려하면 보은 창리의 주성산성이나 산성리의 함림산성이 타당한 것(양기석, 2001, 「신라의 청주지역 진출」, 『신라 서원소경 연구』, 서경, 35쪽)으로 판단된다.

135) 『三國史記』 권26, 百濟本紀4, 東城王 16年.

136) 梁起錫, 2005, 앞의 글.

137) 『三國史記』 권26, 百濟本紀4, 東城王 23年.

신라는 고구려의 남하가 자국에 미칠 파장을 염려하여 백제와 동맹을 맺은 것이며, 고구려의 태도에 따라 얼마든지 동맹은 파기될 수 있었다.[138]

이 무렵 삼국의 형세는 신라가 죽령과 계립령을 잇는 소백산맥과 속리산으로부터 서쪽 보은의 북쪽을 긋는 선에서 고구려와 경계를 이루고, 이 경계의 서쪽에 백제가 자리 잡고 있었다. 신라는 소백산맥을 넘어 옥천과 영동 및 보은지역을 장악하였다. 고구려는 충주·제천·단양 등 죽령 이북의 남한강유역을 차지하였으며, 백제는 그 밖의 서쪽 지역을 장악하였다. 다만 백제가 치양성을 차지한 것으로 볼 때 일시적이나마 원주와 그 인근 지역을 장악한 것으로 판단된다. 이 같은 상황은 제라동맹군이 551년에 고구려를 축출하면서 한강유역으로 진출하기 이전까지 대체적으로 유지되었다.

2. 무진주 친정과 탐모라 복속

동성왕은 한강유역으로 진출하여 소기의 성과를 거둔 후 군대를 남으로 돌려 통치력이 약화된 남방지역에 대한 영향력을 확대해 나갔다. 백제가 서남해지역 및 전북 동부지역과 전남 내륙지역을 장악한 것은 4세기 후반에 추진된 근초고왕의 남방 경략을 통하여 이루어졌다. 그러나 근초고왕의 南征은 일회에 걸친 군사적인 强襲에 불과하였고,[139] 이들 지역은 공납관계를 매개로 한 간접지배를 받게 되었다.

백제는 담로제를 전국적인 규모로 실시하면서 지방의 토착세력을 중앙의 귀족으로 전환시켜 나갔지만 뒤늦게 편입된 서남해지역 등은

---

138) 鄭載潤, 1999, 앞의 글, 48쪽.
139) 李基東, 1994, 「백제사회의 지역공동체와 국가권력」, 『백제사회의 諸問題』 (제7회 백제연구 국제학술회의), 충남대 백제연구소, 142~143쪽.

광주 월계동 장고분 | 영산강 상류에 위치한 광주시 관산구 월계동의 낮은 구릉지대에 있는 장구촌 마을에 위치한다. 1호분은 봉분의 전체 길이가 45.3m, 높이는 2.8~6.1m 내외이다. 2호분은 전체 길이 34.5m, 높이 1.5~3.5m 정도이다.

그 대상에서 제외되었다. 백제는 이들 지역에 대해서는 공납지배를 실시하면서 현지의 토착세력을 활용하여 간접적인 지방통치를 하였다.

백제는 토착세력 중에서 우호적인 집단을 후원하여 영향력의 극대화를 도모하였다. 근초고왕은 전남지역을 경략하여 해남의 침미다례와 영암의 시종집단을 약화시키고 반남집단을 전면에 내세웠다.140) 반남의 수장층은 백제의 官等이나 威信財를 賜與받고 그 지배력을 인정받으면서 在地에서 지배자로 군림하였다.

근초고왕의 경략 이후 반남세력의 대두와 그 외곽집단의 약화라는 전반적인 추세에도 불구하고, 서남해의 해상세력은 가야와 탐라 등과의 대외교섭을 지속하면서 그 세력을 일정 정도 유지하였다. 서남해지

---

140) 문안식·이대석, 2004, 앞의 책, 107쪽.

294

역의 해상세력은 5세기를 전후하여 백제의 변방통치가 약화되면서 다
시 독자적인 대외활동을 전개할 수 있는 여건이 마련되었다. 이들은
백제가 고구려의 남하정책에 밀려 수세에 처하고 가야를 통한 對倭交
涉이 한계에 봉착하자 독자적인 대외활동을 再開하게 되었다.

전남지역은 5세기 중엽 이후 장고분[141]이나 백제 계통과는 다른 형
태의 석실분[142]이 조영되었다. 그 외에도 대가야계 토기가 곳곳에서
조사되고 있다.[143] 이는 전남지역 토착사회가 백제의 영향력에서 벗어
나 독자적인 대외교섭을 추진하면서 대가야나 왜를 비롯한 기타 세력
과 다양한 관계를 맺었음을 반영한다.[144]

그러나 서남해지역 해상세력의 독자적인 대외교섭과 성장은 동성왕
이 즉위한 후 중앙집권력이 강화되면서 점차 위축되었다. 동성왕은 정
국안정을 도모하면서 약화된 변방지역에 대한 지배력을 다시 확보하
여 나갔다. 동성왕은 북방지역과 영서지역으로의 진출이 소기의 성과
를 올리자 남방지역으로 관심을 돌리게 되었다.

---

141) 장고분은 전남지역에서 주로 발견되는 독특한 형태의 삼국시대 고분으로 일
    본 고분시대의 전방후원분과 통한다. 원형의 분구에 장방형이나 사다리꼴의
    분구가 연결되어 있는 것으로 장고분, 장고형고분, 전방후원형고분 등으로
    불리고 있다.
142) 林永珍, 1991, 「영산강유역 횡혈식석실분의 수용과정」, 『전남문화재』 3, 38~
    63쪽.
143) 전남지역에서 출토 사례가 늘어나고 있는 대가야계 유물은 서부 경남지역과
    밀접한 관계를 반영한다. 대가야 계통의 토기는 장성 영천리, 광주 월계동·
    쌍암동 등의 영산강유역과 승주 대곡리 등에서 출토되고 있다.
144) 부안군 변산면 죽막동 출토 유물들은 영산강유역 일대의 옹관고분 조영집단
    을 중심으로 하는 在地人이 倭, 加耶의 다양한 세력과 접촉한 상황을 보여준
    다(林永珍, 1997, 「전남지역 석실분의 立地와 石室構造」, 『제5회 호남고고학
    회 학술대회 발표요지』, 57쪽). 죽막동 제사유적에서 출토된 유물의 성격으로
    볼 때 그러한 관계는 6세기 초까지 유지되었는데(韓永熙 外, 1992, 「부안 죽
    막동 제사유적 발굴조사 진전보고」, 『고고학지』 4, 157쪽), 이들의 중심에 서
    남해의 해상세력이 있었던 판단된다.

동성왕은 백제가 고구려에 밀려 고전을 면치 못하고 있을 때 그 지배에서 벗어나 있던 서남해지역과 전남 내륙지역으로 먼저 진출하였다. 백제의 남방지역 진출은 큰 어려움에 봉착하지 않고 순조롭게 진행되었다. 동성왕의 남방지역 진출은 490년과 495년에 이루어진 面中王 등의 왕·후 책봉을 통해서 살펴볼 수 있다.『南齊書』백제전에는

A-1. 엎드려 바라옵건대, 은혜를 베푸시어 임시로 내린 관직을 정식으로 인정하여 주십시오. 寧朔將軍 面中王 姐瑾은 정치를 두루 잘 보좌하였고 무공 또한 뛰어났으니, 이제 임시로 冠軍將軍 都漢王이라 하였고, 建威將軍 八中侯 餘古는 젊었을 때부터 임금을 도와 충성과 공로가 진작 드러났으므로, 이제 임시로 寧朔將軍 阿錯王이라 하였고, 建威將軍 餘歷은 천성이 충성되고 정성스러워 문무가 함께 두드러졌으므로, 이제 임시로 龍驤將軍 邁盧王이라 하였으며, 廣武將軍 餘固는 정치에 공로가 있고 국정을 빛내고 드날렸으므로, 이제 임시로 建威將軍 弗斯侯라 하였습니다.
2. 지금 천하가 조용해진 것은 실상(沙法)名 등의 꾀이오니 그 공훈을 찾아 마땅히 표창해 주어야 할 것입니다. 이제 沙法名을 假行征虜將軍 邁羅王으로, 贊首流를 假行安國將軍 辟中王으로, 解禮昆을 假行武威將軍 弗中侯로 삼고, 木干那는 과거에 軍功이 있는 데다 또 城門과 선박을 때려 부수었으므로 行廣威將軍 面中侯로 삼았습니다. 엎드려 바라옵건대 天恩을 베푸시어 특별히 관작을 제수하여 주십시오."라고 하였다.145)

라고 하였듯이, 동성왕이 姐瑾 등의 왕·후 책봉을 요청한 사료가 남아 있다.146) 동성왕이 南齊에 대하여 姐瑾 등의 책봉을 요청한 곳은

---

145)『南齊書』권58, 列傳 39, 東南夷, 百濟.
146) 그런데 姐瑾이 490년의 책봉시에 寧朔將軍 面中王에서 冠軍將軍 都將軍 都漢王으로 작위가 승급된 것으로 볼 때, 490년 이전에도 상당수의 王·侯가 존재하였을 가능성을 보여준다. 이들은 개로왕 집권 후기 내지 문주왕과 삼

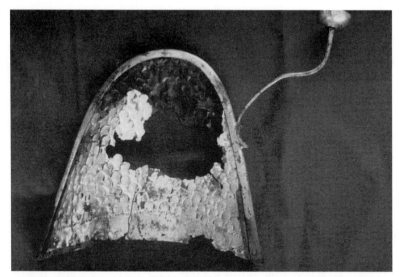

익산 입점리 출토 금동관 | 익산시 웅포면 입점리 고분86-1호분에서 출토되었으며, 길이 15.3cm, 높이 13.7cm 정도이다. 재질은 銅合金製이며, 국립전주박물관에 소장되어 있다.

전북 서남부와 전남 서남연안 일대로 보고 있다.[147) 이는 동성왕이 姐瑾 등을 왕·후에 책봉한 490년 이전에 백제가 서남해지역을 장악하였음을 의미한다.

동성왕은 웅진천도 과정에서 초래된 혼란을 수습하면서 백제의 영향력에서 벗어나 있던 서남해지역과 전남의 내륙지역을 장악하여 왕·후제를 시행하였다.[148) 그러나 백제는 동성왕대에 섬진강유역에 속하는 전북 동부지역과 전남 동부지역은 장악하지 못하였다. 백제가

근왕대에 제수되었거나 아니면 동성왕 즉위 초반에 王·侯에 임명되었을 가능성이 있다.

147) 末松保和, 1949, 앞의 책, 110~113쪽.

148) 동성왕이 495년에 찬수류를 辟中王에 임명하였는데, 벽중을 김제로 보는 것에 거의 모든 연구자들이 동의하고 있다. 따라서 김제지역은 늦어도 495년 이전에 백제에 복속되었음을 알 수 있다. 또한 전남지역도 동성왕이 面中王을 책봉한 490년과 495년 무렵에 백제에 다시 복속되었을 가능성이 높다.

나주 신촌리 출토 금동관 | 국보 295호. 나주 반남면 신촌리 9호 무덤에서 발견되었으며 높이는 25.5cm 내외이다. 외관과 내관으로 구성되었으며, 외관은 나뭇가지 모양의 장식 세 개를 머리에 두른 띠 부분인 대륜에 꽂아 세웠다. 내관은 반원형의 동판 두 장을 맞붙여 만들었다. 기본 형태는 신라금관과 같으나 머리띠에 꽂은 장식이 신라 관의 '山'자 모양이 아닌 복잡한 풀꽃 모양을 하고 있어 양식상 더 오래된 것으로 보인다.

이들 지역으로 진출한 것은 무령왕대인 512년과 513년 무렵에 이루어 졌다.[149] 동성왕대에 실시된 왕·후제의 공간적 범위는 서남해지역과

149) 백제의 섬진강 하류지역 진출 과정에 대해서는 문헌에 직접 전하는 사료가 남아 있지 않다. 다만 『日本書紀』繼體紀 6년(512) 조에 기록된 上哆唎·下 哆唎·娑陀·牟婁의 '任那四縣' 할양 기사를 통하여 추정할 따름이다. 그 위 치에 대해서는 낙동강 중상류설(천관우, 1991, 『가야사연구』, 일조각, 43쪽)과 전남 일대로 보는 견해(末松保和, 1949, 앞의 책, 115~123쪽), 섬진강유역으 로 좁혀 보는 견해(酒井改藏, 1970, 『日本書紀の朝鮮地名』, 親和) 등이 있다. 그러나 '任那四縣'의 위치는 백제가 약화되었을 때 대가야의 영향력이 미친 섬진강 서쪽의 여수·구례·순천·광양 등지로 보는 것이 타당하다. 왜냐하 면 백제가 남원과 임실 등의 섬진강 중상류지역으로 진출한 것은 그 이듬해 인 513년이고(『日本書紀』 권17, 繼體紀 7년 11월), 낙동강유역으로 진출한 것은 530년 무렵에 함안의 안라가야에 郡令과 城主을 두면서 이루어졌기 때 문이다(『日本書紀』 권17, 繼體紀 25년 12월). 따라서 백제가 동성왕대에

전남의 내륙지역으로 국한되었다. 동성왕이 이들 지역을 장악한 후 곧바로 담로제를 실시하지 못하고, 왕·후제를 시행한 것은 지방통치의 한계를 보여준다.

동성왕대에 왕·후에 임명된 인물은 사료 A와 같이 주로 중앙의 왕족과 귀족들이 대상이 되었다. 그러나 나주 반남면 신촌리 9호분의 금동관과 함평 월야면 예덕리 신덕고분에서 출토된 金銅冠片[150)]으로 볼 때 토착세력도 왕·후에 임명되었다. 토착세력 수장층이 왕·후로 임명된 경우 중국의 관작을 제수하는 방식을 따르지 않고, 금동관 등의 위신재를 하사해 준 점에서 중앙 출신과는 차이가 있었다.[151)] 개로왕대에는 주로 지방의 토착세력이 왕·후로 활용된 것에 비하여, 동성왕대에는 주로 중앙의 왕족이나 귀족세력들이 책봉되었다.

한편 서남해지역의 해상세력은 백제의 왕·후제 시행과 영향력 확대에 맞서 저항을 꾀하였다. 해상세력은 일정한 거점을 중심으로 영역을 확장하면서 중앙정부에 맞서는 형태를 취하지 않고 해안과 도서, 바다를 무대로 하였기 때문에 제압하기 어려웠다. 백제는 해상세력이 전통적으로 익숙한 海路를 통하여 독자적인 대외교섭을 추진하자 상당한 부담이 되었다. 동성왕은 이러한 상황을 타개하기 위하여

왕·후제를 시행한 범위에서 섬진강유역에 속하는 전북의 동부지역과 전남의 동부지역은 제외할 필요가 있다.

150) 함평군사 편찬위원회, 1999, 「마한·백제의 유적과 유물」, 『함평군사(1)』, 506쪽.

151) 그런데 백제가 신촌리 등의 전남지역 토착세력에게 금동관을 하사한 것은 입점리 등의 금강 하류지역 토착세력에게 내려준 것과는 시기 차이가 있다. 입점리고분군의 중심연대가 5세기 중엽으로 추정되는 것(崔完奎·李永德, 2001, 앞의 책)에 비하여, 신촌리 9호분에서 출토된 금동관이 6세기 초에 만들어진 것(朴普鉉, 1997, 「금동관으로 본 나주 신촌리9호분 을관의 연대문제」 제30회백제연구공개강좌, 충남대백제연구소)은 이와 무관하지 않으며, 익산지역과 나주지역의 왕·후제 시행 시기가 차이가 있었음을 의미한다.

B. 8월에 왕은 耽羅(탐라는 곧 耽牟羅이다)가 공물과 조세를 바치지
아니하자 친히 정벌하려고 무진주에 이르렀다. 탐라가 이를 듣고
사신을 보내 죄를 빌었으므로 그만두었다.[152]

라고 하였듯이, 탐라가 공물과 조세를 바치지 않는 것을 구실로 삼아
무진주까지 親征하였다. 동성왕의 무진주 친정은 西南海에서 큰 영향
력을 행사하고 있던 탐모라가 주된 경략의 대상이었다.

사료 B에 보이는 '탐모라'에 대하여 제주도로 보지 않고 해남과 강
진 일대의 토착세력으로 보고 있다.[153] 백제의 진출에 맞서 서남해지
역 해상세력의 중심이 되었던 집단은 해남 북일의 耽牟羅[154]이었다.
탐모라는 강진만을 중심으로 하여 서남해지역의 해안 및 도서를 장악
하여 고창·부안·김제 등의 전북 서남부의 해안지역까지 영향력을
행사하였다.

전북 고창은 청동기시대 이래 전남지역과 밀접한 관계를 맺고 있었

---

152) 『三國史記』 권26, 百濟本紀4, 東城王 20年.

153) 李根雨, 1997, 「웅진시대 백제의 남방경역에 대하여」, 『백제연구』 27, 53쪽.
한편 『日本書紀』 繼體紀에 의하면 南海 가운데에 위치한 탐라가 백제와 처
음으로 통한 것은 508년(繼體 2)이었다(『日本書紀』 권17, 繼體紀 2年 12月).
『三國史記』에는 동성왕이 무진주까지 친히 정벌에 나서자 탐라가 그 소식을
듣고 498년에 항복한 것으로 기록되었지만(『三國史記』 권20, 百濟本紀4, 東
城王20年), 『日本書紀』에는 10여 년이 더 지난 508년(武寧王 8, 繼體 2)이
되어서야 탐라가 백제와 통한 것으로 기록되었다. 이 같은 양국 사서의 연대
차이는 탐라는 그 대상 자체가 이질적인 집단이었기 때문으로 생각된다.

154) 탐모라의 위치는 옹관묘·석관묘·장고분·석실분 등이 다양하게 조성되어
있는 해남 북일지역으로 추정된다. 서남해지역 해상세력의 수장국에 대해서
는 여러 史書에 다양한 명칭으로 불려졌다. 『梁書』에는 枕羅, 『日本書紀』는
忱彌多禮, 『三國史記』는 耽羅國 혹은 耽牟羅라는 국명이 사용되었다. 그러
나 枕羅와 忱彌多禮는 외국의 사료에서 사용된 국명이고, 탐라국은 제주도의
古名과 같기 때문에 탐모라로 통일하고자 한다. 그리고 耽牟羅의 '牟羅'는 신
라에서도 村을 상징하는 말로 사용되었다. 『梁書』 신라전에는 王城을 '健牟
羅', 『新唐書』 신라전에는 城을 '侵牟羅'로 불렸다는 사실을 전하고 있다.

300

다. 예컨대 고창의 송룡리·예지리 및 신덕리와 부안의 당하리에서는 영산강유역의 전형적인 묘제인 대형의 전용 옹관이 발견되어 이를 입증해 준다.155) 김제지역도 고창이나 부안과 마찬가지로 전남지역의 해상세력과 밀접한 관계를 맺고 있었다. 김제는 항로상의 중계역할 외에도 수로를 통해서 내륙으로 연결되는 요충지였다. 전북 서남해안은 김제를 중심으로 하여 동진강을 통해서 정읍·고창 등 내륙 평야지역으로 연결되었다.156)

서남해지역의 해상세력은 육지 깊숙이 들어온 灣과 內海를 연결하면서 탐모라를 중심으로 하나의 세력권을 형성하였다. 이들은 바닷길을 통하여 상호 밀접한 관계를 맺었으며, 백제의 중앙집권력이 약화되어 변방통치가 이완되자 독자적인 대외활동을 도모하였다. 동성왕이 무진주까지 친정에 나선 까닭은 탐모라 등을 위압하여 해상세력의 발호와 독자적인 대외교섭을 차단하려는 목적 때문이었다.

반남세력을 비롯한 전남 내륙지역의 토착세력이 대세를 따라 왕·후제의 시행을 별다른 저항 없이 받아들인 반면에, 해상세력은 백제의 지배를 거부하고 독자적인 대외교섭을 추구하면서 자활을 꾀하였다. 탐모라를 비롯한 서남해지역의 해상세력은 독자적인 대외교섭을 차단하려는 중앙정부의 간섭을 쉽게 받아들일 수 없었다.

백제의 중앙정부는 서남해지역의 해상세력이 독자적인 대외교섭을 추구하는 것을 용납하지 않았다. 왜냐하면 외교교섭과 대외교역 등에 관한 권한은 중앙정부의 전유물이었기 때문이다. 그러나 탐모라는 동

155) 전북 서남부의 정읍·부안지역과 전남의 영산강유역은 거대한 墳丘 위쪽에 甕棺과 石室을 쓰는 독자적인 세력이 자리 잡고 있었다(林永珍, 2003, 「백제의 성장과 마한세력, 그리고 倭」, 『古代の河內と百濟』, 枚方歷史フォーラム 實行委員會, 60쪽).
156) 尹明哲, 2001, 「후백제의 해양활동과 대외교류」, 『후백제 견훤정권과 전주』, 주류성, 302쪽.

성왕이 친히 군사를 이끌고 무진주까지 내려오자 저항을 포기하고 굴
복하였다. 동성왕은 무력 충돌 없이 탐모라를 복속하여 중앙정부의 권
위를 확보하고 해상세력의 독자적인 대외교섭을 차단하는 데 성공하
였다.

동성왕이 서남해지역과 전남 내륙지역을 대상으로 실시한 왕·후제
는 뿌리를 확고하게 내리게 되었다. 왕·후제는 토착세력의 존재 그
자체를 부정한 것이 아니었고, 이들의 재지기반을 이용하여 지방통치
의 효율성을 도모하였다. 서남해의 해상세력은 중앙정부의 통제와
왕·후제의 시행에도 불구하고 재지사회의 실력자로 계속 군림할 수
있었다. 백제의 중앙정부도 토착세력의 기득권을 인정하며 공존하는
방향을 택하였다.[157]

동성왕은 왕·후제를 시행하여 서남해지역과 전남 내륙의 토착세력
을 견제하고 중앙정부의 영향력을 확대하였다. 백제의 영향력 확대에
따른 전남지역의 변모 양상은 고고 유적과 유물로도 입증된다. 영산강
유역에서 백제양식은 한성기에도 흑색마연토기, 초기 개배, 직구소호
등을 중심으로 보이지만, 5세기 말 이후에는 여러 분야에서 본격적으
로 확산되기 시작하였다.[158] 이는 동성왕대의 왕·후제 실시를 계기로
하여 중앙의 문화양식이 점차 지방사회로 침투해 들어가기 시작했음
을 반영한다.

---

157) 이는 백제가 서남해지역을 장악한 후에 해당되는 6세기 초반 경에 축조된 것
으로 알려진 해남 현산면 월송리 조산고분에서 출토된 다양한 유물을 통해서
유추된다. 조산고분에서는 백제와 倭를 비롯한 기타 지역과 밀접한 관계를
반영하는 유물들이 출토되었다(徐聲勳·成洛俊, 1984, 『해남 월송리 조산고
분』, 국립광주박물관·백제문화개발연구원). 이는 동성왕이 서남해지역을 장
악하여 王·侯制를 실시하였음에도 불구하고 해상세력이 일정정도 독자적인
대외교섭을 계속 하였음을 의미한다.

158) 서현주, 2005, 「웅진·사비기의 백제와 영산강유역」, 『백제의 邊境』 2005년
도 백제연구 국내학술회의, 162쪽.

『양직공도』에 그려진 백제사신의 모습 | 중국 베이징 중국역사박물관에 소장되어 있다. 이 화첩은 중국을 찾은 백제와 왜를 비롯한 외국 사신들의 모습을 그리고, 그 나라의 풍습 등을 소개하고 있다. 현재 남아 있는 그림은 6세기에 제작된 원본을 1077년 북송시대에 모사한 것이다. 원본에는 25개 국 정도의 사신이 그려져 있었으나, 현재는 이 중 12국 사신들의 모습만 남아 있다.

그러나 서남해를 비롯한 전남 지역의 토착세력은 왕·후제의 시행에도 불구하고 그 틈바구니 속에서 세력기반을 유지하였다. 백제의 지배를 받은 다른 지역과는 달리 6세기 중엽까지 독자적인 문화전통을 유지하였다. 이는 영산강유역을 중심으로 대형옹관분이 6세기 중엽까지 지속된 점을 통해서 입증된다.

한편 백제의 지배층은 耽牟羅를 비롯하여 신복속지의 주민을 차별적으로 인식하였다. 520년대 무렵의 상황을 전하고 있는 『梁職貢圖』[159]에는 백제 사신의 초상과 함께 간단한 설명문이 실려 있는데

C. 주변의 소국으로서 叛波·卓·多羅·前羅·斯羅·止迷·麻連· 上己文·下枕羅 등이 있어 부용한다.

---

159) 職貢圖는 梁의 元帝(재위 552~554)로 즉위하게 되는 蕭繹이 荊州刺史로 재임하던 중(526~536) 직접 외국 사신의 모습을 그림으로 그리고 간략한 설명을 첨가하였다. 그런데 521년 餘隆(무령왕)의 사신 파견 이후의 기사를 싣고 있기 때문에, 이 무렵 백제 사신이 가지고 온 정보를 토대로 작성한 것으로 보고 있다(田中俊明, 1997, 앞의 글, 272쪽). 이와는 달리 蕭繹의 재임기간을 고려하여 526년부터 534년 사이에 작성된 것으로 이해하는 견해도 있다(金英心, 1990, 앞의 글, 67쪽).

라고 하였듯이, 기문과 함께 침라(탐모라)가 백제의 부용국으로 기록
되어 있다. 백제는 침라를 비롯하여 止迷(강진)·麻連(광양)을 자국의
영역에 속하는 지방으로 인식한 것이 아니라, 叛波·卓·多羅 등의 가
야 소국 및 斯羅(신라)[160]와 마찬가지로 속국으로 이해하였다.[161]

백제가 탐모라를 부용국으로 파악한 것은 종주-예속관계를 맺은 것
으로 이해할 필요가 있다. 이는『日本書紀』神功紀에 보이는 南蠻 忱
彌多禮[162]라는 인식과도 무관하지 않다.[163]

백제는 탐모라를 중심으로 한 서남해의 해상세력을 자국민으로 인
식하지 않고 外方의 부용집단으로 파악하였다. 또한 남원으로 비정되
는 己文을 비롯한 섬진강유역에 속하는 전북의 동부지역도 부용국으
로 인식하였다.

백제는 담로에 지방관이 파견되는 內地와 그렇지 못한 外方으로 구

---

160) 백제는 전남지역의 토착집단이나 가야 소국 외에 신라에 대해서도 6세기 중
엽까지 속국으로 인식하였다. 이와 관련하여『魏書』권100, 列傳 高句麗 조
에 '涉羅爲所百濟所幷'이라고 하여, 섭라(신라)가 백제에 병합된 것으로 되
어 있다. 또한『隋書』권81, 東夷傳 新羅 조에는 '其先附庸於百濟'라고 하여
일정 시기까지 백제와 신라를 부용관계로 서술하고 있다. 양직공도에 보이는
백제인의 신라 인식은 상기의 인식과 무관하지 않는 것으로 판단된다. 한편
신라가 백제의 附庸으로부터 벗어나는 계기는 6세기 중엽 한강유역 장악에
서 비롯되었다고 한다(주보돈, 2006,「5~6세기 중엽 고구려와 신라의 관계」,
『북방사논총』11, 고구려연구재단, 94쪽).

161) 이들의 위치에 대해서는 叛波(성주 또는 고령)·卓(대구 또는 창원)·多羅
(합천)·前羅(경산)·斯羅(경주)·止迷(강진)·麻連(광양)으로 추정된다. 이
에 대해서는 다음의 글을 참조하기 바란다(金起燮, 2000, 앞의 책, 171~173
쪽).

162)『日本書紀』권9, 神功紀, 49年 春 三月.

163) 근초고왕대에 忱彌多禮가 영향력을 행사한 南蠻의 범위는 강진만과 그 부근
을 중심으로 하여 서남 해안선을 따라 해남-무안-함평-영광-고창-부안-김제까
지 이르렀다. 그리고 忱彌多禮가 백제에게 패배한 후 스스로 항복한 比利·
辟中·布彌·支半·古四는 南蠻의 범위에 속하였다(文安植, 2002, 앞의 책,
241쪽).

고흥 길두리고분 석곽 전경 | 분구는 정상부에서 동서 방향으로 축조되었으며 길이 320cm, 너비 150cm (동)-130cm(서), 깊이 130cm 규모의 사다리꼴 석곽을 이루고 있다.

분하였다. 탐모라의 세력권은 외방의 속국으로 간주되었기 때문에 『梁書』에 기록된 22담로가 설치된 범위에 해당되지 않았다.[164] 탐모라와 마찬가지로 섬진강유역에 속하는 전북 동부지역과 전남 동부지역도

---

164) 백제가 북으로 황해도에서 남으로 전라도까지를 차지한 시기에는 담로의 수 가 50여 개 이상을 상회하였다가 웅진으로 천도한 후 영역이 축소되면서 『梁書』전에 보이듯이 22개가 된 것으로 보는 견해가 있다(盧重國, 1995, 앞의 책, 181쪽). 그러나 백제가 한성시대에 황해도의 군현 故地와 전라도까지 동일한 담로제를 통하여 지방을 통치하였는지는 의문이 든다. 이와는 달리 담로의 관할 범위를 마한의 一國보다 넓은 지역이었고, 백제가 멸망 당시 군의 수가 37개였음을 고려하면 담로가 군으로 변화한 것이 아니라 전혀 새로운 편성이 이루어진 것으로 보는 견해도 있다(田中俊明, 1997, 앞의 글, 274쪽). 그러나 『梁書』에 보이는 22담로는 백제가 멸망할 무렵의 37郡에서 전남지역 의 15군을 제외하면 일치하는 사실을 주목할 필요가 있다(林永珍, 1997, 앞의 글, 37~59쪽). 다만 담로제가 실시되지 못한 지역은 전남지역 외에도 전북의 일부지역이 포함되어야 하기 때문에 상기의 견해가 정확한 실정을 반영하는 것은 아니다.

고흥 길두리고분 원경 | 구릉 정상부에 흙을 쌓아 만들고 주변은 평평하게 정지했으며, 분구는 직경 34m, 높이 6m 정도의 원형고분이다. 전남 남해안지역 최대 규모에 속하며, 금동관·금동신발·환두대도·투구와 갑옷 등의 중요 유물이 다량 출토되었다.

담로제가 실시되지 못하였다.165) 이들 지역은 叛波·多羅·斯羅와 마
찬가지로 외방의 부용국에 불과하였다.

『梁職貢圖』와『梁書』는 520년 무렵의 상황을 전하고 있지만, 전남

---

165) 한편 전남 동부지역은 섬진강유역과 남해안지역으로 구분되는데, 백제의 진
출과 관련하여 지역적 차이를 적지 않게 보인다. 섬진강유역에 속하는 구례,
곡성 및 섬진강하구와 인접한 여수·순천·광양이 백제에 복속된 것은 6세
기 초반에 해당되는 무령왕대에 이루어진 것은 주지의 사실이다. 그러나 고
흥반도는 최근에 조사가 이루어진 고흥 길두리 안동고분에서 출토된 금동관
등의 유물로 볼 때 늦어도 5세기 말엽에는 백제의 진출이 이루어진 것으로
판단된다. 안동고분의 조사자는 축조시기를 5세기 중엽으로 보고 있지만(전
남대 박물관, 2006, 「고흥 길두리고분 추가발굴조사」, 지도위원회의자료), 5
세기 후반으로 보는 것이 일반적이다. 그러나 길두리 안동고분에서 출토된
금동관은 왕·후제 시행과 관련 있는 유물이며, 백제가 늦어도 5세기 말에
고흥반도로 진출하여 왕·후제를 시행한 사실을 반영하는 것으로 추정된다.

306

지역에 대한 정확한 실상을 반영한 것은 아니었다. 이는『梁職貢圖』를 저술한 蕭繹에게 백제국의 사정을 전해준 使節의 상황인식에서 그 이 유를 찾을 수 있다.

백제의 지배층은 침라(탐모라)를 비롯한 전남지역을 외방의 부용국 으로 인식하였다. 이는 백제가 전남지역을 장악한 지 30년 이상의 시 간이 흘렀지만, 중앙의 문화양식과 다른 독자적인 문화전통이 계속 유 지되고 있었기 때문이다. 백제의 차별적인 인식은 方郡城制가 6세기 중엽에 실시되어 토착사회의 문화 전통이 약화되면서 사라져갔다.[166]

제3절 무령왕의 고토회복과 백제의 중흥

1. 한강 이북지역 진출과 그 추이

동성왕은 신진세력을 등용하여 신구 귀족 사이의 세력균형을 도모 하고, 일련의 왕권강화책을 추진하여 정치적 불안정을 극복하였다. 동 성왕은 다양한 세력을 골고루 등용하여 연합정권을 구성하고 신라와 긴밀한 동맹관계를 구축하여 내정과 외교에서 안정을 이루었다.

동성왕의 집권 초반에는 한성에서 내려온 진씨세력이 정국의 주도

---

166) 백제가 6세기 중엽 方郡城制를 실시하여 직접지배를 도모하면서 전남지역 토착사회는 큰 변화를 맞게 되었다. 백제는 전남지역을 포함한 전국에 지방 관을 파견하여 직접지배를 실시하였다. 백제의 지방지배는 한 단계 더 발전 하게 되었으며, 전남지역의 토착사회는 전통적인 기반이 해체되고 재편되었 다. 토착세력 수장층은 전통적인 세력기반이 약화된 채 중앙에서 파견된 지 방관을 보좌하는 하급 실무관료로 전락되었다. 또한 백제가 전남지역 각지의 中小 지방세력과 밀접한 관계를 맺게 된 결과 백제식 석실분과 산성이 곳곳 에 축조되었다. 방군성제 실시는 제도상의 변화에만 그치지 않고, 전남지역 의 경우 변방사회를 재편하려는 의도와 부합되어 실질적인 변화가 이루어지 는 계기가 되었다(文安植, 2002,「百濟의 方郡城制의 實施와 全南地域 土着 社會의 變化」,『전남사학』19).

1930년대 부여 성흥산성 | 국립중앙박물관 유리원판. 백제의 수도였던 웅진성과 사비성을 지키기 위하여 금강 하류 부근에 쌓은 석성으로, 산 정상을 빙 둘러쌓은 퇴뫼식이다. 성 안에는 남문, 서문, 북문터와 군장터, 우물터와 보루가 남아 있다.

권을 장악하였다. 동성왕은 진씨세력을 견제하기 위하여 486년(同王 8)에 苩加를 衛士佐平으로 삼는[167] 등 금강유역의 토착세력을 적극적으로 등용하였다. 眞老가 497년에 죽자 燕突이 군사관계를 담당하는 병관좌평에 임명된 것[168]은 신진세력이 진씨 등의 구귀족세력을 누르고 정국운영의 전면에 부상한 것을 의미한다.[169]

동성왕은 신진세력의 힘이 점차 증대하여 왕권에 대한 압력요소로 작용하자 견제하게 되었다. 동성왕은 신진세력이 성장하여 압박을 가하자 독단적인 정국운영을 꾀하였다. 동성왕은 500년 봄에 궁궐 동쪽에 높이가 다섯 丈이나 되는 임류각을 세우고 연못을 조성하여 진기한

167) 『三國史記』 권26, 百濟本紀4, 東城王 8年.
168) 『三國史記』 권26, 百濟本紀4, 東城王 19年.
169) 梁起錫, 1991, 「한국고대의 중앙정치」, 『국사관논총』 21, 81쪽.

308

새를 길렀는데, 신하들이 반대하며 상소를 하였으나 응답조차 하지 않았다. 또한 더 간언하는 사람이 있을까 하여 궁궐 문을 닫아 버리기도 하였다.170)

이는 동성왕과 귀족세력 사이의 알력과 갈등을 보여주는 사례로 생각된다. 동성왕은 임류각 조영에 대한 간언을 국왕의 권위에 대한 도전으로 받아 들였기 때문에 배척하였다. 동성왕은 500년 5월에는 좌우의 근신들과 더불어 임류각에서 연회를 하였는데 밤새도록 환락을 다하였다.171) 동성왕은 귀족세력의 압박을 측근들과의 유흥으로 해소하려고 하였다.

그는 만년에 이르러 초기에 추구하여 왔던 연합정권을 스스로 부정하고 측근을 비호하면서 저항에 부딪히게 되었다. 이 과정에서 동성왕은 衛士佐平 苩加를 부여군 임천면에 위치한 가림성의 성주로 전출하여 정치적인 부담을 해소하려고 하였다. 백가는 가지 않으려고 병을 핑계로 사양하였으나 동성왕이 허락하지 않았다. 백가는 불만을 품고 501년 11월 동성왕이 馬浦村(서천 한산)에서 사냥하는 틈을 타서 자객을 보내 왕을 찔러 중상을 입혔다.172) 동성왕은 12월에 30대 후반의 젊은 나이로 파란만장한 생을 마감하게 되었다.

동성왕의 시해는 단지 가림성으로 축출된 백가의 불만 때문에 이루어진 것은 아니었다. 동성왕은 眞老의 사망을 계기로 구귀족세력이 약화되면서 자신이 왕권강화를 위하여 중용한 신진세력의 도전에 직면하였다. 동성왕이 집권 후반기에 이르러 국정운영에 소홀하게 되고 사치와 환락에 물들어 가면서 정국의 주도권은 신진세력에게 넘어 갔다.

동성왕은 귀족세력의 견제를 독단적인 정국운영을 통하여 극복하려

170)『三國史記』권26, 百濟本紀4, 東城王 22年.
171)『三國史記』권26, 百濟本紀4, 東城王 22年.
172)『三國史記』권26, 百濟本紀4, 東城王 23年.

고 하였다. 동성왕은 "담력이 남보다 뛰어나고 활을 잘 쏘아 백발백중이었다"[173]는 평판답게 귀족세력의 불만과 저항을 권력의 힘으로 제압하였다. 이는 극소수의 近臣을 제외하고 왕족과 귀족세력의 불만을 야기하고 말았다. 따라서 백가의 동성왕 암살에는 적지 않은 사람들이 동조했을 가능성이 높다. 이를 반증하듯이 『日本書紀』 武烈紀에는

A. 백제 말다왕이 無道하여 백성들에게 포학했으므로 國人이 마침내 제거하고 嶋王을 세우니 바로 무령왕이다.[174]

라고 하였듯이, 동성왕이 백성들에게 포학한 책임을 물어 國人이 제거한 것으로 되어 있다.

백가는 수도 웅진을 떠나 가림성에 있다가 사람을 보내 동성왕을 살해하였다. 동성왕을 살해하기 위하여 자객을 보낸 사람이 백가로 기록된 것은 정변의 주체가 백가였음을 의미한다. 그러나 백가 혼자서 국왕의 시해를 주도한 것은 아니며 함께 모의한 사람들이 있었다.

거사 이후 백가가 정국의 주도권을 장악하지 못한 것은 동성왕의 시해를 배후에서 주도한 세력이 별도로 존재하였기 때문이다. 동성왕의 시해는 주도 세력의 모의 아래 거사의 적임자로 백가를 끌어들였으며, 무령왕이 집권한 이후 그 책임을 전가하였다.[175] 이는 무령왕이 왕위에 오르자 백가가 가림성을 근거로 하여 반란을 일으킨 사실[176]을 통해서 입증된다.

동성왕의 시해는 측근 위주의 독선적인 정책에 반대하는 다수의 귀

---

173) 『三國史記』 권26, 百濟本紀4, 東城王 卽位年.
174) 『日本書紀』 권16, 武烈紀 4年.
175) 鄭載潤, 1997, 「동성왕 23년 정변과 무녕왕의 집권」, 『한국사연구』 99·100 合.
176) 『三國史記』 권26, 百濟本紀4, 武寧王 前文.

족세력과 왕족들이 참여하였다.[177] 무령왕 자신이 정변을 일으켜 동성
왕의 정권을 무너뜨렸을 가능성도 없지 않다.[178]

동성왕 집권기에 소외된 해씨 등의 한성에서 내려온 구귀족세력이
거사에 적극적으로 참여하였다. 무령왕이 즉위한 후에 백가가 반란을
일으키자 왕명을 받들어 군사를 거느리고 출전한 解明[179]의 존재는 이
러한 사실을 반증한다. 무령왕의 즉위 초에 '骨族'[180]으로 지칭되는 왕
족들도 무령왕의 권력기반을 확립하는 데 큰 역할을 하게 되었다.[181]

무령왕은 왕족과 귀족세력의 협조를 받아 즉위하였다. 무령왕은 백
가가 반란을 일으키자 牛頭城에 이르러 扞率 解明에게 명하여 동성왕
을 시해한 苩加 일파를 토벌케 하였다. 우두성은 『대동지지』권5 한산
城池 條에 의하면 충남 한산의 乾芝山城에 비정된다. 무령왕은 수도
웅진에 머무르지 않고 직접 군사를 거느리고 백가가 주둔한 가림성(부
여 성흥산성)에 인접한 우두성에 이르렀다.

우두성은 동성왕 8년(486)에 축조되었는데, 금강 하구를 통하여 웅
진으로 접근하는 침입세력을 차단하는 요충지 역할을 하였다. 무령왕
은 가림성(성흥산성)과 인접한 우두성(건지산성)에 주둔하면서 解明에
게 명하여 苩加 일파를 토벌케 하였다. 무령왕은 진두에 서서 반란세
력을 제압하여 정치적 입지를 강화하고 정국운영의 주도권을 장악하
였다.[182]

무령왕의 이름은 斯摩・斯麻 또는 隆이라 했으며, 혈통에 대해서는

177) 鄭載潤, 1999, 앞의 글, 122쪽.
178) 盧重國, 1991, 「백제 무녕왕대의 집권력 강화와 경제기반의 확대」, 『백제문
　　　화』21, 11~12쪽 ; 鄭載潤, 1997, 앞의 글, 108~109쪽.
179) 『三國史記』권26, 百濟本紀4, 武寧王 前文.
180) 『日本書紀』권16, 武烈紀 7年 4月.
181) 盧重國, 1991, 앞의 글, 17쪽.
182) 盧重國, 1991, 위의 글, 13쪽.

어느 왕보다 異說이 많다. 동성왕의 둘째 아들설,[183] 실제적으로는 개
로왕이 親父이지만 곤지가 義父였다는 설,[184] 동성왕의 異母兄說[185]
등이 있다. 그러나 무령왕이 동성왕의 異母兄이라는 견해가 일반적으
로 받아들여지고 있으며, 공주 송산리 왕릉에서 발견된 誌石에 의하면
462년에 출생하였다. 무령왕은 곤지의 다섯 아들 중에서 장남으로

> B. 백제 末多王이 무도하여 백성들에게 포학했으므로 나라 사람들이
> 마침내 제거하고 嶋王을 세우니 바로 무령왕이다. 『百濟新撰』에
> 이르기를 말다왕이 무도하여 백성들에게 포학했으므로 나라 사람
> 들이 함께 제거했다. 무령왕이 즉위하였는데 諱는 斯麻王이고 琨支
> 王子의 아들이니 末多王의 異母兄이다. 곤지가 왜로 갈 때에 筑紫
> 嶋에 이르러 사마왕을 낳았다. 섬으로부터 되돌려 보냈는데 서울에
> 이르지 못하고 섬에서 낳았으므로 그렇게 이름 하였다. 지금 各羅
> 의 바다 가운데 主嶋가 있는데 왕이 태어난 섬이어서 백제인들이
> 주도라 부른다. 지금 생각건대 嶋王은 곧 개로왕의 아들이고 말다
> 왕은 곤지왕의 아들이다. 여기서 異母兄이라고 한 것은 자세하지
> 않다.[186]

라고 하였듯이, 佐賀縣의 작은 섬인 加唐島[187)에서 태어나 왜국에서
성장한 후 백제로 귀국하였다. 그는 40세에 왕위에 올랐으며 8척의 키
에 아름다운 용모를 가졌고 성품이 인자하고 관대하였다.[188]
　무령왕은 즉위한 후 동성왕의 북진정책을 계승하여 실지회복을 추

---

183) 『三國史記』 권26, 百濟本紀4, 武寧王 卽位年.
184) 『日本書紀』 권14, 雄略紀 5年.
185) 『日本書紀』 권16, 武烈紀 4年.
186) 『日本書紀』 권16, 武列紀 4年.
187) 문경현, 2000, 「백제 무령왕의 출자에 대하여」, 『사학연구』 60.
188) 『三國史記』 권26, 百濟本紀4, 武寧王 前文.

312

진하였다. 무령왕은 한강유역을 회복하기 위하여 고구려와 그 부용세
력인 말갈과의 전투를 수 차례 치렀다. 무령왕 집권기에 있어서 백제
와 고구려 양국의 전투는 前代의 동성왕 때와는 양상을 달리하여 전개
되었다.

동성왕은 북진정책을 표방하여 한강 하류지역으로 진출하기 위하여
심혈을 기울였고 그 결과 한성을 장악하여 소기의 목적을 달성하였다.
동성왕은 한강 이남지역을 확보한 데 이어 남한강유역으로 진출하여
양평과 여주를 거쳐 원주에 이르러 치양성을 장악하여 거점을 마련하
였다.

그 반면에 무령왕은 즉위한 해의 11월에 달솔 優永에게 5천 군사를
주어 한강과 임진강을 건너 황해도의 신계에 위치한 수곡성을 공격하
도록 하였다.189) 우영은 수곡성을 공격하기 위하여 파주에서 高浪津·
沙尾川·甘五里峴·朔寧을 경유하여 兎山(황해도 금천)을 거쳐 신계
로 진격하였다.

또한 백제군은 임진강을 건너 연천에서 출발하여 안협과 이천을 거
쳐 수곡성에 이르렀을 가능성도 있다. 백제군이 연천의 堂浦(연천군
미산면 마전리)에서 배를 타고 징파나루(연천군 왕징면 북삼리)와 時
郁津(연천군 왕징면 고장리)·朔寧渡(연천군 중면 삭녕리)에 이른 후
이천군 안협을 거쳐 신계 방향으로 진군했을 가능성도 배제할 수 없
다.

무령왕은 수곡성을 공격하여 고구려와 그 지배 하에 있던 영서 말갈
세력의 연결을 차단하려고 하였다. 또한 무령왕은 예성강 상류에 위치
한 신계의 수곡성을 장악하여 그 중류에 위치한 금천과 평산지역을 배
후에서 압박하려고 하였다. 그러나 무령왕이 파견한 백제군의 수곡성

---

189) 『三國史記』 권26, 百濟本紀4, 武寧王 前文.

공격은 실패로 돌아가고 말았다.

무령왕은 다음 해의 겨울에도 군사를 보내 고구려의 변경을 공격하였다.[190] 백제군이 공격한 고구려의 변경은 장단과 개성 등의 임진강 북안지역으로 추정된다.[191] 무령왕이 즉위한 후 백제와 고구려는 신계의 수곡성과 임진강 북안지역에서 접전을 벌였다. 무령왕이 왕위에 오르자마자 곧바로 고구려를 공격한 것은 즉위과정에서 표출된 내분을 전쟁을 통하여 종식하려는 의도였다.[192]

무령왕은 왕위계승 과정에서 표출된 지배층의 갈등을 고구려와의 전쟁을 통해 희석하고 이반된 민심을 수습하였다. 고구려의 문자명왕도 곧바로 반격을 개시하였다. 문자명왕은 고구려군을 보내 백제를 직접 공격하지 않고 그들의 영향력 하에 있던 말갈을 내세웠다. 말갈의 백제 공격은 503년에 시작되어 506년과 507년에 연이어 이루어졌다.

무령왕은 503년에 말갈이 馬首柵(포천군 군내면[193])을 태우고 高木城(연천군 연천읍[194])에 침입한 것을 군사 5천 명을 보내 격퇴하였다.[195] 말갈은 506년에 다시 高木城으로 쳐들어 와서 6백 명을 살상하였다.[196] 무령왕은 말갈의 공격을 방어하기 위하여 507년에 高木城 남

---

190) 『三國史記』 권26, 百濟本紀4, 武寧王 2年.

191) 북한 학계는 수곡성 전투를 계기로 하여 백제가 개성 일대까지 진출한 것으로 보고 있다(사회과학원 력사연구소, 1991, 『조선전사3』 중세편(고구려사), 154쪽).

192) 동성왕이 백가가 보낸 자객에게 칼에 찔려 중상을 당한 것은 501년 11월이고 사망에 이른 것은 그 다음달이었다. 그리고 무령왕이 즉위하여 수곡성을 501년 11월에 공격한 사실을 고려하면, 무령왕은 즉위한 후 곧바로 고구려 공격에 나섰음을 알 수 있다.

193) 鄭求福 外, 1997, 『譯註 三國史記』 3, 한국정신문화연구원, 710쪽.

194) 高木城은 온조왕 22년 8월에 말갈의 침입에 대비하여 石頭城과 함께 축조된 성인데 고구려의 功木達縣으로 지금의 경기도 연천군 연천읍에 비정된다(千寬宇, 1976, 앞의 글, 120쪽).

195) 『三國史記』 권26, 百濟本紀4, 武寧王 3年.

314

쪽에 두개의 목책을 세우고 長嶺城을 쌓아 대비하였다.[197] 長嶺城은
의정부 북쪽의 장령산 부근에 위치하였다.[198]

그러자 문자명왕은 장수 高老를 보내 말갈과 함께 백제의 漢城을
치려고 橫岳(서울 삼각산) 아래에 군대를 주둔시켰다. 무령왕은 군사
를 보내 고구려와 말갈의 연합군과 싸워 물리쳤다.[199] 무령왕은 고구
려와 말갈의 공세를 무력화시키면서 한강 이북지역을 사수하였다.

또한 512년에는 고구려가 加弗城을 공취하고 圓山城을 깨뜨리자,
무령왕이 기병 3천을 거느리고 葦川의 북쪽에서 싸웠다.[200] 加弗城과
圓山城 및 葦川은 서로 인접한 지역으로 보이지만,[201] 구체적으로 어
느 곳을 가리키는지는 잘 알 수 없다. 다만 백제와 고구려 및 말갈의
전투가 연천, 포천, 의정부 일대를 중심으로 펼쳐진 것으로 볼 때 한강
이북지역으로 추정된다. 고구려는 무령왕이 거느린 군사가 적은 것을
보고 만만히 여겨 陣을 설치하지 않았다. 이를 간파한 무령왕은 불시
에 쳐서 고구려군을 크게 격파하였다.[202]

---

196) 『三國史記』 권26, 百濟本紀4, 武寧王 6年.
197) 『三國史記』 권26, 百濟本紀4, 武寧王 7年.
198) 당시 말갈의 침입로는 馬首柵에서 고목성을 거쳐 횡악으로 침입하는 루트이
며, 多婁王代의 말갈 침입루트와 동일하였다. 이를 근거로 하여 무령왕대의
영역이 한성시대의 영역관을 투영한 것이라 하여 부정하는 견해가 있으나(이
도학, 1984, 앞의 글, 25쪽), 이 루트가 말갈의 상시적인 주요 백제 공격로이
었음을 감안해 보면 같은 맥락의 기사라 하여 이를 부정할 근거가 될 수는
없다(梁起錫, 2005, 앞의 글).
199) 『三國史記』 권26, 百濟本紀4, 武寧王 7年.
200) 『三國史記』 권26, 百濟本紀4, 武寧王 12年.
201) 가불성의 위치는 경기도 加平說(김종권, 앞의 책, 432쪽), 충북 沃川說(『조선
전사』 3 중세편, 1991, 과학백과사전종합출판사, 157쪽)이 있으며, 원산성은
경북 예천 용궁설(천관우, 1976, 앞의 글, 128쪽), 충남 금산군 북부면 마전리
설(『조선전사』 3, 1991, 위의 책, 157쪽)이 있다. 그리고 위천을 서산으로 보
는 설도 있다(김종권, 앞의 책, 432쪽).

한편 무령왕대에 전개된 백제와 영서 말갈의 대립 및 복속관계는 일본에서 발견된 隅田八幡鏡의 명문을 통해서도 입증된다. 이 거울은 6세기 초 백제의 무령왕이 왜국의 국왕이었던 繼體에게 보낸 것이다. 거울 가장자리를 따라 조각한 명문을 보면, 무령왕이 開中費直과 穢人 今州利 두 사람을 보내 좋은 구리를 취하여 거울을 만들게 했다고 기록되었다.203) 이 중에서 금주리는 穢人이라 하여 출신 종족명을 밝히고 있다. 금주리가 속한 穢族은 영동지역의 동예는 아니고 嶺西濊, 즉 영서의 말갈세력으로 추정된다.

영서 말갈은 고구려에 복속되어 백제를 향한 남진의 전위세력으로 활동하였다. 동성왕이 漢山城을 점거하는 등 북진정책을 활발하게 펼치자 고구려는 이들을 동원하여 견제에 나서기도 하였다. 그러나 영서 말갈은 다시 백제에 복속되어 今州利가 왜국으로 건너가 隅田八幡鏡의 제작에 참여하기에 이르렀다.

백제가 한강 이북지역을 다시 차지하는 등 영토를 크게 확장하였지만, 남한강유역과 북한강유역에 거주한 말갈세력을 모두 장악한 것은 아니었다. 백제는 치양성이 위치한 원주 등의 일부 지역을 회복하는데 그쳤다. 금주리는 백제가 장악한 말갈지역 출신이거나 아니면 전투과정에서 포로로 잡힌 인물로 추정된다. 隅田八幡鏡의 제작에 관여한 금주리의 존재는 동성왕과 무령왕대에 백제와 말갈이 한강유역을 둘러싸고 공방전을 전개한 것으로 기록된 『삼국사기』 백제본기의 사실성을 입증해 준다.

---

202) 『三國史記』권26, 百濟本紀4, 武寧王 12年.
203) 隅田八幡鏡의 명문에 대한 판독과 해석 및 주요한 논란과 논점에 대해서는 다음의 글을 참조하기 바란다. 권오영, 2005, 『무령왕릉-고대 동아시아 문명교류사의 빛』, 돌베개, 273쪽 ; 金恩淑, 1993, 「隅田八幡鏡의 銘文을 둘러싼 제논의」, 『한국고대사논총』 5, 가락국사적개발연구원.

　무령왕은 민생안정에도 노력하여 백성들이 가뭄으로 굶주리자 창고를 풀어 구제하였고,[204] 제방을 튼튼하게 하여 국내의 놀고먹는 자를 몰아 농사를 짓게 하였다.[205] 무령왕은 민생 안정을 바탕으로 국력을 회복하여 고구려 및 말갈과 접전을 펼치면서 예성강 남안지역까지 영역을 확장하였다.

　백제는 동성왕 때에 한강 이남지역을 회복하였고, 무령왕 때에 이르러 한강 이북지역으로 진출하였다. 무령왕은 북으로 예성강 南岸까지 진출하였고, 동북으로 임진강 중·상류지역에 속하는 연천과 이천 일대를 확보하였다. 예성강 상류를 건너 황해도 신계 방면에서 고구려와 접전을 벌이는 등 다시 강국이 되었다. 백제가 고구려와 치열한 접전을 벌이면서 승리를 거두고 다시 강국의 반열에 올라선 것은

　　C. 겨울 11월에 사신을 양나라에 보내 조공하였다. 이보다 앞서 고구려에게 격파당하여 쇠약해진 지가 여러 해였다. 이때에 이르러 표를 올려 "여러차례 고구려를 깨드려 비로소 우호를 통하였으며 다시 강한 나라가 되었다"고 일컬었다.[206]

라고 하였듯이, 양나라에 보낸 표문에도 기록되어 있다. 梁도 무령왕이 보낸 표문의 사실성을 인정하여 백제를 강국으로 인정하였다. 이는 백제가 무령왕 때에 이르러 웅진천도 전후의 쇠퇴기를 벗어나 한강 하류지역과 임진강유역을 회복한 사실을 반영한다. 또한『三國史記』百濟本紀 武寧王 條에 보이는 백제와 고구려 및 말갈의 전투가 한강 이북지역과 임진강유역 일대에서 벌어졌음을 입증한다.

---

204)『三國史記』권26, 百濟本紀4, 武寧王 6年.
205)『三國史記』권26, 百濟本紀4, 武寧王 10年.
206)『梁書』권54, 列傳48, 諸夷 東夷, 百濟.

2. 섬진강유역 진출과 그 추이

무령왕은 북방진출이 성공리에 완수되자 군대를 남으로 돌려 섬진강유역과 가야지역 경략에 나섰다. 무령왕은 먼저 대가야가 진출하여 영향력을 행사하고 있던 남원과 임실, 장수 등의 전북 동부지역으로 진출하였다. 백제의 웅진천도를 전후하여 남원과 임실 등의 전북 동부지역은 대가야의 영향을 받게 되었다.

고령의 대가야가 두각을 나타내기 시작한 것은 광개토왕의 남정 후에 김해지방으로부터 많은 피난민이 유입되어 鐵製利器와 陶質土器의 생산이 가능해졌기 때문이다. 대가야는 5세기 중엽에 이르러서는 서쪽으로 남원 월산리고분군 축조세력, 동쪽으로 합천 옥전고분군 축조세력을 자국의 영향력 아래 넣으면서 신라 및 백제·왜와의 물자교역을 장악하였다.[207]

대가야의 발전은 백제의 약세와 맞물려 가속화되었고 섬진강유역은 백제의 영향력에서 벗어나 대가야의 세력권에 편입되었다. 대가야가 전북 동부지역으로 세력을 확대하면서 토착집단의 문화양상도 변모하게 되었다. 전북 동부지역에 가야계 토기가 출현하여 재지계와 혼재되며, 그 후 재지계 토기가 고령양식 일색으로 바뀌기 시작하였다.[208]

고령양식의 토기는 금강의 북서부 지역권에 위치한 진안 황산리를 비롯하여 남원 사석리 등의 섬진강 중·상류지역에 광범위하게 분포되어 있다. 이곳에서 출토된 유물은 교역 물품으로 파악되는 板狀鐵斧나 鐵鋌을 제외한 그 밖의 것은 대체로 5세기 후반에서 6세기 초의 것으로 추정된다.[209]

---

207) 박천수, 1999, 앞의 글, 56쪽.

208) 이희준, 1995, 앞의 글.

209) 임영진, 1998, 「죽막동 토기와 영산강유역 토기의 비교고찰」, 『부안 죽막동제사유적연구』, 국립전주박물관, 287쪽.

남원 두락리고분군 원경 | 남원시 아영면 유곡리 성내마을과 두락리 사이에 위치하며, 산을 등지고 동쪽으로 길쭉한 언덕 일대에 축조되었다. 직경 5~6m, 높이 4m 내외의 봉분 20여 기가 존재하며, 개간과 도굴 등으로 원형을 잃어 가고 있다.

대가야는 백제의 웅진천도를 전후하여 전북 동부지역으로 진출하여 영향력을 확대하였다. 대가야는 백제가 고구려와 일진일퇴의 공방전을 전개하던 있는 상황을 틈타 소백산맥을 넘어 진출하였다. 전북 동부지역은 대가야의 西進를 계기로 남원 운봉지역의 토착세력이 크게 성장하였다.210) 운봉지역 토착세력 중에서 월산리고분군·두락리고분군·건지리고분군 등을 축조한 집단이 두각을 나타냈다.

대가야는 6세기를 전후하여 여수와 순천을 포함한 전남 동부지역까지 영향력을 확대하였다.211) 대가야 왕이었던 荷知는 479년에 南齊에

---

210) 남원지역은 5세기 후반 이후 가야 문화를 기반으로 하여 발전하였던 토착세력의 수장층 분묘로 추정되는 30여 기의 대형급 고총이 조성되어 있다. 그 규모와 기수로는 대가야의 중심지역이었던 고령 지산동 以西地域에서 최대 규모를 이룬다(윤덕향, 1989, 『斗洛里 發掘調査報告書』, 전북대 박물관).

사신을 보내 '輔國將軍本國王'의 爵號[212]을 받기도 하였다.

　대가야와 전북 동부지역 토착세력의 밀월관계는 6세기 초반에 백제
가 진출하기 전까지 이어졌다. 무령왕은 고구려 및 그 부용집단이었던
말갈세력과 격전을 치르면서 추진한 북방진출이 소기의 성과를 거두
자 남방지역 진출을 서두르게 되었다. 무령왕 때 추진된 백제의 섬진
강유역 진출 과정에 대해서는 직접적인 사료가 남아 있지 않다. 다만『
日本書紀』繼體紀에 전해지는 일본측 사료를 통해 간접적으로 유추할
수 있을 따름이다. 繼體紀의 사료 중에서 백제의 섬진강유역 진출과정
을 보여 주는 것은 509년에

　　A. 춘2월 사신을 백제에 파견하다(백제본기에 말하기를 久羅麻致支彌
　　　는 일본으로부터 왔다고 한다). 임나의 日本縣邑에 있는 백제의 백
　　　성 중에서 본관의 地로부터 부랑, 도망해 온 자 중에 3, 4세까지 거
　　　슬러 올라가 아울러 백제에 돌려보내 본관에 속하게 했다.[213]

라고 하였듯이, 백제가 임나지역에 머물고 있던 유이민을 본국으로 소
환하는 조치를 취했다는 기사가 최초이다. 사료 A는 종래 일본이 임나
에 직할령을 갖은 유력한 방증 자료로서 간주되었다.[214]
　그러나 백제가 임나지역으로 부랑하거나 도망하여 살고 있던 자국

---

211) 백제의 변방통치가 약화되면서 먼저 섬진강 하류지역으로 진출한 집단은 소
　　가야였다. 전남 동부지역은 소가야연맹체와 선형적으로 연결되어 교역과 상
　　호 이해관계에 의해 5세기 후엽을 중심연대로 하여 완만한 결속관계를 유지
　　하였다고 한다. 그 후 6세기를 전후하여 소가야를 대신하여 대가야가 전남
　　동부지역에 영향력을 행사한 것으로 보고 있다(李東熙, 2006, 「전남동부지역
　　복합사회 형성과정의 고고학적 연구」, 성균관대 대학원 박사학위논문, 216~
　　217쪽).
212)『南齊書』권58, 東南夷列傳, 加羅國.
213)『日本書紀』권17, 繼體紀 3年.
214) 末松保和, 1961, 앞의 책, 197~201쪽.

320

민을 본국으로 송환시킨 조치로 보는 것이 타당할 것 같다. 임나지역
에 거주하던 백제인은 4세기 중엽 이후 고구려와의 만성적인 전쟁상태
를 피해 도망간 사람들이라고 한다.215) 임나는 전체 가야지역이 아니
라 전북 남원에 위치한 己汶이며,216) 백제의 자국의 유민 소환 조치는
명목상의 구실에 불과하고 己汶의 주민을 호적에 편입시킨 것으로 보
고 있다.217)

백제가 자국의 주민으로 편입시켜 호적을 정리한 곳은 남원에 국한
되지 않고 그 인근의 임실과 장수 등 전북 동부지역을 대상으로 하였
다. 무령왕은 대가야의 영향력이 강하게 미치고 있던 전북 동부지역에
진출하여 재지의 주민들을 자국의 호적에 편입하면서 지배를 강화하
였다.

대가야는 자국의 영향력이 미치고 있던 전북 동부지역으로 백제가
진출하였지만 즉각적인 실력행사를 꾀하지 못하였다. 백제가 남원 등
지로 진출하면서 무력 충돌이 일어나지 않은 것은 대가야의 병력이 주
둔하지 않았기 때문이다. 백제는 남원을 위시하여 전북 동부에 위치한
섬진강 중상류지역을 차지한 후 그 하류지역으로 진출하였다. 繼體紀
7년(512) 조에 의하면

B. 백제가 사신을 보내 調를 바쳤다. 따로 표를 올려 임나국의 上哆唎
·下哆唎·娑陀·牟婁의 4현을 청했다. 哆唎國守 穗積臣押山이
"이 4縣은 백제와 인접해 있고 일본과는 멀리 떨어져 있습니다. (백
제와는) 아침 저녁으로 쉽게 통하기 쉽고 (어느 나라의) 닭과 개인
지를 구별할 수 없을 정도이니 지금 백제에게 주어 같은 나라로 만
들면 굳게 지키는 계책이 이보다 나은 것이 없을 것입니다."218)

215) 延敏洙, 1998, 앞의 책, 178쪽.
216) 延敏洙, 1990, 앞의 글, 108쪽.
217) 이근우, 1994, 앞의 글, 164쪽.

라고 하였듯이, 왜국이 '任那四縣'을 백제에게 할양한 것으로 되어 있다. 이는 『日本書紀』 특유의 서술방식에 불과하고, 백제가 국력을 회복하여 '任那四縣'이 위치한 지역으로 진출한 것을 반영한다. 그 위치에 대해서는 경남 일원설,[219] 전남 서부설,[220] 충남과 전북설,[221] 부산 일원설,[222] 낙동강 중·상류설,[223] 섬진강유역으로 좁혀 보는 견해[224] 등이 있다.

그러나 '任那四縣'의 위치는 백제가 약화되었을 때 대가야의 영향력이 미친 섬진강 하류의 여수·구례·순천·광양 등지로 보는 것이 타당할 것이다.[225] 왜냐하면 백제가 동부를 제외한 전남지역을 석권한 것은 동성왕 때에 달성되었고, 낙동강유역으로 진출한 것은 530년 무렵에 함안의 안라가야에 郡令과 城主를 파견하면서 이루어졌기 때문이다.[226]

---

218) 『日本書紀』 권17, 繼體紀 6年 12月.

219) 今西龍, 1919, 「加羅疆域考」, 『史林』 4-3·4..

220) 末松保和, 1949, 앞의 책, 115~123쪽.

221) 鮎貝房之進, 1937, 「日本書紀 朝鮮關係 地名攷」, 『雜攷』 7, 上·下卷, 32~44쪽.

222) 허만성, 1989, 「일본서기 계체 6년조의 임나4현 할양기사에 대한 일고찰」, 『성심외국어전문대학논문집』, 29쪽.

223) 千寬宇, 1991, 앞의 책, 43쪽.

224) 酒井改藏, 1970, 『日本書紀の朝鮮地名』, 親和 ; 전영래, 1985, 「백제 남방경역의 변천」, 『천관우선생 환력기념 한국사학기념논총』, 146쪽 ; 김태식, 2000, 「역사학에서 본 고령 가락국사」, 『가야각국사의 재구성』, 혜안, 75쪽 ; 문안식, 2002, 앞의 책, 264쪽.

225) 임나4현의 구체적인 위치에 대해서는 上哆唎는 여수반도, 下哆唎는 여수 돌산도, 娑陀는 순천, 牟婁는 광양(마로현)으로 추정하고 있다(전영래, 1985, 앞의 글). 한편 임나4현의 구체적인 위치비정은 대가야계 고분이나 유적 등을 통해 신빙성을 더해가고 있다(이동희, 2006, 앞의 글, 225~228쪽).

226) 백제의 안라 진출에 대해서는 『日本書紀』 권17, 繼體紀 25년 12월 조의 細注에 인용된 『百濟本紀』 소재의 기사가 전한다. 이에 앞서 백제는 남방경영

322

 '任那四縣'의 할양에 관한 기사는 백제가 전남 동부지역을 영향력
하에 둔 대가야를 축출하는 과정을 반영하고 있다. 다만 倭國이 4縣을
백제에 주었다는 내용은 사실이 아니고, 백제가 진출하여 장악한 것을
왜가 사여한 것으로 기록되었다. 무령왕은 백제의 웅진천도를 전후하
여 대가야의 영향력을 받은 섬진강유역을 다시 장악하였다.

 무령왕은 섬진강유역에 지방관을 파견하여 직접지배를 실시하지는
못하였다. 백제가 직접지배를 관철한 것은 方郡城制를 실시한 사비 천
도 이후이며, 이때는 토착사회의 수장층을 이용한 간접지배 형태의 공
납지배를 실시하였다. 무령왕은 대가야의 영향력을 배제하면서 섬진강
유역을 재차 장악하는 것으로 만족하였다. 백제는 동성왕의 전남지역
석권과 무령왕의 섬진강유역 진출을 통하여 웅진천도를 전후로 하여
자국의 지배에서 벗어난 남쪽의 변방지역을 회복하였다.

 백제가 섬진강유역을 석권하자 곧이어 대가야의 반격이 이루어졌다.
대가야는 무령왕의 공세를 차단하고 섬진강유역에 대한 영향력을 다
시 회복하기 위하여 소백산맥을 넘어 전북 동부지역으로 군대를 파견
하였다. 그 결과 대가야는 백제를 축출하고

 C. 따로 아뢰기를 "伴跛國이 우리나라 己汶의 땅을 빼앗았습니다. 엎
   드려 청하건대 天恩으로 본래 속했던 곳으로 되돌려 주게 해주십시
   오"라고 하였다.227)

라고 하였듯이, 다시 기문지역을 차지하게 되었다. 己汶의 위치에 대
해서는 남원,228) 임실229) 등으로 보고 있다. 최근에는 이를 보다 세분

   을 거의 마무리하여 섬진강 하구까지 직접통치하고 있었으므로, 그곳에서 강
   을 건너 하동으로 상륙하여 진주 남강의 南岸을 거쳐 함안까지 진출하였다
   (金泰植, 1993, 앞의 책, 203~204쪽).
227)『日本書紀』권17, 繼體紀 7年 6月.

함안 도항리고분군 근경 | 가야읍 도항리를 비롯하여 인근의 말산리, 산음리, 가야리 일대는 낮은 산등성을 따라 다양한 가야시대 고분이 축조되어 있다. 이들 고분은 소형 무덤이 먼저 만들어진 후 대형 무덤이 조성되었다. 함안을 중심으로 하였던 가야 소국에서 보다 넓은 지역을 지배하는 아라가야 단계로 발전하였음을 보여준다.

하여 上己汶(上奇物)은 장수군 번암면, 下己汶(下奇物)은 남원으로 비정하기도 한다.[230] 그리고 伴跛는 절름발이라는 뜻으로 사용된 대가야의 卑稱인데, 백제가 대가야에 대해 적개심이 높았기 때문에 '叛波'라는 어감이 좋지 않은 말을 사용하였다.[231]

---

228) 今西龍, 1937, 『朝鮮古史の硏究』.

229) 金泰植, 1985, 「5세기 후반 대가야의 발전에 대한 연구」, 『한국사론』 12.

230) 이근우, 2003, 「웅진·사비기의 백제와 대가야」, 『고대 동아세아와 백제』, 충남대백제연구소, 318쪽.

231) 伴跛는 대가야의 別稱으로 '반피'가 아니라 '반파'로 읽고 있다. 『梁職貢圖』 百濟國使 傳에도 '叛波'라는 나라가 보이는데, 跛의 音인 '피·파' 중에 '절름발이'라는 뜻의 '파'를 써서 남의 나라이름을 音借하였다. 『梁職貢圖』 百濟國使로 대표되는 백제측의 인식으로는 '대가야'라는 이름 아래 가야지역을 통합하려는 고령세력을 가야의 대군장으로 인식하지 않고 다만 여러 소국 중의 하나로만 간주하려는 태도를 보이며, 특히 『梁職貢圖』의 표현시기인 520

함안 도항리고분군 발굴 모습 | 1963년에 사적 제84호로 지정되었다. 얕은 구릉지대를 중심으로 약 70기 정도가 산재해 있다. 봉분 높이는 4m 정도이며, 밑부분의 지름이 15m 내외로 대형고분에 속한다. 내부구조는 횡구식 석곽묘를 이루며 대부분 도굴되었다.

　대가야의 기문지역 영유는 오래가지 못하고 백제의 반격을 받아 종식되고 말았다. 백제는 513년 늦어도 516년까지는 기문지역을 완전히 점령하고 帶沙를 놓고 대가야와 각축을 벌였다.[232] 백제는 섬진강 중상류지역과 그 하구의 西岸地域을 석권한 데 이어 섬진강을 건너 東岸地域으로 진출하는 과정에서 帶沙를 놓고 대가야와 대립하였다. 왜국은 대가야의 협력 요청을 거부하고 백제를 지지하여 514년에 物部連이 이끄는 500명의 수군을 多沙津에 파견하였다.[233]

　백제와 왜국의 우호관계는 倭에서 성장하였던 무령왕이 즉위한 후

　　년 당시 적개심이 높았기 때문에 '叛波'라는 어감이 좋지 않은 문자를 사용하였다(김태식, 1993, 앞의 책, 103쪽).

232) 이근우, 2003, 앞의 글, 320~322쪽.

233) 『日本書紀』 권17, 繼體紀 9年 2月.

더욱 깊어졌다. 무령왕은 505년(同王 5)에 태자 淳陀(斯我君)를 왜국에 보내 양국관계를 돈독히 하였다.[234] 왜국은 남조-백제로 이어지는 선진문물의 수입루트를 통하여 문화적 후진성을 극복하였다. 왜군의 출병은 백제로부터 선진문물의 수용을 목적으로 하는 일종의 傭兵이었다.[235]

대가야는 백제와 왜국의 합동작전에 대해서 원한을 품고 대비를 하였다.[236] 백제가 하동의 帶沙津을 차지하면 대가야는 對中·對倭交涉에 필요한 포구를 상실하는 어려움을 겪었다. 신라가 낙동강 수로를 장악하고 있었기 때문에 대가야의 대외교섭은 남원지역을 거쳐 섬진강 하구로 내려와 하동의 대사진을 이용하였다.

백제가 대사진을 차지하자 대가야의 독자적인 대외교섭은 사실상 불가능하게 되었다. 백제는 섬진강 하류지역 지배를 공고히 하고 대가야의 해상진출을 견제하기 위하여 광양의 마로산성 등을 축조하였다. 마로산성은 백제가 전남 동부지역을 장악한 후 520년대에 축조된 것으로 보고 있다.[237]

마로산성은 광양만이 한눈에 조망되는 해로의 요충지에 위치하며, 순천과 여수로 연결되는 병목지점에 해당된다. 마로산성의 정상에서 보면 섬진강 하구와 광양만이 잘 조망된다. 백제는 해로의 요충지에 위치한 마로산성을 축조하여 대가야의 해상진출을 봉쇄하고, 이곳을 거점으로 경남 서부지역 진출을 꾀하였다.

---

234) 『日本書紀』 권17, 繼體紀 7年 4月.
235) 鬼頭淸明, 1976, 「任那日本部의 檢討」, 『日本古代國家の形成と東アジア』, 校倉書房.
236) 『日本書紀』 권17, 繼體紀 7年 6月.
237) 이는 마로산성 기슭에 자리 잡은 용강리 백제고분에서 웅진기 후기의 백제토기가 여러 점 확인되고, 성의 내부에서 가야계 토기가 출토되지 않은 점을 통해 유추된다(이동희, 2006, 앞의 글, 221쪽).

마로산성 전경 | 광양시에서 동쪽으로 3km 정도 떨어진 해발 200m 마로산의 정상부에 위치한다. 테뫼식 석성으로 자연지형을 잘 이용한 협축식 산성 구조를 갖고 있으며 전체 길이는 550m 정도이다. 백제 때 초축되어 통일신라시대까지 이용되었으며, 임란 때에는 관군과 의병이 주둔하면서 왜군과 격전을 벌이기도 하였다.

전남 동부지역에는 마로산성 외에도 상당수의 백제산성이 남아 있는데, 대부분은 사비시대에 축조된 것으로 보고 있다.[238] 이미 조사가 이루어진 순천 검단산성이나 여수 고락산성에서 대부분 백제 사비기의 토기가 출토되었다.[239] 이들 산성은 백제가 사비로 천도한 이후 방군성제를 실시하면서 지방통치를 강화하는 과정에서 축조되었다.

이에 맞서 대가야는 거창에 축성하여 소백산맥을 넘어 백제로 통하는 六十嶺路를 막았고, 하동에 축성하여 지리산 남록을 건너 백제로 통하는 남해안로를 차단하였다.[240] 무령왕은 대가야의 적극적인 대항

238) 이동희, 2006, 앞의 글, 222쪽.
239) 최인선 · 조근우 · 이순엽, 2003, 『여수 고락산성 Ⅰ』, 순천대 박물관 ; 최인선 외, 2004, 『순천 검단산성 Ⅰ』, 순천대 박물관.
240) 金泰植, 1993, 앞의 책, 128쪽.

마로산성 출토 석환 | 석환은 근접전에서 사용된 무기로 성벽을 향해 다가오는 적을 향해 투석하여 인명을 살상하는 데 사용되었다.

에도 불구하고 522년 무렵에는 섬진강을 건너 帶沙를 장악하는 데 성공하였다.

백제가 帶沙를 장악한 것은 사료 상으로 볼 때 繼體 7년(513)에 이루어졌다. 그러나 백제가 실질적으로 帶沙를 확보한 것은 왜가 대사를 주었다는 기록보다 6년 뒤인 522년 무렵으로 보고 있다. 이는 522년에 가라국이 청혼하자 신라왕이 伊湌 比助夫의 누이를 보냈다는 사료,[241] 가라가 대사를 상실한 이후 신라와 우호관계를 맺었다는 繼體 23년(530) 조의 내용을 통하여 추정된다.[242]

무령왕은 대사지역을 장악하여 남부 가야지역으로 진출할 수 있는

---

241) 『三國史記』 권4, 新羅本紀4, 法興王 9年.

242) 『日本書紀』 권17, 繼體紀 23年 春3月.

거점을 확보하게 되었다. 帶沙津의 장악은 남해안을 통한 對일본 교통로의 장악을 의미하고, 진주와 함안으로 진출할 수 있는 교두보의 확보라는 점에서 큰 의의가 있다.[243]

무령왕은 남정북벌을 통하여 영역을 확장하면서 梁에 사신을 보내 외교를 강화한 결과 521년에는 寧東大將軍의 官爵을 받게 되는 등 고구려와 대등한 지위를 인정받았다.[244] 이는 무령왕이 북으로는 임진강을 건너 예성강유역까지 진출하였고, 남으로는 섬진강유역을 확보하여 백제 전성기 때의 거의 모든 영역을 회복하였기 때문에 가능하였다.

무령왕은 신라와 梁의 통교에도 적극적으로 개입하였다. 『梁書』百濟傳에는 募秦이라는 신라왕(법흥왕)이 처음으로 사신을 파견하였는데, 백제를 따라와 방물을 바쳤다는 기록이 남아 있다.[245] 백제는 고구려의 외교공작에 의한 신라의 對北朝 외교노선 정책을 견제하고 신라를 자기의 우방으로 끌어들이기 위하여 梁과의 통교를 주선하였다.[246]

무령왕은 523년에는 漢城으로 행차하여 좌평 因友와 달솔 沙烏 등에게 한강 북쪽 州郡의 백성으로 나이 15세 이상을 징발하여 雙峴城(황해도 장단)을 축조하도록 명령하고 돌아왔다.[247] 무령왕은 장단에 쌍현성을 축조하여 고구려의 공격을 견제하면서 북진을 위한 교두보로 활용하였다.

---

243) 延敏洙, 1998, 앞의 책, 184쪽.

244) 『梁書』 권54, 列傳48, 諸夷 東夷, 百濟.

245) 『梁書』 권54, 列傳48, 諸夷 東夷, 百濟.

246) 鄭孝雲, 1995, 『古代韓日政治交涉史硏究』, 학연문화사, 32쪽.

247) 『三國史記』 권26, 百濟本紀4, 武寧王 23年.

제6장 사비천도와 삼국항쟁의 점화

제1절 한강유역을 둘러싼 삼국항쟁

1. 濟·麗의 대립과 오곡 전투

무령왕이 523년에 薨逝하자 맏아들 성왕이 즉위하였다. 성왕은 『梁書』 백제전에는 이름을 明이라 하였고,[1] 『日本書紀』에는 明[2] 또는 聖明[3]으로 표기되었다. 성왕의 인물됨에 대하여 『三國史記』에는 "지혜와 식견이 빼어나고 결단력 있게 일을 처리하였다"[4]라고 하였고, 『日本書紀』에는 "하늘의 道와 땅의 이치에 통달하였으며, 명성은 사방팔방에 퍼졌다"[5]라고 하여 매우 비범한 사람이었음을 알 수 있다. 그는 32년 동안의 오랜 재위기간에 해외교류, 불교진흥, 사비 천도, 관제정비, 영토확장, 외교, 국방 등의 여러 분야에서 빛나는 치적을 이루었다.

성왕은 왕위에 오른 523년에 고구려군이 패수에 이르자, 左將 志忠에게 步騎 1만 명을 주어서 물리쳤다.[6] 패수는 평산군 저탄을 가리키

1) 『梁書』 권54, 列傳48, 諸夷 東夷, 百濟.
2) 『日本書紀』 권17, 繼體紀 18年.
3) 『日本書紀』 권18, 欽明紀 13年 10月.
4) 『三國史記』 권26, 百濟本紀4, 聖王 前文.
5) 『日本書紀』 권17, 欽明紀 16年 春 2月.
6) 『三國史記』 권26, 百濟本紀4, 聖王 前文.

330

며 백제와 고구려 양국이 여러 번 결전을 벌인 곳이었다. 백제와 고구려가 패수에서 전투를 벌인 것은 양국이 예성강을 경계로 국경을 마주하였음을 의미한다. 고구려는 백제가 무령왕 때에 회복한 한강 이북지역을 탈환하려고 성왕이 즉위한 해부터 공격을 감행하였다.

성왕은 고구려의 침입에 강력하게 맞서면서 중국 남조와 신라·왜·가야 등과의 우호적인 관계를 유지하기 위하여 노력하였다. 성왕은 524년에는 梁나라의 高祖로부터 持節都督百濟諸軍事寧東大將軍百濟王에 책봉되었으며,[7] 다음 해에는 신라와 사신을 서로 교환하였다.[8] 또한 성왕은 526년에는 웅진성을 수리하고 사정책을 세워 수도 방위시설을 점검하였다.[9]

그러나 성왕은 즉위한 지 7년째 되는 529년 무렵에 고구려의 공격을 받아 한강 이북지역을 상실하고 말았다.[10] 고구려의 안장왕은 직접 군사를 거느리고 쳐들어 와서 강화도에 위치한 穴城[11]을 함락하였다. 안장왕은 백제가 청목령과 그 부근의 要路에 방어 거점을 마련하고 고구려의 침입에 대비하고 있었기 때문에 정면으로 돌파하기가 어려웠다. 안장왕은 수군을 보내 강화도의 혈성을 기습하여 함락한 후 육지로 상륙하여 백제의 배후를 공격하였다.

이에 맞서 성왕도 燕謨에게 군사 3만 명을 주어 예성강을 건너 五谷(황해도 서흥[12])의 벌판에서 싸웠으나 패전하고 백제군 2천여 명이 전

---

7) 『梁書』 권54, 列傳48, 諸夷 東夷, 百濟.
8) 『三國史記』 권26, 百濟本紀4, 聖王 3年.
9) 『三國史記』 권26, 百濟本紀4, 聖王 4年.
10) 김영관, 2000, 앞의 글, 81쪽.
11) 강화도는 『三國史記』 권35, 雜志4, 地理2 漢州 條에 의하면 고구려 때는 穴口郡이었는데, 신라의 경덕왕이 海口郡으로 개명하고, 고려 때에 이르러 江華縣이 되었다. 또한 그 최초 지명이 '穴口' 또는 '甲比古次'로 모두 우리말의 '갑곶'을 표기한 것이다.

사하였다.[13] 백제군이 서홍을 공격한 방향은 두 가지 노선을 상정해 볼 수 있다. 먼저 백제군은 개성에서 청목령을 넘어 금천과 평산을 거쳐 멸악산맥을 통과하여 서홍으로 진격하였을 가능성이 있다. 또한 백제군은 임진강을 건너 연천, 안협, 이천, 신계를 거쳐 서홍으로 진군했을 수도 있다.

그러나 백제군이 금천에서 浿河(또는 猪灘)를 도강한 후 평산을 거쳐 서홍으로 진군하는 노선을 이용하는 데는 어려움이 따랐다. 왜냐하면 고구려는 연안과 배천, 평산 등의 예성강 북안지역에 방어망을 공고히 한 후 남진정책을 펼쳤기 때문이다.

백제군은 朔寧(연천군 중면 삭녕리)이나 安夾(강원도 이천군)을 경유하여 兎山縣(금천)을 거쳐 신계 방향으로 올라갔을 가능성이 높다.[14] 백제군은 신계에서 멸악산맥을 넘어 서홍으로 진격하였으나 오곡에서 패배를 당하여 2천 명이 전사한 끝에 철군하고 말았다. 백제는 혈성과 오곡에서 패배한 후 한강 이북지역을 고구려에게 다시 내주고 말았다. 고구려가 한강 이북지역을 차지한 것은 『三國史記』地理志에

  A. 北韓山郡(또는 평양이라고 하였다). 骨衣內縣, 王逢縣(또는 皆伯이라고도 하였다. 漢氏 미녀가 안장왕을 만난 곳이므로 王逢이라고

---

12) 『三國史記』 권35, 雜志4, 地理2에 의하면 五關郡은 "본래 고구려 五谷郡이 었는데, 경덕왕이 이름을 고쳤다"고 하였으며, 『新增東國輿地勝覽』 권41, 서홍도호부 건치연혁 조에 의하면 "本高句麗五谷郡"이라고 하여, 백제와 고구려 양군이 격전을 벌인 오곡이 황해도 서홍군 지역에 해당됨을 알 수 있다.

13) 『三國史記』 권26, 百濟本紀4, 聖王 4年.

14) 兎山에서 동쪽으로 경기도 삭녕군 경계까지의 거리는 16리, 북으로 강원도 안협현까지의 거리는 19리에 불과하였다. 또한 토산현이 고려 현종 때에는 경기도 장단현에 속하였던 것으로 볼 때 토산과 삭녕 등과는 마식령산맥을 따라 道界를 접하고 있지만 일찍부터 밀접한 관계가 있었음을 알 수 있다. 그리고 토산에서 신계까지는 69리의 거리였다(『新增東國輿地勝覽』 권42, 黃海道 兎山縣).

이름하였다). 買省郡(또는 馬忽이라고도 하였다). 七重縣(또는 難隱別이라고도 하였다). 波害平史縣(또는 額蓬이라고도 하였다). 泉井口縣(또는 於乙買串라고 하였다). 逑尒忽縣(또는 首泥忽이라고도 하였다). 達乙省縣(漢氏 미녀가 높은 산마루에서 봉화를 피워 안장왕을 맞이한 곳이므로, 후에 高烽이라고 이름하였다).[15]

라고 하였듯이, 설화로 전해 내려오고 있다. 이 설화에 의하면 고구려의 안장왕(재위 520~531)은 즉위하기 전에 王逢縣(고양시 행주 내·외동)에서 漢氏 처녀와 정분을 통하였는데, 왕위에 오른 후 그 처녀가 고봉산(해발 208.3m)에 올린 봉화를 보고 진격하여 백제군을 격파하였음을 알 수 있다.

고봉산에는 테뫼식으로 축조된 古城이 일부 남아 있으며, 백제시대의 연질토기편과 고구려식의 붉은색 와편이 수습되었다. 고봉산은 일산의 넓은 벌판 가운데에 우뚝 솟아 있어서 한강 쪽으로는 성저토성, 통일로 쪽은 명봉산성과 함께 이 부근을 제압하는 중요한 요충지 구실을 하였다.[16]

고구려는 백제의 達乙省縣인 이곳을 한씨 처녀가 높은 산마루에서 봉화를 피워 안장왕을 맞이하였다는 뜻의 高烽으로 고쳤다. 또한 계백현이었던 幸州를 한씨 처녀가 안장왕과 상봉하였다는 의미의 王逢으로 바꾸었다. 이는 고구려가 이곳 토착세력의 도움을 받아 백제군을 축출하였음을 의미한다.

안장왕과 한씨처녀의 혼담설화는 고구려가 한강 이북지역에 위치한 고양·파주·김포·강화 등을 점령하는 과정에서 토착세력의 도움을 받은 사실을 반영한다. 또한 안장왕도 왕위에 오르기 전에 백제의 실

15) 『三國史記』권37, 雜志6, 地理4 漢山州.
16) 吳舜濟, 1995, 앞의 책, 157쪽.

정을 파악하기 위하여 고양지역에 잠입한 것으로 추정된다. 이는 신라
가 한강유역을 점령하는 과정에서 가장 큰 공을 세운 거칠부가

> B. 거칠부(혹은 荒宗이라고도 하였다)는 성이 김씨이며 나물왕의 5대
> 손이다. (그의) 할아버지는 角干 仍宿이고 아버지는 이찬 勿力이었
> 다. 거칠부는 젊었을 때에 사소한 일에 거리끼지 않았고 원대한 뜻
> 을 품어 머리를 깎고 승려가 되어 사방으로 돌아다니며 구경하였
> 다. 문득 고구려를 정찰하려고 그 땅에 들어갔다가 법사 惠亮이 절
> 을 개창하여 불경을 설법한다는 말을 듣고, 드디어 그 곳에 나아가
> 講經을 들었다. 어느 날 혜량이 묻기를 "沙彌는 어디서 왔는가?"
> 하므로 "저는 신라 사람입니다"라고 대답하였다. 그 날 저녁에 법사
> 가 그를 불러 만나니 손을 잡으며 은밀히 말하였다. "내가 많은 사
> 람을 보았는데 자네 용모를 보니 분명 보통 사람이 아니다. 아마 다
> 른 마음을 가졌지?" 이에 답하였다. "저는 변방에서 태어나 아직껏
> 불도의 원리를 듣지 못하였습니다. 법사님의 덕망과 명성을 듣고
> 가르침을 받고자 왔으니, 법사님께서는 거절하지 마시고 끝까지 어
> 리석음을 깨우쳐 주소서." 법사가 말하였다. "노승은 불민한 데도
> 능히 그대를 알아볼 수 있는데, 이 나라는 비록 작지만 사람을 알아
> 보는 자가 없다고 할 수 없다. 그대가 잡힐까 염려하여 은밀히 충고
> 하여 주는 것이니 빨리 돌아감이 좋을 듯하다!" 거칠부가 돌아가려
> 할 때 법사가 또 말하기를 "그대의 상을 보니 제비 턱에 매의 눈이
> 라, 장래 반드시 장수가 될 것이다. 만일 군사를 거느리고 오거든
> 나를 해치지 말라." 하였다. 거칠부가 말하기를 "만일 법사님의 말
> 씀과 같이 법사님과 즐거움을 같이하지 않는다면 저 밝은 해를 두
> 고 맹세하겠습니다." 하고 드디어 환국하여 관직에 나갔는데 직위
> 가 대아찬에 이르렀다.[17)

라고 하였듯이, 승려로 가장하여 고구려로 건너가 실정을 살펴본 것과
비교된다. 안장왕은 치밀한 준비 끝에 무령왕에게 빼앗긴 한강 이북지

---

17) 『三國史記』 권44, 列傳4, 居柒夫.

고성 송학동고분에서 출토된 가야토기 | 송학동고분군은 소가야 혹은 古自國의 수장층의 무덤으로 보고 있다. 이곳에서 출토된 그릇 받침대, 목 긴 항아리, 뚜껑접시 등의 일부 유물은 신라를 비롯하여 백제, 대가야, 일본 등과의 교류 흔적을 보여주고 있다.

역을 다시 회복하였다.

성왕은 3만 대군을 동원한 오곡전투에서 참담한 패전을 당하고 퇴각하였다. 백제는 한강 이남지역마저 상실하고 아산만유역으로 밀려났다. 성왕은 동성왕과 무령왕이 고구려와 치열한 격전을 벌여 차지한 한강유역을 송두리째 상실하고 말았다. 성왕은 고구려의 공세에 밀려 수세에 처하자, 남방의 가야지역으로 진출하여 위기를 벗어나려고 하였다.

백제가 섬진강을 건너 그 동쪽에 위치한 하동지역을 장악한 것은 529년(聖王 7) 무렵이었다. 대가야는 백제와 왜가 하동을 교역장소로 이용하려는 것을 군사를 동원하여 차단하였다.[18] 성왕은 섬진강 하류

---

18) 金泰植, 1997, 「가야연맹의 발전」, 『한국사』 7, 국사편찬위원회, 341쪽.

지역을 차지하면서, 대가야의 대왜교섭 창구를 봉쇄하였다. 성왕은 530년에 함안의 안라가야에 郡令과 城主를 파견하여 가야지역 지배의 거점을 확보하였다.[19]

창녕 진흥왕순수비 | 최대 높이 1.78m, 최대 폭 1.75m, 두께 약 0.3m 정도의 화강석제를 이용하여 건립되었다. 삼국시대에 건립된 다른 비석과 같이 臺石이나 蓋石을 사용하지 않고 자연 암석을 이용하였다.

성왕이 안라가야에 郡令과 城主를 파견한 것은 하동 외에도 함양·산천·진주·고성 등의 경남 서부지역을 거의 대부분 장악하였음을 의미한다. 성왕은 함안의 안라가야와 고성의 소가야 등을 장악하면서 고령의 대가야를 압박하였다. 대가야는 백제의 진출에 맞서 신라와 연합을 시도하였다.

신라의 법흥왕은 522년에 백제의 적극적인 진출에 반발한 대가야가 사신을 보내 결혼을 요청하자, 이 제의를 받아들여 이찬 比助夫의 누이동생을 보내 동맹을 맺었다.[20] 법흥왕은 적극적인 남진정책을 추진하여 524년에는 남쪽의 국경지방을 巡狩하고 영토를 개척하였다.[21]

법흥왕은 다음 해에 사벌주(창녕)에 군주를 두었고, 529년부터는 밀양지방에서 낙동강을 넘어 그 하류지역의 가야제국에 대한 공세를 계속하여 南加羅·己呑·卓淳을 복속하였다.[22] 백제와 신라는 각각 함

---

19) 金泰植, 1993, 앞의 책, 205쪽.

20) 『三國史記』권4, 新羅本紀4. 法興王 9年.

21) 『三國史記』권4, 新羅本紀4. 法興王 11年.

22) 朱甫暾, 1982, 「가야멸망문제에 대한 일고찰」, 『경북사학』4.

고령 지산동고분군 | 고령읍 지산동의 주산 남쪽 기슭에 위치하는 대가야 지배층의 무덤으로 200기 이상의 원형봉토분이 조성되었다. 사적 제79호로 지정되었으며 대형분(직경 20m 이상)과 중형분(직경 10m 내외) 및 소형분(봉토미확인)으로 구분된다.

안의 안라가야와 고령의 대가야를 앞세워 낙동강 서쪽의 옛 가야지역의 영유권을 확보하기 위하여 치열한 대립을 펼쳤다. 백제는 함안을 중심으로 함양·산청·진주·하동·고성을 영향력 하에 두었으며, 신라는 거창·합천·의령·마산·창원·김해지역을 차지하였다.

대가야는 인근의 가야 소국들이 신라에 복속되는 것에 위협을 느끼게 되었다. 그 와중에 법흥왕이 522년에 왕녀를 보내 혼인시킬 때 딸려 보낸 從子들이 착용한 화려한 衣冠을 둘러싸고 대가야와 신라 사이에 마찰이 생겨 결혼은 파탄을 맞았다.[23] 『日本書紀』 계체기 23년(529) 3월 조에 의하면 가라왕 阿利斯等과 신라왕가의 혼인이 파기되었고,[24] 4월 조에는 任那王 已能末多干岐 자신이 직접 왜국으로 가서

---

23) 『三國史記』 권4, 新羅本紀4, 法興王 9年.

출병을 요청한 것[25])으로 되어 있다.

왜국은 530년에 출병 준비를 하였는데 법흥왕의 요청을 받은 '筑紫君 磐井'에 의해 저지되었다.[26]) 신라의 가야에 대한 압박은 긴박해져 갔으며, 백제는 안라의 요청을 받아들여 530~531년에 久禮牟羅城(함안군 칠원면)[27])을 축조하여 주둔하였다.[28]) 백제는 구례산 방면에 진출하여 구례모라성을 쌓고 일시 점령하였으나 신라의 공격을 받아 상실하였다.

신라는 532년에 구례산에 주둔하고 있던 백제병을 몰아내고 돌아오는 길에 騰利枳牟羅, 布那牟羅, 牟雌枳牟羅, 阿夫羅, 久知波多枳 등 5성을 공격하여 함락하였다.[29]) 신라가 차지한 5성은 함안군 칠원면 구성리산성과 그 동쪽 산지 일대로 보고 있다.[30]) 신라가 구례산 지역을 차지하자 백제군은 대가야 진출의 중요한 군사적 거점을 상실하여 안라의 배후지역에 있던 걸탁성까지 후퇴하였다.

가야 남부지역은 530년대에 이르러 신라와 백제의 군사적 진출로 말미암아 분할 통치되는 양분화 현상이 일어났다.[31]) 가야연맹의 동남부지역은 신라에 병합되고, 서남부지역은 백제의 영향권 하에 들어가게 되었다.

성왕은 북방에서는 고구려에 밀려 고전을 면치 못하고, 가야지역 진

---

24) 『日本書紀』 권17, 繼體紀 23年 3月.

25) 『日本書紀』 권17, 繼體紀 23年 4月.

26) 關晃, 1996, 「歸化人」, 『關晃著作集』 3, 吉川弘文館.

27) 김태식, 2002, 『미완의 문명 7백년 가야사』 1권, 푸른역사, 211쪽.

28) 大山誠一, 1980, 「所謂 '任那日本府'の成立について(下)」, 『古代文化』 32-11, 39쪽.

29) 『日本書紀』 권17, 繼體紀 24年 秋9月.

30) 김태식, 2002, 위의 책, 211쪽.

31) 延敏洙, 1998, 앞의 책, 204~206쪽.

338

출도 신라의 반대로 큰 어려움을 겪게 되자 근본적인 대책 마련에 나서게 되었다.

2. 사비 천도와 북벌의 단행

성왕은 529년 오곡전투를 계기로 한강유역을 다시 상실하고, 아산만 유역으로 밀려나게 되었다. 성왕은 고구려의 남하와 신라의 가야지역 진출로 조성된 난관을 돌파하고자 538년(同王 16) 좁은 웅진을 벗어나 사비로 천도하였다.32) 웅진은 차령산맥과 금강으로 둘러싸인 천험의 요충지였지만, 도성의 기능을 수행하는 데에 많은 약점을 갖고 있었다. 웅진은 지세가 협소하였고 지대가 낮아 금강의 강물에 자주 침수가 되어 항구적인 도읍지로는 부적합하였다.33)

성왕은 538년에 사비로 국도를 옮겼지만 그 이전부터 천도를 위한 준비가 이루어졌다. 동성왕 8년에 축조한 牛頭城을 현재의 부소산성으로 이해하고 사비 경영이 시작된 시점으로 보기도 한다.34) 또한 동성왕 23년에 추진된 加林城 축조를 사비 천도를 위한 준비 조치로 생각하는 견해도 있다.35)

그런데 1991년에 실시된 부소산성의 동문지 발굴조사에서 "大通"이라는 문자가 새겨진 기와조각 1개가 발견되었다. 이 기와는 527년에 창건된 공주의 大通寺址에서 출토된 유물과 동일한 文字瓦이다.36) 이

32) 성왕의 사비 천도를 종래의 인식과는 달리 529년 한강유역 상실에 따른 대응 조치 일환으로 파악하는 견해도 있다(『조선전사』 3, 1991, 158쪽).
33) 兪元載, 1988, 「사비도성의 방어체제에 대하여」, 『공주교대논총』 24.
34) 沈正輔, 2000, 「백제 사비도성의 축조시기에 대하여」, 『사비도성과 백제의 성곽』, 서경문화사, 70쪽.
35) 尹武炳, 1994, 「백제왕도 사비성연구」, 『학술원논문집』 33, 인문사회과학편, 91쪽.
36) 박용진, 1983, 『백제와전도록』, 백제문화개발연구원, 411쪽.

부여 부소산성 | 부여읍 쌍북리 부소산의 산정을 중심으로 테뫼식 산성을 먼저 축조하고, 다시 그 주위를 포곡식으로 감싸 약 1.5km에 이른다. 현재 반월루가 있는 곳에서 산정을 두른 약 600m의 테뫼식 산성 안에는 영일루와 군창지를 비롯한 건물터 등이 남아 있다. 이 곳에서는 탄화미가 많이 출토되었으며 토축 성벽도 완연히 남아 있다.

것이 부소산성에서 출토된 것은 웅진에서 기와를 비롯하여 많은 건축 자재를 가지고 왔기 때문이다.[37)

　따라서 부소산성의 축조 시기는 527년을 소급할 수 없으며, 동성왕 때부터 축성이 시작된 것으로 보는 주장은 문제가 있다. 동성왕이 사 비지방에 田獵 등을 위하여 자주 행차하고, 加林城을 축조한 것은 신 도읍지 조성을 위한 사전작업이었다.[38)

　성왕의 사비 천도는 고구려의 남침이라고 하는 외부세력에 의하여 강요된 웅진천도 때와는 달리 의도적인 계획 하에 이루어졌다. 사비도 성은 대규모의 저습지 개발을 통해 계획적인 신도시 건설과정을 거쳐

---

37) 윤무병, 1994, 위의 글, 108~111쪽.
38) 徐程錫, 2002, 앞의 책, 22쪽.

340

만들어졌다.39) 사비도성은 바둑판의 눈금처럼 정연한 크기의 도로구
획을 만들고, 그에 조응하여 건설되었다.40)

또한 왕도를 상부·전부·중부·하부·후부의 5部로 구획하고, 5部
밑에 5巷을 둔 5부 5항제로 정비하였다. 왕성의 위치에 대해서는 부여
읍내의 최북단에 해당되는 부소산성 南麓의 관북리 일대를 유력한 후
보지로 보고 있다.41) 이 부근에서는 백제시대 연못 터의 일부가 확인
되었으며,42) 여기서 시작된 도로가 부여읍내를 남북으로 관통하여 定
林寺址 옆을 지나 宮南池까지 이어지고 있기 때문에 가능성이 없지
않다.

그러나 이곳은 왕궁을 에워싸고 있어야 할 성벽이 없고, 발굴조사가
이루어졌으나 왕궁지로 볼 만한 적극적인 자료가 발견되지 않아 가능
성이 없다고 한다. 이 때문에 부소산성 내에 왕성이 위치한 것으로 생
각하는 견해도 있다. 이에 따르면 백제 왕성과 관련하여『翰苑』에 인
용된 '括地志'의

　A. 백제 왕성은 사방 一里半인데, 北面에 돌을 쌓아 만들었다. 성 아래
　　는 萬餘家가 可하니, 五部가 居하는 곳이다.43)

라는 기록과 부소산성의 크기와 위치, 축성법 등이 부합된다고 한다.44)
따라서 관북리유적이 왕궁지의 일부일 가능성이 있지만 왕궁의 핵심

　39) 朴淳發, 2002,「泗沘都城」,『東アジア都市形態と文明史』, 國際日本文化セ
　　　ンタ 第21回國際研究集會 發表要旨文, 136쪽.
　40) 윤선태,「웅진·사비기 백제의 尺度制」,『고대 동아세아와 백제』, 충남대백
　　　제연구소, 491쪽.
　41) 충남대백제연구소, 1978,『부여지구 유적조사 및 정비계획안』, 25쪽.
　42) 尹武炳, 1986,『부여 관북리백제유적 발굴보고』(Ⅰ).
　43)『翰苑』권30, 蕃夷部, 百濟.
　44) 徐程錫, 2002, 앞의 책, 120~123쪽.

은 부소산성 내에 위치한 것으로 추정된다.

성왕은 사비로 천도한 후 제반 분야에 걸친 일대 혁신을 단행하여 백제 중흥의 토대를 마련하였다. 성왕은 국호를 '南扶餘'로 개칭하였으며,[45] 梁과 교류하면서 毛詩博士와 涅槃 등의 經義 및 工匠과 畵師 등을 초빙하여[46] 백제문화의 수준을 향상시켰다. 또한 謙益과 같은 계율종의 승려를 등용하여 불교의 진흥을 꾀하고 국가운영의 정신적 토대를 마련하였다.

이와 더불어 웅진시대 이래 행해졌던 중앙과 지방의 관제를 정비하여 국왕 중심의 지배구조를 확립하였다. 중앙관제는 1품 佐平에서 16품 克虞에 이르는 16관등제와 前內部 등 내관 12부・司軍部 등 외관 10부로 된 22부제로 정비하였다.[47] 성왕이 추진한 관제정비야말로 왕권 강화의 핵심적인 작업이었다.[48]

또한 종래의 담로제를 개편하여 전국을 동방・서방・남방・북방・중방의 5方으로 나누고, 그 밑에 7~10개의 군을 두는 방군성제를 실시하였다.[49] 중앙과 지방의 통치조직을 정비하여 정국운영에 대한 귀족회의체의 발언권을 약화시키고 국왕 중심의 정치체제를 확립하였다.

성왕은 남조, 왜국, 신라 및 가야를 연결하여 고구려에 맞서고자 대

---

45) 『三國史記』 권26, 百濟本紀4, 聖王 16年.

46) 『三國史記』 권26, 百濟本紀4, 聖王 19年.

47) 백제의 22부 성립 시기에 대해서는 『周書』에 근거하여 北周의 영향을 받아서 성립한 것으로 보는 견해가 있다(鬼頭淸明, 1978, 「日本の律令官制の成立と百濟の官制」, 『日本古代の社會と經濟』上, 彌永貞三先生還曆記念會, 198~199쪽). 또한 동성왕 말기(李鍾旭, 1978, 앞의 글, 47쪽), 무령왕 21년(金周成, 1990, 「사비시대정치사연구」, 전남대 대학원 박사학위논문, 62쪽), 성왕대(梁起錫, 1991, 앞의 글, 89~92쪽) 등이 있다.

48) 盧重國, 1981, 「사비시대 백제지배체제의 변천」, 『韓沽劤紀念私學論叢』, 56~57쪽.

49) 盧重國, 1988, 앞의 책, 247~250쪽.

342

외관계에도 힘을 기울였다. 성왕은 541년과 549년에 각각 梁에 사신을 파견하여 우호관계를 유지하였다.50) 성왕은 왜국에 의박사·역박사 등의 전문가와 기술자를 교대로 파견하여 선진 문물을 전해주었다. 특히 532년에는 서부의 달솔 노리사치계 등이 석가불금동상 1軀와 幡蓋 약간, 經論을 가지고 왜국에 건너가서 불교를 전파해 주었다.51)

성왕은 국정쇄신을 단행한 후 영토확장에 적극적으로 나서게 되었다. 성왕은 사비 천도 2년 뒤인 540년(同王 18)에 장군 燕會에게 명하여 고구려의 우산성을 공격하였으나 이기지 못하였다.52) 고구려는 백제의 공격에 맞서 548년에 濊(영서말갈)의 군대 6천 명을 보내 漢北의 獨山城을 공격하였다.53)

독산성의 위치에 대해서는 '漢北'을 한강 이북지역, 우산성의 '우산'을 牛岑縣으로 보아 황해도 금천면 우봉면에 비정하는 견해54)가 있다. 그러나 獨山城은『日本書紀』권19, 흠명기 9년 4월 조에 보이는 馬津城과 동일한 지역으로 보고 있다. 백제 멸망 후 당이 설치한 州縣의 명칭에 "馬津縣本孤山"이라 한 것으로 보면 '馬津'은 '孤山', 즉 '獨山'과 같은 명칭으로 현재 충남 예산에 비정된다.55)

독산성 전투는 백제가 오곡전투를 계기로 한강 이북지역에서 밀려나 예산 일대에서 고구려와 접경한 것을 의미한다. 성왕은 독산성이 공격을 받자 사신을 신라에 보내 구원을 요청하였다. 신라의 진흥왕은 장군 朱珍에게 군사 3천 명을 주어 보냈는데, 신라군이 독산성 아래에

---

50)『三國史記』권26, 百濟本紀4, 聖王 19年·27年.
51)『日本書紀』권19, 欽明紀 13년, 겨울 10월.
52)『三國史記』권26, 百濟本紀4, 聖王 18年.
53)『三國史記』권19, 百濟本紀7, 陽原王 4年.
54) 김병남, 2003, 앞의 글, 68쪽.
55) 梁起錫, 2005, 앞의 글.

서 한 번 싸워 크게 濊軍을 격파하였다.[56)]

고구려는 내란이 발생하고 북방전선에 새로운 강적 돌궐이 나타나 위협을 가하고 있었다. 안원왕은 고구려군을 보내지 않고 濊兵을 동원하여 백제를 공격하였다. 고구려는 안원왕(531~545) 말년에 내란이 발생하여

> B. 고려가 크게 어지러워 무릇 싸우다가 죽은 자가 2,000여 명이었다 (『百濟本紀』에는 "고려가 정월 병오에 中夫人의 아들을 왕으로 세웠는데 나이 8살이었다. 고구려왕에게는 세 夫人이 있었는데 正夫人은 아들이 없었다. 中夫人이 세자를 낳았는데 그의 외할아버지가 麤群이었다. 小夫人도 아들을 낳았는데 그의 외할아버지는 細群이었다. 고구려왕의 질병이 심해지자 세군과 추군이 각각 중부인과 소부인의 아들을 즉위시키고자 하였다. 그러므로 세군 편의 죽은 자가 2,000여 명이었다"라고 하였다.[57)]

라고 하였듯이, 2천여 명이 죽고 지배층이 분열되는 참상이 벌어졌다. 고구려는 왕위계승분쟁을 둘러싸고 내란상태[58)]에 있었을 뿐만 아니라 北齊의 위협과 돌궐의 팽창에 대처하기 위하여 서북방에 전력을 집중하였다.

돌궐은 550년에 이르러 유연을 격파하고 몽고고원의 새로운 강자로 등장하였다. 돌궐은 흥안령산맥을 넘어 거란족과 말갈족에 대한 영향력을 확대하면서 고구려의 국경을 침범하기에 이르렀다. 고구려는 거란족과 말갈족에 대한 지배를 강화하며 돌궐의 진출을 적극적으로 저

---

56) 『三國史記』 권26, 百濟本紀4, 聖王 26年.

57) 『日本書紀』 권19, 欽明紀 7年.

58) 안원왕 말년의 추군과 세군의 정쟁을 중앙정권과 환도세력의 대결로 보는 견해도 있다(林起煥, 1992, 「6,7세기 고구려 정치세력의 동향」, 『한국고대사연구』 5).

지하였다.[59] 한편 552년에는 北齊의 文宣帝가 친히 遼西에 행차하여 고구려를 위협한 후 北魏 말에 도망해 온 유민 5천여 호를 刷還해 갔다.[60]

성왕은 고구려가 내우외환의 후유증에서 벗어나지 못하고 戰力이 남북으로 분산되자 적극적인 공세를 취할 수 있게 되었다. 성왕은 550년 1월에 장군 達己를 보내 군사 1만 명을 거느리고 고구려의 道薩城(충북 괴산의 이성산성 또는 진천 두타산성[61])을 빼앗았다.[62] 그러나 3월에 고구려의 반격을 받아 金峴城(충남 연기군 전동면의 금성산성[63])을 상실하는 등 치열한 공방전을 전개하였다.[64]

신라의 진흥왕은 양국이 지친 틈을 타서 이찬 이사부에게 명하여 군사를 내어 두 성을 공격하여 빼앗아 증축하고 군사 1천 명을 머물러 지키게 하였다.[65] 신라가 추풍령을 넘어 충북 남부지역으로 진출한 것은 5세기 후반에 이루어졌다. 신라는 상주-보은-옥천-문의로 연결되는

---

59) 李龍範, 1959, 「고구려의 요서진출기도와 돌궐」, 『사학연구』 4.
盧泰敦, 1984, 「5-6세기 동아시아의 국제질서와 고구려의 대외관계」, 『동방학지』 44, 연세대동방학연구소.

60) 『北齊書』 권4, 文宣帝 天保 3年.

61) 도살성은 고구려 道西縣과 관련지어 인접한 곳에 위치한 괴산의 이성산성과 진천의 두타산성 일대로 추정하고 있다(閔德植, 1983, 앞의 글, 9쪽). 이성산성과 두타산성은 행정구역은 각각 괴산과 진천에 속하지만 불과 3km 정도 떨어진 곳에 위치하고 있다. 이들 산성들은 신라가 추풍령을 넘어 한강 하류지역에 이르는 북진로 상에 위치한다.

62) 『三國史記』 권26, 百濟本紀4, 聖王 26年.

63) 金峴城의 위치에 대해서는 충남 연기군 전의면 金城山의 金伊山城說(이병도, 앞의 책, 57쪽), 鎭川說(민덕식, 1983, 앞의 글, 47쪽) 등이 있다. 또한 최근에 조사된 청원 남성골 고구려유적과 연결하여 연기군 전동면의 金城山城으로 보는 견해가 제시되기도 하였다(양기석, 2005, 앞의 글).

64) 『三國史記』 권4, 新羅本紀4, 眞興王 11年.

65) 『三國史記』 권4, 新羅本紀4, 眞興王 11年.

교통로의 요지에 성곽을 축조하여 충북 남부지역에 군사적 거점을 마련하였다.[66] 신라는 이후 차례로 청원에 낭성산성과 구라산성 등을 축조하면서 청주지역에 이르렀고, 마침내 550년에는 도살성과 금현성을 차지하면서 진천과 연기 일원까지 확보하였다.

성왕은 신라의 배신에 분격하였지만 고구려의 압박이 계속되고 있었기 때문에 濟羅同盟을 유지할 수밖에 없었다. 성왕은 신라의 배신에 당황하여 고구려와의 전쟁에 가야와 왜국의 협조를 받고자 하였다. 가야지역은 540년대 무렵에 약 10개의 소국들이 대가야와 안라가야를 중심으로 분립된 상태로 있었다.

신라와 백제는 가야지역을 선점하려고 경쟁하였으나 고구려의 남하정책에 함께 맞서야 했기 때문에 즉각적인 무력충돌을 벌일 수는 없었다. 성왕은 541년에 대가야·안라 등의 7개 소국 대표들과 갖은 1차 사비회의를 통하여 가야연맹제국에 대한 부용화를 도모하였다.

1차 사비회의는 자신들의 독립과 안전보장을 요구하는 가야연맹과 백제의 이해관계가 달랐기 때문에 실패로 끝나고 말았다. 2차 사비회의는 544년에 개최되었다. 백제는 신라군을 막아내기 위하여 왜군을 요청하여 가야의 경계에 주둔시키고, 자국의 군령과 성주를 가야 보호를 명목으로 파견하려고 하였다.

가야연맹의 執事들은 安羅王·加羅王 및 倭臣館大臣에게 허락을 받아야 한다는 것을 구실로 내세워 자리를 피해 버렸다. 백제는 고구려에 대항하기 위하여 신라와 원만한 관계를 지속적으로 유지해야 하였고, 그러면서도 가야를 자국의 부용세력으로 삼기 위하여 임나부흥회의를 개최하였다.[67]

성왕은 장차 가야의 영역화를 목표로 삼고 있었지만 우선 신라에 대

---

66) 徐榮一, 1999, 앞의 책, 80~82쪽.
67) 白承忠, 1993, 「임나부흥회의 전개와 성격」, 『釜大史學』 17.

346

비한 방파제로 활용하기 위하여 임나부흥을 주장하였다. 백제는 대가
야가 친백제적인 입장을 견지하였기 때문에 부분적인 성공을 거두었
다. 가야제국 가운데 백제에 우호적인 입장을 취한 것은 대가야를 중
심으로 하는 세력이었다. 그 반면에 안라는 백제가 가야 남부지역으로
진출하여 영역화를 위한 발판으로 郡令, 城主를 두자 실제 의도를 간
파하고 반발하였다.68)

성왕은 2차례의 사비회의가 실패로 끝나자 몇 년간에 걸쳐 지속적
으로 가야제국과 왜국에 선진문물을 나누어 주면서 기존의 계책을 관
철시키려고 하였다. 이 과정에서 왜가 백제의 선진문물 전수를 토대로
한 외교방식에 굴복되자, 안라는 고구려와 밀통하여 548년 정월에 고
구려와 백제 사이의 독산성 전투를 유발하였다. 그러나 이 전투에서
고구려가 패배하고 安羅 및 倭新館의 계략이 드러나면서 가야연맹은
백제의 압력을 이기지 못하고 550년을 전후로 하여 부용세력으로 전락
되고 말았다.69)

또한 성왕은 547년 여름 4월에 前部 德率 眞慕宣文과 奈率 奇麻
등을 왜국에 파견하여 파병을 요청하였다.70) 왜국은 백제의 사절 眞慕
宣文이 使行을 마치고 귀국할 때 병력 파견을 약속하였다.71) 그러나
성왕은 中部 扞率 掠葉禮 등을 다시 사신으로 보내 파병을 잠시 중지
하도록 하였다.72) 왜국은 이 요청을 받아들여 군대를 파견하는 대신에
役夫 370명을 보내 백제가 得爾城을 축조하는 것을 돕도록 하였다.73)

68) 朱甫暾, 2002,「웅진도읍기 백제와 신라와의 관계」,『고대 동아세아와 백제』,
충남대 백제연구소, 225~227쪽.
69) 金泰植, 1993, 앞의 책, 316~317쪽.
70)『日本書紀』권19, 欽明紀 8年 夏.
71)『日本書紀』권19, 欽明紀 9年 春 正月.
72)『日本書紀』권19, 欽明紀 9年 夏 四月.
73)『日本書紀』권19, 欽明紀 9年 冬 十月.

가야지역을 둘러싸고 전개된 백제와 신라의 대립은 백제의 잠정적인 승리로 귀착되었다. 양국은 아직 동맹관계를 유지하고 있었기 때문에 전면적인 무력충돌은 일어나지 않고 있었다. 양국은 가야지역을 차지하기 위하여 치열한 대립을 펼치면서도 고구려의 남하를 저지하고 한강유역으로 진출하기 위하여 동맹체제를 유지하였다.

성왕은 고구려에게 상실한 한강유역을 회복하고자 신라와 가야를 끌어들여 연합작전을 준비하였다. 성왕은 가야의 병력은 백제군의 지휘체계 아래로 편입하였고, 신라는 별도로 독자적인 부대를 편성하여 각각 한강 하류지역과 상류지역으로 진격할 것을 합의하였다. 제라연합군은 고구려가 돌궐과 긴장관계가 조성된 틈을 이용하여 어렵지 않게 한강유역을 점령하였다. 나제연합군의 한강유역 공략에 대하여『日本書紀』欽明紀 12년 조에는

> C. 백제 聖明王이 몸소 군사 및 두 나라의 병사를 거느리고(두 나라는 신라, 임나를 말한다) 고려를 정벌하여 한성의 땅을 차지하였다. 또 진군하여 평양을 토벌하였는데, 무릇 옛 땅 6군을 회복하였다.[74]

라고 하였듯이, 성왕이 직접 신라와 가야의 병력을 이끌고 고구려를 정벌하여 한강 하류지역을 차지한 것으로 되어 있다. 또한 한성을 차지한 제라동맹군은 한강을 건너 남평양을 장악하고 6군을 회복하였다. 그러나『三國史記』居柒夫 列傳에는

> D. 진흥대왕 6년 을축에는 왕명을 받아 여러 文士들을 모아 國史를 편찬하였고 파진찬으로 승진하였다. 12년 신미에 왕이 거칠부와 대각찬 仇珍, 각찬 比台, 잡찬 耽知, 잡찬 非西, 파진찬 奴夫, 파진찬 西

---

74)『日本書紀』권19, 欽明紀 12年, 春三月.

348

力夫, 대아찬 比次夫, 아찬 未珍夫 등 여덟 장군에게 명하여 백제
와 더불어 고구려를 침공하게 하였다. 백제 사람들이 먼저 평양을
격파하고 거칠부 등은 승리의 기세를 타서 죽령 바깥, 高峴 이내의
10군을 취하였다.[75]

라고 하였듯이, 백제 사람들이 먼저 평양을 격파하였음을 보여준다. 신
라는 그 다음에 거칠부 등이 승세를 타고 죽령 바깥, 高峴 이내의 10
군을 차지하였다.[76] 성왕은 한성을 먼저 점령하고 한강을 건너 남평양
(북한산군)을 차지하여 6군을 회복하였다.

한편 백제가 차지한 영역은 한강 이남에 위치한 漢城之地와 그 이
북에 속하는 平壤凡六郡之地로 구분된다.[77] 漢城之地는『三國史記』
地理志 고구려조에 보이는 獐口郡(안산), 長堤郡(인천 계양구), 栗津
郡(과천), 泝川郡(여주), 介山郡(안성, 용인), 水城郡(수원), 唐恩郡(화

---

75)『三國史記』권44, 列傳4, 居柒夫.

76) 신라가 차지한 한강 상류지역의 10군은 남한강유역과 북한강유역에 위치한
말갈지역으로 추정된다. 신라가 죽령을 넘어 高峴(철령)에 이르는 길은 소위
'죽령로'로 불리는데, 영주-죽령-단양-제천-원주-횡성-홍천-춘천-화천-금화-회
양-철령 루트였고, 여기서 안변-원산으로 이어지며 이 교통로를 중심으로 산
성이 분포되어 있다(徐榮一, 1999, 앞의 책, 179~185쪽).

77) 백제가 차지한 지역을 6군으로 보고 그 위치를 한강의 남쪽과 북쪽이 모두
포함된 것으로 보는 것이 일반적이다. 그러나 성왕이 북벌에 성공하여 확보
한 곳을 한강 이남에 위치한 漢城之地와 그 이북에 속하는 平壤凡六郡之地
로 구분하는 견해(盧重國, 2006,「5~6세기 고구려와 백제의 관계」,『북방사
논총』11, 고구려연구재단, 34쪽)가 타당성이 있는 것으로 판단된다. 한편 6
군을 신라의 북진 경로를 고려하여 한산군, 북한산군, 율목군(과천), 주부토군
(부천), 개차산군(죽산), 술천군(여주)으로 비정하여 한강 이남지역으로 보는
견해도 있고(임기환, 2002,「고구려·신라의 한강유역 경영과 서울」,『서울학
연구』18, 서울학연구소, 14쪽), 평양을 재령으로 판단하여 신라가 경덕왕 21
년(762)에 浿西지방에 설치한 6성, 즉 오관군(서흥), 서암군(봉산), 재령, 수안,
해주, 곡산으로 추정하기도 한다(양기석, 2005,「5~6세기 백제의 북계」,『박
물관기요』20, 단국대 석주선기념박물관, 48쪽).

성), 白城郡(안성) 등으로 추정된다.

그리고 평양은 남평양 곧, 북한산군에 해당되는 오늘날의 양주로 생각된다. 또한 六郡之地는 漢城之地와 평양을 차지한 후 북진하여 확보한 交河郡(파주 교하읍), 來蘇郡(양주), 堅城郡(포천), 開城郡(개성), 牛峯郡(금천), 兎山郡(금천, 신계) 등의 마식령산맥 이남지역으로 추정된다.

성왕은 여기에 그치지 않고 고구려에 대한 공세를 지속하여 마식령산맥과 예성강을 넘어 황해도 깊숙이 진격하여 백제 전성기 때의 영역을 회복하려고 하였다. 백제가 예성강을 건너 황해도지역으로 북진하기 위해서는 신라의 협조가 필수적이었다. 그러나 신라는 백제의 제안을 거부하고

> E. 承聖 3년(554) 9월에 백제 군사가 와서 珍城을 침입하여 남녀 3만 9천 명과 말 8천 필을 노략해 가지고 돌아갔다. 이보다 앞서 백제가 신라와 군사를 합하여 고구려를 치려고 하였던 바, 진흥왕이 말하기를 "나라가 흥하고 망하는 것은 하늘에 달려 있는 것이다. 만약 하늘이 고구려를 미워하지 않는다면 내가 어찌 감히 성공을 바랄 것인가?"라고 하였더니 바로 이 말이 고구려로 전달되었다. 고구려가 이 말에 감복하고 신라와 우호를 맺었다. 그러나 백제는 신라를 원망하였으므로 이렇게 침범한 것이다.[78]

라고 하였듯이, 오히려 성왕의 계획을 고구려에 통보하고 말았다. 사료 E에 보이는 신라와 고구려의 밀통은 제라연합군이 한강유역을 차지한 이후에 이루어진 것으로 판단된다.

성왕은 한강유역을 차지한 것에 만족하지 않고, 지속적인 공세를 취하면서 北進하려고 하였다. 그러나 진흥왕은 백제의 제의를 거부하고

---

78) 『三國遺事』 권1, 奇異1, 眞興王.

350

고구려와 우호관계를 확립하는 방향으로 나아갔다.

신라가 고구려가 우호관계를 맺은 것은 늦어도 552년 5월 이전에 이루어졌다.『日本書紀』흠명기 13년(552) 5월 조에 의하면 성왕이 왜국에 사절을 파견하여 "고구려가 신라와 힘을 합쳐 臣國과 임나를 멸하려고 계획하고 있다"라고 하였듯이, 고구려와 신라는 백제에 대한 군사행동을 같이 하기에 이르렀다.

백제는 신라와 고구려가 화친관계를 맺고 함께 압박을 가하자 수세에 처하게 되었다. 나제 양국은 고구려에 공동으로 대항하려는 목적 때문에 동맹을 유지하고 있었지만, 자국의 실리를 위해서 긴장 국면이 조성되는 유동적인 측면이 없지 않았다. 양국의 동맹은 고구려에 공동으로 대처하려는 상호간의 입장이 일치되었기 때문에 체결된 것이었고, 남부 가야지역의 귀속문제를 해결하지 않고 이루어졌기 때문에 일시적인 것에 불과하였다.[79]

신라는 진흥왕 9년(549)에 고구려가 백제를 침공하자 군대를 보내 구원하였으나, 다음 해에는 백제가 고구려와 싸워 양국의 군대가 피폐해진 틈을 이용하여 백제가 차지한 城을 차지하는 사례도 있었다. 백제와 신라의 관계는 항상 우호적이었던 것이 아니라 가야문제나 국경 부근의 전략적인 요충지 획득을 둘러싸고 전개된 갈등이 언제든지 전면화될 가능성을 내포하였다.

진흥왕은 한강 상류지역을 확보한 것에 만족하지 않고, 백제가 회복한 한강 하류지역마저 차지하려고 하였다. 진흥왕은 고구려와 밀약을 맺고

F. 백제·가라·안라가 중부 덕솔 木刕今敦·河內部 阿斯比多 등을 보내, "고구려가 신라와 화친하고 세력을 합쳐 신의 나라와 임나를

79) 鄭孝雲, 1995, 앞의 책, 104쪽.

멸하려고 도모합니다. 그러므로 삼가 구원병을 청해 먼저 불시에 공격하고자 합니다. 군사의 많고 적음은 천황의 명령에 따르겠습니다"라고 아뢰었다. 이에 조칙을 내려 "지금 백제왕·가라왕·안라왕이 일본부의 신하들과 함께 사신을 보내 아뢴 것을 다 들었다. 역시 임나와 마음을 함께 하고 힘을 하나로 하는 것이 마땅하다. 이와 같이 한다면 반드시 하늘이 지켜주는 복을 받을 것이며 황공하신 천황의 靈에게 도움을 받을 것이다"라고 하였다.[80]

라고 하였듯이, 백제가 차지한 지역을 도모하려고 계획하였다. 성왕은 신라와 고구려가 밀약을 맺은 사실을 듣고 가야 및 왜국과의 우호관계를 돈독히 하면서 군사적인 도움을 받고자 하였다. 신라는 고구려와 군사행동을 같이 하면서 선제공격을 도모하여

> G. 이 해에 백제가 한성과 평양을 버렸다. 이로 말미암아 신라가 한성에 들어와 살았으니, 현재 신라의 牛頭方·尼彌方이다(지명은 자세하지 않다).[81]

라고 하였듯이, 한성을 포함하여 그 이남지역을 차지하였다. 백제는 신라의 불의의 공격을 받고 한강 하류지역에서 물러나게 되었다. 신라가 한성지역 만을 차지한 것으로 볼 때 한강 이북에 위치한 남평양 일대는 고구려가 차지한 것으로 판단된다. 신라와 고구려는 밀약을 통해 신라는 한강 이남지역을, 고구려는 평양지역을 차지하기로 합의한 것이다.[82]

이로써 성왕의 북벌은 물거품으로 돌아가고, 딸을 신라 진흥왕에게 보내어 小妃로 삼게 하는 굴욕을 감수해야 하였다.[83] 신라의 한강유역

---

80) 『日本書紀』 권19, 欽明紀 13年 5月 戊辰.
81) 『日本書紀』 권19, 欽明紀 13年.
82) 노중국, 2006, 앞의 글, 51쪽.

점령은 인적·물적 자원의 획득 이외에도 서해를 통한 중국과의 해상 교통로를 확보한 것에 중요한 의의가 있다. 신라는 564년 이래 거의 매년 중국 남조의 陳과 북조의 北齊 두 나라에 사신을 파견하여 외교 관계를 공고히 하였다.

제2절 濟羅同盟의 붕괴와 그 추이

1. 관산성 전투와 성왕의 전사

한강 하류지역을 상실한 성왕은 신라에 보복하기 위하여 군사를 일으켰다. 그러나 성왕의 신라 공격은 쉽지가 않았다. 백제는 신라와 고구려가 밀약을 맺은 후 군사 행동을 같이 하고 있었기 때문에 두 방면의 적과 대치하였다. 성왕은 신라에 대한 공격을 앞두고 먼저 553년에 고구려를 공격하였다. 백제군은 성왕을 대신하여 29세의 태자 餘昌이 지휘하였는데

A. 여창은 10월 초하루에 고구려를 공격하기 위하여 百合의 들판에 보루를 쌓고 군사들 속에서 함께 먹고 잤다. 백합의 들은 비옥하고 평원은 끝없이 넓은데, 사람의 자취는 드물고 개소리도 들리지 않았다. 얼마 후 갑자기 북치고 피리 부는 소리가 들리니 여창은 크게 놀라서 북을 쳐 대응하였다. 백제군은 출전하지 않고 밤새 진지를 굳게 지켰는데, 새벽이 되어 보니 텅 비었던 들판에 고구려군이 푸른 산처럼 덮여 있었고 깃발이 가득하였다. 고구려군은 날이 밝자 목에 頸鎧를 입은 자 1騎, 징을 꼽은 자 2騎, 표범 꼬리를 끼운 자 2騎 등 모두 5騎가 말고삐를 나란히 하고 백제 군영에 이르렀다. 이들이 와서 여창에게 묻기를 "어린 아이들이 '우리 들판에 손님이

---

83) 『三國史記』 권4, 新羅本紀4, 眞興王 14年.

있다' 하였는데 어찌 맞이하는 예를 행하지 않는가, 우리와 더불어 예로써 문답할 만한 사람의 이름과 나이, 관위를 미리 알고자 한다"고 하였다. 여창은 "姓은 (고구려 왕실과) 同姓이고 관위는 扞率이며 나이는 29세이다"라고 대답하였다. 백제 편에서 반문하니 고구려 역시 앞의 법식대로 대답하였다.

양군은 인사를 마치고 표를 세우고 싸우기 시작하였다. 이때 백제는 고구려의 용사를 창으로 찔러 말에서 떨어뜨려 머리를 베었다. 그리고 머리를 창끝에 찔러 들고 돌아와 군사들에게 보이니, 고구려군의 분노가 매우 심하였다. 백제군의 환호하는 소리에 천지가 찢어질 듯하였으며, 다시 백제의 副將이 북을 치며 달려 나아가 고려왕을 東聖山 위에까지 추격하여 물리쳤다.[84]

라고 하였듯이, 정확한 위치를 알 수 없는 百合의 들판[85](이하 百合野塞로 칭함)에서 고구려군과 대적하였다. 태자 여창이 이끈 백제군은 한강 이북지역으로 북상하여 보루를 축조하는 등 진지를 구축하였다.

백제군은 한성을 비롯하여 여러 요충지를 차지하고 있는 신라군의 견제를 피하여 한강을 건너 북상하였다. 또한 백제군은 서해안의 해안 기지에서 함대를 이용하여 海路를 통하여 올라갔을 가능성도 있다. 신라와 고구려가 밀약을 맺고 백제에 맞서는 형세였지만, 신라의 입장에서 볼 때 백제와 고구려가 격전을 벌여 소모전을 전개하는 것도 굳이 반대할 이유가 없었다.

백제군은 한강을 건너 북상하여 인적이 드문 넓은 평원에 진지를 구축하였다. 백제의 지휘부는 고구려군의 야간 공격에 맞서지 않고 침착하게 방어에 전념하였다. 양군의 대회전은 먼동이 트는 새벽에 전개되

84) 『日本書紀』권19, 欽明紀 14年 冬 十月.

85) 百合野塞의 위치에 대해서는 황해도 황주 蒜山(岩波講座, 『日本書紀』下, 106쪽 頭注 8 참조), 평양=양주지역에서 멀지 않은 곳(盧重國, 2006, 앞의 글, 54쪽) 등으로 보고 있다.

었다. 백제군은 초전에 도발을 감행한 고구려의 선봉장을 마상에서 쓰러뜨려 목을 베어 기세를 올렸다. 백제군은 승세를 타고 공격하여 승리를 거두고 고구려의 왕을 東聖山까지 추격하였다. 그러나 백제군이 고구려왕을 추적하여 도달한 동성산의 위치는 잘 알 수 없다.

여창은 백제군이 고구려군을 격파하여 소기의 성과를 거두자 철군을 단행하였다. 성왕이 한강 이북지역으로 군대를 파견한 목적은 영토 확장에 있지 않았다. 성왕은 고구려와 신라의 군사적인 결합을 견제하고 그 실상을 파악하기 위하여 군대를 파견하였다. 성왕은 신라와 고구려가 밀약을 맺고 백제에 공동으로 대처하고 있는 사실을 알고 있었다. 그 결과 백제는 한강 하류지역을 신라에 내주고 안성천 이남으로 밀려나고 말았다.

성왕은 433년 이래 120년 이상의 오랜 기간 동안 동맹관계를 유지하였던 신라를 적으로 돌리지 않고 난국을 타개하려고 하였다. 성왕이 딸을 진흥왕에게 보내 小妃로 삼게 하는 굴욕을 감수한 사실은 이를 증명한다.[86] 성왕은 태자 여창을 보내 고구려를 공격하면서 신라에 대하여 병력 지원 요청을 하였다. 백제군이 한강을 건너 북상하기 위해서는 신라의 지원 또는 묵인이 필요하였다.

신라는 백제군이 고구려군을 격파하여 전쟁의 주도권을 장악하자 견제하지 않을 수 없었다. 신라는 백제의 지원 요청을 묵살하고

B-1. 지난날 백제가 고려를 치러 갈 적에 신라에게 구원을 청하였는데, (오히려) 신라는 군사를 동원하여 백제국을 쳐부수었습니다.
　　2. 이로 인하여 원수가 되어 늘 서로 공벌을 하게 되었으며, 또 신라가 백제의 왕을 잡아다 죽였으므로 원한이 이로 말미암아 비롯되었

---

86) 이에 대한 동맹관계 유지를 위한 노력의 일환으로 보는 견해도 있다(金周成, 2002, 「성왕의 한강유역 점령과 상실」, 『백제사상의 전쟁』, 서경문화사, 303쪽).

습니다.[87]

라고 하였듯이, 고구려와 밀착하는 방향을 선택하였다. 그러나 사료 B
에 보이는 백제와 신라의 전쟁 기사가 사료 A에 전하는 百合野塞 전
투와 직접 관련이 있는 것으로 속단할 수는 없다. 다만 사료 B-2에 보
이는 백제왕의 살해 기사가 554년에 벌어진 관산성 전투 와중에 성왕
이 전사한 사실을 전하고 있는 것은 확실하다. 또한 백제군이 麗羅의
밀약에 빠져 별다른 전투 없이 스스로 물러나면서 고구려와 신라에게
각각 한강 이북지역과 그 이남지역을 내준 것도 사실이다. 따라서 사
료 B-1에 보이는 백제와 고구려 사이에 벌어진 전쟁에 신라가 개입한
것은 百合野塞 전투와 무관하지 않는 것으로 추정된다.

한편 신라가 한강을 넘어 그 이북지역을 차지한 것도 百合野塞 전
투 및 그 여파로 생각된다. 백제를 한강 하류지역에서 밀어내기 위하
여 맺어진 신라와 고구려의 결속관계는 오래가지 못하였다. 신라는 얼
마 안 되어 고구려를 임진강 이북으로 밀어내고 한강 이북지역을 장악
하였다.

신라는 한강유역을 장악한 후 553년(진흥왕 13) 7월에 광주 이성산
성을 치소로 하는 新州를 설치하여 김무력을 초대 군주로 삼았다. 진
흥왕은 555년에 북한산까지 순행하여 영토를 획정하고, 557년에는 신
주를 대신하여 북한산주를 설치[88]하여 고구려의 공세에 대비하였다.
신라의 북한산주 설치는 한강 이북지역 장악을 의미하며, 백합야새 전
투에서 패배하여 후퇴하는 고구려를 지원하기 위하여 출병한 것이 계
기가 된 것으로 추정된다.

성왕은 백합야새 전투에서 승리하여 고구려를 북으로 밀어 냈으나,

---

87) 『舊唐書』 권199 上, 列傳 149 上, 東夷 新羅.
88) 『三國史記』 권4, 新羅本紀4, 眞興王 13·15·17年.

신라군이 출동하여 별다른 성과를 거두지 못하고 철수하였다. 백합야새 전투의 결과 백제와 신라의 동맹은 완전히 붕괴되고, 양국은 적대관계로 돌아서서 백제가 멸망하는 순간까지 생존을 위한 치열한 전쟁을 벌이게 되었다.

성왕은 두 차례에 걸친 신라의 결정적인 배반에 분격하여 대규모 원정군을 일으키게 되었다. 백제의 신라 공격은 백합야새 전투가 끝난 다음 해인 554년에 일어났다. 성왕의 신라 공격은 백제군 외에 대가야 및 바다 건너의 왜군도 상당수 동원되었다.

『日本書紀』등을 참고하면 백제로부터는 문화·기술 부문의 사람과 물건, 일본으로부터는 병력이 주로 이동하였다.[89] 『日本書紀』繼體紀와 欽明紀에는 백제가 五經博士를 비롯한 각종 박사와 畵工·樂人 등의 기술자는 물론 승려까지 일본에 파견한 기사가 자주 등장하며, 그에 대한 반대 급부로 백제가 일본측에 군사를 요청한 사례가 적지 않게 보인다.[90]

당시 고대국가로 발전해가던 일본은 주로 백제에서 선진문물을 도입하였다. 백제는 왜국에 필요한 선진문물을 제공하고, 왜국은 군사원조를 하는 특수한 용병관계를 맺은 것이다.[91] 백제는 긴박한 군사적 대치상황에서 왜국을 군사파트너로 선택하여 왕족, 승려, 관인층을 중심으로 한 다양한 인적 외교와 물적 자원을 제공함으로써 왜왕권의 대외정책을 親百濟 노선으로 취하도록 하였다.[92]

또한 백제는 왜국으로 건너간 이주민과도 긴밀한 유대관계를 맺었

---

89) 金起燮, 2000, 앞의 책, 103쪽.

90) 笠井倭人, 1994, 「欽明朝 백제의 대왜외교」(金起燮 편역, 『고대 한일관계사의 이해-倭』, 이론과 실천).

91) 김현구, 2002, 『백제는 일본의 기원인가』, 창작과비평사, 31쪽.

92) 연민수, 2004, 「7세기 동아시아 정세와 왜국의 對韓政策」, 『新羅文化』 24, 41쪽.

다. 5세기 후반 무렵에 왜국으로 이주한 유력씨족은 6세기 전반에도 여전히 출신지와 긴밀한 관계를 유지하였다. 『日本書紀』에 日王의 의지처럼 기술된 정책결정은 가야 또는 백제에서 이주하여 권력의 중추에 있던 사람들에 의해 사실상 좌우되었다. 대가야 출신의 '河內直', 안라 출신으로 보이는 '東漢直'(또는 西漢直), 백제계통의 蘇我氏 등이 왜국의 대외정책을 주도하였다.[93]

성왕이 왜국에 병력 파견을 요청하자 欽明은 內臣으로 하여금 수군을 거느리고 백제로 건너가게 하였다.[94] 성왕의 신라 공격은 왜군과 가야군이 도착한 후 전열을 정비하여 가을의 문턱에 접어든 음력 7월에 개시되었다. 백제와 신라가 대회전을 벌인 시기에 대해 『三國史記』 신라본기에는 554년 7월로 나오고, 『日本書紀』에는 12월로 기록되어 5개월의 차이가 있다. 양국의 전투가 7월에 시작되어 12월에 종결되었는데, 『三國史記』는 554년 7월 조에 기록하였고, 『日本書紀』는 12월 조에 수록하였다.[95]

성왕은 신라가 차지한 한강 하류지역을 곧바로 공격하지 않고, 태자 餘昌의 지휘 아래 충북 옥천에 위치한 管山城 방향으로 군대를 진군시켰다. 관산성은 신라 영토로서는 백제의 왕도와 가장 가까운 곳이며, 추풍령을 넘어 아산만과 남양만에 이르는 교통로 상에 위치하였다. 신라가 만약 이곳을 잃게 되면 금강 상류지역의 유지가 위태로워지기 때문에 총력을 기울여 지켜야 되는 곳이었다.[96]

---

93) 山尾幸久, 1998, 「任那日本部에 대하여」, 『가야사논집』 1, 김해시, 35~46쪽.
94) 『日本書紀』 권19, 欽明紀 15年, 夏五月.
95) 盧重國, 2006, 앞의 글, 59쪽.
96) 관산성은 옥천읍 양수리와 군서면 월전리 사이의 해발 303m의 재건산에 위치하였다. 관산성은 三城山城, 月田里山城, 城隍堂山城, 三城山古城 등으로 불리고 있다. 城의 형태는 전형적인 삼태기형 산성으로 3겹의 성벽을 이루며, 남쪽 성벽은 산의 능선을 따라 동서로 길며, 북쪽 성벽은 산의 정상에

관산성은 옥천의 시내 방향을 주로 방어하기 위하여 축성되었고, 인근의 서산성과 함께 백제군이 옥천을 거쳐 보은 방면으로 향하는 것을 차단하는 역할을 하였다. 성왕은 관산성을 거쳐 삼년산성이 위치한 보은지역을 석권하고 추풍령을 넘어 상주로 진격하려고 하였다. 백제가 추풍령 방면으로 진출하기 위해서는 삼년산성[97]을 반드시 거쳐야 하였다.

성왕은 신라가 진출한 경로를 역으로 하여 옥천-보은-상주 방면으로 진격하려고 하였다. 백제군의 선봉은 東方의 方領인 莫奇武連이 맡았다. 그는 동방의 군사를 거느리고 관산성 공격에 앞서 函山城을 쳤다. 막기무련이 이끌고 온 선봉부대는 함산성을 공격한 지 하루 만에 함락하여 서전을 승리로 장식하였다.

함산성 공격은 有至臣이 데리고 온 왜군 1천 명이 동원되었다. 有至臣의 부장이었던 莫奇委沙奇는 불화살을 잘 쏘아 성을 불태우고 빼앗

서 아래쪽으로 처진 형태를 이루고 있다. 이 성의 서북쪽 아래로 옥천읍에서 금산·진산·논산지방을 지나 부여로 통하는 37번 국도가 통과하고 있으며, 북쪽으로 서울과 부산을 잇는 4번 국도, 경부선 철도 및 경부고속도로가 통과하는 교통상의 요지이다. 그 주변에는 진터벌, 말무덤 고개, 백제 성왕의 전사지로 전해지는 구진베루 등이 있어 백제와 신라의 치열한 격전장이었음을 알 수 있다. 이 성의 남쪽으로 이어지는 능선에는 용봉산성·동평산성·마성산성이 있으며, 북동쪽으로 삼양리토성과 서산성을 마주한다. 동쪽으로는 옥천읍이 한눈에 보이며, 교통의 요지인 삼거리를 사이에 두고 북쪽의 환산, 서북쪽의 식장산, 서남쪽의 서대산이 멀리 보인다(충북대 중원문화연구소·옥천군, 2003, 『신라·백제격전지(관산성)』, 76쪽).

97) 삼년산성은 해발 325m의 오정산에 위치하고 있는데, 비교적 높은 산지로 둘러싸여 있기 때문에 실제로는 낮은 구릉상에 위치한 것처럼 보인다. 그러나 정상에서는 보은 분지가 잘 조망되고 사방으로 통하는 大路가 잘 관측된다. 삼년산성 남쪽으로는 보은-청산-영동으로 이어지는 길이 지나가고, 서쪽으로는 보은-옥천-대전-공주로 이어지며, 북서쪽으로는 보은-청원-청주로 통하는 옛길이 있다(成周鐸, 1976, 「신라 삼년산성 연구」, 『백제연구』 7, 충남대 백제연구소, 146~152쪽).

보은 삼년산성 | 신라가 백제를 공격하기 위한 최전방 기지로 활용되었다. 성벽은 주위 능선을 따라 견고하고 웅대하게 구축되었는데, 가장 높은 곳이 13m에 달하고, 너비는 5~8m이며, 전체 길이는 1,680m에 이른다. 흙과 모래를 섞지 않고 내부까지 돌을 이용하여 견고하게 축조되었다.

는 데 공을 세우기도 하였다. 백제군이 공취한 함산성은 관산성과 함께 옥천을 방어하기 위하여 축성된 서산성으로 추정된다. 성왕은 함산성에서 사로잡은 남자 둘과 여자 다섯을 왜국에 보내 주었다.

막기무런이 함산성을 차지한 후에 여창이 이끄는 백제군의 주력이 도착하여 久陀牟羅에 보루를 쌓고 관산성 공격에 본격적으로 나섰다.[98] 구타모라는 관산성에서 서북쪽으로 약 800m 떨어진 옥천군 군서면 고리산에 위치한 환산성을 말한다.[99] 환산성은 여창이 쌓았다고 전해지며,[100] 여창은 久陀牟羅에 보루를 축조하여 관산성 공격을 위

---

98) 『日本書紀』 권19, 欽明紀 15년 冬 12月.

99) 환산성은 6개의 보루성으로 구성되었으며 군북면 이백리, 환평리, 증약리, 추소리, 항곡리 사이의 581.4m의 환산과 그 남쪽과 북쪽으로 이어진 산줄기를 따라 이어지는 곳곳의 산봉우리에 고리형태로 석축한 堡壘城을 통칭한다(충북대 중원문화연구소, 2003, 『신라·백제격전지(관산성)』, 90쪽).

100) 문화재관리국, 1977, 『문화유적총람』상, 525쪽.

한 일선의 거점으로 이용하였다.

관산성에 주둔한 신라군도 그 인근의 산성과 연결하여 완강하게 저항하였으므로 일진일퇴의 공방전이 지속되었다. 백제와 신라는 금강을 자연적인 경계로 하여 그 부근에 성곽을 쌓고 대치하였다. 신라는 백제가 금강을 건너 보은(삼년산성)과 청산(굴산성)으로 진출하는 것을 막기 위하여 그 길목에 막지리산성, 인포리산성, 둔주봉망루, 대안리산성 및 지탄리산성 등을 축조하였다. 또한 양산을 거쳐 영동을 향하는 길목에는 금강을 경계로 동쪽에 대왕산성, 원당리산성, 비봉산성과 지내리산성, 성인봉산성 등을 축조하였다.

그 반면에 백제는 신라가 옥천을 거쳐 대전 또는 마전으로 나오는 길목을 차단하기 위하여 며느리재 부근의 늘치산성과 섯바탱이 부근의 지오리산성 등을 축조하여 마성산 줄기의 산성과 함께 제1선의 방어선을 구축하였다. 지금의 삼양리 검문소 부근의 좁은 길목의 양쪽에는 관산성과 서산성, 중앙에는 삼거리토성을 축조하여 대비하였다. 계족산 줄기에 있는 여러 산성은 대전으로 향하는 신라의 침입을 막기 위하여 축조되었다.[101]

그러나 신라가 금강을 건너 옥천지역으로 진출하여 관산성과 함산성(서산성) 등 백제 방어거점의 일부를 차지하였다. 금강은 전북 장수군에서 발원하여 충청도의 한복판을 휘돌아 흐르는 큰 하천이다. 장수군 장수읍 수분리에서 발원한 금강은 북으로 흘러 덕유산과 진안고원을 빠져 나와 영동과 옥천 사이에 이르러 草江, 松川, 報靑川과 합류한 뒤 북서쪽으로 물길을 바꾼다.[102]

신라군이 옥천 부근에서 금강을 동서 방향으로 건너다니던 나루는 化仁津이었다. 신라는 화인진을 건너 옥천으로 진출하여 관산성 등을

101) 송형섭, 1993, 『새로 보는 대전역사』, 나루, 8쪽.
102) 한국향토사연구전국협의회, 1988, 『금강유역사연구』, 36쪽.

장악한 후 백제군과 대치하였다. 금강을 건너온 신라군이 옥천에서 대전을 거쳐 공주와 부여로 향하는 길은 식장산의 북쪽으로 넘는 길과 그 남쪽으로 넘는 고개, 서화천을 따라 서쪽으로 가는 길이 모두 이용되었다. 이를 반영하듯이 군서면과 군북면 지역은 작은 고갯길까지 차단한 성터와 보루들이 밀집 분포되어 있다.[103]

관산성은 신라가 금강을 건너 백제군을 밀어내고 차지한 후 최전선의 전초기지 역할을 하였다. 백제는 이를 다시 장악해야만 금강을 건너 신라지역으로 진격할 수 있었다. 여창은 구타모라(환산성)에 머무르면서 관산성 공격을 지휘하였지만 신라군의 완강한 저항을 받아 전선이 교착되었다. 후방에 머물고 있던 성왕은 전쟁이 소강상태로 접어들자 고구려의 동향에 촉각을 기울이게 되었다. 성왕이 신라 공격을 준비할 때 국내의 耆老들은

> C. 여창이 신라를 정벌할 것을 계획하자 耆老가 "하늘이 함께 하지 않으니 화가 미칠까 두렵습니다."라고 간하였다.[104]

라고 하였듯이, 天時가 불리한 점을 들어 반대하였다. 기로들은 고구려와 신라가 군사행동을 같이 하고 있는 사실을 지적하였다. 또한 백제가 겨울에 군사를 동원하고 있기 때문에 계절적인 어려움에 직면할 수 있다는 우려를 표명하였다.

성왕은 그들의 반대를 무시하고 여창에게 군대를 주어 관산성 공격에 나서게 하였다. 신라는 백제의 대군이 관산성에 이르자 上州의 軍主인 于德과 伊湌 耽知가 휘하의 군사를 거느리고 달려왔다.[105] 신라

---

103) 충북대 중원문화연구소·옥천군, 2003, 『신라·백제격전지(관산성)』, 190쪽.
104) 『日本書紀』 권19, 欽明紀 15년 冬 12月.
105) 『三國史記』 권4, 新羅本紀4, 眞興王 15年.

는 법흥왕 12년(525)에 처음으로 上州를 설치하였는데, 상주·김천·문경·성주·구미 등의 여러 지역을 관할하였다. 신라의 州制는 軍主가 주재하는 정치적·군사적 거점(州治)으로서의 州와 州治 및 복수의 郡을 포괄하는 영역범위로서의 廣域州라는 이원적 구조를 가졌다.[106)]

관산성이 백제군의 공격을 받아 위태롭게 되자 진흥왕은 인접한 上州의 지방군을 동원하였다. 上州 軍主 于德은 김천에서 추풍령을 넘어 영동을 거쳐 금강을 건너 옥천의 관산성으로 진군하였다. 于德이 이끄는 상주의 병력이 참전했음에도 불구하고 신라군은 복수심에 불타는 백제군의 투지를 꺾을 수 없었고 병력의 규모에서도 중과부적이었다.

진흥왕은 전세가 불리하자 新州 군주 김무력으로 하여금 군사를 이끌고 내려와 연합작전을 펼치도록 하였다.[107)] 신라는 553년에 광주의 이성산성을 치소로 하여 신주를 설치하여 중앙군단에 버금가는 정예군을 배치하였다. 관산성이 포위되자 김무력은 신주의 병력을 이끌고 이천-장호원-음성-괴산-보은-옥천 방향을 거쳐 내려왔다.

백제의 3만을 헤아리는 대규모 원정군의 공격에 맞서 신라가 관산성을 사수하면서 상주와 신주의 병력을 동원함으로써 양군은 호각지세를 이루게 되었다. 양군의 대결은 7월에 시작되어 12월로 접어들면서 지구전의 대결 양상을 띠게 되었다. 성왕은 후방에 머무르면서 백제군의 공격을 독려하다가 태자 여창을 위로하고 전선을 시찰할 목적으로 친위군을 이끌고 관산성으로 향하였다.

성왕은 步騎 50명을 이끌고 오다가 관산성 부근의 狗川에서 신라의 복병을 만나 죽임을 당하고 말았다.[108)] 이에 대하여 『三國史記』와 『日

---

106) 李文基, 1997, 『新羅兵制史硏究』, 일조각, 98쪽.
107) 『三國史記』 권4, 新羅本紀4, 眞興王 15年.

本書紀』에는 각각

> D-1. 백제왕 명농이 가량과 함께 관산성을 공격해 왔다. 군주인 각간
> 우덕과 이찬 탐지 등이 맞서 싸웠으나 전세가 불리하였다. 신주
> 의 군주인 김무력이 주병을 이끌고 나아가 교전함에, 비장인 삼
> 년산군의 고간 도도가 급히 쳐서 백제왕을 죽였다.[109]
>
> 2. 신라가 명왕이 친히 온다는 소문을 듣고서 모든 국중의 병사를
> 징발하여 길을 끊고서 공격하여 격파하였다. 이때 신라가 좌지촌
> 의 말을 키우는 노예인 고도에게 말하여 가로대 "고도는 천한 노
> 예이고, 명왕은 이름 있는 임금이다. 지금 천한 노예로서 이름 있
> 는 임금을 죽이면 후세사람들의 입에 잊혀지지 않을 것이다" 하
> 였다. 이에 고도가 명왕을 사로잡아 재배하면서 말하기를, "왕의
> 머리를 참하겠습니다." 하였다. 明王이 "왕의 머리를 奴의 손에
> 줄 수가 없다"고 하니, 苦都가 "우리나라의 법에는 맹세한 것을
> 어기면 비록 국왕이라 하더라도 奴의 손에 죽습니다"라고 하였
> 다(다른 책에는 "明王이 胡床에 걸터 앉아 차고 있던 칼을 谷知
> 에게 풀어주고 베게 했다"고 하였다). 명왕이 하늘을 우러러 크
> 게 탄식하고 눈물을 흘리며 허락하기를 "과인이 생각할 때마다
> 늘 고통이 골수에 사무쳤다. 돌이켜 생각해 보아도 구차히 살 수
> 는 없다"라 하고 머리를 내밀어 참수당했다. 고도는 머리를 베어
> 죽이고 구덩이를 파서 묻었다(다른 책에는 "신라가 명왕의 두골
> 은 남겨두고 나머지 뼈를 백제에 예를 갖추어 보냈다. 지금 신라
> 왕이 명왕의 뼈를 北廳 계단 아래에 묻었는데, 이 관청을 都堂이
> 라 이름한다"고 하였다).[110]

라고 하였듯이, 삼년산군 출신의 고도가 복병을 내어 성왕을 시해하였
음을 전하고 있다. 고도는 삼년산군에 파견된 당주나 나두를 보좌하면

---

108) 『三國史記』권26, 百濟本紀4, 聖王 32年.

109) 『三國史記』권4, 新羅本紀4, 眞興王 15年.

110) 『日本書紀』권19, 欽明紀 15年.

서 좌지촌의 요역의 징발, 군사동원 등을 담당하는 지방세력 출신이었
다.

고도는 성왕이 근위대를 이끌고 관산성으로 향하고 있다는 소식을
접하고, 狗川에 매복하여 있다가 성왕이 이르자 사로잡아 시해하였다.
성왕이 전사한 구천은 옥천 삼거리 서쪽인 군서면 월전리의 서화천이
굽이쳐 흐르는 구진베루 일대였으며, 월전리의 협곡을 구천 혹은 구전,
구진벼랑으로 부른다.111) 백제군은 성왕의 갑작스런 전사로 말미암아

> D. 여창은 포위당하자 빠져 나오려고 하였으나 나올 수 없었는데 사졸
> 들은 놀라 어찌할 줄 몰랐다. 활을 잘 쏘는 사람인 筑紫 國造가 나
> 아가 활을 당겨 신라의 말을 탄 군졸 중 가장 용감하고 씩씩한 사
> 람을 헤아려 쏘아 떨어뜨렸다. 쏜 화살이 날카로워 타고 있던 안장
> 의 앞뒤 가로지른 나무를 뚫었고, 입고 있던 갑옷의 옷깃을 맞추었
> 다. 계속 화살을 날려 비가 오듯 하였으나 더욱 힘쓰고 게을리 하지
> 않아 포위한 군대를 활로 물리쳤다. 이로 말미암아 여창과 여러 장
> 수들이 샛길로 도망하여 돌아왔다.112)

라고 하였듯이, 사기가 크게 떨어져 일시에 전세가 기울고 말았다. 신
라군은 승세를 타고 여창이 머무르고 있던 진지를 포위하였으며, 백제
군은 포위망을 빠져 나오기에 급급하였다. 이 전투에서 백제는 성왕과
4명의 좌평을 비롯하여 2만 9천 6백 명이 전사당하는 대패를 당하고
말았다.113)

---

111) 정영호, 1976, 「김유신의 백제공격로 연구」, 『사학지』 6, 55~57쪽 ; 成周鐸,
 1976, 앞의 글, 42쪽.
112) 『日本書紀』 권19, 欽明紀 15年 冬 12月.
113) 『三國史記』 권4, 新羅本紀4, 眞興王 15年.

2. 위덕왕의 즉위와 귀족연립정권의 성립

관산성 전투의 패전은 동성왕 이후 성왕 때까지 유지되었던 왕권중심의 정치체제가 귀족중심의 정치운영으로 전환되는 계기가 되었다. 또한 지난 1세기 이상 신라와 맺어왔던 제라동맹은 완전히 결렬되고 양국은 적대적인 관계로 돌아서 백제가 멸망할 때까지 지속된 백년전쟁이 시작되었다.

성왕이 관산성 부근의 구천에서 전사하자 태자 여창이 왕위에 올라 위덕왕이 되었다. 그는 성왕의 맏아들로 이름이 昌이었으며, 554년에 즉위하여 598년 사망할 때까지 45년 동안 왕위에 있었다. 『三國史記』 백제본기에는 성왕이 전사하자 곧바로 위덕왕이 즉위한 것으로 되어 있다.[114]

그러나 『日本書紀』에 의하면 성왕이 554년에 전사한 3년 후인 557년에 여창이 왕위를 계승하여 위덕왕이 되었다고 기록되어 있다.[115] 성왕이 죽은 후 위덕왕이 왕위에 오를 때까지 3년 간의 空位期間이 있었다. 그 이유는 관산성 패전 이후 백제 지배층 내에서 왕위계승을 둘러싼 갈등이 있었기 때문이었다.[116] 위덕왕은 관산성 전투를 실질적으로 이끌었기 때문에 패전의 책임을 면할 수가 없었다.

여창은 성왕이 전사한 후 곧바로 왕위에 오르지 못하고, 태자 자격으로 아우인 惠를 왜국에 보내 성왕의 전사 소식을 전하였다.[117] 또한 여창은 다음 해에도 여러 신하들에게

A. 백제 여창이 여러 신하들에게 "少子는 이제 돌아가신 부왕을 받들

---

114) 『三國史記』 권27, 百濟本紀5, 威德王 前文.
115) 『日本書紀』 권19, 欽明紀 18年 春 3月.
116) 盧重國, 1988, 앞의 책, 181쪽.
117) 『日本書紀』 권19, 欽明紀 16年 春 2月.

기 위하여 출가하여 修道하고자 한다"라고 말하였다. 여러 신하와
백성들이 "지금 임금께서 출가하여 수도하고자 하신다면 우선 왕명
을 받들겠습니다. 슬프도다. 前의 생각이 바르지 못하여 후에 큰 근
심을 가지게 되었으니 누구의 잘못입니까. 무릇 백제국은 고려와
신라가 다투어 멸망시키고자 하는 것이 나라를 연 이후부터 지금까
지 계속하고 있으니, 지금 이 나라의 종묘 사직을 장차 어느 나라에
게 넘겨주려 하십니까. 모름지기 도리는 왕명을 따르는 것이 분명
한데, 만약 능히 耆老의 말을 들었다면 어찌 여기에 이르렀겠습니
까. 바라건대 앞의 잘못을 뉘우치고 속세를 떠나는 수고로움은 하
지 마십시오. 원하시는 것을 굳이 하고 싶다면 나라 백성들을 출가
시키는 것이 마땅합니다"라고 하였다. 여창이 "좋다"고 대답하고는
곧 나아가 신하들에게 꾀하도록 하였다. 신하들은 마침내 상의하여
100명을 출가시키고 幡蓋를 많이 만들어 여러 가지 공덕을 행하였
다고 云云 하였다.[118]

라고 하였듯이, 왕위에 오르지 않고 寺門에 出家할 것을 표명할 만큼
지위가 위태로웠다. 귀족세력들은 전투의 패배가 자신들의 말을 듣지
않았기 때문에 초래되었음을 각인시키면서 여창에게 책임을 추궁하였
다. 이는 귀족들의 반대 의견을 물리치고 정토군을 일으키는 데 적극
적인 소임을 한 사람이 바로 위덕왕 본인이었기 때문이다.

위덕왕은 관산성 패전에 대한 귀족들의 책임 추궁을 받아 정치적 곤
경에 빠지게 되었고, 그 반면에 귀족세력의 정치적 발언권이 증대되었
다. 백제는 왕권이 약화되고 귀족을 중심으로 국정이 운영되는 형태로
바뀌게 되었다.[119] 그러나 위덕왕 때에 5帝神과 仇台廟에 대한 정기적
祭儀와 국사편찬을 통하여 왕실권위를 회복하여 무왕대의 전제왕권

---

118) 『日本書紀』 권19, 欽明紀 16年 8月.

119) 盧重國, 1988, 앞의 책, 183쪽 ; 金周成, 1990, 「백제 사비시대 정치사 연구」,
　　　전남대 박사학위논문.

확립에 기반이 마련된 것으로 보는 견해도 있다.[120]

　위덕왕은 45년에 걸쳐 오랫동안 왕위에 있었는데, 그의 치세는 고구려와 신라 양국과 큰 충돌 없이 평화를 구가한 시기였다. 위덕왕 때는 신라와 3차례, 고구려와 2차례의 전쟁을 치른 것을 제외하고는 거의 전쟁이 없었다. 위덕왕 때에 정국을 주도한 것은 국왕보다는 귀족세력들이었고 이들은 적극적인 대외정책보다는 현상유지를 원하였다.

　관산성 전투에서 신라가 승리하자 백제와 연합하였던 대가야는 패망의 길로 접어들었다. 진흥왕은 556년에 比斯伐(창녕)에 完山州를 설치하고,[121] 加耶諸國과 백제 연합군의 보복 공격에 대처하였다. 진흥왕은 561년(同王 22)에도 중앙 관료들과 比子伐·漢城·碑利城·甘文의 四方軍主를 데리고 창녕으로 가서 무력시위를 하고 사면조치를 취하였다.

　진흥왕은 562년에 이사부를 파견하여 낙동강을 건너 대가야 정벌에 나섰다. 대가야는 관산성 전투에서 상당한 병력이 희생되어 적극적으로 맞서지 못하였다. 관산성 전투에서 희생된 백제와 가야·왜의 연합군은 29,000여 명이었고, 그 중에서 대가야가 주축이 된 가야병 18,600명 이상이 전사하였다.[122]

　대가야의 항복은 주변에 위치한 加耶諸國의 향배에 결정적인 영향을 끼쳤다. 대가야가 신라의 급습을 받고 멸망되자 대부분의 주변 소

---

120) 梁起錫, 1990, 「백제 위덕왕대 왕권의 존재형태와 성격」, 『백제연구』 21 ; 申瑩植, 1992, 『百濟史』, 이화여자대학교 출판부, 69쪽 ; 金壽泰, 1998, 「백제 위덕왕대 부여 능산리 사원의 창건」, 『백제문화』 27.

121) 『三國史記』 권4, 新羅本紀4, 眞興王 16年.

122) 金泰植, 1993, 앞의 책, 302쪽. 『日本書紀』 권19, 欽明紀 15年 조에 의하면, "又奏臣別遣軍士萬人助任那"라고 하였다. 따라서 관산성 전투에 참전한 백제 軍士가 1만이고, 소수의 왜국 군사를 제외하면 대부분의 병력은 가야 출신이었음을 알 수 있다.

국들도 대세에 눌려서 항복하고 말았다. 『日本書紀』欽明紀 23년(562)
조의 이른바 任那 10국의 멸망 기사는 가야제국의 최종 투항사태를 반
영한다.[123] 대가야의 멸망을 전후로 하여 安羅國(함안), 斯二岐國(부
림), 多羅國(합천), 卒麻國(진주), 古嵯國(고성), 子他國(거창), 散半下
國(초계), 乞飱國(단성), 稔禮國(함양) 등의 가야 10국은 멸망하고 말
았다.

신라는 가야연맹을 복속한 후 565년에 比斯伐州(창녕)를 폐지하고
大耶州(합천)를 설치하여 통치의 거점으로 삼았다. 신라가 합천에 대
야주를 설치한 것은 대가야연맹의 구심세력이었던 고령집단을 억누를
필요가 있었기 때문이다. 신라는 고령을 대신하여 합천에 대야주를 설
치하여 가야세력의 재편을 꾀하였다. 또한 합천지역이 백제에 대한 방
어의 전초기지로 서부 경남지역의 전략적 요충지였던 점도 대야주가
설치된 배경이 되었다.

신라는 한강유역을 장악한 후 넓어진 국토의 유지와 문물을 정비하
는 데 진력하였다. 고구려도 6세기 말이 될 때까지 한강유역 상실의
주요한 원인이 되었던 대내적 정쟁과 대외적 위기를 수습하지 못하고
있었다. 이 때문에 위덕왕이 왕위에 있었던 6세기 후반에 삼국은 전란
이 줄어들고 평화를 누릴 수 있었다.

백제는 위덕왕 때에 전쟁이 줄어들어 왜국에 대한 청병이 필요 없게
되었다. 이를 반증하듯이 위덕왕 때는 왜국에 사절을 파견한 횟수가
대폭 감소하였다. 그 반면에 신라와 고구려는 전대에 비하여 대왜관계
가 빈번해졌고, 백제에 비하여 사절의 파견도 훨씬 많았다. 위덕왕은
왕위에 오른 후 왜국에 6차례에 걸쳐 사절을 파견했는데, 고구려가 파
견한 5차례와 비슷하며 신라가 파견한 11차례에 비해서는 적은 횟수였

---

123) 『日本書紀』 권19, 欽明紀 23年 春正月.

다.

왜국도 560년에 사절로 파견된 신라의 彌至己知에게 성대한 연회를 베풀어주었다. 관산성 전투 이후 삼국과 왜국의 대외관계 양상은 변화되고 있었다. 그러나 왜국은 難波의 大郡에서 여러 나라 사절들의 서열을 매겼는데, 신라의 사신을 백제의 아래쪽에 서게 하였다.[124] 이는 왜국이 신라에 비하여 백제를 우대하는 외교정책을 계속 펼쳤음을 의미한다.

위덕왕 때에 백제와 왜국의 관계가 상대적으로 소원해진 것은 삼국 사이에 전란이 줄어들면서 왜군의 효용가치가 떨어졌기 때문이었다. 그 대신에 위덕왕은 전대와는 비교가 되지 않을 정도로 대중외교에 적극적이었다. 위덕왕은 근초고왕이 추진한 東晋과의 교섭 이래 2백년 가깝게 先王들이 南朝 국가를 중심으로 하였던 관례를 깨고 北朝에 대해서도 외교교섭을 시도하였다. 백제가 北朝와 교섭관계를 맺은 것은 개로왕이 北魏에 請兵 사절을 파견한 것을 제외하고는 전례가 없던 일이었다.

그는 재위 14년부터 시작하여 사망할 때까지 약 30여 년 동안 13회에 걸쳐 陳, 南齊, 北齊, 北周, 隋 등에 사절을 파견하였다.[125] 위덕왕은 남북조의 여러 왕조와 외교관계를 맺어 고구려와 신라를 견제하면서 위기극복을 꾀하였다.[126] 위덕왕이 여러 중국왕조와 적극적으로 외교관계를 맺은 것은 관산성 패전 이래 크게 실추된 왕권의 권위를 회복하려는 의도도 없지 않았다.[127]

---

124) 『日本書紀』 권19, 欽明紀 22年 秋 9月.

125) 6세기 후반 위덕왕의 治世 45년 동안 중국대륙은 격변의 소용돌이 속에 있었다. 北朝에서는 北魏에서 나뉜 東魏와 西魏가 北齊와 北周로 이어지고 다시 隋에 의해 통일되었다. 南朝에서는 梁에서 陳으로 계승되었다가 결국 隋에 의하여 통일제국이 형성되었다.

126) 申瀅植, 1981, 『三國史記研究』, 일조각, 141쪽.

위덕왕이 중국 왕조에 사절을 파견한 것은 567년에 陳에 조공한 것이 시발점이 되었다.[128] 위덕왕은 陳에서 562년 책봉을 받았는데, 남조의 여러 왕조는 국가가 성립된 직후 이를 자축하고 주변국가에 선포하는 의미에서 피책봉국의 요청과 관계없이 일방적으로 책봉하였다.[129] 그러나 陳은 건국 직후 宋·齊·梁에서 했던 것과 같은 주변국의 책봉을 행하지 않았고, 건국한 지 5년이 지난 562년에 이르러서야 비로소 주변국의 왕을 책봉하였다. 이는 陳이 건국 초에 왕조교체기의 국가적 혼란을 빨리 수습하지 못하였기 때문이다.

<표 1> 삼국과 陳·北齊 교류현황

연도	백제		고구려		신라	
	陳	北齊	陳	北齊	陳	北齊
560				冊封		
561			使行			
562	冊封		冊封	·		
564				使行		使行
565				使行	陳의 使行	冊封
566			使行		使行	
567	使行	使行			使行	
568					使行	
570		冊封	使行		使行	
571		冊封	使行		使行	
572		使行				使行
573				使行		
574			使行			

127) 기존의 연구에서는 위덕왕대의 빈번한 대외관계를 왕권강화를 위한 일련의 노력으로 보고 있다. 양기석, 1990, 「백제 위덕왕대 왕권의 존재형태와 성격」, 『백제연구』 21 ; 김병남, 2004, 「백제 위덕왕대의 정치상황과 대외관계」, 『한국상고사학보』 43 ; 김수태, 2004, 「백제위덕왕의 정치와 외교」, 『한국인물사연구』 2.

128) 『三國史記』 권27, 百濟本紀5, 威德王 14年.

129) 김종완, 1995, 『中國南北朝史硏究』, 일조각, 117쪽.

부여 능산리고분군 | 부여에서 국도를 따라 논산으로 향하는 약 2km 지점 좌측에 위치하며, 모두 3개 군으로 이루어져 있다. 고분군은 왕릉으로 전하는 7기의 고분을 중심으로 동쪽에 5기가, 서쪽으로 수기가 분포되어 있다. 왕릉급 무덤은 위덕왕을 비롯한 사비시대 역대 국왕들의 분묘로 추정된다.

위덕왕은 567년에 南朝의 陳에 조공하였을 뿐만 아니라 北朝의 北齊에도 사절을 파견하였다. 역대 국왕들이 중국과의 관계에서 남조 일변도의 외교정책을 고수하였던 사실과[130] 비교하면 매우 획기적인 사건이었다.

위덕왕이 北齊에 조공 사절을 파견한 것은 고구려에 이어 신라마저 564년에 북제에 사절을 파견한 것에 자극을 받아 교섭을 시도한 것으로 보고 있다.[131] 위덕왕이 책봉사절을 파견하자 北齊는 위의 <표 1>과 같이 570년과 571년에 연이어 책봉을 하였다. 위덕왕 역시 北齊의

---

130) 백제는 위덕왕 이전에는 개로왕 18년에 北魏에 단 한번의 국서를 보낸 일을 제외하면, 남조 일변도의 對中外交를 전개하였다.

131) 양기석, 2003, 「백제 위덕왕대의 대외관계」, 『선사와 고대』 19, 238쪽.

책봉에 화답하기 위하여 572년에 사절을 파견하여 조공을 하였다.

이와 같이 백제와 北齊는 서로 긴밀한 관계를 유지하였다. 위덕왕은 고구려와 신라가 전통적으로 자국의 우방국이었던 南朝의 陳에 대해 적극적인 대외교섭을 펼치자, 北朝의 北齊와 긴밀한 관계를 유지하면서 맞서 나갔다. 위덕왕의 적극적인 對北朝外交는 577년에 북제가 멸망되면서 변화가 불가피해졌다. 北齊는 573년부터 陳의 공격을 받아 몇 년 동안 버티었으나 여러 차례에 걸친 전투에 패배하여 수세에 처하였다.132) 北齊는 陳의 공격의 후유증을 채 수습하기도 전에 北周의 공격을 받아 577년에 수도 업이 함락됨으로써 멸망하였다.133)

위덕왕은 북제가 멸망하자 먼저 陳에 사절을 파견하고 이어서 北周에도 파견하였다.134) 그리고 이듬해에는 다시 북주에 사절을 파견하는135) 등 위덕왕은 활발한 對中交涉을 펼쳤다. 이는 신라가 북주에 단 한 번도 사신을 파견한 일이 없으며, 북조 국가들과 빈번한 교류를 유지해온 고구려가 단지 1회만 사절을 파견한136) 사실과 비교된다.

또한 위덕왕은 581년 隋가 건국되자마자 삼국 중 가장 신속하게 사신을 파견하였고, 수의 高祖는 위덕왕을 책봉함으로써 답하였다.137) 위덕왕은 불과 석 달 뒤인 582년 정월에 다시 수에 사신을 파견하였다. 이렇듯 위덕왕은 백제의 전통적인 南朝 중심의 對中外交를 탈피

---

132)『陳書』권4, 本紀5, 宣帝頊 太建5年 3月 壬午.

133)『周書』권6, 帝紀6 武帝下 建德6年.

134)『陳書』5, 本紀5 宣帝 太乾 9月 7月 己卯 ;『周書』6, 帝紀6 武帝 下 建德 6年 11月 庚午.

135)『周書』7, 帝紀7 宣帝 宣政 元年 10月 戊子.

136)『周書』49, 列傳41 異域上 高麗.

137) 위덕왕은 581년 10월에 수에 사신을 파견하였고(『隋書』1, 帝紀1 高祖上 開皇 元年 10月 乙酉), 평원왕은 12월에 사신을 파견하였다(『隋書』1, 帝紀1 高祖上 開皇 元年 12月 壬寅).

하여 북조 중심의 외교정책을 펼쳤다. 위덕왕의 적극적인 대외교섭은 권위가 실추된 왕권강화를 도모하고 고구려 및 신라의 공세를 외교수단을 통해 견제하기 위한 목적이었다.

한편 위덕왕대 백제의 대중교섭은 군사와 외교 및 정치적인 측면만 강조된 것은 아니었다. 백제는 北朝 여러 국가와의 교섭을 통해 학문·사상·기술·정치이념 등 다양한 선진 문화를 수용하였다. 위덕왕은 8大姓 귀족세력을 제압하여 지배체제를 정비해야 할 처지에 놓여 있었다. 위덕왕은 魏晉時代 이래의 귀족주의를 배격하고 周代의 古制로 돌아가려는 정치의 기본방향을 채택하고 있던 北周의 정치체제에서 示唆를 받기도 하였다.[138]

또한 백제는 웅진시대와는 달리 문화적인 측면에서 북조계 문물이 널리 유행되었다. 부소산성에서 출토된 黑釉罐, 익산 왕궁리와 부여 능사에서 한 점씩 출토된 靑磁貼花文甁 조각 등은 북조계 자기와 연결된 것으로 보고 있다.[139] 능산리사지 출토 소조보살상·僧像·호법상 등의 표현기법이나 제작방법은 중국 북조의 소조상들과 유사하여 두 지역간의 문화교류를 반영한다.[140] 그 외에도 능산리사지에서 출토된 연화문 와당과 長頸甁 역시 北齊의 영향이 지적되고 있다.[141]

---

138) 李基東, 1990, 「백제국의 정치이념에 대한 일고찰」, 『진단학보』 69.

139) 권오영, 2003, 「백제의 대중교섭 진전과 문화변동」, 『강좌한국고대사』 4, 32쪽.

140) 신광섭, 2003, 「능산리사지 발굴조사와 가람의 특징」, 『백제 금동대향로와 고대 동아시아』(백제금동대향로 발굴10주년기념 국제학술심포지움 발표요지), 부여박물관, 55쪽.

141) 김종만, 2003, 「부여 능산리사지 출토유물의 국제적 성격」, 『백제 금동대향로와 고대 동아시아』, 69쪽.

제3절 무왕의 집권과 濟羅의 대립

1. 옛 가야지역 진출과 아막성 전투

위덕왕의 재위 기간 동안 오랜 평화를 누리던 삼국은 589년에 분열된 중국대륙을 隋가 통일하면서 소용돌이에 휩싸이게 되었다. 위덕왕은 隋가 陳을 평정한 589년에 중국의 戰船 한 隻이 제주도에 표착했다가 귀국길에 백제의 해안을 통과할 때 편의를 제공하였다. 위덕왕은 그들이 귀국할 때 함께 사절을 보내

> A. 아울러 사신을 보내와 표문을 받들어 陳을 평정한 것을 축하하였다. 이에 高祖가 갸륵하게 여겨, "백제왕이 陳을 평정한 소식을 듣고 멀리서 표문을 올려 축하하였으나, 왕래하기가 지극히 어려워서 만약 풍랑을 만난다면 인명이 손상될 것이오. 백제왕의 진실한 심정은 짐이 벌써 잘 알고 있소. 서로 거리는 멀다하여도 밀접한 관계는 얼굴을 마주대하고 이야기하는 것이나 마찬가지이니, 무어 반드시 사신을 자주 보내 서로 다 알아야 되겠소? 이제부터는 해마다 따로 조공을 바칠 것이 없소. 짐도 사신을 보내지 않으리니 왕은 알아서 하시오."라고 조칙하니, 使者가 춤을 추며 돌아갔다.[142]

라고 하였듯이, 陳을 평정한 것을 축하하였다. 隋의 文帝는 크게 만족하여 굳이 매년 사신을 보내지 않아도 좋다는 선심을 쓸 정도로 우호관계를 기약하였다. 위덕왕이 598년에 長史 王辯那를 보내 隋에 조공한 것은 주목할 만한 일이었다. 위덕왕은 隋가 요동에서 전쟁을 일으킨다는 소식을 듣고, 사신을 보내 표를 올려 정벌군의 길잡이가 되기를 청하였다.[143]

---

142) 『隋書』 권81, 列傳46, 東夷 百濟.
143) 『三國史記』 권27, 百濟本紀5, 威德王 45年.

익산 마룡지 | 익산 쌍릉에서 조금 떨어진 마을 옆 논 가운데에 위치하며, 용샘으로 불린다. 백제 무왕의 어머니가 용샘 옆에 혼자 살면서 용과 인연을 맺어 서동을 낳았다는 전설이 전해진다.

고구려는 隋가 건국된 이후 사절을 파견하는 등 한동안 원만한 관계를 유지하였다. 隋는 그동안 명분으로만 존속해 오던 중화질서의 개념을 현실적으로 실현코자 했으며,[144] 고구려가 이에 맞서면서 양국은 대립관계로 접어들었다. 고구려가 598년에 遼西를 공격하면서 양국의 전쟁이 시작되었다.[145] 고구려는 백제가 隋와 내통하고 있다는 소식을 듣고 군사를 보내 국경에 쳐들어 와서 약탈을 자행하였다.[146] 위덕왕은 동북아 정세가 급변하고 있던 와중에 숨을 거두었다.

위덕왕이 598년에 죽자 성왕의 둘째 아들인 혜왕이 왕위에 올라 2년

144) 김호동, 1989, 「고대 유목국가의 구조」, 『강좌 중국사』 2, 지식산업사, 291~
294쪽.
145) 『三國史記』 권20, 高句麗本紀8, 嬰陽王 9年.
146) 『三國史記』 권27, 百濟本紀5, 威德王 45年.

동안 재위에 있었다. 위덕왕은 後嗣가 없었기 때문에 그의 동생인 혜왕이 즉위하였다. 그러나『日本書紀』推古紀에 위덕왕이 597년에 왕자 阿佐를 왜국에 파견하였다는 기사가 전하기 때문에,[147) 위덕왕의 後嗣 여부는 속단할 수 없다.

왜국에 파견된 아좌가 위덕왕과 성왕 중에서 누구의 왕자인지는 불분명하다. 그러나 위덕왕이 왕위에 있었으므로 성왕의 왕자였다면 아좌는 王弟로 기록되어야 한다. 아좌는 위덕왕의 아들로 추정되며, 渡倭하여 왜왕 崇峻의 둘째 아들인 쇼토쿠태자의 스승이 되었다.

아좌가 왜국으로 건너간 이듬해에 위덕왕이 74세의 나이로 죽자 혜왕이 왕위를 계승하였다. 그런데 70세를 넘겨 언제 사망할지 모르는 위덕왕이 백제의 존망이 걸린 위태로운 사안이 없는 상태에서 차기 왕위계승자인 아좌를 왜국에 파견한 것은 상식적으로 이해가 되지 않는다. 백제가 왜국으로 태자 등의 최고위급 인물을 파견한 것은 왕실외교를 전개하면서 청병 등을 위한 목적 때문이었다.[148)

위덕왕 때에는 왜국에 병력 파견을 요청할 만큼 위급한 지경에 처한 경우는 거의 없었다. 위덕왕이 6차례에 걸쳐 왜국에 사절을 파견하였지만 청병을 위한 목적은 아니었다. 따라서 위덕왕이 죽은 후에 王弟인 혜왕이 즉위한 것은 그 전에 모종의 음모가 발생하였을 가능성이 높다. 그 음모에 희생된 아좌는 왜국으로 도피하고, 위덕왕은 궁중에 유폐된 후 사망에 이른 것이 아닐까 한다.

위덕왕 말년에 발생한 정변은 고구려와 隋의 대립에 개입하여 軍道를 자처하는 등 적극적인 대외정책을 추구한 것에 대한 귀족세력들의 반발로 생각된다. 백제의 귀족세력들은 위덕왕이 麗隋戰爭에 개입한 것을 빌미로 삼아 고구려가 군사를 보내 국경에 쳐들어 와서 약탈을

---

147)『日本書紀』권22, 推古紀 5年 夏四月.
148) 梁起錫, 1981, 앞의 글.

자행하는 사태가 발생하자 우려를 표명하였다. 이들은 성왕이 추진한 관산성 전투에 태자 시절의 위덕왕이 국내의 반대여론을 무시하고 앞장서서 출전하였다가 대패를 당한 뼈아픈 기억을 떠올렸다.

귀족세력들은 정변을 일으켜 위덕왕을 폐위시키고 王弟였던 혜왕을 옹립한 것으로 추정된다. 그러나 노련한 혜왕이 귀족세력을 끌어들여 거사를 일으켰을 가능성도 없지 않다. 위덕왕을 폐위하고 왕위에 오른 혜왕의 치세는 1년에 그쳤는데, 이는 혜왕이 노년에 즉위하였기 때문으로 추정된다. 그 다음은 혜왕의 아들인 법왕이 왕위에 올랐다.

법왕은 599년에 즉위하여 불운하게도 즉위 후 2년 만에 사망하였다.[149] 법왕의 죽음은 자연스러운 사망이 아니라 혜왕의 즉위 과정에서 일어난 궁정음모와 연결되었을 가능성이 높다.[150] 혜왕이 사망한 후에 궁궐 밖에서 홀어머니의 손에서 자랐으며

> B. 제30대 무왕의 이름은 璋이다. 그의 어머니가 서울의 南池 연못 둑에 집을 짓고 혼자 살았는데, 그 연못의 龍과 정을 통하여 낳았다. 어릴 때의 이름은 서동이었고, 그의 재능과 도량을 헤아릴 수 없었다.[151]

라고 하였듯이, 마를 캐서 생활할 만큼 몰락한 왕족 출신인 무왕이 즉위한 사실로 입증된다. 무왕의 왕위계승이 평탄치 않았음을 반영하듯이 그의 출생 내력도 史書에 따라 차이를 보이고 있다. 『三國史記』와 『三國遺事』에는 무왕이 법왕의 아들이라고 하였고,[152] 『北史』 등의

---

149) 『三國史記』 권27, 百濟本紀5, 法王 2年.
150) 혜왕과 법왕의 단명을 왕권을 강화하려는 적극적인 노력으로 인한 정쟁으로 왕이 살해된 것으로 보는 견해도 있다(盧重國, 1988, 앞의 책, 194~197쪽).
151) 『三國遺事』 권2, 紀異2, 武王.
152) 『三國史記』 권27, 百濟本紀5, 武王 卽位年 ; 『三國遺事』 권3, 武王殺禁.

중국 사서에는 위덕왕의 아들로 기록되어 있다.[153]

『三國史記』와 『三國遺事』의 기록을 따를지라도 무왕은 사비도성 안에서 자라난 보통 왕족과는 성장 과정이 크게 달랐다. 무왕은 궁궐에서 자라지 못하고 밖에서 성장한 이질적인 존재였다. 다만 그는 부친이 용으로 표현되는 것으로 볼 때 왕족 출신으로 생각된다. 백제의 왕실은 자기세력을 용으로 상징하였는데, 直系는 黑龍으로 傍系는 黃龍으로 표현하였다.[154]

사료 B에 전하는 池龍은 직계나 방계가 아닌 다른 왕족세력, 즉 몰락한 왕족을 의미한 것으로 보고 있다.[155] 따라서 무왕이 『隋書』등의 기록과 같이 위덕왕의 아들이라는 사실을 주목할 필요가 있다. 무왕은 위덕왕이 죽고 그의 자손들이 혜왕과 그 추종세력들에 의하여 제거될 때 가까스로 죽음을 모면했을 가능성이 있다. 그는 혜왕과 법왕의 재위기간에 쫓기는 처지였으며, 마를 캐는 서동으로 행세하며 살았다.

무왕은 신분을 속이고 숨어서 비참한 삶을 영위하고 있다가 정변이 발생하여 법왕이 희생되자 궁궐로 돌아와 즉위하였다. 무왕은 600년에 왕위에 올라 641년에 사망할 때까지 41년 동안 백제를 통치하였다. 그의 이름은 璋 또는 武康, 獻丙, 一耆篩德이라고 하였다. 무왕은 재능과 도량이 헤아릴 수 없을 만큼 뛰어난 인물이었으며,[156] 풍채와 거동이 빼어났고 기개가 호방하고 걸출하였다.[157]

무왕은 왕위에 오른 후 史書의 평판답게 뛰어난 능력을 발휘하여

153) 『北史』 권94, 列傳82, 百濟.
154) 盧重國, 1988, 앞의 책, 79쪽.
155) 金秉南, 2004, 「백제 무왕대의 아막성 전투 과정과 그 결과」, 『전남사학』 22, 112쪽.
156) 『三國遺事』 권2, 紀異2, 武王.
157) 『三國史記』 권27, 百濟本紀5, 武王 前文.

내분을 종식하고 무너진 왕실의 권위를 회복하는 데 주력하였다. 무왕은 왕권안정을 추구하면서 신라가 차지한 옛 가야지역 진출을 적극적으로 도모하였다. 무왕은 관산성 전투의 패전 이후 교착상태에 빠진 돌파구를 소백산맥을 넘어 옛 가야지역에 진출하는 것에서 찾았다. 그의 재위기간 동안 벌어진 전투에서 백제의 공격 횟수가 신라보다 훨씬 많았던 것은 백제가 승세를 장악하였음을 반영한다.

무왕은 602년 가을에 남원의 운봉읍에 위치한 아막성에 대한 공격을 시작으로 신라에 대한 포문을 열었다. 아막성은 운봉의 성리산성[158]과 성산리산성(또는 할미성)[159] 등으로 보고 있다. 아막성의 위치는 신라가 운봉고원에 펼친 주요 방어선을 통해 유추해 볼 수 있다.

남원시는 고도가 낮은 남원 중심의 서부권역과 고도가 높은 운봉읍을 비롯한 동부권역으로 구분된다. 운봉고원은 지리산의 북서쪽에 위치한 전형적인 고원지대로 아영평야와 연결되는 동쪽지역을 제외한 나머지는 험준한 능선으로 가로막혀 천연의 요충지 구실을 하였다. 그 중앙을 廣川이 흐르면서 넓은 들판이 펼쳐지고, 서쪽지역은 여러 갈래의 지류들이 모여 형성된 구릉지대가 발달되어 있다.

광천은 지리산 북서쪽에 위치한 고리봉·세걸산에서 발원하여 운봉지역을 거쳐 臨川江으로 흘러들어, 경남 산청군 생초면에서 남강 본류와 합류된다. 운봉지역은 경남 서부지역과 밀접한 연관성을 갖고 있었기 때문에『三國史記』지리지에도 함양의 영현으로 편입되어 있다.[160] 이와 같이 아막성이 위치한 운봉지역은 남강 水系圈에 속하며, 경남 서부지역과 밀접한 관계를 맺고 있다.

신라는 관산성 전투에서 성왕을 살해한 후 그 여세를 몰아 대가야를

---

158) 郭長根, 1999, 앞의 책, 61쪽.

159) 金泰植, 앞의 책, 1993, 115쪽.

160) 『三國史記』 권34, 雜誌3, 地理1, 康州.

380

남원의 치재 원경 | 장수군 번암면 소재지에서 바라본 치재의 모습. 번암면에서 치재로 올라가면 아막성으로 추정되는 성리산성이 산마루에 자리잡고 있다.

멸망하고 가야지역을 모두 차지하였다. 신라는 백제군을 가야지역에서 구축하고 함양을 거쳐 대가야의 영향을 크게 받은 두락리고분군과 건지리고분군이 위치한 운봉고원까지 진출하였다. 백제가 남원과 임실·진안·장수 등을 장악하고, 신라는 운봉고원을 차지한 상태에서 양국의 대치가 한동안 지속되었다.

　양국 사이에 소강상태가 끝나고 다시 치열한 공방전이 전개된 것은 무왕의 아막성 공격이 계기가 되었다. 무왕은 신라가 차지하고 있는 아막성을 빼앗아 남원-함양선을 돌파하여 옛 가야지역 진출을 시도하였다. 백제군은 운봉에서 함양과 산청을 거쳐 진주 방면으로 나아가려고 하였다. 그런데 백제가 함양 쪽으로 진출하기 위해서는 남원이나 장수에서 운봉고원으로 올라가는 고갯길 입구에 펼쳐진 신라의 1차 방어망과 팔령치 부근에 펼쳐진 2차 저지선을 돌파해야 가능하였다. 아

성리산성의 원경 | 성리산성은 백제와 신라 사이에 치열한 교전이 벌어진 아막성으로 추정되고 있다. 산성 둘레는 632m에 이르고, 동·서·북문 터가 남아 있다. 남쪽 성벽의 능선 연결 부분에는 못을 파서 물이 흐르도록 환호가 설치되었다.

막성의 위치는 신라의 1차 방어선(성리산성)과 2차 방어선(성산리산성) 중에서 어느 것을 택할 것인가와 직접적인 관련이 있다.

성리산성은 장수 번암에서 운봉고원으로 올라가는 백두대간 산줄기 정상부에 위치하면서 치재와 복성이재 등 큰 고갯길을 거느리고 있는 교통과 전략적인 요충지에 위치하였다.[161] 그 반면에 성산리산성은 운봉고원에서 함양을 거쳐 산청과 거창으로 통하는 팔령치 관문을 지키는 역할을 하였다.

따라서 아막성은 경남지역과 평탄한 도로로 쉽게 연결되며 문화환경이 비슷한 운봉-함양계선의 팔령치 일대의 성산리산성이 아니라, 장수에서 운봉고원으로 오르는 관문에 해당되는 지형이 험한 복성이재 부근의 성리산성으로 추정된다. 즉, 성리산성(아막성)은 장수군 번암면

---

161) 곽장근, 2005, 「웅진기 백제와 가야의 역학관계 연구」, 『百濟의 邊境』 2005
    년도 백제연구 국내학술회의, 96쪽.

성리산성의 북쪽 성벽 | 성리산성의 북쪽 성벽은 완전히 남아 있으며, 거의 직선으로 150m 정도이다.

에서 운봉고원으로 넘어가는 고개를 통제하는 구실을 하였다.

무왕이 보낸 백제군은 운봉고원을 넘어 함양과 거창 및 산청 등지의 옛 가야지역을 석권하기 위하여 출병하였다. 백제군은 논산에서 금남정맥의 작은 싸리재를 넘어 진안군 용담면과 읍내를 거쳐 마령과 백운면을 통과한 다음 마령면→ 백운면→ 아침재와 한치재→ 장수군 번암면→ 백두대간의 치재→ 운봉읍 아영분지의 월산리와 두락리→ 인월면→ 함양군 서상면→ 임천강162)→ 산청군 생초면→ 진주 방면으로 나아가려고 하였다.

그 외에도 백제군은 논산과 전주, 진안을 거쳐 방고개를 넘고, 다시 天川을 따라 남쪽으로 장수읍을 거친 후 번암면에서 곧장 남원 아영면에 이르는 길을 택하였을 가능성도 있다. 또한 완주와 임실의 경계인

---

162) 임천강은 남강의 상류로 산청군 생초면 상촌리에서 함양군 마천면 가흥리 사이의 24㎞ 구간을 말한다.

운봉고원 전경 | 운봉읍 고남산 정상에서 내려다본 운봉고원 전경. 백제와 신라는 전략적 요충지였던 운봉고원과 아막성을 차지하기 위하여 수차례에 걸쳐 치열한 공방전을 전개하였다.

슬치를 넘은 후 관촌과 오수를 거쳐 남원에 이르는 길도 있다.[163]

그러나 무왕의 출병은 운봉고원의 입구에 위치한 아막성을 함락하지 못하여 실패로 끝나고 말았다. 백제군은 아막성을 포위하였으나 신라 진평왕이 정예 騎兵 수 천 명을 파견하여 막아 싸우니 승전을 거두지 못하고 돌아오고 말았다. 백제군이 아막성을 함락하지 못하고 돌아가자, 신라는 가야지역으로 진출하려는 백제를 저지하기 위하여 小陀·畏石·泉山·甕岑의 네 성을 쌓아 대비하였다.[164] 소타 등의 4성은 운봉의 아막성과 관련된 것으로 볼 때 지리산 정령치에서 북으로 뻗어 운봉읍과 아영면의 서쪽 경계를 이루는 산줄기에 축조되었다.[165]

163) 김병남, 2004, 앞의 글, 109쪽 ; 곽장근, 2005, 앞의 글, 87쪽 각주 22).

164) 『三國史記』 권27, 百濟本紀5, 武王 3年.

165) 최병운, 1997, 「선사시대의 섬진강」, 『섬진강유역사연구』, 한국향토사연구 전국협의회, 64쪽.

신라는 아막성과 소타성 등을 연결하여 백제가 남원 방면에서 가야 지역으로 진출하려는 것을 방어하였다. 신라는 여기에 그치지 않고 백제를 공격하여 가야지역으로 진출하려는 무왕의 의도를 차단하려고 하였다. 이에 맞서 무왕은 좌평 解讐에게 보병과 기병 4만 명을 주어 신라군이 주둔하고 있는 소타 등 4성을 공격하게 하였다. 신라는 장군 乾品과 武殷이 병사를 거느리고 막아 싸웠다. 해수는 전세가 불리하자 군사를 이끌고 泉山 서쪽의 큰 진펄 가운데로 퇴각하여 군사를 매복하여 놓고 기다렸다. 백제군이 매복한 泉山 서쪽의 큰 진펄은 운봉고원 밑에 위치한 남원시 일원으로 생각된다.

백제군은 신라군의 선방에 막혀 운봉고원 일대로 올라가지 못하였다. 운봉고원의 아막성 등에 주둔한 신라군을 평지로 끌어내기 위하여 패배를 가장하였다. 신라의 장수 무은은 승세를 타고 갑옷 입은 군사 1천 명을 거느리고 추격하여 백제군이 매복하고 있던 진펄에 이르렀다. 신라의 추격군이 이곳에 도착하자 백제군이 일어나 급히 공격하였다.

백제의 복병이 달려오자 무은은 말에서 떨어지고 병사들은 놀라서 어찌할 바를 몰랐다. 이때 무은의 아들 貴山이 그의 아버지에게 말을 주고 자신은 小將 箒項과 더불어 창을 휘두르며 힘을 다해 싸우다가 죽었다. 신라의 군사들은 이를 보고 더욱 분발하여 전투에 임하니 백제군이 패배하였다. 해수는 대패를 당한 후 겨우 죽음을 면하고 단기 필마로 돌아오고 말았다.[166]

해수가 이끈 步騎 4만은 백제가 동원할 수 있는 대부분의 병력을 포함한 것이었다. 성왕이 관산성 공격에 동원한 병력이 3만 명을 헤아렸는데, 『日本書紀』에 '悉發國中兵'[167]으로 기록한 것으로 보아 당시 백제가 대규모 전투에 3~4만 명을 출전시켰음을 알 수 있다. 무왕은 대병을 출

---

166) 『三國史記』 권27, 百濟本紀5, 武王 3年.
167) 『日本書紀』 권19, 欽明紀 15年.

전시켜 가야지역 진출을 노렸으나 실패하고 큰 타격을 받게 되었다.

무왕은 운봉을 넘어 함양지역으로 진출하려는 계획이 실패한 후 신라의 반격을 받게 되었다. 신라군은 운봉고원을 내려와 한 때 대가야가 세력을 미쳤던 남원이나 임실, 무주, 진안 등의 전북 동부지역으로 진출하였다. 무왕은 신라의 공격을 차단하기 위하여 임실에 角山城을 축조하여 맞섰다.

각산성은 임실군 관촌면 오원천 양편 기슭에 뿔처럼 솟아 있는 세 군데의 산성, 즉 대리산성과 배뫼산성 및 방현리산성으로 보고 있다.[168] 이들 산성은 전주-슬치-임실 관촌-임실 오수-남원 아영면에 이르는 교통로를 보호하고, 백제가 운봉고원으로 진출하는 교두보 역할을 하였다.

신라는 무왕이 각산성을 축조하여 맞서자 605년에 백제의 동쪽 변경을 공격하였다.[169] 신라가 공격한 곳은 아막성에서 남원을 거쳐 임실로 연결되는 지역으로 추정된다. 이는 백제가 신라에게 전북 동부지역에서 밀리면서 수세에 처했음을 반영한다.[170]

신라는 남원과 임실 등의 전북 동부지역으로 진출하였고, 백제는 각산성 등을 축조하여 신라의 공격에 대비하였다. 무왕의 가야지역 진출은 소기의 성과를 거두지 못하고, 신라군의 반격에 밀려 남원과 임실 및 장수 일대에서 일진일퇴의 공방전을 전개하였다.

2. 금강유역 진출과 가잠성 전투

무왕은 옛 가야지역에 대한 공략이 의도대로 진행되지 못하고 신라

168) 전영래, 1996, 『백촌강에서 대야성까지』, 신아출판사, 119쪽.
169) 『三國史記』 권27, 百濟本紀5, 武王 6年.
170) 김병남, 2004, 앞의 글, 115쪽.

386

의 완강한 저항에 부딪히자 그 돌파구를 찾고자 大兵을 동원하여 금강
상류지역에 위치한 가잠성을 공격하였다.[171] 가잠성 전투는『三國史
記』백제본기 무왕 11년 조와 奚論 列傳에 전해지고 있다.

백제군의 가잠성 공격은 611년 10월에 이루어졌는데, 성주 讚德은
파상적인 공격을 받고 100여 일이 지나도록 항복하지 않고 성을 잘 지
켜내고 있었다. 진평왕은 고립무원에 처한 가잠성을 구원하기 위하여
모든 지방군이 망라된 上州·下州·新州의 3州 군사를 파견하였다.
신라의 3州 병력은 가잠성 부근에 도착하여 백제군과 전투를 벌였으
나 패배하여 회군하고 말았다.

가잠성에 고립된 신라군은 양식과 물이 다하자 시신을 먹고 오줌을
마시며 힘껏 싸웠으나

A. 다음 해 신미년 겨울 10월에 백제에서 대군을 출동시켜 가잠성을
공격하여 100여 일이 지나자 진평왕은 장수에게 명하여 상주, 하주,
신주의 군사로써 이를 구하게 하였다. 드디어 도착하여 백제인과
싸워 이기지 못하고 군사를 이끌고 되돌아가니 찬덕이 분개하고 한
탄하여 병졸에게 말하였다. "세 주의 군대와 장수가 적이 강함을 보
고 진격하지 않고, 성이 위태로운데도 구하지 않으니 이는 의리가
없는 행동이다. 의리없이 사는 것보다는 차라리 의리 있게 죽는 것
이 낫겠다." 이에 격앙되어 용감히 싸우기도 하고 지키기도 하였는
데 양식과 물이 다하자 시신을 먹고 오줌을 마시기까지 하며 힘껏
싸워 게으리 하지 않았다. 봄 정월이 되자 사람들이 이미 지쳐 성이
장차 무너지게 되어 사태를 다시 회복할 수가 없게 되었다. 이에 하
늘을 우러러 보며 크게 외쳤다. "우리 임금이 나에게 하나의 성을
맡겼는데 이를 온전하게 지키지 못하고 적에게 패하니 원컨대 죽어
서 厲鬼가 되어 백제인을 다 물어 죽여 이 성을 되찾게 하겠다!" 그
리고는 팔뚝을 걷어 부치고 눈을 부릅뜨고 달려 느티나무에 부딪혀

171)『三國史記』권27, 百濟本紀5, 武王 12年.

죽었다. 이에 성이 함락되어 군사가 모두 항복하였다.172)

라고 하였듯이, 다음 해 정월이 되면서 너무 지쳐 더 이상 버틸 수 없
게 되었다. 찬덕은 여귀173)가 되어 백제인을 물어 죽이겠다는 저주를
남기며 느티나무에 부딪혀 죽었다. 가잠성은 성주 찬덕이 자살한 후
함락되고 군사들은 모두 항복하였다.

가잠성의 위치에 대해서는 경남 거창이나 충북 괴산으로 보는 견해
가 있다.174) 그러나 신라가 빼앗긴 가잠성을 되찾기 위하여 618년에
북한산주 도독 邊品을 보내 공격을 진두지휘한 것175)으로 볼 때 그 위
치를 옛 가야지역으로 비정하는 것은 문제가 따른다. 이 때문에 무왕
의 가잠성 공격이 한강유역 수복을 위하여 전개된 것으로 보는 견해도
있다.176)

그러나 무왕의 가잠성 공격은 한강유역을 회복하기 위한 군사작전
은 아니었다. 아막성 공격이 운봉지역을 장악하여 옛 가야지역으로 진
출할 수 있는 교두보를 확보하는 데 목적이 있었듯이, 가잠성 공격은
한강 하류지역을 회복하기 위한 본격적인 작전에 앞서 신라의 교통로
를 차단하는 데 목적이 있었다.

신라는 한강 하류지역으로 진출하면서 보은-청주-진천-직산-남양만
으로 이어지는 소위 '秋風嶺路'를 장악하였다. 백제는 옥천과 보은 방

---

172) 『三國史記』권47, 列傳7, 奚論.
173) 여귀는 제사지낼 후손이 없는 귀신, 비명횡사나 원한을 품고 죽은 귀신을 말
한다. 이러한 귀신은 사후에 안식을 얻을 수 없으므로 이승에 내려와 여러 가
지 수단으로 복수를 한 것으로 인식되었다(林富士, 1995, 『孤魂與鬼雄的世
界』, 1995, 14쪽).
174) 酒井改藏, 1970, 앞의 책, 41쪽 ; 田容新 編, 1993, 『韓國古地名辭典』, 고려
대 민족문화연구소, 3쪽.
175) 『三國史記』권4, 新羅本紀4, 眞平王 40年.
176) 김병남, 2002, 「백제 무왕대의 영역확대와 그 의의」, 『한국상고사학보』 38.

면을 공격하여 한강 하류지역으로 이어지는 추풍령로를 무력화시키려고 하였다.[177] 신라는 금강 상류지역에 속하는 보은·옥천·영동·괴산·진천을 지배하였고, 백제는 청주·목천·회인을 차지하고 있었다.

무왕의 가잠성 공격은 신라가 차지하고 있던 옥천-보은 방향의 금강 상류지역을 점령함과 동시에 한강 하류지역으로 연결되는 교통로를 차단하기 위한 전략으로 추정된다.[178] 가잠성은 보은에서 한강 하류지역에 이르는 교통로 상에 위치하였고, 좀 더 구체적으로는 진천이나 괴산 부근으로 추정된다.

백제가 가잠성을 차지하면서 신라는 보은에서 한강 하류지역에 이르는 교통로를 상실하여 훨씬 멀고 지세마저 험난한 충주-여주-이천-수원-남양만으로 연결되는 노선을 이용하게 되었다. 또한 한강 하류지역에 주둔하고 있던 신라군도 작전로가 차단되어 여러 가지 난관에 봉착하였다.

무왕의 가잠성 공취는 신라가 구축하고 있던 백제에 대한 포위망 돌파라는 단순한 전술적 효과 외에도 양국의 전략 운영에 심대한 영향을 미쳤다. 백제는 가잠성을 함락하여 신라의 한강 하류지역에 이르는 교통로를 차단하였을 뿐만 아니라 그 지배마저 흔들어 놓았다. 백제의 가잠성 장악은 관산성 패전 이후 신라로 기울어져 있던 양국의 세력관

---

177) 서영일, 2002, 『충북의 고대사회』, 충북학연구소, 77쪽.

178) 무왕의 가잠성 공격을 청주-진천-직산-평택-남양만으로 이어지는 신라의 對中交通路를 차단하기 위한 군사작전으로 보고, 그 위치를 남양만과 인접한 안성 부근으로 보기도 한다(김병남, 2002, 앞의 글, 59~64쪽). 그러나 무왕은 隋唐帝國과 관계개선을 통해 고구려에 맞서려고 하였기 때문에 국제적인 고립을 초래할 수 있는 위험을 무릅쓰고 신라의 대중교통로를 차단할 필요가 없었다. 백제가 신라의 대중국교통로를 차단하려고 나선 것은 무왕을 계승한 의자왕의 당항성 공격으로 본격화되었다. 의자왕은 대야성 함락의 여세를 몰아 643년에 고구려와 연합하여 당항성을 공격하여 신라의 대당교통로를 차단하려고 하였다.

계를 일거에 반전시키고 백제가 주도권을 잡는 계기가 되었다.

무왕의 신라 공격은 612년에 隋의 대군이 고구려를 공격하면서 소
강상태로 접어들었다. 무왕은 국경에 군비를 엄히 하고 말로는 수나라
를 돕는다고 하면서 실제로는 兩端策을 사용하였다.179) 양단책의 실상
은

> B. 이전에 백제 왕 璋(무왕)이 (수나라에) 사신을 보내 고구려를 칠 것
>   을 청하니, 황제가 (백제를) 시켜 우리나라의 동정을 엿보게 하였으
>   나, 장은 안으로 우리나라와 몰래 통하였다. 수나라 군대가 장차 출
>   동하려 하자, 장은 그 신하 國智牟를 수나라에 들여보내 출병할 시
>   기를 알려줄 것을 청하니, 황제가 크게 기뻐하며 후하게 상을 주고
>   尙書起部郞 席律을 백제에 보내 모일 시기를 알렸다. 수나라의 군
>   대가 요하를 건너자, 백제도 역시 국경에 군사를 엄히 배치하고 말
>   로는 수나라를 돕는다고 하면서, 실은 양다리를 걸치었다.180)

라고 하였듯이, 무왕의 실리위주의 기민한 외교전략임을 알 수 있다.
무왕이 隋의 고구려 원정에 호응한 것은 고구려가 607년에 海路를 통
하여 松山城(충남 홍성)을 공격하였고, 石頭城(서산 굴포)을 쳐서 남
녀 3천 명을 사로잡아 돌아갔기 때문이었다.181)

무왕은 고구려에 보복하기 위하여 611년에 國智牟를 隋에 파견하여
출병 시기를 문의하는 등 적극적인 움직임을 보였다. 이에 호응하여
隋의 양제도 尙書起部郞 席律을 백제에 보내 출병 시기를 알렸다. 그
러나 무왕은 전쟁이 일어나자 어느 편에도 적극적으로 가담하지 않고
양쪽의 대결을 이용하여 실리를 취하였다. 한편 『隋書』 백제전에는

179) 『三國史記』 권27, 百濟本紀5, 武王 13年.
180) 『三國史記』 권20, 高句麗本紀8, 嬰陽王 23年.
181) 『三國史記』 권27, 百濟本紀5, 武王 8年.

C. 大業 3년에 璋이 사자 燕文進을 보내와 조공을 바치고, 그 해에 또 사자 王孝鄰을 보내와 공물을 바치면서 고려의 토벌을 청하였다. 양제는 이를 허락하고 고려의 동정을 엿보게 하였다. 그러나 璋은 안으로는 고려와 通和를 하면서 속임수로 중국을 엿본 것이다.[182]

라고 하였듯이, 607년에 이르러 백제와 고구려가 화친한 사실을 기록하고 있다. 이 기사를 주목하여 백제와 고구려가 적대관계를 청산하고 동맹을 맺은 것으로 보기도 한다. 양국의 동맹체제는 당나라의 건국 이후에도 계속되어 의자왕 때에 이르러 더욱 확고하게 되었다는 것이다.[183] 그러나 무왕은 607년 이래 611년, 612년에도 隋에 고구려 정벌을 거듭 요청하였다. 또한 양국이 화친관계를 맺은 것으로 전해지는 해에 오히려 백제가 고구려의 침입을 받은 사실도 고려할 필요가 있다.

무왕 때에 백제와 고구려가 동맹관계를 형성한 것은 아니었다.[184] 다만 양국의 접촉은 동맹단계로 나아가지는 못하였지만 상호간에 새로운 관계를 모색하는 수준이었을 가능성이 높다.[185] 이를 통해 무왕은 고구려의 군사행동을 견제하고 신라 공격을 강화하였다.

무왕이 신라 공격에 집중할 수 있었던 것은 隋의 침입을 받은 고구려가 남진할 여력이 없었기 때문이다. 고구려는 607년에 백제를 공격한 이후 638년에 신라의 칠중성을 공격할 때까지 남진이 정지되었다. 백제는 고구려와 수가 613년과 614년에도 각각 소규모의 국지전을 전개하는 등 전란상태가 유지되자 군비를 단속하고 전황을 주시하였다.

---

182) 『隋書』 권81, 列傳46, 東夷 百濟.

183) 盧重國, 1981, 「고구려·백제·신라 사이의 역관계 변화에 대한 일고찰」, 『동방학지』 28, 92쪽.

184) 정동준, 2002, 「7세기 전반 백제의 대외정책」, 『역사와 현실』 46, 45쪽.

185) 金壽泰, 2004, 「삼국의 외교적 협력과 경쟁」, 『新羅文化』 24, 30쪽.

무왕은 고구려와 수나라의 전쟁이 소강상태로 접어 든 616년에 신라의 母山城을 공격하였다.[186] 모산성은 무왕이 602년 가을에 군대를 보내 공격하였다가 참패를 당한 阿莫城의 異稱이었다. 그러나 무왕의 모산성 공격은 다시 실패로 돌아가고 말았다. 백제의 모산성 공격에 대하여 백제본기나 신라본기에 모두 동일한 내용이 기록되어 있으나, 백제군이 함락하였다는 내용이 없는 것으로 볼 때 실패로 끝났음을 알 수 있다.

무왕의 모산성 공략이 실패로 돌아간 후 신라는 전략요충지인 가잠성을 되찾기 위하여 618년에 북한산주 도독인 邊品으로 하여금 공격에 나서도록 하였다.[187] 신라는 가잠성을 회복하기 위하여 북한산주의 군단을 남으로 돌렸는데, 奚論이 金山幢主로서 휘하 장졸을 이끌고 참전하였다. 그의 활약상은『三國史記』列傳 奚論傳에

> D. 해론은 나이가 20여 세 때 아버지 공으로 대나마가 되었다. 건복 35년 무인에 왕이 해론을 金山幢主에 임명하여 한산주 도독 邊品과 함께 군사를 일으켜 가잠성을 습격하여 빼앗게 하니 백제에서 이 소식을 듣고 군사를내어 이 곳으로 보냈다. 해론 등이 이를 맞아 칼날이 서로 맞닿자 해론이 여러 장수에게 말하기를 "전일 나의 아버지가 이 곳에서 숨을 거두시었는데 내 지금 이곳에서 백제인과 싸우니 오늘이 내가 죽을 날이다." 하고는 드디어 짧은 칼을 가지고 적에게 내달아 몇 명을 죽이고 죽었다. 왕이 이를 듣고 눈물을 흘리고 그 가족을 돕기를 매우 후하게 하였다. 당시 사람들이 슬퍼하지 않는 자가 없었으며, 長歌를 지어 조문하였다.[188]

라고 하였듯이, 자세하게 전해지고 있다. 신라군은 해론의 분전에 힘입

---

186)『三國史記』권27, 百濟本紀5, 武王 17年.
187)『三國史記』권27, 百濟本紀5, 武王 19年.
188)『三國史記』권47, 列傳7, 奚論.

어 가잠성을 회복할 수 있었다.[189] 그러나 해론은 용전분투 끝에 전사하였고, 신라 사람들은 長歌를 지어 그의 죽음을 위로하였다. 무왕은 한강유역 진출을 위한 교두보를 상실하였으며, 신라는 인후지대를 다시 차지하여 괴사상태에서 벗어날 수 있었다. 이로써 무왕의 금강 상류지역 진출 노력은 수포로 돌아가고 말았다.

3. 나제관문 진출과 옥문곡 전투

무왕은 가잠성을 잃고 한 동안 신라 공격을 중단하였으나, 623년에 勒弩縣(충북 괴산)[190]을 공격하면서 다시 포문을 열었다. 그러나 백제는 늑로현을 함락하지 못하였고,[191] 다음 해 10월에는 소백산맥을 넘어 速含城 등 6성을 공격하였다.[192] 백제군은 눌최가 지휘하던 신라군을 제압하고 速含 · 櫻岑 · 旗懸 등 6성을 함락하였다.[193] 『三國史記』訥崔 列傳에는

> A. 눌최는 사량 사람으로 대나마 都非의 아들이다. 진평왕 建福 41년 갑신 겨울 10월에 백제가 대거 내침하여 군사를 나눠 速含, 櫻岑, 岐岑, 旗懸, 穴柵 등 여섯 성을 포위 공격하였다. 왕이 上州, 下州, 貴幢, 法幢, 誓幢 등 5군에게 가서 구하도록 하였다. (5군이) 이미 도착하여 백제 군사가 진영을 갖춘 것이 당당함을 보고 그 예봉을 당해낼 수 없을 것 같아 머뭇거리며 진격하지 못하였다. 어느 사람이 주장하였다.
> "대왕께서 5군을 여러 장군에게 맡겼으니 국가의 존망이 이 한 싸

---

189) 『三國史記』 권27, 百濟本紀5, 武王 19年.
190) 전용신 편, 1993, 앞의 책, 62쪽.
191) 『三國史記』 권27, 百濟本紀5, 武王 24年.
192) 『三國史記』 권4, 新羅本紀4, 眞平王 46年.
193) 『三國史記』 권27, 百濟本紀5, 武王 25年.

움에 달렸다. 兵家의 말에 '승리가 판단되면 진격하고, 어려울 것
같으면 후퇴하라' 하였으니 지금 강적이 앞에 있으니 계략을 쓰지
않고 직진하였다가 만일 뜻대로 되지 않으면 후회하여도 소용이 없
다."

장군과 보좌관들이 모두 그렇다고 여겼다. 그러나 이미 명을 받아
출동하였으므로 그냥 돌아갈 수도 없었다. 이보다 앞서 국가에서
奴珍 등 6성을 쌓으려고 하였으나 겨를이 없었는데 드디어 그 곳에
성을 모두 쌓고 돌아왔다.

이에 백제의 침공이 더욱 급박하여져 속함, 기잠, 혈책의 세 성이
함락되거나 또는 항복하였다. 눌최가 남은 세 성으로써 굳게 지키
다가 5군이 구원하지 않고 돌아간다는 소식을 듣고 분개하여 눈물
을 흘리면서 병졸에게 말하였다. "봄날의 따뜻한 기운에는 모든 초
목이 꽃을 피우지만 추위가 닥치면 오직 소나무와 잣나무만이 늦게
낙엽진다. 지금 외로운 성에 구원이 없어 날로 더욱 위험하다. 지금
이 바로 진실로 뜻있는 병사와 의로운 사람이 절조를 다 바쳐 이름
을 날릴 수 있는 때이다. 너희들은 장차 어떻게 하겠는가?" 병졸들
이 눈물을 뿌리며 말하기를 "감히 죽음을 아끼지 않고 오직 명을
따르겠습니다." 하였다.

성이 장차 함락되려 할 때 군사들이 거의 다 죽고 몇 사람 밖에 남
지 않았는데 사람들은 모두 죽음을 각오하고 싸워 구차히 살아 보
겠다는 마음이 없었다. 눌최에게 종이 한 명 있었는데 힘이 세고,
활을 잘 쏘았다. 어느 사람이 일찍이 말하기를 "소인이 특이한 재주
를 가지면 해롭지 않은 경우가 없으니, 이 종을 마땅히 멀리하라!"
하였다. 그러나 눌최는 이 말을 듣지 않았다. 이때 성이 함락되어
적이 들어오자 그 종은 활을 당기어 화살을 끼워 눌최의 앞에서 쏘
는데 빗나가는 바가 없었다. 적이 두려워하여 앞으로 나오지 못하
다가 어느 적군 한 명이 뒤에서 와서 도끼로 눌최를 쳐 눌최가 쓰
러지니 종이 돌아서서 싸우다가 주인과 함께 죽었다. 왕이 이 소식
을 듣고 비통해 하고 눌최에게 급찬의 관등을 추증하였다.[194]

---

194) 『三國史記』 권47, 列傳, 訥催.

육십령 원경 | 장수군 장계면 삼고리고분군 부근에서 바라본 육십령 원경. 멀리 산마루를 굽이굽이 넘어가는 육십령 고갯길이 아스라이 펼쳐져 보인다. 장수에서 육십령을 넘으면 경남 함양군에 이른다.

라고 하였듯이, 무왕이 대군을 파견하여 速含城 등 6성을 공취한 사실이 전해지고 있다. 백제의 대군이 밀려들자 신라의 진평왕은 上州와 下州[195]의 지방군 및 貴幢·法堂·誓幢 등 중앙군을 포함하여 5군을 보내 구원케 하였다. 신라는 소백산맥 이북지역을 통괄한 한산주를 제외하고 중앙군과 지방군을 포함하여 거의 모든 병력을 동원하였다.

그러나 신라군은 백제의 군진이 당당함을 보고 그 예봉을 당할 수 없어 나아가지 못하였다. 그 대신에 奴珍 등 6성을 축조하여 백제군의

---

195) 上州는 법흥왕 12년(525)에 설치되어 문무왕 5년(665)까지 같은 州名을 사용하였다. 州治는 甘文州(557년 : 김천시 개녕), 一善州(614년 : 선산), 沙伐州(687년 : 상주)로 이름이 바뀌면서 계속 이동하였다. 下州는 진흥왕 16년(552)에 설치되어 주명의 변경은 없었으나, 州治는 比子伐州(창녕), 大耶州(562년 : 합천), 押梁州(642년 : 경산), 大耶州(661년 : 합천), 居列州(665년 : 거창)로 이동하면서 이름이 바뀌었다.

西進을 차단하는 데 그쳤다. 신라의 5군은 백제군의 기세에 눌려 대적하지 못하고 사실상 속함 등의 여러 성을 포기하고 말았다.

백제는 신라의 지원군이 철수하자 공격을 계속하여 속함, 기잠, 혈책 3성을 먼저 함락하였다. 속함성은 함양, 기잠성은 합천군 삼가면, 혈책은 산청군 단성면 일대에 해당된다.[196] 또한 6성 중에서 속함, 기잠, 혈책이 먼저 함락되었다고 하였으므로 백제군은 장수에서 육십령[197]을 넘어 함양→합천 삼가→산청군 단성지역을 장악하고, 이어서 남강의 본류를 타고 산청에서 진주로 통하는 교통로 상에 위치한 봉잠 등 3성을 확보한 것으로 추정된다.

무왕은 신라가 아막성을 중심으로 방비를 군건히 하였기 때문에 운봉고원을 넘어 옛 가야지역으로 나아가는 것이 난관에 봉착하자, 장수에서 육십령을 넘어 함양으로 진출한 후 그 주변지역을 장악하였다. 그 후에도 무왕은 신라를 줄기차게 공격하였는데 주로 신라의 西邊을 향하였다. 무왕은 626년에 王在城을 공격하여 장수 東所를 붙잡아 죽였으며,[198] 다음 해에는 沙乞이 신라 서쪽 변경의 2성을 함락하고 300명을 사로잡았다.[199] 신라의 진평왕은 629년에 대장군 김용춘과 김서현·김유신 부자로 하여금 娘臂城을 공격케 하는[200] 등 고구려와 격전을 치르면서 백제에 맞섰다.

무왕은 가야지역 진출에 성공하자 자신감을 얻어 한강 하류지역을

196) 全榮來, 1985, 앞의 글, 154쪽.
197) 육십령은 전북 장수군 장계면과 경남 함양군 서상면의 경계에 있으며 해발 734m의 높이로 六十峴 또는 六卜峙라고도 불렸다. 육십령은 소맥산맥 줄기의 덕유산과 백운산 사이에 위치하며, 오늘날에도 영남과 호남지방을 연결하는 주요 교통로로 이용되며 전주~대구를 잇는 국도가 지나고 있다.
198) 『三國史記』 권27, 百濟本紀5, 武王 27年.
199) 『三國史記』 권27, 百濟本紀5, 武王 28年.
200) 『三國史記』 권4, 新羅本紀4, 眞平王 51年.

396

회복하기 위하여 군사를 크게 일으켜 熊津으로 나아가 주둔하였다. 백제의 대대적인 공격이 임박하자 진평왕은 唐에 사신을 보내 위급함을 고하였다. 무왕은 이 소식을 듣고 신라 공격을 중지하였다.[201] 신라는 무왕의 줄기찬 공격이 계속되자

B. 가을 8월에 왕의 조카 福信을 당나라에 보내 조공하니, 태종은 (백제가) 신라와 대대로 원수가 되어 서로 빈번히 침략·토벌한다라고 하면서 왕에게 璽書를 내려 말하였다. "왕이 대대로 君長이 되어 東蕃을 위무하고 있다. 바다 귀퉁이가 멀고 멀며 바람과 파도가 험난하지만 충성이 지극하여 조공이 서로 잇따르고, 더욱이 (경의) 아름다운 꾀를 생각하니 심히 기쁘고 위로가 되도다. 짐은 삼가 하늘의 명을 받들어 강토에 군림하고 正道를 넓히려고 생각하며, 백성을 사랑하고 기르며, 배와 수레가 통하는 곳과 바람과 비가 미치는 곳마다 천성과 천명을 이루어 모두로 하여금 또한 평안하게 하고 있다. 신라 왕 金眞平은 짐의 번국의 신하요 왕의 이웃 나라인데 매번 들으니 군사를 보내 정벌하는 것을 그치지 않는다고 한다. 군사를 믿고 잔인한 일을 행하는 것은 바라는 바에 매우 어긋나는 일이다. 짐은 이미 왕의 조카 복신과 고구려·신라의 사신에 대해 함께 조칙을 내려 화해하도록 하여 모두 화목하게 하였다. 왕은 반드시 지난 날의 원한을 모름지기 잊고 짐의 본 뜻을 알아서 이웃 나라와의 정을 함께 돈독히 하고 즉시 싸움을 그치라." 왕은 이에 사신을 보내 표를 올려 사례하였는데, 비록 겉으로는 명령에 순종한다고 하였지만 속으로는 실제로 서로 원수짐이 옛날과 마찬가지였다.[202]

라고 하였듯이, 唐에 사절을 파견하여 외교적인 압력을 가하였다. 무왕은 공격 중지를 요청하는 唐의 주장을 정면으로 묵살하지 못하였다.

201) 『三國史記』 권27, 百濟本紀5, 武王 28年.
202) 『三國史記』 권27, 百濟本紀5, 武王 28年.

판갑옷과 투구 | 고령 지산동 32호분

398

무왕은 거의 매년 唐에 사절을 보내 우호적인 관계를 유지하려고 노력하였다.

그러나 무왕은 唐의 요청에 대하여 겉으로는 순종하는 체 하였지만 신라 공격을 멈추지 않았다. 무왕은 628년에도 군사를 보내 신라의 假峰城을 쳤으나 이기지 못하고 돌아 왔으며,[203] 632년에는 맏아들 의자를 태자로 책봉한 후 군사를 일으켰으나 승리하지 못하였다.[204]

무왕은 다음 해에 장수를 보내 신라의 西谷城을 공격하여 13일 만에 함락하였으며,[205] 서곡성은 거창군 가조면에 위치하였으며,[206] 같은 내용을 전하는 신라본기 선덕여왕 2년 조에는 '백제가 西邊을 공격하였다'[207]라고 기록되어 있다. 무왕은 서곡성을 차지하여 거창지역을 장악한 후 낙동강 서변에 위치한 김천과 성주, 구미 등을 확보하여 옛 대가야의 중심지였던 고령지역으로 진출하는 교두보를 삼으려고 하였다.

무왕은 636년 여름에 장군 于召에게 명령하여 갑옷 입은 군사 500명을 거느리고 가서 신라의 독산성(성주 가천면 禿用山城)[208]을 습격하게 하였다. 우소가 거느린 결사대는 독산성을 습격한 후

C. 여름 5월에 장군 于召에게 명령하여 갑옷 입은 군사 500명을 거느리고 가서 신라의 독산성을 습격하게 하였다. 우소가 玉門谷에 이

203)『三國史記』권27, 百濟本紀5, 武王 29年.
204)『三國史記』권27, 百濟本紀5, 武王 33年.
205)『三國史記』권27, 百濟本紀5, 武王 34年.
206) 金泰植, 1996, 앞의 글, 34쪽.
207)『三國史記』권5, 新羅本紀5, 善德女王 2年.
208) 독산성은『三國史記』지리지에는 '三國有名未詳地分'의 신라측 지명으로 기록되어 있다. 그러나 의자왕 19년 조에는 구미시 인의동에 위치한 桐岑城과 함께 나오는 것으로 볼 때 가까운 곳에 위치한 성주 가천면 禿用山城으로 보고 있다(대구대학교 편, 1992,『성주 독용산성 지표조사보고서』).

성주 가천면 독용산성 동문 | 독용산성은 가야시대에 축조된 것으로 추정되며, 백제가 경북 내륙지역으로 진출하면서 신라와 격전을 벌였다는 독산성일 가능성이 높다.

르러 날이 저물자 안장을 풀고 사졸들을 쉬게 하였다. 신라 장군 閼
川이 군사를 거느리고 엄습해 와서 이를 쳐서 무찔렀다. 우소는 큰
돌 위에 올라가 활을 당겨 막아 싸웠으나 화살이 떨어져 사로잡혔
다.209)

라고 하였듯이, 옥문곡까지 진격하였다. 옥문곡은 백제와 신라 사이에
전투가 잦은 곳으로 『三國史記』 무왕 27년, 의자왕 8년, 김유신 열전
등의 사료에 보인다.

그 위치는 김유신 열전에 기록된 합천의 大梁城 밖에 위치한 옥문
곡을 근거로 경북 성주와 경남 합천 사이로 보고 있다.210) 그런데 백제
의 于召가 공격한 독산성이 성주 가천의 독용산성211)이기 때문에 그

---

209) 『三國史記』 권27, 百濟本紀5, 武王 37年.
210) 한국정신문화연구원, 1997, 『역주 삼국사기』 3 주석편(상), 143쪽 註18.

400

부근으로 볼 필요가 있다. 즉, 星州牧 治所에서 동쪽으로 14리 떨어진 곳에 위치한 汝斤乃[212)가 옥문곡으로 생각된다.

백제군은 먼저 진출한 거창지역에서 김천으로 북상하여 대덕면 관기리 부근에서 우회전하여 독용산성으로 나아갔다. 백제가 김천과 성주 방향을 공격하려면 무주의 나제통문을 통과하는 것이 가장 가깝고 쉬운 공격루트이었다. 나제통문은 백제와 신라의 국경지대로 전북 무주에서 경북 김천과 경남 거창으로 통하는 길목이었는데,213) 신라가 무주의 무풍면 일대를 장악하고 있었기 때문에 이용할 수 없었다.

따라서 백제군은 거창에서 북진하는 우회로를 이용하여 성주 방면으로 진군하였다. 백제가 독산성과 옥문곡 일대를 장악하면 가야세력의 중심지였던 고령지역을 남과 북에 위치한 거창·합천과 성주 방면에서 포위할 수 있었다. 그러나 우소가 이끈 백제의 결사대는 성주의 여근곡까지 진출하여 매복에 있다가 신라군의 급습을 받아 몰살되었

---

211) 성주시 가천면 금봉리에 위치한 禿用山城은 소백산맥의 주봉인 수도산의 줄기에 해당되는 해발 955m의 독용산 정상에 위치하고 있다. 산성의 둘레는 7.7km(높이 2.5m, 폭넓이 1.5m)에 이르며, 수원이 풍부하고 활용공간이 넓어 장기 전투에 대비하여 만들어진 包谷式山城으로 영남지방에 구축한 산성 중 가장 큰 규모이다.

212) 『新增東國輿地勝覽』 권28, 星州牧 山川, '汝斤乃池在州東十四里'.

213) 나제통문은 전북 무주군 설천면 소천리에 있는 석굴문으로 높이 3m, 길이 10m이며, 암벽을 뚫은 통문으로 신라와 백제의 境界關門이었다고 전해진다. 통문 동쪽은 본래 茂豊縣, 서쪽은 朱溪縣의 땅이었는데, 조선시대에 합쳐서 茂朱縣이라 하였다. 무풍현은 신라의 茂山縣으로 경덕왕 때 무풍현으로 고쳐 개령군(경북 김천)에 소속시켰고, 주계현은 백제의 赤川縣으로 통일신라시대에 丹川縣이라 불리다가 고려시대에 주계현으로 고쳤다. 통문을 경계로 하여 동·서 두 지역은 삼국시대 이래 고려시대까지 판도와 문물이 다른 지역이었던 만큼 600년이 지난 지금도 언어·풍습 등에 차이가 있으며, 사투리만으로도 두 지방 사람을 식별할 수 있다. 나제통문은 일제강점기에 무주와 김천을 잇는 신작로를 닦을 때에 개통되었지만, 편의상 이곳을 통과하는 교통로를 나제통문으로 표현하고자 한다.

익산 미륵사지 석탑 | 국내에서 가장 오래된 석탑으로 높이가 14.24m에 이르며, 국보 11호로 지정되었다. 최근 해체·복원 작업을 시작하였는데 6층탑으로 복원될 가능성이 높다.

다.

　이로써 경북 서북 내륙지역으로 진출하려는 무왕의 전략 구상은 실패로 끝나고 말았다. 무왕의 신라 공격은 한강유역과 금강유역 방면에

402

서는 실패를 거듭하였지만, 소백산맥을 넘어 옛 가야지역에서는 거창·함양·합천·산청을 차지한 후 성주와 김천 등의 경북 서북 내륙지역으로 전선이 확대되었다. 무왕은 오랫동안 지속되었던 백제의 침체를 벗어나기 위하여 옛 가야지역을 공격하여 성왕의 전사 이후 70년 만에 지배거점을 확보하였다.

무왕은 신라와의 전쟁을 성공리에 수행하면서 왕권의 권위와 존엄을 과시하려는 목적에서 대규모 역사를 단행하였다. 무왕은 630년에는 사비의 궁궐을 수리하여 고쳤으며,[214] 634년에는 웅장하고 화려한 王興寺를 착공한 지 30여 년 만에 완성시켰다. 왕흥사는 금강의 강변에 위치하였는데 채색과 장식이 장엄하고 화려하였다. 무왕은 매번 배를 타고 절에 들어가 行香하였다.[215] 왕흥사는 사찰의 명칭과 같이 왕권의 고양을 의미하며, 왕이 절에 행차하여 行香하는 것은 호국 사찰이었음을 반영한다.[216]

또한 왕궁의 남쪽에 궁남지를 조성하여 20리 밖에서 물을 끌어들였으며, 네 언덕에는 버드나무를 심고 물 가운데는 섬을 축조하여 方丈仙山에 견주었다.[217] 그 외에도 무왕은 익산지역을 중시하여 別都를 경영하고,[218] 나아가 장차 천도할 계획까지 세웠다. 궁성이 될 王宮坪城을 축조하고 내불당의 성격을 띠고 있는 帝釋寺를 창건하였으며,[219] 동방 최대규모의 미륵사를 세우기도 하였다.

214) 『三國史記』 권27, 百濟本紀5, 武王 31年.
215) 『三國史記』 권27, 百濟本紀5, 武王 35年.
216) 吉基泰, 2006, 「백제 사비시대의 불교신앙 연구」, 충남대 대학원 박사학위논문, 100쪽.
217) 『三國史記』 권27, 百濟本紀5, 武王 35年.
218) 『大東地志』 권11, 益山 沿革.
219) 宋祥圭, 1976, 「王宮坪城에 대한 硏究」, 『百濟硏究』 7, 충남대 백제연구소.

제7장 나당연합군의 침입과 백제의 멸망

제1절 의자왕의 집권과 삼국항쟁의 점화

1. 낙동강유역 진출과 대야성 전투

무왕이 641년에 사망하자 태자 의자가 왕위에 올랐다. 의자왕은 무왕의 재위 33년(632)에 태자로 책봉되었으나, 귀족세력의 견제를 받아 소외된 상태에 있었다. 무왕의 집권 후반기에 내신좌평 岐味를 비롯한 귀족세력들은 노쇠한 국왕을 대신하여 국정을 운영하면서 雄偉 勇敢하고 담력과 결단성이 있는 태자 의자를 견제하였다.

의자왕은 무왕 33년에 이르러서야 태자에 책봉될 정도로 정적이 많았다. 의자왕은 태자로 책봉된 후에도 왕위 계승과정에서 일어날지 모르는 王弟들의 반발 움직임을 미연에 방지하고 왕족들과의 원활한 유대관계를 맺기 위하여 자신을 낮추고 엎드리는 처신을 하였다.[1]

의자는 무왕 말기에 정치적으로 고립되었으며, 귀족세력들은 의자의 동생인 翹岐를 전면에 내세워 태자를 견제하였다. 무왕은 집권 후반기에 익산 경영을 통하여 귀족세력의 견제를 무력화하고 왕권강화를 도모하였다.[2] 그러나 익산 천도는 귀족세력들의 저항으로 말미암아 실패

---

1) 金壽泰, 1992, 「백제 의자왕대의 정치활동」, 『한국고대사연구』 5, 62쪽.
2) 무왕은 왕권중심체제를 확립하기 위하여 익산을 천도지로 정하고 경영에 착

하였고, 그들은 정치적 발언권을 증대하면서 왕권강화를 제어하였다.

익산 경영은 年老한 무왕보다는 장년의 태자 의자가 왕명을 받들어 추진하였을 가능성이 높다. 무왕의 익산 경영과 밀접한 관계가 있는 미륵사는 寺址에서 출토된 干支를 놓고 볼 때 629년 무렵에 창건된 것으로 추정된다. 무왕의 익산 경영은 미륵사 창건 외에도 王宮坪城을 축조하는 등 大役事가 이루어졌다. 의자는 632년 태자에 책봉된 시기를 전후로 하여 부왕을 대신하여 현지에서 대역사를 지휘하였다.

귀족세력들은 의자를 견제하고 익산 천도를 무력화시키기 위하여 교기를 지지하였다. 또한 의자왕의 母后도 교기를 지지하였으며 상당수의 왕족들도 그 대열에 합류하였다. 무왕을 대신하여 익산 경영을 추진한 의자는 귀족세력과 母后를 비롯한 근친 왕족들의 배척을 받아 정치적 어려움을 겪었다.

의자왕은 왕위에 오른 후에도 '어버이를 효성으로 섬기고 형제와는 우애가 있어서 海東曾子로 불렀다'[3]라는 史書의 평판답게 母后에 맞서지 않고 은인자중하면서 때를 기다렸다. 의자왕은 즉위한 다음 해인 642년 1월에 모후가 사망하자 반대세력을 제거하고 왕권강화를 도모하기 위하여

> A. 금년 정월에 국왕의 어머니가 죽자 弟王子 翹岐와 同母妹의 여자 4인, 內佐平의 岐味, 거기에 높은 가문의 40여 인을 섬으로 추방하였다.[4]

수하여 왕궁을 세우고 石築의 宮墻을 쌓았고, 성내에는 백제 불교사원 전체를 총괄하는 大官寺를 세우고 內佛堂의 성격을 지닌 帝釋寺를 신축하였다. 그리고 미륵사를 창건하여 轉輪聖王을 자처하면서 왕권의 권위와 위엄을 뒷받침하려고 하였다(盧重國, 1988, 앞의 책, 197~203쪽).

3) 『三國史記』 권28, 百濟本紀6, 卽位年.
4) 『日本書紀』 권24, 皇極紀 元年 2月.

라고 하였듯이, 동생 교기와 누이 4명을 섬으로 추방하였다. 또한 의자
왕은 왕명출납을 맡고 있던 내신좌평 岐味 등 명망 높은 가문 출신의
40여 명을 축출하였다. 의자왕이 모후가 죽은 뒤에 정적을 제거한 것
은 그녀가 귀족회의체 구성원과 관계가 긴밀하였고, 근친 왕족들이 권
력의 중추에 있었기 때문이었다.[5]

　의자왕은 근친 왕족과 귀족세력의 심한 견제를 받으면서 즉위하였
기 때문에 정적 제거와 왕권강화가 절대적으로 필요하였다. 의자왕은
친위정변을 단행하여 왕권강화를 도모함과 동시에 對唐交涉을 통하여
자신의 국제적인 위상을 확보하고 권위를 내세우려고 하였다. 의자왕
은 무왕이 죽자 唐에 사신을 보내 그 사실을 알렸다. 太宗은 소복차림
으로 곡을 하고 光祿大夫를 추증하였으며 賻物 2백 段을 보내 주었
다.[6] 또한 태종은 祠部郎中 鄭文表를 보내 의자왕을 柱國으로 삼고
帶方郡王 百濟王으로 책봉하였다.

　의자왕도 같은 해 8월에 사절을 唐에 보내 감사의 뜻을 표하고 함께
토산물을 바쳤다.[7] 의자왕은 다음 해 정월에도 당나라에 사절을 보내
조공하였다. 의자왕이 唐에 빈번하게 사절을 파견한 것은 대외관계의
안정을 도모하고, 자신의 국제적인 위상을 확보하는 데 필요하였기 때
문이었다.

　의자왕은 과감한 숙청작업과 적절한 대당외교를 통하여 귀족중심의
정치운영체제에 일대개혁을 단행하고 왕권강화를 도모하였다. 의자왕
은 扶餘隆의 묘지명에 보이는 '과단성 있고 침착하였으며 사려 깊어서
그 명성이 홀로 높았다'는 평판답게 귀족중심의 정치운영에 제동을 걸

---

5) 金壽泰, 1999, 「백제 무왕대의 정치세력」, 『마한・백제문화』 14, 원광대 마
　한・백제문화연구소, 123~124쪽.
6) 『舊唐書』 권199 上, 列傳 149 上, 東夷 百濟.
7) 『三國史記』 권28, 百濟本紀6, 義慈王 前文.

었으며, 신진세력을 육성하여 왕권강화의 배경으로 삼았다. 또한 州郡을 巡撫하고 죄수를 너그럽게 살펴서 死罪 이하는 모두 석방하는 등 민심을 수습하였다.[8]

의자왕은 왕권강화를 바탕으로 국내정치의 안정과 唐과의 우호관계를 도모하면서 신라에 대하여 적극적인 공세를 취하였다. 의자왕은 642년 7월에 직접 군사를 이끌고 신라를 쳐서 獼猴 등 40여 성을 함락시켰다.[9] 의자왕이 미후성 공격에 직접 나선 것은 왕권의 위엄을 과시하고 귀족들의 불만을 대외적으로 發散시키고자 한 데서 나온 조치였다.[10]

미후성을 포함한 40여 성의 정확한 위치는 잘 알 수 없지만, 무왕 때에 장악한 함양·거창·산청을 제외한 옛 가야지역으로 생각된다.[11] 의자왕은 그 다음 달에는 합천의 대야성을 공격하여 장악하였다. 따라서 대야성을 공격하기 한 달 전에 장악한 미후성 등 40성은 대야성과 인접한 지역에 분포한 것으로 추정된다. 즉, 무왕이 장악한 거창·함양·산청과 대야성이 위치한 합천을 제외한 진주·사천·고성·마산·함안·의령을 포함한 경남 서남부지역과 고령·성주·선산을 비롯한 경북 내륙의 일부지역으로 생각된다. 의자왕은 소백산맥을 넘어 미후성 등을 함락시켜 옛 가야지역의 대부분을 확보하였다.

대야성 전투는 백제의 옛 가야지역 진출을 위한 공세가 절정에 달한

---

8) 『三國史記』 권28, 百濟本紀6, 義慈王 2年.

9) 『三國史記』 권28, 百濟本紀6, 義慈王 2年.

10) 盧重國, 1988, 앞의 책, 209쪽.

11) 40성의 위치에 대해서는 지금의 88고속도로 주변에 소재한 신라의 성으로 보기도 하며(이도학, 1997, 앞의 책, 213쪽), 무왕이 624년에 차지한 함양의 속함성 등 6城으로부터 동쪽인 의령, 합천, 거창, 고령, 성산, 칠곡, 구미 등 낙동강 이서의 대부분 지역으로 이해하는 경우도 있다(金秉南, 2001, 앞의 글, 192쪽).

합천 대야성의 원경 | 대야성은 합천읍 취적산의 5~6부 능선을 따라 쌓은 포곡식 석축성으로 타원형 내지 부정형으로 축조되었다. 전체 둘레는 약 2km 내외이며, 가장 높은 지점은 해발 95.7m이다. 성내 정상에 서면 고령과 대구 방면으로 이어지는 길과 삼가·진주·거창 및 초계 방면으로 연결되는 도로가 한눈에 조망된다.

사건이었다. 대야성은 낙동강 서쪽지역의 전략적 요충지였으며, 백제가 장악하지 못한 가야지역의 마지막 보루이었다. 대야성이 전략적 요충지로 부각되기 시작한 것은 신라가 대가야를 멸망시키고 경남 서부지역의 통치거점으로 삼은 이후였다.

대야성은 육십령과 팔령치를 통과하여 소백산맥을 넘어 온 백제군을 방어하면서 경남 서부지역을 통괄하는 거점이었다. 의자왕은 장군 允忠으로 하여금 군사 1만을 거느리고 642년 8월에 대야성을 공격하도록 하였다.[12] 대야성은 김춘추의 사위인 金品釋이 都督으로 임명되어 휘하 장졸을 이끌고 주둔하였다.

---

12) 대야성과 마주하는 黃江 건너의 합천군 대양면 정양리에 위치한 고소산성과 용주면 성산리에 있는 갈마산성은 백제의 윤충장군이 대야성을 공격하기 위하여 축조한 것으로 전해지고 있다.

대야성 성벽 일부 | 대야성은 소백산맥을 넘어 거창에서 황강을 따라 낙동강으로 연결되는 백제의 신라 침공루트를 차단하는 역할을 하였다. 대야성 북쪽을 제외한 삼면으로 황강이 흐르며 자연적인 해자를 이루고, 남서쪽은 천연 절벽이 형성되어 방어에 유리하였다.

대야성은 합천읍에 위치한 해발 90m의 매봉산 정상에 흙과 돌을 이용하여 쌓은 성이다. 대야성은 진흥왕 25년(565)에 신라가 대야주를 설치하면서 치소로 활용하기 위하여 축조된 것으로 생각된다. 성벽의 길이는 300m 정도로 비교적 규모가 작은 산성인데, 훗날 후백제의 견훤이 나주 공략에 앞서 대야성을 공격하였으나 함락시키지 못할 정도의 난공불락에 가까운 요새였다.

백제군이 대야성을 공격하자 대야성에 주둔하고 있던 김품석의 幕客으로 舍知의 관등에 있던 黔日이 내응하였다. 검일이 윤충에게 내응한 까닭은 호색한이었던 도독 김품석에게 어여쁜 아내를 빼앗긴 치욕을 당했기 때문이다. 검일은 아내를 잃고 울분에 빠져 있다가 백제군이 공격하자 毛尺과 모의하여 성안의 창고를 불태워 내응하였다.

대야성에 주둔한 군사들과 주민들은 창고가 불타자 두려움에 떨게 되었고, 식량이 떨어져 더 이상 버틸 수가 없었다. 상황이 절망적으로 악화되자 김품석의 보좌관으로 아찬의 관등에 있던 西川(또는 沙湌 祇彡耶)이 성에 올라 투항해도 죽이지 않겠다는 조건으로 항복을 청하였다. 윤충이 허락하자 서천은 지휘능력을 상실한 품석 및 여러 장수에게 권하여 성을 버리고 투항하였다.

그러나 윤충은 신라군의 투항을 진심으로 받아들이지 않고 성을 탈출하기 위한 술책이나 기습공격을 도모하기 위한 僞計로 판단하였다. 이 때문에 윤충은 복병을 두었다가 험준한 대야성의 성문이 열리고 산에서 신라군이 내려오자 모두 살해하였다. 김품석은 장졸을 앞세우고 뒤따라 내려오다가 참혹한 살해 소식을 듣고 돌이킬 수 없는 상태에서 처자를 살해하고 스스로 목을 찔러 죽었다.

김품석이 처자를 죽이고 자살한 것은 자의에 의하여 이루어진 것이 아니라 앙심을 품고 백제에 내응한 검일의 강박 때문이었다. 검일은 백제에 투항하여 신라 공격에 앞장섰는데, 20여 년이 흐른 후 660년에 사비성이 함락될 때 모척과 함께 사로잡혀 처참한 죽임을 당하였다.[13)]

김품석이 자살하자 대야성에 남아 있던 舍知 竹竹이 남은 병졸을 모아 성문을 닫고 백제군에 대항하였다. 죽죽은 경주에서 파견된 장수가 아니라 대야주(합천)에서 태어난 가야계 출신이었다. 죽죽의 아버지 郝熱은 撰干의 관등을 받았고, 그는 김품석이 대야성주로 임명되어 오자 舍知에 임명되어 보좌관이 되었다. 죽죽은 김품석이 대야성을 버리고 백제군에 투항하려고 하자

> B. 이때에 이르러 (검일이) 백제군에 내응하여 그 창고를 불태웠으므로 성중 사람들이 두려워하여 굳게 막지 못하였다. 품석의 보좌관 아찬 西川(또는 沙湌 祇彡那라고도 하였다)이 성에 올라가 윤충에

---

13)『三國史記』권5, 新羅本紀6, 文武王 7年.

게 소리치기를 "만약 장군이 우리를 죽이지 않는다면 원컨대 성을 들어 항복하겠다!" 하니 윤충이 말하기를 "만약 그렇게 한다면, 그대와 더불어 우호를 함께 하겠다. 그렇지 않을 경우 밝은 해를 두고 맹서하겠다!" 하였다.

서천이 품석 및 여러 장수에게 권하여 성을 나가려 하니, 죽죽이 말리며 말하였다. "백제는 자주 번복을 잘하는 나라이니 믿을 수 없습니다. 그리고 윤충의 말이 달콤한 것은 반드시 우리를 유인하려는 것으로 만약 성을 나가면 반드시 적의 포로가 될 것입니다. 쥐처럼 엎드려 삶을 구하기보다는 차라리 호랑이처럼 싸우다가 죽는 것이 낫습니다."

품석이 (이 말을) 받아들이지 않고 문을 열어 병졸을 먼저 내보내니 백제의 복병이 나타나 모두 죽였다. 품석이 장차 나가려 하다가 장수와 병졸이 죽었다는 말을 듣고 먼저 처자를 죽이고 스스로 목을 찔러 죽었다.[14]

라고 하였듯이, 윤충의 의도를 파악하여 투항을 거부하고 항전을 주장하였다. 그러나 백제군의 총공세 앞에 죽죽이 이끄는 소수의 신라 수비군은 형세가 위급하여 오래 버틸 수 없었다.

죽죽은 항복을 권고한 동료 龍石의 요청을 뿌리치고 항전하였으나 성이 함락되면서 함께 전사하였다. 윤충은 대야성을 함락한 후 살아남은 신라의 남녀 1천여 명을 사로잡아 백제 남쪽의 州縣에 나누어 살게 하였다. 윤충이 승전고를 울리며 귀환하자 의자왕은 공로를 표창하여 말 20필과 곡식 1천 석을 상으로 주었다.[15]

의자왕은 대야성을 점령하여 낙동강 西岸의 옛 가야지역 대부분을 차지하고 경주로 진출할 수 있는 전진기지를 마련하였다. 그 반면에 신라는 對百濟 방어거점을 낙동강 東岸에 있는 押梁州(경북 경산)로

---

14) 『三國史記』권47, 列傳7, 竹竹.

15) 『三國史記』권28, 百濟本紀6, 義慈王 2年.

대거 후퇴할 수밖에 없었다. 백제는 무왕이 함양과 거창·산청 등에 교두보를 확보한 데 이어, 의자왕의 집권 초반에 미후성 등 40성의 공취와 대야성 함락으로 옛 가야지역을 석권하게 되었다.

2. 濟麗連和와 당항성 공격

대야성 공격은 백제가 세력만회를 위해 국력을 결집한 전쟁으로 한반도 정세를 유동화 시켰다.[16] 신라의 선덕여왕은 대야성을 상실한 후 642년에 金春秋를 고구려에 보내 군사를 청하였다. 김춘추는 대야성이 함락되고 사위 김품석과 딸 고타소랑이 살해되자

> A. 8월에 또 고구려와 함께 모의하여 당항성을 빼앗아 당나라와 통하는 길을 끊으려 하였으므로 왕이 사신을 보내 (당) 태종에게 위급함을 알렸다. 이 달에 백제 장군 允忠이 군사를 이끌고 大耶城을 공격하여 함락시켰는데, 도독 이찬 品釋과 舍知 竹竹·龍石 등이 죽었다. 겨울에 왕이 장차 백제를 쳐서 대야성에서의 싸움을 보복하려고 하여, 이찬 김춘추를 고구려에 보내 군사를 청하였다. 처음 대야성이 패하였을 때 도독 품석의 아내도 죽었는데, 이는 춘추의 딸이었다. 춘추가 이를 듣고 기둥에 기대어 서서 하루 종일 눈도 깜박이지 않았고 사람이나 물건이 그 앞을 지나가도 알아보지 못하였다. 얼마가 지나 "슬프다! 대장부가 되어 어찌 백제를 삼키지 못하겠는가?" 하고, 곧 왕을 찾아 뵙고 "신이 고구려에 사신으로 가서 군사를 청하여 백제에게 원수를 갚고자 합니다."라 말하니 왕이 허락하였다.[17]

라고 하였듯이, 고구려의 도움을 받아 백제를 공격하려고 하였다. 고구

---

16) 鬼頭淸明, 1976, 앞의 책, 113쪽.

17) 『三國史記』권5, 新羅本紀5, 善德女王 11年.

화성군 서신면 당항성 | 화성군 서신면 상안리 구봉산에 위치하며, 현재는 唐城으로 불린다. 전체 둘레는 1,200m 정도이며, 테뫼형과 포곡형을 결합한 복합식 산성이다. 현재 동문·남문·북문의 터와 우물터, 건물지가 남아 있다. 백제시대에 테뫼형 산성이 축조된 후 신라가 복합형 산성으로 개조하여 사용하였으며, 대략 긴 네모꼴을 이루고 있다.

려는 隋唐과의 대립 때문에 607년에 백제를 공격한 이후 638년에 신라의 칠중성을 공격할 때까지 남진이 정지되었다. 무왕은 고구려에 대한 군사행동을 자제하고 신라 공격에 전력을 기울여 소백산맥을 넘어 옛 가야지역 진출을 위한 교두보를 확보하였고, 의자왕은 대야성을 함락하여 낙동강 서안의 옛 가야지역을 차지하는 성과를 올렸다.

한편 신라는 고구려가 수나라와 격전을 치르고 있는 틈을 이용하여

    B. 봄 정월에 사신을 당나라에 보내 조공하였다. (당나라) 황제가 司農丞 相里玄獎에게 명하여 조서를 가지고 와서 왕에게 내렸다. "신라는 우리 왕조에 충성을 다짐하여 조공을 그치지 않으니, 너희와 백제는 마땅히 군사를 거두어야 한다. 만약 다시 신라를 공격하면 명년에 군사를 내어 너희 나라를 칠 것이다." (상리)현장이 국경에 들

어왔을 때 (연)개소문은 이미 군사를 거느리고 신라를 쳐서 두 성을 깨뜨렸는데, 왕은 사람을 시켜 불러들여서 (연개소문이) 돌아왔다. (상리)현장이 신라를 침략하지 말라고 타일렀다. 개소문은 (상리)현장에게 말하였다. "우리는 신라와 원한으로 틈이 벌어진 지가 이미 오래되었다. 이전에 수나라 사람이 쳐들어 왔을 때 신라가 틈을 타서 우리 땅 500리를 빼앗고, 그 성읍을 모두 차지하였다. (신라가) 스스로 우리의 빼앗긴 땅을 돌려주지 않는다면 아마 전쟁은 그치지 않을 것이다." (상리)현장이 말하였다. "기왕의 일을 어찌 추구하여 논의하겠느냐? 지금 요동의 여러 성은 본래 모두 중국의 군현이었지만, 중국은 오히려 (이것을) 말하지 않는데, 고구려만 어찌 옛땅을 반드시 찾을 수 있겠느냐?" 막리지는 마침내 듣지 않았다.[18]

라고 하였듯이, 500여 리를 획득하는 성과를 올렸다. 이로 말미암아 고구려와 신라는 원한이 쌓여 틈이 벌어졌다. 고구려는 신라에 보복하기 위하여 임진강 연변에 위치한 신라의 重鎭이었던 칠중성을 공격하였으나 성공을 거두지 못하였다.[19]

고구려와 신라의 전투는 철원과 포천을 중심으로 전선이 형성되었다. 고구려는 임진강을 건너 파주의 칠중성을 통하여 양주지역으로 진출하거나, 부용세력인 말갈을 이용하여 철원-포천 방면으로 진출하려고 하였다. 신라는 진평왕 때부터 북한산성을 對고구려전의 중심으로 설정하고, 임진강과 한탄강 선에서 고구려의 공격을 저지하였다.[20]

김춘추의 예방을 받은 고구려 보장왕은 죽령 이북지역의 반환을 요구하였다.[21] 보장왕과 집권자인 연개소문도 자신들의 요구를 신라측

18) 『三國史記』 권21, 高句麗本紀9, 寶藏王 3年.
19) 『三國史記』 권20, 高句麗本紀8, 榮留王 21年.
20) 徐榮一, 1999, 앞의 책, 291쪽.
21) 고구려는 7세기에 들어와서 남하정책을 새롭게 추진하여 변화를 초래하였다. 고구려는 서북방면에서 세력을 확장하는 것이 어려워지자, 교착상태를 타개

에서 받아들일 수 없다는 것을 잘 알고 있었다. 이 같은 상황 속에서 김춘추는 보장왕에게

> C. 춘추가 말하였다. "지금 백제는 무도하여 긴 뱀과 큰 돼지가 되어 우리 강토를 침범하므로, 저희 나라 임금이 대국의 군사를 얻어 그 치욕을 씻고자 합니다. 그래서 신하인 저로 하여금 대왕께 명을 전하도록 하였습니다." 고구려 왕이 말하였다. "죽령은 본시 우리 땅이니, 그대가 만약 죽령 땅을 돌려준다면 군사를 내보낼 수 있다." 춘추가 대답하였다. "신은 임금의 명을 받들어 군대를 청하는데, 대왕께서는 어려운 처지를 구원하여 이웃과 친선하는 데는 뜻이 없고 단지 사신을 위협하여 땅을 돌려 줄 것을 요구하십니다. 신은 죽을지언정 다른 것은 알지 못합니다." 高臧(보장왕)이 그 말의 불손함에 화가 나서 그를 별관에 가두었다.[22]

라고 하였듯이, 원군을 청하였으나 죽령 서북지역에 해당되는 한강 상류지역의 반환을 요구하는 고구려 측의 요구로 어려움을 겪게 되었다. 또한 보장왕은『삼국사기』김유신 열전에 기록된 연개소문과 김춘추의 대담 중에

> D. 왕(보장왕)은 무리한 질문으로써 그(김춘추)가 대답하기 어렵게 하여 욕을 보이려고 일부러 말하기를, 마목현(조령으로 비정)과 죽령은 본래 우리 나라 땅이니, 우리에게 돌려주지 않으면 돌아갈 수 없다고 하였다.[23]

하기 위하여 남하정책으로 전환하였다. 그리고 이것은 단순한 영토 확장의 문제가 아니라 6세기 중반에 상실하였던 한강유역 회복을 위한 고구려인의 간절한 염원을 추구하기 위한 군사작전의 일환이었다(余昊奎, 2002,「6세기 말~7세기 초 동아시아와 국제질서와 고구려 대외정책의 변화」,『역사와 현실』46, 30~32쪽).

22)『三國史記』권5, 新羅本紀5, 善德女王 12年.

라고 하였듯이, 처음부터 김춘추의 원군 파견 요청을 수락할 의사가 없었다. 다만 신라가 한강유역을 사수하기 위하여 전력을 기울여 방어하고 있었기 때문에, 임진강과 한강 계선을 돌파하여 중부지역 진출이 쉽지 않은 상황에서 신라의 약점을 이용하여 失地의 반환여부만 타진하였을 따름이다.

김춘추가 고구려를 방문하여 추진하였던 걸사외교는 실패로 돌아가고 말았다. 의자왕은 김춘추의 걸사외교가 소기의 목적을 달성하지 못하고 실패하자 고구려와 화친을 추진하였다. 백제는 신라 공격에 집중하기 위하여 고구려의 도움이 필요하였고, 고구려 역시 唐의 침입을 염려한 나머지 백제를 통해 신라를 견제하기 위하여 濟麗의 화친은 성립되었다.

백제와 고구려 양국은 화친관계를 바탕으로 신라의 對唐 교통로인 당항성을 함께 공격하여 신라를 고립시키려고 하였다.24) 당항성은 남양만에 위치한 화성군 서신면 상안리의 해발 160m의 구봉산에 자리잡은 唐城으로 보고 있다. 당성은 테뫼식과 포곡식이 결합된 둘레 1,200m의 산성이다. 동남쪽의 작은 봉우리에는 테뫼식 산성이 있는데, 서해상의 여러 섬들이 보이고 남으로는 태안반도의 산맥이 조망되는 중요한 요충지이다.25)

당항성이 위치한 남양만은 중국과 해상으로 교통하는 중심지이며,

---

23) 『三國史記』 권41, 列傳1, 金庾信 上.

24) 『三國史記』 권21, 高句麗本紀9, 寶藏王 3年.

25) 당성은 2회에 걸친 발굴조사가 이루어져 석축의 테뫼식성(1차)과 토석 혼축의 포곡식성(2차)이 시차를 두고 축조되었음이 확인되었다(김병모·김아관, 1998, 『당성-1차발굴조사보고서』, 한양대학교 박물관·화성군 ; 배기동·박성희, 2001, 『당성-2차발굴조사보고서』, 한양대학교 박물관·화성군). 그러나 전체 규모에 비하여 조사면적이 협소한 탓인지 출토유물은 통일신라 이후의 것이 주류를 이루고 있어 통일전쟁 와중에 당항성으로 기능하였는지의 여부는 확인되지 않았다.

416

해안에 상륙하여 서울로 가는 길목에 해당된다. 당항성은 신라가 활용
하기 이전에 백제의 해상교통의 기점으로서 중요한 기능을 수행하였
다.26) 신라는 진흥왕 때 한강유역을 장악한 후에 당항성을 활용하여
황해를 거쳐 唐으로 통하는 해군기지로 사용하였다.

신라는 소백산맥을 넘어 보은에서 당항성에 이르는 교통로를 보호
하기 위하여 곳곳에 성을 쌓고 유지에 심혈을 기울였다. 경주에서 남
양만에 이르는 길은 단양과 충주에서 여주-이천-수원-남양만으로 연결
되는 노선과 상주-보은-청주-진천-직산-당항성에 이르는 루트가 있는
데, 후자의 거리가 훨씬 짧고 지세도 평탄하였다.27)

백제는 신라가 차지하고 있던 옥천-보은 방향의 금강 상류지역을 점
령함과 동시에 한강유역으로 연결되는 교통로를 차단하기 위하여 진
천 또는 괴산에 위치한 가잠성을 무왕 때에 공격하여 차지하기도 하였
다.28) 무왕이 교통로 상의 인후지대에 해당하는 가잠성을 차지하자 신
라의 한강 하류지역 지배는 괴사상태에 빠져들었다.

그러나 백제가 신라의 대당교통로의 종착지점인 당항성을 공격한
경우는 일찍이 없었다. 신라는 대당교통로를 보호하기 위하여 곳곳에
성곽을 조성하였는데, 직산의 사산성과 화성의 당항성 사이에 위치한
평택시 안중에서는 해안가 구릉지에서 신라계 산성 6기가 조사되었다.
이들은 마치 長城과 같이 연결된 형태를 보여주고 있는데, 남쪽의 아
산만을 주된 방어 방향으로 설정하여 축조되었다.29) 이 중에서 안중면

---

26) 당항성과 인접한 곳에 위치한 4세기 때 축조된 화성군 마도면 백곡리의 수혈
식 석실분(정신문화연구원 발굴조사단, 1994,『화성군 백곡리 고분』)은 이를
증명한다. 당항성의 전면에 위치하는 창말, 지촌말, 향기실은 중심취락으로
기능하였고, 인근 뒷산에 조성된 백곡리고분군은 해상세력의 분묘로 추정된
다.
27) 徐榮一, 1999, 앞의 책, 128쪽.
28)『三國史記』권27, 百濟本紀5, 武王 12年.

덕우리에 위치한 慈美山城은 평택·성환지역과 화성군 남양 일대를 연결하는 중간 거점에 해당되며, 신라가 대중국교통로를 방어하기 위하여 축조하거나 수축하여 사용한 성으로 주목된다.[30]

신라는 당항성과 대당교통로를 철통같이 보호하였다. 백제는 단독으로 당항성을 공격하기 쉽지 않았으며, 무왕은 가잠성 등을 공격하여 중간 허리를 끊으려고 하였다. 그 반면에 의자왕은 고구려와 공동으로 군사를 파견하여 남북 양 방면에서 당항성을 공격하였다.

의자왕이 군대를 동원하여 당항성을 공격하자 선덕여왕은 唐에 사신을 보내 구원을 요청하였다.[31] 의자왕은 이 소식을 듣고 당항성 공격을 그만두었다.[32] 의자왕은 고구려와 화친을 맺고 신라를 압박하고 있었지만 당나라의 입장을 정면으로 무시할 수 없었다.[33] 의자왕이 당나라의 입장을 고려하여 당항성 공격을 중지하였으나 신라에 대한 전쟁을 그만둔 것은 아니었다.

3. 상주지역 진출과 요차성 점령

29) 경기도 박물관, 1999,『평택 관방유적 정밀지표조사 현장설명회 자료』.

30) 徐榮一, 1999, 앞의 책, 107쪽.

31) 고구려와 백제의 連和를 사실로 인정하지 않는 견해도 있다. 고구려와 백제의 당항성 공격에 대한 기사 자체가 唐의 주목을 끌기 위한 신라의 허위 전략으로 이해하는 것이다(李昊榮, 1982,「麗·濟連和說의 檢討」,『慶熙史學』9·10合).

32)『三國史記』권28, 百濟本紀6, 義慈王 3年.

33) 당은 돌궐과의 전쟁을 승리로 이끌기 전까지는 삼국이 분열된 상태에서 현상 유지를 원하였으며, 신라에서 당으로 향하는 통로인 당항성을 고구려와 백제가 차단하는 것을 원치 않았다. 당의 의도를 파악한 고구려와 백제가 당과의 외교관계를 무시한 채 한강유역과 당항성 공격을 계속적으로 시도할 수는 없었다(金周成, 1995,「지배세력의 분열과 왕권의 약화」,『한국사6』, 국사편찬위원회, 111쪽).

의자왕은 642년에 대야성을 함락하여 옛 가야지역의 대부분을 장악
하고 신라를 위기로 몰아넣었다. 신라의 선덕여왕은 그 다음 해에 김
유신을 押梁州(경산) 도독에 임명하여 반격에 나서도록 하였다. 김유
신은 644년에 加兮城(고령군 우곡면),[34] 省熱城(의령군 부림면),[35] 同
火城(구미시 인의동)[36]을 비롯한 7성을 회복하였다.[37] 또한 고령 방면
에서 낙동강을 건너 대구지역으로 통하는 중요한 포구인 加兮津도 장
악하였는데,[38] 가혜성은 가혜진과 그 주변나루를 보호하는 산성으로
추정된다.

의자왕은 645년에 唐의 원정[39]을 신라가 후원하기 위하여 고구려의
후방으로 쳐들어간 틈을 이용하여 반격에 나섰다. 백제는 신라의 주력
이 고구려를 공격하자, 신라의 서부 국경지대를 공격하여 7성을 빼앗
았다.[40] 백제가 공취한 7성의 정확한 위치를 알 수 없지만,[41] 김유신
열전에 백제의 대군이 買利浦城(밀양시 삼랑진읍)을 공격하였다는 기
사[42]와 관련이 있는 것으로 생각된다. 김유신 전에는 신라군이 백제군
을 반격하여 쫓아낸 것으로 기록되었고, 백제본기 의자왕 5년 조에는

---

34) 金秉南, 2001, 앞의 글, 192쪽.

35) 金泰植, 1993, 앞의 책, 291~292쪽.

36) 全榮來, 1985, 앞의 글, 156쪽.

37) 『三國史記』권41, 列傳1, 金庾信 上.

38) 『三國史記』권41, 列傳1, 金庾信 上.

39) 당은 640년 高昌國을 멸망시킴으로써 고구려를 제외한 모든 적대세력을 굴
복시켰다. 따라서 당의 다음 공격목표는 고구려였으며, 643년 9월에 신라의
사신이 와서 백제와 고구려가 연합하여 入貢路를 차단한다는 사실을 알린
후 고구려 공격을 본격적으로 준비하기 시작하였다. 그리하여 당군은 645년
4월에 요하를 건너 고구려 공격에 나섰으나 안시성 전투에서 패하여 물러나
고 말았다.

40) 『三國史記』권41, 列傳1, 金庾信 上.

41) 『舊唐書』신라전에는 백제가 신라의 10성을 빼앗은 것으로 되어 있다.

42) 『三國史記』권41, 列傳1, 金庾信 上.

나제통문 전경 | 전라북도 무주군 설천면 소천리에 위치한다. 높이는 5~6m, 너비 4~5m, 길이 30~40m이다. 암벽을 뚫은 통문으로 신라와 백제의 경계 관문으로 알려졌다. 그러나 최근 이 굴을 일제강점기에 뚫었다는 주장이 제기되어 논란이 일고 있다.

백제군이 신라의 7성을 습격하여 차지하자 김유신이 쳐들어 온 것으로 서술되었다.

그런데 신라본기 선덕왕 14년 조에는 "당 태종이 몸소 고구려를 정벌할 때 신라가 군사 3만 명을 보내 후원하였으며, 백제는 그 틈을 타서 國西의 일곱 성을 쳐서 차지하였다"고 되어 있다.[43] 따라서 백제군이 매리포성 등 7성을 차지한 것은 사실이며, 김유신이 이끈 신라군과 치열한 공방전을 전개한 것으로 보인다.

백제가 가혜성 등의 7성을 상실한 뒤 매리포성을 공격한 것은 남해안을 따라 우회하여 낙동강 하류지역을 장악하여 신라군의 西進을 차단하려는 조치였다.[44] 백제와 신라는 의자왕이 대야성을 함락하여 옛 가야지역을 차지한 후 밀고 밀리는 치열한 공방전을 전개하였다. 이 무렵 낙동강 西岸에 위치한 옛 가야지역의 대부분 지역은 백제가 장악

---

43) 『三國史記』 권5, 新羅本紀5, 善德女王 14年.

44) 金秉南, 2002, 앞의 글, 195쪽.

420

무주 무산성 원경

하고 있었다.

그러나 상주, 김천, 구미, 성주 등은 백제가 신라에게 내주고 말았다. 백제가 이들 지역으로 다시 진출한 것은 신라에서 毗曇의 반란이 일어나 선덕여왕이 죽고 진덕여왕이 즉위하는 등 혼란이 조성되어 국경의 방비가 소홀해질 무렵이었다.

의자왕은 647년에 義直으로 하여금 군대를 이끌고 나제통문을 거쳐 김천과 구미 방면을 공격하도록 하였다. 義直은 步騎 3천을 이끌고 나제통문을 거쳐 신라의 茂山城 下에 進屯한 후 군사를 나누어 甘勿과 桐岑의 2城을 공격하였다.[45] 무산성은 전북 무주군 무풍면, 감물성은 경북 김천시 개령면, 동잠성은 구미시 인의동에 위치하였다.

나제 양국은 647년부터 655년 사이에 금강 중·상류지역에서 치열한 전투를 치렀다. 백제와 신라의 경계는 금강의 물줄기를 중심으로 청주·문의·회덕·금산·진산·무주·진안·장수는 백제가 차지하였고, 황간·영동·옥천·이원·안내·보은·청산·양산·무풍지역은 신라가 영유하였다.

신라는 김천에서 소백산맥을 넘어 무주군 무풍면으로 진출하여 무산성에 주둔하면서 백제의 공격을 방어하였다. 무산성은 나제통문과 인접한 설천면 벌한마을 뒷편에 위치한 四仙巖의 부근에 위치하였다. 이곳은 거창에서 설천령을 넘어오거나 김천에서 덕산재를 넘어 온 길

---

45) 『三國史記』 권28, 百濟本紀6, 義慈王 7年.

이 합류되는 곳이다. 그리고 무산성을 거쳐 사선암 부근의 능선을 넘으면 재너머에 위치한 무풍면의 중심지로 나갈 수 있다.

무산성은 김천에서 소백산맥에 가로 놓인 덕산재를 넘어 15㎞ 이상 서쪽으로 들어온 곳에 위치하였다. 무산성은 남으로 장수를 거쳐 남원으로 연결되며, 서쪽으로는 진안-전주와 무주읍-금산으로 연결되는 要路에 위치하였다. 무산성은 신라가 소백산맥을 넘어 무풍지역으로 진출하여 西進을 위해 구축한 최전선의 요새였다. 그 반대로 백제가 무산성을 장악하면 북으로 충북 영동을 거쳐 추풍령 방면으로 나갈 수 있고, 동으로는 김천과 거창으로 진출할 수 있는 전략적 요충지에 위치하였다.

의직은 백제군을 이끌고 무산성을 포위한 후 공격에 나서지 않고, 신라군을 묶어 놓은 후 덕산재를 넘어 김천의 감물성과 구미시의 동잠성을 공격하였다. 의직은 신라의 금강 상류지역의 전초기지 역할을 하던 무산성을 공격하지 않고 곧바로 김천 방향으로 직진하였다. 백제군은 김천의 개령지역을 장악하여 이곳에서 사방으로 연결되는 교통로를 차단하려고 하였다.[46]

의직이 백제군을 이끌고 소백산맥을 넘어 김천과 구미 방면을 공격하자 김유신이 보병과 기병 1만을 거느리고 달려왔다. 신라의 진덕여왕은 용장 김유신을 출전케 하였지만 고전을 면치 못하였다. 김유신은 비령자의 고육지계를 사용하여

---

46) 신라는 감문국을 정벌하면서 개령에서 지례에 이르는 오늘날의 김천시 전체 지역을 장악하여 서쪽으로는 추풍령을 통해서 황간 방면으로, 서남쪽으로는 거창이나 무주 방면으로, 북쪽으로는 상주 방면으로 진출하는 교통의 요충지를 차지하였다. 그리고 신라가 감문국으로 진출한 경로는 경주-대구-칠곡-낙동강-선산(구미)을 거치는 길을 통해 이루어졌다(徐榮一, 1999, 앞의 책, 36쪽).

A. 비령자는 출신지역과 성씨를 알 수 없다. 진덕왕 원년 정미에 백제가 많은 군사로 茂山城, 甘勿城, 桐岑城 등을 공격하여 오자 유신이 보병과 기병 일만 명을 거느리고 막았는데, 백제 군사가 매우 날쌔어 고전하고 이기지 못하여 사기가 떨어지고 힘이 지쳤다. 유신은 비령자가 힘써 싸우고 적진 깊이 들어갈 뜻이 있음을 알고 불러 말하기를 "날씨가 추워진 후에 소나무, 잣나무가 늦게 낙엽짐을 알 수 있는데 금일의 일이 급하다. 자네가 아니면 누가 능히 용기를 내고 기이함을 보여 뭇 사람의 마음을 격동시키겠는가?" 하고는 더불어 술잔을 나누면서 뜻의 간절함을 보이니 비령자가 두 번 절하고 말하기를 "지금 수 많은 사람 중에 일을 오직 저에게 맡기시니 자기를 알아준다고 할 수 있으니 진실로 마땅히 죽음으로써 보답하겠습니다." 하였다. (적진에) 나가면서 종 合節에게 말하였다. "나는 오늘 위로는 국가를 위하여, 아래로는 나를 알아주는 분을 위하여 죽을 것이다. 나의 아들 擧眞은 비록 나이는 어리나 굳센 의지가 있으니 반드시 함께 죽으려 할 것이니 만약 아버지와 아들이 모두 죽으면 집사람은 누구를 의지하겠는가? 너는 거진과 함께 나의 해골을 잘 수습하여 돌아가 어미의 마음을 위로하라!" 말을 마치고 곧장 말을 채찍질하여 창을 비껴들고 적진에 돌진하여 몇 사람을 쳐죽이고 (자신도) 죽었다. 거진이 이를 바라보고 떠나려 하니 합절이 말하였다. "어르신께서 말씀하시기를 '합절로 하여금 낭군과 함께 집에 돌아가 부인을 편안하게 위로하라!'고 하셨습니다. 지금 자식이 아버지 명을 거역하고 어머님을 버리는 것이 어찌 효라고 할 수 있겠습니까?" 그리고는 말고삐를 잡고서 놓지 않았다. 거진이 말하기를 "아버지가 죽는 것을 보고 구차히 살면 어찌 효자라고 할 수 있겠는가?" 하고는 곧 칼로 합절의 팔을 쳐 끊고 적중으로 달려가 죽었다. 합절이 말하기를 "나의 하늘이 무너졌으니, 죽지 않고 무엇을 하겠는가?" 하고는 또한 싸우다가 죽었다. 군사들이 세 사람의 죽음을 보고는 감격하여 다투어 나가니 향하는 곳마다 적의 칼날을 꺾고 진을 함락하여 적병을 대패시켜 3천여 명을 목베었다. 유신이 세 사람의 시신을 거두어 자신의 옷을 벗어 덮어주고 곡을 매우 슬피 하였다. 대왕이 듣고 눈물을 흘리면서 예를 갖추어 反知

山에 세 사람을 합장하고 처자의 9족에게 은혜로운 상을 풍부하게 내려주었다.[47]

라고 하였듯이, 군사들의 사기를 높여 백제군을 물리칠 수 있었다. 이로써 의자왕의 나제통문을 통한 경북 서부지역 진출은 무산되고 말았다. 의자왕은 무주에서 덕산재를 넘어 김천 방면으로 진출이 실패하자, 그 다음 해(648)에는 腰車城(경북 상주의 舊 要濟院)[48] 등 10여 성을 공격하여 차지하였다.[49]

백제군은 청주-청원 또는 대전-옥천을 거쳐 보은에 도달한 후 화령재를 넘어 상주지역으로 진출하였을 가능성이 있다. 그러나 백제군이 화령재를 넘기 위해서는 난공불락의 요새 삼년산성을 거쳐야 하기 때문에 어려웠다.

그 대신에 백제군은 무풍에서 덕산재를 넘은 후 김천에서 성주와 구미로 나가지 않고 칠곡-상주로 북상하였다. 백제가 상주의 요차성을 비롯한 인근의 10성을 장악하면서 추풍령과 화령재가 차단되어 소백산맥 서쪽에 위치한 옥천과 영동 및 보은 일대에 주둔한 신라군은 보급선이 무너지고 배후가 위태롭게 되었다.

백제군은 남쪽의 무주, 서쪽의 청주와 대전, 동쪽의 상주와 김천 방향에서 압박하면서 보은 등의 충북 동남부지역에 주둔한 신라군을 포위하였다. 신라는 추풍령이 차단되자 이화령을 이용하여 괴산에서 남쪽의 보은 방면으로 연락을 취하였다. 백제는 의자왕 집권 전반기에 소백산맥을 관통하는 덕산재, 화령재, 팔령치, 이화령 등 여러 고개를 넘나들면서 신라를 파상적으로 공격하여 다대한 전과를 올렸다. 이때

---

47) 『三國史記』 권47, 列傳7, 丕寧子.

48) 李丙燾, 1977, 앞의 책, 356쪽.

49) 『三國史記』 권28, 百濟本紀6, 義慈王 8年.

가 무왕과 의자왕 2대에 걸쳐 백제가 정력적으로 추진한 신라 공격이
최정점에 도달한 시기였다. 김유신이 대야성에 대한 보복 공격을 주청
하자 진덕여왕은 신라를 작은 나라로 자처하면서 큰 나라인 백제 공격
을 주저할 정도였다.[50]

신라의 실권자였던 김춘추는 국력이 약화된 신라의 독자적인 힘으
로 백제를 상대하기가 어려운 상황임을 정확히 인식하였다. 김춘추는
고구려의 후원을 얻은 데 실패한 후 바다를 건너 당으로 갔다. 그는 太
宗을 설득하는 데 성공하여 신라와 唐은 648년에 나당동맹을 맺게 되
었다.[51] 나당동맹은 백제와 고구려가 643년에 화친관계를 맺고 군사행
동을 같이하고 있던 상황에 맞서려는 성격이 강하였다.

백제는 무왕의 재위기간 동안 17회에 걸쳐 隋唐에 사절을 파견하였
으며, 의자왕의 집권 초기에도 대당외교를 적극적으로 전개하였다. 의
자왕은 즉위한 해에 2차례 사절을 파견하였으며, 이후 4년 동안 6차례
에 걸쳐 당에 사절을 보냈다. 의자왕은 고구려와 화친관계를 맺었을
뿐만 아니라 대당외교도 소홀히 하지 않았다.

그런데 645년에 벌어진 안시성전투에서 당군이 참패를 당하고 퇴각
함에 따라 백제는 당에 대한 관계를 재고하게 되었다. 백제는 무왕 28
년 이래 당의 빈번한 간섭으로 對新羅戰을 수행하는 데 어려움이 적
지 않았다.[52] 당은 고구려에 대한 강경책을 구사하면서 백제와 신라가
현상을 유지하기를 원하였다.[53] 이 때문에 당은 백제가 신라를 공격하
는 것에 대하여 외교적인 압력을 행사하였다.

의자왕은 고구려가 당군의 침입을 격퇴하는 것을 목도한 후 양면외

---

50) 『三國史記』 권41, 列傳1, 金庾信 上.
51) 『三國史記』 권5, 新羅本紀5, 眞德女王 2年.
52) 金壽泰, 2004, 앞의 글, 35쪽.
53) 정동준, 2002, 앞의 글, 51쪽.

교를 포기하고 고구려와의 관계를 강화하는 방향으로 나아갔다. 의자왕의 태도가 급변한 가운데 김춘추가 백제 정벌을 요청하자 당은 신라의 제안을 받아들이게 되었다. 『三國史記』에 실린 '答薛仁貴書'를 보면

> B. 대왕이 답서에서 일러 말하였다. "선왕께서 貞觀 22년에 入朝하여 태종문황제를 직접 뵙고 은혜로운 칙명을 받았는데, 이르기를 '내가 지금 고구려를 치려는 것은 다른 이유가 있어서가 아니라, 너희 신라가 두 나라 사이에 끼어서 매번 침략을 당하여 편안할 때가 없음을 불쌍히 여기기 때문이다. 산천과 토지는 내가 탐내는 바가 아니고 玉帛과 사람들은 나도 충분히 가지고 있다. 내가 두 나라를 평정하면 평양 이남의 백제 땅은 모두 너희 신라에게 주어 길이 편안하게 하겠다.' 하시고는 계책을 내려주시고 군사 행동의 기일을 정해 주셨습니다."[54]

라고 하였듯이, 당의 태종과 김춘추 사이에 고구려와 백제를 멸망시킨 다음 백제의 고토를 신라에게 주기로 밀약을 맺었음을 알 수 있다. 신라와 당 사이에 밀약이 성립된 후 태종은 조서를 내려 김춘추를 特進으로 삼고 文王을 左武衛將軍으로 임명하였다. 또한 태종은 김춘추가 환국할 때에 3품 이상 관리에게 명하여 송별연회를 베풀게 하는 등 극진히 대접하였다.

김춘추는 나당동맹을 체결한 후 자신의 아들 文王을 숙위로 남겨두고 신라로 돌아왔다. 나당동맹이 체결될 무렵 김유신은 백제에 대한 반격에 총력을 기울이고 있었다. 김유신은 잦은 패전으로 기세가 꺾인 신라군의 사기가

---

54) 『三國史記』 권7, 新羅本紀7, 文武王 11年.

C. 진덕왕 太和 원년 戊申에 춘추는 고구려의 청병을 이루지 못하자, 당나라에 들어가 군사를 청하였다. 태종 황제가 "너희 나라 유신의 명성을 들었는데 그 사람됨이 어떠한가?" 하니, 대답하기를 "유신은 비록 다소의 재주와 지략이 있으나 만약 황제의 위엄을 빌리지 않으면 어찌 쉽게 걱정거리인 이웃 나라를 없앨 수 있겠습니까?" 하였다. 황제는 "참으로 군자의 나라로구나!" 하고는 요청을 수락하여 장군 소정방에게 명하여 군대 20만을 거느리고 백제를 정벌하게 하였다.

그때 유신은 압량주 軍主로 있었는데 마치 군사에 뜻이 없는 것처럼 술을 마시고, 노래를 부르고 놀며 몇 달을 보내니, 州의 사람들이 유신을 용렬한 장수라고 생각하여 헐뜯어 말하기를 "뭇 사람이 편안하게 지낸 지가 오래되어 남는 힘이 있어 한번 전투를 해봄직한 데 장군이 용렬하고 게으르니 어찌할 것인가." 하였다.

유신이 이 말을 듣고 백성을 한 번 쓸 수 있음을 알고는 대왕에게 고하였다. "이제 민심을 살펴보니 전쟁을 치룰 수 있습니다. 청컨대 백제를 쳐서 대량주 전쟁에 대한 보복을 합시다!" 왕은 "작은 나라가 큰 나라를 건드렸다가 위험을 당하면 장차 어떻게 하겠소?" 하니 다음과 같이 대답하였다. "전쟁의 승부는 대소에 달린 것이 아니고 인심이 어떤가에 달려 있을 뿐입니다. 그러므로 紂에게는 수많은 백성이 있었으나 마음과 덕이 떠나서 周나라의 10명의 신하가 마음과 덕을 합친 것만 같지 못하였습니다. 이제 우리 백성은 뜻을 같이하여 생사를 함께 할 수 있는데 저 백제는 두려워할 바가 못 됩니다." 왕이 이에 허락하였다.[55]

라고 하였듯이, 크게 진작되자 대야성을 회복하기 위하여 공격에 나섰다. 신라군은 대야성에 대한 정면 공격이 쉽지 않자 거짓으로 패하여 후퇴한 후 玉門谷에 복병을 배치하고 백제군의 추격부대를 기다렸다. 백제군은 후퇴하는 신라군을 가볍게 보고 대군을 이끌고 추격하여 옥문곡에 이르렀을 때 복병에 걸려 큰 낭패를 보게 되었다. 백제 장군 8

---

55) 『三國史記』 권41, 列傳1, 金庾信 上.

명이 사로잡혔고 전사하거나 포로가 된 사람이 1천 명에 달하였다.[56]

백제군은 요차성 등 10성을 장악한 후 자만심에 취해 있다가 김유신이 이끄는 신라군에 큰 타격을 입고 말았다. 신라는 승세를 타고 嶽城 등 12성과 進禮城(김해시 진례면) 등 9성을 차례로 함락하였다.[57] 백제는 김유신의 반격에 밀려 악성과 진례성 등 20여 성을 상실하여 옛 가야지역의 많은 곳을 잃었지만, 함양과 거창 등 서부 경남지역은 여전히 장악하였다.[58]

제2절 대외정세의 변화와 백제의 대응

1. 도살성 전투와 조천성 전투

백제군은 함양과 거창에서 전열을 가다듬고, 다음 해인 649년에 다시 군대를 북쪽으로 돌려 진천과 천안 일대에서 신라군과 대결하였다. 백제의 左將 殷相은 7천 명의 정예 군사를 거느리고 石吐城(진천군 백곡면 문안산성)[59] 등 7성을 공격하였다.[60]

백제는 殷相을 主將으로 하여 達率 正仲, 達率 自堅, 佐平 正福 등이 휘하 부대를 이끌고 참전하여 곳곳에서 신라군과 치열한 격전을 벌

---

56) 『三國史記』 권41, 列傳1, 金庾信 上.
57) 『三國史記』 권41, 列傳1, 金庾信 上.
58) 백제가 망한 후 부흥운동이 일어나 항전 끝에 최후를 장식한 곳은 거창읍 상림리의 건흥산에 위치한 거열산성이었다. 거열성에 주둔한 백제부흥군은 663년에 金欽純, 天存 등이 이끄는 신라군에게 무너지고 말았다(『三國史記』 권6, 新羅本紀6, 文武王 3年). 이를 통해 볼 때 김유신이 낙동강을 건너 대야성을 회복하자 백제군은 함양과 거창 방면으로 퇴각하여 신라와 대치하였음을 알 수 있다.
59) 閔德植, 1983, 앞의 글.
60) 『三國史記』 권28, 百濟本紀6, 義慈王 9年.

였다. 백제군의 공격을 받은 신라군도 김유신과 陳春, 竹旨, 天存 등이 부대를 이끌고 달려 왔다. 신라가 全軍을 다섯 방면으로 나누어 진격한 것[61]으로 볼 때 양군이 여러 곳에서 산발적인 전투를 치른 것으로 보인다. 백제군은 석토성을 포함하여 7성을 함락하는 성과를 올렸다.

그러나 양군의 전투는 열홀이 지나도록 최종 승부를 보지 못하였다. 양군의 치열한 접전으로 죽어 넘어진 시체가 들에 가득하고 흐르는 피가 내를 이루어 공이를 띄울 정도에 이르렀다.[62] 백제군은 신라가 점령하고 있는 城을 차지하기 위하여 공격에 나섰고, 신라군도 백제의 공격에 맞서 守城을 하면서 때로는 野戰을 벌이기도 하였다.

은상은 최후의 결전을 치르기 위하여 모든 병력을 모아 김유신이 주둔하고 있던 도살성 공격에 나섰다. 도살성은 고구려 道西縣과 관련지어 인접한 곳에 위치한 괴산의 이성산성과 진천의 두타산성 일대로 추정하고 있다.[63] 이성산성과 두타산성은 행정구역은 각각 괴산과 진천에 속하지만 불과 3㎞ 정도 떨어진 곳에 위치하고 있다. 이들 산성들은 신라가 추풍령을 넘어 한강 하류지역에 이르는 북진로 상에 위치한다.

신라의 북진로는 보은 삼년산성에서 청원 미원면 낭성산성→미원면 구라산성→북일면 토성리산성→괴산군 증평 이성산성→진천 두타산성→진천 도당산성에 이른다. 이성산성은 백제가 축조하여 고구려의 남진을 저지하는 전초기지로 사용되었다. 그러나 신라가 진출하면서 인근에 두타산성을 축조하여 사용함으로써 그 기능이 퇴화되었다.[64]

따라서 도살성은 진천의 두타산성으로 생각된다. 전설에 의하면 두

---

61) 『三國史記』 권42, 列傳2, 金庾信 中.

62) 『三國史記』 권42, 列傳2, 金庾信 中.

63) 閔德植, 1983, 앞의 글, 9쪽.

64) 徐榮一, 1999, 앞의 책, 95쪽.

타산성은 신라 장군 實竹에 의하여 축성되었다고 한다.[65] 실죽은 소지왕대의 인물로 일선군(선산)에서 역부를 징발하여 삼년산성과 굴산성을 개축하였고, 薩水之原에서 고구려군을 맞이하여 싸웠던 인물이다.[66]

도살성(두타산성)은 6세기 중반 이후 신라 西邊의 중요한 요충지였다. 도살성은 신라가 천안에 진출한 백제를 견제하고, 당나라로 향하는 관문인 당항성과 한강유역으로 연결되는 중간 거점이었다. 진천이 백제에게 넘어가면 신라는 충주 방면을 방어하기 어렵고, 이는 곧 한강 하류지역을 상실하게 됨을 의미한다.

신라는 한강 하류지역과 경주를 연결하는 추풍령로를 보호하기 위해서도 진천지역을 반드시 확보해야 하였다. 진천지역에 협탄령산성, 만노산성, 도당산성, 태령산성, 문안산성, 냉천산성, 대모산성, 성본리산성 등의 신라계 산성이 밀집된 것은 바로 이 때문이었다.[67] 백제는 한강 하류지역을 탈환하기 위하여 진천-청주-보은 방면을 연결하는 교통로 확보에 주력하였다.

殷相은 백제군을 이끌고 도살성(두타산성) 공격에 나서 신라군과 치열한 접전을 벌였다. 은상은 숫적인 우세를 확보한 상태에서 도살성 공격에 나섰으나

> A. 太和 2년 가을 8월 백제 장군 殷相이 石吐城 등 일곱 성을 공격하여 왔다. 왕은 유신과 竹旨, 陳春, 天存 등의 장군에게 명하여 나가 막게 하였다. 전군을 다섯 방면으로 나누어 쳤으나 서로의 승부가 열흘이 지나도록 나지 않았다. 죽어 넘어진 시체가 들에 가득하고

---

65) 徐榮一, 1999, 앞의 책, 95쪽.
66) 『三國史記』 권3, 新羅本紀3, 炤知麻立干 8年.
67) 徐榮一, 1999, 앞의 책, 103쪽.

430

흐르는 피가 내를 이루어 공이를 띄울 정도에 이르렀다. 이에 道薩城 아래에 진을 쳐서 말을 쉬게 하고 군사를 잘 먹여 다시 공격을 시도하였다. 그때 물새가 동쪽으로 날아 유신의 군막을 지나가니 장군과 병사들이 보고 불길한 징조라고 말하였다. 유신이 이는 족히 괴이하게 여길 것이 못된다고 생각하고 무리에게 일렀다. "금일 반드시 백제인이 간첩으로 오는 자가 있을 것이다. 너희들은 짐짓 모르는 체하고 검문하지 말라!" 그리고는 군중에 전령을 돌렸다. "성을 굳게 지키고 움직이지 말라! 내일 원군이 옴을 기다려 결전을 하겠다!" 간첩이 이를 듣고 돌아가 은상에게 보고하니 은상 등이 군대가 증원되는 줄 알고 두려워하지 않을 수 없었다. 이에 유신 등이 일시에 용감히 공격하여 크게 이겼다. 장군 달솔 正仲과 병사 100명을 생포하고 좌평 은상, 달솔 自堅 등 10명과 병사 8,980명을 목베고 말 1만 마리와 투구 1천8백 벌, 기타 이와 비슷한 숫자의 기계를 노획하였다. 돌아오다가 길에서 항복해 오는 백제의 좌평 正福과 병사 1천 명을 만나자 모두 석방하여 각자 가고 싶은 대로 맡겼다. 서울에 이르니 대왕이 성문까지 나와 맞았고, 위로함이 극진하였다.[68]

라고 하였듯이, 김유신의 계책에 말려들고 말았다. 백제군의 지휘부는 적의 증원군이 곧 도착할 것으로 오판하여 사기가 떨어진 상태에서 신라군의 기습을 받아 궤멸되고 말았다.

백제군을 지휘한 좌평 은상과 達率 自堅을 비롯한 대다수의 병력이 전사하였고, 達率 正仲은 포로가 되었다. 도살성의 전투 결과를 일방적인 신라군의 승리로 기록한 金庾信 열전의 내용은 그의 공적을 과장한 측면이 없지 않다. 『三國史記』 신라본기나 김유신 열전에 의하면 백제의 공세에 직면한 신라의 반격이 항상 큰 성과를 거둔 것으로 되어 있다. 김유신은 백제군과 겨루어 한 번도 패배를 경험하지 않을 만큼 항상 완벽한 승리를 거두었다.[69]

---

68) 『三國史記』 권42, 列傳2, 金庾信 中.

그러나 백제군의 패배와 은상 등의 전사는 사실로 인정되지만 壯士 100명을 죽이고 군졸 8,900명을 참수하였다는 전공 기록70)은 과장이 심한 것으로 생각된다. 또한 김유신이 신라군을 이끌고 개선하는 길에 백제의 좌평 정복이 병사 1천 명을 데리고 항복하자, 모두 석방하여 각자 가고 싶은 대로 맡겼다는 기록도 맥락을 같이 한다. 이는 백제군을 지휘한 은상이 도살성 공격에 패하여 전사하면서 백제의 주력이 궤멸되자, 그 주변의 산성에 주둔하고 있던 正福이 신라군과 합의한 후 희생 없이 철군한 것을 과장하여 묘사한 것으로 추정된다.

도살성 전투는 신라군의 승리로 끝났지만 그 주변에 위치한 산성의 일부는 백제가 차지하였다. 백제군은 청주와 진천, 청원의 일부 지역을 장악하였을 가능성이 높다. 또한 도살성 전투가 끝난 2년 후에 무열왕이 당에 보낸 표문에 의하면

> B. 신라 사신 김법민이 상주하여 아뢰었다. 고구려와 백제가 입술과 이빨과 같이 서로 의지하여 마침내 무기를 들고 번갈아 침략하니 大城과 重鎭들이 모두 백제에게 병합되어 영토는 날로 줄어들고 위력도 아울러 쇠약해지게 되었습니다. 바라건대 백제에 조서를 내려 침략한 성을 돌려주게 하소서. 만약 조서를 받들지 않으면 곧 스스로 군대를 일으켜 쳐서 빼앗을 것이되 다만 옛 땅을 얻으면 곧 서로 화호를 청할 것입니다.71)

라고 하였듯이, 백제에게 大城과 重鎭을 빼앗기는 등 신라의 고전은 매우 심각한 것이었다. 백제는 곳곳에서 신라와 치열한 접전을 벌이면

---

69) 김유신 열전은 『삼국사기』를 편찬한 김부식이 김유신의 후손 김장청이 쓴 10 권의 『김유신행록』을 이용하여 재구성하였다. 따라서 삼국전쟁에 관한 기사들은 김유신과 신라의 입장에서 주로 서술되었다.

70) 『三國史記』 권5, 新羅本紀5, 眞德女王 3年.

71) 『三國史記』 권28, 百濟本紀6, 義慈王 11年.

432

서 동방과 북방으로 영토를 넓혀 갔다.

의자왕이 신라에 대한 공격에 전력을 기울일 수 있었던 것은 고구려
와 화친하였기 때문이다. 唐과의 관계도 악화되고 있었지만 최악의 상
태에 이른 것은 아니었다. 백제와 唐은 645년에 태종이 고구려를 정벌
할 때 신라가 3만 명을 동원한 틈을 타서, 의자왕이 신라의 7城을 빼앗
은 후 관계가 악화되기 시작하였다. 이 사건을 계기로 의자왕은 당에
사절을 파견하지 않고 있다가 651년에 다시 조공하였다. 의자왕은 태
종 때에 악화된 對唐關係를 고종의 즉위를 계기로 개선해 보려고 하
였다.[72]

그러나 백제와 唐의 관계 개선은 신라의 방해와 당의 고구려 정벌을
위한 전략 때문에 쉽지 않았다. 신라는 동맹국인 당에 자주 사절을 파
견하여 백제와 고구려가 침략하지 못하도록 외교적 압력을 요청하였
다. 신라의 요청을 받은 唐은 백제의 조공사절이 귀국할 때

  C. 사신을 당나라에 보내 조공하였다. 사신이 돌아올 때 高宗이 조서
  를 내려 왕을 타일러 말하였다.……"왕이 겸병한 신라의 성은 모두
  마땅히 그 본국에 돌려줄 것이며 신라도 사로잡은 백제의 포로들을
  또한 왕에게 돌려보내야 할 것이다. 그러한 연후에 환난을 풀고 분
  규를 해결하고, 무기를 거두어 들이고 전쟁을 그치면 백성은 짐을
  내려 어깨를 쉬는 소원을 이루게 되고 세 번국들은 전쟁의 수고로
  움이 없을 것이다. 저 변경의 부대에서 피를 흘리고 강토에 시체가
  쌓이고 농사와 길쌈이 모두 폐하게 되어 士女가 의지할 것이 없게
  된 것과 어찌 같은 상황이라고 말할 수 있겠는가? 왕이 만약 나아
  가고 머무는 것을 따르지 않는다면 짐은 이미 法敏이 청한 바대로
  왕과 승부를 결정하도록 내맡길 것이고, 또 고구려와 약속하여 멀
  리서 서로 구원하지 못하게 할 것이다. 고구려가 만약 명령을 받들
  지 않으면 즉시 거란과 여러 蕃國들로 하여금 遼河를 건너 깊이 들

────

72) 權悳永, 1997,『古代韓中外交史』, 일조각, 18쪽.

어가 노략질하게 할 것이다. 왕은 짐의 말을 깊이 생각하여 스스로 많은 복을 구할 것이며, 좋은 계책을 살펴 도모하여 후회함이 없도록 하라!" 하였다.[73]

라고 하였듯이, 백제가 공취한 신라의 城을 돌려주도록 강요하였다. 의자왕은 다음 해 정월 초하루에 조공 사절을 보냈는데, 백제가 파견한 마지막 使行이었다.[74]

백제는 唐의 강경한 입장을 확인한 후 외교관계를 단절하고 고구려와의 연대를 강화하는 방향으로 나아갔다. 무왕이 隋唐과의 지속적인 관계개선을 통해 고구려에 맞선 것에 비하여, 의자왕은 고구려와의 군사동맹을 더욱 강화하는 방향을 택하였다. 의자왕은 집권 초기에는 매년 당에 사절을 파견하여 우호관계를 유지하기 위하여 노력하였다. 그러나 이때에 이르러 당과의 외교관계를 단절하고 고구려와의 우호관계를 돈독히 하면서 신라를 공격하였다.

의자왕은 唐의 압박이 강화되자 653년 8월에는 그동안 소원한 관계에 있던 왜국과 우호관계를 회복하였다.[75] 왜국은 478년 이후 600년까지 중국의 여러 왕조와 통교를 단절한 채 백제와의 一國外交로 일관하였다. 그런데 백제와 왜 사이의 관계는 왜가 隋의 중국 통일을 전후하여 신라, 고구려와도 사절을 교환하는 등 동아시아제국을 상대로 한 多國外交를 추진하면서 변화가 일어났다.

왜국은 隋로 건너가는 사절의 안전을 보장받기 위하여 610년대에 접어들어 신라관계를 적극적으로 개선하였다. 왜국은 백제와 고구려 중심의 외교정책을 벗어나 신라 및 隋唐과의 관계도 비중을 두게 되었

---

73) 『三國史記』권28, 百濟本紀6, 義慈王 11年.
74) 『三國史記』권28, 百濟本紀6, 義慈王 12年.
75) 『三國史記』권28, 百濟本紀6, 義慈王 13年.

434

다. 이는 백제와 고구려를 중심으로 하는 외교노선의 포기가 아니라 多者를 수용하는 왜왕권의 현실적 실리외교의 결과였다.[76]

백제와 왜의 양국관계는 의자왕에 의하여 추방된 翹岐가 641년에 왜국으로 건너가면서 더욱 악화되었다. 교기와 大佐平 沙宅智積 등의 왜국 도착은 망명의 성격을 띠고 있었다.[77] 왜왕 皇極이 교기에게 각별한 배려를 베푼 까닭은 잘 알 수 없지만,[78] 양국관계를 악화시킨 원인이 되었다. 양국의 관계가 소원해지자 신라의 김춘추는 647년에 왜국으로 건너가 신라 편으로 끌어들이려는 외교공작을 전개하기도 하였다.[79]

그러나 백제와 왜국의 관계는 원래 대립적이지 않았기 때문에 상호간의 절충을 통하여 653년에 다시 화친관계를 맺고 갈등이 일단락되었다.[80] 왜국은 백제와 관계를 돈독히 하면서 신라 및 당과의 관계도 그

---

76) 연민수, 2004, 앞의 글, 47쪽.

77) 井上光貞, 1974, 「飛鳥の朝廷」, 『日本の歷史』, 小學館, 279쪽.

78) 왜국은 교기를 阿曇山背連의 집에 머물게 하고 접대하였다(『日本書紀』 권 24, 皇極紀 元年 2月 戊辰). 교기는 같은 해 4月 從者를 데리고 皇極을 배알하였고, 蘇我大臣을 만나 명마 1필과 鐵 20鋌을 선물로 받았다(『日本書紀』 권24, 皇極紀 元年 4月). 또한 皇極은 河內國 依網屯倉 앞에 교기 등을 불러 활로 사냥하는 것을 관람케 하였다. 그 후 교기는 그의 처자를 데리고 百濟 大井家로 옮겨 거처하였다(『日本書紀』 권24, 皇極紀 元年 5月).

79) 『日本書紀』 권25, 孝德紀 大化 3年.

80) 당의 고구려 원정이 시작되면서 반신라 친백제정책을 취하고 있던 야마토정권에서는 의기의식이 고조되었다. 당과 신라 유학생들을 중심으로 형성된 反蘇我氏 세력들은 일본의 안전을 위해 백제, 고구려보다는 신라, 당과 손을 잡는 것이 유리하다는 논리로 645년 改新政權을 세웠다. 그러나 개신정권 내에서 孝德天皇과 中大兄皇子(훗날의 天智天皇) 사이에 권력투쟁이 일어나, 中大兄皇子가 649년에 친백제세력과 손을 잡고 쿠데타를 통해 정권을 장악하였다. 일본과 신라 및 당의 3국연합을 추진하던 효덕천황이 죽고 齊明天皇이 655년에 즉위하면서 친백제정책은 더욱 가속화되었다(金鉉球, 1985, 『大和政權の對外關係硏究』, 吉川弘文館).

대로 유지하였다. 왜국은 653년과 654년에 연이어 遣唐使를 파견하는 등 국가적 이익을 위한 등거리외교를 유지하였다. 왜국의 등거리 외교 정책은 655년에 이르러 변화가 불가피하게 되었다.

당의 고종은 신라가 655년에 고구려와 백제의 합동작전에 의하여 33성을 상실한 큰 타격을 입자, 파병을 요청하는 문서를 河邊臣麻呂가 귀국할 때 보냈다.[81] 신라의 김춘추도 及飡 彌武를 왜국에 파견하여 對倭軍事外交를 전개하였다.[82] 그러나 왜국은 당과 신라의 요청을 거부하고 출병하지 않았다.

신라는 왜군의 파병이 이루어지지 않자 對倭 사절의 파견을 중지하였다. 또한 657년에는 왜국이 견당사를 신라 사절에 딸려 보내려고 하였으나 그 요청마저 거부하였다.[83] 唐도 659년에 파견된 왜국의 견당사를 유폐[84]시키는 등 적대적인 조치를 취하였다. 왜국 역시 백제와 고구려를 지지하는 입장으로 점차 기울어져 갔다.

의자왕은 즉위 후 신라에 대한 공격을 지속적으로 전개하여 상당한 영토를 확장하였다. 그러나 의자왕은 649년에 전개된 석토성과 도살성 전투 이후 5년 동안 신라와 소강상태를 유지하였다. 고구려와 신라, 고구려와 당 사이에도 전쟁이 중지되어 실로 오랜만에 평화가 찾아들었다.

이는 고구려 공격을 주도하였던 당 태종이 649년에 죽은 후 당과 삼국 모두 정국의 추이를 관망하였기 때문이다. 당 태종은 죽음에 이르러 조서를 남겨 고구려 정벌을 그만두게 하였다. 당 태종은

---

81) 『唐會要』倭國傳.
82) 『日本書紀』권26, 齊明紀 元年, 是歲.
83) 『日本書紀』권26, 齊明紀 3年, 是歲.
84) 『日本書紀』권26, 齊明紀 5年, 是歲.

436

D. 처음에 태종이 요동에서 사변을 일으킬 때 간하는 사람이 하나가
아니었다. 또 안시성에서 군대를 돌이킨 후에는 스스로 성공하지
못한 것을 깊이 후회하고 탄식하여 말하기를, "魏徵이 있었다면 내
가 이번 걸음을 하게 하지는 않았을 것이다."고 하였다.[85]

라고 하였듯이, 고구려 공격을 후회하면서 사망하였다. 그의 사후 즉위
한 고종은 부왕의 뜻을 받들어 고구려 공격을 중단하였다. 고구려도
당을 자극하지 않으면서 전란 수습에 만전을 기하였다.

의자왕은 당 태종의 사망을 계기로 국제정세가 급변하자 신라 공격
을 재검토할 수밖에 없었다. 의자왕은 고립에 처한 신라를 계속 공격
할 것인지 아니면 당을 자극하지 않고 호기를 기다려 할 것인가에 대
하여 적절한 판단을 내려야 하였다. 그러나 백제도 의자왕의 즉위 후
10년 동안 신라와 전쟁을 지속하였기 때문에 휴식이 절대적으로 필요
하였다. 그 외에도 백제는 고구려와 연합하여 신라를 공격하는 것이
훨씬 효과적이었으므로 동맹국의 입장을 고려할 필요가 있었다.

삼국은 당 태종의 사망을 계기로 하여 전쟁을 중단하고 후일을 대비
하면서 내정과 민생안정에 주력하게 되었다. 당에서는 내정이 안정되
고 민생이 회복되자 다시 고구려를 공격해야 한다는 주장이 일어나게
되었다. 고구려와 당의 전쟁은 점점 피할 수 없게 되어 갔다. 보장왕은
기선을 제압하기 위하여 장수 安固를 보내 고구려 군대와 말갈 군사를
출동시켜 당의 지배를 받고 있던 거란을 쳤으나 松漠都督 李窟哥에게
신성에서 패전하고 말았다.[86]

의자왕은 고구려와 당의 사이에 전쟁이 재개되자 신라의 동향에 촉
각을 기울였다. 고구려와 당 사이에 전운이 다시 감돌자 백제와 신라

85) 『三國史記』 권22, 高句麗本紀10, 寶藏王 8年.
86) 『三國史記』 권22, 高句麗本紀10, 寶藏王 13年.

모두 그 영향력을 받게 되었다. 의자왕은 이를 기회로 삼아 소강상태를 벗어나 신라에 대한 대대적인 공격을 단행하였다. 의자왕은 신라에 대한 단독 공격 대신에 고구려, 말갈과 연합작전을 펴서 655년 8월에 신라 北界의 30성을 함락하였다.[87]

그 위치에 대해서는 신라의 북계라는 명칭과 즉시 당에 구원을 요청한 것으로 보아 한강유역 통치의 중심지였던 당항성을 위협할 수 있는 전략상의 요충지로 추정하고 있다.[88] 고구려는 唐과의 전쟁이 피할 수 없는 상황이 되자 선수를 쳐서 신라를 공격하여 그 예봉을 꺾고자 하였다. 그러나 의자왕이 당이 고구려를 공격하면 신라가 개입할 것이라는 점을 들어 보장왕을 설득하였을 가능성도 없지 않다.

당의 고종은 백제와 고구려에게 30여 성을 상실하였다는 김춘추의 급보를 듣고 영주도독 程名振과 좌우위중랑장 蘇定方에게 군사를 거느리고 遼水를 건너게 하였다.[89] 신라의 무열왕도

E. 永徽 6년 태종대왕이 백제가 고구려와 더불어 변경을 막자 이를 치고자하여 군사를 출동할 때에 흠운을 郎幢 대감으로 삼았다. 백제 땅 양산 아래에 군영을 설치하여 조천성을 공격하고자 하였다.[90]

라고 하였듯이, 백제가 차지한 지역을 회복하기 위하여 군대를 동원하여 반격에 나섰다. 사료 E에서 永徽 6년(655)에 백제와 고구려가 변경을 막았다는 것은 30여 성의 함락과 관련이 있는 것으로 보인다. 백제는 고구려·말갈과 연합하여 신라의 북계에 위치한 30여 성을 공취하

---

87) 『三國史記』 권28, 百濟本紀6, 義慈王 15年.
88) 金周成, 1988, 「의자왕대 정치세력의 동향과 백제 멸망」, 『백제연구』 19, 267쪽.
89) 『三國史記』 권21, 高句麗本紀9, 寶藏王 14年.
90) 『三國史記』 권47, 列傳7, 金歆運.

438

였는데, 이로 말미암아 신라는 內地에서 한강유역에 이르는 교통로가 차단될 위기에 처하였다.

따라서 濟麗 양국 군대의 신라 북계 30성 점령은 대당교섭의 창구인 당항성과 그 부근의 요충지 등을 공격한 것이 아니라 소백산맥 이남에 위치한 신라의 內地와 변방에 속하는 한강 하류지역 사이의 연결을 차단하려는 작전으로 생각된다. 또한 金歆運이 공격한 助川城이 충북 영동군 양산면에 위치한 것으로 볼 때, 백제군이 충북 영동지역까지 장악하였음을 알 수 있다.

한편 고구려와 함께 신라 北界의 공략에 참전한 말갈세력은 함흥일대에 거주하던 집단이었다. 7세기 중엽에 주로 신라의 동북방 전선에서 활동한 말갈집단은 그 이전 시기의 '濊系靺鞨'과는 이질적인 세력이었다. 이들은 신라가 진흥왕대에 옥저지역으로 진출하여 예계말갈을 해체하자, 고구려가 동북 만주에서 이주시킨 다른 계통의 말갈이었다.[91]

이들은 신라의 통일 이후에도 계속 동북방에 할거하면서 위협을 가하던 집단으로 狄賊으로 지칭되는 등 전대의 말갈세력과는 종족 갈래가 달랐다. 이들은 고구려와 문화·혈연적으로 가까운 별종적인 존재로 濊貊·濊·靺鞨로 지칭되었으며, 고구려에 의하여 한강유역과 신라 동북방의 전선에 투입되었다. 이들은 통일전쟁기에 추가령지구대를 통하여 영서지역으로 진출하면서 안협의 아달성과 회양군에 위치한 적목성[92]을 공격하기도 하였다.

의자왕이 고구려와 연합하여 신라의 北界 30성을 공격할 때 말갈은 추가령지구대를 거쳐 영서지역으로 진출하여 고구려군에 합류하였다. 고구려와 말갈은 추가령지구대의 길목에 위치한 평강 부근에서 합군

91) 文安植, 2003, 앞의 책, 183~198쪽.
92) 『三國史記』 권7, 新羅本紀7, 文武王 15年.

하여 신라 공격에 나섰다.

이 무렵 고구려와 신라는 임진강과 한탄강을 경계로 하여 주전선이 형성되었다. 고구려의 한강유역 진출은 신라의 방어가 굳건하였기 때문에 쉽지 않았다. 고구려는 말갈세력과 평강 부근에서 합군하여 연천과 포천 방향으로 향하지 않고, 춘천으로 향한 다음 계속하여 홍천→횡성→원주를 거쳐 영월→영춘→단양→중원 일대로 우회하였다. 즉, 고구려와 말갈은 신라의 주력 방어선이 펼쳐진 임진강 계선을 돌파하지 않고, 북한강유역을 거쳐 남한강유역의 중원지역으로 남하하였다.[93]

고구려는 소위 ‘죽령로’로 불리는 영주-죽령-단양-제천-원주-횡성-홍천-춘천-화천-금화-회양-철령-안변으로 연결되는 신라의 북진교통로[94]를 거슬러 내려왔다. 신라는 죽령을 넘어 안변에 이르는 北進路를 보호하기 위하여 그 주변에 성곽을 축조하였다. 고구려가 백제·말갈과 더불어 공격한 신라의 北界 30성은 죽령로를 보호하기 위한 관방시설이 포함되었다. 고구려는 말갈과 함께 북한강유역을 석권한 후 충주 등의 남한강유역 방면으로 진군한 것으로 추정된다.

그 반면에 백제는 옥천과 영동 등의 금강 중류지역을 석권한 후 보은과 괴산을 거쳐 중원 방면으로 진격하였다. 이는 백제가 영동군 양산면에 위치한 조천성을 차지하자 신라가 김흠운을 보내 반격한 사례를 통해 유추된다.

또한 사료 E에서 백제와 고구려가 함께 신라의 변경을 막았다는 것

93) 이는 영양왕 때에 온달장군이 남정군을 이끌고 신라의 주력군이 주둔하고 많은 방어시설이 있는 임진강 계선을 돌파하여 남진을 꾀하는 대신 강원도 내륙을 통과하여 단양의 온달산성을 공격한 전술과 일치된다. 온달은 죽령과 계립령을 거쳐 한강 하류지역으로 연결되는 보급로를 차단하여 신라군의 무력화를 도모하였다(文安植, 2003, 앞의 책, 127쪽).

94) 徐榮一, 1999, 앞의 책, 179~185쪽.

은 고구려의 남진과 백제의 북진이 어우러지면서 신라의 교통로를 차
단하려는 전략이 구사되었음을 의미한다. 백제와 고구려는 각각 남과
북에서 진군을 개시한 후 충주와 중원 등에서 합류하여 신라의 교통로
를 차단하는 전략을 수립하였다.

그러나 신라는 충주를 포함한 남한강유역은 상실하지 않고 유지하
였다. 나당연합군이 660년에 백제를 공격할 때 김유신이 군사를 거느
리고 南川停에 도달한 것은 충주에서 출발하여 여주를 거쳐 이천에 이
르는 '계립령로'가 유지되었기 때문이다. 신라는 백제와 고구려 및 말
갈의 연합공격을 받고 30성을 상실하면서 추풍령과 죽령을 넘어 한강
하류지역으로 연결되는 교통로가 차단되었다. 신라는 계립령을 넘어
충주를 거쳐 당항성으로 연결되는 도로는 유지하였지만 거리가 멀고
지세가 험난하여 여러 가지 난관에 봉착하였다.

무열왕은 북계의 30성을 상실하여 주요 교통로가 차단되고 한강 하
류지역이 위협받자 唐에 사절을 파견하여 긴급한 사정을 알리면서 구
원을 요청하였다. 당의 고종은 무열왕의 급보를 듣고 程名振과 蘇定方
을 보내 고구려를 공격하였다.[95] 무열왕도 金歆運을 보내 백제가 차지
한 영동의 조천성을 공격하면서 반격을 꾀하였다.

조천성은 지내리산성, 비봉산성, 대왕산성 등으로 보고 있다. 신라는
백제가 양산을 거쳐 영동으로 향하는 길목에 금강을 경계로 동쪽에 대
왕산성, 원당리산성, 비봉산성과 지내리산성, 성인봉산성 등을 축조하
여 공격에 대비하였다. 조천성은 백제군이 금강을 건너 영동으로 향하
는 길목을 차단하는 요충지에 위치하였다. 그런데 비봉산성은 위치가
너무 높고 협소하며,[96] 대왕산성은 성의 규모가 작은 100m 미만의 망

---

95) 『三國史記』 권5, 新羅本紀5, 太宗武烈王 2年.
96) 비봉산성은 영동군 학산면 지내리 모리마을과 양산면 수두리 안수머리마을
   사이의 해발 482m의 비봉산 정상에 위치하고 있다. 비봉산성은 동서로 길게

영동 지내리산성 | 백제와 신라 사이에 치열한 격전이 벌어진 조천성으로 추정된다.

루용 산성에 불과하다.97)

따라서 김흠운이 공격하고자 했던 조천성은 성의 규모와 위치 등으로 볼 때 지내리산성으로 추정된다. 지내리산성은 영동군 학산면 지내리, 금산군 제원면 용화리, 금산군 부리면 어재리 사이의 해발 450m의 산 정상에 위치한다.98) 지내리산성은 양산과 금산을 왕래하는 도로를

형성된 비봉산 정상의 두 봉우리 중에서 조금 낮은 동쪽의 봉우리를 제외한 서쪽의 좁고 약간 긴 쪽을 감싼 테뫼형 산성이다. 성벽은 석축을 하였으며 칼날 같은 능선에서 공간을 확보하기 위하여 바위와 바위 사이 또는 낭떠러지 위에 아슬아슬하게 성벽이 축조되었다. 성벽은 전체 길이가 약 200m 정도이다. 비봉산성은 요충지의 길목을 지키는 망루형 산성으로 성의 위치와 전망으로 볼 때 신라군이 백제군의 이동을 감시하기 위하여 축조한 것으로 생각된다.

97) 대왕산성은 영동군 학산면 소재지의 북쪽에 있는 대왕산 정상 남쪽 끝의 산 봉우리에 위치한다. 산성의 전체적인 모양은 원형을 이루고 있는 테뫼형이며, 대왕산 줄기의 남쪽 끝자락에 있는 작은 봉우리에 성을 쌓았다. 성벽의 높이는 약3m 정도로 추정된다.

감시하는 역할도 하였다. 지내리산성에서 양산 쪽으로 약 2㎞ 정도 떨어진 곳에 좁은 협곡이 있는데, 금산 방향으로 梨峙를 넘어 금강이 가로막고 있어 이곳을 지키면 어느 누구도 지나갈 수 없는 요충지였다.

양산과 금산을 오고가는 길은 금강을 따라가는 것과 이곳 협곡을 지나가는 길 밖에 없었다. 또한 이곳에는 금강 상류지역에서 가장 널리 이용된 호탄나루가 위치하였다. 조천성(지내리산성)은 호탄나루를 관장하고 지키는 역할도 하였다. 호탄나루는 영동군 영산면 호탄리와 양산을 잇던 나루로 옥천 가화역-이원 토파역-양산 순양역-전북 무주와 금산으로 통하는 길목이었다.

백제는 신라의 영토였던 조천성을 공격하여 차지한 후 호탄나루를 확보하고 금강 상류의 물길을 장악하였다. 또한 조천성을 거점으로 하여 옥천과 영동 등을 거쳐 추풍령을 넘어 상주 방면으로 향할 수 있었다. 신라의 무열왕은 사위인 김흠운을 보내 조천성을 다시 찾고자 하였다. 조천성 전투는 『삼국사기』 김흠운 열전에 의하면

> F. 김흠운은 奈密王의 8세손이다. 아버지는 잡찬 達福이다. 흠운이 어려서 화랑 文努의 아래에서 놀았는데 당시의 무리들이 아무개는 전사하여 이름을 지금까지 남겼다고 말하자 흠운이 슬퍼하여 눈물을 흘리며 격동하여 그와 같이 되려고 하니 동문의 승려 轉密이 말하기를 "이 사람이 만약 전쟁에 나가면 반드시 돌아오지 않을 것이다." 하였다. 永徽 6년 태종대왕이 백제가 고구려와 더불어 변방을 막자 이를 치고자 하여 군사를 출동할 때에 흠운을 郞幢 대감으로 삼았다. 이에 그는 집안에서 자지 않고 비바람을 맞으며, 병졸과 더

---

98) 지내리산성은 포곡형 산성으로 둘레가 약 700m 정도 되며, 남북으로 연이어 있는 두 봉우리를 감싸안은 모양으로 전형적인 마안형 산성의 형태이다. 동으로는 멀리 양산의 대왕산성이 조망되며, 북쪽으로는 계곡 건너편의 성인봉 산성이 가깝게 보인다. 그리고 서쪽으로는 금강과 금산의 넓은 들판, 금산의 시가지가 보이며, 남쪽으로는 성주봉에 있는 노고성이 관측된다.

불어 고락을 함께 하였다. 백제 땅 陽山 아래에 군영을 설치하여 조천성을 공격하고자 하였는데 백제인들이 밤을 틈타서 민첩하게 달려와 새벽녘에 성루를 따라 들어오니 우리 군사가 놀라 엎어지고 자빠져 진정시킬 수가 없었다. 적들이 혼란을 타서 급하게 공격하니 날으는 화살이 비오듯 모여졌다.

흠운이 말을 비껴타고 창을 잡고 대적하니 大舍 詮知가 달래어 말하였다. "지금 적이 어둠 속에서 일어나 지척을 구별할 수 없는 상황이니 공이 비록 죽는다고 하여도 알아줄 사람이 없습니다. 하물며 공은 신라의 귀한 신분으로서 대왕의 사위인데 만약 적군의 손에 죽으면 백제의 자랑하는 바가 될 것이고 우리들의 깊은 수치가 될 것입니다." 흠운이 말하기를 "대장부가 이미 몸을 나라에 바치겠다고 하였으면 사람이 알아주고 모르고는 한가지이다. 어찌 감히 이름을 구하랴?" 하고는 꿋꿋하게 서서 움직이지 않았다. 따르던 자들이 말고삐를 잡고 돌아가기를 권하였으나 흠운이 칼을 뽑아 휘두르며 적과 싸워 몇 사람을 죽이고 그도 죽었다. 이에 대감 穢破와 少監 狄得이 서로 더불어 함께 전사하였다.

步騎 당주 寶用那가 흠운이 죽었다는 소리를 듣고 말하였다. "그는 귀한 신분에 영화로운 자리에 있어 사람들이 아끼는 바인데도 오히려 절조를 지켜 죽었으니 하물며 나 보용나는 살아 있더라도 별 이익이 되지 않고 죽어도 별 손해가 되지 않는 존재이다." 드디어 적에게 덤벼들어 서너 명을 죽이고 그도 죽었다. 대왕이 이 소식을 듣고 매우 슬퍼하였고 흠운과 예파에게는 일길찬, 보용나와 적득에게는 대나마의 관등을 추증하였다. 당시 사람들이 이(전투상황)를 듣고 양산가를 지어 애도하였다.[99]

라고 하였듯이, 신라군의 대패로 끝나고 말았다. 김흠운은 조천성을 공략하는 과정에서 백제군의 내습을 받고 큰 혼란에 빠졌다. 신라군은 추풍령을 넘어 황간 IC→영동읍→양강→학산→양산 방면으로 원거리를 행군하였다. 백제군은 먼 길을 행군하여 온 신라군이 깊이 잠들어

---

99) 『三國史記』 권47, 列傳7, 金歆運.

444

곤히 자고 있을 때 먼동이 트기 전에 갑자기 몰려들어 전멸시켰다고
한다.100)

김흠운은 백제군의 기습으로 위험에 빠지자 몸을 피하도록 간곡히
권하는 從者의 권유를 뿌리치고 여러 명의 백제 병사를 죽인 후 전사
하였다. 이 소식을 들은 무열왕은 크게 슬퍼하며 一吉湌 벼슬을 주었
고, 후세 사람들은 그의 죽음을 애도하여 陽山歌를 지어 불렀다.101)
양산가는 가사는 남아있지 않고 그 유래만 전해지고 있다.

양산의 강가에는 소금실이라는 마을과 자라벌이 있고, 금산과 마주
보는 곳에 가선리가 위치한다. 가선리에서 자라벌에 이르는 금강 강변
의 남쪽은 양산가의 본고장으로 알려져 있다. 그리고 비봉산 동쪽 끝
의 퉁소바위는 백제군이 퉁소를 불어 신라군이 고향 생각을 나게 하여
잠을 이룰 수 없게 하였던 곳으로 양산벌과 원당리의 성터 그리고 대
왕산까지 한눈에 들어온다.102) 한편 김흠운이 조천성을 탈환하려고 양
산에 도착하였다가 백제군의 기습을 받아 전사한 곳은 원당리산성으
로 추정된다.103)

100) 한국향토사연구전국협의회, 1998, 「보청천지역」, 『금강유역사연구』, 105쪽.
101) 『三國史記』 권47, 列傳7, 金歆運.
102) 한국향토사연구전국협의회, 1998, 앞의 글, 105쪽.
103) 원당리산성은 영동군 양산면 원당리와 영동군 학산면 박계리 사이의 해발
190m의 낮은 구릉의 정상에 위치한다. 전체적인 모양은 삼각형을 이루고 있
는 테뫼형 석축산성이며 동남쪽으로 대왕산이 마주 보이는 낮은 구릉 위에
성을 쌓았다. 원당리산성은 경계방향으로 보아 학산 쪽에서 양산 쪽으로 향
하는 적을 막기 위한 것으로 보인다. 이곳에서 남쪽으로는 대왕산성이 바로
보이며 서북쪽으로는 멀리 비봉산성이 보이고 북쪽으로는 금강 너머로 노고
성이 조망된다. 성의 둘레는 150m 정도 되며, 남쪽으로는 원당천이 흐르고
북쪽으로는 양산의 넓은 들판이 위치하고 있는데 성벽은 모두 무너져 원형의
모습을 알아보기는 힘들다.

2. 당의 침입 경고와 집권층의 분열

의자왕은 신라 북계의 30여 성을 고구려 및 말갈과 연합하여 공취한 성과를 바탕으로 왕권의 위상을 크게 높였다. 백제는 성왕의 관산성 패전 이래 왕권의 위상이 추락하고 귀족연립 정권이 성립되었다. 무왕과 의자왕의 노력에도 불구하고 왕권이 귀족세력의 견제를 뛰어넘어 절대적인 위상을 확보하지 못하였다.

성왕이 관산성 전투에서 패전한 이래 역대 국왕들은 대성 8족으로 상징되는 귀족세력들로부터 심한 견제를 받아 왔다. 한강유역의 회복은 왕권의 강화에 중요한 의미가 있었기 때문에 대성 8족은 거부감을 갖고 있었다.[104] 그 반대로 무왕과 의자왕은 한강유역에 대하여 깊은 관심을 갖고 무왕 28년과 의자왕 3년에 각각 한 차례씩 한강유역으로 진출하였으나 실패하였다.

의자왕의 왕권강화 노력은 신라 북계 30여 성을 공파하면서 결정적인 계기를 마련하였다. 신라의 북계에 대한 공격을 앞두고 의자왕과 보장왕은 묵계를 맺었을 가능성이 높다. 백제는 청주·괴산·음성과 보은·옥천·영동 등의 충북지역과 한성이 위치한 한강 이남지역을 차지하고, 고구려는 한강 이북지역과 죽령 이북지역을 점령하기로 합의하였다. 그리고 남한강유역은 백제가 이천·여주·하남 등의 중류지역을 중심으로 하여 西岸을 점령하고, 고구려는 충주를 비롯하여 중원·원주·제천 등을 차지하기로 합의가 이루어졌다.

백제와 고구려의 묵계는 6세기 중엽에 성왕과 진흥왕이 나제연합군을 이끌고 고구려를 공격하면서 차지한 영역과 거의 일치된다. 그러나 여제 양국의 합동작전은 소기의 목적을 이루지 못하고, 신라 북계 30여 성을 차지하는 성과를 올리는 데 그치고 말았다.

---

104) 金周成, 1995, 앞의 글, 111쪽.

446

의자왕은 목적한 바를 다 이루지 못했지만 한강유역 회복의 계기를
마련함으로써 왕권강화의 토대를 마련하였다. 의자왕은 승전을 계기로
태자궁을 화려하게 꾸미게 하였고,[105) 王庶子 41명을 좌평으로 삼아
각각 식읍을 주었다.[106) 이는 귀족세력에 대한 견제와 왕권의 친위세
력을 육성하려는 의도에서 나온 조치였다.[107)

의자왕은 집권층 내부에서 벌어진 국론 분열과 정쟁을 일소하기 위
하여 왕실을 앞세운 권력구조로 재편하였다. 백제의 좌평은 본래 정원
이 6명으로 일급 귀족들이 주로 임명되었는데, 의자왕은 정원제를 무
너뜨리면서 근친 왕족을 좌평에 임명하여 왕권강화를 도모하였다. 의
자왕은 국론을 통일하고 정국의 주도권을 확고히 장악하였다.

의자왕은 날로 긴박해져가는 국제 정세 속에서 난국을 타개하기 위
하여 왕실중심의 정국운영을 도모하였다. 의자왕의 총애를 받던 郡大
夫人 恩古도 정치 운영에 깊숙이 간여하면서 친위세력 육성에 기여하
였다. 군대부인 은고에 대해서는 '大唐平百濟國碑銘'에

A. 항차 밖으로 곧은 신하를 버리고 안으로 요사스러운 부인을 믿어
형벌은 오직 충량스럽고 어진 자에게만 미치고 총애와 신임은 아첨
하는 자에게만 먼저 더해졌다.[108)

라고 하였듯이, 역할에 대하여 부정적인 평가가 일반적이다. 또한 은고
가 정치의 중심에 위치하면서 총애와 신임을 받기 위하여 몰려 든 집
단이 존재한 것도 사실이었다. 은고를 지지하였던 집단은 階伯, 常永,

105) 『三國史記』 권28, 百濟本紀6, 義慈王 15年.
106) 『三國史記』 권28, 百濟本紀6, 義慈王 17年.
107) 盧重國, 1988, 앞의 책, 210쪽.
108) 한국고대사회연구소 편, 1992, 「大唐平百濟國碑銘」, 『譯註韓國古代金石文』
    I.

黑齒常之 등의 신진 귀족 출신으로 의자왕의 친위세력으로 성장하였
다.109) 은고는 의자왕의 총애와 자파 세력을 기반으로 하여 자신의 소
생인 孝로 태자를 교체하였다.110) 은고는 孝를 태자로 삼은 후

B. 고구려의 승려 도현이 쓴 일본세기에 이르기를······김춘추가 대장군
소정방의 힘을 빌려 백제를 쳐서 멸망시켰다. 어떤 사람이 말하기
를 "백제는 스스로 망했다. 요사스러운 여인 군대부인이 무도하여
나라의 권세를 멋대로 빼앗아 어진 이들을 죽였기 때문에 이런 화
를 부른 것이다." 라고 하였다.111)

라고 하였듯이, 어진 사람들을 죽여 백제 멸망의 원인을 제공하기도
하였다. 또한 의자왕도 戰勝과 왕권의 위상 강화에 도취되어 주색과
환락에 빠져 정사를 돌보지 않아 백제 멸망을 재촉하였다. 이 과정에
서 大佐平 沙宅智積은 奈祗城으로 은퇴하였고, 賢良한 신하였던 성충
과 興首는 국왕의 잘못을 간언하다 옥중에서 죽어갔거나112) 遠地로
귀양을 떠나기도 하였다.113)
　그런데 충성스럽고 현량한 부류와 총애와 아첨을 다투는 집단을 구
분하는 기준에 대하여 검토해 볼 필요가 있다. 전자는 의자왕이 왕권
강화와 잦은 전쟁을 추진하면서 빚어진 심적 갈등을 해소하기 위하여
음주가무에 심취하자, 그 틈을 타서 은고와 추종세력이 정권을 오로지
한 것에 맞서다가 축출된 사람을 의미할 것이다. 후자는 왕의 총애를

109) 金周成, 1988, 「의자왕대 정치세력의 동향과 백제멸망」,『백제연구』19, 충남
　　대 백제연구소.
110) 盧重國, 2004,『백제부흥운동사』, 일조각, 32쪽.
111)『日本書紀』권26, 齊明紀 6年.
112)『三國史記』권28, 百濟本紀6, 義慈王 16年.
113)『三國史記』권28, 百濟本紀6, 義慈王 20年.

448

받기 위하여 아첨을 일삼다가 백제를 멸망의 나락으로 몰고 간 소인배들로 추정된다.

삼국항쟁이 격화되면서 신라는 선덕여왕 말기에 김춘추가 김유신과 더불어 毗曇의 난을 제압한 후 정권을 좌지우지 하였으며, 고구려도 연개소문이 정변을 일으켜 권력을 장악하였다. 의자왕 역시 고구려와 신라의 집권자들과 마찬가지로 막바지로 치닫고 있던 상황에서 삼국항쟁을 주도적으로 이끌기 위하여 권력 집중과 친위세력 육성이 필요하였다.

의자왕은 친위세력을 강화하기 위하여 계백과 흑치상지 등을 등용하였고, 41명의 庶子들을 좌평으로 삼아 국정수행의 전면에 배치하였다. 또한 은고와 그 추종세력을 신임하였으며 태자를 隆에서 孝로 교체하는 등 일사분란한 집권체제의 형성을 도모하였다. 이를 통해 의자왕은 신라와의 전쟁을 자신감 있게 추진하였다.[114]

의자왕의 왕권강화와 專制的 권력행사는 귀족세력의 광범위한 반발을 불러 일으켰다. 또한 귀족세력이 국정운영에서 소외되었기 때문에 국력의 약화와 집권층의 분열을 초래하였다. 백제가 나당연합군의 공격을 받아 불과 열흘도 버티지 못하고 도성이 함락된 것은 민심이 이반되고 국론이 분열되었기 때문이다.

예컨대 성충과 흥수는 의자왕의 즉위 초에 왕권강화를 적극적으로 보좌한 사람들이었다.[115] 그러나 성충은 의자왕이 집권 후반기에 왕족과 측근을 앞세워 전제왕권을 행사하면서 신라를 지속적으로 공격하

---

114) 의자왕은 즉위 후 일련의 왕권강화작업을 통해 전제왕권을 확립하였는데,『三國史記』권42, 김유신 열전에 의하면 즉위 15년 9월 이후에는 황음과 환락에 빠져서 정치를 그르친 것으로 되어 있다. 그러나 이것은 의자왕의 전제왕권 확립에 대한 자신감의 반영으로 보고 있다(李基白·李基東, 1982, 앞의 책, 291쪽).

115) 金壽泰, 1992, 앞의 글, 66쪽.

자 이를 간언하다 투옥되었다. 성충은 獄에서 글을 올려 말하기를

> C. 봄 3월에 왕이 궁녀와 더불어 주색에 빠지고 마음대로 즐기며 술
> 마시기를 그치지 아니하였다. 좌평 成忠(혹은 淨忠이라고 하였다)
> 이 극력 간언하자 왕은 분노하여 그를 옥에 가두었다. 이로 말미암
> 아 감히 간언하는 자가 없었다. 성충이 옥중에서 굶어 죽었는데 죽
> 음에 임하여 글을 올려 말하였다. "충신은 죽어도 임금을 잊지 않는
> 것이니 원컨대 한 말씀 올리고 죽겠습니다. 신이 늘 때를 보고 변화
> 를 살폈는데 틀림없이 전쟁이 있을 것입니다. 무릇 군사를 쓸 때에
> 는 반드시 그 지리를 살펴 택할 것이니, (강의) 상류에 처하여 적을
> 맞이한 연후에야 가히 보전할 수 있을 것입니다. 만약 다른 나라의
> 군사가 오면 육로로는 침현을 넘지 못하게 하고, 수군은 기벌포 언
> 덕에 들어오지 못하게 하고서 험난하고 길이 좁은 곳에 의거하여
> 적을 막은 연후에야 가할 것입니다." 왕은 살펴보지 않았다.[116)

라고 하였듯이, 신라와 당의 침입을 예상하고 대책을 개진하였다. 성충
이 의자왕에게 극간한 까닭은 왕이 宮人과 더불어 荒淫·耽樂하여 술
마시기를 그치기 않았기 때문이었다. 그 외에도 성충은 의자왕의 무모
한 강경책이 파국으로 치달을 수 있다는 점을 제기하였다. 즉, 의자왕
과 성충의 대립은 신라에 대한 공격과 唐의 침입 가능성에 대한 입장
차이로 추정된다.

　의자왕은 군사적 성과에 힘입어 귀족세력의 견제에서 벗어나 권력
의 집중이 가능해졌다. 의자왕은 唐의 경고를 무시한 채 고구려와 연
합하여 신라 北界의 30여 성을 장악하여 승전의 분위기에 고무되었으
나, 백제의 朝野에는 당의 침입 가능성을 염두에 둔 위기감이 조성되
기 시작하였다. 성충은 의자왕의 강경책을 비판하면서 唐의 침입에 대
비할 것을 주장하였다.

116) 『三國史記』 권28, 百濟本紀6, 義慈王 16年.

의자왕이 이를 듣지 않고 성충을 투옥하자 더 이상 간하는 사람이 없게 되었다. 의자왕은 성충이 제기한 수군을 동원한 唐의 침입 가능성을 일축하였다. 의자왕은 고구려가 당과 격전을 치르면서 잘 방어하고 있었기 때문에 서해를 건너 백제를 공격하겠다는 고종의 경고를 무시하였다. 성충 이외에도 興首가 동일한 의견을 개진하다가 古馬彌知縣으로 유배를 떠나게 되었다.[117]

의자왕의 향락생활과 잦은 전쟁으로 인하여 국력 소모가 늘어나면서 상황은 날로 악화되어 갔다. 의자왕은 백제가 멸망되기 한 해 전인 659년에도 장수를 보내 독산성(성주 가천면 독용산성)과 동잠성(구미시 인의동)을 치는 등 신라 공격을 지속하였다.[118] 의자왕의 독산성 등에 대한 공격은 신라와 당의 백제 침입을 야기한 촉매제가 되고 말았다.

신라의 무열왕은 659년에 백제가 침범하자 당에 사신을 보내 양면 공격을 제안하였다. 당은 태종의 사망을 계기로 고구려에 대한 공격을 중지하였으나, 655년 정월에 신라가 북계 30성을 상실한 후 원병을 요청하자 고구려에 대한 공격을 재개하였다. 당은 658년과 659년에도 고구려를 공격하였으나 별다른 성과를 올리지 못하였다. 당은 對고구려 전략상 그 배후에 근거지를 확보하는 것이 유리하다고 판단하여 백제 침략을 결행하게 되었다.[119]

의자왕은 나당연합군의 공격이 목전에 이르렀음에도 불구하도 그 사실을 알지 못하였다. 의자왕은 나당연합군의 공격이 임박한 660년 5월에도

---

117) 『三國史記』 권28, 百濟本紀6, 義慈王 20年.
118) 『三國史記』 권28, 百濟本紀6, 義慈王 19年.
119) 李基東, 2004, 앞의 글, 20쪽.

D. 6월에 王興寺의 여러 승려들 모두가 배의 돛과 같은 것이 큰물을
따라 절 문으로 들어오는 것을 보았다. 야생의 사슴과 같은 모양의
개 한 마리가 서쪽으로부터 사비 하의 언덕에 이르러 왕궁을 향하
여 짖더니 잠깐 사이에 간 곳을 알 수 없었다. 서울의 여러 개들이
길가에 모여 혹은 짖고 혹은 울고 하다가 얼마 후에 곧 흩어졌다.
귀신 하나가 궁궐 안으로 들어와 "백제가 망한다. 백제가 망한다."
고 크게 외치고는 곧 땅으로 들어갔다. 왕이 괴이히 여겨 사람을 시
켜 땅을 파 보게 했더니 세 자 가량의 깊이에서 한 마리의 거북이
있었다. 그 등에 글이 씌어 있었는데 "백제는 둥근 달과 같고 신라
는 초생달과 같다" 라고 하였다. 왕이 이를 물으니 무당이 말하였
다. "둥근달과 같다는 것은 가득 찼다는 것입니다. 가득 차면 기울
것입니다. 초생달과 같다는 것은 아직 차지 않은 것입니다. 차지 않
으면 점점 가득 차게 될 것입니다." 왕이 노하여 그를 죽였다. 어느
사람이 말하였다. "둥근달과 같다는 것은 왕성하다는 것이요, 초생
달과 같다는 것은 미약하다는 것입니다. 생각컨대 우리나라는 왕성
하게 되고 신라는 점차 미약해진다는 뜻일까 합니다." 왕이 기뻐하
였다.[120]

라고 하였듯이, 신라 공격에 대한 자신감이 충만하였다. 이는 무왕과
의자왕 때에 백제가 공세를 취하여 신라의 大城과 重鎭을 상당수 차
지하였기 때문이다. 이로 말미암아 의자왕은 나당연합군의 공격을 받
았을 때 효과적인 대응책을 마련할 수 없었다. 변방의 고마미지현에서
유배 중에 있던 홍수는 나당연합군이 백제를 침입하자

E. 이때에 좌평 興首는 죄를 얻어 古馬彌知縣에 유배되어 있었다. 사
람을 보내 그에게 묻기를 "사태가 위급하니 이를 어찌하면 좋겠느
냐?"고 하였다. 홍수가 말하였다. "당나라 군사는 수가 많고 군대의
기율도 엄하고 분명하며 더구나 신라와 함께 모의하여 앞뒤에서 호

120) 『三國史記』 권28, 百濟本紀6, 義慈王 20年.

응하는 형세를 이루고 있으니 만일 평탄한 벌판과 넓은 들에서 마주 대하여 진을 친다면 승패를 알 수 없을 것입니다. 백강(혹은 기벌포라고도 하였다)과 탄현(혹은 침현이라고도 하였다)은 우리 나라의 요충지여서 한 명의 군사와 한 자루의 창으로 막아도 1만 명이 당할 수 없을 것입니다. 마땅히 용감한 군사를 뽑아 가서 지키게 하여, 당나라 군사가 백강에 들어오지 못하게 하고 신라 군사가 탄현을 넘지 못하게 하고, 대왕은 여러 겹으로 막아 굳게 지키다가 적의 군량이 다 떨어지고 사졸이 피로함을 기다린 연후에 힘을 떨쳐 치면 반드시 깨뜨릴 것입니다."

이때에 대신들은 믿지 않고 말하였다. "흥수는 오랫동안 잡혀 갇힌 몸으로 있어 임금을 원망하고 나라를 사랑하지 않았을 것이니 그 말을 가히 쓸 수가 없습니다. 당나라 군사로 하여금 백강에 들어오게 하여 물의 흐름을 따라 배를 나란히 할 수 없게 하고, 신라군으로 하여금 탄현을 올라오게 하여 좁은 길을 따라 말을 가지런히 할 수 없게 함과 같지 못합니다. 이때에 군사를 놓아 공격하면 마치 조롱 속에 있는 닭을 죽이고 그물에 걸린 물고기를 잡는 것과 같습니다." 왕이 그럴 듯이 여겼다.[121]

라고 하였듯이, 白江과 炭峴의 중요성을 재차 강조하였다. 성충과 흥수는 일찍부터 唐의 침입 가능성을 예상하고, 唐의 수군이 금강을 통하여 백제의 수도 부여로 향하지 못하도록 그 하구인 기벌포 부근에 방어망을 구축하고 대비할 것을 주장하였다.

백제는 고구려나 신라처럼 산악지대를 터전으로 하여 성장한 국가가 아니었다. 백제는 삼국 중에서 가장 넓은 평야지대를 끼고 있었으며 남북으로 길게 뻗은 해안선은 중국대륙을 향해 거의 무방비상태로 개방되었다. 백제는 외부세력이 대규모 선단을 편성하여 서해를 통하여 침입하면 방어하기에 곤란한 치명적인 약점을 갖고 있었다. 그러나

---

121) 『三國史記』 권28, 百濟本紀6, 義慈王 20年.

의자왕과 對新羅戰爭을 주도하던 장군 義直 등은 唐의 침입 가능성을 경시하였다. 의자왕은 서해의 험준함을 믿고

> F. 백제국은 바다의 험함을 믿고 무기를 수리하지 않으며 남녀가 뒤섞여 서로 연회를 일삼는다.[122)

라고 하였듯이, 唐의 공격에 거의 대비를 하지 않았다. 唐은 백제 공격을 앞두고 정보가 노출되지 않도록 만전을 기하였다. 당은 백제 정벌을 계획한 후

> G. 伊吉連博德書에 이르기를 "……일이 끝난 후 칙서를 내려 '국가에는 내년에 반드시 해동을 정벌하는 일이 있다. 그래서 너희 왜인들은 동으로 돌아갈 수 없다'라고 하고는 마침내 서경의 별처에 유폐하여 문을 폐쇄하고 막아 돌아다니지 못하게 하니 고달프고 괴롭게 해를 보냈다……"라고 하였다.[123)

라고 하였듯이, 이 사실이 외부로 알려지지 않도록 보안을 유지하였다. 唐은 사절로 파견되어 머물고 있던 왜인들을 귀국하지 못하도록 하고 특별한 곳에 유폐시킬 정도였다. 백제는 당이 바다를 건너 자국을 공격하기 위하여 준비에 박차를 가하고 있던 사실을 전혀 알지 못하고 있었다.

당은 고구려에 대한 공격에서 활용되었듯이 선박을 이용하여 대규모의 군사를 이동시켜 상륙작전을 수행하는 기동전에 익숙하였다. 당에 앞서 수나라는 양제 때에 해상을 통해 林邑으로 출병했으며, 두 번에 걸쳐 琉球(당시의 유구는 오늘날의 대만)를 정벌했다. 수군을 이용

---

122) 『三國史記』 권5, 新羅本紀5, 善德女王 12年.
123) 『日本書紀』 권26, 齊明紀 5年 秋7月.

한 전쟁의 범위 확대는 전선이 육지의 국경이나 요새지로 한정되어 있었던 종래의 개념을 깨뜨렸다.[124]

隋의 文帝는 598년에 周羅睺에게 수군을 이끌고 동래를 출발하여 바다를 건너 평양성을 공격하도록 하였으며,[125] 613년에 있었던 陽帝의 고구려 친정 때에는 해양전이 본격적으로 활용되었다. 隋軍의 편제는 좌군 12군과 우군 12군으로 구성되었고, 이 중에서 좌군의 3개군과 우군의 8개군이 水軍이었다.[126]

隋를 계승한 唐도 해양전에 필요한 조건을 갖추고 있었다. 唐은 645년에 벌어진 제1차 고구려와의 전쟁에서 형부상서인 張亮이 平壤道行軍道摠管이 되어 전함 500척을 거느리고 평양성을 목표로 직공을 계획하였다. 또한 648년의 3차 침입은 주로 水軍에 의지한 공격이었다. 唐의 薛萬徹은 군사 3만 명과 누선·전함 등을 거느리고 내주에서 바다를 건넜고,[127] 4월에는 烏胡鎭將 古神感이 수군을 거느리고 공격하였다. 또한 唐은 태종과 眞大德의 대화에서

H. 내가 군사 수만을 발하여 요동을 공격하면 그들은 필시 힘을 기울여 나라를 구하고자 할 것이다. 따로 수군을 보내 동래를 출발하여 바닷길로 해서 평양으로 들어가 수륙군이 합세하면 취하기가 어렵지 않을 것이다.[128]

라고 하였듯이, 수륙 양군의 합동작전을 구상하였다. 그러나 의자왕은 신라를 침입하면 해상을 통하여 공격하겠다는 唐의 경고를 무시하였

---

124) 尹明哲, 2003, 앞의 책, 314쪽.
125) 『三國史記』 권20, 高句麗本紀8, 嬰陽王 9年.
126) 『三國史記』 권20, 高句麗本紀8, 嬰陽王 23年.
127) 『三國史記』 권22, 高句麗本紀10, 寶藏王 7年.
128) 『三國史記』 권20, 高句麗本紀8, 嬰留王 7年.

다. 당은 효율적으로 고구려를 공격하기 위해 백제를 멸망시키거나 아니면 자국의 편으로 끌어들일 필요가 있었다. 당은 수나라의 전철을 밟지 않고 전선의 열악한 조건을 보완하기 위해서 백제나 신라와 연대하는 것이 중요하였다.

그러나 백제는 고구려가 거듭 당군을 격파하자, 당의 경고를 경시하고 고구려에 밀착하였다. 唐이 백제에 대한 정벌을 굳힌 것은 655년에 의자왕이 고구려와 연합하여 신라의 北界 30여 城을 장악한 이후였다. 이때부터 백제와 당의 관계는 돌이킬 수 없는 사이가 되고 말았다. 그 반면에 신라의 당에 대한 군사요청은 끊임없이 이어졌다. 성충이 나당연합군의 침입을 예견한 것도 이러한 대외관계의 변화에서 가능했다.[129]

성충은 당의 권고를 받아들여 신라에 대한 공격을 중지하고, 기벌포와 탄현과 같은 要路에 공고한 방어망을 구축하여 침입에 대비하자는 입장이었다. 성충 역시 백제가 획득한 大城과 重鎭을 신라에 돌려주라는 唐의 반환 주장은 용납하지 않았다. 그러나 의자왕은 성충 등의 간언을 받아들이지 않고 신라 공격을 지속하였다.

제3절 사비성의 함락과 백제의 멸망

1. 황산벌 전투와 계백의 분전

의자왕이 경고를 무시하고 신라 공격을 계속하자 당은 고구려 정벌에 앞서 백제를 멸하기로 결정하였다. 당의 고종은 左武衛大將軍 소정방을 神丘道行軍大摠管으로 임명하고 김인문을 副大摠管으로 삼아 수군과 육군 13만 명을 거느리고 백제를 치게 하였다. 또한 고종은 칙

---

129) 金周成, 1996,「백제의 멸망」,『백제의 역사와 문화』, 학연문화사, 279쪽.

456

명으로 무열왕을 嵎夷道行軍摠管으로 삼아 군사를 거느리고 唐軍을 응원하게 하였다.[130] 백제의 수뇌부는 660년 5월에 당군이 바다를 건너오자

A. 소정방이 군사를 이끌고 城山에서 바다를 건너 우리 나라 서쪽의 덕물도에 이르렀다. 신라 왕은 장군 김유신을 보내 정예 군사 5만 명을 거느리고 나아가게 하였다. 왕이 이를 듣고 여러 신하들을 모아 싸우는 것이 좋을지 지키는 것이 좋을지를 물었다. 좌평 義直이 나와 말하였다. "당나라 군사는 멀리 바다를 건너왔으므로 물에 익숙지 못한 자는 배에서 반드시 피곤하였을 것입니다. 처음 육지에 내려서 군사들의 기운이 안정치 못할 때에 급히 치면 가히 뜻을 얻을 수 있을 것입니다. 신라 사람은 당나라의 후원을 믿는 까닭에 우리를 가벼이 여기는 마음이 있을 것인데 만일 당나라 군사가 불리하게 되는 것을 보면 반드시 의심하고 두려워하여 감히 기세 좋게 진격하지는 못할 것입니다. 그러므로 먼저 당나라 군사와 승부를 결정하는 것이 좋을 것으로 압니다." 라고 하였다. 달솔 常永 등이 말하였다. "그렇지 않습니다. 당나라 군사는 멀리서 와서 속히 싸우려고 생각하고 있으므로 그 예봉을 감당하지 못할 것입니다. 신라 사람들은 이전에 여러 번 우리 군사에게 패배를 당하였으므로 지금 우리 군사의 위세를 바라보면 두려워하지 않을 수 없을 것입니다. 오늘의 계책은 마땅히 당나라 군대의 길을 막아 그 군사가 피로해지기를 기다리면서 먼저 일부 군사로 하여금 신라군을 쳐서 그 날카로운 기세를 꺾은 후에 형편을 엿보아 세력을 합하여 싸우면 군사를 온전히 하고 국가를 보전할 수 있을 것입니다." 왕이 주저하여 어느 말을 따를지 알지 못하였다.[131]

라고 하였듯이, 예기치 못한 사태에 우왕좌왕 하였다. 백제는 소정방이 이끄는 唐軍 13만 대군이 바다를 건너 德物島[132]에 정박한 후 사비도

130) 『三國史記』 권5, 新羅本紀5, 太宗武烈王 7年.
131) 『三國史記』 권28, 百濟本紀6, 義慈王 20年.

황산벌 전경 | 논산시 연산면의 황령산성 정상에서 내려다본 황산벌의 모습. 계백이 이끈 5천 결사대가 백제의 운명을 걸고 신라군 5만과 치열한 격전을 벌였던 무대이다.

성으로 향할 때까지 전혀 예상을 못하고 있었다.

　무열왕은 660년 5월 26일에 庾信, 眞珠, 天存 등과 함께 군사를 거느리고 경주를 출발하였다. 소정방도 萊州에서 수군을 이끌고 바다를 건너 백제로 향하였다. 무열왕은 6월 21일에 태자 法敏을 보내 병선 100척을 거느리고 德物島에서 소정방을 맞이하게 하였다. 소정방은 법민이 도착하자 전략회의를 열고 7월 10일 사비성 남쪽에서 군대를 합하여 백제의 도성을 공략하기로 결정하였다.[133]

---

132) 인천광역시 옹진군에 위치하며 소정방이 거느린 당군은 덕물도와 蘇耶島에 주둔하였다. 그리고 소정방이 직접 상륙한 곳은 소야도였다고 한다(金榮官, 1999, 「나당연합군의 백제침공작전과 백제의 방어전략」, 『STRATEGY21』, 한국해양전략연구소, 168쪽).

133) 『三國史記』 권5, 新羅本紀5, 太宗武烈王 7年.

허를 찔린 의자왕이 신료들을 모아 대책을 묻자 좌평 義直은 '당군은 멀리서 와서 피곤하므로 당군을 먼저 치자'고 주장하였다. 그 반면에 달솔 常永은 '약한 신라군을 먼저 공격하자'고 상반된 주장을 펼쳤다. 백제는 미증유의 국난을 앞두고 기본적인 전략도 수립하지 못할 만큼 당황하였다.

백제는 주로 국경 부근에서 攻城戰을 전개하여 영토를 확장하면서 신라를 압박하는 전통적인 전략으로 경주 진출을 시도하였다. 따라서 백제의 전선은 확대되었고 병력은 분산되어 있어 상대적으로 수도의 방비가 허술하였다.

나당연합군은 백제의 국경 부근에 위치한 요새에 대한 공격은 포기하고 곧바로 사비도성으로 진격하여 의자왕의 항복을 받기로 결정하였다. 백제는 의자왕이 왕실과 측근을 중용하고 환락에 탐닉하는 등 실정이 거듭되면서 민심이 이반하고 일반 귀족세력이 등을 돌리는 등 국론이 분열되어 있었다. 따라서 나당연합군의 공격에 모든 국력을 결집하여 맞서 싸울 수 있는 여건이 결여되었다. 백제는 의자왕이 머물고 있는 사비도성이 함락되면 쉽게 무너질 수 있는 취약성을 드러내고 있었다.

나당연합군은 백제의 약점을 파악하고 있었기 때문에 국경 부근에서 소모전을 전개하지 않고 모든 병력을 휘몰아 사비도성을 공격하여 일거에 승부를 결정하는 방향을 택하였다. 소정방은 13만 대군을 戰船에 태워 서해안을 따라 내려와 백제의 왕도를 향해 진격하였다. 태종무열왕도 법민이 돌아와 소정방과 합의한 양군의 회동 날짜를 아뢰자 5만 대군을 김유신에게 주어 사비성으로 진격하도록 하였다.

백제는 18만에 이르는 대규모의 나당연합군이 침입하자 대책을 마련하지 못하고 우왕좌왕 하였다. 백제는 신라군이 5월 26일경 경주를 출발할 무렵 그 동향을 주목하였지만 북쪽의 남천정으로 진군하는 것

을 보고 고구려에 대한 공격으로 오판하였다. 그러나 6월 21일에 당군
과 신라군이 덕물도에서 만나 백제 공격에 대한 전략을 마련한 후 海
路를 통해 남진할 기미를 보이면서 황급히 대책을 논의하기 시작하였
다.[134]

백제는 나당연합군의 침입을 전혀 예상하지 못했기 때문에 속수무
책으로 당할 수밖에 없었다. 소정방은 금강 하구에 위치한 전략적 요
충지인 伎伐浦로 향하였고, 신라군도 백제의 동부전선 요충지인 炭
峴[135]으로 진격하였다.[136] 의자왕은 사태가 위급해지자 계백을 보내
김유신이 거느린 신라군을 막도록 하였다. 계백은 좌평 충상, 달솔 상
영과 함께 5천 군사를 이끌고 황산벌을 향해 출발하였다. 계백은 결사
대를 이끌고 출전하면서

B. 계백은 백제인이다. 벼슬하여 달솔이 되었다. 당나라의 顯慶 5년 경
  신에 고종이 소정방을 神丘道大摠管으로 삼아 군대를 이끌고 바다
  를 건너 신라와 더불어 백제를 칠 때 계백은 장군이 되어 결사병 5
  천 명을 뽑아 대항하면서 말하였다. "한 나라 사람이 당나라와 신라
  의 대군을 당해내야 하니 국가의 존망을 알 수 없다. 내 처와 자식
  들이 포로로 잡혀 노비가 될 지 모르는데, 살아서 욕을 보는 것보다
  는 차라리 쾌히 죽는 것이 낫다"고 하며 드디어 가족을 모두 죽였
  다. 황산의 벌에 이르러 세 진영을 설치하고 신라의 군사를 맞아 싸
  울 때 뭇 사람에게 맹서하였다. "옛날 句踐은 5천 명으로 오나라 70
  만 군사를 격파하였다. 오늘은 마땅히 각자 용기를 다하여 싸워 이

<hr>

134) 金榮官, 1999, 앞의 글, 183쪽.
135) 탄현의 위치에 대해서는 완주군 운주면 삼거리의 탄현으로 보는 견해, 충남
  과 충북의 경계인 옥천·증약·세천·대전으로 통하는 마도령으로 보는 견
  해, 금산군 진산면 숯고개로 생각하는 견해, 대전 동쪽의 식장산으로 보는 견
  해 등이 있다. 탄현의 위치비정에 대한 연구사 정리는 成周鐸, 1990, 「백제
  탄현 소고」, 『백제논총』 2집, 12~13쪽을 참조하길 바란다.
136) 『三國史記』 권28, 百濟本紀6, 義慈王 20年.

460

겨 국은에 보답하자." 드디어 힘을 다하여 싸우니 한 사람이 천 사
람을 당해냈다. 신라 군사가 이에 물러났다. 이처럼 진퇴를 네 번이
나 하였다. 그러나 마침내 힘이 다하여 죽었다.137)

라고 하였듯이, 결전을 앞두고 아내와 자식을 죽여 후환을 없애고 戰
場으로 나섰다. 계백은 결사대를 이끌고 황산벌(논산시 연산면)에 도
착하여 지형이 험준한 곳에 三營을 설치하였다. 김유신도 5만의 신라
군을 이끌고

> C. 정방이 법민에게 말하였다. "나는 7월 10일에 백제 남쪽에 이르러
> 대왕의 군대와 만나 의자의 도성을 깨뜨리고자 한다." 법민이 말하
> 였다. "대왕은 지금 대군을 초조하게 기다리고 계십니다. 대장군께
> 서 왔다는 것을 들으면 필시 이부자리에서 새벽 진지를 잡숫고 오
> 실 것입니다." 정방이 기뻐하며 법민을 돌려 보내 신라의 병마를 징
> 발케 하였다. 법민이 돌아와 정방의 군대 형세가 매우 성대하다고
> 말하니, 왕이 기쁨을 이기지 못하였다. 또 태자와 대장군 유신, 장군
> 품일과 欽春(春을 혹은 純으로도 썼다) 등에게 명하여 정예군사 5
> 만 명을 거느리고 그것에 부응하도록 하고, 왕은 금돌성에 가서 머
> 물렀다. 가을 7월 9일에 유신 등이 황산 벌판으로 진군하니, 백제
> 장군 계백이 군사를 거느리고 와서 먼저 험한 곳을 차지하여 세 군
> 데에 진영을 설치하고 기다리고 있었다.138)

라고 하였듯이, 무열왕의 환송을 받은 후 남하하여 황산벌에 도착하였
다. 김유신이 이끈 신라군의 진격로에 대해서는 다음과 같이 몇 가지
견해가 있다. 첫째, 김유신이 경기도 이천에 위치한 남천정에서 출발하
여 보은 삼년산성-산계리토성-장군재-구진베루(옥천)-마전(금산)-탄현

---

137) 『三國史記』 권47, 列傳7, 階伯.
138) 『三國史記』 권5, 新羅本紀5, 太宗武烈王 7年.

으로 이어지는 길을 따라 내려온 것으로 파악하는 견해가 있다.[139] 둘째, 신라군은 근거지인 금돌성(상주 백화산성)에서 출발하여 가장 가까운 통로인 영동-금산-진산-연산으로 진격하였다고 보기도 한다.[140] 셋째, 서대전을 거쳐 양정고개를 넘는 코스는 대전지역 방어선을 돌파한 후 다시 연산지역의 방어선을 통과해야 하는 난점이 있기 때문에 금산-진산 코스와 대둔산 남쪽을 우회하는 금산-운주 코스를 모두 이용하였다는 견해도 있다.[141]

신라군이 계백의 결사대가 주둔한 황산벌로 진격하기 위해서는 백제의 국경 요충지인 탄현을 먼저 통과해야 하였다. 백제는 금산에서 황산벌이 위치한 연산지역으로 들어오는 신라군을 방어하기 위하여 좁은 협곡이나 고개에 축조된 산성을 활용하였다.

백제는 연산면 모촌리에서 남쪽으로 14㎞ 정도에 떨어진 곳에 위치한 용계원에 龍溪山城을 축조하여 그 부근을 통과하는 좁은 계곡 사이의 길을 감시하였다. 또한 용계원에서 동쪽으로 4㎞ 떨어진 쑥고개 위에는 炭峴山城이 위치하였으며, 금산에서 연산으로 진입하는 길목에 위치한 남이면 역평리에서 건천리로 통하는 해발 500m 고개 위에는 보루 성격의 栢嶺山城[142]이 위치하고, 또 다른 주요 교통로에 해당

---

139) 정영호, 1972, 「김유신의 백제 공격로 연구」, 『사학지』 6, 단국대 사학회.

140) 成周鐸, 1990, 앞의 글, 30~32쪽 ; 盧重國, 2003, 앞의 책, 48쪽.

141) 박순발·성정용, 2000, 「종합고찰」, 『논산 황산벌 전적지』, 충남대 백제연구소, 118~123쪽.

142) 백령산성에서 출토되고 있는 토기편들은 모두 무문과 선문, 격자문이 타날된 것으로 회청색조의 경질토기들이 있으며, 그 외에는 부분적으로 파상문토기편도 발견되고 있다. 이들 토기는 남문지를 포함한 주변과 목곽고 內 등 성내 전반에 걸쳐 여러 곳에서 발견되고 있다. 현재 출토된 토기의 대부분은 삼국 말기의 백제 토기로 판단된다. 이는 백령산성이 백제시대 말기에 축조되어 사용되다가 멸망과 함께 그 용도가 폐기된 것임을 말해준다. 따라서 백령산성은 백제 말기 신라 방어의 전초기지로서 기능하였음을 알 수 있다(충청남도 역사문화원, 2004. 5, 「금산 백령산성 문화유적 발굴조사 현장설명회 자료」).

462

되는 邑內 서쪽과 동쪽에는 각각 珍山城과 浮岩里山城이 축조되었다.143)

이와 같이 나제 양국은 충남 금산군 진산면에서 논산시 연산면에 이르는 험준한 산과 골짜기를 경계로 하여 국경을 마주하였다. 탄현은 충남 금산군 진산면 교촌리 표고 148m 지점의 숯고개(또는 쑥고개)에 위치하였을 가능성이 높다.144) 백제는 국경의 요충지인 탄현을 지키기 위하여 부암리산성과 진산성 등을 축조하여 방어망을 구축하였다.145)

백제는 쑥고개 위에 축조한 탄현산성과 그 앞에 위치한 부암리산성, 진산성을 유기적으로 이용하여 신라군의 공격에 임하였다. 백제가 탄현에 방어시설을 구축한 것은 동성왕이 목책을 설치한 것146)에서 기인한다. 동성왕은 목책을 설치하여 기초적인 국경 방어시설을 마련하였고, 후대에 이르러 점차 지형적 조건을 고려하여 성곽을 축조하여 철통같은 방어망을 구축하여 나갔다.

백제는 국경 부근에 위치한 탄현에 일차적인 방어망을 구축하였고, 그 배후에 해당되는 연산 일원에 황령산성, 깃대봉보루, 산직리산성, 국사봉보루, 모촌리산성, 외성리산성 등을 1열 횡대의 鶴翼陣 형태로 배치하였다. 그리고 이들 산성들을 통솔하기 위하여 함지산 밑에 황산성을 축조하였다.

백제는 이 능선에 배치된 성곽이 뚫리면 수도 부여까지 거의 평지를 통해 일사천리로 밀리게 되기 때문에 철통같은 방어망을 구축하였다.147) 연산지역은 대둔산, 도솔산, 천호산, 계룡산이 연이어 있어 '連

143) 박순발·성정용, 2000, 앞의 글, 114~117쪽.
144) 전영래, 1982, 「탄현에 관한 연구」, 『전북유적조사보고』 13, 전주시립박물관.
145) 成周鐸, 2002, 앞의 책, 253~265쪽.
146) 『三國史記』 권26, 百濟本紀4, 東城王 23年.
147) 成周鐸, 2002, 앞의 책, 166~167쪽.

논산 산직리산성의 성벽 | 계백장군이 중군을 이끌고 주둔하였을 가능성이 높은 산성이다.

山'이라는 지명이 생겨날 정도였다. 백제는 이들 능선을 따라 산성들을 동심원상으로 배치하여 전북 완주, 금산 진산, 대전의 세 방향에서 침입할 수 있는 신라의 공격에 대비하였다.

그러나 김유신이 이끄는 신라군 5만은 백제의 지도부가 우왕좌왕하는 틈을 타고 손쉽게 탄현을 넘어 황산벌로 진격하였다. 황산벌은 논산시 연산면 일대를 차지하는 넓은 들로 천호리·연산리·표정리·관동리·송정리 등을 포함한다. 계백은 황산벌에 도착한 후 三營을 설치하고 김유신이 이끄는 신라군을 기다렸다. 계백이 험준한 곳에 설치한 3영은 백제의 변경 수비군이 주둔하고 있던 연산지역의 산성에 마련되었다.

계백이 3영을 설치한 곳은 산직리산성(장골산성), 웅치산성(곰치산성), 황령산성으로 보고 있다.[148] 또한 황령산성, 산직리산성, 모촌리산

464

성에 3영이 설치되었다는 견해도 있다. 백제군은 해발 827.8m의 계룡산 줄기가 남쪽으로 뻗어 내린 황령산성에 좌군, 산직리산성에 중군, 모촌리산성에 우군이 각각 배치되었다.[149]

계백은 5천의 소수 병력으로 5만을 헤아리는 대군을 방어하기 위하여 황산벌 부근의 산성에 3영을 설치하였다. 그런데 관등으로 미루어 볼 때 상영이나 충상이 백제군의 최고사령관이었을 가능성이 크며,[150] 계백이 세웠다는 3영도 계백의 영채, 상영과 충상의 영채를 각각 말하는 것으로 보기도 한다.[151]

백제군이 3영을 설치하고 방어망을 구축하자 김유신도 대군을 세 길로 나누어 진격시켰다.[152] 신라군은 탄현을 넘어 백제의 3영을 향하여 쇄도하였다. 백제의 좌군은 인근의 깃대봉산성의 수비군과 합동작전으로 진산에서 벌곡 大德里-汗三川里를 지나 황산벌로 진입하려는 신라군을 황령산성과 황령재 일대에서 차단하였다.

우군은 모촌리산성에 주둔하면서 갈마산성의 수비군과 함께 운주 방향에서 황산으로 들어오는 신라군에 맞서 계곡 통로를 방어하였다. 그리고 중군은 산직리산성에 주둔하여 웅치산성의 수비군과 함께 진산에서 벌곡 黔川里-웅치재-산직리를 지나 황산벌과 모촌리 방향으로 향하는 신라군에 맞서면서 주로 진산과 황산벌을 잇는 라인을 방어하였다.[153]

---

148) 洪思俊, 1967, 「炭峴考」, 『역사학보』 35・36合, 77~78쪽.

149) 成周鐸, 2000, 「황산벌 전적지의 역사적 성격」, 『논산 황산벌 전적지』, 충남대학교백제연구소・논산시, 5~9쪽.

150) 金壽泰, 2000, 「7세기대 동아시아사상의 황산벌 전투」, 『논산 황산벌 전적지』, 충남대 백제연구소, 42쪽.

151) 李文基, 1998, 「사비시대 백제의 군사조직과 운용」, 『백제연구』 28, 충남대백제연구소, 283쪽.

152) 『三國史記』 권5, 新羅本紀5, 太宗武烈王 7年.

계백은 3영과 그 주변의 산성들을 연결하여 신라군의 진격을 방어하였다. 김유신도 병력을 3분하여 백제군을 공격하였는데, 먼저 고갯마루나 계곡에 위치한 교통로를 방어하려는 백제군과 차지하려는 신라군 사이에 치열한 전투가 벌어졌다.

신라군은 백제의 결사대가 죽음을 무릅쓰고 맞섰기 때문에 4차례의 전투에서 모두 패배하였다. 계백이 직접 지휘한 중군이 포진하였던 산직리산성 아래에는 신라군과 네 번 싸워서 모두 승리했다고 전해지는 '승적골(勝敵洞)'이 있다.[154] 백제군은 황산벌이 위치한 연산지역의 성곽이 무너지면 사비까지 신라군이 거침없이 진격할 수 있기 때문에 결사적으로 방어하였다.

김유신은 백제군의 완강한 저항을 뚫고 연산지역을 돌파하여 약속된 7월 10일에 당군과 합류해야 하였다. 신라군은 계백의 결사항전으로 황산벌을 돌파하지 못해 초조하게 되었다. 신라군이 백제의 결사대를 뒤에 남겨두고 길을 돌아 사비로 가기에는 시간이 촉박하였고, 배후에서 공격을 받아 전군이 위태롭게 될 수도 있었다. 이에 따라 양군은 최후까지 격전을 치를 수밖에 없었으며 전투도 치열하게 전개되었다.

백제군의 선방에 막힌 김유신은 떨어진 사기를 진작시키기 위하여 부장 欽純과 品日의 어린 아들 반굴과 관창을 이용한 고육책을 사용하였다. 이들은 백제 진영으로 말을 달려

D. 유신 등은 군사를 세 길로 나누어 네 번을 싸웠으나 전세가 불리하고 사졸들은 힘이 모두 빠지게 되었다. 장군 흠순이 아들 盤屈에게

---

153) 황산벌과 그 주변의 지형 및 산성의 관련성에 대해서는 박순발·성정용, 2000, 앞의 글, 113~124쪽을 참조하였다.

154) 成周鐸, 2000, 앞의 글, 14쪽.

계백장군의 묘 | 계백장군과 5천 결사대가 장렬히 산화한 황산벌 부근에 위치한다. 이 고분은 석곽이 노출된 채 방치되어 있었는데, 1970년대 후반 봉분을 쌓고 단장하였다. 장군을 모신 충곡서원이 바로 뒤편에 자리한다.

말하였다. "신하된 자로서는 충성 만한 것이 없고 자식으로서는 효도 만한 것이 없다. 위급함을 보고 목숨을 바치면 충과 효 두 가지 모두를 갖추게 된다." 반굴이 "삼가 분부를 알아 듣겠습니다" 하고는 곧 적진에 뛰어들어 힘써 싸우다가 죽었다. 좌장군 품일이 아들 官狀(또는 官昌이라고도 하였다)을 불러 말 앞에 세우고 여러 장수들을 가리키며 말하였다. "내 아들은 나이 겨우 16세이나 의지와 기백이 자못 용감하니, 오늘의 싸움에서 능히 三軍의 모범이 되리라!" 관장이 "예!" 하고는 갑옷 입힌 말을 타고 창 한 자루를 가지고 쏜살같이 적진에 달려 들어갔다가 적에게 사로잡힌 바가 되어 산 채로 계백에게 끌려갔다. 계백이 투구를 벗기게 하고는 그의 나이가 어리고 용감함을 아껴서 차마 해치지 못하고 탄식하며 말하였다. "신라에게 대적할 수 없겠구나. 소년도 오히려 이와 같거늘 하물며 장정들이랴!" (그리고는) 살려 보내도록 하였다. 관창이 (돌아와) 아버지에게 말하였다. "제가 적진 속에 들어가 장수를 베지도 못하

부소산성 삼충사 | 백제 멸망기에 우국충절을 빛낸 계백과 성충, 흥수 세 분의 애국충절을 기리고 있다

고 깃발을 뽑아 오지도 못한 것은 죽음이 두려워서가 아닙니다." 말을 마치자 손으로 우물물을 떠서 마신 다음 다시 적진으로 가서 날쌔게 싸웠는데, 계백이 사로잡아 머리를 베어 말안장에 매달아 보냈다. 품일이 그 머리를 붙잡고 흐르는 피에 옷소매를 적시며 말하였다. "내 아이의 얼굴이 살아있는 것 같구나! 왕을 위하여 죽을 수 있었으니 다행이다." 三軍이 이를 보고 분에 복받쳐 모두 죽을 마음을 먹고 북치고 고함지르며 진격하니, 백제의 무리가 크게 패하였다. 계백은 죽고, 좌평 忠常과 常永 등 20여 명은 포로가 되었다.155)

라고 하였듯이, 신라의 화랑답게 용맹하게 싸우다 전사하였다. 계백은 어린 나이로 용감하게 싸운 관창의 목을 잘라 말안장에 묶어 신라군 진영으로 돌려보내서 그 용기를 기렸다.

---

155) 『三國史記』 권5, 新羅本紀5, 太宗武烈王 7年.

관창의 장렬한 죽음은 신라군의 사기를 진작시키는 데 충분하였다. 신라군은 관창의 장렬한 전사에 분격하여 몸을 사리지 않고 총공격을 감행하였다. 백제의 5천 결사대는 신라군에 비하여 병력이 절대적으로 부족하였기 때문에 시간이 갈수록 희생자가 늘어나면서 차츰 밀리게 되었다.

계백은 3영을 거두고 남아 있는 병력을 집결시켜 최후의 결전을 준비하였다. 계백과 김유신이 지휘한 양군의 최후 격전은 황산벌에서 벌어지게 되었다. 계백과 5천 결사대는 용전분투에도 불구하고 병력의 숫자가 신라군에 비하여 턱없이 부족하였고, 산성과 험로를 버리고 나온 평지 전투는 더욱 불리하였다.

백제군은 황령재를 넘어 온 신라군과 결전하여 황령재 밑에 있는 '시장골(屍藏洞)'에서 패하였고, 그 일부는 모촌리산성을 격파하고 들어온 신라군과 싸워 현재의 충곡리 '시장골' 부근에서 전몰하였다.[156] 백제군은 3영이 무너지자 그 배후에 위치한 황산성과 청동리산성을 거점으로 하여 신라군이 사비성으로 진격하는 것을 막고자 하였다. 그러나 계백을 비롯한 5천의 결사대는 대부분 전사하고 좌평 충상과 상영 등 20여 명은 신라군의 포로가 되고 말았다.

2. 사비성 함락과 의자왕의 항복

의자왕은 소정방이 서해안을 따라 수군을 이끌고 내려오자 금강 입구를 막고 강변에 군사를 주둔시켰다.[157] 소정방은 계백이 황산벌에서 패배한 660년 7월 9일에 부총관 김인문 등과 함께 기벌포에 도착하여 백제군과 대치하였다.[158] 나당연합군의 기벌포 공격은 唐의 전함

---

156) 成周鐸, 2002, 앞의 책, 181쪽.
157) 『三國史記』 권28, 百濟本紀6, 義慈王 20年.

오성산에서 바라본 금강 | 금강이 내려다보이는 오성산 정상에서 기념촬영을 한 백제사 연구자들. 오른쪽부터 김영관, 박찬규, 서정석, 송화섭, 김주성, 노중국, 강종원, 김기섭, 필자.

1,900척[159])과 신라의 巨艦 100척이 대규모 선단을 이루어 위용을 자랑하며 참전하였다.

당군은 한 척당 대략 68명 정도가 1,900척에 나누어 승선하였으며, 신라도 唐船의 규모와 비교하면 100척에 대략 6,500명의 수군이 기벌포 진입작전에 참전하였다. 기벌포는 금강 南岸에 위치한 군산 나포의 오성산 부근으로 추정된다. 나포는 간척이 되어 금강 변에 상당히 넓은 평야가 조성되었지만 당시에는 지금보다 훨씬 넓은 포구가 존재하였다.

일제가 1911년에 만든 지도를 보면 금강 하구는 만경강과 동진강 등

---

158) 『三國史記』 권5, 新羅本紀5, 太宗武烈王 7年.

159) 『三國遺事』 권1, 奇異2, 태종무열왕 조의 鄕記에 의하면 당군은 122,711명이고 배는 1,900척이라고 하였다.

470

이 모여 커다란 만을 이루고 있다. 군산시 나포를 비롯하여 장항읍 인근의 넓은 간척지는 당시에는 대부분 海水가 유입되는 바다였을 것으로 추정된다. 소정방이 이끈 당군은 사비성을 목표로 하였기 때문에 금강의 남안에 상륙한 후 강변을 따라 직공하는 계획을 세웠다. 백제군은 唐軍이 기벌포로 진입하려고 하자

> A. 또 당나라와 신라의 군사가 이미 백강과 탄현을 지났다는 말을 듣고 (왕은) 장군 계백을 보내 결사대 5천 명을 거느리고 黃山에 나아가 신라 군사와 싸우게 하였다. (계백은) 네 번 크게 어울려 싸워 모두 이겼으나 군사가 적고 힘도 꺾이어 드디어 패하고 계백도 죽었다. 이에 군사를 합하여 웅진강 입구를 막고 강변에 군사를 둔치게 하였다(濱江屯兵). 정방이 왼편 물가로 나와 산으로 올라가서 진을 치자 그들과 더불어 싸웠으나 우리 군사가 크게 패하였다.[160]

라고 하였듯이, 수군과 육군이 합동으로 강을 따라 진을 치고 대항하였다. 소정방은 상륙부대를 이끌고 자신이 직접 육지에 올랐다. 소정방은 기벌포 부근의 해안이 진흙이어서 군대가 빠져나갈 수 없었기 때문에 버들로 엮은 자리를 깔고 군사를 상륙시켜 산 위에 진을 쳤다.[161]

당군이 기벌포에 상륙하여 진을 펼친 곳은 금강하구둑 부근의 군산시 성산면 성산리와 나포면 서포리 일대에 위치한 해발 227m의 오성산으로 추정된다. 오성산은 금강의 입구에 접하여 다섯 개의 높고 낮은 봉우리로 이루어졌다. 산 정상에 서면 금강의 중류와 하류가 한눈에 들어오고, 멀리 동진강과 만경강의 줄기까지 전망되는 전략적 요충지였다.

소정방이 상륙하는 상황을 전하고 있는 오성산에 얽힌 설화는 치열

160) 『三國史記』 권28, 百濟本紀6, 義慈王 20年.
161) 『三國史記』 권42, 列傳2, 金庾信 中.

五聖人의 묘 | 백제가 멸망할 때 나당연합군의 협박에 무릎 꿇지 않고 지조와 절개를 지킨 다섯 성인의 무덤. 군산시 오성산 정상에 자리잡고 있다.

했던 기벌포 전투를 말해주고 있다. 『여지도서』임피현 고적 조에 의 하면

> B. 당나라 장수 소정방이 백제 공격시에 오성산에 진을 치고 안개로 길을 잃고 헤맬 때 문득 다섯 노인을 만났는데 그들에게 사비성으 로 가는 길을 묻자 다섯 노인이 대답하길 너희들이 우리나라를 치 러 왔는데 어찌 길을 가리켜줄 것이냐고 말하였다. 이에 화가 난 소 정방은 그들을 죽였는데 나중에 물러갈 때 이들의 충절을 가상히 여기고 오성산 위에 장사지냈다고 한다.[162)]

라고 하였듯이, 충절에 빛나는 백제인의 항전을 전하고 있다. 백제군과

---

162) 『여지도서』임피현 고적 조.

나당연합군은 소정방이 직접 군사를 이끌고 오성산을 점령하여 진을 펼친 후 육상과 해상에서 일대 격전을 치르게 되었다. 백제군은 사비성으로 향하는 나당연합군을 저지하기 위하여 강변에 영채를 펼쳤다. 이리하여 백제군과 당군은 결전을 벌이게 되었는데

　C. 소정방이 동쪽 언덕으로 올라 진을 치고 백제군과 크게 싸웠다. 돛을 달아 바다를 덮고 서로 이어 이르렀다. 적군이 패배하여 죽은 자가 수천 명이었고 나머지 군사들은 달아났다. 조수를 만나 올라가는 데 배가 꼬리를 이어 강으로 들어갔다.163)

라고 하였듯이, 백제군은 육전과 해전에서 모두 패배하여 수천 명이 전사하고 말았다. 나당연합군은 백제의 수군을 제압한 후 바닷물의 만조 상태를 이용하여 금강을 타고 사비성을 향하여 올라갔다.

　사비성은 나성이 둘러싸고 있으며, 그 외곽에는 여러 산성들이 배치되어 있어 난공불락에 가까운 요새였다. 백마강 좌측 강안에 위치한 석성산성은 동쪽의 성산성, 남쪽의 황화산성, 서쪽의 가림성과 연결되었다. 금성산 동쪽의 청마산성은 둘레가 4km이며, 동나성과 인접하여 축조된 백제시대의 가장 큰 포곡식 석축산성이다.164) 북방의 증산성은 은산지역의 이중으로 된 토성과 서쪽의 옥녀봉토성으로 연결된다.

　그러나 사비성은 금강 하구의 기벌포를 거쳐 백마강으로 진입한 적의 수군이 공격하면 방어가 쉽지 않았다. 성충은 당의 수군이 침입할 것을 예상하여 기벌포에 방어망을 구축하여 상류로 거슬러 올라올 수 없도록 대비할 것을 주장하였던 것이다.

---

163) 『舊唐書』권83, 列傳33, 蘇定方.

164) 청마산성의 둘레는 6.5km이며, 서쪽 성벽의 높이는 4~5m 폭은 3~4m 정도이다. 청마산성은 유사시에 民·官·軍이 성에 들어와 농성할 목적으로 축조된 것으로 보고 있다(尹武炳, 1994, 앞의 글, 105쪽).

　의자왕은 성충의 진언을 무시하고 기벌포에 방어망을 구축하지 않아 낭패를 당하고 말았다. 백제는 금강을 통해 침입하는 적군의 동태를 감시하고 제어하기 위하여 서천군 한산면의 건지산성과 부여군 임천면의 성흥산성을 축조하였지만 대규모 적군의 공세 앞에 무력할 수밖에 없었다. 唐의 수군이 기벌포를 통과하여 도성으로 육박하자 사비성 외곽의 방어기능을 하고 있던 산성들은 무용지물이 되고 말았다.

　소정방은 기벌포에서 백제군을 격파한 후 수도 외곽에 위치한 산성을 공격하지 않고 사비성을 향해 곧장 진격하였다. 황산벌에서 계백의 결사대를 물리친 김유신도 5만 대군을 이끌고 이틀 만에 도착하였다. 신라군은 황산벌에서 승리한 후 西進하고, 唐軍은 기벌포에 상륙한 후 북상하여 사비성에 인접한 논산의 강경 부근에서 합군하였다. 신라군은 계백이 이끈 백제군의 완강한 저항에 부딪혀 7월 10일로 예정된 양군의 합군 날짜를 맞추지 못하고 하루가 늦게 되었다.

　소정방은 김유신이 약속 기일보다 늦었다고 하여 신라의 督軍 金文潁을 軍門에서 참수하려고 하였다. 김유신은 소정방의 처사에 맞서 일전불사의 태도를 견지하고 강력하게 반발하였다. 김유신이 큰 도끼를 잡고 軍門에 서니 성난 머리털이 곧추 서고 허리에 찬 보검이 저절로 칼집에서 튀어나올 정도였다고 한다. 소정방의 右將 董寶亮이 발을 밟으며 '신라 군사가 장차 변란을 일으킬 듯 합니다'라고 하니, 소정방이 김문영을 풀어주면서 일촉즉발의 위기는 수습되었다.[165]

　소정방이 신라군이 합군 날짜를 지키자 못하자 大怒한 까닭은 서해에서 기벌포로 진입하면서 예상치 못한 어려움을 겪었기 때문이다. 소정방은 자신이 직접 병사들을 이끌고 상륙작전을 감행하여 백제군을 제압하였는데, 이 과정에서 상당한 희생을 겪었던 것으로 추정된다. 이

---

165) 『三國史記』 권5, 新羅本紀5, 太宗武烈王 7年.

때 신라군이 예상된 날짜에 도착하여 백제군의 분산을 이끌어 냈으면 희생을 줄일 수 있었다. 그러나 신라군은 황산벌에서 계백의 결사대와 격전을 치르면서 시간을 지체하고 말았다.

소정방은 신라군이 예정된 시기에 도착하지 않았음에도 불구하고 밀물의 때를 놓치지 않기 위하여 상륙작전을 감행하였다. 그 과정에서 백제군의 거센 저항에 가로 막혀 상당한 피해를 당하였을 가능성이 높다. 소정방은 신라군이 뒤늦게 도착하자 분노가 폭발하여 督軍 金文穎을 軍門에서 참수하려고 하였다.

董寶亮의 주선으로 위기를 넘긴 나당연합군의 수뇌부는 7월 12일에 백제의 심장부인 사비성을 공격하게 되었다. 소정방과 김유신은 각각 보병과 기병을 거느리고 강을 따라 사비성으로 진격하였고, 신라와 당의 수군도 강물을 거슬러 밀물을 타고 올라 왔다. 나당연합군은 사비성에서 30리쯤 떨어진 곳에서 진군을 중지하고 전열을 정비하였다.[166]

나당연합군은 병력을 4군으로 편제하여 각각 길을 나누어 사비성으로 진격하였다. 의자왕은 나당연합군이 도성으로 육박하자 좌평 覺伽를 시켜 글을 보내 철군을 요청하였다. 김유신과 소정방은 이를 거부하고 사비성으로 계속 진격하였다. 소정방은 불길한 징조가 나타나 자신이 상할까 염려되어

> D. 홀연히 어떤 새가 정방의 영채 위를 날아다녔다. 사람으로 하여금 점을 치게 하니 이르기를 "반드시 원수를 상하게 할 것입니다"라고 하였다. 정방은 두려워서 군대를 끌어들여 진군을 중지하려고 하였다. 유신이 정방에게 말하기를 "어찌 하늘을 나는 새의 괴이함으로써 천시를 어기려합니까. 하늘에 응하고 사람에 순종하여 지극히 어질지 못함을 치는데 어찌 상서롭지 못함이 있으리오"하고는 신령

---

166) 『三國史記』 권28, 百濟本紀6, 義慈王 20年.

부여의 나성 | 능산리 쪽에서 바라본 나성 성벽의 일부. 현재 부여 나성은 흙으로 축조되었기 때문에 무너진 부분이 많아 형적을 찾아보기 어렵다. 나성은 부소산성 東門址에서 시작하여 동쪽의 청산성으로 연결되었으며, 청산성에서 남쪽으로 구부러져 석목리와 동문다리, 필서봉 상봉을 지나 염창리 부근의 금강변까지 연결되었다.

스러운 검을 뽑아 그 새를 겨누니 (새 몸이) 갈라져서 좌석 앞에 떨어졌다.[167)]

라고 하였듯이, 전진하지 않으려고 하였다. 소정방이 진군을 멈추려고 한 것은 소부리벌에 진을 친 백제의 군세가 만만치 않았음을 간접적으로 시사해 준다. 백제군은 "두 나라 군사가 용감하게 네 길로 나란히 진격하였다"[168)] 라고 하였듯이, 나당연합군에 맞서 네 곳에 영채를 세우고 있었다.[169)]

---

167) 『三國史記』 권5, 新羅本紀5, 太宗武烈王 7年.

168) 『三國史記』 권5, 新羅本紀5, 太宗武烈王 7年.

169) 盧重國, 2004, 앞의 책, 55쪽.

476

　김유신은 망설이는 소정방을 설득하여 진군을 계속하여 백제군과
접전을 벌였다. 의자왕도 모든 병력을 집결시켜 막았으나 20만을 헤아
리는 나당연합군의 군세를 당하지 못하고 패배하여 죽은 군사가 1만여
명이었다.[170] 의자왕은 백제군의 전열이 무너지자 상좌평을 시켜 제사
에 쓸 가축과 많은 음식을 보냈으나 소정방이 거절하였다. 의자왕의
여러 왕자들이 좌평 여섯 사람과 함께 나당연합군의 진영으로 가서 사
죄를 청하였으나 거부되었다.[171]

　나당연합군은 부여 염창리에서 능산리로 이어지는 羅城을 통과하여
순식간에 도성 안으로 진입하였다.[172] 의자왕은 적군이 물밀듯이 육박
하자 성충의 충언을 받아들이지 않은 것을 후회하면서 태자 효와 함께
웅진성으로 피난을 떠났다.[173] 의자왕의 탈출 경로는 분명하지 않지만
적에게 발각되기 쉬운 육로보다는 수로를 이용하였을 가능성이 크
다.[174]

　의자왕이 태자 孝를 데리고 떠난 후 나당연합군은 王城이 위치한
부소산성을 포위하였다. 의자왕이 떠난 후 부소산성은 둘째 아들 泰가
군사를 거느리고 지켰는데

170)『三國史記』권28, 百濟本紀6, 義慈王 20年.
171)『三國史記』권5, 新羅本紀5, 太宗武烈王 7年.
172) 사비의 나성은 능선과 저지대를 이어가며 축조된 東羅城과 北羅城뿐이며,
　　서쪽과 남쪽은 백마강의 자연 垓字的인 성격을 이용하여 그 자체가 나성과
　　같은 역할을 하였다(成周鐸, 2002, 앞의 책, 83쪽). 그 동쪽은 부소산성과 청
　　산성을 거점으로 연결한 후 석목리를 경유하여 남쪽의 백마강변에 이르며,
　　북쪽은 백마강에 임하여 배후의 천연적인 지세는 외적 방어에 더할 수 없는
　　조건을 갖추었다. 그 길이는 북나성이 0.9㎞, 동나성이 5.4㎞로서 총길이는
　　6.3㎞로 파악된다(충남대학교 백제연구소, 2000,『百濟泗沘羅城』).
173)『三國史記』권28, 百濟本紀6, 義慈王 20年.
174) 임용한, 2001,『전쟁과 역사』, 혜안, 269쪽.

부소산성 후문 | 의자왕은 야음을 틈타 부소산성을 탈출하여 웅진성으로 피난을 떠났다. 현재는 백마강을 가로질러 왕래하는 유람선의 선착장 출입구로 이용되고 있다.

E. 태자의 아들 文思가 왕자 隆에게 말하였다. "왕과 태자가 성을 나갔는데 숙부가 멋대로 왕이 되었습니다. 만일 당나라 군사가 포위를 풀고 가면 우리들은 어찌 안전할 수 있겠습니까" 드디어 측근들을 거느리고 밧줄에 매달려 (성밖으로) 나갔다. 백성들이 모두 그들을 따라가니 태가 말릴 수 없었다. 정방이 군사로 하여금 城堞에 뛰어 올라가 당나라 깃발을 세우게 하였다.[175]

라고 하였듯이, 왕실 구성원 사이에 내분이 발생하여 위태롭게 되었다. 의자왕의 탈출과 왕실의 내분이 발생하자 군사들의 사기는 크게 떨어지고 동요하는 민심을 진정시킬 수 없었다. 왕자 隆이 대좌평 千福 등과 함께 항복하자 신라의 태자 법민은 그를 말 앞에 꿇어앉히고 대야

---

175) 『三國史記』 권28, 百濟本紀6, 義慈王 20年.

낙화암에서 바라본 금강 전경 | 백제 망국의 슬픔과 삼천궁녀의 한을 품고 유유히 흐르고 있다.

성 전투에서 전사한 김품석 부부의 원한을 되새기며 얼굴에 침을 뱉으며 모욕을 주었다. 융은 땅에 엎드려 아무 말도 못하고 듣기만 하였다.[176] 부소산성에 고립된 왕자 태도 형세가 어렵고 급박하여 성문을 열고 항복하였다. 사비성과 부소산성은 의자왕이 웅진으로 떠난 후 집권층 간에 내분이 발생하여 허무하게 나당연합군에 점령되고 말았다.

의자왕도 어쩔 수 없이 태자 孝를 이끌고 웅진성을 나와 7월 18일 나당연합군에 항복하였다. 웅진으로 피난을 떠난 의자왕의 항복은 자발적인 것이 아니었다. 의자왕의 투항과 관련하여

 F. 그 大將 禰植이 또 의자를 거느리고 와서 항복하였다. 태자 융과 여러 성의 성주들도 모두 예를 표하였다.[177]

---

176) 『三國史記』 권5, 新羅本紀5, 太宗武烈王 7年.

라고 하였듯이, 대장 이식의 존재가 주목된다. 이식은 웅진방령으로 추정되며, 그는 상황이 급박해지자 의자왕을 사로잡아 나당연합군에 항복을 청하였다.178) 의자왕이 항복한 것은 계백이 황산벌 전투에서 패배한 후 열흘 째 되는 날이었다.

무열왕은 의자왕의 항복 소식을 듣고 상주의 금돌성을 출발하여 사비성에 이르러 주연을 크게 베풀고 장병들을 위로하였다. 문무왕과 소정방 및 여러 장수들은 대청마루 위에 앉고, 의자왕과 그 아들 隆은 마루 아래 꿇어앉았다.

의자왕이 대청마루에 올라 술을 따르니 백제의 좌평 등 여러 신하들이 목메어 울지 않는 사람이 없었다고 한다.179) 백제는 소정방이 당군을 이끌고 덕물도에 도착한 지 채 한 달이 못되어 700년 사직이 허무하게 무너지고 말았다.

---

177) 『舊唐書』 권83, 列傳33, 蘇定方.

178) 盧重國, 1995, 「백제 멸망후 부흥군의 부흥전쟁연구」, 『역사의 재조명』, 소화, 196쪽.

179) 『三國史記』 권5, 新羅本紀5, 太宗武烈王 7年.

제8장 부흥운동의 전개와 그 추이

제1절 부흥군의 거병과 거점의 확보

1. 복신의 활약과 임존성 전투

백제의 멸망은 의자왕의 국제정세에 대한 판단 실수와 국력의 소진 등에서 원인을 찾을 수 있다. 또한 신라에 대한 강경책을 구사한 의자왕과 당의 경고를 받아들여 때를 기다리자는 입장을 견지한 성충 일파의 대립도 국론분열을 초래하였다.

의자왕이 점차 정치에 의욕을 잃고 환락에 빠져들어 백제 멸망을 부채질하였다는 단편적인 인식은 재고의 여지가 있다. 삼국항쟁이 종국으로 치달으면서 의자왕의 전제왕권 추구와 독단적인 정국운영은 집권층 내부의 분열을 초래하였다. 또한 의자왕의 잦은 전쟁과 국력 낭비는

> A. 이 무렵 백제의 임금과 신하들은 심히 사치하고 지나치게 방탕하여 국사를 돌보지 않아 백성이 원망하고 신이 노하여 재앙과 괴변이 속출하였다. 유신이 왕에게 고하기를 "백제는 무도하여 그 지은 죄가 桀紂보다 심하니 이때는 진실로 하늘의 뜻을 따라 백성을 위로하고 죄인을 정벌하여야 할 때입니다." 하였다.[1]

---

1) 『三國史記』 권42, 列傳2, 金庾信 中.

라고 하였듯이, 백제의 멸망을 초래한 원인이 되었다. 그러나 삼국 모두 치열한 전란을 치르고 있었기 때문에 전쟁으로 인한 백성의 참화는 의자왕의 책임 만은 아니었다.

의자왕이 신라에 대한 공격을 끊임없이 단행한 것은 사실이었다. 의자왕은 신라에 대한 보복전쟁을 일으켜 주도권을 장악하였고, 자신의 강경책에 반대하는 성충과 흥수 등의 반대세력을 제거하였다. 백제의 귀족들은 은퇴나 간쟁, 심지어 신라와 내통하는 것으로 의자왕에게 저항하였다. 대좌평 사택지적이 은퇴했으며, 성충은 옥사하고, 좌평 흥수는 고마미지현으로 귀양을 갔다. 백제의 집권층 내에는 김유신에 포섭되어

B. 이보다 앞서 급찬 조미갑이 부산현령이 되었다가 백제에 포로로 잡혀가 좌평 임자의 집 종이 되어 일을 부지런히 하고 성실하게 하여 일찍이 조금도 게을리 하지 않았다. 임자가 불쌍히 여기고 의심치 않아 출입을 마음대로 하게 하였다. 이에 도망쳐 돌아와 백제의 사정을 유신에게 고하니 유신은 조미갑이 충직하여 쓸 수 있음을 알고 말하였다. "내가 들으니 임자는 백제의 일을 오로지 하고 있어 그와 함께 도모하고자 하였는데 길이 없었다. 자네가 나를 위하여 다시 돌아가 말해다오!" 그가 답하기를 "공께서 저를 어리석다고 생각하지 않으시고 지목하여 부리고자 하시니 비록 죽더라도 후회가 없습니다"고 하였다.

드디어 (그가) 다시 백제에 들어가 임자에게 아뢰었다. "제가 스스로 생각하기를 이미 이 나라의 백성이 되었으니 마땅히 나라의 풍속을 알아야 하므로 집을 나가 수십 일간 놀면서 돌아오지 않았습니다. 그러나 개나 말이 주인을 그리워하는 것 같은 정을 이기지 못하여 돌아왔습니다." 임자는 이 말을 믿고 나무라지 않았다. 조미갑이 틈을 타서 보고하였다. "저번에는 죄를 두려워하여 감히 솔직하게 말씀드리지 못했습니다. 사실은 신라에 갔다가 돌아왔습니다. 유신이 저를 타일러 님께 가서 아뢰도록 하기를 '나라의 흥망은 미리

알 수 없는 법이니 만약 그대의 나라가 망하면 그대는 우리나라에 의지하고, 우리나라가 망하면 나는 그대의 나라에 의지하겠다'고 합디다.”

임자가 듣고는 묵묵히 아무 말을 하지 않았으므로 조미갑은 두려워하며 물러 가 처벌을 기다렸다. 수개월 후에 임자가 불러 묻기를 “네가 저번에 말한 유신의 말이 무었이었느냐?” 하기에 조미갑이 놀라고 두려워하면서 전에 말한 바와 같이 대답하였다. 임자가 말하기를 “네가 전한 바를 내가 이미 상세히 알고 있었다. 돌아가서 아뢰어도 좋다.”고 하였다. 드디어 돌아와서 (김유신에게) 보고하였다. 겸하여 (백제의) 국내외의 일을 말하여 주었는데 정말 상세하였다. 이에 더욱 백제를 병합할 모의를 급하게 하였다.[2]

라고 하였듯이, 自國의 허실을 신라에게 알려주는 任子와 같은 최고위층의 변절자마저 생겨나게 되었다. 백제가 나당연합군에게 쉽게 무너진 것은 집권층의 분열과 민심의 이반 때문이었다. 나당연합군이 사비도성으로 육박할 때 의자왕과 왕실이 보여준 허약하고 패배적인 모습은 백성의 저항의지를 약화시켰다.

백제는 당나라에 맞서 관민이 혼연일체가 되어 싸운 고구려와는 달리 나당연합군의 공격을 받아 한 달을 채 견디지 못하였다. 그러나 당이 백제의 유민을 가혹하게 대우하자 곧바로 부흥운동이 일어나게 되었다. 백제를 멸망시킨 당군은

　C-1. 흑치상지는 백제 서부 사람으로 키가 일곱 척이 넘었고 날쌔고 용감하며 지략이 있었다. 백제의 달솔이 되어 風達郡 郡將을 겸하였다. 군장은 당나라의 刺史와 같다고 한다. 소정방이 백제를 평정할 때에 상지가 거느린 무리를 들어 항복하였다. 그런데 정방이 늙은 (의자)왕을 가두고 군사를 풀어 크게 노략질하자 상지

---

2) 『三國史記』 권42, 列傳2, 金庾信 中.

484

가 두려워하여 좌우의 우두머리 10여 인과 함께 달아나, 잡혔다
가 도망한 사람들을 불러 모아 任存山에 의지하여 스스로 굳게
지키매, 열흘이 채 안 지나 합세하는 사람이 3만이나 되었다.[3]
2. 이때 소정방이 의자왕과 태자 융 등을 사로잡고 곧 군대를 풀어
겁략하게 하니 젊고 건장한 자들이 많이 죽임을 당하였다.[4]

라고 하였듯이, 군사들이 무고한 장정들을 살해하고 노략질을 하는 등
횡포를 자행하였다. 백제 유민들은 "당과 신라가 서로 약속하여 老少
를 가리지 않고 모조리 죽인 다음에 나라를 신라에 넘겨준다"[5]는 등의
소문을 듣고 있었다. 이 때문에 아직 함락되지 않은 南岑城과 貞峴城
의 군사들은 나당연합군에게 항복하지 않고 성을 고수하였다.[6]

의자왕의 항복 이후 백제부흥운동을 최초로 일으킨 사람은 좌평 正
武였다. 그는 豆尸原嶽(청양군 정산)에 진을 치고 당군과 신라군을 공
격하였다.[7] 이에 용기를 얻은 백제 유민들은 당군의 횡포에 맞서 각지
에서 봉기의 대열에 합류하였다. 그러나 부흥군의 조직체계나 무기 조
달은

D. 이에 西部 恩率 鬼室福信은 분연히 분노를 드러내 任射岐山(어떤
책에는 북쪽의 任敍利山이라고 하였다)을 근거로 하고, 達率 餘自
進은 中部 久麻怒利城(어떤 책에는 都都岐留山이라고 하였다)에
웅거하여 각각 한 곳에 진을 치고 흩어진 군졸을 불러 모았다. 무기
가 전의 싸움에서 다 없어졌으므로 막대기를 들고 싸워 신라군을
물리쳤다. 백제군이 그 무기를 빼앗았으므로 얼마 후 백제군사들이

3) 『三國史記』 권44, 列傳4, 黑齒常之.
4) 『舊唐書』 권109, 列傳4, 黑齒常之.
5) 『舊唐書』 권199 上, 列傳 149 上, 東夷 百濟.
6) 『三國史記』 권5, 新羅本紀5, 太宗武烈王 7年.
7) 『三國史記』 권5, 新羅本紀5, 太宗武烈王 7年.

> 다시 날쌔져, 唐이 감히 들어오지 못하였다. 복신 등이 같은 나라 사람들을 모아 함께 왕성을 지켰다. 나라 사람들은 이를 높여 말하기를 "좌평 복신, 좌평 자진이라고 하였다. 오직 복신 만이 신기하고 용감한 꾀를 내어 이미 망한 나라를 부흥시켰다"고 아뢰었다.[8]

라고 하였듯이, 봉기 직후에는 창검이 없어 막대기를 들고 싸울 만큼 매우 열악하고 참담한 지경이었다. 부흥군은 곳곳의 전투에서 승리하여 적군의 무기를 노획하면서 무장력을 점차 강화할 수 있었다.

또한 의자왕의 항복에도 불구하고 모든 백제인이 나당연합군에 투항한 것은 아니었다. 사비성과 일부 지방이 항복한 것에 불과하였고, 대부분의 지방 군성들은 추이를 지켜보고 있었다. 백제 유민들은 곳곳에서 부흥군의 봉기가 시작되자 그 대열에 합류하게 되었다. 백제부흥군은 福信이 투쟁의 전면에 나서면서 조직화되고 단일한 명령체계가 확보되었다.

부흥운동을 이끌었던 사람들은 주로 率系 관등을 보유하고 있던 지방군장이 중심이 되었고, 道琛과 같은 승려도 합세하였다. 지방의 군장들은 초기에는 자신들의 근거지인 郡城을 중심으로 활동했으나, 점차 복신과 도침을 중심으로 조직화되었다.[9] 扶餘豊, 扶餘忠勝, 扶餘忠志 등 일부 왕족도 부흥군에 가담하였지만 중심세력은 아니었다.[10]

복신은 鬼室福信이 본명으로 왕실의 방계 출신이었다.[11] 복신은 좌평을 칭하면서 백제부흥운동을 주도하여

---

8) 『日本書紀』 권26, 齊明紀 26年.

9) 金榮官, 2003, 앞의 글, 47쪽.

10) 金壽泰, 1992, 「백제 의자왕대의 태자책봉」, 『백제연구』 23, 167쪽.

11) 복신은 『三國史記』 권28, 百濟本紀6, 의자왕 20년 조에 의하면 무왕의 從子로 되어 있어 왕족일 가능성이 있다. 그러나 '唐劉仁願紀功碑'에는 鬼室氏로 되어 있기 때문에 부여씨 왕족에서 분기하였을 가능성이 높다(李文基, 1991, 「백제 흑치상지 부자 묘지명의 검토」, 『한국학보』 64).

임존성의 남쪽 성벽 | 테뫼식 석축산성으로 성벽의 높이는 2.5m, 폭은 3.5m 정도이며, 남쪽의 성벽은 굴곡이 심하여 성내에는 7~8m의 내호가 둘러져 있다. 임존성의 특징은 네 모서리를 견고하게 하기 위해 다른 곳보다 2m 정도 더 두껍게 내탁하였으며, 성의 높이도 더 높게 축조하였다.

E. 복신 등이 드디어 같은 나라 사람들을 비둘기처럼 모아 함께 왕성
을 보위하니 나라 사람들이 높여서 이르기를 "좌평 복신, 좌평 여자
진"이라 하였다. 오직 복신 만이 신무한 권세를 발휘하여 이미 망한
나라를 일으켰다.[12]

라고 하였듯이, 유민들의 신망을 받아 전권을 행사하게 되었다. 이 외
에도 왕족 출신으로 부흥운동을 이끈 사람은 餘自進이 있었다. 백제의
유민들은 복신과 여자진을 "좌평 복신, 좌평 자진"이라고 하면서 높이
추앙하였다.

복신이 부흥군을 일으킨 것은 의자왕이 항복한 직후였으며, 660년 9
월 5일에는 왜국으로 사절을 보내 구원군 파견을 요청하였다.[13] 이를

---

12) 『三國史記』 권28, 百濟本紀6, 義慈王 20年.

통해 볼 때 복신은 9월 이전에 부흥군을 일으켰음을 알 수 있다. 복신은 부흥운동을 장기적으로 이끌기 위하여 항전의 거점을 임존성에 마련하였다. 흑치상지와 사타상여도 복신에 호응하여 그 휘하로 편입되었다.[14]

임존성은 원래 백제의 西方을 관할하던 方城이었다.[15] 복신이 흑치상지 등과 더불어 임존성을 중심으로 부흥운동을 주도하자 곳곳에 흩어져 있던 백제의 패잔병이 몰려들었다. 이들이 임존성에서 백제 유민을 불러 모으니 열흘도 채 안되어 3만 명이나 집결하였다.[16]

임존성은 사방 20~30㎞ 정도의 주변지역을 한눈에 감시할 수 있는 전략적인 요충지에 자리하였다.[17] 성에 오르면 서쪽으로는 홍성군과 홍성 읍내, 동쪽으로는 예산군과 예산 읍내, 남쪽으로는 예당저수지와 無限川이 한눈에 조망된다. 또한 계곡이 깊어 방어에 유리한 천험의

---

13)『日本書紀』권26, 齊明紀 26年.

14)『三國史記』권28, 百濟本紀6, 義慈王 20年.

15) 朴賢淑, 1996,『백제지방통치체제연구』, 고려대대학원 박사학위논문, 127쪽.

16)『舊唐書』권109, 列傳59, 黑齒常之.

17) 임존성은 예산군 대흥면 상중리와 광시면 동산리에 걸쳐 있는 봉수산 정상부에서 남쪽으로 250m정도 떨어진 봉우리(470m)와 동쪽으로 550m정도의 거리에 있는 소봉(420m)을 에워싼 테뫼식 석축산성이다. 성의 둘레가 2,426m에 이르고 있어 우리나라 고대산성 중에서 손꼽힐 수 있는 최대급에 속하는 규모이다. 임존성은 백제부흥운동을 처음 시작한 곳이자 그 마지막 무대가 되었던 곳이다. 봉수산에 위치한 임존성의 지표조사 결과 백제시대에 제작된 것으로 추정되는 瓦片과 '任存', '存官', '任存官'이라는 銘文 기와가 수습되어 임존성이라는 사실이 자료를 통해 입증되었다(예산군·충남개발연구원, 2000,『禮山 任存城』, 21~26쪽).
이와는 달리 홍성군 장곡면 산성리에 있는 학성산성을 임존성으로 보는 견해도 있다. 이에 따르면 학성산성이 백제의 임존성이고, 봉수산성은 형태나 구조 양식에서 통일신라시대의 형식을 보이고 있다고 한다. 신라가 백제의 부흥운동을 진압한 후에 통치에 부담감이 느껴 임존성(학성산성)을 廢城시키고, 새로이 현재의 봉수산에 산성을 쌓고 이곳으로 임존성의 중심을 옮겼다는 것이다(徐程錫, 2002, 앞의 책, 262~283쪽).

488

임존성 원경 | 임존성은 예산군 대흥면 봉수산 꼭대기에 위치하며, 둘레가 약 2,400m에 이른다. 테뫼식 석축산성으로 산의 표고는 483m이며, 성벽 높이는 2.5m, 너비는 3.5m이다.

요충지였다. 임존성은 사방의 조망이 뚜렷하고 부여와 공주까지의 거리가 90㎞로 전략상 매우 중요하였다.

소정방은 백제부흥군이 임존성에서 복신을 중심으로 조직적인 저항을 꾀하자 직접 군대를 이끌고 공격에 나섰다. 임존성에 주둔하고 있던 백제부흥군은 소정방이 이끈 나당연합군의 대대적인 공격에 직면하여 험준한 지세를 잘 이용하면서 결사 항전하였다. 나당연합군은 임존성의 큰 목책을 공격했으나, 군사가 많고 지세가 험하여 이기지 못하고 다만 작은 목책만을 쳐서 함락하였다.18) 백제부흥군의 격렬한 저항에 직면한 나당연합군은 임존성을 함락하지 못하고 물러날 수밖에 없었다.

임존성 전투의 승리는 백제부흥군이 거둔 최초의 대규모 승리였으

---

18) 『三國史記』 권5, 新羅本紀5, 太宗武烈王 7年.

며, 그 결과 사기가 크게 오르고 주변의 200여 성들이 호응하였다.[19] 임존성에 주둔한 백제부흥군이 나당연합군을 격퇴한 날짜가 8월 26일 이었으니, 의자왕이 항복한 지 40여 일 만에 상당한 지역을 차지한 것이다.

소정방은 임존성을 함락하지 못한 채 9월 3일 당으로 귀환하고 말았다. 소정방은 백제부흥운동의 구심점을 제거하기 위해 의자왕과 왕족·신료 93명과 백성 1만 2천 명을 데리고 당으로 돌아갔다.[20] 唐의 고종은 의자왕이 수도로 끌려온 후 며칠 만에 병으로 죽자 金紫光祿大夫 衛尉卿을 추증하고 옛 신하들이 喪禮에 나가는 것을 허락하였다. 그리고 조서를 내려 孫皓와 陳叔寶의 묘 옆에 장사하고 아울러 비를 세우게 하였다.[21]

소정방은 郎將 劉仁願을 留守로 임명하고 군사 1만 명을 주어 사비성에 남아 지키도록 하였다. 유인원은 소정방을 대신하여 사비성의 都護에 임명되어 당군의 총사령관이 되었고, 그 후 웅진도호부 체제로 개편되면서 웅진도독이 되었다.[22] 신라군도 왕자 인태가 사찬 日原, 급찬 吉那와 함께 군사 7천 명을 이끌고 유인원을 보좌하였다.[23]

---

19) 『三國史記』 권28, 百濟本紀6, 義慈王 20年.
20) 당으로 끌려간 대부분의 포로들은 백제정벌에 참여한 장수들에게 分賜되어 노비가 되거나, 당의 內地로 분산 사민되었다.
21) 『舊唐書』 권199 上, 列傳 149 上, 東夷 百濟.
22) 『資治通鑑』 권200, 당기 16, 용삭 원년 조에 보이는 百濟府城은 사비성을 말하며, 그 성격은 당군의 총사령부인 최고군정기관으로 생각하고 있다(千寬宇, 1995, 『고조선·삼한사연구』, 일조각, 395쪽). 그러나 '唐劉仁願紀功碑'에 보이는 '君(유인원)을 도호로 삼고 겸하여 주둔군을 총괄하도록 하였다'라는 기사를 주목하여, 백제부성을 도호부로 보고 유인원의 지위를 도호로 파악하기도 한다. 그리고 도호부는 도독부보다 위상이 높았으므로 도호 유인원은 백제부성을 근거로 당군을 총지휘하면서 5독부를 통괄한 것으로 보기도 한다(方香淑, 1994, 「백제 고토에 대한 당의 지배체제」, 『李基白선생고희기념 한국사학논총』 상-고대·고려시대편, 일조각, 310~312쪽).

유인원은 사비성에 주둔하면서 공주·논산·남원·예산군 덕산·영산강유역 일원에 5도독부를 설치하고, 백제 유민들의 반발을 무마하기 위하여 분열책을 구사하였다.[24] 백제의 37군 200성을 37주 250현으로 재편하고 그 장관으로 자사와 현령을 두었으며, 모두 백제 출신의 유력자들을 발탁하였다.

2. 사비성 공격과 두량윤성 전투

백제부흥운동이 본격화된 것은 蘇定方의 주력부대가 당으로 돌아간 뒤였다. 소정방이 주력 부대를 이끌고 당으로 돌아간 까닭은 고구려를 공격하기 위해서였다. 당의 동방정책은 고구려를 멸망시키는 것이 일차적인 목적이었고, 백제 정벌은 그 수단의 일환으로 행해진 것이었다.[25]

백제부흥군은 唐의 주력이 돌아가자 사비성을 포위하고 길목을 차단하여 군량 운송이 원활하게 이루어지지 못하도록 하였다. 사비성의 외곽을 차단한 백제부흥군은 9월 23일에 城內로 진입하여 백제 유민을 모으고 약탈을 하였으나 나당연합군에 의하여 밀려나고 말았다.

백제부흥군은 사비성에서 물러나 그 남쪽의 산마루에 올라 네댓 군데 목책을 세우고 진을 설치하였다. 백제부흥군이 진을 펼친 곳은 도성 밖의 남쪽에 위치한 석성산성이었다.[26] 부흥군이 틈을 엿보아가며 공격하니 사비성의 나당연합군이 위축되어 인근의 20여 성이 부흥군에 가담하였다.[27] 나당연합군이 주둔한 사비성의 외곽에 위치한 대부

---

23) 『三國史記』 권5, 新羅本紀5, 太宗武烈王 7年.

24) 盧重國, 2004, 앞의 책, 71~76쪽.

25) 『資治通鑑』 권200, 唐紀16, 高宗 龍朔 2年 秋七月.

26) 田中俊明, 1990, 「왕도로서의 사비성에 대한 예비적 고찰」, 『백제연구』 21, 충남대 백제연구소, 170쪽.

분의 城을 부흥군이 장악하게 되었다.

나당연합군은 사비성에 포위된 채 사방의 길목이 차단되어 성문 출입이 어렵게 되었다. 이들은 상황이 난관에 봉착하자 무열왕에게 원군 파견을 요청하였다. 태종무열왕은 경주로 철군하기 위하여 보은의 삼년산성에 머물고 있다가 태자와 諸軍을 거느리고 다시 사비성 방면으로 군사를 돌리지 않을 수 없었다. 무열왕은 태자와 함께 직접 군사들을 이끌고 10월 9일에 尒禮城(충남 논산시 연산)을 공격하여 함락시켰다.

무열왕이 이례성에 관리를 두어 지키게 하니 부흥군이 차지한 20여 성이 두려움에 떨고 모두 항복하였다. 무열왕은 사비도성 외곽의 산성들을 회복한 후 10월 30일에는 백제부흥군의 주력부대가 주둔한 사비의 남쪽 산마루의 목책을 공격하여 1천 5백 명을 참수하였다.[28]

한편 고구려는 백제부흥군과 나당연합군이 치열한 전투를 치르고 있는 동안 군사를 보내 임진강유역에 위치한 파주의 칠중성을 공격하여 성주 匹夫를 죽이고 성을 함락하였다.[29] 신라는 고구려의 공격을 방어하는 동시에 王興寺岑城(부여시 왕흥사지 배후의 울성산성)을 공파하여[30] 사비성 부근에 주둔하고 있던 부흥군을 축출하였다.

이로써 사비성에 갇혀 백제부흥군의 공격을 받고 있던 나당연합군 1만 7천은 포위에서 벗어나게 되었다. 무열왕은 사비성이 위급한 지경에서 벗어나자 경주로 돌아가 백제 정벌의 논공행상을 실시하였다. 또한 투항한 백제인에 대해서도

---

27) 『三國史記』 권5, 新羅本紀5, 太宗武烈王 7年.

28) 『三國史記』 권5, 新羅本紀5, 太宗武烈王 7年.

29) 『三國史記』 권47, 列傳7, 匹夫.

30) 『三國史記』 권5, 新羅本紀5, 太宗武烈王 7年.

492

A. 백제 사람들도 모두 그 재능을 헤아려 임용하였는데, 좌평 충상과
상영, 달솔 자간에게는 일길찬의 관등을 주어 총관의 직을 맡겼고,
은솔 무수에게는 대나마의 관등을 주어 대감의 직을 맡게 하였으
며, 은솔 인수에게는 대나마의 관등을 주어 제감의 직을 맡게 하였
다.31)

라고 하였듯이, 그 재능과 관등을 헤아려 관직을 내려 주면서 포용하
였다. 이는 백제 유민의 저항을 무력화시키려는 정책적 고려였으나, 골
품제 한계를 벗어나지 못하였기 때문에 큰 실효를 거두지는 못하였다.
　백제부흥군은 임존성을 거점으로 전력을 재편한 후 661년 2월에 劉
仁願이 주둔하고 있는 府城(사비성)을 다시 포위하였다. 백제부흥군이
기세를 떨치면서 공격을 계속하자 유인원도 군사 1천 명을 출전시켰
다. 성문을 나선 당군은 부흥군에게 격파되어 한 사람도 살아 돌아가
지 못하였다.32) 고종은 백제부흥군이 일어나 사비성을 진수하고 있던
唐軍이 위험에 처하자 劉仁軌를 檢校帶方州刺史로 기용하여 군사를
거느리고 가서 유인원을 구원하게 하였다.33)
　유인궤는 당이 백제를 공격할 때 수군을 감독 통솔하여 군량을 운송
하는 책임을 맡았지만 풍랑을 만나 배가 침몰하고 많은 군사들이 물에
빠져 죽어 백의종군을 하였다. 유인궤는 661년 3월에 당군을 거느리고
와서 웅진 입구에서 부흥군과 격돌하였다. 유인궤가 신라군의 도움을
받아 상륙작전을 감행하자, 부흥군도 웅진강의 입구에 목책 두 곳을
세우고 나당연합군에 대적하였다. 부흥군은 유인궤가 군대를 이끌고
공격하자

---

31) 『三國史記』 권5, 新羅本紀5, 太宗武烈王 7年.
32) 『三國史記』 권7, 新羅本紀7, 文武王 11年.
33) 『舊唐書』 권84, 列傳34, 劉仁軌.

B. 도침 등이 웅진강 어귀에 두 개의 목책을 세워 官軍에게 저항하므로 인궤가 신라병과 함께 사면으로 협공하였다. 적들이 후퇴를 하여 달아나 목책으로 돌아가는데, 물이 막히고 다리는 좁으므로 물에 빠지거나 전사한 사람이 1만여 명이 되었다. 도침 등이 이에 인원의 포위를 풀고 임존성으로 물러나 보전하였다.[34]

라고 하였듯이, 막지 못하고 목책 안으로 퇴각하면서 많은 전사자를 내고 말았다. 부흥군은 웅진강에 舟橋를 놓고 건너가 나당연합군과 격전을 벌였으나 패배하고 물러나면서 다수의 사상자를 내고 말았다.

그러나 부흥군은 사료 B에 전하는 유인궤의 戰功 기사와는 달리 큰 피해를 입지 않았다. 부흥군은 사비성에서 물러난 후 다시 세력을 재편하였다. 도침은 스스로 領軍將軍이라 일컬었고, 복신은 霜岑將軍이라 칭하며 백제 유민들을 모집하자 그 세력이 더욱 커졌다.[35]

한편 백제부흥군과 나당연합군이 웅진강 부근에서 격전을 치르고 있는 동안 무열왕이 파견한 신라의 주력군도 사비성을 향해 진군하였다. 무열왕은 백제부흥군이 사비성을 포위하자 구원군을 파견하여 이찬 품일을 大幢將軍으로 삼고, 잡찬 文王, 대아찬 良圖, 아찬 忠常 등으로 그를 보좌케 하였다. 또한 잡찬 文忠을 上州將軍으로 삼고, 아찬 眞王으로 하여금 보좌케 하였다. 그리고 아찬 義服을 下州將軍, 武歙과 旭川을 南川大監, 文品을 誓幢將軍, 義光을 郎幢將軍으로 각각 임명하여 구원군의 진용을 갖추었다.[36]

무열왕은 신라의 최고 용장들을 파견하여 백제부흥군에 포위된 사비성을 구원하도록 하였다. 품일은 무열왕의 명령을 받들어 661년 3월 5일 휘하의 군사를 이끌고 먼저 사비로 가는 길목에 위치한 豆良尹城

---

34)『舊唐書』권199 上, 列傳 149 上, 東夷 百濟.

35)『三國史記』권28, 百濟本紀6, 義慈王 20年.

36)『三國史記』권5, 新羅本紀5, 太宗武烈王 8年.

494

에 대한 공격에 나섰다. 두량윤성은 충남 청양군 정산면의 계봉산성을
말하며 豆陵城·鷄鳳山城·豆陵山城 등으로 불렸다.[37]

　두량윤성에 주둔하고 있던 부흥군은 신라군 선봉의 진영이 아직 정
돈되지 않았을 때 습격하여 패주시켰다. 그 후 신라의 대군이 12일에
도착하여 古沙比城 밖에 주둔하면서 두량윤성을 다시 공격하였다. 그
러나 한 달 엿새가 되도록 이기지 못하자 신라군은 4월 19일에 군사를
돌려 퇴각하고 말았다.[38] 신라군이 후퇴하게 된 까닭은 식량이 떨어져
더 이상 버틸 수 없었기 때문이다.[39]

　신라군은 후퇴하면서 곳곳에 웅거하고 있던 백제부흥군의 기습을
받게 되었다. 신라군은 大幢과 誓幢이 먼저 퇴각하고 下州의 군사가
맨 뒤에 가게 되었다. 백제부흥군은 퇴각하는 下州의 군대가 賓骨壤
(태인군 옹동면 산성리산성)[40]에 이르자 전투를 벌여 패주시켰다. 백
제부흥군이 살해한 신라 병사는 비록 적었으나 병기와 짐수레를 노획
한 것이 매우 많았다. 그러나 신라군 중에서 上州와 郞幢의 부대는 角
山에서 백제부흥군과 격전을 벌인 끝에 진지에 들어가 2천 명을 죽이
기도 하였다.[41]

---

37) 정산면 백곡리 백실부락의 뒤쪽에 있는 높고 낮은 2개 산봉우리의 꼭대기에
　　둘러싸여 있는 산성이다. 둘레 약 540m에 달하는 城壁이 자연 지형에 의하여
　　끝없이 굴곡을 이루고 있는데, 남쪽 면은 성벽이 산꼭대기 가까이까지 올라
　　붙어 있고 북쪽 면은 경사면의 산 중간쯤에 半月形을 지어 2개 산봉우리 사
　　이의 골짜기를 포용하고 있다. 부여 부소산성 북쪽의 국토방위에 중요한 역
　　할을 하였으며, 백제 멸망 후 그 遺民들에 의한 부흥운동의 근거지가 되었다.
　　성 안에는 우물과 軍倉 터가 있는데, 그 모양이 두루미처럼 생겼다고 하여
　　'두루미재'라고도 한다.
38)『三國史記』권5, 新羅本紀5, 太宗武烈王 8年.
39)『三國史記』권28, 百濟本紀6, 義慈王 20年.
40) 전영래, 1996, 앞의 책, 81～82쪽.
41)『三國史記』권5, 新羅本紀5, 太宗武烈王 8年.

무열왕은 신라군이 패배하였다는 소식을 듣고 크게 놀라 장군 金純, 眞欽, 天存, 竹旨를 보내 군사를 증원하여 구원케 하였다. 그러나 구원군은 加尸兮津에 이르렀을 때 군대가 물러나 加召川에 도착하였다는 말을 듣고 돌아갔다. 무열왕은 신라군이 귀환하자 여러 장수들이 싸움에서 패하였으므로 벌을 논하였는데 각기 차등 있게 하였다.42) 백제부흥군의 도침은 사기가 올라 유인궤가 보낸 사자를 바깥 객관에 두고

C. 使者의 관직이 낮다. 나는 바로 일국의 大將인데, 스스로 참견함은 합당하지 않다.43)

라고 하였듯이, 서신에 답하지 않고 사자를 그대로 돌려보낼 정도로 막강한 군세를 자랑하였다.

한편 고구려는 한반도에서 세력균형이 무너지자 백제부흥군을 돕지 않을 수 없게 되었다. 고구려는 백제부흥운동을 돕기 위하여 신라를 공격하였다.44) 고구려는 660년 10월에 신라의 칠중성을 공격하였고,45) 661년 5월에는 惱音信과 말갈 장군 生偕를 보내 술천성과 북한산성을 차례로 공격하였다.46) 이는 나당연합군의 대대적인 고구려 침입을 앞두고 백제부흥군을 돕고 신라를 견제하려는 의도로 짐작된다.

사비성과 웅진성에 머물고 있던 유인원과 유인궤는 방어에 유리한 웅진성으로 중심지를 옮기고, 군대를 합하여 단일한 부대로 편성하였다.47) 또한 유인궤는 고종에게 표를 올려 신라와 군대를 합하여 백제

---

42) 『三國史記』 권5, 新羅本紀5, 太宗武烈王 8年.
43) 『三國史記』 권28, 百濟本紀6, 義慈王 20年.
44) 盧重國, 2004, 앞의 책, 137쪽.
45) 『三國史記』 권47, 列傳7, 匹夫.
46) 『三國史記』 권5, 新羅本紀5, 太宗武烈王 8年.
47) 『舊唐書』 권84, 列傳34, 劉仁軌.

부흥군에 맞서기를 청하였다. 신라의 무열왕은 고종의 조서를 받고 장수 金欽을 보내 군사를 거느리고 유인궤 등을 구하게 하였다.[48]

당군이 신라에 대해 구원군 파병을 재촉한 것은 661년 2월에 유인원이 사비성을 포위한 부흥군을 격퇴시키기 위하여 군사 1천 명을 출전시켰다가 전멸을 당한 이후부터였다. 이 싸움에서 패한 이후 당군은 구원군 파병을 밤낮으로 재촉하였지만, 신라는 전염병이 돌아 군사와 말을 징발할 수 가 없었다. 그러나 문무왕은 당군의 거듭되는 요청을 거절할 수가 없어 부흥군의 거점이었던 주류성 공격에 나섰다.[49]

신라의 구원병은 古泗에서 백제군에게 패하여 葛嶺道를 넘어 돌아갔고 다시 출병하지 못하였다.[50] 부흥군은 적군의 병력이 적은 것을 보고 곧바로 공격하여 신라군을 패주시켰다. 이를 계기로 남쪽의 여러 성들이 들고 일어나 일시에 부흥군에 합세하게 되었다.

복신은 승세를 타고 다시 웅진부성을 에워싸니 웅진은 길이 끊겨서 성 안에 소금과 간장이 떨어질 정도로 궁핍하게 되었다.[51] 백제부흥군은 웅진부성을 제외한 거의 대부분의 옛 백제영역을 차지하게 되었다. 신라의 태종무열왕은 패배의 시련을 겪으면서 661년 6월에 죽고 말았다.[52]

---

48) 『三國史記』 권28, 百濟本紀6, 義慈王 20年.
49) 『三國史記』 권7, 新羅本紀7, 文武王 11年.
50) 『三國史記』 권28, 百濟本紀6, 義慈王 20年.
51) 『三國史記』 권7, 新羅本紀7, 文武王 11年.
52) 『三國史記』 권5, 新羅本紀5, 太宗武烈王 8年.

제2절 부흥운동의 확산과 전선의 확대

1. 부여풍의 귀국과 백제의 복국

복신은 승세를 타고 백제부흥운동을 효과적으로 전개하기 위하여 신왕의 옹립과 병력의 지속적 충원 및 군량의 확보, 무기 조달체계의 효율성을 도모하였다. 복신은 왜국에 사람을 보내 扶餘豊을 맞이하여 왕으로 추대하려고 하였다. 복신은 사람을 파견하여

A. 백제의 좌평 鬼室福信이 좌평 貴智 등을 보냈는데, 와서 당의 포로 100여 명을 바쳤으니, 지금의 美濃國 不破·片縣 2郡의 唐人들이다. 또 군대를 빌고 구원을 청했다. 아울러 왕자 餘豊璋을 청하여 "당나라 사람들이 우리의 벌레같은 적을 거느리고 와서 우리 영토를 흔들어 우리의 사직을 전복시키고 우리 임금과 신하를 포로로 하였다. 그런데 백제국은 멀리서 천황께서 돌보아주시는 데 힘입어 다시 (백성을) 모아 나라를 이루었다. 이제 백제국이 천황을 시위케 했던 왕자 풍장을 맞아 장차 國主로 삼기를 원합니다."고 운운하였다.[53]

라고 하였듯이, 왜국에 있던 부여풍의 귀국을 요청하였다. 부여풍은 백제가 왜국과 우호관계를 회복한 653년 무렵에 파견되었다.[54]

왜국은 복신의 요청을 받아들여 부여풍과 그의 처자 및 숙부 忠勝 등을 백제로 보냈다. 또한 大山下 狹井連檳榔과 小山下 秦造田來津으로 하여금 군사 5천 명을 거느리고 부여풍을 호위하도록 하였다.[55] 복신이 부여풍을 왕으로 추대한 것은 백제유민으로부터 부흥군의 정

53) 『日本書紀』 권26, 齊明紀 7年 冬十月.
54) 盧重國, 2004, 앞의 책, 114쪽.
55) 『日本書紀』 권27, 天智紀, 即位年 9月.

498

통성을 인정받기 위해서였다. 또한 왜에 체류하고 있던 부여풍을 왕으
로 옹립함으로써 왜국의 원군을 얻을 수 있고, 부여풍의 국내기반이
상대적으로 미약한 점도 참고가 되었다.56) 왜국에서 백제로 돌아온 부
여풍은

    B. 풍장이 나라에 들어갈 때 복신이 맞이하러 와서 머리를 조아리고
       나라의 정사를 모두 맡겼다.57)

라고 하였듯이, 곧이어 왕으로 추대되었다. 부여풍의 귀국시기에 대해
서는 661년 8월설, 661년 9월설, 662년 5월설 등의 견해가 제시되었
다.58) 그러나 『舊唐書』에는 661년에 부여풍이 활동한 사실이 보이
며,59) 『日本書紀』齊明紀 6년(660) 10월 조의 세주에도 왜가 부여풍과
그 처자 등을 백제에 보냈다는 기록60)이 있어 661년 9월로 보는 것이
타당하다.61) 복신의 요청을 받은 후 11개월이 지난 661년 9월에 부여
풍은 마침내 왜군 5천여 명의 호위를 받으면서 귀국길에 올랐다.62)
   복신은 부여풍이 귀국하자 왕으로 옹립하고 제반 사항을 일임하였
다. 신라는 부흥운동을 일으킨 집단을 '百濟殘賊' 또는 '百濟餘賊'으
로 인식하였지만, 왜는 부여풍이 즉위한 후 '百濟王豊璋' 또는 '百濟
王' 등으로 부르며 부흥군의 정통성을 인정하였다. 부흥군은 나당연합

56) 盧重國, 2004, 앞의 책, 114~115쪽.
57) 『日本書紀』권27, 天智紀, 元年 9月.
58) 이에 대한 연구사 정리는 다음 글을 참조하기 바람. 鄭孝雲, 1991, 「7세기대
   의 한일관계의 연구(하)」, 『考古歷史學志』7집, 동아대 박물관, 208~215쪽.
59) 『舊唐書』권199 上, 列傳 百濟.
60) 『日本書紀』권26, 齊明紀 6年, 冬10月 細註.
61) 山尾幸久, 1989, 앞의 책, 411~412쪽 ; 鄭孝雲, 1991, 앞의 글, 214쪽 ; 盧重
   國, 2003, 앞의 책, 119~120쪽.
62) 『日本書紀』권27, 天智紀 卽位年, 9月.

대전 계족산성 | 대전광역시 대덕구 회덕동에 위치한 테뫼식 石城이며, 성 내부에서 백제계통의 기와와 토기가 다량 출토되었다. 백제부흥군이 주둔한 옹산성으로 추정되고 있다.

군에 맞서 싸워 백제를 腹國하였으며, 주류성을 왕도로 하고 관등과 관직 등의 지배조직을 마련하는 등 국가를 재건하였다.[63]

부여풍이 귀국하여 왕위에 올라 백제를 복국하자 서부와 북부가 모두 부흥군에 호응하였다. 또한 백제부흥군이 기세를 크게 떨칠 수 있었던 것은 나당연합군이 고구려 원정에 주력하여 견제와 감시가 소홀하게 되었기 때문이다. 신라는 무열왕이 죽고 문무왕이 즉위한 후 곧바로 당과 함께 고구려에 대한 공격을 준비하였다.

문무왕은 당나라 고종의 요청을 받아들여 661년 8월에 김유신을 비롯한 여러 장수들을 거느리고 고구려를 치기 위하여 始飴谷停에 이르렀다. 이때 백제부흥군은 甕山城(대전시 대덕구 계족산성)[64]에 주둔하

---

63) 盧重國, 2003, 앞의 책, 122~130쪽.

64) 계족산(높이 425m) 위에 축조된 산성으로 동쪽은 충북 옥천군 環山에, 북쪽

500

면서 신라에서 추풍령을 넘어 영동-옥천-공주로 연결되는 糧道를 차단
하였다.65)

문무왕은 고종의 요청대로 신라군을 먼저 평양성으로 보낼 것인지
아니면 옹산성을 함락하여 막힌 웅진도를 개통할 것인가에 대하여 선
택의 갈림길에 놓이게 되었다. 당의 고종은 舍資道摠管 劉德敏을 보
내 신라군으로 하여금 평양으로 군량을 나르라고 재촉하였다. 또한 웅
진부성에서도 사람을 보내 고립되어 위태로운 상황을 자세히 말하였
다. 결국 문무왕은 유덕민과 상의하여

   C. 만약 먼저 평양으로 군량을 보낸다면 웅진으로 통하는 길이 끊어질
      까 두렵다. 만약 웅진의 길이 끊어진다면 남아 지키던 중국 군사는
      곧 적의 손에 들어가게 될 것이다.66)

라고 하였듯이, 먼저 옹산성을 공격하여 熊津道를 개통하기로 결정하
였다. 문무왕은 유덕민과 동행하여 옹산성 공격에 직접 나섰다. 이곳에
주둔한 백제부흥군은 문무왕의 회유에도 굴하지 않고 끝까지 항전하
였다.

백제부흥군은 신라의 침입에 대비하여 대전 부근에 계족산성·이현
동산성·장동산성·성치산성·질현성·연축동산성 등을 축조하여 대
비하였다. 부흥군이 점거한 곳은 기존에 있던 산성들이 중심을 이루었
고 활동영역도 백제의 성곽 분포지역에서 크게 벗어나지 않았다. 부흥

은 충북 청원군 文義面에 접하며, 熊津에 도읍한 시대에 축성된 것으로 추정
된다. 현존하는 성벽의 높이는 안쪽이 3.4m, 외벽이 7m이며 상부 너비는
3.7m이다. 성의 동, 서, 남쪽에 너비 4m의 성문터가 있으며 둘레는 대략적으
로 1,200m이다. 백제가 웅진에 도읍했을 때 청원의 문의와 청주로 통하는 길
목을 방어하기 위해 쌓았던 성으로 추정된다.
65)『三國史記』권6, 新羅本紀6, 文武王 元年.
66)『三國史記』권7, 新羅本紀7, 文武王 11年.

군은 이들의 성곽을 점령하여 신라에서 웅진부성으로 운반되는 양곡을 차단하면서 연합군의 고립을 도모하였다.[67]

백제부흥군은 문무왕이 직접 이끈 신라군에 맞서 옹산성과 우술성[68]을 중심으로 결사 항전하였다. 신라군은 661년 9월 25일에 옹산성을 포위하여 27일에는 큰 목책을 불사르고 수천 명을 베어 죽였다. 문무왕은 백제부흥군이 성문을 열고 항복하니 전공을 논하여 각간과 이찬으로서 총관인 사람에게는 劍을 하사하였다. 또한 잡찬·파진찬·대아찬으로서 총관인 사람에게는 창을 주었으며, 그 이하는 각각 관등을 한 등급씩 올려 주었다. 그리고 문무왕은 熊峴城을 축조하여 백제부흥군의 공격에 대비하였다.[69]

신라군이 옹산성을 함락한 후 상주 총관 품일은 一牟山郡의 太守大幢과 沙尸山郡의 太守 哲川 등을 거느리고 우술성을 쳐서 1천 명을 참수하였다. 백제의 달솔 助服과 은솔 波伽는 무리와 더불어 항복하였는데, 문무왕은 조복에게 級湌의 관등을 주어 古陀耶郡의 태수로 삼았으며, 파가에게는 급찬의 관등과 아울러 토지·집·옷 등을 내려주었다. 문무왕은 당나라의 사신이 도착하였다는 소식을 듣고 경주로 돌아갔다.[70]

---

67) 서정석, 2003, 「부흥운동기 백제의 군사활동과 산성」, 『백제문화』 32, 공주대 백제문화연구소.
68) 대전광역시 대덕구 읍내동에 있는 갑천변에 테뫼식으로 쌓은 토성이다. 성내의 가장 높은 곳은 해발 145m이다. 산성의 평면 모습은 삼각형에 가깝고 성둘레는 580m이다. 서·북벽은 석재가 일부 밖으로 나와 있고, 동벽은 土壘의 모습을 이루며, 바깥면의 높이가 2.2m 정도이다. 남벽은 土石混築의 형태를 하며, 안쪽에서의 높이는 2.3m이고, 바깥 벽의 높이는 3.4m이다. 남쪽으로는 회덕 堂山城이 있고, 서쪽으로는 갑천이 흐르고, 동쪽으로는 계족산성이 있다.
69) 『三國史記』 권6, 新羅本紀6, 文武王 元年.
70) 『三國史記』 권6, 新羅本紀6, 文武王 元年.

나당연합군은 662년이 되면서 고구려 공격에 더욱 박차를 가하였다. 문무왕은 당의 요청을 받아들여 평양으로 군량을 수송하였다. 문무왕은 정월에 김유신에게 명하여 仁問과 良圖 등 아홉 장군과 함께 수레 2천여 대에 쌀 4천 섬과 租 2만 2천여 섬을 싣고 평양으로 가게 하였다. 나당연합군의 고구려 공격이 시작되면서 백제부흥군은 한숨을 돌리고 전력을 재편하는 기회를 갖게 되었다.

당이 고구려에 대한 공격에 몰두하고 있는 틈을 타서 중국대륙 서북지역에 거주하던 위구르가 661년에 대규모 침공을 단행하였다. 당은 서전에 대승을 거두고 잔적을 추격하여 적진 깊숙이 들어갔다가 추격부대 1만 4천여 명이 지형과 기상의 악조건을 견디지 못하고 거의 전멸하고 말았다.[71]

그리고 662년 1월에는 龐孝泰가 이끄는 唐의 대군이 연개소문이 지휘하는 고구려군과 蛇水에서 접전하여 대패를 당하였다. 또한 浿江道行軍摠管 任雅相이 662년 2월에 진중에서 病死하였기 때문에 唐軍은 전열이 와해되고 말았다. 소정방이 이끄는 부대 정도가 겨우 공세를 유지하면서 버티고 있었으나, 겨울철의 혹한으로 보급이 원활하지 못한 상태에서 고전하다가 3월에 고구려에서 철수하였다.[72]

나당연합군의 고구려 공격은 실패로 끝나고 원정군은 회군하였다. 당의 고종은 소정방이 고구려 원정에 실패하자 웅진부성에 주둔하고 있던 唐軍에 대해서도

D. 고종이 칙서를 유인궤에게 주어 말하기를 "평양의 군대가 회군하였다. 하나의 성을 외로이 지킬 수 없으므로 마땅히 신라에 가서 함께

71) 傅樂成 著·辛勝夏 譯, 1974, 「盛唐時代의 武功」, 『中國通史』, 宇鍾社, 475쪽.
72) 『舊唐書』 권4, 本紀4, 高宗 上 龍朔 2年 3月.

주둔하는데 만약 김법민이 경을 받아 머물러 진수하게 하면 그곳에 머물 것이고 그렇지 않으면 배를 타고 돌아오라."라고 하였다. 장수와 병사들은 모두 돌아 가기를 바랐다.[73]

라고 하였듯이, 신라로 철군하든지 아니면 본국으로 회군할 것을 명령하였다. 백제부흥군이 바야흐로 당군을 축출하고 고토를 회복할 수 있는 기회가 무르익고 있었다. 백제부흥군은 웅진부성에 포위된 나당연합군을 압박하였고 당군의 대다수는 본국으로 돌아가기를 희망하였다. 복신은 백제부흥군의 전권을 행사면서 웅진부성에 고립된 唐將 유인원과 유인궤에게 사자를 보내

    E. 大使들은 언제 서쪽으로 돌아가려는가? 마땅히 사람을 보내 전별하여 보내겠노라.[74]

라고 하였듯이, 당군이 물러가면 추격하지 않겠다고 하면서 철군을 유도하였다. 그러나 유인궤는 철군론을 일축하고 당군의 계속적인 주둔을 주장하였다. 그는 고종의 철군 명령에 대하여

    F. 인궤가 말하기를 "……주상이 고구려를 멸하기 위해 먼저 백제를 치고 군대를 남겨두어 지키게 하여 그 마음을 제압하도록 하였다. 비록 요사한 무리들이 일어나도 대비를 엄히 하고 마땅히 창을 갈고 말에게 먹이를 먹여 불의에 치면 그들은 방비함이 없으므로 어찌 공격해도 이길 수 없겠느냐. 싸워서 승리하면 사졸들은 스스로 안정을 찾게 된다. 그런 연후에 군대를 나누어 험한 곳에 웅거하게 하고 형세를 크게 한 후 본국에 표를 올려 군대와 전선을 요청하면 조정에서도 성공할 수 있음을 알게되어 반드시 군대를 파견하고 장

---

73) 『舊唐書』 권84, 列傳34, 劉仁軌.
74) 『三國史記』 권28, 百濟本紀6, 義慈王 20年.

504

수에게 명령을 내릴 것이다.……지금 평양을 공격하던 군대가 돌아
갔는데 웅진의 군대마저 뽑아버리면 백제의 남은 무리들이 곧 다시
일어날 것이니 고구려를 언제 멸망시킬 수 있을 것인가. 또 지금 한
성의 땅으로서 적의 중심부에 있는데 만약 실수하면 적의 포로가
될 것이고 영채를 뽑아 신라로 들어가면 바로 빌붙어 먹는 나그네
신세여서 벗어나려 해도 뜻대로 되지 않을 것이고 후회해도 돌이킬
수 없을 것이다"라고 하였다.…… 군사들이 모두 좇았다.[75]

라고 하였듯이, 고구려 정벌을 위하여 백제 땅에 계속 주둔할 것을 강
력히 주장하였다. 유인궤의 주장에 대다수의 군사들이 동의하여 당군
은 물러가지 않고 웅진부성에 그대로 남게 되었다.

2. 부흥군의 내분 발생과 전세의 역전

백제부흥군의 활동은 당이 설치한 5도독부를 유명무실하게 만들었
고, 당군은 포위된 상태로 웅진부성에 고립되었다. 또한 웅진부성에 주
둔하고 있던 당군도 고구려 정벌에 동원되는 지경에 이르자 백제고토
에 대한 영향력이 미치는 곳이 거의 없을 정도였다. 신라 역시 당의 고
구려원정에 참가하여 부흥군을 진압할 여력이 없었다.

백제고토는 부흥군이 거의 장악하였고, 웅진부성에 포위된 당군은
신라의 원군과 군량의 보급만을 기다렸다.[76] 나당연합군은 662년 7월
에 전열을 정비하여 백제부흥군에 대한 공격에 나섰다. 신라는 662년
3월을 끝으로 하여 당의 고구려 원정이 666년 6월까지 중단되자 백제
부흥군의 진압에 전력을 기울일 수 있게 되었다.

백제부흥군은 내분이 발생하여 복신이 도침을 살해한 사건이 발생

---

75)『舊唐書』권84, 列傳34, 劉仁軌.
76) 金榮官, 2003, 앞의 글, 143쪽.

대전 질현성 성벽 | 대전광역시 대덕구 비래동 산31-1에 위치하며, 북쪽 능선에는 질현성을 보완하기 위하여 6개의 城堡를 축조하였다. 부흥군의 거점이었던 지라성으로 보고 있다.

하였다. 부여풍은 복신을 제어하지 못하고 제사를 주관할 뿐이었다.[77] 이를 기회로 삼아 당군은 662년 7월에 웅진의 동쪽에서 부흥군의 남은 군사들을 격파하고 支羅城, 及尹城, 大山柵, 沙井柵 등을 공격하였다.[78] 지라성은 대전시 회덕구 질현성,[79] 사정책은 대전시 사정동 사정동산성이며,[80] 급윤성과 대산책의 위치는 잘 알 수 없다. 당군이 공격한 지라성(질현성)[81] 등은

---

77) 『三國史記』 권28, 百濟本紀6, 義慈王 20年.

78) 『三國史記』 권28, 百濟本紀6, 義慈王 20年.

79) 심정보, 1983, 앞의 글, 169~170쪽.

80) 成周鐸, 1974, 앞의 글, 16쪽.

81) 질현성은 대전광역시 동구 가양동 더퍼리에서 동구 추동으로 넘어가는 질티재 북쪽 산 정상에 자리 잡고 있다. 성의 둘레는 800m 정도이고 테뫼식 석축산성으로 성을 쌓은 수법은 內托이나 동벽의 일부에서는 夾築한 곳도 있다. 협축한 부분의 성벽 안쪽 높이는 1.5m이고, 바깥쪽은 3~4m에 이른다. 네모난 돌로 성벽을 쌓았는데 모서리의 가공한 면을 맞추어 아래에서부터 약간씩 안으로 들여 쌓으면서 군데군데 돌로 쐐기를 박았다. 동문은 추동으로 연결되는 통로였고, 서문을 통해 가양동으로 가는 길이 있다. 성을 중심으로 북쪽

A-1. (용삭) 2년 7월에 유인원과 유인궤는 당군을 거느리고 웅진의 동
  쪽에서 복신의 군대를 크게 격파하고 지라성, 급윤성, 대산책, 사
  정책 등을 함락하여 죽이고 사로잡은 자가 매우 많았다. 곧 군사
  를 나누어 지키도록 하였다.[82]

  2. 인원과 인궤는 적의 방비가 없음을 알고 갑자기 나가서 쳐 지라
  성, 급윤성, 대산책, 사정책 등을 함락하여 죽이고 사로잡음이 심
  히 많았다. 그래서 군대를 나누어 지키게 하였다.[83]

라고 하였듯이, 모두 웅진의 동쪽지역에 해당된다. 당군은 유인원과 유
인궤가 직접 군대를 거느리고 출전하였다. 당군은 백제부흥군이 주둔
한 지라성 등을 함락하여 군량 수송로를 안전하게 확보하고자 출전하
였다. 당군은 전쟁 물자를 바다 건너 본국에서 수송하는 것이 어려웠
기 때문에

B. 대왕이 답서에서 일러 말하였다.……선왕께서는 大摠管 蘇定方과
  함께 상의하여, 중국 군사 1만 명을 남아 있게 하고 신라도 역시 아
  우 仁泰를 보내 군사 7천 명을 거느리고 함께 웅진에 머무르게 하
  였습니다. 대군이 돌아간 후 賊臣 福信이 강의 서쪽에서 일어나 남
  은 무리들을 모아서 웅진도독부성을 에워싸고 핍박하였는데, 먼저
  바깥 성책을 깨뜨려 군량을 모두 빼앗아가고 다시 府城을 공격하여
  거의 함락될 지경이 되었습니다. 또한 부성의 가까운 네 곳에 성을
  쌓고 에워싸 지키니 부성은 거의 출입할 수도 없었습니다. 제가 군
  사를 이끌고 나아가 포위를 풀고 사방에 있는 적의 성들을 모두 쳐
  부수어 먼저 그 위급함을 구하였습니다. 다시 식량을 날라서 마침
  내 1만 명의 중국병사들이 호랑이에게 잡혀 먹힐 위기에서 벗어나

능선 위에는 이 성을 보완할 목적으로 쌓았던 것으로 보이는 6개의 城堡가
있다.

82) 『舊唐書』 권199 上, 列傳 百濟傳.

83) 『資治統鑑』 권200, 唐紀 16, 龍朔 2年 秋7月.

도록 하였으며, 머물러 지키고 있던 굶주린 군사들이 자식을 서로 바꿔 잡아먹는 일이 없도록 하였습니다.

현경 6년에 이르러 복신의 무리들이 점점 많아지고 강의 동쪽 땅을 침범하여 빼앗았으므로, 웅진의 중국 군사 1천 명이 적의 무리들을 공격하러 갔다가 적에게 격파당하여 한 사람도 돌아오지 못하였습니다. 이 싸움에 패한 이후 웅진에서 군사를 청함이 밤낮 계속되었는데, 때마침 신라에는 전염병이 돌아 군사와 말을 징발할 수가 없었음에도 불구하고 어렵게 청하는 것을 거절하기 어려워 드디어 군사를 일으켜 주류성을 포위하러 갔으나 적이 (우리) 군사가 적음을 알고 곧 달려와 공격하여 많은 군사와 말을 잃고 이득없이 돌아오게 되니, 남쪽의 여러 성들이 일시에 모두 배반하여 복신에게 속하였습니다. 복신은 승세를 타고 다시 웅진부성을 에워싸니 이로써 웅진은 길이 끊겨서 성 안에 소금과 간장이 떨어지게 되었습니다. 이에 곧 장정들을 모집하여 몰래 소금을 보내 그 곤경을 구원해 주었습니다.

6월에 이르러 선왕께서 돌아가셨습니다. 장례 의식은 겨우 끝났으나 상복을 채 벗지도 못하였으므로 (구원 요청에) 응하여 달려갈 수 없었는데, 칙명을 내려 군사를 일으켜 북쪽으로 보내라고 하였습니다. 含資道摠管 劉德敏 등이 와서 칙명을 받든 바, 신라로 하여금 평양으로 군량을 나르라고 하셨습니다. 이때 웅진에서는 사람을 보내와 웅진부성이 고립되어 위태로운 사정을 자세히 말하였습니다. 유총관이 저와 상의하였는데, 제가 말하기를 '만약 먼저 평양으로 군량을 보낸다면 웅진으로 통하는 길이 끊어질까 두렵다. 만약 웅진의 길이 끊어진다면 남아 지키던 중국 군사는 곧 적의 손에 들어가게 될 것이다.'라 하였습니다. 유총관이 마침내 저와 함께 동행하여 먼저 옹산성을 쳐서 곧 옹산을 함락시키고 웅진에 성을 쌓아 웅진으로의 길을 통하게 하였습니다.

12월에 이르러 웅진의 양식이 떨어지게 되었습니다. 먼저 웅진에 양식을 나르자니 황제의 명을 어기게 될까 두렵고 만약 평양으로 (군량을) 수송한다면 웅진의 양식이 떨어질까 두려웠습니다. 그런 까닭에 늙고 약한 자를 시켜 웅진으로 양식을 나르게 하고 건장하고 날랜 군사들은 평양으로 향하도록 하였습니다. 웅진에 양식을 수송하러 간 사람들은 도중에 눈을 만나 사람과 말들이 모두 죽어 100명 중 한 명도 돌아오지 못하였습니다.

龍朔 2년 정월에 이르러 유총관은 신라의 兩河道 총관 김유신 등과 함께 평양으로 군량을 운송했습니다. 당시 궂은 비가 한 달 이상 계속되고 눈보라가 치고 날씨가 몹시 추워 사람과 말이 얼어죽었으므로 가져갔던 군량을 모두 다는 전달할 수가 없었습니다. 평양의 대군이 또 돌아가려 하였고 신라 군사도 양식이 다 떨어졌으므로 역시 군사를 돌렸습니다. 병사들은 굶주리고 추위에 떨어 손발이 얼고 상하여 길에서 죽은 사람을 이루 다 헤아릴 수 없었습니다. 행렬이 瓠瀘河에 이르렀을 때 고구려 군사가 막 뒤를 쫓아와서 강 언덕에 나란히 진을 쳤습니다. 신라 군사들은 피로하고 굶주린 날이 오래되었지만 적이 멀리까지 쫓아올까 두려워 적이 미처 강을 건너기 전에 먼저 강을 건너 접전하였는데, 선봉이 잠깐 싸우자마자 적의 무리가 뿔뿔이 흩어졌으므로 곧 군사를 거두어 돌아왔습니다. 이 군사들이 집에 돌아와 한 달도 채 지나지 않아 웅진부성에서 자주 곡식을 요구하였는데, 전후로 보낸 것이 수만 섬에 달하였습니다. 남으로는 웅진으로 (식량을) 나르고 북으로는 평양에 공급하였으니, 조그마한 신라가 두 곳으로 나눠 공급하느라 인력의 피로함이 극에 달하고 소와 말이 거의 다 죽었으며 농사의 때를 놓쳐 곡식이 잘 자라지 못하였습니다. 창고에 쌓아둔 양식은 날라주느라 다 써버려 신라의 백성은 풀뿌리도 오히려 부족하였는데, 웅진의 중국 군사는 양식에 여유가 있었습니다. 또 남아 지키던 중국 군사들은 집을 떠나온 지가 오래되어 의복이 헤어져 몸에 걸칠 만한 온전한 옷이 없었으므로 신라는 백성들에게 할당하여 철에 맞는 옷을 지어 보냈습니다. 都護 유인원이 멀리서 고립된 성을 지킬 때 사면이 모두 적이어서 늘 백제의 공격과 포위를 당하였는데, 그 때마다 항상 신라가 구원하여 풀어주었습니다. 1만 명의 중국 군사는 4년 동안 신라의 옷을 입고 신라의 식량을 먹었으니, 유인원 이하 군사 모두는 뼈와 가죽은 비록 중국 땅에서 태어났다 하더라도 피와 살은 모두 이곳 신라의 것이라 할 수 있습니다. 중국의 은혜가 비록

끝이 없다 하지만 신라에서 충성을 바친 것 또한 가엾게 여길 만한 것입니다.[84)

라고 하였듯이, 군량미 등의 모든 것을 신라에 전적으로 의존하였다. 이에 대하여 문무왕은 "1만 명의 당군은 4년 동안 신라의 옷을 입고 식량을 먹었으니 뼈와 가죽은 비록 중국 땅에서 태어났다 하더라도 피와 살은 신라의 것이다"라고 말할 정도였다.

백제부흥군은 웅진의 동쪽에 주둔하면서 당군을 압박하고 있었다. 또한 그 배후에 지라성 등을 축조하여 당군과 신라의 연결을 차단하였다. 그러나 백제부흥군은 소정방의 평양성 공격이 실패로 돌아간 후 당군이 철병하였을 뿐만 아니라, 웅진부성에 머물고 있던 병력도 철수를 운운할 정도로 위축되자 방심하였다. 또한 복신이 도침을 살해하는 과정에서 상당한 혼란이 조성되었는데, 당군은 이 틈을 이용하여 지라성 등을 급습하여 함락시켰다.[85) 당군은 신라에서 웅진으로 통하는 교통로에 위치한 거점을 확보하게 되었다.

이에 복신은 眞峴城(대전시 대덕구 흑석동산성)[86)에 병력을 집중하였다. 진현성은 표고 197m의 고무래봉 정상부에 자리하고 있으며 둘레가 540m에 이른다. 복신은 강변에 임하여 높고 험준한 요충지인 진현성의 방비를 엄중히 하도록 조치하였다.[87) 唐將 유인궤는 나당연합

---

84) 『三國史記』 권7, 新羅本紀7, 文武王 11年.

85) 『三國史記』 권28, 百濟本紀6, 義慈王 20年.

86) 심정보, 1983, 「백제부흥군의 주요거점에 관한 연구」, 『백제연구』 14집, 충남대 백제연구소, 158쪽.

87) 진현성(흑석동산성)은 속칭 밀암산성이라고도 하는데, 남쪽을 제외하면 3면이 두마천으로 둘려져 있고 사면이 매우 급경사를 이루고 있어 '臨江高峻'과 부합된다. 성벽은 이미 완전히 붕괴되어 자세한 축성법은 알 수 없지만 경사면을 제외한 대부분의 구간을 편축식 방법으로 축성하였다(徐程錫, 2002, 앞의 책, 319쪽).

510

대전 흑석동산성 원경 | 대전광역시 서구 봉곡동 해발 197m의 고무래봉 정상에 위치한다. 백제시대의 산성으로 산봉우리를 둘러쌓은 형태이며, 성벽은 자연석을 이용하였다. 바깥쪽 벽은 돌로 쌓았고, 안쪽은 흙과 잡석을 채우는 방법으로 축조되었다. 부흥군이 주둔한 진현성으로 보고 있다.

군을 이끌고 662년 7월 30일에 지라성 등을 함락시키고, 그 다음 달에 진현성 공략에 나섰다. 나당연합군은 백제부흥군의 방비가 해이해진 야밤을 틈타

> C-1. (용삭) 2년 7월에……복신 등은 진현성이 강에 임하여 높고 험하
> 며 요충지에 해당되므로 군사를 더하여 지키게 하였다. 유인궤는
> 신라 군대를 이끌고 밤을 틈타 성으로 다가가 사면에서 성가퀴로
> 올라갔다. 새벽에 성 안으로 들어가 성을 점거하고 800명을 목
> 베었다. 그래서 드디어 신라의 군량 수송로를 뚫었다.[88]
> 2. 복신 등은 진현성이 험하고 요충지이므로 군대를 더하여 지키게
> 하였다. 인궤는 그들이 조금 헤이해진 것을 엿보아 신라 군대를
> 이끌고 밤에 성 밑으로 다가가 풀을 잡아 당겨 올라갔다. 새벽에

88) 『舊唐書』 권199 上, 列傳 百濟.

대전 월평동 유성산성 | 대전광역시 유성구 월평동 만년교 남쪽의 해발 137.8m 산 정상에 위치한 포곡식 산성으로 둘레는 710m 정도이다. 성벽은 거의 무너져 내려 원형을 잃었으나 테두리는 뚜렷하게 확인된다. 부흥군이 주둔한 내사지성으로 보고 있다.

> 성으로 들어가 성을 점거하고 드디어 신라의 군량 수송로를 뚫었다.[89]

라고 하였듯이, 성 밑으로 접근하여 사면에서 성가퀴로 올라갔다. 성벽으로 올라간 병사들은 신라군이 주축이 되었는데, 이들은 기습에 성공하여 새벽 무렵에 성문을 열고 밖에 있는 대군을 맞아들였다. 백제부흥군은 진현성이 함락되면서 800여 명이 전사하고 말았다.

백제부흥군은 유인궤의 대대적인 공격을 받고 지라성 등 4성과 진현성이 함락되자, 內斯只城(대전시 유성구 월평동 유성산성)[90]에 진을 치고 저항하였다. 내사지성은 대전에서 유성으로 향하는 길에 위치하

---

89) 『資治通鑑』 권200, 唐紀 18, 龍朔 2年 秋7月.

90) 심정보, 1983, 앞의 글, 171~172쪽.

512

며, 산성 내의 지형은 남쪽이 높고 북쪽이 낮은 형태이다.[91] 산성 서쪽
은 갑천의 지류인 省川이 흐르며, 북쪽으로는 대전-공주간 도로가 지
나가고 있다. 이러한 입지로 보아 내사지성은 대전에서 공주 방면으로
향하는 신라군을 차단하기 위하여 축조된 것으로 보인다.

내사지성은 동북쪽으로 구산리산성과 지라성(질현성), 서쪽으로 성
북리산성, 남으로 사정성과 연결된다. 구산리산성 등은 당군이 앞서 장
악한 지라성 및 윤성과 대산책·사정책 등과 관련이 있는 것으로 추정
된다. 내사지성에 대한 공격은 신라군이 전담하였는데 문무왕은 欽純
등 19명의 장군과 군사를 보내

> D. 8월에 백제의 남은 적들이 내사지성에 주둔하여 악한 짓을 하였다.
> 신라는 흠순 등 19명의 장군을 보내 공격하여 격파하고 아울러 그
> 족속들을 죽였다.[92]

라고 하였듯이, 성을 함락하고 저항하던 부흥군을 살해하였다. 이로써
나당연합군은 경주에서 보은 또는 영동→옥천→대전→공주에 이르는
군량 수송로를 뚫었다. 나당연합군은 662년 7월과 8월에 벌어진 전투
에서 대전시 유성구 일대에 분포한 산성들을 거의 함락하고 군량 운송
로를 안전하게 확보하여 전세를 유리하게 이끌 수 있게 되었다.

신라군은 熊津道를 개통한 후 가야 방면을 거쳐 섬진강 중·상류지
역으로 향하였다. 신라군을 이끌고 남방지역에 대한 공격을 주도한 사

---

91) 『新增東國輿地勝覽』과 『大東地志』를 보면 유성현은 백제시대에는 '奴斯只
縣'으로 불렸으며, 옛 유성은 유성현으로부터 동쪽으로 4리의 거리에 있었다
고 한다. 이로부터 다시 동쪽으로 5리의 거리에 유성산성이 위치하며, 백제부
흥군이 內斯只城에서 활동하였다고 기록하였다. 이곳에서 백제시대 집자리
및 대형 목곽과 목책, 성격이 정확하지 않은 인위적인 구덩이 등이 발굴 조사
되었다.

92) 『三國史記』 권6, 新羅本紀6, 文武王 2年.

람은 장군 欽純과 天尊이었다. 이들은 내사지성을 함락한 후 663년 2
월에 군대를 남으로 돌려 백제부흥군과 접전을 벌여 먼저 거열성을 함
락하였다.[93] 거열성은 경남 거창읍의 건흥산(565m) 산정에 위치한 산
성으로 추정된다.

  건흥산성은 산세와 능선의 기복을 이용하여 축성된 요충지였다. 거
창지역은 백제가 의자왕의 대야성 공략 무렵에 차지한 후 이 무렵까지
신라가 수복하지 못하고 있었다. 신라군의 공격을 받은 거열성은 백제
부흥군의 서부 경남지역 거점이었다. 백제부흥군은 거열성을 거점으로
삼아 서부 경남지역의 곳곳에 웅거하였다.

  신라는 거열성을 함락한 후 함안과 산청, 진주, 하동지역에 남아 있
는 백제부흥군의 항복을 받았다. 신라는 옛 가야의 모든 지역을 차지
하였다. 신라군은 거열성과 그 인근에 주둔한 백제부흥군을 격파하거
나 항복을 받고 居勿城과 沙平城으로 향하였다.

  居勿城 등의 위치는 신라군이 섬진강을 따라 구례와 곡성을 거쳐
남원으로 올라가는 교통로 상에 위치한 것으로 추정된다. 신라군은 험
난한 호남정맥 줄기를 넘어 여수와 순천 등의 전남 동부지역으로 향하
지 않고 섬진강의 江岸을 따라 북상하면서 남원으로 향하였다. 백제는
거창의 거열성을 중심으로 산청과 진주 및 하동 등의 성곽에 상당수의
병력을 배치하고, 섬진강 서안의 여수와 순천 등의 성곽에는 소수의
수비군만 주둔시켰다.

  따라서 신라는 서부 경남지역을 장악한 후 전남 동부지역으로 향지
지 않고, 곧장 섬진강의 강안을 따라 북상하면서 거물성과 사평성을
공격하여 함락[94]한 것으로 판단된다. 그후 신라군은 남원을 거쳐 북상
하여 논산에 위치한 德安城(매화산성)[95]을 공격하여 1,070명을 참수한

---

  93) 『三國史記』 권6, 新羅本紀6, 文武王 3年.
  94) 『三國史記』 권6, 新羅本紀6, 文武王 3年.

514

전과를 올렸다.96) 신라가 덕안성을 함락함으로써 나당연합군은 웅진 동쪽지역을 완전히 장악하게 되었다.

이와 같은 신라군의 성과에 대하여 『日本書紀』에는 "백제의 남쪽 경계에 있는 4州를 불태우고, 아울러 安德 등의 중요 지역을 빼앗았 다"라고 기록되어 있다.97) 『日本書紀』에 기록된 신라가 탈취한 4州는 거창 등의 서부 경남지역 일부와 남원과 구례 및 곡성 등의 섬진강 중 상류지역을 지칭한 것으로 추정된다.

한편 전남지역은 다른 곳과는 달리 부흥운동이 일어나지 않았다. 전 남지역은 삼국통일전쟁과 부흥운동의 격랑 속에서 직접적인 여파가 미치지 않았다. 이러한 지역적 차이가 발생한 까닭은 전남지역에 마한 계승의식이 강하게 남아 있었기 때문이다.98)

전남지역은 6세기 중반에 이르러 토착질서가 해체되고 백제에 완전 히 복속되었기 때문에 귀속의식이 상대적으로 미약하였다. 전남지역은 백제의 지배를 받으면서도 독자적인 세력기반과 정체성을 유지하였다. 마한의 문화전통이 오랫동안 유지되어 백제나 후대의 신라문화가 이 지역에 파고들어 기층문화를 해체하는 것이 매우 어려웠다.99)

이 때문에 백제의 멸망에도 불구하고 전북이나 충남지역과는 달리 전남지역은 부흥운동의 파고가 그다지 높지 않았다. 신라군은 소백산 맥을 넘은 후 전남지역을 공략하지 않고 섬진강유역을 거쳐 곧바로 논 산지역으로 북상하였다. 이로써 백제부흥군의 주요 근거지는 주류성, 가림성, 임존성 등 한정된 지역만 남게 되었다.100)

95) 서정석, 2001, 앞의 책, 251~261쪽.
96) 『三國史記』 권6, 新羅本紀6, 文武王 3年.
97) 『日本書紀』 권27, 天智紀 2年 春2月 丙戌.
98) 문안식·이대석, 2004, 앞의 책, 245쪽.
99) 성춘경, 1999, 『전남 불교미술 연구』, 학연문화사, 10쪽.

제3절 부흥운동의 좌절과 신라의 백제 통합

1. 백강 전투의 패배와 주류성 함락

백제부흥군은 전쟁이 장기화되면서 군량미와 군수물자 등의 확보에 어려움을 겪게 되었다. 복신과 도침이 부흥운동을 처음 일으켰을 때의 중심지는 임존성이었지만 그 후 주류성으로 옮기게 되었다.[101] 주류성의 위치에 대해서는 금강 하구에 위치한 충남 서천군 한산면 건지산성[102]으로 보고 있다.[103]

그러나 주류성을 한산 건지산성으로 비정하는 견해는 관련 史書에 기록된 지형에 대한 설명 등과 부합되지 않는 문제점이 제기되었다. 이 때문에 전북 부안에 위치한 울금산성[104]을 주류성으로 이해하는 견해도 있다.[105] 이 외에도 주류성을 충남 홍성군 장곡면의 石城과 鶴城 일대로 보기도 한다.[106] 이는 산성의 형세가 『日本書紀』에 기록된 주

---

100) 盧重國, 2003, 앞의 책, 245쪽.

101) 池內宏, 1950, 앞의 글, 141쪽.

102) 건지산성은 정상 부근을 에워싼 말안장 모양의 내성과 그 서북쪽 경사면을 둘러싼 외성의 2중 구조로 되어 있다. 건지산성의 북쪽은 험준한 천연의 암벽을 성벽으로 이용하였고, 나머지 부분은 흙으로 축조하였다. 건지산성은 금강 하류의 수륙교통의 요지에 위치하며, 그 남서쪽 낮은 봉우리에는 방어를 위한 보루의 역할을 할 수 있는 2개의 소규모 산성이 배치되었다. 이 구조 역시 백제식 산성의 특징이라 할 수 있으며 동쪽의 것은 길이 95m, 너비 60m의 타원형을 이루었으며 서쪽은 길이 60m, 너비 45m로 동쪽 성에 접근하고 있다.

103) 津田左右吉, 1913, 「百濟戰役地理考」, 『朝鮮歷史地理』 1.

104) 울금산성은 부안읍에서 남쪽으로 약 10km 떨어진 개암사 뒷산을 감고 있는 전체 길이 3,960m의 石城이다. 울금산성은 남쪽으로 통하는 계곡의 水口에 남문을 설치하였고, 양 능선을 따라 동서로 연장되었으며 서남쪽으로는 울금바위 북단에 연결된다. 울금바위에서 다시 동으로 꺾여 수구에 이르며, 수구 옆에는 험준한 절벽 위에 將臺가 따로 설치되었다.

105) 小田省吾, 1924, 「朝鮮上世史」, 『朝鮮一般史』, 朝鮮總督府.

516

부안 울금산성(위금암산성)의 성벽 | 울금산성은 양쪽 능선을 따라 축조되었으며, 남변의 길이는 1,238m, 동변은 1,100m, 북변은 830m, 서변은 838m 내외이다. 북변이 좁고 남변이 넓은 사다리꼴 형태를 하고 있다. 울금바위 위에 서면 드넓은 호남평야와 서해가 시원스럽게 펼쳐 보인다.

류성의 위치나 모습과 일치하며, 金正浩가 편찬한 『大東地志』 홍주목 條에 '홍주는 본래 백제의 주류성이다'라고 명기한 것에 근거를 두고 있다.

주류성은 바닷가 부근에 위치하여 왜국과의 통교에 유리하였다. 주류성은 방어하기에는 유리하였지만, 농토와 멀리 떨어져 있고 토지가 척박하여 농업과 양잠에 적합하지 않았다. 복신은 주류성에 오래 머물면 백성들이 굶주리게 될 것을 염려하여 근거지를 避城으로 옮기고자 하였다. 피성은

A. 백제왕 풍장, 그 신하 좌평 복신 등은 狹井連・朴市田來津과 의논

---

106) 朴性興, 1989, 「百濟復興軍戰史의 역사지리적 고찰」, 『任存城 百濟復興軍戰史』, 예산향토사연구회.

하기를, "……피성은 서북쪽으로는 띠를 두르듯 古連旦涇이 흐르고, 동남쪽으로는 깊은 수렁과 커다란 둑으로 된 제방이 자리하고 있으며, 땅으로 둘러싸여 있고 도랑을 터뜨리면 물이 쏟아진다. 꽃과 열매가 있는 나무에서 얻은 토산물은 삼한에서 가장 기름질 것이며, 옷과 음식의 근원은 천지 사이에 숨어 있는 곳일 것이다. 비록 낮은 땅이라고 하지만 어찌 옮기지 않겠는가"라고 하였다.[107]

라고 하였듯이, 평지에 위치하여 농토가 매우 비옥한 곳이었다. 피성은 전북 김제로 보고 있는데, 『新增東國輿地勝覽』 김제군 조에는 廻淵에 옛 병영의 터가 있었음을 전하고 있다.[108] 이 병영을 풍왕이 피성으로 천도한 후 군영을 설치한 곳으로 보고 있다.[109] 백제부흥군이 거점을 주류성에서 피성으로 옮긴 것은 단순한 저항운동이 국가재건운동으로 전환된 것을 의미하며 그 세력이 정점에 달하였음을 반영한다.[110]

백제부흥군은 주류성을 떠나 김제의 피성으로 근거지를 옮겼으나, 나당연합군의 공세에 밀려 두 달 만에 주류성으로 돌아오고 말았다. 나당연합군은 662년 7월부터 총공격을 개시하여 웅진 동쪽지역을 확보하여 막힌 糧道를 개통하고, 옛 가야지역과 섬진강유역을 차지한 후 논산의 득안성을 점령하였다. 백제부흥군은 피성이 적과 가까워 그대로 머물 수 없게 되어 663년 2월에 주류성으로 돌아오고 말았다.[111]

백제부흥군은 나당연합군에게 밀리기 시작하였을 뿐만 아니라 지도부의 주축을 이루고 있던 부여풍과 복신 사이에 내분이 발생하였다. 백제부흥군은 복신이 전권을 장악하고 있었는데 부여풍이 반발하기

107) 『日本書紀』 권27, 天智紀 元年, 冬 12月.
108) 『新增東國輿地勝覽』 권33, 김제군 산천조.
109) 盧重國, 2003, 앞의 책, 126쪽.
110) 鄭孝雲, 1995, 앞의 책, 162쪽.
111) 『日本書紀』 권27, 天智紀 2年, 春 2月.

시작하였다. 두 사람 사이는

> B. 밖으로는 화합하나 안으로는 마음이 떠나 있다.……소리개가 날개
> 를 펴서 처소를 같이하면 그 형세가 반드시 서로를 해친다.112)

라고 하였듯이, 갈등을 수습하기 불가능할 만큼 심화되었다. 복신은 상
황이 악화되자 反心을 품게 되었다.113) 복신은 실권이 없으면서 갈등
을 조장하는 풍왕을 제거하고 자신이 직접 왕위에 오르고자 하였다.
　복신은 병을 핑계로 하여 굴속 방에 누워서 부여풍이 문병 오는 것
을 기다려 죽이려고 하였다.114) 그러나 낌새를 눈치 챈 풍왕이 663년
6월에 믿을 만한 사람을 거느리고

> C. 백제왕 풍장은 복신이 모반하려는 마음을 가졌다고 의심하여 손바
> 닥을 뚫고 가죽으로 묶었다. 이때 스스로 결정하기 어려워 할 바를
> 알지 못했으므로, 여러 신하들에게 "복신의 죄가 이미 이와 같으니
> 목을 베는 것이 좋겠는가 아닌가"하고 물었다. 이에 달솔 德執得이
> "이 악한 반역 죄인은 풀어주어서는 안됩니다"고 하였다. 복신이 곧
> 집득에게 침을 뱉으며, "썩은 개와 같은 어리석은 놈"이라고 하였
> 다. 왕이 시종하는 병졸들로 하여금 목을 베어 머리를 소금에 절이
> 도록 하였다.115)

라고 하였듯이, 복신을 불의에 습격하여 죽였다. 부여풍이 복신을 살해
한 사실은 나당연합군에게 곧 알려지게 되었다. 나당연합군은 백제부
흥운동을 실질적으로 이끌던 복신이 부여풍에게 제거되자

---

112) 『舊唐書』 권84, 列傳34, 劉仁軌.
113) 『日本書紀』 권27, 天智紀, 2年 6月.
114) 『舊唐書』 권199 上, 列傳 百濟.
115) 『日本書紀』 권27, 天智紀 2年 6月.

    D. 신라는 백제왕이 자기의 훌륭한 장수의 목을 베었으므로 곧장 백제
      에 들어가 주류를 빼앗을 것을 계획하였다.[116]

라고 하였듯이, 주류성 공략에 본격적으로 나서게 되었다. 唐將 유인
원은 백제부흥군이 약화되는 조짐을 보이자 토벌에 나서기 위하여 본
국에 원군의 증파를 요청하였다. 唐의 고종은 조서를 내려 淄州·靑
州·萊州·海州의 7천 명을 징집하여 左威衛將軍 孫仁師로 하여금
군사를 거느리고 바다를 건너가게 하였다.
    문무왕도 김유신 등 28명의 장군을 거느리고 주류성을 공격하기 위
하여 직접 출전하였다.[117] 나당연합군의 수뇌부들은 웅진부성에 모여
전략회의를 가진 끝에

    E. 이에 여러 장수들이 회의를 하였다. 어떤 사람이 "가림성은 수륙의
      요충지이므로 청하건대 먼저 공격해야 합니다"라고 하자, 인궤가
      말하기를 "가림성은 험하고 견고하므로 급히 공격하면 군사들을 다
      치게 할 것이고 굳게 지키면 시일이 오래 걸리므로 먼저 주류성을
      공격함만 같지 못하다. 주류성은 적들의 소굴이고 흉악한 무리들이
      모여 있는 곳인데 악을 제거하고 근본에 힘쓰려면 그 근원을 뽑아
      버려야 한다. 만약 주류성을 함락하면 나머지 성들은 스스로 항복
      할 것이다"고 하였다.[118]

라고 하였듯이, 수륙의 요충지인 가림성을 놓아두고 심장부인 주류성
을 먼저 공격하기로 결정하였다.
    부여풍은 고구려와 왜국에 군사를 청하여 나당연합군의 공격에 맞
서려고 하였다.[119] 나당연합군의 공격이 시작되기 직전에 왜의 27,000

---

116) 『日本書紀』 권27, 天智紀 2年 秋 8月.
117) 『三國史記』 권6, 新羅本紀6, 文武王 3年.
118) 『舊唐書』 권84, 列傳34, 劉仁軌.

520

명에 달하는 지원군이 바다를 건너오자 부여풍이 직접 백강으로 마중
을 나갔다. 왜군의 선발부대는 蘆原君臣이 거느린 1만 명이었고, 본진
은 上毛野君稚子 등이 이끄는 1만 7천으로 구성되었다.

　왜국이 백제부흥군을 돕기 위하여 대규모 지원군을 파견한 목적은
다음의 세 가지의 견해로 대별된다. 첫째, 왜왕권의 경제적 필요성의
측면에서 원인을 구하는 견해가 있다.[120] 둘째, 당의 위협에서 자국을
보호하려는 대외적 측면을 중시하는 견해가 있다.[121] 셋째, 대외적인
긴장을 유발하여 국가권력의 집중을 도모하려는 정치적인 필요성 때
문으로 보기도 한다.[122]

　왜국은 실권을 장악하고 있던 中大兄皇子가 孝德의 반대에도 불구
하고 아스카 강변의 行宮으로 수도를 옮겨 두 사람의 갈등이 깊어졌
다.[123] 효덕이 죽자 中大兄은 皇祖母尊인 間人皇后를 齊明으로 옹립
하였다.[124] 이 과정에서 왜국의 지배층 사이에는 정치적 갈등이 빚어
지게 되었다.[125]

　이와 같은 상황에서 왜는 백제의 멸망으로 한반도에서의 세력균형
이 깨어지자 심각한 위기감을 느끼게 되었다. 왜국은 자국의 경비를

119) 『三國史記』 권28, 百濟本紀6, 義慈王 20年.
120) 田村圓澄, 「百濟救援考」, 『熊本大學文學會文學部論集』 5, 20쪽 ; 鬼頭淸明,
　　 1976, 「白村江の戰いと律令制の成立」, 『日本の古代國家の形成と東アジア』,
　　 校倉書房, 175쪽 ; 鈴木英夫, 1985, 「百濟救援の役について」, 『日本古代の政
　　 治と制度』, 續群書類從完成會, 62쪽.
121) 井上光貞, 1975, 「大化改新と東アジア」, 『岩波講座 日本歷史』 2, 岩波書店,
　　 158~161쪽 ; 金鉉球, 1997, 「백촌강싸움 전야의 동아시아정세」, 『師大論集』
　　 21, 고려대 사범대학.
122) 山尾幸久, 1989, 앞의 책, 418쪽.
123) 『日本書紀』 권25, 孝德紀 白雉 4年.
124) 『日本書紀』 권26, 齊明紀 卽位年.
125) 鬼頭淸明, 1981, 『白村江』(歷史新書 33), 敎育社, 127~130쪽.

강화하면서 고구려와 연대하여 백제부흥군을 돕기로 결정하였다. 왜는
고구려와 공동보조를 모색하기 위하여

> F. 여름 5월 계축 초하루에 犬上君(이름을 알 수 없다)이 달려가 군사
> 에 관한 일을 고려에 알리고 돌아왔다. 石城에서 糺解(豊璋)을 보
> 았는데 규해가 복신의 죄를 말했다.126)

라고 하였듯이, 사절을 파견하여 군사관계의 일을 논의하였다. 왜는 고
구려 및 백제와의 동맹을 통해 한반도로부터 파급될 나당연합군의 압
력을 극복하려고 하였다.127)

나당연합군의 총공세에 직면한 부흥군에게 왜군의 도착은 큰 힘이
되었다. 백제부흥군은 왜국에서 지원군이 도착하자 육상과 해상에서
합동으로 연합작전을 펼쳤다. 나당연합군의 총공격이 시작될 무렵 왜
군도 백강 부근에 도착하여 포진하였다. 왜의 군선 1천 척은 백강에
정박하였고, 백제부흥군의 정예 기병은 백강 언덕에서 군선을 호위하
는 양동작전을 펼쳤다.128) 이리하여 왜의 수군과 당의 수군이 역사적
으로 유명한 白江 전투를 벌이게 되었다.

백강에 대하여 『日本書紀』에는 '白村' 혹은 '白村江', 『舊唐書』 劉
仁軌傳에는 '白江', 『三國史記』에는 '白沙'로 기록되어 있다. 백강의
위치에 대해서는 여러 가지 견해가 제기되었지만 금강 하구설129)과 동
진강설130)로 의견이 집약되고 있다. 그런데 중국측 사서에서는 江의

---

126) 『日本書紀』 권27, 天智紀 2年.
127) 山尾幸久, 1989, 『古代の日朝關係』, 塙書房, 416~418쪽.
128) 『三國史記』 권7, 新羅本紀7, 文武王 11年.
129) 津田左右吉, 1913, 앞의 글 ; 池內宏, 1950, 앞의 글 ; 輕部慈恩, 1971, 「周留
城考」, 『百濟遺蹟の硏究』, 吉川弘文館 ; 李丙燾, 1977, 앞의 책, 430쪽 ; 金壽
泰, 1993, 「금강과 고대사」, 『錦江誌』, 356쪽.

522

건지산성의 전경 | 서천군 한산면 지현리 건지산 봉우리와 계곡을 따라 흙과 돌을 섞어 축조하였다. 포곡식 산성으로 둘레는 약 1,200m에 이르며, 부흥군의 거점이었던 주류성으로 보고 있다.

호칭을 발원지에서부터 江河口까지를 통칭하여 부르지만, 우리나라의 고대 지리지에는 나루 명칭이 곧 江의 호칭이 되었다.[131]

따라서 오늘날의 금강은 웅진 부근에서는 熊津江, 사비 부근에서는 泗沘河, 하구는 白江으로 불렀다. 백제시대에 금강 하구는 伎伐浦 또는 只火浦로 불렸는데, 백강은 기벌포의 이칭이었다.[132] 금강 하구에 해당하는 서천군 마서면 남전리에는 白沙亭이 있었는데,[133] 이곳 부근에 왜군의 선단이 停在하였을 가능성이 높다. 남전리는 지금도 백사리

---

130) 小田省吾, 1924, 앞의 글 ; 全榮來, 1996, 앞의 책.

131) 沈正輔, 1983, 「백제부흥군의 주요거점에 관한 연구」,『백제연구』14, 충남대 백제연구소.

132)『三國史記』권28, 百濟本紀6, 義慈王 20年 ;『三國遺事』권1, 奇異2, 太宗春秋公.

133)『新增東國輿地勝覽』권17, 舒川郡 樓亭.

부여 聖興山城 │ 임천면 동편의 성흥산 정상에 위치하고 있으며 둘레가 약1,200m, 높이가 3~4m에 달하는 석축 산성이다. 부여를 수호하기 위해 금강 하류의 대안에 축조된 가장 중요한 산성의 하나이다. 산성에서 보면 부여는 물론 멀리 논산, 전북 용안, 군산의 금강 하구까지 한눈에 보인다.

또는 백사장으로 불리며 금강 하구에서 위치한 장항에서 북으로 4㎞쯤 떨어져 있다.[134] 따라서 백강은 서천과 군산 사이에 위치한 금강 하구를 가리키며, 주류성은 인접한 서천군 한산면 건지산성으로 추정된다.

나당연합군의 수뇌부는 백강전투에 앞서 전략회의를 개최한 끝에 수륙의 요충지에 자리 잡은 가림성을 놓아두고 주류성을 공격하기로 결정하였다. 가림성은 지금의 부여군 임천면 군사리에 소재한 聖興山城을 가리킨다.[135] 이에 따라 문무왕이 거느린 신라군과 唐將 孫仁師·劉仁願이 거느린 당의 육군은 가림성에 주둔한 부흥군을 놓아두고 주류성으로 내려왔고, 유인궤와 別將 杜爽·의자왕의 아들 부여융

134) 沈正輔, 2003, 「백강에 대한 연구현황과 문제점」, 『백제문화』 14, 공주대 백제문화연구소, 187쪽.

135) 兪元載, 1996, 「백제 가림성 연구」, 『백제논총』 5.

524

이 거느린 수군도

> G. 劉仁軌가 水軍 및 군량선을 이끌고 熊津江에서 白江으로 가서 육
> 군과 회합하여 함께 주류성으로 진군하였다.136)

라고 하였듯이, 웅진에서 출발하여 하류로 내려와 백강에 도착하여 전
열을 정비하였다.137) 나당연합군의 육군과 수군은 백강 부근에서 만나
주류성을 공격하려고 하였다.

　당의 수군이 백강에 도착할 무렵 일본의 수군도 대규모 선단을 이루
어 금강의 하구로 진입하였다. 당의 수군은 웅진에서 강을 거슬러 내
려오면서 백강으로 향했으며, 일본군은 백강 부근의 해안에 상륙하여
주류성으로 들어가려고 하였다. 백강 전투는 663년 8월 27일에 전개되
었는데

> H. 大唐軍의 장수들이 전선 170척을 거느리고 와서 백촌강에 진을 펼
> 쳤다. 戊申에 일본의 수군으로 먼저 도달한 자들이 당나라 수군과
> 더불어 싸웠다. 일본이 불리하여 물러나자 당나라도 진지를 견고히
> 하여 지켰다.138)

라고 하였듯이, 먼저 양군 사이에 전초전이 펼쳐졌다. 전투의 결과 왜
의 수군이 불리하여 물러났고, 승기를 장악한 당군도 공격을 중지하고
진지를 견고하게 지켰다. 양군의 본격적인 대회전은 다음 날인 8월 28
일에 벌어지게 되었다. 왜의 수군은 기상을 고려하지 않고 무리하게
출격하였기 때문에

136) 『舊唐書』 권199 上, 列傳 149 上, 東夷 百濟.
137) 『日本書紀』 권27, 天智紀 2年 秋8月 戊戌.
138) 『日本書紀』 권27, 天智紀 2年, 秋8月.

I. 일본의 장수들이 백제와 더불어 날씨를 살피지 않고 서로 "우리들이 선두를 다투어 싸운다면 그들이 스스로 물러날 것이다"라고 하였다. 다시 일본의 어지러운 隊伍와 中軍의 군졸들을 이끌고 나아가 굳게 진치고 있는 당의 군대를 쳤다. 당의 선박들이 바로 좌우에서 배를 협공하여 에워싸고 싸우니 잠깐 사이에 官軍이 계속 패하여 물에 빠져 죽은 사람이 많고 배의 앞뒤를 돌릴 수가 없었다.[139]

라고 하였듯이, 4번에 걸친 대접전 끝에 참패를 당하고 말았다. 왜군의 결정적 패인은 조수간만의 차가 심한 백강의 지세를 잘 알지 못한 데 있었다.

왜군은 나당연합군의 군사력을 과소평가하여 방어망이 잘 구축된 해상 진지에 무모하게 돌격하여 포위된 상태에서 배의 고물과 이물을 제대로 돌리지 못하여 패배를 자초하였다. 이곳은 밀물과 썰물의 시간을 이용해서 진을 펴면 썰물 때에는 급속히 물이 얕아져서 배들이 움직이지 못하고 沙州에 좌초해 버린다. 나당연합군은 포위된 왜선이 자유롭게 움직이지 못하자 화공을 퍼부어 대승을 거두었다.

왜군은 한반도 海域에 익숙하지 못한 상태에서 도착한 지 보름 만에 대패를 당하고 말았다. 왜의 수군은 금강 하구의 지리와 지형에 익숙지 못하였고, 왜군의 水戰을 후원해야 하는 백제부흥군에도 복신과 같은 경험 많은 노련한 지휘관이 없었던 것이 패전의 다른 이유가 되었다. 나당연합군은 왜군의 전선 400척을 불태웠는데, 그 연기와 불꽃이 하늘을 붉게 하고 바닷물도 빨개졌다고 한다.[140]

왜군과 당의 수군이 백강에서 해상전을 펼치고 있을 때 육상에서는 신라군이 선봉이 되어 부흥군과 치열한 전투를 벌였다. 答薛仁貴書에 의하면

---

139) 『日本書紀』권27, 天智紀 2年 秋 8月 己酉.
140) 『三國史記』권28, 百濟本紀6, 義慈王 20年.

526

   J. 왜의 수군이 백제를 도우러 와서 왜의 선박 1천 척은 백강에 정박해
     있고 백제의 정예 기병이 언덕 위에서 배를 지키고 있었습니다. 신
     라의 용맹한 기병이 중국 군사의 선봉이 되어 먼저 언덕의 진지를
     깨뜨리니 주류성에서는 간담이 서늘해져 곧바로 항복했습니다.[141]

라고 하였듯이, 신라의 기병이 언덕 위에 펼쳐진 부흥군의 진영을 공
격하여 격파하였음을 알 수 있다. 부여풍은 왜군이 해상전에서 대패를
당하고, 陸戰에서도 부흥군이 격파되자 주류성으로 돌아가지 못하고
고구려로 피신하고 말았다.[142] 이로 인해 백제부흥군의 사기가 꺾여
주류성은 별다른 저항 없이 나당연합군에 의해 함락되었다. 나당연합
군의 육군은 8월 13일에 도착하여 주류성을 포위한 후 대치하다가 백
강 전투의 승세를 타고 사기가 떨어진 백제부흥군의 항복을 663년 9월
1일에 받았다.
  주류성이 함락되자 풍왕의 숙부인 忠勝과 忠志 등이 남은 무리를
이끌고 항복하였다. 또한 백제부흥군의 주요 거점이었던 두량윤성을
비롯한 여러 거점들도 모두 함락되었다.[143] 백강 전투가 끝난 후 백제
의 유민들은

   K. 9월 신해 그믐 정사에 백제 주류성이 비로소 당에 항복하였다. 이때
     나라 사람들이 서로 말하기를 "주류가 항복하였으니, 일이 어찌할
     수가 없게 되었다. 백제의 이름이 오늘에 끊어지게 되었다. 조상의
     무덤이 있는 곳에 어떻게 다시 갈 수 있겠는가. 다만 저례성에 가서
     일본군의 장수들을 만나 해야 할 일을 서로 모의하자"하고는 침복
     기성에 있는 처자들에게 나라를 떠날 마음을 알렸다. (처자들은) 신
     유에 모처에서 길을 떠나 계해에 저례에 이르렀다. 갑술에 일본 수

141) 『三國史記』 권7, 新羅本紀7, 文武王 11年.
142) 『三國史記』 권6, 新羅本紀6, 文武王 3年.
143) 『三國史記』 권7, 新羅本紀7, 文武王 3年.

군 및 佐平 余自信·達率 木素貴子·谷那晉首·憶禮福留 및 백
성들이 저례성에 이르렀다. 이튿날 배를 띄워 비로소 일본으로 향
했다.144)

라고 하였듯이, 왜군이 돌아갈 때 그들을 따라 망명을 떠나기도 하였
다. 이들 중에서 왜국에 배치된 기록이 남아 있는 사람이 3천여 명을
상회한다.

이들은 일본열도로 건너가 왜국 조정의 요청을 받아들여 나당연합
군의 공격을 방어하기 위하여 봉수와 산성 등 방어체제를 곳곳에 구축
하였다.145) 대마도의 金田城을 비롯하여 구주 북부의 守城과 大野城,
有明海 서부의 椽城, 奈良의 高安城 등이 대표적인 사례이다. 이 방어
체제는 왜국으로 건너간 백제 유민들에 의하여 짧은 기간 내에 만들어
졌다.146) 왜로 건너간 백제계 이주민들은 일본의 고대국가 건설에도
크게 기여하였다.147)

2. 신라의 백제고토 통합과 유민의 동향

주류성의 함락에도 불구하고 북부의 거점이었던 임존성에 주둔한
부흥군은 항복하지 않았다. 遲受信이 버티고 있는 임존성을 공격하기
위하여 문무왕은 손수 신라군을 이끌고 출전하였다. 신라군은 10월 21
일부터 보름 동안 쉬지 않고 임존성을 공격하였으나 함락하지 못하고
철수하였다.148)

---

144) 『日本書紀』 권27, 天智紀 2年 9月 丁巳.
145) 『日本書紀』 권27, 天智紀 3年·4年.
146) 小田富士雄, 1985, 「朝鮮式山城と神籠石」, 『九州古代文化の形成』 下卷, 學
   生社.
147) 박윤선, 1996, 「渡日 백제유민의 활동」, 『淑明韓國史論』 2, 숙명여대 한국사
   학과.

528

신라군이 임존성을 함락하지 못하고 철수하자 당군이 대신하게 되었다. 당군은 직접 나서지 않고 주류성이 함락될 때 항복한 흑치상지와 사타상여를 보내 임존성을 공격하도록 하였다. 두 사람이 마침내 임존성을 함락하니 지수신은 처자를 버리고 고구려로 달아나고 나머지 사람들은 항복하였다.149)

최후의 항전 거점이었던 임존성이 함락되면서 부흥운동은 종말을 고하였다.150) 나당연합군의 지휘부는 그 이듬해인 664년 2월에 부여융과 함께 웅진에서 맹약을 맺었다.151) 유인원의 주도하에 신라의 각간 김인문과 이찬 천존 및 부여융이 참여하였다. 맹약의 내용은 전쟁이 끝났음을 선포하고 상호 공존과 협력을 하늘에 맹세한 것이었다.

이로써 의자왕의 항복 이후 장장 4년에 걸쳐 진행된 백제부흥운동은 종말을 고하였다. 백제부흥운동이 종식되자 당의 고종은 유인원과 손인사를 귀국하게 하고 유인궤에게 모든 업무를 맡겼다. 고종은 유인궤에게 조서를 내려 군사를 거느리고 전후의 복구 사업을 펼치도록 하였다. 유인궤는 당나라의 사직을 세우고 正朔과 廟諱를 반포하면서 백제 고토에 대한 신라의 영향력을 배제하려고 하였다.152)

고종은 의자왕의 아들 부여융을 웅진도독으로 삼아 귀국시켜 백제 유민들을 불러 모으게 하였다.153) 부여융은 665년에는 유인궤의 주선

---

148)『三國史記』권7, 新羅本紀7, 文武王 11年.

149)『三國史記』권28, 百濟本紀6, 義慈王 20年.

150) 한편 664년 3월에도 부흥군이 사비산성에 근거하여 저항하였다가 웅진도독부의 군사들에 의하여 격파(『三國史記』권7, 新羅本紀7, 文武王 4年)되는 등 여진이 한 동안 계속되었다. 그러나 백제부흥운동은 임존성이 함락되는 것을 계기로 하여 사실상 종언을 고하였다.

151)『三國史記』권7, 新羅本紀7, 文武王 4年.

152)『舊唐書』권84, 列傳34, 劉仁軌.

153)『三國史記』권28, 百濟本紀6, 義慈王 20年.

으로 문무왕과 함께 공주의 금강 북편에 솟은 就利山이라는 야트막한 산에 올라 恩怨을 풀고 화평할 것을 맹서하는 회맹에 참여하였다. 유인궤가 맹서의 글을 짓고 금가루로 쓴 증표를 만들어서 간직하였는데 글의 내용은

A. 지난날 백제의 앞 임금은 반역과 순종의 이치에 어두워 이웃나라와 사이좋게 지내지 못하였고 인척간에 화목하지 못하였다. 고구려와 결탁하고 왜국과 서로 통하여 함께 잔인함과 포악함을 일삼아 신라를 침략하여 고을을 겁탈하고 성을 도륙하여 거의 편안한 날이 없었다. 천자께서는 물건 하나라도 제자리를 잡지 못하는 것을 딱하게 여기시고 죄없는 백성들을 불쌍히 여기시어 자주 사신을 보내 사이좋게 지내도록 하였다. (백제는) 그 지리의 험준함과 길이 먼 것을 믿고서 천자의 가르침을 오만하게 업신여겼다. 황제께서 크게 노하여 삼가 죄를 묻고 정벌을 단행하였으니, 군사들의 깃발이 나가는 곳마다 한 번 싸움으로 크게 평정되었다. 진실로 궁궐을 늪으로 만들고 집을 연못으로 만들어, 후세의 경계로 삼고 근원을 막고 뿌리를 뽑아 후손들에 가르침을 보였어야 마땅하였다. 그러나 복종하는 자를 받아들이고 배반하는 자를 정벌하는 것은 선왕의 아름다운 법도요, 망한 것을 다시 일으키고 끊어진 것을 이어주는 것은 옛 성현들의 공통된 가르침이다. 일은 반드시 옛 것을 본받아야 함은, 옛 책에 전해지고 있다. 그러한 까닭에 전 백제 大司稼正卿 부여융을 웅진도독으로 삼아 조상의 제사를 지키고 그 옛 땅을 보전하게 하니, 신라에 의지하고 기대어 길이 우방으로 삼을 것이다. 각기 지난날의 묵은 감정을 풀어버리고 화친을 맺고 각각 천자의 명을 받들어 영원히 蕃國으로서 복종해야 할 것이다. 이에 사신 右威衛將軍 魯城縣公 유인원을 보내 친히 참석하여 권유하고 천자의 뜻을 선포하니, (두 나라는) 혼인을 약속하고 맹세를 거듭하며 희생을 잡아 피를 마시고 처음부터 끝까지 함께 친목하여 재앙을 서로 나누고 어려움에 서로 도와 恩誼를 형제처럼 해야 할 것이다. 황제의 말씀을 공손히 받들어 감히 어기지 말 것이며, 이미 맹세한 뒤에는

다 함께 변함없이 절조를 지켜야 한다. 만약 맹세를 어기고 뜻을 달
리하여 군사를 일으키고 무리를 움직여 변경을 침범한다면, 밝으신
신이 살펴보시고 온갖 재앙을 내리셔서 자손을 기르지 못하고 社稷
을 지키지 못하며 제사가 끊어져 후손이 없도록 할 것이다. 그러므
로 금가루로 쓴 증표를 종묘에 간직하여 자손만대에 감히 어기지
말지어다. 신이시여, 이 말을 들으시고 흠향하시고 복을 내려 주소
서![154]

라고 하였듯이, 백제와 신라의 선린 우호를 당부하고 있다. 이들은 백
마를 잡아 서로 그 피를 마시면서 입술을 벌겋게 하고 丹心을 신에게
맹세하는 歃血을 하였다. 폐백은 제단 밑의 깨끗한 곳에 묻고 맹서문
은 신라의 사당에 간직하였다.

　희생의례에 참가한 사람들이 하늘에 맹세하면서 합의 내용을 이행
하겠다고 하늘에 고하였을 경우에는 반드시 지켜야 하였다. 그것을 어
길 때에는 하늘과의 약속을 위반한 것으로 인식되어 희생과 같이 도륙
당하는 천벌을 받아도 마땅한 것으로 생각하였기 때문이다.

　유인궤는 희생의례를 통해 백제의 古土를 신라의 영향력이 미치지
못하도록 차단하여 唐의 부용국으로 묶어두려 하였다. 당은 백제의 옛
땅을 웅진도독부 관할지역과 신라의 영역으로 양분하였다. 당은 백제
의 옛 땅의 동반부에 대한 통치권을 신라에 위임하여 반발을 무마하였
다. 당은 그들의 영향력 하에 묶어 둔 서반부는 탁상의 구획에 그친 5
도독부제를 폐지하고 웅진도독부를 중심으로 7州 51縣을 설치하였다.

　당은 부여융을 도독으로 삼아 통치의 전면에 내세우고 백제 멸망 당
시 당으로 압송되었던 귀족들을 귀환시켜 요직에 임명하였다. 또한 당
은 부흥운동을 이끌다가 투항한 흑치상지를 664년에 '熊津城大' 즉,
웅진성주에 임명하였다.[155] 당은 옛 백제 땅을 효과적으로 지배하기

---

154)『三國史記』권6, 新羅本紀6, 文武王 5年.

위하여 신망이 두터운 인물들을 발탁하여 전면에 내세웠다.

당의 의도를 간파한 신라는 크게 반발하였으나 고구려 공격을 앞두고 있었기 때문에 아직 전면전으로 비화되지는 않았다. 백제고토의 영유권을 둘러싸고 전개된 나당간의 알력은 고구려가 멸망된 668년 이후 표면화되었다. 당은 평양에 安東都護府를 설치하여 고구려뿐만 아니라 백제 및 신라까지도 통괄하려고 하였다.

이에 맞서 신라는 670년 3월에 사찬 薛烏儒가 고구려 출신의 高延武와 함께 군사를 이끌고 압록강을 건너 당의 지휘 하에 있던 거란병을 대파하였다.[156] 그리고 남쪽에서는 부여융이 당의 조종을 받으면서 통치하고 있던 80여 성을 공격하여 빼앗았다. 또한 신라군은 670년 6월 石城(청마산성) 전투에서 唐軍 5,300여 명을 죽이고 곧이어 사비성을 함락하였다.

그 후 신라는 소부리주를 설치하고 아찬 진왕을 도독으로 임명하였다.[157] 신라는 당군과의 일진일퇴 공방전을 계속하면서 고구려 유민을 받아들이고 백제의 옛 땅을 점거해 나갔다. 신라는 671년에 펼친 대공세를 통하여 백제의 내륙지역 대부분을 장악한 후 對唐鬪爭을 본격적으로 전개하였다. 신라는 당군과 그들에 의해 조종되는 반신라적 백제 유민들을 무력으로 제압한 672년 후반기부터 옛 백제지역에 대한 지배권을 확보하게 되었다.[158]

---

155) 『資治通鑑』晋紀 咸和 9年 2月 條의 주석에 의하면 '城大는 城主와 같다. 일개 성의 우두머리인 까닭에 성대라고 한다'라고 기술하였다.

156) 『三國史記』권6, 新羅本紀6, 文武王 10年.

157) 『三國史記』권6, 新羅本紀6, 文武王 11年.

158) 종래 일본 학자들의 백제부흥운동 연구는 백강 전투에 집중되었고, 백강 전투의 패배를 부흥운동의 종결로 인식하였다. 이러한 인식은 일본인 학자들뿐만 아니라 국내와 중국의 연구자들로 당연하게 받아들이고 있다. 그러나 664년 3月에 百濟餘衆이 사비성에 모여 반란을 일으킨 기록을 들어 이때에 이르러 부흥운동이 소멸된 것으로 보는 견해도 있다(盧重國, 2002, 「부흥백제

당군의 반격도 만만치 않게 전개되어 673년 9월에 임진강 중·하류 일대에서 무려 9차례의 대소 전투가 벌어졌다. 당은 674년에는 문무왕의 관작을 삭탈하고, 아우 金仁問을 신라왕에 책봉한 후 대규모의 군대를 파견하였다. 신라는 675년 薛仁貴가 이끄는 당군을 격파하여 1,400명을 죽이고, 李謹行이 이끈 20만 대군을 買肖城(양주 일대)에서 크게 격파하였다. 그리고 676년에는 당의 수군이 금강 하류 기벌포로 침입하자 22회에 걸친 대소 전투 끝에 대대적인 섬멸을 하였다. 당은 4천여 명이 살상된 피해를 입고 安東都護府를 요동으로 옮기게 되었다.[159]

백제를 영향력 하에 묶어 두려는 당의 의도는 분쇄되고 신라가 백제 고토를 차지하게 되었다. 당군이 한반도에서 철수할 때 웅진도독이 되어 백제의 옛 땅을 다스렸던 부여융도 당으로 돌아갔다. 唐은 儀鳳 연간(676~678)에 부여융을 웅진도독 대방군왕으로 삼아 귀국하게 하였

국의 성립과 몰락」, 『백제 부흥운동의 재조명』, 공주대학교). 또한 664년 이후에 일어난 백제계 유민의 활동을 부흥운동의 연장선상에서 제2차 부흥운동으로 파악하는 견해도 있다(李道學, 1997, 『다시 쓰는 백제사』, 푸른역사, 224~286쪽 ; 金壽泰, 2002, 「웅진도독부의 백제 부흥운동」, 『백제부흥운동의 재조명』, 공주대학교). 그러나 부흥운동이 백제 유민들이 주체가 된 백제국의 재건과 부흥을 목적으로 자주적으로 일으킨 것이라는 점에서 볼 때 웅진도독부에 참여한 백제계 관료들의 반신라 활동을 부흥운동의 연장선으로 보는 것은 문제가 있다는 지적도 있다(金榮官, 2003, 앞의 글, 56쪽).

[159] 당군이 한반도에서 철수하게 된 직접적인 계기는 기벌포 전투의 패전이었다. 그러나 당이 신라를 상대로 全力을 기울이지 못한 채 676년에 끝내 철군하면서 평양에 있던 안동도호부를 만주의 요동성으로 옮기게 된 까닭은 吐蕃의 침략 위협이 절박했기 때문이다. 토번은 670년에 청해성 共和縣 부근의 大非川 전투에서 薛仁貴가 거느린 당군 10만에게 괴멸적 타격을 주었으며, 678년에도 당의 18만 대군이 670년의 참패 때 포기한 安西4鎭을 회복하려고 토번에 출격하였으나 청해 부근에서 다시 대패를 당하고 말았다. 이를 계기로 당은 부득이 대외관계에서 守勢로 전환할 것을 결정하였다(李基東, 2004, 「수당의 제국주의와 신라 외교의 妙諦」, 『新羅文化』 24, 9쪽).

지만, 융은 신라가 강성하여 들어오지 못하였다.160)

---

160) 『三國史記』 권28, 百濟本紀6, 義慈王 20年.

참고문헌

1. 기본사료

『三國史記』	『三國遺事』	『三國志』
『魏書』	『晉書』	『宋書』
『北史』	『南齊書』	『梁書』
『北齊書』	『隋書』	『資治通鑑』
『通典』	『舊唐書』	『唐會要』
『翰苑』	『資治通鑑』	『續日本紀』
『日本書紀』	『高麗史』	『新增東國輿地勝覽』
『與猶堂全書』	『彊域考』	『東國地理志』
『大東地志』	『旅菴全書』	『擇里志』
『大東水經』	『禮記』	『黃海道邑誌』

2. 저서

姜鐘元, 2002, 『4세기 백제사연구』, 서경문화사.

孔錫龜, 1998, 『고구려 영역확장사 연구』, 서경문화사.

공주대학교 백제문화원형복원센터, 2004, 『백제문화의 원형』, 서경문화사.

權悳永, 1997, 『古代韓中外交史』, 일조각.

權五重, 1992, 『樂浪郡研究』, 일조각.

金起燮, 2000, 『백제와 근초고왕』, 학연문화사.

金聖昊, 1982, 『비류백제와 일본의 국가기원』, 지문사.

金榮官, 2005, 『백제부흥운동연구』, 서경.

金瑛河, 2002, 『韓國古代社會의 軍事와 政治』, 고려대 민족문화연구원.

金元龍, 1986, 『한국고고학개설』, 일지사.

김정배, 1986, 『한국고대의 국가기원과 형성』, 민음사.

金哲埈, 1982, 『한국고대사회연구』, 지식산업사.

金泰植, 1993, 『가야연맹사』, 일조각.

金泰植, 2002, 『미완의 문명 7백년 가야사』 1권, 푸른역사.

金鉉球, 1985, 『大和政權の對外關係硏究』, 吉川弘文館.

金鉉球, 2002, 『백제는 일본의 기원인가』, 창작과 비평사.

盧重國, 1988, 『百濟政治史硏究』, 일조각.

盧重國, 2004, 『백제부흥운동사』, 일조각.

盧泰敦, 1999, 『고구려사연구』, 사계절.

文安植, 2002, 『백제의 영역확장과 지방통치』, 신서원.

文安植, 2003, 『한국고대사와 말갈』, 혜안.

문안식·이대석, 2004, 『한국고대의 지방사회』, 혜안.

朴性鳳 편, 1995, 『고구려 남진 경영사의 연구』, 백산자료원

朴淳發, 2001, 『한성백제의 탄생』, 서경문화사.

박시형, 1966, 『광개토왕릉비』, 사회과학출판사.

사회과학원력사연구소, 1979, 『조선전사-중세편』 4.

사회과학원력사연구소, 1999, 『조선전사』 3.

徐榮一, 1999, 『신라 육상교통로 연구』, 학연문화사.

徐程錫, 2002, 『百濟의 城郭』, 학연문화사.

成周鐸, 2002, 『百濟城址硏究』, 서경문화사.

손영종, 1990, 『고구려사』, 과학백과사전종합출판사.

송형섭, 1993, 『새로 보는 대전역사』, 나루.

단재신채호기념사업회, 1982, 『丹齋申采浩全集』 上.

申瑩植, 1981, 『三國史記硏究』, 일조각.

申瀅植, 1984, 『한국고대사의 신연구』, 일조각.

申瑩植, 1990, 『통일신라사연구』, 삼지원.

申瀅植, 1992, 『百濟史』, 이대출판부.

延敏洙, 1998, 『古代韓日關係史』, 혜안.

吳舜濟, 1995, 『한성 백제사』, 집문당.

옥천문화원, 2002, 『옥천향토사자료집』.

兪元載, 1993, 『中國正史百濟傳硏究』, 학연문화사.

兪元載 편저, 1996, 『백제의 역사와 문화』, 학연문화사.

兪元載, 1997, 『웅진백제사연구』, 주류성.

尹明哲, 2003, 『고구려 해양사 연구』, 사계절.

李康來, 1996, 『삼국사기 전거론』, 민족사.

李基東, 1996, 『백제사연구』, 일조각.

李基白, 1990, 『한국사신론』, 일조각.

李基白·李基東, 1982, 『한국사강좌(Ⅰ)-고대편』, 일조각.

이남석, 2002, 『백제묘제의 연구』, 서경문화사.

李道學, 1995, 『백제고대국가연구』, 일지사.

李道學, 1997, 『새로쓰는 백제사』, 푸른역사.

李文基, 1997, 『新羅兵制史硏究』, 일조각.

李丙燾, 1959, 『한국사』 고대편, 진단학회.

李丙燾, 1976, 『韓國古代史硏究』, 박영사.

李鎔彬, 2002, 『백제 지방통치제도 연구』, 서경문화사.

이인철, 2000, 『고구려의 대외정복 연구』, 백산자료원.

李鍾旭, 1993, 『고조선사연구』, 일조각.

李昊榮, 1997, 『신라삼국통합과 여제패망원인연구』, 서경문화사.

임용한, 2001, 『전쟁과 역사』, 혜안.

장인성, 2001, 『백제의 종교와 사회』, 서경.

전영래, 1996, 『백촌강에서 대야성까지』, 신아출판사.

정인보, 1946, 『朝鮮史硏究』 上.

鄭孝雲, 1995, 『古代韓日政治交涉史硏究』, 학연문화사.

조원창, 2004, 『백제 건축기술의 대일전파』, 서경문화사.

조희승, 2002, 『백제사연구』, 과학백과사전출판사.

채희국, 1982, 『고구려역사연구』, 김일성종합대학출판사.

千寬宇, 1989, 『古朝鮮史·三韓史硏究』, 일조각.

千寬宇, 1991, 『가야사연구』, 일조각.

崔鍾圭, 1995, 『삼한고고학연구』, 서경문화사.

한국상고사학회, 1998, 『백제의 지방통치』, 학연문화사.

한국향토사연구전국협의회, 1988, 『금강유역사연구』.

한국향토사연구전국협의회, 1997, 『섬진강유역사연구』.

岡田英弘, 1977, 『倭國』, 中公新書.

輕部慈恩, 1971, 『百濟遺跡の硏究』, 吉川弘文館.

古田武彦, 1979, 『잃어버린 九州王朝』, 角川書店.

關晃, 1996, 『關晃著作集』 3, 吉川弘文館.

鬼頭淸明, 1976, 『日本古代國家の形成と東アジア』, 校倉書房.

鬼頭淸明, 1981, 『白村江』(歷史新書 33), 敎育社.

今西龍, 1934, 『百濟史硏究』, 近澤書店.

今西龍, 1970, 『朝鮮古史の硏究』, 國書刊行會.

藤間生大, 1968, 『倭の五王』, 岩波書店.

末松保和, 1949, 『任那興亡史』, 大八洲書店.

山尾幸久, 1989, 『古代の日朝關係』, 塙書房.

三品彰英, 1962, 『日本書紀朝鮮關係記事考證』上, 吉川弘文館.

水野祐, 1967, 『日本古代の國家形成』, 講談社.

井上秀雄, 1973, 『任那日本府と倭』, 東出版.

鳥山喜一, 1915, 『渤海史考』, 原書房.

太田亮, 1928, 『日本古代史新硏究』.

坂元義種, 1978, 『古代東アジアの日本と朝鮮』, 吉川弘文館.

坂元義種, 1978, 『百濟史の硏究』, 塙書房.

3. 연구논문

姜鳳龍, 1998, 「5~6세기 영산강유역 '옹관고분사회'의 해체」, 『백제의 지방통치』, 학연문화사.

姜仁求, 1979, 「중국묘제가 무녕왕릉에 미친 영향」, 『백제연구』 10, 충남대 백제연구소.

姜仁求, 1981, 「新羅 積石封土墳의 構造와 系統」, 『韓國史論』 7.

姜仁求, 1989, 「한강유역 백제고분의 재검토」, 『한국고고학보』 22.

姜仁求, 1991, 「초기 백제고분의 검토-건국과 관련하여-」, 『百濟硏究』 22.

姜仁求, 1993, 「백제 초기 도성 문제 신고」, 『한국사연구』 81.

姜仁求, 1994, 「주구토광묘에 관한 몇 가지 문제」, 『정신문화연구』 56.

姜鐘元, 1997, 「백제 근초고왕의 왕위계승」, 『백제연구』 27.

姜鍾元, 1998, 「4세기 백제의 정치사 연구」, 충남대 대학원 박사학위논문,

姜鍾元, 2005, 「수촌리 백제고분 조영세력 검토」, 『백제연구』 42.

姜鍾薰, 1991, 「新羅 上古紀年의 再檢討」, 『韓國史論』 26.

高柄翊, 1983, 「中國正史의 外國列傳」, 『東亞交涉史의 研究』, 서울대출판부.

孔錫龜, 1988, 「平安·黃海道地方出土 紀年銘塼에 대한 研究」, 『震檀學報』 65.

孔錫龜, 1990, 「德興里 壁畵古墳의 主人公과 그 性格」, 『백제연구』 21, 충남대 백제연구소.

孔錫龜, 1996, 「5~6세기의 대외관계」, 『한국사』 5(고구려편), 국사편찬위원회.

곽장근, 2005, 「웅진기 백제와 가야의 역학관계 연구」, 『百濟의 邊境』 2005년도 백제연구 국내학술회의.

權五榮, 1988, 「4세기 百濟의 地方統制方式 一例」, 『韓國史論』 19.

權五榮, 1991, 「중서부지방 백제 토광묘에 대한 시론적 검토」, 『백제연구』 22.

權五榮, 1995, 「백제의 성립과 발전」, 『한국사』 6, 국사편찬위원회.

權五榮, 1996, 「三韓의 '國'에 관한 연구」, 서울대 대학원 박사학위논문.

權五榮, 2001, 「伯濟國에서 百濟로의 전환」, 『역사와현실』 40.

權五榮, 2001, 「풍납토성 경당지구 발굴조사의 경과」, 『풍납토성의 발굴과 그 성과』, 한밭대 향토문화연구소.

權五榮, 2005, 「고대의 남양만」, 『남양만의 역사와 문화』, 한신대학교박물관총서 제20책.

權五重, 1980, 「靺鞨의 種族系統에 관한 試論」, 『震檀學報』 49.

吉基泰, 2006, 「백제 사비시대의 불교신앙 연구」, 충남대 대학원 박사학위논문.

金起燮, 1990, 「백제전기 都城에 관한 일고찰」, 『청계사학』 7.

金起燮, 1991, 「三國史記 '百濟本紀'에 보이는 靺鞨과 樂浪의 위치에 대한 재검토」, 『淸溪史學』 8.

金起燮, 1993, 「漢城時代 百濟의 王系에 대하여」, 『韓國史研究』 83.

金起燮, 1994, 「百濟 近肖古王代의 北境」, 『軍史』 29.

金起燮, 1995, 「近肖古王代 남해안진출설에 대한 재검토」, 『백제문화』 24.

金起燮, 1997, 「백제 한성시대 통치체제연구」, 한국정신문화연구원 한국학대학원 박사학위논문.

金起燮, 2005, 「백제의 북방경략과 군현고지」, 『한성백제총서』.

金基興, 1987, 「고구려의 성장과 대외무역」, 『韓國史論』 16, 서울대 국사학과.

金杜珍, 1990, 「백제건국설화의 복원시론」, 『국사관논총』 13, 국사편찬위원회.

김무중, 2004, 「고고자료를 통해 본 백제와 낙랑의 교섭」, 『호서고고학』 11집, 호서고고학회.

金珉秀, 1995, 「漢水의 개념과 고구려 남평양의 고찰」, 구리문화원.

金秉南, 2001, 「백제 영토변천사 연구」, 전북대 박사학위논문.

金秉南, 2002, 「백제 무왕대의 영역확대와 그 의의」, 『한국상고사학보』 38.

金秉南, 2003, 「백제 웅진시대의 북방영역」, 『백산학보』 64.

金秉南, 2004, 「백제 무왕대의 아막성 전투 과정과 그 결과」, 『전남사학』 22.

金庠基, 1967, 「백제의 요서경략에 대하여」, 『백산학보』 3.

金善昱, 1967, 「隋書와 唐書의 백제사료에 관한 檢討」, 『白山學報』 3.

김성남, 2001, 「中部地方 3~4世紀 古墳群 細部編年」, 『백제연구』 33, 충남대 백제연구소.

金壽泰, 1991, 「백제의 멸망과 唐」, 『백제연구』 22, 충남대 백제연구소.

金壽泰, 1992, 「백제 의자왕대의 정치활동」, 『한국고대사연구』 5.

金壽泰, 1992, 「백제 의자왕대의 태자책봉」, 『백제연구』 23.

金壽泰, 1993, 「금강과 고대사」, 『錦江誌』.

金壽泰, 1998, 「3세기 중·후반 백제의 발전과 馬韓」, 『마한사연구』(백제연구 논총 6), 충남대 백제연구소.

金壽泰, 1998, 「백제 개로왕대의 對高句麗戰」, 『백제사상의 전쟁』, 충남대 백제연구소.

金壽泰, 1998, 「백제 위덕왕대 부여 능산리 사원의 창건」, 『백제문화』 27.

金壽泰, 1999, 「백제 무왕대의 정치세력」, 『마한·백제문화』 14, 원광대 마한·백제문화연구소.

金壽泰, 2000, 「7세기대 동아시아사상의 황산벌 전투」, 『논산 황산벌 전적지』, 충남대 백제연구소.

金壽泰, 2002, 「웅진도독부의 백제 부흥운동」, 『백제 부흥운동의 재조명』, 공주대학교.

金壽泰, 2004, 「삼국의 외교적 협력과 경쟁」, 『新羅文化』 24,

金榮官, 1999, 「나당연합군의 백제침공작전과 백제의 방어전략」, 『STRATEGY 21』, 한국해양전략연구소.

金榮官, 2000, 「백제의 웅진 천도 배경과 한성 경영」, 『충북사학』 11·12合.

金榮官, 2003, 「백제부흥운동연구」, 단국대 대학원 박사학위논문.

金榮官, 2006, 「백제 역사와 문화 이해의 방향」, 『충북사학』 16.

金永培, 1965, 「公州 百濟王宮 및 臨流閣址 小考」, 『考古美術』 6권 3·4호.

金映遂, 1957, 「百濟國都의 變遷에 대하여」, 『전북대논문집』 1.

金英心, 1990, 「5~6世紀 百濟의 地方統治體制」, 『한국사론』 22.

金英心, 1997, 『백제 지방통치체제 연구』, 서울대 대학원 박사학위논문.

金英心, 2000, 「백제사에서의 部와 部體制」, 『한국고대사연구』 17.

金英夏, 1979, 「신라시대 巡狩의 성격」, 『민족문화연구』 24.

金龍國, 1983, 「河南慰禮城考」, 『鄕土서울』 41.

金龍善, 1980, 「高句麗琉璃王考」, 『歷史學報』 87.

金元龍, 1967, 「삼국시대 개시에 대한 고찰」, 『東亞文化』 7.

金元龍, 1971, 「화성군 마도면 백곡리 백제고분과 토기류」, 『백제연구』 2.

金元龍, 1978, 「丹陽赤城의 歷史・地理的 性格」, 『史學志』 12.

金崙禹, 1993, 「河北慰禮城과 河南慰禮城考」, 『史學志』 26.

김윤우, 1994, 「하북위례성과 하남위례성고」, 『한국고대사』 2, 단국대사학회.

金崙禹, 1994, 「바로잡아야 할 인천역사③ -고대사상의 미추홀과 인천」, 『황해문화』 통권5호.

金在鵬, 1976, 「百濟仇台考」, 『朝鮮學報』 78.

김재홍, 1998, 「철제농기구의 변화에 따른 전쟁의 양상」, 『백제사상의 전쟁』, 제9회 백제연구 국제학술대회, 충남대백제연구소.

金廷鶴 1981, 「서울 근교의 백제유적」, 『향토서울』 39.

金周成, 1988, 「의자왕대 정치세력의 동향과 백제 멸망」, 『백제연구』 19.

金周成, 1990, 「백제 사비시대 정치사 연구」, 전남대 박사학위논문.

金周成, 1993, 「백제 지방통치조직의 변화와 지방사회의 재편」, 『국사관논총』 35.

金周成, 1996, 「백제의 멸망」, 『백제의 역사와 문화』, 학연문화사.

金周成, 2002, 「성왕의 한강유역 점령과 상실」, 『백제사상의 전쟁』, 서경문화사.

金昌鎬, 1996, 「古新羅 積石木槨墳에 대한 몇 가지 문제」, 『碩晤 尹容鎭敎授 停年退任紀念論叢』.

金哲埈, 1956, 「高句麗・新羅 官階組織의 成立過程」, 『李丙燾博士華甲記念論叢』.

金哲埈, 1982, 「百濟建國考」, 『百濟研究』 특집호.

金哲埈, 1982, 「백제사회와 그 문화」, 『한국고대사회연구』, 지식산업사.

金泰植, 1985, 「5세기 후반 대가야의 발전에 대한 연구」, 『한국사론』 12.

金泰植, 1988, 「6세기 전반 加耶南部諸國의 소멸과정 고찰」, 『韓國古代史研究』 1.

金泰植, 1994, 「廣開土王陵碑文의 任那加羅와 '安羅人戍兵'」, 『한국고대사논총』 6.

金泰植, 1996, 「백제의 가야지역 관계사 試考」, 『백제의 중앙과 지방』, 충남대백제연구소.

542

金泰植, 1997, 「가야 연맹의 발전」, 『한국사』 7, 국사편찬위원회.

金澤均, 1997, 「江原濊貊攷」, 『江原文化史研究』 2.

金鉉球, 1997, 「백촌강싸움 전야의 동아시아정세」, 『師大論集』 21, 고려대사범
　　　대학.

金顯吉, 2000, 「중원문화권 제설의 검토」, 『忠北學』 2, 충북학연구소.

金賢淑, 1984, 「고구려의 解氏王과 高氏王」, 『大丘史學』 47.

金賢淑, 2002, 「웅진시기 백제와 고구려의 관계」, 『고대 동아세아와 백제』, 충
　　　남대 백제연구소.

김호동, 1989, 「고대 유목국가의 구조」, 『강좌 중국사』 2, 지식산업사.

金義滿, 1994, 「新羅 6部支配勢力의 動向과 官等制」, 『芝邨金甲周教授華甲
　　　紀念史學論叢』.

羅幸柱, 1993, 「古代韓日關係에 있어서의 質의 意味」, 『建大史學』 8.

盧明鎬, 1981, 「百濟의 東明說話와 東明墓」, 『歷史學研究』 10.

盧明鎬, 1991, 「백제 건국신화의 원형과 성립배경」, 『백제사의 이해』.

盧重國, 1978, 「백제왕실의 남천과 지배세력의 변천」, 『한국사론』 4.

盧重國, 1981, 「고구려·백제·신라 사이의 역관계 변화에 대한 일고찰」, 『동
　　　방학지』 28.

盧重國, 1981, 「사비시대 백제지배체제의 변천」, 『韓㳓劤紀念私學論叢』.

盧重國, 1983, 「解氏와 夫餘氏의 왕실교체와 초기백제의 성장」, 『김철준박사
　　　화갑기념사학논총』.

盧重國, 1990, 「目支國에 대한 一考察」, 『百濟論叢』 2, 百濟文化開發研究院.

盧重國, 1991, 「백제 무녕왕대의 집권력 강화와 경제기반의 확대」, 『백제문화』
　　　21.

盧重國, 1991, 「한성시대 백제의 담로제 실시와 편제기준」, 『계명사학』 2.

盧重國, 1994, 「4~5세기 백제의 정치운영」, 『한국고대사논총』 6.

盧重國, 1995, 「백제 멸망후 부흥군의 부흥전쟁연구」, 『역사의 재조명』, 소화.

盧重國, 1999, 「신라 통일기 九誓幢의 성립과 그 성격」, 『한국사론』 41·42合,
　　　一溪金哲埈先生10週忌追慕論叢.

盧重國, 2002, 「부흥백제국의 성립과 몰락」, 『백제 부흥운동의 재조명』, 공주
　　　대학교.

盧重國, 2006, 「5~6세기 고구려와 백제의 관계」, 『북방사논총』 11, 고구려연
　　　구재단.

盧泰敦, 1975, 「삼국시대의 '부'에 관한 연구」, 『한국사론』 2.

盧泰敦, 1984, 「5-6세기 동아시아의 국제질서와 고구려의 대외관계」, 『동방학지』 44, 연세대동방학연구소.

盧泰敦, 1989, 「扶餘國의 境域과 그 變遷」, 『국사관논총』 4.

盧泰敦, 1993, 「주몽의 출자전승과 계루부의 기원」, 『한국고대사논총』 5.

盧泰敦, 1994, 「高句麗의 初期王系에 대한 一考察」, 『李基白先生古稀紀念論叢』 上, 一潮閣.

盧泰敦, 2000, 「초기 고대국가의 국가구조와 정치운영」, 『한국고대사연구』 17.

盧泰天, 1999, 「韓國古代 冶金技術史 硏究」, 한국정신문화연구원 한국학대학원 박사학위논문.

李鍾泰, 1998, 「百濟 始祖仇台廟의 成立과 繼承」, 『韓國古代史硏究』 13.

林起煥, 1998, 「百濟 始祖傳承의 형성과 변천에 관한 고찰」, 『百濟硏究』 28.

문경현, 2000, 「백제 무령왕의 출자에 대하여」, 『사학연구』 60.

文東錫, 1996, 「한강유역에서 백제의 국가형성」, 『역사와 현실』 21.

文安植, 1996, 「嶺西濊文化圈의 設定과 歷史地理的 背景」, 『東國史學』 30.

文安植, 1997, 「百濟의 對中國郡縣關係 一考察」, 『전통문화연구』 4.

文安植, 2000, 『百濟의 領域擴張과 邊方勢力의 推移』, 동국대 대학원 박사학위논문.

文安植, 2002, 「百濟의 方郡城制의 實施와 全南地域 土着社會의 變化」, 『전남사학』 19.

文安植, 2002, 「樂浪·帶方의 逐出과 全南地域 古代社會의 推移」, 『동국사학』 38.

文安植, 2002, 「榮山江流域 土着社會의 成長과 聯盟體 形成」, 『사학연구』 68.

文安植, 2003, 「백제의 마한 복속과 지방지배 방식의 변화」, 『한국사연구』 120.

文安植, 2003, 「왕인의 渡倭와 상대포의 해양교류사적 위상」, 『韓國古代史硏究』 31.

文安植, 2003, 「장보고의 청해진 설치와 해상왕국 건설」, 『동국사학』 39.

文安植, 2004, 「의자왕 전반기의 신라공격과 영토확장」, 『경주사학』 23.

文安植, 2004, 「백제의 시조전승에 반영된 왕실교대와 성장과정 추론」, 『동국사학』 40.

文安植, 2005, 「개로왕의 왕권강화와 국정운영의 변화에 대하여」, 『史學硏究』 78.

文安植, 2006, 「백제 한성기 北界와 東界의 변천에 대하여」, 『백제연구』 42.

544

閔德植, 1983, 「고구려의 道西縣城考」, 『史學研究』 36.

朴南守, 1987, 「新羅上古 金氏系의 起源과 登場」, 『慶州史學』 6.

朴性鳳, 1995, 「廣開土好太王期 高句麗 南進의 性格」, 『고구려 남진 경영사의 연구』, 백산자료원.

朴性興, 1989, 「百濟復興軍戰史의 역사지리적 고찰」, 『任存城 百濟復興軍戰史』, 예산향토사연구회.

朴淳發, 1989, 「한강유역 원삼국시대의 토기의 양상과 변천」, 『한국고고학보』 23.

朴淳發, 1993, 「우리나라 초기철기문화의 전개과정에 대한 약간의 고찰」, 『고고 미술사론』 3, 충북대 고고미술사학과.

朴淳發, 1993, 「한강유역의 청동기·초기철기문화」, 『한강유역사』, 민음사.

朴淳發, 1994, 「漢城百濟 成立期 諸墓制의 編年檢討」, 『先史와 古代』 6.

朴淳發, 1996, 「백제 도성의 변천과 특징」, 『한국사의 이해-重山鄭德基博士華甲 紀念韓國史論叢』.

朴淳發, 1996, 「漢城百濟 基層文化의 性格」, 『百濟研究』 16.

朴淳發, 1998, 「百濟國家의 形成 研究」, 서울대 박사학위논문.

朴淳發, 1999, 「한성백제의 지방과 중앙」, 『백제의 중앙과 지방』, 충남대학교 백제문화연구소.

朴淳發, 2002, 「泗沘都城」, 『東アジア都市形態と文明史』, 國際日本文化センタ-第21回國際研究集會 發表要旨文.

박순발·성정용, 2000, 「종합고찰」, 『논산 황산벌 전적지』, 충남대 백제연구소.

박윤선, 1996, 「渡日 백제유민의 활동」, 『淑明韓國史論』 2, 숙명여대 한국사학과.

朴眞淑, 2000, 「백제 동성왕대 대외정책 변화」, 『백제연구』 32, 충남대 백제연구소.

박진욱, 1978, 「백제·신라에 이웃한 말갈에 대하여」, 『력사과학』 1978-3.

朴燦圭, 1991, 「百濟 熊津初期 北境問題」, 『사학지』 24.

朴燦圭, 1994, 「百濟 仇台廟 成立背景에 대한 一考察- 그 外的 要因을 중심으로」, 『學術論叢』 17, 단국대 대학원.

朴燦圭, 1995, 「백제의 마한정복과정 연구」, 단국대 대학원 박사학위논문.

박천수, 1999, 「고고학 자료를 통해 본 대가야」, 『고고학을 통해본 가야』, 제23회 한국고고학전국대회 발표요지.

朴賢淑, 1990, 「백제 초기의 지방통치체제 연구」, 『백제문화』 20.

朴賢淑, 1993, 「백제 담로제의 실시와 그 성격」, 『宋甲鎬教授停年退任論文集』.

朴賢淑, 1996, 「백제지방통치체제연구」, 고려대대학원 박사학위논문.

方善柱, 1971, 「백제군의 화북진출과 그 배경」, 『백산학보』 3.

方香淑, 1994, 「백제 고통에 대한 당의 지배체제」, 『이기백선생고희기념 한국사학논총』 상-고대·고려시대편, 일조각.

白承忠, 1993, 「임나부흥회의 전개와 성격」, 『釜大史學』 17.

白承忠, 1995, 「가야의 지역연맹사 연구」, 부산대 대학원 박사학위논문

白承忠, 2000, 「6세기 전반 백제의 가야진출과정」, 『백제연구』 31.

邊太燮, 1983, 「中原文化의 歷史的 背景」, 『考古美術』 110.

徐大錫, 1985, 「百濟神話研究」, 『백제논총』 1.

徐炳國, 1974, 「靺鞨의 韓半島 南下」, 『광운전자공과대학논문집』 3.

徐榮洙, 1981, 「古代韓中關係研究試論」, 『學術論叢』 5, 단국대대학원.

徐榮一, 2000, 「中原高句麗碑에 나타난 高句麗城과 國防體系 -于伐城과 古牟婁城을 中心으로-」, 『高句麗研究』 10.

徐五善, 1997, 「천도이전의 웅진지역문화」, 『백제문화』 26.

서정석, 2003, 「부흥운동기 백제의 군사활동과 산성」, 『백제문화』 32.

서현주, 2005, 「웅진·사비기의 백제와 영산강유역」, 『백제의 邊境』 2005년도 백제연구 국내학술회의.

宣石悅, 1996, 「『三國史記』 「新羅本紀」上代 百濟關係記事의 檢討와 그 紀年」, 『新羅末 高麗初의 政治·社會 變動』, 신서원.

成洛俊, 1983, 「영산강유역의 옹관묘 연구」, 『百濟文化』 15.

成洛俊, 1994, 「해남부길리 옹관유구」, 『호남고고학보』 1.

成正鏞, 1994, 「홍성 神衿城址 출토 백제토기에 대한 고찰」, 『한국상고사학보』 15.

成正鏞, 2000, 「中西部 馬韓地域의 百濟領域化過程 研究」, 서울대대학원 미술사학과 박사학위논문.

成周鐸, 1974, 「대전 부근 古代山城考」, 『백제연구』 5, 충남대 백제연구소.

成周鐸, 1976, 「신라 삼년산성 연구」, 『백제연구』 7, 충남대 백제연구소.

成周鐸, 1980, 「백제 웅진성과 사비성 연구(其一)」, 『百濟研究』 11, 충남대 백제 연구소.

成周鐸, 1983, 「漢江流域 百濟初期 城址研究」, 『백제연구』 14.

成周鐸, 1985, 「百濟城址研究」, 동국대 박사학위논문.

546

成周鐸, 1987, 「마한・초기백제사에 대한 역사지리적 관견」, 『마한・백제문화』 10.

成周鐸, 1988, 「백제도성축조의 발전과정에 대한 고찰」, 『百濟研究』 19.

成周鐸, 1990, 「백제 말기 국경선에 대한 고찰」, 『백제연구』 21.

成周鐸, 1990, 「백제 탄현 소고」, 『백제논총』 2집.

成周鐸, 1994, 「한국의 고대도성」, 『동양도시사 속의 서울』, 서울시정개발연구원.

成周鐸, 1997, 「백제 웅진성연구 再齣」, 『백제의 중앙과 지방』, 충남대 백제연구소.

成周鐸, 2000, 「황산벌 전적지의 역사적 성격」, 『논산 황산벌 전적지』, 충남대학교백제연구소・논산시.

成周鐸, 2002, 「백제 웅진성」, 『百濟城址研究』, 서경문화사.

성주탁・차용걸, 1981, 「百濟儀式考」, 『백제연구』 12.

孫秉憲, 1985, 「樂浪古墳의 被葬者」, 『韓國考古學報』 16・17合.

손영종, 1986-2, 「광개토왕릉비를 통하여 본 고구려의 영역」, 『력사과학』.

宋祥圭, 1976, 「王宮坪城에 대한 研究」, 『百濟研究』 7, 충남대 백제연구소.

宋知娟, 2003, 「한성백제와 대방군의 관계」, 한국학대학원 석사학위논문.

宋鎬晟, 2000, 「고조선・부여의 국가구조와 정치운영」, 『한국고대사연구』 17.

申東河, 1979, 「신라 골품제의 형성과정」, 『한국사론』 5.

신채호, 1979, 「前後三韓考」, 『朝鮮上古史』상(개정판).

申熙權, 2002, 「百濟 漢城期 都城制에 대한 考古學的 考察」, 『백제 도성의 변천과 연구상의 문제점』, 국립부여문화재연구소 제3회 문화재연구학술대회.

심광주, 1988, 「이성산성에 대한 연구」, 한양대 대학원 석사학위논문.

심광주, 2001, 「남한지역의 고구려유적」, 『고구려연구』 12.

沈載淵, 1998, 「강원지역 철기문화 연구」, 『韓國上古史學報』 29.

沈正輔, 1983, 「백제부흥군의 주요거점에 관한 연구」, 『백제연구』 14.

沈正輔, 1995, 「백제와 왜국과의 초기교섭기사 검토」, 『한국상고사학보』 19.

沈正輔, 2000, 「백제 사비도성의 축조시기에 대하여」, 『사비도성과 백제의 성곽』, 서경문화사.

沈正輔, 2003, 「백강에 대한 연구현황과 문제점」, 『백제문화』 14. 공주대 백제문화연구소.

安秉佑, 1992, 「6~7세기의 토지제도」, 『한국고대사논총』 4.

梁起錫, 1980, 「웅진시대의 백제 지배층 연구」, 『사학지』 14.

梁起錫, 1981, 「三國時代 人質의 性格에 대하여」, 『史學志』 15.

梁起錫, 1982, 「백제 전지왕대의 정치적 변혁」, 『호서사학』 10.

梁起錫, 1984, 「五世紀 百濟의 王·侯·太守制에 대하여」, 『사학연구』 38.

梁起錫, 1986, 「"三國史記" 都彌列傳 小考」, 『李元淳教授停年紀念論叢』.

梁起錫, 1990, 「백제 위덕왕대 왕권의 존재형태와 성격」, 『백제연구』 21.

梁起錫, 1990, 「백제 전제왕권성립과정 연구」, 단국대 대학원 박사학위논문.

梁起錫, 1991, 「한국고대의 중앙정치」, 『국사관논총』 21.

梁起錫, 2000, 「百濟 初期의 部」, 『한국고대사연구』 17.

梁起錫, 2001, 「신라의 청주지역 진출」, 『신라 서원소경 연구』, 서경.

梁起錫, 2005, 「5~6세기 백제의 北界」, 『박물관기요』 20, 단국대석주선기념박
　　　　물관.

양종국, 2002, 「의자왕에 대한 재평가(1)」, 『7세기 중엽 의자왕의 정치와 동아
　　　　시아 국제관계의 변화』, 공주대 백제문화연구소.

余昊奎, 1996, 「고구려의 성립과 발전」, 『한국사』 5, 국사편찬위원회.

余昊奎, 2002, 「6세기 말~7세기 초 동아시와 국제질서와 고구려 대외정책의
　　　　변화」, 『역사와 현실』 46.

余昊奎, 2002, 「漢城時期 百濟의 都城制와 防禦體系」, 『百濟研究』 36, 충남
　　　　대 백제연구소.

延敏洙, 1994, 「5세기후반 백제와 왜국-곤지의 행적과 동성왕의 즉위 사정을
　　　　중 심으로」, 『일본학』 13, 동국대학교 일본학연구소.

연민수, 2004, 「7세기 동아시아 정세와 왜국의 對韓政策」, 『新羅文化』 24.

연민수, 2005, 「日本書紀 漢城期 百濟史料」, 『한성백제총서』.

吳舜濟, 2000, 「백제 한성시기 도성체제의 연구」, 명지대 대학원 박사학위논
　　　　문.

오영찬, 2003, 「대방군의 군현지배」, 『강좌한국고대사』 10, 가라국사적개발연
　　　　구원.

兪元載, 1979, 「三國史記 僞靺鞨考」, 『사학연구』 29.

兪元載, 1988, 「사비도성의 방어체제에 대하여」, 『공주교대논총』 24.

兪元載, 1992, 「백제 탕정성 연구」, 『백제논총』 3.

兪元載, 1992, 「熊津都城의 羅城問題」, 『湖西史學』 19.

兪元載, 1992, 「魏虜의 백제침입 기사」, 『백제연구』 23, 충남대 백제연구소.

兪元載, 1994, 「晉書의 馬韓과 百濟」, 『한국상고사학보』 17.

548

兪元載, 1996, 「백제 가림성 연구」, 『백제논총』 5.

尹德香, 1984, 「옹관묘 數例」, 『尹武炳박사 화갑기념논총』.

尹明哲, 2001, 「후백제의 해양활동과 대외교류」, 『후백제 견훤정권과 전주』, 주류성.

尹武炳, 1974, 「한강유역에 있어서의 백제문화연구」, 『백제연구 학술대회』.

尹武炳, 1982, 「부소산성의 성벽조사」, 『한국고고학보』 13.

尹武炳, 1986, 『부여 관북리백제유적 발굴보고』(I).

尹武炳, 1990, 「山城・王城・泗沘都城」, 『百濟硏究』 21.

尹武炳, 1992, 「김제벽골제 발굴보고」, 『백제고고학연구』, 학연문화사.

尹武炳, 1994, 「백제왕도 사비성연구」, 『학술원논문집』 33, 인문사회과학편.

尹善泰, 2001, 「馬韓의 辰王과 臣濆沽國」, 『百濟硏究』 34.

尹善泰, 2003, 「웅진・사비기 백제의 尺度制」, 『고대 동아세아와 백제』, 충남대 백제연구소,

尹善泰, 2005, 「『三國史記』百濟本紀 初期記事의 樂浪과 馬韓」, 『한성백제총서』.

尹龍九, 1990, 「樂浪前期 郡縣支配 勢力의 種族系統과 性格 -土壙木槨墓의 分析을 中心으로-」, 『歷史學報』 126.

尹龍九, 1998, 「"三國志" 韓傳 대외관계기사에 대한 일검토」, 『마한사연구』 (백제사연구논총 6).

尹龍九, 2003, 「삼한과 낙랑의 교섭」, 『한국고대사연구』 32.

尹日寧, 1990, 「關彌城位置考」, 『북악사론』 2.

李康來, 1985, 「三國史記에 보이는 靺鞨의 군사활동」, 『領土問題硏究』 2.

李康來, 2002, 「『삼국사기』의 마한 인식」, 『전남사학』 19.

李健茂, 1990, 「부여 합송리유적 출토 일괄유물」, 『考古學誌』 2, 한국고고미술연구소.

李健茂, 1991, 「당진 소소리유적 출토 일괄유물」, 『考古學誌』 3, 한국고고미술연구소.

李根雨, 1994, 「『日本書紀』에 引用된 百濟三書에 관한 硏究」, 한국정신문화연구원 박사학위논문.

이근우, 1997, 「웅진시대 백제의 남방경역에 대하여」, 『백제연구』 27.

이근우, 2003, 「웅진・사비기의 백제와 대가야」, 『고대 동아세아와 백제』, 충남대백제연구소.

李基東, 1972, 「신라 내물왕의 혈연의식」, 『역사학보』 52・53合.

李基東, 1974,「中國史書에 보이는 百濟王 牟都에 대하여」,『歷史學報』62.

李基東, 1981,「百濟 王室交代論에 대하여」,『百濟研究』12.

李基東, 1987,「마한영역에서의 백제의 성장」,『마한백제문화』10.

李基東, 1990,「마한사 序章」,『마한백제문화』12.

李基東, 1990,「백제국의 정치이념에 대한 일고찰」,『진단학보』69.

李基東, 1990,「백제의 발흥과 對倭國關係의 성립」,『고대 한일문화교류 연구』, 한국정신문화연구원.

李基東, 1994,「백제사회의 지역공동체와 국가권력」,『百濟社會의 諸問題』충남대 백제연구소 제7회 백제연구 국제학술회의.

李基東, 2004,「수당의 제국주의와 신라 외교의 妙諦」,『新羅文化』24.

李基白, 1959,「百濟王位繼承考」,『歷史學報』11.

李基白, 1973,「백제사상의 무녕왕」,『무녕왕릉』, 문화재관리국.

李基白, 1975,『백제문화-백제문화학술회의록-』7·8합.

李基白, 1977,「사비시대 백제의 지방제도」,『백제사상 익산의 위치』제4회 마한·백제문화 학술회의 발표요지문.

李基白, 1978,「웅진시대 백제의 귀족세력」,『백제연구』9.

李基白, 1994,「3세기 동아시아 제국의 정치적 발전」,『고대동아세아사의 재발견』.

李基白, 1997,「삼국 초기 불교와 귀족세력」,『신라사상사연구』, 일조각.

李南奭, 1997,「웅진지역 백제유적의 존재의미」,『백제문화』26.

李南奭, 1999,「백제 웅진성인 공산성에 대하여」,『馬韓·百濟文化』14.

李道學, 1985,「한성말 웅진시대 백제왕위계승과 왕권의 성격」,『한국사연구』50·51합.

李道學, 1988,「고구려의 낙동강유역진출과 신라·가야경영」,『국학연구』2.

李道學, 1990,「한성 후기의 백제 왕권과 지배체제의 정비」,『백제논총』2.

李道學, 1991,「百濟 集權國家形成過程 研究」, 한양대 대학원 박사학위논문.

李道學, 1991,「백제 흑치상지묘지명의 검토」,『향토문화』6.

李道學, 1991,「백제의 기원과 국가발전에 관한 검토」,『한국학논집』19.

李道學, 1992,「백제한성기의 도성제에 관한 검토」,『한국상고사학보』9.

李道學, 1997,「고대국가의 성장과 교통로」,『국사관논총』74.

이동희, 1998,「남한지역의 고구려계 적석총에 대한 재고」,『한국상고사학보』28.

李明揆, 1983,「백제 대외관계에 관한 一試論」,『사학연구』37.

550

李文基, 1991, 「백제 흑치상지 부자 묘지명의 검토」, 『한국학보』 64.

李文基, 1992, 『신라 중고기 군사조직 연구』, 경북대 대학원 박사학위논문.

李文基, 1998, 「사비시대 백제의 군사조직과 운용」, 『백제연구』 28, 충남대 백제연구소.

李丙燾, 1936, 「三韓問題의 新考察」, 『震檀學報』 6.

이병도, 1974, 「百濟七支刀考」, 『진단학보』 38.

李成圭, 1996, 「中國의 分裂體制 模式과 東아시아諸國」, 『한국고대사논총』 8.

李榮文, 1984, 「전남지방 백제고분연구」, 『향토문화유적조사』 4.

李永植, 1994, 「加耶諸國의 外交形式」, 한국고대사연구회편, 『新羅末 高麗初의 政治·社會變動』, 신서원.

李永植, 1995, 「백제의 가야진출과정」, 『한국고대사논총』 7.

李龍範, 1959, 「고구려의 요서진출기도와 돌궐」, 『사학연구』 4.

李龍範, 1966, 「고구려의 성장과 철」, 『백산학보』 1.

李龍範, 1974, 「三國史記에 보이는 對外關係記事」, 『震檀學報』 38.

李鎔彬, 1999, 「백제초기의 지방통치체제 연구」, 『실학사상연구』 12.

李鎔賢, 1997, 「五世紀末における加耶高句麗接近と挫折-顯宗三年是歲條の檢討」, 『東アジア古代文化』 90.

李仁淑, 1990, 「한국 고대 유리의 고고학적 연구」, 한양대 대학원 박사학위논문.

李正鎬, 1996, 「영산강유역 옹관고분의 분류와 변천과정」, 『한국상고사학보』 22.

李鍾旭, 1976, 「百濟의 國家形成」, 『大邱史學』 11.

李鍾旭, 1976, 「백제의 좌평」, 『진단학보』 45.

李鍾旭, 1996, 「百濟 初期國家로서 十濟의 形成」, 『國史館論叢』 69.

李鍾旭, 1996, 「『三國志』 韓傳 정치관계 기록의 사료적 가치와 그 한계」, 『吉玄益敎授停年紀念史學論叢』.

李鍾泰, 1990, 「고구려 太祖王系의 등장과 朱蒙國祖意識의 성립」, 『北岳史論』 2.

李鍾恒, 1977, 「삼국사기에 보이는 왜의 실체에 대하여」, 『국민대학교 논문집-인문과학편』 11집.

이한상, 2000, 「대전 월평산성 출토 고구려토기」, 『학산 김정학박사 송수기념 논총 한국고대사와 고고학』.

李賢惠, 1988, 「4세기 가야사회의 교역체계의 변천」, 『한국고대사연구』 1.

李賢惠, 1991, 「마한 백제국의 형성과 지배집단의 출자」, 『백제연구』 22.

李賢惠, 1997, 「3세기 馬韓과 伯濟國」, 『백제의 중앙과 지방』(백제연구논총 5), 충남대 백제연구소.

李賢惠, 1997, 「삼한의 정치와 사회」, 『한국사』 4, 국사편찬위원회.

李賢惠, 2000, 「4~5세기 영산강유역 토착세력의 성격」, 『역사학보』 166.

李炯基, 2000, 「대가야의 연맹구조에 대한 시론」, 『한국고대사연구』 18.

李昊榮, 1982, 「麗・濟連和說의 檢討」, 『慶熙史學』 9・10合.

李昊榮, 1990, 「삼국시대의 재정」, 『국사관논총』 13.

李弘鍾, 1998, 「『三國史記』 靺鞨'기사의 고고학적 접근」, 『韓國史學報』 5.

李弘稙, 1971, 「백제 건국설화에 대한 재검토」, 『한국고대사의 연구』.

李弘稙, 1971, 「양직공도 논고」, 『한국고대사의 연구』, 신구문화사.

李喜寬, 1989, 「古新羅時代의 재갈과 積石木槨墓築造者들 -新羅의 國家形成과 관련하여-」, 『東亞研究』 17.

이희준, 1995, 「토기로 본 대가야의 권역과 변천」, 『가야사연구』, 경상북도.

林起煥, 1992, 「6, 7세기 고구려 정치세력의 동향」, 『한국고대사연구』 5.

임기환, 2000, 「3세기~4세기초 魏晉의 동방정책」, 『역사와 현실』 36.

임기환, 2002, 「고구려・신라의 한강유역 경영과 서울」, 『서울학연구』 18, 서울학연구소.

임기환, 2005, 「광개토왕비에 보이는 백제 관련 기사의 검토」, 『한성백제총서』.

임범식, 2002, 「5~6세기 한강유역사 재고」, 『한성사학』 15.

林永珍, 1991, 「영산강유역 횡혈식석실분의 수용과정」, 『전남문화재』 3.

林永珍, 1992, 「고구려 고고학」, 『국사관논총』 33, 국사편찬위원회.

林永珍, 1994, 「漢城時代 百濟의 建國과 漢江流域 百濟 古墳」, 『百濟論叢』 4.

林永珍, 1995, 「百濟漢城時代古墳研究」, 서울대학교 대학원 박사학위논문.

林永珍, 1997, 「전남지역 석실분의 立地와 石室構造」, 『제5회 호남고고학회 학술대회 발표요지』.

임영진, 1998, 「죽막동 토기와 영산강유역 토기의 비교고찰」, 『부안 죽막동 제사유적연구』, 국립전주박물관.

林永珍, 2003, 「백제의 성장과 마한세력, 그리고 倭」, 『古代の河內と百濟』, 枚方歷史フォーラム實行委員會.

林孝澤, 1985, 「副葬鐵鋌考」, 『동의사학』.

장국종, 1985, 「고구려에서의 도로 발전」, 『력사과학』 114.

552

장보웅, 1997, 「영산강유역의 자연지리적 환경」, 『영산강유역사연구』, 한국향
　　토사연구전국 협의회.
전덕재, 1990, 「4~6세기 농업생산력의 발달과 사회변동」, 『역사와 현실』 4, 역
　　사비평사.
全榮來, 1974, 「임실 금성리 석곽묘군」, 『전북유적조사보고』 제3집, 서경문화
　　사.
全榮來, 1985, 「백제 남방경역의 변천」, 『천관우선생 환력기념한국사학논총』.
정동준, 2002, 「7세기 전반 백제의 대외정책」, 『역사와 현실』 46.
鄭永鎬, 1976, 「김유신의 백제공격로 연구」, 『사학지』 6.
鄭永鎬, 1982, 「新羅南川停址의 硏究」, 『변태섭박사화갑기념논총』.
鄭載潤, 1997, 「동성왕 23년 정변과 무녕왕의 집권」, 『한국사연구』 99·100合.
鄭載潤, 1999, 「웅진시대 백제정치사의 전개와 그 특성」, 서강대 대학원 박사
　　학위논문.
鄭孝雲, 1991, 「7세기대의 한일관계의 연구(하)」, 『考古歷史學志』 7집, 동아대
　　박물관.
趙景徹, 2006, 「백제불교사의 전개와 정치변동」, 한국학중앙연구원 박사학위
　　논문.
趙法鍾, 1989, 「百濟 別稱 鷹準考」, 『한국사연구』 66.
朱甫暾, 1982, 「가야멸망문제에 대한 일고찰」, 『경북사학』 4.
朱甫暾, 1996, 「마립간시대 신라의 지방통치」, 『영남고고학』 19.
주보돈, 1998, 「초기백제사에서의 전쟁과 귀족의 출현」, 『백제사상의 전쟁』,
　　제9회 백제연구 국제학술대회, 충남대백제연구소.
朱甫暾, 1999, 「『日本書紀』의 편찬배경과 임나일본부설의 성립」, 『한국고대
　　사연구』 15.
朱甫暾, 2002, 「웅진도읍기 백제와 신라와의 관계」, 『고대 동아세아와 백제』,
　　충남대 백제연구소.
朱甫暾, 2005, 「5~6세기 중엽 고구려와 신라의 관계」, 『북방사논총』 11, 고구
　　려연구재단.
朱聖智, 1995, 「백제의 웅진천도와 대외정책」, 동국대 대학원 석사학위논문
池健吉, 1990, 「장수 남양리 출토 청동기·철기 일괄유물」, 『考古學誌』 2, 한
　　국고고미술연구소.
車勇杰, 1978, 「百濟의 祭天祀地와 政治體制의 變化」, 『韓國學報』 11.
車勇杰, 1981, 「위례성과 한성에 대하여(1)」, 『鄕土서울』 39.

車勇杰, 1989, 「忠北地域의 百濟土器遺蹟」, 『忠北史學』 2.

車勇杰, 1994, 「제1회 학술세미나 특집호 종합토론」, 『百濟論叢』 4.

채태형, 1992, 「『三國史記』의 말갈관계 기사에 대하여」, 『력사과학』 3.

千寬宇, 1975, 「임나일본부의 허구」, 『한국사의 재조명』, 독서신문출판사.

千寬宇, 1976, 「三國志 韓傳의 재검토-'三韓考' 제2부」, 『진단학보』 41.

千寬宇, 1976, 「삼한의 국가형성(上)」, 『한국학보』 2.

千寬宇, 1976, 「삼한의 국가형성(下)」, 『한국학보』 3.

千寬宇, 1977, 「복원가야사(中)」, 『문학과 지성』 29.

千寬宇, 1977·1978, 「復元加耶史」, 『文學과 知性』 28·29·31.

千寬宇, 1979, 「馬韓諸國의 位置試論」, 『東洋學』 9.

千寬宇, 1979, 「목지국고」, 『한국사연구』 24.

崔夢龍, 1988, 「몽촌토성과 하남위례성」, 『백제연구』 19.

崔夢龍, 1990, 「마한-목지국연구의 제문제」 『백제논총』 2.

崔夢龍, 1997, 「철기시대」, 『한국사-청동기문화와 철기문화』 3, 국사편찬위원회.

崔夢龍·權五榮, 1985, 「고고학 자료를 통해 본 백제초기의 영역고찰」, 『천관우선생환력기념 한국사학논총』.

崔炳云, 1982, 「西紀 2世紀頃 新羅의 領域擴大」, 『全北史學』 6.

崔炳云, 1997, 「선사시대의 섬진강」, 『섬진강유역사연구』, 한국향토사연구전국협의회.

崔秉鉉, 1981, 「古新羅 積石木槨墳 研究」, 숭전대 석사학위논문.

崔秉鉉, 1988, 「충북 진천지역 百濟土器窯址群」 『百濟時代의 窯址研究』.

崔秉鉉, 1994, 「墓制를 통해 본 4-5세기 韓國古代社會」, 『韓國古代史論叢』 6.

崔章烈, 2002, 「한강 북안 고구려보루의 축조시기와 그 성격」, 『한국사론』 47.

崔鍾澤, 1990, 「황주출토백제토기류」, 『한국상고사학보』 4.

崔鍾澤, 1998, 「아차산 제4보루성유적 발굴조사」 제22회 한국고고학 전국대회 발표요지.

최종택, 2002, 「몽촌토성 내 고구려유적 재고」, 『한국사학보』 12.

崔海龍, 1997, 「辰韓聯盟의 形成과 變遷-下」, 『大丘史學』 53.

韓圭哲, 1988, 「고구려시대의 靺鞨연구」, 『釜山史學』 14·15合.

洪思俊, 1967, 「炭峴考」, 『역사학보』 35·36合.

洪思俊, 1968, 「南原出土 百濟冠飾具」, 『고고미술』 第九號 第一卷.

554

鎌田重雄, 1962, 「郡國の上計」, 『秦漢政治制度の研究』.

輕部慈恩, 1971, 「周留城考」, 『百濟遺蹟の研究』, 吉川弘文館.

關晃, 1996, 「歸化人」, 『關晃著作集』 3, 吉川弘文館.

鬼頭淸明, 1976, 「白村江の戰いと律令制の成立」, 『日本の古代國家の形成と
　　　　東アジア』, 校倉書房.

鬼頭淸明, 1978, 「日本の律令官制の成立と百濟の官制」, 『日本古代の社會と
　　　　經濟』 上, 彌永貞三先生還歷記念會.

旗田巍, 1973, 「『三國史記』新羅本紀にあらわれる倭」, 『日本のなかの朝鮮文
　　　　化』 19.

大山誠一, 1980, 「所謂 '任那日本部'の成立について(下)」, 『古代文化』 32-11.

稻葉岩吉(外), 1935, 「朝鮮滿洲史」, 『世界歷史大系』 11.

鈴木英夫, 1985, 「百濟救援の役について」, 『日本古代の政治と制度』, 續群書
　　　　類從完成會.

笠井倭人, 1971, 「加不至費直の系譜について-「百濟本紀」讀解の一例として」,
　　　　『日本書紀研究』 5.

笠井倭人, 1994, 「欽明朝 백제의 대왜외교」/김기섭 편역, 『고대 한일관계사
　　　　의 이해-倭』, 이론과 실천.

梅原末治, 1933, 「樂浪・帶方郡時代紀年銘塼集錄」, 『昭和七年度古蹟調査報
　　　　告』 第1冊.

梅原末治・藤田亮策, 1959, 「樂浪」, 『朝鮮古文化綜鑑』 3.

武田幸男, 1979, 「高句麗廣開土王碑の對外關係記事」, 『三上次男博士頌壽記
　　　　念東洋史考古學論集』, 朋友書店.

武田幸男, 1990, 「위지동이전에 있어서 마한」, 『마한백제문화』 12.

白鳥庫吉, 1970, 「百濟の起源について」, 『歷史』 創刊號.

傅樂成 著・辛勝夏 譯, 1974, 「盛唐時代의 武功」, 『中國通史』, 宇鍾社.

北方史地叢書, 1989, 「唐代東北已發現的高句麗城址」, 『東北歷史地理』 2卷,
　　　　黑龍江人民出版社.

山尾幸久, 1978, 「百濟三書と日本書紀」, 『백제연구』 17, 충남대 백제연구소.

山尾幸久, 1979, 「日本書紀のなかの朝鮮」, 『日本と朝鮮の古代史』, 三省堂選
　　　　書 57.

山尾幸久, 金起燮 역, 1994, 「일본 고대왕권의 형성과 조선」, 『고대한일관계사
　　　　의 이해』, 이론과 실천.

山尾幸久, 1998, 「任那日本部에 대하여」, 『가야사논집』 1, 김해시.

三上次男, 1964, 「樂浪郡の社會支配構造」, 『朝鮮學報』 30.

三上次男, 1966, 「南部朝鮮における韓人部族國家の成立と發展」, 『古代東北アジア史研究』, 吉川弘文館.

森浩一, 1982, 「日本內의 渡來系集團과 ユ 古墳」, 『백제연구』 특집호.

成合信之, 1974, 「三韓雜考-'魏志'韓傳にみえる辰王について」, 『學習院史學』 11.

小田富士雄, 1982, 「越州窯靑磁를 伴出한 忠南의 百濟土器」, 『백제연구』 특집호.

小田富士雄, 1985, 「朝鮮式山城と神籠石」, 『九州古代文化の形成』下卷, 學生社.

小田省吾, 1924, 「朝鮮上世史」, 『朝鮮一般史』, 朝鮮總督府.

嚴長錄, 1994, 「扶餘의 遺迹과 遺物에 對하여」, 『民族文化의 諸問題』, 世宗文化社.

劉景文·龐志國, 1986-1, 「吉林楡樹縣老河沈鮮卑墓郡族屬深討」, 『北方文物』.

栗原朋信, 1964, 「邪馬台國と大和朝廷」, 『史觀』 70.

田中俊明, 1990, 「왕도로서의 사비성에 대한 예비적 고찰」, 『백제연구』 21.

田中俊明, 1991, 「朝鮮三國の都城制と東アジア」, 『古代の日本と東アジア』, 小學館.

田中俊明, 1997, 「웅진시대 백제의 영역재편과 왕·후제」, 『백제의 중앙과 지방』, 충남대 백제연구소.

田中俊明, 1999, 「百濟漢城時代における王都の變遷」, 『朝鮮古代研究』 1.

田中俊明·東潮, 1995, 「積石塚の成立と發展」, 『高句麗の歷史と遺跡』, 中央公論社.

田村圓澄, 1997, 「百濟救援考」, 『熊本大學文學會文學部論集』 5.

田村晃一, 1990, 「高句麗の積石塚」, 『東北アジアの考古學』.

鮎貝房之進, 1934, 「百濟古都案內記」, 『朝鮮』 234호.

井上光貞, 1974, 「飛鳥の朝廷」, 『日本の歷史』, 小學館.

井上光貞, 1975, 「大化改新と東アジア」, 『岩波講座 日本歷史』 2, 岩波書店.

井上秀雄, 1973, 「조선에서의 고대사 연구와 倭에 대하여」, 『任那日本部と倭』, 東出版.

佐伯有淸, 1971, 「紀年論と五王」, 『硏究史倭の五王』, 吉川弘文館.

酒井改藏, 1955, 「好太王碑面の地名について」, 『朝鮮學報』 8.

556

酒井改藏, 1970,「三國史記の地名考」,『朝鮮學報』54.

池內宏, 1928,「曹魏の東方經略」,『滿鮮地理歷史研究報告』12.

池內宏, 1929,「眞興王の戊子巡境碑と新羅の東北境」,『古蹟調查特別報告』
　　　　6.

池內宏, 1950,「百濟滅亡後の動亂および唐・羅・日三國の關係」,『滿鮮史研
　　　　究』上世 第二冊, 吉川弘文館.

津田左右吉, 1913,「百濟戰役地理考」,『朝鮮歷史地理』1.

津田左右吉, 1921,「百濟における日本書紀記錄」,『滿鮮地理歷史研究報告』
　　　　8.

探津行德, 1990,「『三國史記』記載對中國關係記事について−その檢討のた
　　　　めの豫備的考察」,『學習院史學』27, 學習院大學史學會.

坂本太郎, 1964,「繼體紀史料批判」,『日本古代史基礎的研究』上, 東京大學
　　　　出版會.

坂元義種, 1968,「5世紀の百濟大王とその王・侯」,『朝鮮史研究會論文集』4.

護雅夫, 1971,「北アジア・古代遊牧國家の構造」,『岩波講座 世界歷史』6, 岩
　　　　波書店.

4. 보고서

경기도박물관, 2001,『임진강−문화유적(2)』, 경기도3대하천유역 학술종합조사
　　　　I.

경기도박물관・하남시, 2003,『하남도미나루유적』.

공주대학교 박물관, 1998,『천안 용원리유적 발굴조사 개략보고』.

국립광주박물관, 2001,『해남 방산리 장고봉고분 시굴조사보고서』.

국립문화재연구소, 1996,『96부여 부소산성 발굴조사 지도위원회의자료』.

국립문화재연구소, 2001,『풍납토성 I』.

국립청주박물관・산업과학기술연구소, 1996,『한국고대 철생산유적발굴조사』
　　　　(중간 결과보고).

기전문화재연구원, 2002,「연천 학곡제 개수공사지역내 학곡리 적석총 발굴조
　　　　사」, 현장설명자료.

기전문화재연구원, 2003,「화성 발안리 마을유적」, 기안리 제철유적발굴조사
　　　　현장설명회자료 14.

盧爀眞 외, 1998,『영월 외룡리 주거지 지석묘 발굴 보고서』, 영월군・한림대

학교 박물관.

대구대학교 편, 1992,『성주 독용산성 지표조사보고서』.

몽촌토성발굴조사단, 1985,『몽촌토성발굴조사보고』.

문화재관리국, 1977,『문화유적총람』상.

문화재연구소, 1994,『연천 삼곶리 백제적석총 발굴조사보고서』.

박용진, 1983,『백제와전도록』, 백제문화개발연구원.

부산대박물관, 1983,『동래복천동고분군(Ⅰ)』, 부산대학교박물관유적조사보고 제5집.

부여문화재연구소, 1999,『부소산성 발굴 중간보고서』(Ⅱ).

부여문화재연구소, 1999,『부소산성 발굴 중간보고서』(Ⅲ).

徐聲勳·成洛俊, 1984,『해남 월송리조산고분』, 국립광주박물관·백제문화개 발연구원.

서울대학교 박물관·서울특별시, 1988,『몽촌토성』동남지구발굴보고서.

서울대 발굴조사단, 1999,『시루봉 보루유적 발굴조사 약보고』.

서울대학교 박물관, 1990,『仁川-蘇來, 仁川-始興 고속도로 문화유적지표조 사보고서』.

심광주·윤우준, 1994,『아차산의 역사와 문화유산』, 구리문화원.

安承周, 1982,『公山城』, 공주사대 백제문화연구소.

安承周·李南奭, 1987,『공산성내 추정왕궁지 발굴조사보고서』, 공주대학교 박물관.

예산군·충남개발연구원, 2000,『禮山 任存城』.

윤덕향, 1989,『斗洛里 發掘調査報告書』, 전북대 박물관.

尹武炳, 1986,『부여 관북리백제유적 발굴보고』(Ⅰ).

李仁淑·宋萬永, 1999,『포천 성동리 마을 유적』.

이천군·이천문화원, 1986,『雪峰山城址 학술조사보고서』.

임효재·최종택 외, 2000,『아차산 제4보루 -발굴조사 종합보고서-』, 서울대 박물관.

全榮來, 1974,「임실 금성리 석곽묘군」,『전북유적조사보고』제3집, 서경문화 사.

정신문화연구원 발굴조사단, 1994,『화성군 백곡리 고분』.

차용걸 외, 2004,『청원 남성곡 고구려유적』, 충북대박물관 조사보고 제104책.

崔夢龍 外, 1984,「堤原挑花里地區遺蹟發掘調査報告」,『忠州댐水沒地區文 化遺蹟調査綜合報告書』, 考古·古墳分野(1), 충북대박물관.

崔盛洛, 1989,『해남군곡리패총』Ⅲ, 목포대학교 박물관.

崔完奎・李永德, 2001,『익산 입점리 백제고분군』, 원광대학교 마한・백제문
    화연구소.

충남대 박물관, 1984,『神衿城』.

충남대 박물관・대전광역시, 1998,『계족산성 발굴조사약보고』.

충남대백제연구소, 1978,『부여지구 유적조사 및 정비계획안』.

충남대학교 백제연구소, 2000,『百濟泗沘羅城』.

충남발전연구원, 2003,『공주수촌리유적』.

충북대 박물관, 1992,『薔薇山城』.

충북대 중원문화연구소・옥천군, 2003,『신라・백제격전지(관산성)』.

충청남도 역사문화원, 2005,「서산 음암면 부장리유적」, 현장설명회 자료.

토지박물관, 1998,『양주군의 역사와 문화유적』.

토지박물관・경기도, 2002,『남한산성 발굴조사보고서』.

한국문화재보호재단・영월군, 1999,『영월 청령포 단종관련 유적 발굴조사보
    고서』.

한림대 박물관, 2003,「경춘선 복선전철 제6공구 가평역사부지내 문화유적 발
    굴조사 지도위원회자료」.

찾아보기

560

562

稻田　75
道琛　485
都漢王　295
都護　489
禿山　81
獨山城　342, 398
禿用山城　284, 398
東明廟　181
東所　395
桐岑城　422
東漢直　357
同火城　418
東黃城　35
두락리고분군　318
豆良尹城　493
豆陵山城　494
豆陵城　494
豆尸原嶽　484
두타산성　428
둔주봉망루　360
得爾城　346
騰利枳牟羅　337

【ㅁ】

마라난타　167
마려　16
麻連　302
馬首城　90
馬首柵　313
磨日嶺　110
馬津城　285
馬灘　158
馬浦村　308
마하리고분　103
莫古解　153

莫奇武連　358
莫奇委沙奇　358
막지리산성　360
만노산성　429
末多王　311
望海山　194
寐錦　202
邁羅王　288
邁盧王　295
買利浦城　418
買肖城　532
매화산성　513
面中王　295
面中侯　288
牟大　288
牟婁　320
母山城　391
慕容歸　204
慕容盛　201
慕容垂　201
慕容暐　201
慕容熙　201
牟雌枳牟羅　337
募秦　328
毛尺　408
모촌리산성　462, 464
沐衿　223
木羅斤資　129, 133
木滿致　286
木柄刀　131
木素貴子　527
目支國　28
木刕今敦　350
木劦滿致　267
몽촌토성　52
武康　378

지은이 | **문 안 식 (文安植)**

1967년 전남 화순 출생
조선대학교 사학과 졸업
동국대학교 대학원 문학석사·문학박사
현재 조선대학교 사학과 객원교수
한신대학교 학술원 연구교수

논저 |
『한국 고대의 지방사회』(2004)
『한국고대사와 말갈』(2003)
『백제의 영역 확장과 지방통치』(2002)
「백제의 마한복속과 지방지배방식의 변화」(『한국사연구』 120) 외 다수

백제의 흥망과 전쟁
문 안 식

2006년 11월 28일 초판 1쇄 발행

펴낸이·오일주
펴낸곳·도서출판 혜안
등록번호·제22-471호
등록일자·1993년 7월 30일

㉾ 121-836 서울시 마포구 서교동 326-26번지 102호
전화·3141-3711~2 / 팩시밀리·3141-3710
E-Mail hyeanpub@hanmail.net

ISBN 89-8494-289-8 93910

값 32,000 원